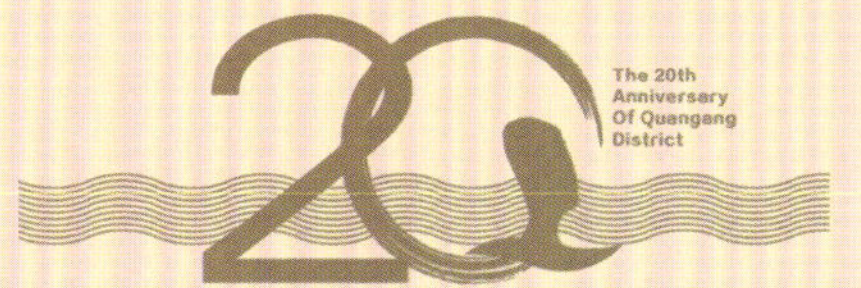

2000—2020泉港建区二十周年

泉港好 大家会更好

谨以此书献给泉港建区二十周年

海丝港市遗址

——土坑海商聚落空间解析

刘 刚 主编　张 杰 著

图书在版编目(CIP)数据

海丝港市遗址:土坑海商聚落空间解析/刘刚主编;张杰著.—厦门:厦门大学出版社,2020.12

ISBN 978-7-5615-7619-9

Ⅰ.①海… Ⅱ.①刘… ②张… Ⅲ.①村落—研究—泉州 Ⅳ.①K925.75

中国版本图书馆 CIP 数据核字(2019)第 262456 号

出版人 郑文礼
责任编辑 韩轲轲

出版发行 厦门大学出版社
社址 厦门市软件园二期望海路 39 号
邮政编码 361008
总机 0592-2181111 0592-2181406(传真)
营销中心 0592-2184458 0592-2181365
网址 http://www.xmupress.com
邮箱 xmup@xmupress.com
印刷 厦门市竞成印刷有限公司

开本 787 mm×1 092 mm 1/16
印张 26.25
印张 2
字数 591 千字
版次 2020 年 12 月第 1 版
印次 2020 年 12 月第 1 次印刷
定价 149.00 元

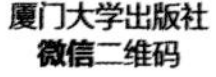
厦门大学出版社
微信二维码

厦门大学出版社
微博二维码

序

姜　波

土坑村，是天使洒落人间的一颗遗珠，也是海上丝绸之路留下的珍贵遗产！

2016年，为筹备海上丝绸之路申报世界文化遗产，笔者远赴泉州踏查遗迹，有幸造访土坑古村。当时的情形，时至今日仍历历在目：一行人入得村来，但见石街古厝，曲径通幽；老树残碑，交相掩映；祠堂宫庙，静穆无声；商号店铺，井然有序。恰是一处航海世家留下的珍贵遗产！

近年间，学界有关海上丝绸之路的研究，蔚然已成大观，其间搜罗史料者，有之；踏勘古迹者，有之；图画古建者，亦有之。然美中不足的是学者大多流连于文献与古物，有“见物不见人”之嫌；而最应该被关注的研究对象——活跃于海上丝绸之路上的海商族群，似乎从学界视域中隐身了！土坑村却为我们提供了一个难得的研究范本，这里是世代海商刘氏家族留下来的航海遗产：有聚族而居的古厝，有专供膜拜的宗祠，有扬帆出海的古港，也有交易船货的街铺……特别是，还有记载家族航海历史的《刘氏族谱》，将一处古代海商的生活画卷活脱脱地呈现在世人的面前，难道还有比这更值得关注的海上丝绸之路遗产吗？

走进土坑村，你会发现这里的人们用一种淳朴的传统维系着祖先的遗产：古厝天井的一隅，看似随意地摆放着一口水缸，上面漂着几朵睡莲，一如旧时的光景；雕饰精美的石门柱上，贴着长长的对联，苍凉古朴的字体，散发着赶海人的浑然气息；一家商铺的门楣上，隐约可见“长春堂”几个褪色了的墨笔字；沿街老旧的店铺，一家挨着一家，伙计们的吆喝声，仿佛就在耳边；步入深宅大院的“刘百万”祖屋，雕梁画栋间可以领略到航海巨子的家族奢华。也许你足够幸运，可以获准观摩刘氏宗祠，映入眼帘的便是一幅香火缭绕的场景，可以看到虔诚的刘氏晚辈，站在祖先牌位前感悟祖宗的垂泽与荣光……看得见的文化遗产和看不见的记忆传统，就这样浑然一体地呈现出来！

我们要致敬为土坑村文化遗产保护做出卓越贡献的人们，他们有的是政府官员，有的是专家学者，有的是工程师，有的是匠人，有的是村民，还有其他许多默默无闻的人。从规划设计，到修缮保护，到展示阐释，到传承利用……每一道工序，都倾注了他们辛勤的汗水；每一处修缮，都彰显出他们天才的智慧。没有他们的付出，人们看到的土坑村将是另一番景观：断壁残垣、满目疮痍、衰败破旧……甚而至于，在今天的人们尚未来得及欣赏她的古韵与魅力时，土坑村就已经在新城镇建设的大潮中灰飞烟灭了……

当下的我们，在滚滚前行的历史大潮里，更应该去尊重祖辈们留下的珍贵遗产，说到这里，我仿佛觉得自己就是生活在土坑村的一个村民……这，分明是属于我们自己的遗产！

（作者系国家文物局水下文化遗产保护中心考古所所长、国际古迹遗址理事会副主席、中国古迹遗址保护协会副理事长）

目录

上卷 土坑聚落与刘氏宗族

●下卷　土坑聚落的保护与发展

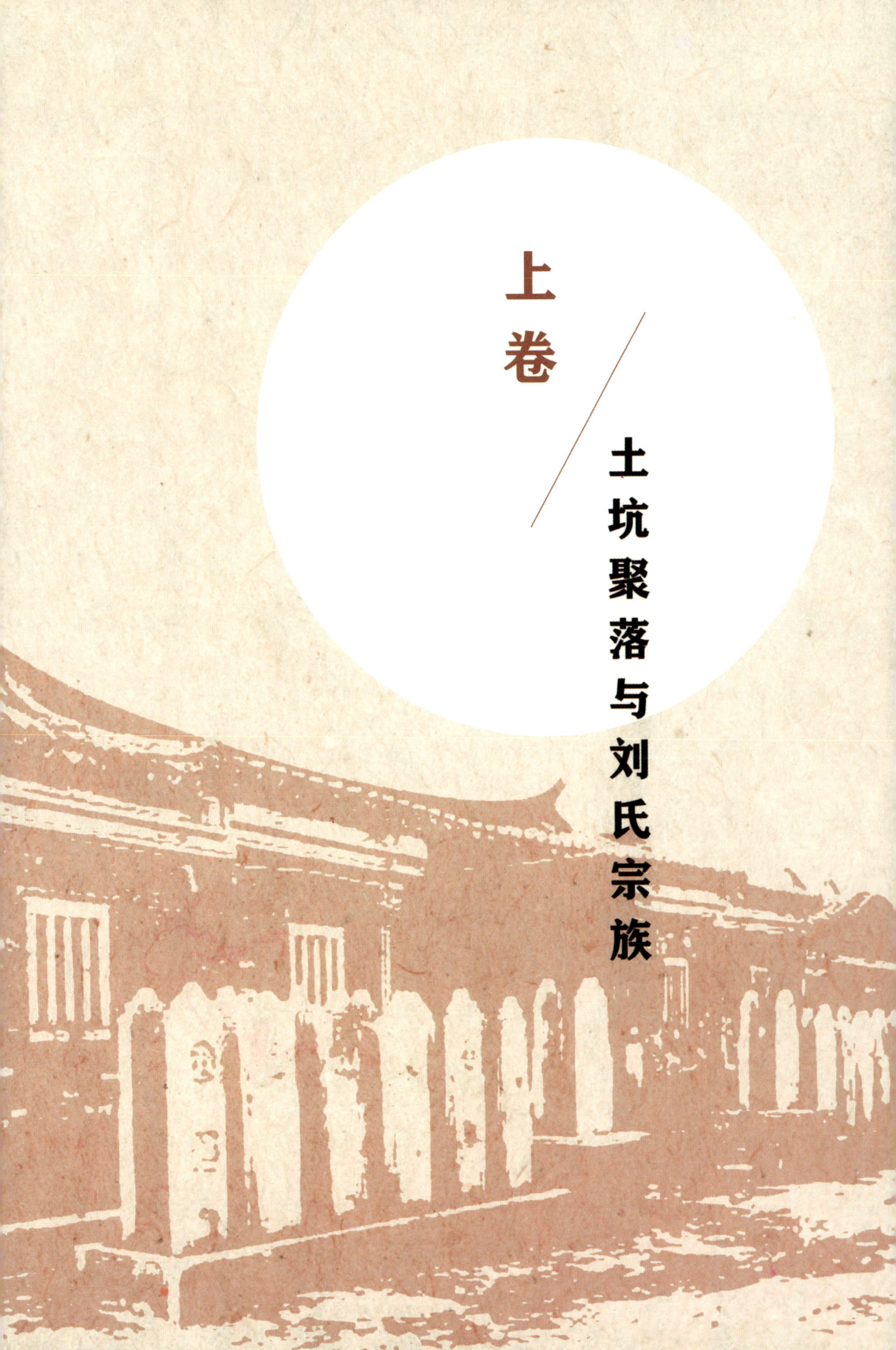

上卷

土坑聚落与刘氏宗族

第一章
土坑聚落的前世今生

土坑聚落位于福建省泉州市泉港区后龙镇，也称塗山、涂坑，其海澳与隔岸峰尾统称为峰尾澳，民间也称土坑海，是典型的闽南乡村聚落。

泉港，位于福建省沿海中部、湄洲湾南岸，东经 118°41′至 119°01′，北纬 25°03′至 25°15′，为福建省南北水陆交通要冲。泉港境域原属惠安县，俗称“惠北”，境外多称之为“头北”，2000 年，获国务院批准成立行政区，即泉港区。该区北连莆田市平海湾、兴化湾，南接大港湾、泉州湾；北距上海港 510 海里、马尾港 132 海里，南距广州港 530 海里、厦门港 96 海里，东渡台湾海峡至高雄港 194 海里、基隆港 178 海里，陆路距福州、厦门各约 145 公里，地理位置适中。泉港自古以来是通往国内各大港口和东南亚各地便捷的出海口。泉港总面积 441.4 平方公里，其中陆域面积 321 平方公里，海域面积 119.6 平方公里，海岸线长 56 公里，深水岸线长 5.5 公里，海岸线绵长且多湾，自古海陆畅通，渔、盐、运输各业驰名八闽。

后龙镇位于泉州市泉港区东部，处于沿海平地向丘陵山地逐渐过渡地带，四面环山，北接岩山，南倚柳山，西背奎秀山，东拥割山，东南临海；群山环抱的中心腹地为平原和低缓丘陵，镇区面积 6.25 平方公里，有三条溪流在此地聚合，注入大海。整个后龙镇镇域陆地面积 25 平方公里，海域面积 67 平方公里，人口约 8.5 万。

处于后龙镇湄洲湾南岸湾内的土坑聚落，宋代属城山乡，元代属忠恕乡德音里，明代属惠安县九都峰前铺，清代属惠安县梅峰铺，民国期间属惠安县梅东乡，1949 年 9 月属惠安县坝头区。1952 年 6 月属惠安县十二区，1956 年属惠安县南埔区。1958 年撤区并乡，土坑（共 18 村）属土坑乡，之后属后龙公社、乡，今属后龙镇。

土坑聚落为后龙镇的一个行政村，位于后龙镇中部，东邻碧霞湾、南毗福炼生活区、北与南铺镇接壤。村落建于一处南北向的土山坡。山坡历史上曾坑沟纵横，溪水及雨水循此汇聚后田溪往东南注入大海。

土坑聚落村域面积约 1.6 平方公里，总人口 4677 人，为周边 17 个刘姓村的起始母村。土坑聚落南距泉港城区约 4 公里，距 324 国道和 G15 高速约 8 公里，交通优势较为明显。同时，村域范围内有祥云北路和西海路相互交错穿过，联系集镇与泉港城区、福炼生活区，交通便捷。

土坑聚落于 2003 年被福建省人民政府批准确定为省级历史文化名村；2014 年被列入泉州首批 20 个闽南文化生态保护区整体性保护重点区域；2014 年获批第六批中国历史文化名村、第三批中国传统村落；2016 年，土坑村古建筑群被确定为福建省第八批文物保护单位;2019 年,土坑村古建筑群被列入第八批全国重点文物保护单位。

土坑聚落自唐宋时期就有先民在此居住,作为刘氏血缘姓聚落,其历史可以追溯到明永乐二年(1404 年),即土坑刘氏祖先刘宗孔从莆田迁居土坑,迄今已有 600 余年历史,繁衍后裔 24 代。民国之前有出仕者达 70 余人。聚落中旗杆林立,祖祠牌匾满堂。另据谱牒记载:刘宗孔传有 4 子,长子和四子留在土坑开基创业,两兄弟又传下 8 支后裔,在土坑共建有 4 座三进五开间古大厝和 26 座二进三开间古大厝,占地面积达 26860 平方米。土坑建筑类型丰富,有古厝、祠堂、宫庙、书院、武馆、楼阁、亭台、古街、古井等,其建筑格局与局部石雕、木雕、砖雕、泥灰雕、瓷雕等装饰,以精巧的空间布局、精湛的雕塑技艺、丰富的传统建筑、悠久的历史文化,充分展现了闽南古代高超的建筑艺术,堪称东南沿海明清时代雕塑艺术大观园。因此,2006 年土坑聚落又荣获泉州市"十佳古民居"称号。

第一节　土坑的由来

土坑聚落地处湄州湾南岸的穷乡僻壤、坑沟环布的土丘南麓,其明清及其以前时期的地形地貌为:山丘顶端有一堆白石,故名为白石仔,丘的左侧向东偏北延伸至现在东宅尾村的东北面,成为狭长横向的土墩,在丘墩相连的弯弧处,前后有深沟,前面的沟通向现在的厦门口流入面前坑,后面的沟称为财沟(或为脐沟)流向后坑(原小海湾)。土丘本身的前面(东面)有条较大又深的坑沟名曰面前坑,坑的南面与土坑以雨水分流为界,东面与割山为界,割山西面的雨水流向几条小沟汇流于面前坑,其下段是横龙,横龙前经东宅尾与现在后乾溪汇流入内海的小海湾(即后田埭)。丘的西面为一条较大的坑,称后铁坑(即后庶坑)。南与白石安,西与东山及奎秀山为界,其下段为窑坑(后田溪上游)。一座土丘及其横向的墩周边有多条坑沟。[①] 在上述地形地貌中,土坑先民择地而居,随着聚落人口的增加,房屋逐步由山脚建至山腰,到了明代,刘宗孔族人迁居此处,村名逐步改为塗山村。后因书写与读音的缘由,将"塗"改为"涂",后再改为"土",由此称为"土坑"。(如图 1-1)

土坑是移民拓殖发展形成的农业村落,其历史可追溯至唐五代时期,宋元时期不断兴起,明清时期最为鼎盛。对于刘氏宗族与土坑聚落的关系,村民普遍认为:土坑聚落兴起源于明代的"靖难之变",给事中陈继之抗节,居于兴化鳌城的刘宗孔(刘氏入闽始祖韶公第二十二世孙)因族人与陈家联姻,恐遭牵连,于永乐二年(1404 年)携眷渡海到湄洲湾南岸避难土坑。刘氏命名此地"塗山",开基创业。至明末人口达千人,随着人口繁衍增加,刘氏不断向周边开拓。至今已繁衍 24 代,延拓出 17 个刘氏村庄,人口规模达 1 万余人。位于塗山中心的土坑聚落,是塗山刘氏的起始母村。

明末清初的倭寇、战乱及迁界使塗山刘氏聚落遭到严重破坏。康熙二十年(1681 年)诏令"返乡",在重建家园中,宗族文化发挥了积极凝聚作用,农业生产迅速得到恢复。清乾隆始,原以农业耕作为主的土坑聚落发挥靠海的地理优势,发展商业贸易、海洋运输等,

① 土坑明清及以前的地形地貌资料来自土坑村老者刘守德口述。

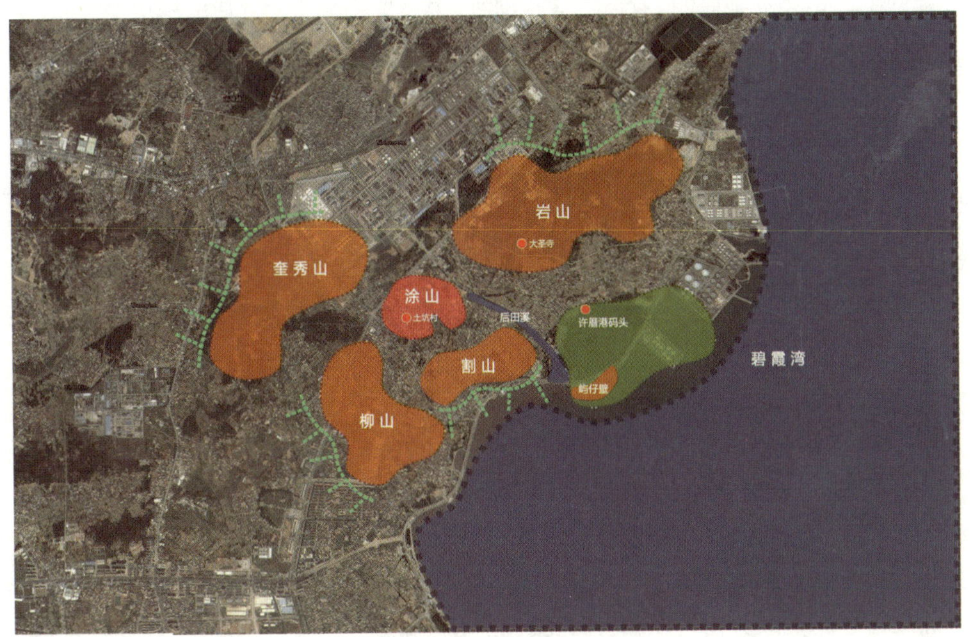

图 1-1　明清及以前土坑的地形地貌示意图

并开设商行、典当行等，以此带动土坑经济蓬勃发展。土坑在这段发展时期，经济繁荣，集聚了大量的财富，逐步开始扩建、修建祖祠、宫庙，祠堂前形成一条繁荣的商业街。此外，还大规模地兴建大厝，至清末整个聚落共建 40 多座规模较大的大宅，形成巨大的民居群。总之，海上商业贸易的发展使土坑成为一个集农业、商贸、居住、文教等为一体的综合性聚落。

土坑刘氏宗族繁衍壮大，文教也逐渐兴盛。塗山刘氏传至第五代出了一位太学生、主监。随着商业繁荣，在耕读传家的基础上逐渐形成“以商贾兴，以官宦显”的传统观念。清乾隆时，刘端弘创办南文武馆“选青斋”，刘端瑜创办北文武馆“凌云斋”，资助、激励族人学文习武，形成浓厚的崇文重教风气。此后，土坑人才辈出，代代有人入朝为官，门庭显耀。据相关历史文献记载，中进士、举人者 13 人，各类知名人物多达 70 余人。延至近代民国时期，族人刘雪(说)本回乡办学救国，在“选青斋”办小学及附中，在“凌云斋”办农业中专。后学馆成为解放战争时期的革命据点。

第二节　土坑的今生

现今，土坑聚落为后龙镇的一个行政村，整个聚落现有 500 余户村民，多数村民迁出了古村落，仅有老人居住在古厝之中，部分古厝空置，破败不堪，亟待修缮。从人口规模而言，整个土坑人口削减现象突出。其中，居住在聚落核心区的村民约 150 户，470 人。但在常住人口中，长寿者颇多，现有 90 岁以上老人十余人，80 岁以上老人比例高于国家长寿标准的1.8%,因此,从居住者的寿命角度看,土坑聚落是一个宜居的场所。

土坑历史悠久,作为刘氏血缘型单姓聚落,自明代永乐年间,刘氏一族开基于土坑,到了第三代,已繁衍生息出了八大支脉,到明末村落人丁达千人,繁衍至今人口达万人,并延拓出17个村庄。目前,刘氏人口占村域总人口的95%以上,且都为同族同脉。

在聚落经济发展方面,土坑聚落村级经济情况一般,以养殖业、农业为主,因聚落属丘陵地带,可供耕种的土地较少。2019年,村民人均年收入约13854元,村集体年收入为35万元。

土坑聚落内的公共服务设施主要有两处老年活动中心、一处小学等。其中一处老年活动中心位于祠堂边,占地面积约155平方米,建筑面积约450平方米;另一处位于白石宫旁,占地面积约105平方米,建筑面积210平方米。小学位于聚落南部区域,为泉港后龙镇中心小学,占地面积约15000平方米。2015年至2019年,为配合土坑参与中国海丝申遗,进行了拆除重建,现为全新校舍。另外,祠堂口街为聚落内部的商业性街巷,街上有小型农贸摊点、小商店等,在整个聚落内有多处小卖部与卫生服务点。在凌云斋前有篮球场地供村民活动。聚落内还散布着多处寺庙。总之,整个聚落的公共服务设施相对完善。

在聚落道路交通方面,村域北部为镇区的祥云北路,西部为镇区的西海路,这两条道路路面宽度都超过30米,均为城镇干道。其中,西海路修建约300米,尚未全部开通。聚落内街道纵横交错,多呈丁字形连接。主要街道有学校后街、横龙街、祠堂后街、祠堂口街、施布口街等。古民居群中街巷十分狭窄,多数仅为1~2米宽,聚落内部道路交通极为不便;其四周为通向外部的水泥路面,但宽度仅为3~4米。

村落内供水、供电、电信、有线电视等基础设施相对较为完善,但排水设施严重滞后,雨水、污水就地自由排放。因此,聚落整体卫生环境有待加强整治。

环卫设施有一定的建设,聚落内部目前已经建设有多处公共厕所,但其他环卫设施,如垃圾箱、垃圾处理点等都较为缺乏。

第二章 聚落与聚落空间

第一节　聚落的概述

“聚落”一词，起源于秦汉时期。早在《史记・五帝本纪》中就有记载：“一年而所居而成聚，二年成邑，三年成都。”其注释中称：“聚，谓村落也。”《汉书・沟洫志》中记载：“或久无害，稍筑室宅，遂成聚落。”由此可知，“聚落”在古代是指有别于邑、都的乡村自然聚居点。“聚”意指自然聚集而居的行为方式，又指聚居的一定规模。“落”是乡村聚居组织的基本细胞——住屋或家户。① 在《辞源》中定义为：“聚，谓村落也，为人所聚居。”“落，所居之处，如部落、墟落、村落”；在《中国大百科全书》中定义为：“聚落是指人类各种形式的居住场所，在地图上常被称为居民点，它不仅是人类活动的中心，同时也是人们居住、生活、休息和进行各种社会活动以及进行劳动生产的场所。”因此说，土坑聚落即为刘氏族人居住、生活、休息和进行各种活动与生产的，具有一定人口规模的场所。

从组织结构上来看，人类聚居主要分为城市型聚居和乡村型聚居。乡村聚落是一个较低层次的系统，是聚落的一种基本类型，是长期生活、聚居、繁衍在一个特定的地理环境，由主要从事农业生产的人群所组成的空间单元。

土坑属于乡村聚落，依托塗山、割山、柳山等丘陵与坑沟、小溪、海洋等水系建村，聚落以农耕和海上捕鱼为业，历经千百年，逐步形成刘氏宗族单姓聚落，这些都足以体现土坑聚落的组织特性。

第二节　聚落空间形态构成

一、空间

“空间”(space)一词源于拉丁文“spatium”，它不仅是人们描述位置、地方和体会虚空

---

① 田昌五，马志冰.论十六国时代坞堡垒壁组织的构成［J］.中国史研究，1992(2).

的经验，也是一个传统的哲学命题。中国古代通常从宇宙观来解释空间：《管子·宙合》篇曰："宙合之意，上通于天之上，下泉于地之下，外出于四海之外，合络天地为一裹。"这里的"合"即为抽象意义的空间概念。《文子·自然》篇记载："老子曰：……往古来今谓之宙，四方上下谓之宇。"《庄子·庚桑楚》中曰："有实而无乎处者，宇也。"即空间是一种客观实在，它可以容纳一切，其本身却不能被别的东西容纳。《墨子·经上》有"宇，弥异所也"之说。《经说》解释："宇，东西家南北。"即用东、西、中（家）、南、北的方位合在一起抽象出总的空间，空间是各种不同场所或方位的总称，"弥异"就是包容一切有差异的某类事物，此处即时空。《老子》中曰："无，名天地之始；有，名万物之母。"这里的"无"是指空间，是大地形成的本始，"有"是创造万物的根源。两者的关系可谓是同一事物的两个方面。老子又说："三十辐共一毂，当其无，有车之用。埏埴以为器，当其无，有器之用。凿户牖以为室，当其无，有室之用。故有之为利，无之以为用。"即三十根辐条集中到一个毂中，有了毂中的空处，才有车的作用。糅合黏土做成器皿，有了器皿中间的空处，才有器皿的作用。开凿门窗造成房室，有了门窗四面墙壁中间的空处，才有了房室的作用。所以，"有"（器的实体：车、器、室）给人便利，"无"（器的空处在其中）发挥了它的作用。《辞海》中把"空间"解释为："在哲学上，与'时间'一起构成运动着的物质存在的两种基本形式。空间指物质存在的广延性；时间指物质运动过程的持续性和顺序性。空间和时间具有客观性，同运动着的物质不可分割。"人类具有认识空间的能力，更具有所有其他物种所不具备的创造空间的能力。

西方，古希腊柏拉图（Plato，公元前 428—前 348 年）则把空间理解为场所，"空间作为存在者和变化者之外的第三者，在世界生存之前就已经存在了。它像一个母体，为万物的生成提供了一个场所"。①

而柏拉图的学生亚里士多德（Aristotle，公元前 387—前 322 年）是第一个给空间下定义的人，他在《物理学》一书中把空间称为"地位"，给出了地位的四个特性：一、地位是一事物的直接包围者（即空间），而又不是该事物的部分；二、直接地位既不大于，也不小于内容物；三、地位可以在内容物离开后留下来，因而是可以分离的；四、整个地位有上下之分，每一种元素按其本性（即重力）都趋向它们各自特有的地位，并在那里留下来。可见，亚里士多德重点是在阐述物体与空间的关系。

德国哲学家康德（I. Kant，1724—1804 年）把空间概念归结为人类理性的直观知觉。空间是一种精神化的主观存在，实体只是产生空间的一个重要的物质因素，是一种媒介，空间感的产生最终要通过人的直观知觉而得，因此，空间表达的是一种物体与人的知觉关系，如果空间不为人所知，则空间毫无意义。为此，康德的这种空间先验存在观，从哲学的高度给予了人类整理有无、结构、位次与形态的一种重要的思维工具。②

20 世纪的现代法国思想家昂利·列斐伏尔（Henri Lefebvre，1901—1991 年），在他的学术巨著《日常生活批判》中，将人的日常生活概念译解为一个空间与生活领域内的范

① 包亚明.现代性与空间的生产［M］.上海：上海教育出版社，2003：12.

② http://wenda.haosou.com/q/1368697469063381.

畴，使辩证唯物主义基础从时间移向了空间，发现了至今仍对西方思想界影响巨大的“社会空间”。他认为空间不是简单的几何学与传统地理学，而是一个社会关系的重组与社会秩序的建构过程。空间不再是单纯的、物理性的自然含义，它充满着各种社会关系，不仅被社会关系支持，也被社会关系所生产，甚至于被社会关系所操纵。①

综上所述，空间是多维的、物质的、精神的和社会关系的共生体，它既独立于人的意识之外，又因人类的知觉而存在，空间产生了人类的社会过程，又被社会生产力再改造，空间与社会生产的关系密不可分。因而，空间可分为物质空间、精神空间和社会空间。② 同样，土坑聚落的空间包含人工创造的物质空间，如古厝、祠堂、街巷等，也包含刘氏族人海上贸易的奋斗精神及其尚文崇武的聚落文化等精神空间，还包括由刘氏族人构建的社会空间，这三大空间构筑了土坑聚落空间。

二、聚落空间

聚落空间是人类生活及活动体系的核心。聚落空间结构是指人类活动的环境体系，是各类空间形态的内在机制和空间之间理性的组织方式。在聚落环境中，空间结构体系是人生活与活动体系的总和，它由自然生态空间、人工物质空间、文化空间、社会空间四部分系统组合成有机的整体，也是承载聚落文化生态系统的结构圈层的场所。

其次，从宏观上看，可以分为人工要素和自然要素，从性质上看，可以分为物质要素和非物质要素，其中物质要素包括：传统古厝、番仔楼、洋楼、石屋、庙宇、街巷、前埕、城墙、牌楼、古井、山林、池塘、溪流，乃至聚落整体景观，都是传统聚落空间的重要组成部分，这些空间要素体现闽南人物质、精神、文化的需求，是闽南传统聚落空间类型的表层结构的体现。非物质要素是指物质要素的组织方式与内在构成规律，以及审美情趣等内在的空间体验与精神文化意义等方面的因素。

基于上述，结合前文空间的概念，聚落空间则包含着自然生态空间、物质空间体系、文化空间、社会空间等诸多的要素，这些要素相互作用，相互关联，共同建构起聚落空间形态。

（一）自然生态空间

众所周知，人类文化总是要基于一定的气候、地形、土壤、水分、植被、动物群和矿产能源等自然条件，文化创造活动离不开这一客观基础，因此自然环境成为影响文化产生和发展的首要条件。自然生态空间由大地、山川、植物等构成，土地、水文、大气、矿产及生物等等自然因素是人生存之源，而人是自然的一部分，与自然共同生息。

人类作为独特的生物体，还有着不同于自然界的大多数生物体的能动属性。人类聚居具有高于其他生物体的原因在于：构成人类聚居基因的基本材料是人，与其他生物体对于自然环境只能被动地适应自然不同，人类具有利用自然、改造自然的能力。因此，传统聚落作为人类聚居的形态之一，在其空间上具有相同的生态属性，即生物属性。

同时，人类聚居作为独特的生物体，其复杂程度要远远高于其他生物体。根据对考古

① 刘怀玉.西方学界关于列斐伏尔思想研究现状综述［J］.哲学动态，2003(5)：23-30.

② 冯淑华.传统村落文化生态空间演化论［M］.北京：科学出版社，2011：48-49.

资料的分析，最早的原始聚居大约出现在二百万年前，那时的原始人类的食物来源主要依靠采集野果和狩猎。因而，人类聚居的地点必须根据动植物生长周期的季节性变化进行季节性迁徙。人类聚居是一种临时性的、游牧式的原始无组织聚居。无组织的原始聚居持续了数百万年，直到人类掌握了农业耕种技术，才开始定居生活。最初的人类在某个地方定居下来的时候，就产生了第一个人类聚居，这是聚居系统形成的最初阶段。

惠安崇武大岞村历史悠久，1951 年在此地考古发现史前石器和陶片，其器物属于闽越文化类型。1958 年，又发现一处新石器时代的贝丘遗址，该遗址位于西岞山东坡龙喉岩西北侧，遗址表明了大岞村先民在新石器时期就已经能够利用海洋找寻食物来源，据此，有学者认为以贝丘遗址为代表的海洋文化成为大岞村古文化的源头。[①] 大岞村的贝丘遗址证明了闽南人对自然资源的依赖，折射出闽南人依托海洋资源谋求发展的历程。

与此同时，人们总要选择该地区中最有利的地方作为他们的聚居地。这个时期的人类改造自然的能力还很低下，其聚居地生成的过程同其他生物体一样也受到三个方面因素的影响：一是生存因素，新石器时代气候的波动变化，引起了动植物数量、种类和分布区域的变化，这也使得人们的采集和渔猎的对象和区域必然发生变化，而生产生活内容和范围的变化又必然影响人类聚落空间变化；二是资源因素，人类总要选择资源丰富，且容易采集和攫取的地方，即选择那些对于生产和生活来说都是最方便、最有利的地方；三是安全因素，人类之所以采用聚居生活的方式，就是要利用群体的力量，抵御外来力量的侵袭。人类在选择聚居地的时候总要选择最容易防御外来侵害，最易于保护自己的地方。

（二）物质空间体系

传统聚落中，人工物质空间是供人生活居住及生产等多功能活动的主体空间。传统聚落空间突出“以人为主体”的指导思想，以山水、林木、光、水、土地等自然生态因素为源，以古人的行为、心理、社会活动及农村生产的需求为目标，遵循顺应自然、因地制宜、节约用地、节约能源、就地取材等原则，按聚落规划构思和章法营建住宅、广场、街巷道路及公共活动等多功能、多元化、多层次的活动空间，构建有机组合的人工物质空间体系。

传统聚落的物质空间包括建筑物、构筑物、街巷、河流、广场等人们活动和休息场地，以及聚落内的空闲地、蔬菜地、果园、林地等构成的部分。据此，传统聚落的物质空间是由自然物和人工建筑两大部分组成，其主要功能是满足居民的生活和生产需要，是生计文化的集中体现。其次，从物质层面，按功能和空间组合，传统聚落空间可以划分为居住空间、信仰空间、街巷空间、广场公共空间和环境空间。

如福建省晋江市梧林古村落的物质空间体系中最为突出的就是其多元风格的建筑空间，这些建筑多建于 20 世纪初至抗日战争爆发前，主要有传统的闽南官式大厝、哥特式建筑、古罗马式建筑、中西合璧民居、番仔楼等。其中，除了 42 座大厝以外，有 11 座西洋楼和 22 座番仔楼，村落整体呈现出中西合璧的特点。建筑群建造技艺精湛，凝聚着侨乡文化精华，具有较高的艺术价值。而华侨建筑的遗存更是梧林人爱国、爱乡的例证。梧林多元的建筑风格营造出了村落的丰富的街巷空间、信仰空间、广场空间、居住空间等，彰显了

---

① 惠安县崇武镇地方志编纂委员会.崇武镇地方志［M］.惠安：崇武镇地方志编纂委员会，1996：248.

村落的特色。

(三)文化空间

文化空间是以"人文"为核心的精神空间体系,人文精神是体现人存在与价值的崇高理想和精神境界,也是文化生态结构圈层中生态核,即人的要素的物化,是构成生态基本的要素。首先,基于上文可知传统聚落的地理空间的选择,充分体现了人类聚居的文化属性。

其次,人类聚居是不断变化的过程,是不断地对人口增长、技术发展、自然环境的变化以及相应的社会、政治、文化机构等的变化所产生的巨大影响做出反应的系统。"人类聚居的基本特征来源于物质结构(或容器)和人类(或内容)的融合和相互平衡,对人类聚居的合理研究必须围绕对这两种因素间动态平衡的分析。"①人类选择聚居空间可以归纳为两大原则:一是效益最大化原则,即对地理空间中全部要素的选择标准都基于效益最大化的原则;二是预见性效益原则,即以决策者过去已经经历过的空间行为,作为基本的信息来源和判断的依据,去解释所面对的地理空间过程、地理空间结构和地理空间优先,对全部可供选择的方案,实施空间的优先排序,如闽南"红砖文化"的传播很大程度就在于该原则的作用,即红砖营造技艺在既有行为的作用下向外流动的过程。

再次,在构建物质空间的同时极为重视精神空间的打造,以强烈的精神情感和优秀的文化品质修身育人,它多以自然山水景象、血缘情感、人文精神、乡土文化构建出质朴清新,充满自然生机和文化情感的精神空间。如石狮市永宁古镇的"永宁十八景"与"鳌城八景"就是典型的例证。其中,鳌城八景,即所谓"桥如玉带景幽妍,观月台高曙色鲜;丹凤朝阳栖福地,犀牛望月卧光天;骊龙珠皎垂千古,镇海石坚立万年;浸月池中春色碧,鲤鱼逆水出深渊"。具体指:玉带桥、镇海石、观月台、骊龙珠、浸月池、丹凤朝阳、犀牛望月、双鲤浴滩。这些美丽的名称,现在多数也能一一找到,如镇海石公园里面就保存着"玉带桥""观月台""浸月池""丹凤朝阳""骊龙珠皎"等景点,城隍庙后面有块巨石,即为"犀牛望月"。南门街上的两块奇石裸露于路面,犹如鲤鱼,故被村民称之为"双鲤浴滩"。而永宁十八景则在鳌城八景的基础上,增加了:"姑嫂塔""石鼓通潮""仙开门""海天一色""石迫水""永嘉石室""观音听潮""慈航普渡""穿云迳""黄金海岸"十个景点。② 这些文化景观都强烈地反映出永宁的精神情感与文化品质,渲染着浓郁的、对自然山水与乡土文化的双重崇敬。

最后,人类聚居体现出人类对自然环境的改造能力及其在改造过程中受制于生态环境而引发对自然生态的保护。

(四)社会空间

传统聚落的主体是人,人是空间的创造者和使用者。聚落中的个人与个人、个体与群

---

① C.A.Doxiadis.Ecumenopolis: The Inevitable City of the Future [M].Athens Publishing Center, 1975: 7.

② 永宁十八景的名称是根据郑天应、李显扬等村民的口述资料整理而得,其中参考了《永宁乡土资料汇编》的相关内容。涉及鳌城八景、永宁十八景的名称存在一定的重叠,并且,村民们的表述也有一定的差异,有村民认为八景包括:镇海雄风、犀牛望月、双鲤浴滩、永宁福地(城隍庙)、慈航普渡(慈航庙)、文祠书香(文庙)、霞源古厝、石必浸月。其中,镇海雄风包含了镇海石、玉带桥、观日台、浸月池、丹凤朝阳、骊龙珠皎等景点。

体、群体与群体之间会形成不同的社会关系和社会秩序，构成一种以生产关系为基础的社会空间，它与物质空间和精神空间一样，是传统聚落空间系统的重要组成部分。①

所谓社会空间是指以人为中心形成的生存空间及其组织结构。传统聚落社会空间的基本单元是家庭、邻里、社区，在不同经济时期，这些社会空间的构成单元表现出不同的生存特点、空间形式和结构特征。②

我国农村社会经济发展经历了自然经济、商品经济和市场经济等不同时期。在自然经济时期，农村经济形态以自给自足的小农经济为主，聚落以自然村落为主要形式，社会关系是由氏族、宗族、家族等群体所形成的血缘关系，它是传统聚落最早的，也是最重要的社会关系，至今仍然存在。

到商品经济时期，小农经济的狭小封闭的交往空间被打破，商品经济在农村地区得到较快发展，生产方式由单一的农业生产向农商相结合的方向转变，出现了社会分工和职业分化，聚落中居民的社会地位、经济收入逐渐出现差异，社会阶层初显端倪。

对于土坑聚落而言，其可供耕地较少，仅种植地瓜、麦子等基本农作物，百姓三餐吃的基本上是用石磨磨出来的带麸皮的面粉煮成的麦糊饭。因此，依靠农耕难以支撑聚落的发展。对此，素有海运传统的土坑族人大力发展港运和海上商业贸易，以此弥补农耕的不足，促进聚落的发展。

20 世纪 90 年代，我国市场经济得到蓬勃发展，并向乡村城镇地区迅速渗透。受它的影响，乡村城镇社会空间和组织结构发生较大变化，生产力得到大力发展，产业结构发生了变化，第二产业和第三产业进入传统聚落。对传统聚落而言，以旅游业为典型代表的第三产业更是得到长足发展，因而进一步促进了传统聚落居民的职业分化，并且以职业、利益为纽带的业缘关系正式取代了传统的血缘和地缘关系。这种职业分化所引发的社会群体分化在传统聚落中表现得日益明显，按职业群体来划分，有农业生产者、农民工人、旅游服务从业者、私营企业主等，这些不同社会群体在经济收入、生活方式、价值观等方面都表现出明显的差异，社会阶层分化更趋于明显。③ 对于土坑而言，最显著的就是人口的外流，即大量的年轻劳动力外出打工，致使聚落空心化现象突出，大量传统古厝空置，聚落保护因人口的锐减而变得艰难。

对于传统聚落而言，空间伴随着聚落的形成、发展与兴盛而变异，空间是聚落居住者物化的产物，是人的意志决定其行为的心理过程的结果，而这种由意志决定的判断，源于居住者所拥有的空间概念。这一概念的产生即是在时间的作用下空间逐步被认知而形成的，具体包含了：一、伴随着对聚落地形环境的选择过程而进行的空间概念的物象化；二、伴随着居住建筑的营造而进行的空间概念的物象化。④ 因此，空间由聚落产生，并左右聚落自身或者其他聚落的发展，构筑了文化生态系统的生态库。

---

① 饶小军，邵晓光.边缘社区：城市族群社会空间透视［J］.城市规划，2001(9)：47-51.

② 艾大宾、马晓玲.中国乡村社会空间的形成与演化［J］.人文地理，2004(5)：55-59.

③ 冯淑华.传统村落文化生态空间演化论［M］.北京：科学出版社，2011：53-54.

④ 王昀.传统聚落结构中的空间概念［M］.北京：中国建筑工业出版社，2009：27.

三、聚落空间结构

传统聚落空间结构是在特定生产力水平下，人类认识自然、利用自然的活动及其分布的综合反映，是聚落经济社会文化过程综合作用的结果。传统聚落空间结构是指地域中居民点的组织构成和变化移动中的特点，以及村落、城镇分布，农业土地利用和网络组织构成的空间形态及其构成要素间的数量关系。其构成要素一般包括聚落地域结构、社会结构、产业结构、土地利用结构及文化结构等因素，具体指聚落的区位、分布形态、职能规模、演变的动力因素及模式、内部结构特征、景观外貌、类型、群体结构及聚落文化与地域环境的关系。

传统聚落空间结构分为三个层次：一、区域聚落空间结构，其从总体上反映聚落特征的区域差异、组织和空间分布，主要特征有地域结构形态、聚落密度、类型区划和发展模式等；二、群体聚落空间结构，即中心聚落与其吸引范围的小聚落间相互作用所形成的地域关系，其主要组成要素，有群体的规模、体系、经济社会特征和形成机制；三、单体聚落空间结构，即单个聚落发展所遵循的空间模式，主要内容有规模、用地组织、区位、社会结构、文化特征、自然特征与景观构成。

对于单个聚落而言，其空间组织的基本单元是“间”，由“间”排列为单个建筑，再组合成“院”，由若干“院”通过街巷等形成建筑群，然后通过各种环境要素、交通道路等形成聚落，因而构成了“间—单体建筑—院落—建筑群—聚落”的空间结构层次。（如图 2-1）

图 2-1 聚落空间结构层次分析一

从上述空间结构层次理论分析，传统聚落空间结构可以进一步抽象为一种序列关系的围合圈层结构，即由聚落外围到中心依次划分为三个区域：外围的环境过渡区、聚落公共空间区、民居建筑区。

外围的环境过渡区主要由山、林、田地、河流等自然要素，以及具有标志性的人工建造物组成，如水井、塔、桥等，构成一个具有生态和人文含义的环境空间，在功能上起到空间的一种引导或过渡的作用，增加了传统聚落的对外封闭性和对内开放性。

聚落公共空间区主要由聚落内的祠堂、庙宇、书院及其空置用地、池塘、溪流、古树等构成，是民居建筑区与外围环境的衔接区，是居民生活休闲和开展公共活动、祭祀的场所，也是传统聚落空间形态变化最快的区域之一。（如图 2-2、图 2-3）

民居建筑区主要是由民居院落、街、巷、广场、戏台、祖厝、家庙等构成的，是居民生活和开展社会交往的区域，它不仅是居民生计文化的主要展示区，而且是聚落社会关系演变的“平台”和“大容器”，是传统聚落的核心部分。

对于土坑聚落而言，其外围的环境过渡区主要有奎秀山、柳山、割山等山林，土坑海、湄洲湾等水系，以及码头、道路、大圣寺等人工建造物组成，其聚落公共空间区则由白石

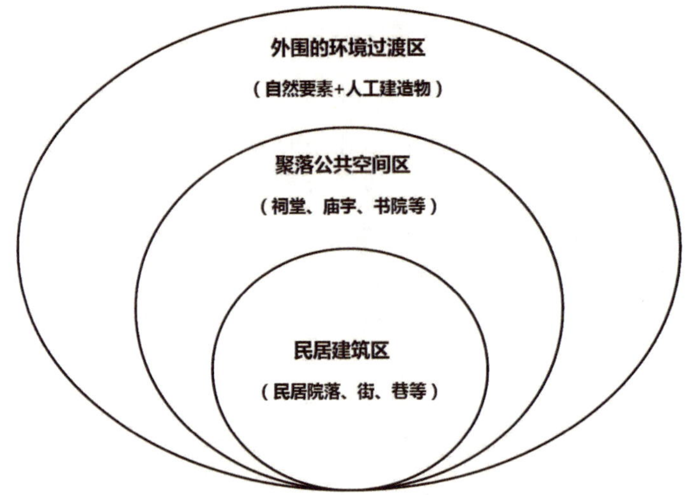

图 2-2　聚落空间结构层次分析二

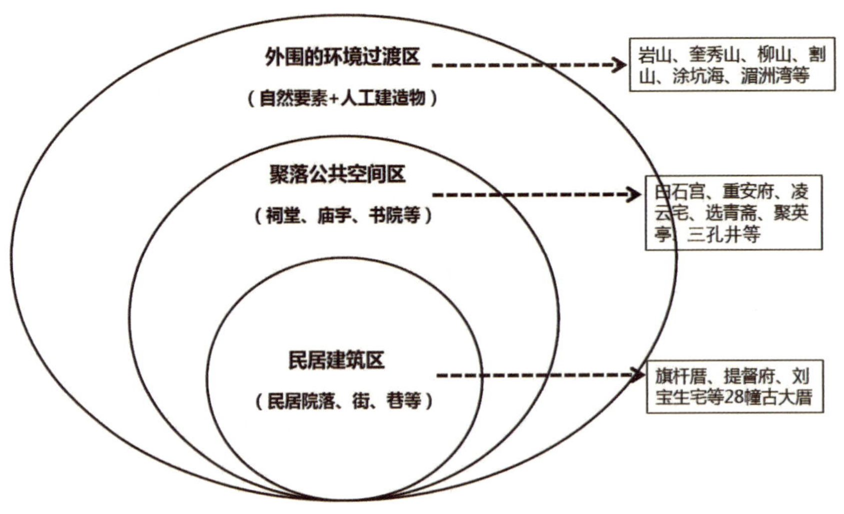

图 2-3　土坑聚落空间结构层次分析

宫、重安府、凌云斋、选青斋等祠堂、庙宇、书院组成，而旗杆厝、提督府、建珍大厝等古厝以及祠堂口街、施布街等街巷则组成了民居建筑区。总之，对传统聚落空间结构层次的分析，为空间系统的构建和空间演化的研究提供了一个组织框架。

四、聚落形态

《辞海》中，形态是指形状和神态。这其中不仅仅是指事物的几何形状，还包含其形状传达的意义和精神状态。美国学者戈登·威利定义聚落空间形态为人类在土地上安置自己的一种方式，涉及反映自然环境、建造水平和各种制度的住房与其他社会性质建筑的布局。聚落空间形态是人群聚居方式在空间上的布局反映，并随人类社会发展、人类适应及改善环境的能力提高发生相应变化。聚落空间形态既包括聚落的物质形态，如街巷、建筑、自然环境等，也包括聚落的非物质形态，如历史、信仰、家族、文化等。

传统聚落形态作为一个自然、经济和文化子环境系统构成的空间系统，有以下特征：一、它是具有一定的结构（即相互存在着某种稳定联系）的要素所组成的集合，并有明确的边界，一切与该系统有关联的其他要素称之为外部环境；二、各要素之间保持一种相对固定的比例关系，并由此形成一种较为稳定的组织系统；三、系统是以整体的方式与环境相互作用的，并通过对环境的作用表示其功能；四、作为整体的系统在不同程度上具有稳定性、区域性、社会性和动态性等特征，同时，还表现为不同空间层次，其系统本身的特征取决于它所包含的要素的行为、状态和相互关系。

传统聚落形态作为一个系统，还有空间和时间上的含义，聚落空间是聚落形态最重要的方面，它不只是三维的物质空间，还具有行为空间、社会空间、象征空间、心理空间和文化空间等含义。

另外，随着 20 世纪 20 年代人类生态学思想的兴起，美国芝加哥学派代表人物帕克首先提出人类生态学概念。另一代表人物麦肯齐定义人类生态学为“研究人类在其环境的选择力、分配力和调节力的影响下，形成的时间上的联系科学”。[①] 我国生态学家马世骏、王松如在此基础上，于 20 世纪 80 年代初期进一步指出，“人类社会是一个由自然、经济、社会三个亚系统复合而成的人工生态系统”。[②] 据此，从生态系统的角度分析，聚落生态系统具有一定的层次结构，按其定义，可将其划分为三个组成部分，即自然环境、社会环境及经济环境，它们又由各自的构成因素组成。

据此，聚落形态作为聚落生态系统的物质表现形态，是聚落生态系统中的子系统，是由聚落实体空间和其周围完整的自然环境要素共同构成的物质空间统一体。一般而言，聚落构成主要包括房屋建筑，街道，供居民洗涤饮用的池塘、河沟、井泉，以及农田、林地、聚落内部的空闲地等因素。而一个完整的传统聚落形态构成概念，应该是住宅建筑之间的配置关系、耕地的区块划分、道路网及水系构成、节点场所、防风林带等多种因素及其相互关系的集合。（如图 2-4）

对于土坑聚落而言，其形态要素包含了：塗山、岩山、奎秀山、柳山、割山、土坑海、许厝海、后田溪、面前坑、后坑、后乾溪、后铁坑、脐沟，以及农田等自然空间；旗杆厝、提督府、傳鹤府第等 28 幢古大厝、凌云斋、选青斋、聚英亭、三孔井、刘氏宗祠、白石宫、兴天府、水兴庙、章山堂、重安府、土地庙、龙山府、过桥、白晶石、圣旨碑、跑马场、旗杆石以及四横五纵的街巷系统等人工空间；土坑戏、北管乐、大钵文艺队等民俗文化，修宗谱、立宗祠、建族墓、设义塾义田、举族合祭等宗族文化构成的文化空间。（如图 2-5）

从宏观的角度来看，聚落形态是由聚落的外轮廓形态与构成聚落的各要素形态综合而成的三维空间形态，因此聚落的形态演变分析可分为两部分：首先是聚落整体形态的演变分析，也就是以时间轴为主线，分析聚落的最外边界所围合的空间形态，从聚落的形成

---

① E.P.奥德姆，等.生态学基础［M］.孙儒泳，等，译.北京：人民教育出版社，1981：24.

② 马世俊，等.现代生态学透视［M］.北京：科学出版社，1990：56.

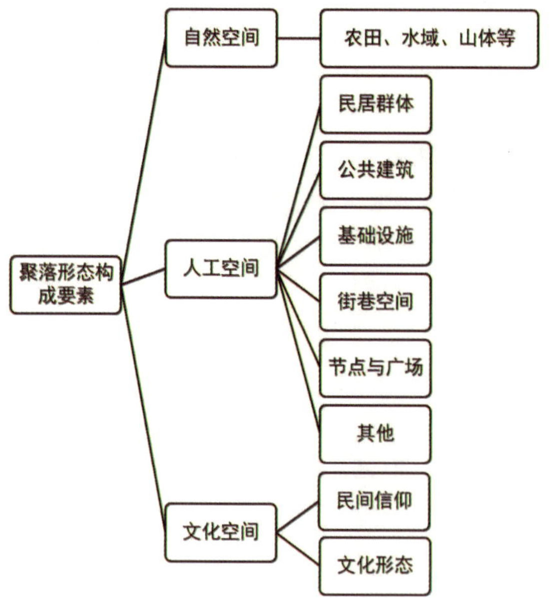

图 2-4 聚落形态构成要素

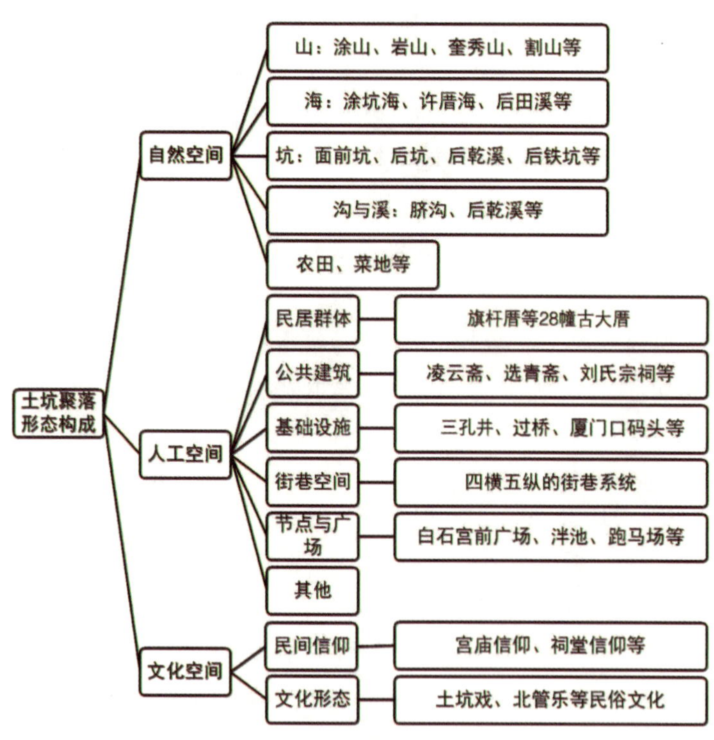

图 2-5 土坑聚落形态构成要素

之初到发展现状的变化过程；其次是对构成聚落形态的各组成要素的分析，即各要素的形成与发展对聚落演变的影响分析。

据此，对于聚落空间而言，这些形态构成要素，组合形成了道路、街区、节点、用地和发展轴。

（1）道路网

道路网是构成聚落空间形态的基本骨架，它是指人们经常通行的或有通行能力的街道、小巷、河流等。道路具有连续性和方向性，并将聚落平面划分为若干街区或地块。聚落中道路网密度越高，其形态的变化就越迅速。而道路网的结构和相互联结方式则决定了聚落的平面形式，同时聚落的空间结构在很大程度上也取决于道路网所提供的可达性条件。

另外，传统聚落的道路网络与聚落的发展有着密切的关联，道路网络的生长过程体现了聚落本身的发展过程，因此，剖析道路网络，可以解析聚落的空间形态演变及其空间结构特色。

在聚落发展的早期，其道路网往往源于自然条件，如地形地貌等影响，因此道路网络具有一定的自发性，空间形态呈现自由的特色。而聚落发展到兴盛时期，道路网络也日趋完善，并在此过程中受到一系列制度和因素的影响，如宗族制度、军事制度、政治因素等。如土坑聚落明代以前主要集中在厦门口附近发展，即聚落东部近码头遗址处；而明代初年随着刘氏族人在塗山以南的定居，由此形成两个分散的小聚点。而刘氏小聚点则围绕宗祠建造，由此形成了贯穿东西的祠堂口街，联系了刘氏大房与四房两个分支，据此，祠堂口街就成了刘氏小聚落生长的线，见证了聚落的兴起历程。

（2）街区（或地块）

由道路所围合起来的平面空间就是街区或地块，它具有功能均质性的潜能。聚落就是由不同的功能区所构成的，并由此形成结构化的地域，同时，只有街区的存在才能使聚落形成明确的图像。

对于土坑而言，其核心地块即为四条道路围合的地块，也是历史最悠久、聚集古厝最多，传统风貌最完整的区域，包含了刘氏宗祠、提督府、旗杆厝等现存规模最大、保存最完整，且古厝类型最丰富的传统建筑群；其次，该街区内有祠堂口街、施布口街、百万街、提督后街、百万东巷、三孔井巷、圣碑巷、凉亭巷等街巷网状系统，其空间肌理、空间格局保存完好。因此，该地块是土坑聚落现存最具有地域文化特色的区域。

（3）节点

节点是一种三维空间向量，它包括聚落中各种功能的建筑物，人流集散点，道路交叉点，寺庙、宗祠、戏台等重要建筑前广场，聚落主要出入口场地以及具有特征事物的聚合点等，是聚落中人流和能量交换产生聚集作用的特殊地段，也是营造聚落文化的重要元素。如土坑的白石宫、重安府、清莲堂、凌云斋等都是土坑聚落重要的节点空间，彰显着土坑的民间信仰文化、私塾文化、宗族文化等。

（4）聚落用地

聚落用地是指聚落各种活动所占据的土地空间和使用模式，它由各种异质和异量空间组成，是聚落形态具体的物质载体。如土坑的用地就由农林用地、耕地、工业用地、居住用地、教育用地等组成。整个聚落用地功能相对较为复杂。

（5）聚落发展轴

聚落发展轴主要由聚落对外交通道路、河流等组成，具有文化链的功能特征，轴的数量、角度、方向、长度、伸展速度将直接构成聚落不同的外部形态，并决定着聚落形态在某一时期的阶段性发展特征。

(6)非物质要素

除上述构成聚落空间形态的可见物质要素外,还包括不可见的非物质要素:一、社会组织结构;二、居民生活方式和行为心理;三、聚落意向等。这些非物质要素通过人们的感知和体验而构成了聚落主观形态,并与物质要素相结合,在人的能动作用(规划和控制)条件下,构成了聚落形态的多样化特征。

由于聚落形态系统是具有结构的,并不是一些要素的堆积,因此,仅仅指出聚落形态的构成要素,并不足以确定这个系统,还必须指出这些要素之间的联系组合原理,以及各要素的行为和变化过程,这样才能使系统本身明确起来。

如图 2-6 可知,任何一个系统和聚落都具有核心、构成要素、系统边界以及要素的组织和系统运行的方式等组成部分。聚落系统的核心一般是最初形成的聚落点。聚落系统的空间组织规则是指由一组确定系统要素的空间布置、相互关系和行为的规则。在绝大

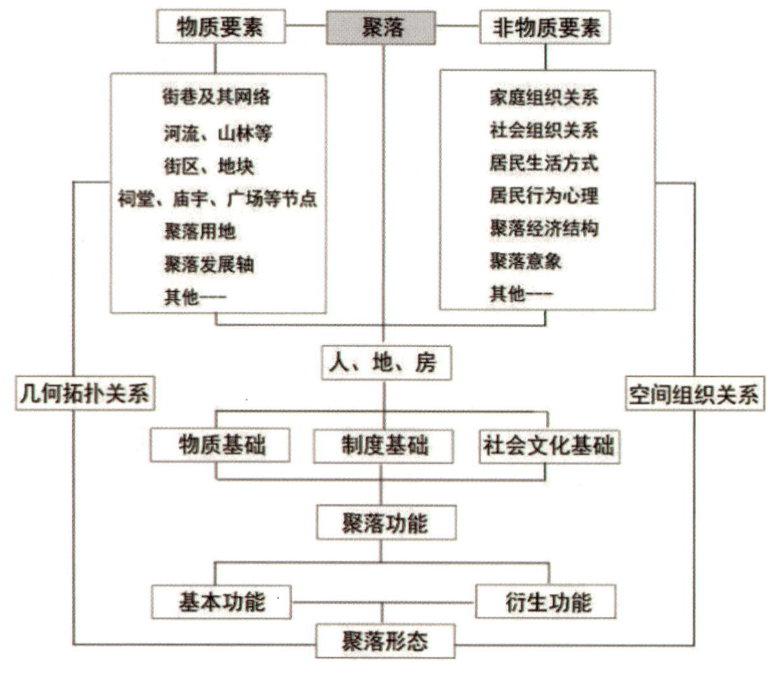

图 2-6 聚落形态基本要素的构成关系

多数情况下,可以把这种规则看成是一种制度化的活动或社会文化约定。系统的外部环境是指系统外部对系统行为产生影响的所有条件。对于聚落系统而言,外部环境是指影响其发展的外部资源条件和腹地、区域经济发展以及政治、文化等因素,如土坑聚落,其外部环境一方面包括周边的地形地貌条件等自然资源环境,限制了聚落向北丘陵地带发展,另一方面受清初禁海迁界制度的影响,土坑聚落发展被打断,但随着“复界”,聚落又进入了快速发展阶段。据此,聚落空间形态系统的发展轨迹反映了在特定历史条件下,聚落形态的特征、结构和演变过程。

第三章 文化变迁下的闽南文化

人类社会发展的历史是一部文化变迁的历史，在人类历史发展的进程中，文化伴随着社会生产力、生产关系的变化发展而变化，并记录下社会发展的进程。西方国家对文化变迁的研究较早，早期的进化学派、传播学派、历史学派、功能学派、心理学派、结构主义学派等从不同角度对文化变迁进行研究，形成了古典进化论、文化传播说、历史文化区说、文化元素相互作用说、文化模式说、深层结构说等一系列文化变迁理论。20 世纪 30 年代，赫斯科维茨等美国人类学家着重研究印第安人与白人文化接触所引起的变迁。而英国人类学家则关注殖民地土著居民接触白人文化而引起的变迁。二战以来，殖民帝国主义体系逐渐崩溃，大批第三世界国家摆脱了西方帝国主义的控制，其发展问题引起广泛的国际关注，更多学者投入到了文化变迁的研究领域中，以文化变迁为课题进行个案社区研究。直至目前，文化变迁仍是一个热门的研究课题。

本书对于土坑聚落空间的研究，将借鉴文化变迁的相关理论，旨在对土坑传统聚落的聚落空间进行文化注释，并以此窥视闽南传统聚落空间的演变规律，为土坑乃至闽南传统聚落保护及开发研究提供参考。在研究中，我们将以文化变迁的视角界定闽南文化，突破传统历史学范畴文化解读的局限，以文化变迁理论对闽南传统聚落演变进行分析，从一个较为新颖的视角切入，期望本研究能够丰富闽南传统聚落的研究理论和方法。①

第一节 闽南文化

一、文化

文化具有丰富多元的语意。英国人类学家泰勒（Edward Burnett Tylor）定义文化：由作为社会成员的人所获得的，包括知识、信念、法律、风俗、艺术、道德法则及其他习惯和能力的复杂整体。② 美国社会学家戴维·波普诺（David Popenoe）则认为文化是一个国

---

① 第三章的部分成果为本课题研究团队成员沈姝君同志的《文化变迁视野下闽南传统聚落空间解析》研究成果。

② ［英］泰勒（Edward Burnett Tylor）.原始文化［M］.蔡江浓，译.杭州：浙江人民出版社，1988：1.

家、一个民族或一群人共同具有的符号、价值观、规范及其物质形式。[①] 我国学术界大体将文化分为广义和狭义两种：广义上的文化是指人类在历史实践中所创造的物质和精神财富的总和；狭义上的文化是指社会意识形态及与之适应的制度与组织机构。据此，文化是一个特定的人群在社会历史发展过程中所创造的物质财富和精神财富的总和，是其共同拥有的意识形态、组织规范组成的复杂整体，反映着其历史发展和生存方式。

文化学之父 L.A.怀特将文化划分为技术、社会及思想意识三个亚系统。技术系统处于基础地位，影响着社会和思想意识系统的变化。思想意识系统是技术和社会系统的反映，为文化系统最上层。

二、中原文化与闽南文化

广义的“中原”即黄河中下游地区的山西、陕西、河南、山东、河北南部及北京市；狭义的“中原”即中州，指今天的河南省。中原文化主要是指以中原地域为依托的人们与自然及人们之间的对象性关系所形成的特定的物质文化、制度文化、思想观念、生活方式的总称。中原文化最早可以追溯至新石器时代，影响范围以今天河南省为核心，黄河中下游地区为腹地，逐层向外辐射，延及海外。中原地区以特殊的地理环境、历史地位和人文精神使中原文化在中国历史上长期居于正统主流地位，成为中华民族文化的根基。

闽南文化是指在闽南这一特定地域由当地人民所创造的物质财富和精神财富的总和，是闽南意识形态、组织规范组成的复杂整体，反映着闽南人民的历史发展和生存方式，是中华文化不可分割的组成部分。

现阶段，对于“闽南文化”基本概念的界定大致有五种不同的标准：一是地理区域文化。刘登翰教授认为，“闽南文化是渊源于汉晋，成熟于两宋，发展于明清，在近代社会历史演变中，以中原文化为基础，发扬海洋人文精神，从而逐渐形成的区域性文化”。[②] 林星也指出：闽南文化是极具特色的地域文化，其范围不仅包括福建厦、漳、泉等闽南地区，还扩展到台湾和东南亚地区。[③] 二是方言区域文化，即闽南方言文化，包括闽南的方言与俗谚、闽南方言谣曲、戏剧与歌舞。三是人群文化，即闽南人的文化，包括闽南的民间习俗、民间信仰、饮食衣着、民间文学、戏曲歌舞以及民间的工艺与器物等。四是河洛文化，即古代中原河洛地区传承下来的文化。徐晓望先生曾指出，“闽文化形成与中原文化南传有相当的关系，在福建文化中，保留有许多中原文化的传统，而且构成闽文化的主流。从这一角度来说，福建文化是唐宋文化南传的结果”。[④] 五是闽台文化，即闽南和台湾的文化。据此，结合闽南文化形成的过程中伴随着大量中原人士南迁这一历史事实，闽南文化是

---

① [美]戴维·波普诺(David Popenoe).社会学[M].李强，等，译.北京：中国人民大学出版社，1999：63.

② 刘登翰.论闽南文化——关于类型、形态、特征的几点辨识[J].福建论坛(人文社会科学版)，2004(1)：80.

③ 林星.发挥闽南文化优势·促进闽台交流[J].福建省社会主义学报，2009(1)：63.

④ 徐晓望.福建通史[M].福州：福建人民出版社，2006：17.

晋、唐中原河洛文化传播到闽南，与闽南原住民文化相撞击、相融合，并随着大批移民迁入、迁出而逐渐成熟的、传承有中原文化特性且独具区域个性的文化。

第二节　文化变迁理论

文化变迁是一个动态的过程。经由 19 世纪古典进化论者的“文化单线架构发展理论”、传播学派的“中心传播、大规模借用理论”、新进化论者的“广泛规模的文化进化趋势理论”以及 20 世纪中叶以来人类学家对“文化涵化和指导变迁理论”等理论研究，文化变迁理论在碰撞和融合中逐渐成形。

文化变迁是指在社会历史发展的过程中，民族融合、移民、政治制度改革、战争以及自然灾害等各种来自社会内部或者外部的环境变化、社会进步、科学发展，引起人们生活或生存方式的变化，带来相应的文化的新变化。

一、文化变迁动因

文化变迁的动因，即促使文化变迁的动力因素。目前中国人类学界普遍认同文化变迁的动因主要来自两方面：一个是外部因素，即由自然环境变化及来自社会外部的环境变化（如人口迁移、文化接触等）引起的变迁；另一个是内部因素，即由社会内部变化（如制度变迁、经济发展等）引起的变迁（如图 3-1）。闽南传统聚落是文化的载体，也会受到来自外部和内部多重动因的影响，从而发生变迁。

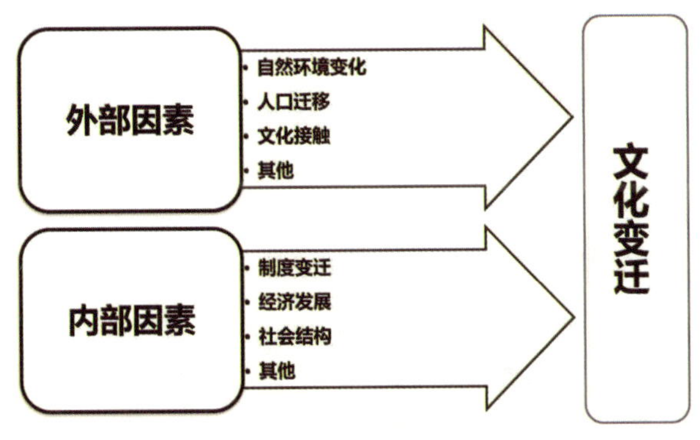

图 3-1　文化变迁的动因

引起变迁的各种因素在动力系统中协调运作，共同构成文化变迁的动力系统（如图 3-2）。在动力系统纵向运动影响下，人类社会内部表现出社会形态的更替；在动力系统横向运动影响下，人类社会内部各要素之间相互作用。同时受到外部环境影响，在整个动力系统中，横向运动引起的社会文化变化汇入纵向运动，并带动纵向运动的变化。因此，文化变迁是各种合力形成的动力系统最终带动纵向运动所促成的。当环境发生变化，足够数量的社会成员接受这种变化，以新方式对此做出反应，并且新方式成了其文化的一种特点，便是文化开始了变迁。

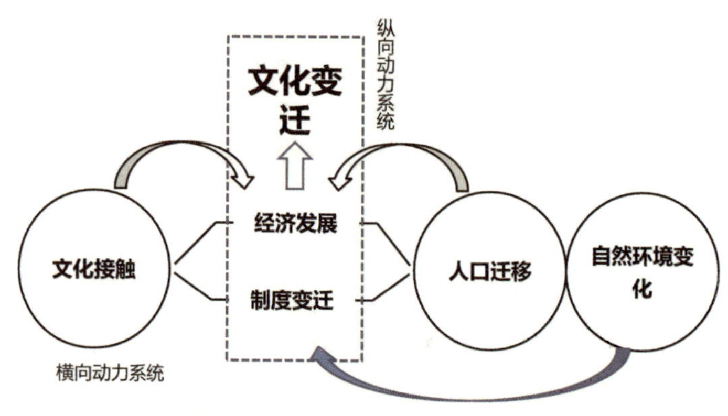

图 3-2 文化变迁的动力系统

二、文化变迁的路径

文化变迁的路径主要包括文化创新、文化进化、文化传播及文化涵化。

(1)文化创新

美国人类学家露丝·本尼迪克特认为"每一种文化，就像一个人，或多或少有一种思想与行为的一致模式"。[①] 这一"模式"是各种要素相互关联的有机整体。另外，H.G.Barnett 认为：任何与固有形式有实质差别的新的思想、行为或事物都称为创新，一些创新表现形式比较明显，一些则仅仅停留在观念层面；创新是文化变迁的基础，是文化赖以发生变化的重要条件和因素，是文化发展的内在动力。[②] 文化创新，是指创造一种新的文化精神、新的文化价值观、新的知识体系或者全新的文化结构，即创造一种新的文化。文化创新对文化变迁有巨大的影响力和推动力。由诸多文化创新共同组成的文化创新群，包括不同层次的文化创新，连续不断的文化创新，是推动文化发生变迁的主要动力，是一种全面而又整体性的文化变迁。

文化创新包括文化发现和文化发明。文化发现是指发现原先存在过，后不知何故被遗忘或抛弃，目前尚无人所知的文化现象或文化。[③] 文化发现创造性地重新诠释了当下原有文化的内涵，赋予原有文化全新的生命力。文化发明是以原有文化为基础，深入发展原有文化或催生新文化的过程。每一次文化发明，都有可能掀起一波文化创新活动的热浪，甚至触发一场刻骨铭心的文化革命。如闽南传统聚落的番仔楼就是典型的文化创新的实证，它是基于闽南传统古厝，将外来的西式柱式、山花及其部分装饰符号等融入传统古厝中，并且实现了传统古厝的楼化，纵观番仔楼风貌变迁，从文化创新的视角，可以看出它是基于闽南传统文化，主动融入外来文化而非被动的文化殖民的结果，这与上海、天津、

---

① [美]露丝·本尼迪克特.文化模式[M].北京：华夏出版社，1987：24.

② H.G.Barnett.Innovation: The basis of cultural change [M]. McGraw-Hill, 1953: 32.

③ H.G.Barnett.Innovation: The basis of cultural change [M]. McGraw-Hill, 1953: 38.

武汉等殖民建筑有着本质的区别，是闽南文化在地域中文化发现与文化发明的结合。

另外，文化创新是引起文化变迁的多个变化因素和条件的聚合体，因此，并不是每一次文化发现或文化发明都可以引起文化变迁，在不同的社会背景及不同的文化时期，其产生的影响都存在一定程度的差异。

(2)文化进化

露丝·本尼迪克特在其代表作《文化模式》中曾记录了一位印第安首领的观点："起始之初，上帝赐给每人一只杯子，杯子里装着泥土，他们从杯中吸取生命的养分。"[①]这"泥土"就是文化进化。文化进化取决于：一是"文化的发展程序，是由低而高的"，前人的创造是后人发展的基础；二是"文化的发展，是由简而繁的"，文化种类的繁多促使文化的构造复杂化、精细化；三是"文化的发展，是由纷乱浑漠的形态，而变为明确特殊的形态"，人类分散而无序的意识及行为在种种目标导向与功能需求的引导下产生互相依赖的关系，成为一种密切的结合。[②] 文化进化是指由社会内部发展引起的文化模式、内容的充实和发展，整个过程具有持续性和累积性。文化进化一般都是进步的，但从简单到复杂的进化过程，有时候也是一种退步。如在闽南传统聚落中，埕是重要的建筑外部空间，不仅可以扩展大厝与外界的缓冲空间、弥补室外空间的不足，甚至有时可以起预警、防卫的功能，但是移民致使闽南聚落中人口密度不断增大，至明清时期，街道商业价值不断上升，为了追求利润最大化，适应更加密集的居住需求，许多商住街区的住宅进化出了前店后宅的手巾寮。[③] 在炎热的气候里，手巾寮在通风、采光、空间舒适度等方面都不如其他古厝，因此，从文化进化的角度分析，是一种退步。但从节约用地、商贸发展、人口需求等角度分析，手巾寮又是对原有古厝文化的一种创新。

(3)文化传播

在时间的打磨下，不同文化之间接触、整合、交流，产生双向的扩展和延伸，是文化发展过程中的自然趋势，即文化传播。文化传播是选择的过程，不同文化对其他文化选择的态度以及不同文化系统之间的价值判断和转换，都是依据各自的价值观进行取舍和选择，接受其他文化的一部分特质并拒绝另一部分特质，通过相互选择和互动传递文化特质，形成文化的传播。文化传播通过不同文化之间复杂的互动实现文化之间良性的交流，达成和谐的文化共识，在文化变迁过程中发挥着不可替代的影响和作用。文化人类学家R.林顿把文化传播过程分为三个阶段：第一，接触与显现阶段。一种或几种外来的文化元素在一个社会中显现出来，被人注意。第二，选择阶段。对于显现出来的文化元素进行批评、选择、决定采纳或拒绝。第三，采纳融合阶段。把决定采纳的文化元素融合于本民族文化之中。从地理空间看，文化传播是由文化中心区向四周扩散，根据传播途中信息递减的一般规律，离文化中心区越远的地方，越不能保持文化元素的原形。当一种文化元素传播到另一个地区以后，它已不是原来的形态和含义，在传播和采纳过程中已被修改过。

---

① [美]露丝·本尼迪克特.文化模式[M].北京：华夏出版社，1987：121.

② 陈序经.文化学概观[M].北京：中国人民大学出版社，2005：67.

③ 赵亮，陈晓向.埕与骑楼——闽南传统建筑外部空间的演变[J].福建建筑，2010(3)：23.

文化传播的方式与媒介文化传播的方式有两种，一种是直接的采借，把外来的文化元素或文化丛直接接纳过来。另一种是间接传播，即一种文化元素或文化丛传入一个地区，引起那里人们的思考，由此引发传入地的人创造一种新的文化。这种现象被称为“刺激性传播”。

文化传播较为典型的就是通过海上丝绸之路，将闽南文化传播到海外，如石狮市永宁古城中的城隍文化，经海上丝绸之路，传播到了东南亚的马来西亚、菲律宾、印度尼西亚等国家。与此同时，海上丝绸之路又将外来的文化传播到闽南地区，融入传统聚落的空间之中。中西结合的番仔楼、洋楼的出现，就是典型的外来文化与本土文化融合的代表。

(4)文化涵化

在文化接触中，每个文化系统都是一个独立存在的单位，具有防止自身受外来文化影响的界限机制、系统内部社会组织之间及个人之间相互关系灵活变化机制、系统内部冲突与凝聚力量的自我平衡及完善机制。两种以上的不同文化因互相接触和影响而引起的一方或双方发生文化变迁的现象，是文化涵化。文化涵化是文化传播的一种结果，不同文化的思想或特质通过文化接触和传播被传递到文化的接受方，产生作用，发生涵化。

文化涵化主要包括三种过程：文化接受的过程，即文化之间通过文化特质的传递，一种文化特质融入另一种文化中，或取代另一种文化旧的文化特质；文化适应的过程，即将另一种文化的特质融入自己的文化体系，并与自己的文化体系部分或全部协调起来；文化抗拒的过程，即处于支配地位的文化由于压力大而变迁过快，致使人们不易接受，出现排斥、拒绝、抵制或反抗的现象(如表 3-1)。

表 3-1 文化涵化过程及其类型

类型	细类	涵化过程
文化接受	特质传播	文化接受方选择性地接受了其他文化的一些特质
	文化结合	一个文化系统自愿接受新的外来文化特质并与之结合
	文化替代	新的文化特质逐渐取代文化接受方的旧的文化特质
文化适应	文化融合	两个不同文化系统的文化特质互相融合成不同于二者的新文化系统
	文化同化	较落后的文化系统吸收先进文化系统的文化特质，以至完全丧失自己的文化
文化抗拒	隔离孤立	一个文化系统被迫表面上接受新文化特质，当外力撤退，新特质随之不见
	反应运动	一个文化系统抵制侵略，试图恢复原本的生活方式、传统文化和仪式

文化涵化过程较为典型的案例，是晋江市陈埭镇岸兜回族村，该村落位于泉州湾东平原南畔，是陈埭回族社区的主要行政村之一。周围与其余 6 个回族村相邻。辖区范围分后角、新厝前、后街 3 个自然村落。全村总户数为 1116 户，常住人口 4750 多人，其中丁姓回族人口占 95%，外来人口有 2.5 万多人。岸兜村因滨海，且海岸在寻东凹入一湾，闽南语“兜”状，即“口袋”状，故称岸兜。据史料记载及专家考证，岸兜回族村为丁氏聚落，丁氏祖先在宋元时期沿着海上丝绸之路进入我国经商。另据丁氏回族宗谱记载，一世祖节斋公于宋末元初从苏州行贾入泉，居泉州城南文山里，元末为避战乱，四世祖仁庵公徙居陈

埭，将原来经商的大笔资金转移使用到农业生产上，与当地汉族人民共同开发，围海造田、兴修水利、滩涂养殖，走共同发展农业的道路，家族得以繁衍生息壮大。现在陈埭 7 个回族村聚居的丁姓回族人口 23000 多人。散居海内外的丁姓族人达 4 万多人，语言使用的是闽南语。从文化涵化的视角而言，岸兜村为穆斯林之后裔，原先主要受到伊斯兰文化影响，自南宋末年在泉州经商以来，重视汉文化教育，长期受到汉民族封建文化的熏陶，逐渐接受了汉民族传统观念和文化，修建宗祠，修纂族谱，因此，岸兜村经历了一个由伊斯兰文化逐渐汉化的涵化过程。始建于明代初年，历经修葺、扩建的岸兜村丁氏宗祠，是一座融合了伊斯兰宗教元素和闽南传统风格的历史悠久的宗祠，它独特的造型正是伊斯兰文化与汉文化逐渐发生涵化的体现。

三、文化变迁的模式

文化变迁是一个动态的过程，不同文化相互接触和影响，在内部和外部因素的共同作用下，文化的动力系统发生横向或纵向运动，当文化发生适应性改变到一定程度，通过文化创新、文化进化、文化传播和文化涵化等路径发生变迁。同时，文化的各个路径之间也是互相作用或交叉的，因此，文化变迁的过程是多种路径共同作用下的结果。（如图 3-3）

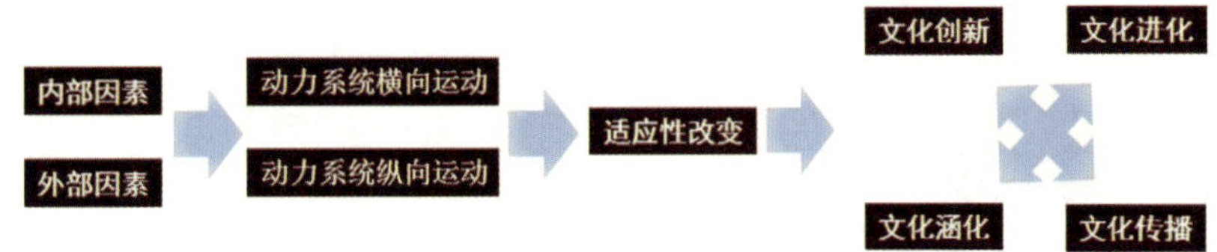

图 3-3　文化的变迁模式

另外，文化变迁既可以是正向的发展，也可以是负向的回归或回退，即具有正变迁和负变迁两种方向指向。在传统聚落变迁的过程中，以正变迁为主流，也存在大量负变迁的现象，如宗教活动的恢复、传统祭祀仪式的复兴等。正负变迁只是一种方向指向，并不直接指代进步或退步的意义。

四、文化变迁理论选取的可行性

文化变迁理论不仅重视文化的现时内核，更强调文化的历史关联性、传承性和发展动向，认为文化会随人类生活变化而产生适应性改变。传统聚落是人类文化的重要实体形态和载体，铭刻着文化变迁的痕迹。作为承载人和人、人和自然关系的构成实体，传统聚落是人类栖居理念及聚居模式的直观反映，同时体现着其自身的演进过程与发展程度。[①] 文化变迁借助聚落空间形态的变化来呈现，聚落空间的变化与文化变迁过程具有一致性。

① 张震.传统聚落的类型学分析［J］.南方建筑，2005（1）：14-16.

第三节 文化变迁下的闽南文化解读

闽南文化不仅仅包括闽南地域文化，还具有中原文化和海洋文化的内涵。闽南文化是闽南传统聚落存在与发展的基础。解读闽南文化的变迁，对于探寻闽南聚落的空间特征及其内涵具有重要的价值。

一、地域方言、民系与地域文化

地域方言，是指仅在一定地域内通行的语言。大多地域方言是因地区隔离，分化于早期的民族通行的语言并发生变异形成的。中国是一个具有悠久历史而幅员辽阔的国家，汉语在其发展进程中分化出了各具特色而丰富多样的地域方言。不同地域的方言通过对民族通行语言不同程度的继承或创新，与民族通行语言之间存在着不同程度的变异和共性。

民系是 20 世纪 30 年代罗香林先生在研究客家源流的过程中，针对汉族内部分化出不同亚文化群体的现象提出的新术语，是指在同一民族内部具有稳定性和科学性的各个独立的支系或单元。[①] 因内部环境差异、人口变化以及其他社会的或者历史的变动，在汉民族发展的过程中，逐渐分化出众多相对独立的民系，这些民系有相对稳定的地域性特点，并在语言、风俗及生活方式等方面都独具特色。

地域方言是民系划分的重要依据，每一个民系都有其独特的语言。目前学界较为通俗的一种划分方法是依据地域分布、习俗、经济中心和文化中心等要素将汉语言分为官话、晋语、吴语和徽语、湘语、赣语、客语、闽语、粤语八大方言，汉民族分为与之对应的北方民系、晋绥民系、吴越民系、湖湘民系、江右民系、客家民系、闽海民系、广府民系八大民系，而其中的北方民系又进一步细分为东北民系、燕幽民系、冀鲁民系、胶辽民系、中原民系、关中民系、兰银民系、湖广民系、江淮民系（如表 3-2）。

表 3-2 方言、民系与地域分布

方言	民系	地域分布	文化中心	经济中心
东北官话	东北民系	东北三省及内蒙古东部除大连、丹东以外地区	沈阳、长春、哈尔滨	沈阳、长春、哈尔滨
北京官话	燕幽民系	北京、河北北部	北京	北京
冀鲁官话	冀鲁民系	山东中西部、河北大部	济南、天津、保定	天津、济南、唐山、石家庄
胶辽官话	胶辽民系	山东东部、辽宁南部	胶东	青岛、大连

① 戴志坚.闽台民居建筑的渊源和形态［M］.福州：福建人民出版社，2002：6.

续表

方言	民系	地域分布	文化中心	经济中心
中原官话	中原民系	河南、山东西南部、江苏北部、安徽北部	郑州、徐州、安阳、洛阳、开封、曲阜、阜阳	郑州、洛阳、徐州
关中官话	关中民系	陕西中部	西安、咸阳	西安、宝鸡
兰银官话	兰银民系	甘肃北部、宁夏北部	兰州、银川	兰州
西南官话	湖广民系	四川、重庆、云南、贵州、湖北、湘桂二省部分地区	成都、武汉、重庆、昆明	重庆、成都、武汉
下江话	江淮民系	安徽中部及南部沿江地区、江苏中部及西南部、江西北部、湖北东部	扬州、南京、安庆、镇江	南京、合肥、扬州、镇江、芜湖
晋语	晋绥民系	山西、陕西北部、内蒙古西部	太原、运城、呼和浩特	太原、大同、包头
吴语和徽语	吴越民系	江苏南部、浙江、安徽东南部、江西东北部、上海、海外	苏州、绍兴、上海、杭州、黄山	上海、苏州、杭州、无锡、宁波、温州
湘语	湖湘民系	临近重庆市、湖南和广西的部分地区，湖南大部	长沙	长沙
赣语	江右民系	江西大部、湖南东部、湖北东南部、安徽西南部、福建西北部	南昌、景德镇	南昌
客语	客家民系	广东东部、福建西南、江西南部、湖南小部、四川部分地区、台湾、香港、海外	梅州、赣州、惠州	惠州、深圳
闽语	闽海民系	福建、台湾、广东、海南、浙江沿海、海外	福州、泉州、漳州、台北、潮州	福州、泉州、厦门、漳州、台北、汕头、高雄
粤语	广府民系	广东中西部、广西东部、港澳地区、海外	广州	香港、澳门、广州、佛山、东莞、南宁、珠海

资料来源：百度百科，https://tieba.baidu.com/p/5153802393? red_tag2017-05-05.

罗香林先生将汉族中一般被称为中原人（亦称北方人）的汉人归为北系支脉，而将在民族迁徙中自北方南迁形成的越海系、湘赣系、客家系、闽海系和广府系五大民系分支归为南系。近年来，南系已成为国内区域文化相关研究中较为通用的一个概念，南系中的五大支系在不同时期、不同地域分化为不同的民系，却都发源于中原汉人，有着共同的南迁历史，构成一种独特的地域文化类型。

语言是人类社会沟通、交往和传承的重要工具，共同语言是一个民族得以存续和统一的重要前提。地域方言是对民族共同语言在发音、声调等部分加以调整后形成的语言。汉民族内部交往的不均衡累积到一定程度，便产生了地域方言；同时，由于社会动荡、战乱等因素，部分汉民族人被推离文化中心区，应对语言封闭、环境恶劣、交通不便的新环境，在团结互助、共同开发以求生存的过程中，逐渐形成新的民系。[①] 闽海系是南系中的重要分支，是汉民族发展过程中文化系统和语言系统逐渐变异形成的产物。

今福建省行政区域内除了闽西、闽西南为客家系，浦城县为越海系南部边界，其他区域均为闽海系的范围。此外南至广东潮汕，东至台湾、澎湖列岛等岛屿也都属闽海民系。闽海民系下又有闽南区、莆仙区、闽东区、闽北区、闽中区、台湾区六个呈现出一定差异的分支。[②]

英国语言学家帕默尔曾指出，语言能忠实地反映一个民族的全部历史文化、各种游戏、娱乐、信仰及偏见，并能反映和影响人的思想和感情。[③] 语言使人类区别于其他动物，是人类文化的重要载体，它反映着文化的创造，记录着文化的变迁，影响着人们的行动。地域方言作为一种区域性通行的语言，多产生于民间，发展于民间，有深厚的群众基础，凝结着人们生产生活的智慧、经验、习俗和情感，蕴含着丰富的文化信息，记录着地域文化变迁的轨迹。闽南方言是在历史上闽南地域内人口迁移的进程中，由中原古汉语融合古越族语言而成的，因其至今仍保留有较多中原古音，被誉为古汉语“活化石”。古百越民族语言（今壮侗语系）作为底层留存于闽南方言中。在闽南人与外界接触和交流的过程中，闽南方言得以输出并为其他语言借用，同时许多外来词汇通过音译直接融入其方言体系中。闽南方言记载了特定自然和历史环境下闽南人民的思维方式及文化心态。

民系划分以地域方言为重要依据，每一个民系都有其独特的语言，形成于地域内文化发展的过程中。依区域范围，闽南地区隶属于闽海民系，是闽海民系中特色鲜明的重要支系。

闽南通行方言的发展以及区域内民系特征的日渐凸显，归根到底，体现了闽南深厚的地域文化的发展。地域方言与民系是地域文化的载体及表达方式，研究地域方言和民系对地域文化具有窥斑见豹的作用。

二、闽南文化的历史发展概述

闽南地处福建省的东北部，从历代行政区划的角度来看，闽南主要由泉州府和漳州府组成，厦门曾隶属于泉州府管辖。在对闽南区域划定上，戴志坚先生结合民系、方言、建筑特征等因素认为“闽南区占有今福建省的泉州市、厦门市、漳州市和龙岩市的部分县市和广东省潮汕地区”[④]，并在民系、语言、民居类型的演变基础上，将此区域划分为四小片。从整体地形上看，闽南地区为南北的狭长形，南北片区邻近的交通关系促成了地区之间的交流，如漳州与潮汕之间，泉州与莆仙福州之间等。

福建文化，即闽文化，其发展和演变经历了漫长的历程。距今 18 万年以前，福建中部的三明境内就有原始人类出现。距今 8 万至 4 万年前，闽南的漳州也有原始人生活，并越

① 戴志坚.闽台民居建筑的渊源和形态［M］.福州：福建人民出版社，2002：12-13.

② 戴志坚.闽台民居建筑的渊源和形态［M］.福州：福建人民出版社，2002：14-15.

③ 帕默尔.语言学概论［M］.北京：商务印书馆，1983：139.

④ 戴志坚.闽海系民居建筑与文化研究［D］.广州：华南理工大学，2000：123.

过台湾海峡，成为距今 3 万至 2 万年前的台湾“左镇人”的祖先。距今 1 万年前，在福建的武夷山、三明、清流、泉州、厦门、漳州、东山、宁德、龙岩等地区都发现原始人活动的遗迹。这些远古人类往往以洞穴为家，过着狩猎、捕捞和采集生活。由于群体的发展和生存的需要，他们居无定所，常常迁徙。大约在距今 10000 至 4000 年前，福建先民的分布范围已经遍及全省各地，新石器时代遗址分布的特点是“大分散，小聚落”，表明福建先民逐步由迁徙不定的、以游猎和采集为主的生活走向定居的、以原始农业为主、以采集和捕捞为辅的生活。因此，在福建各地不但产生了具有典型代表性的新石器时代文化，而且逐步形成了古代原始民族——闽族。在青铜时代（夏、商、周时期），福建各地已有古老民族“闽族”或“七闽”出现。他们有众多的支系或族团，不断迁徙、开垦，在蛮荒之地逐步建立起一个又一个居民点，其范围遍及福建各地，并且进入今福建毗邻的周边地区（如浙南、赣东南、粤东）。

春秋时期，越国被楚国灭亡后，大批越人南迁，进入闽中之后，他们与当地土著闽人结合而形成闽越族。无诸作为勾践子孙，凭借才干和实力，逐步消灭割据局面，统一闽中各地的主要闽族支系和于越族武装，并乘战国之世、诸侯争立的机会，自封“闽越王”，建立闽越国，并奉祀越国先祖。这些措施既加强了越人的统治地位，又加速了闽、越两族的融合。

秦始皇在扫灭六国之后，建立起了强大的中央集权及郡县制度，福建地区设立了闽中郡。汉高祖五年（前 202 年），闽越国建立。秦汉两朝初期中央政府虽然先后在福建设立闽中郡和闽越国，但均实行“以闽治闽”的方略，此时，汉文化在福建的影响还较少。[①]

东汉末年，中原战乱兴起，人们四处逃亡，闽中既为人烟稀少的边陲之地，不少逃亡的中原汉民，便开始大量入闽。三国时期，占据东吴的孙吴集团把福建作为东吴的后方基地，先后五次派遣军队入闽，更带动了大批北方汉民入闽。经过东汉末、三国时期北方人民的南迁，在闽中的闽江流域及沿海地区，北方汉人的移民社会已经形成初步的规模，这一时期闽中的人口数量在 10 万至 20 万人之间。两晋南北朝时期，北方汉人陆续迁入福建，出现第一次北方汉人入闽高潮，其中规模较大的有三次：第一次发生在西晋末永嘉年间（307—312 年），为了躲避战乱，北方汉人大批入闽。乾隆《福州府志》卷七十五有所谓入闽姓“林、黄、陈、郑、詹、丘、何、胡是也”之说，此亦即“中原八姓，衣冠南渡”之始。第二次发生在东晋末年，卢循率农民起义军攻入晋安，在福建活动达三年之久。失败后，其余部散居在福建沿海。第三次发生在南朝萧梁末年，侯景之乱，福建成了避乱之所，移民的数量很多。

从汉代至魏晋南北朝时期，北方汉人入闽的主要路线大致有以下几条：(1)由浙江常山境内的广济驿上岸，转入旱路，绕道江西铅山至福建崇安经分水关（在今武夷山）入闽。这条沿山线距离较长，但路途较为平坦。(2)由江西临川、黎川越东兴岭经杉关入闽。杉关一带地势较为平坦。(3)由浙江江山的清湖上岸，转入旱路，经二八都至福建浦城仙霞关入闽。这条“仙霞古道—南浦溪”路程较铅山线短，但路途险峻。(4)由海路入闽。这一时期北方汉民的入闽，不仅增加了众多的劳动力，而且带来先进的农业生产工具和技术，

① 杨琮.闽越国文化［M］.福州：福建人民出版社，1998：7.

从而使闽中的许多地区得到开辟耕作，社会经济逐渐发展。

唐代前期，出现第二次北方汉人入闽高潮。唐初，九龙江流域爆发所谓“蛮獠”的“啸乱”，唐高宗麟德年间（664—665 年），朝廷派曾镇府驻扎九龙江东岸。总章二年（669 年），复派陈政、陈元光率府兵 3600 多名，从征将士自副将许天正以下 123 员入闽。平定叛乱后，朝廷准元光之请，在泉、潮之间置漳州，委陈元光任漳州刺史，把所属军队分布于闽南各地。陈军将士所到之处，且守且耕，招徕流亡，就地垦殖，建立村落。据统计，先后两批府兵共约 7000 人，可考姓氏计有 60 余种，还有随军家眷可考姓氏者 40 余种，这数十姓府兵将士及其家眷，繁衍生息，形成了唐代开发九龙江流域的骨干力量，逐渐缩小了与泉州等地社会经济发展上的差距。如果说第一次北方汉人入闽高潮主要是灾荒和战乱移民为主的话，那么这一次入闽高潮则是以军事移民为主。

唐末五代，中原战乱加剧，军阀各据一方，民不聊生，北方士民再次南迁，形成汉人入闽的第三次高潮。其中尤以王潮、王审知兄弟率部入闽的数量为巨。光启元年（885 年），王氏部队进入福建，并逐渐控制整个福建，后来其子弟建立了闽国，成为在福建建立的第一个地方性割据政权。这次入闽的北方汉民主要有：一是随王潮、王审知兄弟入闽的军队和家族，他们利用政治上的优势，各自在福建寻找合适的地点定居下来，从而成为地方上的显姓；二是众多北方的政客、士子、文人；三是漂泊不定的僧人；四是北方各地的土民，其中包括仕宦、流卒、商贾及一般的贫民。

宋代，中国的经济重心继续南移，北方汉人大量向南方迁徙，这种迁移已成为当时人口发展的一种趋向。自北宋以来，北方汉民在和平环境里迁移入闽的数量有明显的增长。北宋、南宋之交及宋元之交的战乱，促使许多北方汉民纷纷迁移入闽。宋元时期北方汉民入闽后，相当一部分散居于闽西、闽北地区，促使这一地区人口数量显著增长，进而促进闽西、闽北山区经济、社会的迅速开发。在海上丝绸之路兴盛的宋元时代，外国人大批移居福建，众多的“蕃客”侨居在泉州、福州等沿海港口，形成“蕃坊”“蕃人巷”；他们还在侨居地建“蕃学”，传“蕃文”，播“蕃俗”；有些长期侨居的蕃客还与本地人通婚，出现“夷夏杂处”的局面，成为宋元福建移民史上的一大特色。

明清时期，随着北方移民不断入闽和人口的繁衍，福建人稠地狭的矛盾越来越突出，出现了“闽中有可耕之人，无可耕之地”之说。因此，这个时期的福建人口流动出现两大新的特点：第一个特点是结束了一千多年以输入人口为主的迁徙史，开始以输出人口为主的迁徙史。人口输出的主要方向有：向周边省份迁徙、向台湾迁徙、向海外移民（移民琉球、移民东南亚、移民日本）。同时，省内的再次迁徙活动异常活跃。从汉晋到明清的 1000 多年时间里，北方汉民迁徙入闽的脚步从未停歇过。闽北是北方汉民入闽时最先到达的地点，但由于闽北山区山高林密，交通不便，生产及生活条件较为恶劣，从北方移居来的部分汉民，往往又从闽北地区向闽江下游及沿海平原地带等生活条件较为优越的区域转徙，随着这些区域的开发和社会经济的发展，人口的数量急剧增长，农业开发逐渐趋于饱和状态，人口与土地之间的紧张关系促使平原和沿海先开发区的居民逐渐向省内那些自然条件较为恶劣的未开发区迁移。

鸦片战争之后，光绪十九年（1893 年），清政府正式废除海禁，对闽人移民海外产生巨大影响。这个时期，闽人移民东南亚和欧美等国家和地区形成高潮，光绪十七年至民国十九年（1891—1930 年），出国人数多达 116.8 万。

综上历史变迁可以看出，首先，福建发展史在某种意义上就是一部移民史，而先民艰难迁徙的足迹印记在福建各个历史城镇、古村落中都可以寻觅到。其次，在历史变迁中，中原文化是随着移民传入闽地的，因此，闽地文化的本源从历史变迁的角度分析，则来源于中原。再次，建构闽南文化，移民因子将起决定性的作用，而与之相应的社会制度、社会经济、生态自然环境等因素共同作用并相互影响，使得移民能适应环境和改造环境。

三、闽南文化变迁的动因分析

引起文化变迁的各种因素在动力系统中协调运作，共同构成文化变迁的动力系统。闽南地域的自然地理环境、人口迁移和文化接触构成闽南地域文化变迁的主要外在动因，制度变迁及经济发展则构成了闽南地域文化变迁的主要内在动因。

（一）闽南地域自然地理环境

自然地理环境是人类生存繁衍和生产生活的物质基础，人类一切活动都是在特定的地理环境中进行的，而文化是人类在社会历史发展过程中所创造的物质财富和精神财富的总和，因而文化的出现和发展必然会受到自然地理环境的影响。自然地理环境的差异使文化呈现出地域差异，自然地理环境是不断变化的，在不同时期对地域文化的影响也有所区别。[①] 闽南地域的自然地理环境为闽南文化提供了变迁的平台。

自然是人类生息劳作的场所，是人类生存之源，人类日常的社会、经济、生产、生活等聚居活动都离不开自然，都是在与自然环境的结合中产生和发展的。聚落是人类聚居的场所，乡村聚落形态不仅仅指村落本身，还包括周围的自然环境、附属建筑、构筑物及由它们形成的空间序列等，是人类适应、改造自然的结果。聚落形态的形成涉及人与自然环境的衔接与融合，不同的聚落发展阶段对应着不同的环境关系，不同的自然环境也对应着不同的聚落形态。如闽南沿海的民居多就地取材，采用石材、红砖等建造，形成了一种闽南地区特有的聚落景观文化。

中国自古就很注重人类与生态环境的关系，在聚落的选址上，古人多遵循趋利避害的基本原则，《管子·度地》：“故圣人之处国者，必于不倾之地，而择地形之肥饶者，乡山，左右经水若泽，内为落渠之写，因大川而注焉。乃以其天材，地之所生利养其人，以育六畜。”古人通过观察和利用自然山水进行聚落的选址和营建，做到人的生活环境与自然环境的融合。

由此，聚落的形成一般要经历三个阶段：选地、适应和发展。“选地”是聚落形成的初始阶段，民居建筑在某一特定的自然环境中定位于某一特定的空间位置，是自然生态系统中人为的环境实体。人为的聚落空间环境在逐渐形成与发展的过程中，必然呈现对内外多种环境要素的“适应”，既包括对特定自然环境的适应，也包括对特定社会环境的适应。

---

① 毛曦.地理环境影响文化发展的理论思考［J］.唐都学刊，2001(3)：5.

在不断的"适应"中，自然环境与聚落实体相互融合，形成了复合型的特定自然系统。当自然系统内的自然环境与聚落实体达到平衡时，聚落实体（民居）即适应了该自然环境。然而随着相互融合的发展，自然系统内的平衡被打破，该系统随即出现了发展和变异。

自然地理环境因素中的地形、气候及水体对传统聚落形态的影响最大。在远古时代，人们只能应用低下的技术，就地取材，顺应地形地貌，构筑自己的住所，以抵抗气候条件的威胁。在此基础上逐步改善发展成为适应不同自然条件的居住形态。当人们面对自然地理环境时，由于它有一定的特性，人们常把它理解为有含义、有秩序的地方。人们理解了这种特性，借助这种特性与场所发生了联系。人在建造自己的人造环境时，必然反映出其所处自然环境的秩序和特征。因此，很多传统聚落形态和其自然环境之间必然存在着一种有含义的一致性。

闽南地区位于福建省东南部，东面临海，拥有曲折的基岩港湾淤泥质海岸线、丰富的港湾和岛屿资源，厦门、漳州、泉州都是优质的深水良港。闽南位于丘陵地带，山势连绵，九龙江和晋江贯穿其中，区域东部有泉州、漳州两大平原，总体呈现出"平原—盆地—高山—平岭"的复杂层级地貌。武夷山山脉像一道天然的屏障，挡住了来自北方的冷空气，而东面临海为大陆带来了源源不断的海洋暖湿气流。因此，闽南大部分地区夏长冬短，雨量充沛，气候温热，年均气温高于20℃，属于亚热带海洋性季风气候。受季风气候影响，闽南夏季多台风，而又因降水受到季风控制，分干湿两季，台风、暴雨、干旱是较常见的灾害性天气。

闽南地区独特的地理环境为人们生存和发展提供了基本的物质条件，地理环境的差异影响着聚落的不同风貌。闽南的地形、气候加上土壤多为红黄壤，不太适宜粮食作物的种植，却形成种植茶叶的天然优势，使闽南成为全国饮茶之风最为盛行之地，并形成了独特的茶文化——工夫茶。而由于粮食短缺，迫于生计，闽南人依靠东面临海的地理优势，开始从事海上粮食贸易和其他商业贸易，促进了海洋经济的形成，同时也构成了闽南海洋文化的重要内容。由于温热潮湿，地处江河交错的丘陵山区，蛇类繁衍给居民带来了威胁和畏惧感，由此产生了以蛇为对象的图腾崇拜。另外，独特的地形地貌、地质环境使闽南传统聚落重视遮阳防晒、通风、排水、隔热等需求，体现出独特的空间形态和风格。

（二）土地制度的影响

在农业社会中，土地对于居民来说是最基本的生存资源，土地具有维系氏族的社会属性，个人地位和权力的基础均表现在对土地不同的占用程度上，土地使氏族产生了地缘意识。国家产生以后，便有了土地所有制问题。中国历代都有关于土地划分和分配的政策和制度，这些土地制度对乡村聚落分布、规模和布局等产生了极大的影响。

从原始群落产生到春秋以前，土地和其他生产资料一样实行着原始的共有制。春秋以后，出现了土地私有制，原来氏族与土地的直接结合，变成了通过中介实现王臣与王土的间接结合。在奴隶社会，共同体土地所有制是土地所有制的特点，这个时期的土地利用办法是"井田制"。《考工记》中："九夫为井，井间广四尺，深四尺，谓之沟。方十里为成，成间广八尺，深八尺，谓之洫。方百里为同，同间广二寻、深二仞，谓之浍，专达于川。”①

进入封建社会以后，中国土地制度最大的特色是土地的地主私有制，地主占有大量的土地，土地可以自由买卖，也使人们产生了牢固的土地观念。土地不仅是最重要的生产资料，还是个人社会地位和一切权力的基础，有了土地便有了财富的稳固保障。在土地可以自由买卖这样一个大背景下，土地兼并现象一直存在，汉唐时期更是愈演愈烈，庄田制便是这样产生的。庄田制引起了聚族而居的现象，也形成了等级结构鲜明的聚落形态。

中华人民共和国成立以来，我国农村土地制度经历了较为曲折的变革过程，每一次变革都对乡村生产、生活，包括聚居形态产生极大影响。从土地改革到农民私有、集体统一经营使用的土地制度再到集体所有、统一经营使用的土地制度，即农业合作社、人民公社阶段，直至现在仍在实行的家庭联产承包责任制，土地制度经历了数次较大变迁，打破了农村土地的封闭性和凝固性。土地制度的变革极大地促进了农业生产发展，也必然引起农村聚落形态的变化。

以土地股份合作制为表现形式的土地制度，使大部分农民从土地中分离出来，从事非农业生产，推动了聚落的功能分化和再分工。农业生产从农村聚落中分离出来，为农村居民点整理和农村居住空间的转移提供了条件。从土地制度与聚落和民居建筑关系来看，最明显的影响因素还是宅基地置换制度，它促使农村居住形态发生了很大的变化。宅基地置换制度打破队、村行政界限，为农民迁居提供了更大的自由空间，农民脱离农业生产，“择田而居”的传统一定程度上失去了意义。农民通过宅基地异地置换，可以选择居住在交通条件好、基础设施完善的中心村或乡村集中社区。

此外，新中国成立以来长期实行的宅基地制度是按户分配的政策，尽管有所变化，但实质上是一种无偿使用宅基地制度。宅基地按户分配对农村家庭结构也有较大影响，一定程度上加快了农民分家的频率，适婚青年只要另立门户即可申请新宅基地，一度促成农村建房高潮。随着大家庭的分裂，乡村住宅的规模和形态必然发生变化，一些长久延续的建筑文化特色也不同程度受到弱化。

基于上述背景，土坑整个聚落的传统风貌也随之逐步碎化，在聚落的核心区域的周边逐步建造起现代民居，传统闽南古厝风貌区域也随之被现代风貌的民居建筑包围，呈现孤岛形态，这是土地制度作用下的产物。（如图 3-4）

其次，从整个聚落的土地构成而言，南部和东部为林地，西部为农田与林地及其商业用地，北部为工业用地、防护林地与居住用地，村域的用地主要构成包括：居住用地、林地、商业用地、公共服务设施用地、市政设施用地、工业用地及宗教用地等。（如表 3-3、表 3-4）

① 周礼注疏［OL］.卷 42，http://www.guoxue123.com/jinbu/ssj/zl/042.htm.

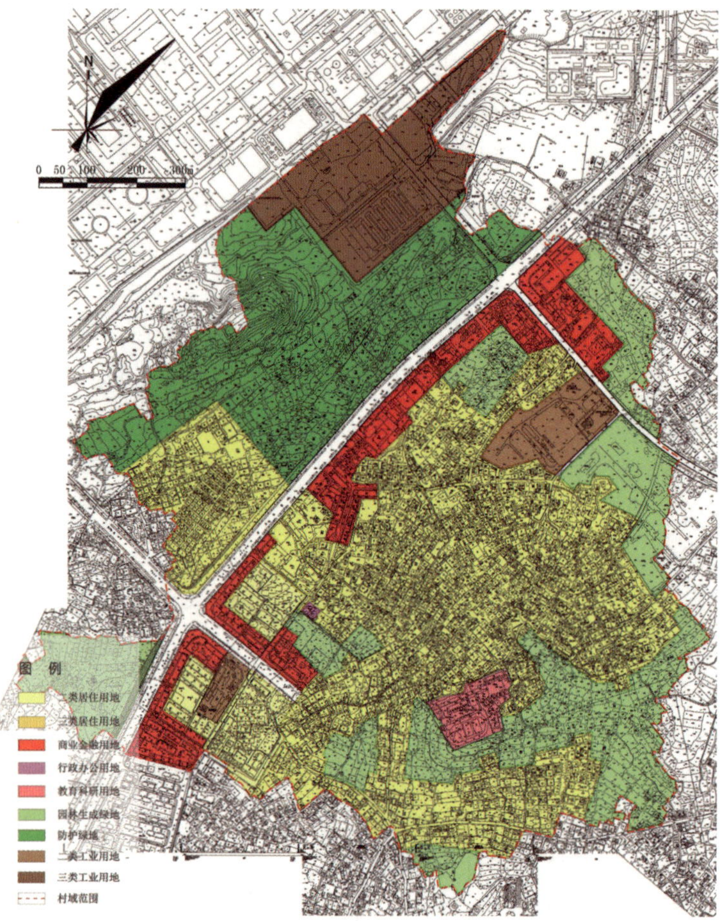

图 3-4 土坑用地构成图

表 3-3 村域现状用地情况表

分类	面积(公顷)	占基地(%)
道路用地	7.3	5.2
二类居住用地	5.1	3.6
三类居住用地	53.3	37.7
商业金融用地	11.5	8.1
行政办公用地	0.1	0.07
教育科研用地	1.7	1.2
生产绿地	25.6	18.1
防护绿地	23.3	16.5
二类工业用地	4	2.8
三类工业用地	9.6	6.8

表 3-4　土坑聚落核心区现状用地情况表

分类	面积(公顷)	占基地(%)
道路及街巷用地	0.165	0.58
居住用地	16.47	57.83
农业用地	7.58	26.62
广场用地	0.202	0.71
文物古迹用地	0.104	0.37
宗教用地	0.619	2.17
商住混合用地	0.092	0.32
教育用地	1.48	5.20
未开发地	1.75	6.14
文化娱乐用地	0.01	0.04
基础设施用地	0.007	0.02

(三)闽南地域的人口迁移

如前文上述,闽南历史上有过多次人口迁移的浪潮,为闽南带来了大量中原人士。移民使地广人稀的闽南逐渐变得地狭人稠。自宋末元初始,由于耕地达到饱和、人口压力增大,迫于生计,许多闽南人移出闽南。明清两代,倭寇和海禁政策致使闽南民众向外移民之风盛行,一部分移入广东、海南、四川、江西等地;一部分铤而走险,下海为盗或从事海上走私;此外,还有大量闽南人移民南洋或前往海峡对岸开垦台湾,成为台湾开发的主力军。如《中国移民史》估算的,仅乾隆四十一年迁入四川的闽人就有 20 万,其中以汀州府属最多,其次为漳州府属各县及龙岩州,再次是永春州与建宁、莆田、永安各县。[①] 又如至嘉庆十六年(1811 年),在台湾的汉人已超过两百万,其中大多来自漳泉二府。[②] 鸦片战争结束后,“海禁”政策取消,更多闽南人移居海外。

人口迁移是闽南文化变迁最为直接的动因,它为闽南带来了大量的外来人口、丰富的外来文化,是引发闽南社会制度变迁和经济发展的基因。

对于土坑聚落而言,其刘氏祖先也是由北人南迁而入住福建的。据土坑谱载:入闽始祖刘韶,字虞乐,河南光州人,生于唐玄宗开元元年癸丑(713 年),于玄宗天宝年间任闽泉别驾,至大历四年病故于任所。子刘友扶柩北上至涵江,闻北方兵乱而止于涵江,就地安葬,刘友留下守墓,而定居涵江沙坂村。刘韶第十八代裔孙刘瑁于南宋绍熙年间(1190—1194 年)移居兴化境内秀屿前云(湄洲湾北岸)。刘瑁的裔孙刘宗孔于明永乐二年(1404 年),在湄洲湾南岸的惠安县北面建村,名曰土坑村。

(四)闽南地域的文化接触

文化接触是不同文化之间的接触,有了接触才有交流,只有在文化接触的基础上才有

① 林汀水.福建人口迁徙论考[J].中国社会经济史研究,2003(2):14.

② 林仁川,王蒲华.清代福建人口向台湾的流动[J].历史研究,1983(4):80.

可能发生文化变迁，文化接触是引发闽南文化变迁的一个必要因素。

自西晋末年开始的中原人士迁移入闽，为闽南带来了博大精深的中原文化；与周边地域的商贸活动、移民活动，使得闽南文化与周边地域文化得以沟通；海上贸易、移民海外等又使多元丰富的海外文化传入闽南，因此，闽南地域的文化接触主要是指闽南本土文化与中原文化的接触、闽南文化与周边地域文化的接触、闽南文化与海外文化的接触。其中，较为典型的是堪舆理念与宗法制度。

堪舆又称风水，“堪”意指高地，“舆”意指低地，其意义即地形的高低变化。《风水辩》一书中说道：“所谓风者，取其山势之藏纳……不冲冒四面之风。所谓水者，取其地势之高燥，无使水近夫、亲肤面已，若水势。”[①]风水产生于古代人们的择居实践。一般认为，传统的风水概念源于晋人郭璞的《葬经》：“气乘风则散，界水而止，古人聚之使之不散，行之使之有止，故谓之风水。风水之法，得水为上，藏风次之”，“来积止聚，冲阳和阴，土厚水深，郁草茂林”。[②] 其中包括了风水中气、风、水的作用和风水的选择标准。人们通过风水学说赋予自然环境和聚落一定的人文意义，以达到聚落和自然环境的有机结合，这在一定程度上迎合了中国传统儒家文化“天人合一”、崇尚自然等传统观念，对择居和营建人居环境都有着积极的意义。

风水学的流派较多，其中，以“五姓图宅”为代表的“方位有灵论”在唐末受到佛学的影响和儒家的批判，产生了理论危机。针对此，堪舆师们做出了两种选择：一种是走改革之路，彻底抛弃方位本身有吉凶的信条，因地制宜，因形选择，观察来龙去脉，追求优美意境，特别注重分析地表、地势、地物、地气、土壤及方向，尽可能使宅基位于山灵水秀之处，结果逐渐演化发展形成风水“形法理论”或称“峦头之法”，以此为主的风水派别别称为“形势派”，又称“峦体派”或“三才派”。另一种则是走改良之路，在不变更“方位有灵”这一根本信条的前提下，引入阴阳、八卦、河洛、天星、生肖和干支等一系列新的分析工具，将方位度量细致化、复杂化、神秘化，逐渐发展形成风水“理法理论”，以此为主的派别称为“理气派”“屋宅派”，又称“宗庙派”或“三元派”。[③]

对于闽南地区而言，主要走改良之路，闽派又称宗庙法、屋宅法。《陔余丛考》云：“一曰屋宇之法，始于闽中，至宋王伋乃大行，其为说主于星卦，阳山阳向，阴山阴向，纯取五星八卦，以定生克之理。”以此可知福建派讲究的是宅法原理。该派由宋代王伋、陈传等人创立，在四川、浙江一带也有传播，主要经典有《青囊海角经》等。以八卦、十二支、天星、五行为四纲，讲究方位，有许多“煞”忌，理论繁杂。该派讲究宅法原理，在考察山川形气之时，注重罗盘的运用，在住宅内部也用罗盘定方位，常以“八宅周书”“紫元飞白”“阳宅三要”“阳宅六事”“三合宅法”为理论根据。[④]

堪舆理论，特别是闽派的风水理论，对闽南传统聚落的选址、聚落空间营造、建筑等产

---

① 项乔.风水辩［OL］.http: //www.360doc.com/content/13/0502/15/11985744_282439770.shtml.

② 郭璞.葬经［OL］.http: //baike.haosou.com/doc/4966531-5188812.html.

③ 王乾.古今风水学［M］.昆明：云南人民出版社，2000：55.

④ 何晓昕.风水探源［M］.南京：东南大学出版社，1990：54-58.

生了明显的影响。土坑聚落的选择就是较为典型的明证。

其一，在宅基选址方面。闽南人在寻找理想的宅基时，首先要观山势。在风水理论中，山就是“龙”。山势的高低、起伏、蜿蜒，就是“龙”的形态变化，山脉即“龙脉”。起伏、蜿蜒、运动的“龙”被认为可以“藏风聚气”。同时，要察水流，直冲而下，湍急反跳的水被认为是“恶水”，应尽量避免。水流必须缓慢、平稳、弯曲、环绕，这样的水即是理想之水。概括选择宅基的原则是：(一)宅基力求坐北朝南，即“负影抱阳”。一些特殊的情况，如受禁忌、避煞等限制可朝东或朝西，但不得朝北。(二)背靠大山或丘陵，面朝山，左右两侧有小丘陵。(三)靠近河流或水塘(若无此条件时，可挖水塘)，但忌讳背水。

其二，建筑平面与空间布局。民居建筑同样体现着人们对风水理念的尊崇，住宅朝向、建筑形态、门位选择等与风水理念密切相关。民居在建造过程中要经历相地，看风水，定朝向、门向等一系列“择基”程序。《阳宅十书》中记载最佳的宅基选择是：“凡宅左有流水，谓之青龙，右有长道，谓之白虎，前有汙池，谓之朱雀，后有丘陵，谓之玄武，为最贵地。”

在处理民居与周围小环境关系时，注重民居建筑与邻里关系的处理，营造有利于身心健康的小气候。建筑形态涉及外形和内形，《阳宅十书·论宅外形》中讲到“人之居处，宜以大地山河为主，其来脉气势最大，关系人祸福最为切要。若大形不善，纵内形得法，终不全吉”。外形应注重与周围环境，包括周围建筑、构筑物以及路网等的协调，而内形应做好住宅内部空间关系的协调与处理。对于住宅内形，《黄帝宅经》中论述到：“宅有五虚令人贫耗，五实令人富贵。宅大人少一虚，宅门大内小二虚，墙院不完三虚，井灶不处四虚，宅地多屋少庭院广五虚；宅小人多一实，宅大门小二实，墙院完全三实，宅小六畜多四实，宅水沟东南流五实。”门位的选择在风水中占据着非常重要的地位，不仅承担着与外界沟通、融合的作用，还承担着趋利避害的作用。

其三，聚落选址与发展。风水理念对于闽南聚落的选址，乃至发展影响深远，对于土坑聚落而言，据土坑谱载：“宗孔公生长秀屿，而更远谋贻燕。爰渡海而南，览此地之形胜，奎岫拥护，状如凤凰展翼，翁山朝拱，势若驰马缭环。勃然兴曰：‘此真可为聚族区也。’时明永乐二年，实遂肇居之。”聚落内，空间布局精巧，体现出明显的以宗祠为中心的布局方式。(如图 3-5)

闽南地区的宗法制度也是中原文化与地域文化接触的产物。宗法等级制度从周代开始便确立了，历经不断调整和完善，成为在传统中国社会中占据重要地位的封建伦理道德观念，深刻地影响着人们生活的各个方面。西周兴起的礼制思想经过儒家的推崇，一直沿用了几千年之久。闽南很多乡村聚落在形成过程中为适应地域自然环境与生产生活要求，在布局上大多较为松散、自由，但这并不意味着不受宗族制度的影响。由于传统聚落均以血缘、宗族关系为纽带，聚族而居是中国农村常见的一种聚落形式，一个组织完善的村落空间在聚落形态上往往表现出以宗祠为中心，分房分支呈多层次团块状分布，具有相对的封闭性和稳定性，大小宗祠在聚落里的分布也比较均匀，给人以井然有序的感觉。各级礼制中心按其等级由高至低的顺序是：宗祠、分祠、支祠、香火堂、祖屋。

乡村聚落形态折射出了以血缘关系为基础的宗族制度，许多村落至今仍然以氏族的姓氏来命名，如莆田的郭坑村，即为郭氏宗族聚落，其开基祖于唐代懿宗咸通年间(860—

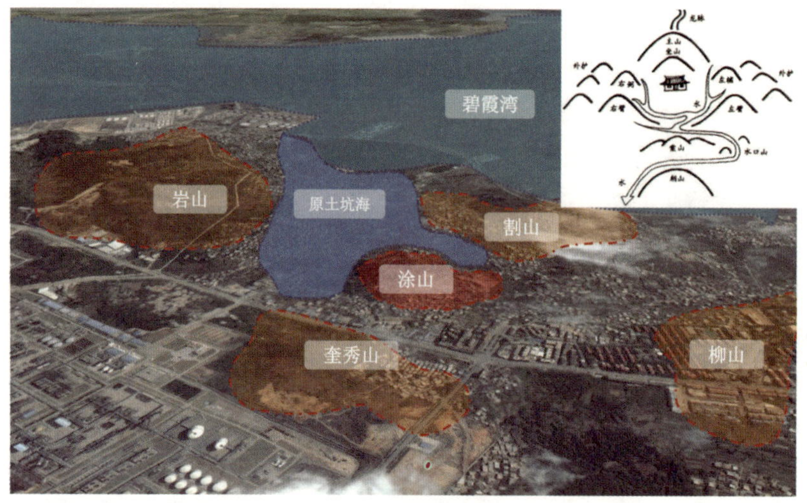

图 3-5　土坑聚落周边山水自然环境示意图

873 年）入闽；[①]再如上杭溪南邱厝村即“邱”氏宗族聚居的村落；惠安的张坑村、莆田城内的戴安里、南安的顶张村等均以氏族的姓氏来命名聚落。

封建伦理道德中，长者尊、幼者卑的观念在传统聚落形态中也有反映。一般族中的长老居于最上层，统领着聚落，然后分出若干支系率其晚辈。聚落在组织上以总祠为中心，支祠为副中心分别进行布局，形成以各级礼制为中心的居住组团。由此，从地缘位置的远近上就可以辨出人际关系的亲疏和血缘谱系的层级。在一定历史时期内，宗族的结构与聚落结构是相互对应的。据刘氏族谱记载，刘宗孔的长子、四子留在土坑开拓，长子居现刘氏祖祠南侧，四子居北侧。兄弟后裔又传下 8 支，8 支后裔以刘氏家庙为中心，分南北侧依次平行建造 4 座三进古大厝和 33 座二进古大厝。

而在民居建筑中，也处处体现着宗法礼制观念，有一套内外有别、尊卑有致的建筑规范。尤其表现在民居内部的结构布局和空间秩序上。其中三合院、四合院受宗法礼制思想影响最为明显。建筑布局在形式上主要由天井、厅堂、厢房、廊道组成，在形制上呈现了明显的中轴对称布局，“北屋为尊”，即厅堂占据着中心位置，厅堂的朝向便是住宅的朝向，是供奉祖先牌位、举行家庭集会、会客的场所。“两厢次之”，两厢一般作为卧室使用，在居住顺序上严格遵照中国传统礼教“左为上，长辈居左，幼居右，倒座为宾”的理念。宗法制度中，除等级、尊卑外，也强调内外有别。封建社会的女子多深居简出，在建筑空间的内部划分上便体现了对女子行为的束缚。司马温《居家杂议》载：“凡为宫室，必辨内外，深宫固门，内外不共井，不共浴室，不共厕，男治外事，女治内事，男子昼无故不处内室，妇人无故不窥中门……男仆非有大故不入中门……女仆无故不出中门。”这样的住宅布局，可以有效地与外界隔开，在空间上保证了民居内部的私密性，在住房关系上维护了等级分明的封建秩序。

闽南传统民居的空间布局就遵循了宗法制度，即围绕主厅堂分布卧室，卧室与厅堂之

① 林国平，秋季瑞，主编.福建移民史［M］.北京：方志出版社，2005：33.

间存在等级关系，要严格按照家族的辈分、尊卑分配使用房屋。正厅左边（东边）的“大房”由父母居住，其他各房依“左大右小”的原则由晚辈分住。或者主厅东侧为上大房，由大儿子居住，主厅西侧为上二房，住二儿子，上大房东侧是左边房，住五儿子，上房西侧是右边房，住六儿子，东榉头间住祖父母，西榉头间住父母，在下落门厅左右边均为下房，左边依次住三儿子与七儿子，右边依次住四儿子与八儿子。女儿与佣人分别住后面及其两侧院落。另外，正厅中供奉神像，以中轴线为准，神像设在轴线上或轴线左侧，祖先牌位一律居右，是民间“以神为大，以祖为小”的观念的反映。①

（五）闽南地域的制度变迁

制度是调节个人和个人、个人和群体以及群体和群体之间关系的组织形式、规则和规范。② 一定地域内的社会制度规定了地域内人们的行为规范和准则，制度变迁会影响人们的行为规范和准则，从而影响文化的变迁。闽南地域自秦汉建制以来，制度不断调整和变化，因而对闽南文化产生了很大影响，推动着闽南文化的变迁。

上古至夏商时期便有先民生活在闽地。商周时期，华夏对东南民族认知加深，有了七闽之称，七闽分布的区域即今福建所在区域。周秦战乱之际，越族大量迁徙，与诸蛮融合成百越民族，七闽因与越族融合形成闽越。秦统一六国后，于公元前 222 年在闽越人活动之地设闽中郡，名义上进行郡县统治。西汉时期，据《宋书·州郡志》记载：“建安太守，本闽越，秦立为闽中郡。汉武帝世，闽越反，灭之，徙其民于江、淮间，虚其地。后有遁逃山谷者颇出，立为冶县，属会稽。”东汉末年，孙吴政权在闽中设立建安郡。魏晋南北朝时期，战乱频繁，中原人民纷纷南下，迁入闽南。出于户口增加和经济发展的需要，西晋时期在建安郡增设晋安郡，建安郡包括整个闽北区域，晋安郡分管闽西和沿海一带，闽南即包括在晋安郡所辖区域内。这一时期在闽南地域建制，使得社会制度开始约束南迁而来的中原人士和原住民的行为，有助于闽南文化的形成。

隋炀帝时期，设建安郡，下设闽县、建安、南安、龙溪四县，郡治设在闽县，今泉州地属南安县，漳州地属龙溪县。唐代相继设福（州）、建（州）、泉（州）、漳（州）、汀（州）五州，成立福建观察使为地方最高长官，形成行省的雏形。唐代末年，王潮、王审邽和王审知三兄弟入闽，大破“蛮人”，除暴安民、平定闽地，建立闽国。南唐灭闽后，留从效、陈洪进相继进入闽南地区进行统治。王氏、留氏和陈氏统治闽南期间，为闽南文化的发展提供了积极宽松的环境，促进了闽南文化与中原文化的融合。

北宋时期，福建路行政区划有福州、建州、泉州、漳州、汀州、南剑州六州及邵武、兴化二军。此外，北宋统治者加强中央集权，削弱地方政权的措施，一定程度上促进了社会稳定，使闽南地域内的文化得以迅速发展。宋氏南渡后，国家的政治和经济中心南移，升建州为建宁府，形成一府、二军、五州八个同级行政机构，福建因此有了“八闽”之称。

元代至元二十九年（1292 年），福建设福建行中书省，下分八路：福州路、建宁路、泉州路、兴化路、邵武路、延平路、汀州路、漳州路，同时设泉州、隆兴两个行省。至元朝末年，泉

---

① 戴志坚.福建民居［M］.北京：中国建筑工业出版社，2009：61.

② 张登巧.社会制度论［D］.武汉：华中科技大学，2014：42.

州辖晋江、南安、惠安、同安、安溪、永春、德化七县，漳州辖龙溪、漳浦、龙岩、长泰、南靖五县。

明末清初郑成功在闽南同清政府对抗失败后退据台湾，清政府对台湾实施海禁及迁界政策，至康熙年间收复台湾后才撤销这一政策。清初福建基本沿袭了明代的八府形制。康熙二十三年(1684 年)增设台湾府。雍正十二年(1734 年)升永春县为直隶州，并入泉州府的德化县和延平府的大田县，至此，福建成为八府二州建制。光绪十二年(1886 年)，台湾府设省。至清末，福建共有九府二州、五十八县、六厅。

辛亥革命后，福建全省按东、南、西、北分为闽海、厦门、漳汀、建安四道，设永春县、云霄县、思明县，形成省、道、县三级。北伐后，国民党废除道制，后又把全省划分为 7 个行政督察区。民国十七年(1928 年)从龙溪县划出一部分设立华安县，民国二十二年(1933 年)改思明县为厦门市。1946 年至新中国成立前，福建共有 7 个行政督察区，其中，第四行政督察区(晋江、莆田、仙游、南安、同安、永春、惠安、安溪、金门、德化)和第五行政督察区(厦门、龙溪、漳州、诏安、海澄、南靖、长泰、平和、云霄、东山)为闽南区域。而闽南全区包括了厦门、漳州、泉州三市及所辖的龙海、漳浦、东山、云霄、诏安、平和、南靖、长泰、华安、石狮、惠安、晋江、南安、安溪、永春、德化、金门等县(市)，面积达 24989 平方公里。1978 年改革开放政策实施后，闽南地域形成了对外开放的新格局。

闽南地域内制度的变迁推动着闽南文化的变化与发展。从秦汉时期建制开始，统治者为一定地域内的人们设立了统一的行为准则和规范，不同地域受到不同部门或官员的管辖，形成独具特色的区域特征，影响着区域内文化的内涵。

对于土坑聚落而言，受上述制度影响大致分为：聚落的兴起阶段、聚落的毁灭与重生两大阶段。其中，关于聚落的兴起，土坑聚落流传着上文论及的说法：刘宗孔因“明靖难之变”而逃亡至土坑，经历代刘氏族人繁衍拓展，逐步建立了土坑聚落。

“因明靖难之变，给事中陈继之抗节，吾族仕德公与之姻联，株遭抄掠，宗人相率逃匿，宗孔公于明永乐二年渡海南来，见此地有燕翼之图，遂携眷住之，其名曰土山。”宗孔公是饱学之士，处落魄生涯，逃难至此。“宗孔公先期托居奎秀山边，搭一草棚，以养鸭为生，为烧火煮饭，须至华里之遥(现横龙地外)。刘郡(音名)劝公搬来作邻居，公许之。”

对此，据地方学者刘玉麟先生通过明史及族谱有关资料寻照考究，认为上述关于刘宗孔因“明靖难之变”而逃亡至土坑村之说有误。

(1)明史卷一百四十一，烈传第二十九所载：“给事中陈继之，莆田人，建文二年进士……燕兵入，不屈见杀，父母兄弟悉戍边。”据此，可证陈继之家属，无被斩杀，也无被流罪或为奴，并无株连抄族的记载，至于姻亲之族更无被株连。再即陈继之于建文二年进士，建文四年六月，王朝即亡，由此可知陈继之中进士时间不上二年，至于任给事中时间更短，又不是被燕王下令公布捕杀的五十余人，更不是建文朝决策核心人物，而是当时只做抄发章疏，稽查违误的朝官。因他视燕王为叛逆篡帝，而忠于建文帝不屈被杀。

(2)明史卷五、六及本记五、六所载：“永乐二年恢复科举考试，汰冗官，免苏、松、杭、嘉、湖水灾田租。周王肃来朝献驺虞，百官请贺，帝曰：‘瑞随德而至，驺虞若果有祥在，朕更当自修省。'"此说即明其自省，重德而治，据此可证永乐二年已无记载靖难之事，实是靖难已成为过去。宗孔公的逃亡应平安回家，何必在此过落魄生涯，而至建村。

(3)秀屿与逃亡地(土坑原村址)只一水之隔的对岸，宗孔公在逃亡中，是过着生命难保惶惶不可终日的日子，哪有心去观览山水地理，测度在此荒芜坑沟土丘中建村。

(4)落魄生涯以养鸭为生之说，因为逃亡地是土坑建村前的地方，距秀屿很近，水上可以一至二小时到达，走陆路也能当日或当晚到达。即使宗孔公逃亡时所带盘缠不足，尚有秀屿家产为后援，还有亲戚朋友也会援助，倘若一点来路都没有，那就是一贫如洗的穷光蛋，应该不怕受株连，也可不必逃亡，就在兴化境内混一阵就过去了，更不敢想在这荒芜坑沟的土丘上建村开族。

(5)靖难与建成村时过两年多，抄族株连又与实不符，说宗孔公因靖难抄族逃难而来建村，此说有牵强之嫌。

刘郡何许人也？他是哪支刘姓？他先在原土坑的横龙居住，他最早是此地的主人，劝宗孔公搬家与他作为邻居。宗孔公是客，是后来者。这对建村的始祖有所混淆，应予澄清。

材料源于刘玉麟先生研究材料

据此，刘玉麟先生认为刘宗孔公来土坑建村是为了"开族繁衍"，而非避难。其具体理由如下：

(1)据土坑谱载："宗孔公生长秀屿，而更远谋贻燕。爰渡海而南，览此地之形胜；奎岫拥护，状如凤凰展翼，翁山朝拱，势若驰马缭环。勃然兴曰：'此真可为聚族区也'。时明永乐二年，实遂肇居之。"此族系清乾隆二十七年十一月由塗山通族所编修，尤其向源头的涵江及秀屿两地调查了解参照而来的资料。土坑的历史文字记载，较有可靠的印证。

(2)在此荒芜而坑沟环布的土丘上开发建村，须具备以下条件：一是自己拥有相当的家底；二是有后援物力、财力及劳力；三是得有当地有财有势者的帮助为依托。

(3)宗孔公在秀屿是有一定的家底，在刘姓中也有声望。秀屿不是集镇，没有集市及商场，故秀屿人大都把生意做到境外，因此有相当一部分人利用海港，集资购船经营海运，以促境外生意。宗孔公即是其中一人，故他有能力建村，而选择有海出路的地址建成村开发，以备后用，此处且与秀屿隔海寻岸，相距不远，进退自如。

(4)涵江秀屿两地，代代有人陆续向外发展繁衍，有的是在外当官，有的是经商，有的是胸有抱负而向外，有的是受各方面的局限，如居住区、行业的经营、从业的出路等，这些人迁出后，仍然与原住地有千丝万缕的关联，无法一刀子切断，尚须留有余地，作为开发后援；如难于一时迁走的不动产、债务、生意都不可能一下处理好，有时还要滞留数年，甚至更长，这都是客观的实际。

综上所说，是宗孔公来此建村，专为开族繁衍的见解。

材料源于刘玉麟先生研究材料

从上述刘先生关于土坑聚落兴起的两大观点而言，都与制度变迁有着密切的联系，第一种观点与明代的“靖难之役”直接关联，第二种观点则与明代海上贸易制度、宗法制度、海防制度等有着千丝万缕的联系。宗法制度要求刘氏族人“开族繁衍”“兴旺发达”，而明初的倭寇入侵、海禁政策等又限制了刘氏族人的拓展，如洪武四年(1371 年)十二月，“禁濒海民不得私出海”；[①]洪武十七年(1384 年)正月，“壬戌，命信国公汤和巡视浙江、福建沿海城池，禁民入海捕鱼，以防倭故也”；[②]永乐年间，“缘海军民人等，近年以来，往往私自下番，交通外国，今后不许，所司一遵洪武事例禁治”。[③] 明代的海禁对于巩固海防起到了积极的作用，与此同时也给包括土坑聚落在内的沿海居民的生产、生活带来很大的危害，影响了地方经济的发展，基于这一背景，闽南沿海的走私逐步发展起来，这也是刘宗孔在特殊时代背景下谋求发展的途径之一，也是促使其“开族繁衍”夙愿实现的方式之一。

与制度密切相关的另一事件就是清代初年为收复台湾而实施的“海禁”，即顺治十二年(1655 年)六月，下令沿海省份“无许片帆入海，违者立置重典”；顺治十八年(1661 年)，更强行将江、浙、闽、粤、鲁等省沿海居民分别内迁三十至五十里，设界防守，严禁逾越；直到康熙二十年(1681 年)三藩之乱平定，康熙二十二年(1683 年)台湾告平，清廷方开海禁。在“海禁”制度的影响下，土坑聚落经历了废弃、停滞再到重生的历程，使得聚落空间演变与发展呈现断裂特征。

(六)闽南地域的经济发展

依托闽南地域的地理环境，闽南形成和发展了独具特色的物质生产方式，为闽南文化的变迁提供了重要物质基础。魏晋以前，闽北是福建的经济中心，闽南人烟稀少，生产技术处于原始阶段。魏晋至隋唐五代，期间 700 多年，闽南的农业生产从早期零星开发逐渐转为沿江沿海大规模开发，并进入缓慢发展阶段。[④] 唐代安史之乱后，大批中原人因避难而移民闽南，当地人口迅速增加。为了增加种植面积，闽南沿海区域兴修水利，大规模围海造田，山区则开辟梯田，农业得到较快发展。闽南具有背山面海的独特地理区位，丰富天然的山区资源带动了制瓷、制茶和冶矿业的发展；而凭借濒临海岸线和拥有众多天然良港的优势，充分利用海洋资源，兴起了造船业和渔盐业。[⑤] 农业和手工业发展为商业兴起提供了物资基础，也推动了海外贸易的发展。闽南与日本、朝鲜、越南、缅甸、柬埔寨等国家在隋朝时已经有了密切的交往。到唐代，闽南商业更加繁荣，海上贸易也有了很大发展，泉州发展为四大贸易港口之一。唐末，闽国建立后，统治者采取保境安民的政策，兴水利，用贤能，重礼教，促进了经济发展、文化进步。

通过海外贸易，福州、泉州相继成为重要经济中心，从海外贸易中，增加了大量财政收入，闽商也富裕起来。宋代，人口剧增带来耕地需求的迅速增加，人们大量开垦梯田、埭田、湖田、圩田，同时广泛兴修水利，闽南农业发展进入新阶段。手工业发展也进入了鼎盛

---

① 明太祖实录：卷 70：洪武四年十二月丙戌［M］.

② 明太祖实录：卷 159：洪武十七年正月壬戌［M］.

③ 明太祖实录：卷 10 上：洪武三十五年七月壬午［M］.

④ 施伟青，徐泓，陈支平.闽南区域发展史［M］.福州：福建人民出版社，2007：46-55.

⑤ 施伟青，徐泓，陈支平.闽南区域发展史［M］.福州：福建人民出版社，2007：60-61.

时期，制瓷业、纺织业、制盐业、造船业、冶矿业都迅速发展，福州成为当时全国的造船业中心，西外宗正司、南外宗正司分别迁入福州与泉州，掌管市舶相关业务。这一时期，闽南海外贸易发展迅猛，海上丝绸之路兴盛，泉州港成为闻名世界的东方大港，进出口货物的数量和种类增多，与许多国家和地区有贸易往来，闽南商人实力已相当雄厚，其商业资本在海内外都非常活跃。

元代，泉州港发展为世界上最大的贸易港之一，舶商云集，与埃及亚历山大港齐名成为"海上丝绸之路"的起点，市舶收入成为闽南的经济支柱。明代平定战乱后，统治者一方面发展生产，鼓励垦荒，恢复福建经济，促进了农业、手工业和商业的进步；另一方面则推行"迁界""禁海"的抗击倭寇的海防政策，军事上实行卫所制度，在东南沿海建造了许多卫城、所城。清朝统治者重视商业发展，提高商业地位，使商业随之繁荣。在对外贸易方面，与明代一样，仍然采取禁海制度，不准人民私自出海，海上贸易受到很大限制，泉州港逐渐由繁荣转向衰落。然而走私交易仍然在进行，许多闽南人更是选择到海外创业。民国时期，战乱中的闽南社会动荡，许多人因"躲土匪"和"逃壮丁"移民海外，闽南人口锐减，百业凋敝，甚至连粮食都要依靠外省或国外输入。后在华侨资助下，闽南经济得以继续发展。抗日战争时期，社会经济一度混乱。抗日战争胜利后，得益于华侨资助，闽南经济再次恢复发展。新中国成立后，闽南地区加强基础设施建设，加快发展外向型经济，促进了经济飞速发展。改革开放以来，国家相继成立了厦门经济特区、漳州沿海经济开发区和泉州沿海经济开发区，形成了"闽南金三角"的对外开放格局。

闽南经济的不断发展，为闽南文化变迁提供了牢固的物质基础，同时，也影响着传统聚落空间形态的发展。对于土坑聚落而言，其资源相对贫乏，但也曾经是富足一方的聚落，其发展主要依靠：一，传统经济基础；二，历史背景；三，个人的创造能力。[①] 其中，传统经济基础，即商业及海运，其源头是涵江与秀屿。涵江原称庵楼，地处兴化平原北洋，物产丰富，经济繁荣，是福建四大名镇之一。商贸经济发展，尤其工艺品经营，如六只莲花脚宫灯（俗称庵楼灯）等闻名海内外。涵江的刘姓在涵江的地位及其辉煌年代，可见于土坑谱载：

> 迨哲宗元祐年间，冠冕蝉联，圭璋著美。十五代中大夫希公元祐六年赐进士出身，除运使，策论时政切其要，忠君爱国溢于时。及归里，朝廷嘉其才能，御书赠云："百官朝罢午门头，环佩珊珊出凤楼。试问江南谁第一，无人不道涵江刘。"

据此可以得出：涵江刘氏读书人多，人才济济。同时，刘氏族人拥有雄厚经济实力，所以涵江刘氏在辉煌时期其经济实力冠于涵江地区，这就是涵江刘氏经济发展的传统基础。从十五代希公至十八代瑁公的四代人一百一十二年（宋哲宗元祐元年至南宋光宗绍熙五年，即 1086—1194 年）中有两次大变故：一是哲公死后，影响了涵江刘氏的经济发展；二是金兵入寇中原，造成大量人口南移，尤其官家、富户、商人大批涌入江浙，加剧了地方商贸

① 资料来源：刘玉麟先生研究材料。

的竞争，此时涵江刘氏已失去经济优势，在商贸竞争中，处于逆境，故瑁公于南宋绍熙年间（谱载绍熙九年，史载绍熙五年）移居现莆田秀屿区前云村，该地靠近海港，故置船经营海运，有船能流动各地，优先获得市情，由此，具有既可沿途采购收集，又能往返销售，藉此促进境外生意发展。但优越是相对的，尤其是海运的风险性较大，故时断时续。从十八代瑁公于绍熙年间移居秀屿开族，至二十二代宗孔公于明永乐二年（1404 年）建成土坑村，经五代相距二百一十年。[①] 在五代中，有两次改朝换代，都经较长时间的战乱，严重影响经济的发展，加上明代倭寇侵扰，以及海禁制度的实施，使得秀屿海运受阻，影响境外生意，这一不利因素，促使宗孔公谋求向外开族发展。

另一方面，宗孔公在秀屿育有四子，且都已成人，其内因也促使他向外开族发展。他离开时，留在秀屿的产业及生意，由次子、三子管理经营，并支援他的长子与四子在土坑聚落的建设。秀屿与土坑聚落仅一水之隔，水上交通很方便，且海上贸易复苏。[②] 刘氏海上贸易活动主要分为：

第一，海运初奠基础时期。在宗孔公建设土坑聚落初期，海上贸易已恢复。为便于两地联系及海上交易运转的需要，在土坑海的商屿建设抛锚点，后再以屿仔（壁）及许厝海为暂时停泊处。逐步转移秀屿等地的海运业务。这时建设土坑聚落与经济同步发展，两者皆顺利，一直持续至宗孔公去世，此时土坑的海运已有初步基础。

宗孔公去世后，由长子主持家务，后留在秀屿的次子、三子两家与土坑分开经营。次子、三子长期在外经营商业及海运，各方面都熟悉，接触面又广，因而各自选择向外开族发展较理想地址，其后代移居福建省外。如次子淳明公及后人出居云南，三子淳显公及后人出居广东。土坑建村初，由长子继续主持一段时间，后也分家，但生意及海运保持原状，长子与四子也分开独营。至于境外生意则陆续分开，海运的设备共同使用，不足之处相互补偿。在此协商基础上，刘氏海上贸易继续经营。

第二，海运停顿及半停顿时期，即倭乱时期（从 15 世纪末至 16 世纪中叶），倭寇侵犯沿海聚落，土坑也难逃此劫。至嘉靖四十三年，福建倭平。约经历半世纪之久的倭乱，使海运处于停顿及半停顿，船只也损失较大，但分散在境外的生意受影响相对较小。

第三，海运恢复至初步发展时期。16 世纪 70 年代，即明隆庆、万历之间，随着对外贸易禁令的解除，土坑海运恢复，集资整修船只，修整扩建商屿抛锚设备，以扩大岛上交易，并在屿仔壁设避风停泊处，在许厝海修建船只停靠简易码头，称为许厝靠。此时海运航线

---

① 据刘玉麟先生研究认为：族谱记载可能有误，210 年间，按正常规律该有八至九代之传，但谱载只是五代，可能漏载三至四代，或者迁居年代的记载有误。

② 海上贸易恢复的原因：一是日本的足利将军三世义满于 1403 年派代表团来中国朝见永乐帝，要求恢复外交及开放贸易，永乐帝同意其要求，并要日本镇压在中国沿海骚扰的海盗（倭寇），双方都同意对方提出条件，于是永乐帝派大臣赵居任为代表赴日本缔结贸易协定。二是永乐帝于 1405 年即永乐三年，派郑和下西洋，船队有大船 62 只，小船 225 只，配备 27870 人，水手招自福建。于七月启航，沿福建海岸经南海进入东南亚诸国，后共七次下西洋，与东南亚诸国建立外交及贸易关系，并在海上消灭海盗。从 1403 年至 1424 年，永乐帝派 62 个代表团赴东南亚诸国，使许多国家向中国朝贡，互赠贵重礼品，加强海上贸易活动。

北至浙江温州、宁波等地，南至厦门及广东汕头等地。经营货物，系南北产品对向交流及境外货物。

至17世纪20年代，东南沿海出现新的威胁。荷兰东印度公司的船只，在东南亚海域劫掠中国、葡萄牙、西班牙船只。后又波及中国东南沿海及占据台湾，严重破坏闽粤地区海上贸易。明末，经济严重衰退，各地民间骚乱、战争不断。在此背景下，土坑经济发展再次受阻。

后因郑成功的抗清复明活动、收复台湾、控制福建及东南沿海，直至清康熙三年(1664年)福建被清军接管。在此期间，土坑经济仍保持发展。据土坑谱载："本朝康熙间。聚族千余丁，职宦衿绶相望，亦不辱先世风。"据此可知，康熙年间土坑人丁旺盛、人才辈出、聚落经济繁荣。后又因迁界禁海，"乃以海患弗宁，奉旨迁移内界；尔时离散，祠宇可怜焦土，谱志残缺不全。"土坑再次经受灾难性遭遇，经济及人口损失严重，聚落发展停滞。其中，人口方面，据谱载：迁界时土坑的敢字辈，单长房就有二十二家没有回乡，因儿女失散，没有后嗣，造成下代的万字辈减少46人。后随着清政府复界政策的实施①，土坑才逐步恢复发展，并陆续出现富户。

第四，海运商业大发展时期。康熙、乾隆时期为清王朝全盛期，在此历史背景下，土坑经济进入鼎盛时期(康熙至道光，约百年的时间)。土坑刘氏以许厝靠码头为基地，对其加以修建完善，配有贮运仓库及修造船只设备，有商铺经营货物，其中一间杉行是四房长德源商号，经营从福州运来的大宗木材，尤其是供修船造船及建房屋所需的木材，也向内地山区采购一般杉木，结合供应，生意火红。船只有土坑本村的及周围邻近各村的，还有外地的，据传刘祥云一户即有十多只大船，较大的黑艚载重千担以上。故在附近屿仔修建避风澳，名为屿仔壁，以分担码头的拥挤。至于商屿，主要是转运一些货物到码头。航线则保持南线，延长北线至山东烟台等地，经营关东货物，其中，最大宗的是大连豆饼。村中的富户大都投资船的股份，或以货物托运寄售以盘活境外生意。这些生意大都分散在海运沿线或接近城市及集市的地方，以采集、销售、转手经营为主，但来往者必须是有相互利害关系、可信赖的客户。由于海运的风险性及分散境外的生意的繁杂性，后来逐渐收缩，转行典当业。

至清代乾隆、嘉庆时期，土坑典当行业空前兴盛。土坑的富家商户陆续放弃旧行业，转入典当业。其形式主要包括：(一)向老当铺投资插股，派员介入学习熟悉业务；(二)设代当，名是当铺，实是代当，附设于自家商号，以便培训人员，逐步提高铺的知名度；(三)以优惠待遇招聘熟练业务人员。据此，土坑形成了四种类型当铺，即较大的是典当，其次是押(按)，再次是少押及代当。其中，以押居多。土坑第一家当铺是端弘公开设，铺号是时铺，也称施布(现改建三间张，业主是刘钦监)。随着当铺的出现，当铺前也逐步形成商业街，即时铺口(也称施布口)，是土坑村第二条街道。② 时铺之后有顺裕、湧源、德源，建珍

① 迁界时间从康熙二十一年开始，至二十二年十月施琅进军台湾，郑经子及将刘国轩投降，台湾平，即复界，二十三年十月，清朝下旨解除海禁。

② 第一条街道是祠堂口，也称祠堂前。

公的来铺、仁来，建藻公的宜兴，傳鹤公的振铺及振义（此两铺较晚开，但延续至义字辈，也是土坑最后的当铺）。这些铺号后来成为房族的称呼，如万昇公的顺裕、端瑜公的德源、建珍公的来铺。另外，万捷公的后代以开店打造买卖金银首饰，其族名称为打银店，端耳公的后代开布店及染坊，称为布店二（二是万佑公的次子）。这些铺号及商店号成为房族名称，都足以证明土坑聚落经济的繁荣与刘氏家族的兴旺。

四、闽南文化变迁的主要路径

文化变迁具有普适性，任何文化都是在不断变化的，变迁的路径主要包括文化创新、文化进化、文化传播及文化涵化。闽南文化亦是如此。闽南文化是数次北人南迁所催生的中原文化与地域本土文化相互排斥、适应、再排斥、再适应的反复文化融合的产物，在其变迁的过程中，经历了文化创新、文化传播、文化涵化、文化进化多个变迁路径，这些变迁路径并不是按历史时间逐个排序发生的，而是呈现出多个路径交叉进行的特点。表 3-5 以图示的方式展现出闽南文化的大致变迁路径、特征及其外在表现。

表 3-5 闽南文化的变迁过程图示

时间	文化变迁路径	闽南文化特征及其外在表现
西晋之前	文化创新 原住民文化系统形成	 纹身 蛇崇拜 闽越原住民文化 鬼神崇拜 拍胸舞
西晋	文化传播、文化涵化 中原文化传播至闽南，与闽越原住民文化融合成早期的闽南文化	 闽越原住民文化 早期闽南文化 农耕技术 中原文化 中原民俗 中原文化
隋唐时期	文化传播、文化涵化 闽南文化进一步吸收中原文化养分，逐渐成熟	 外来文化 兴文教 逐渐成熟的闽南文化 闽越原住民文化 选贤能 重礼教 建佛寺 中原文化
宋代	文化传播、文化涵化 闽南文化与中原文化进一步融合，奠定闽南文化基本格局	外来文化 口传文学 方言艺术 闽南文化基本格局 方言 民间技艺 民间信仰 中原文化 外来文化

续表

时间	文化变迁路径	闽南文化特征及其外在表现
元代	文化进化、文化涵化 军事专制、民族歧视、外来文化强制入侵造成闽南文化的孤立；元杂剧成为该阶段的文化发明	外来文化 印度教 伊斯兰教 闽南文化 中原文化 摩尼教 元杂剧 外来文化 外来文化
明清时期	文化涵化、文化传播 闽南文化与中原文化、外来文化双向传播及融合	外来文化 妈祖信仰 闽南文化 中原文化 保生大帝信仰 歌仔戏 海洋文化 东南亚文化 外来文化 台湾文化

独立的原住民文化创新与进化、人口迁移背景下的文化传播与涵化、海洋文化影响下的文化进化与传播、强力政策主导下的文化涵化与进化则构成闽南文化变迁过程中的四条主要路径。

(一)独立的原住民文化创新与进化

文化发明是文化创新的一种，是以原有文化为基础，深入发展原有文化或催生新文化的过程。文化进化是指由社会内部发展引起的文化模式、内容的充实和发展，整个过程具有持续性和累积性。西晋之前闽南地域内催生了闽越原住民文化，闽南地域内的本土文化处于发明与内部进化阶段。

距今10000～8500年的漳州市北郊莲花池山文化层是旧石器时代闽南地域内文化的例证。因偏居一隅，丘陵起伏，河谷盆地交错，交通不便，闽越地区自古被视为蛮荒之地，形成相对独立和闭塞的闽越原住民文化系统，呈现与中原主流文化截然不同的文化特色。闽越原住民文化的形成属于一种地域性新文化的催生，构成了闽南文化的源头。由于闽南地域相对闭塞，缺乏与外界的交流，在汉晋以前相当长一段时期内，闽越原住民文化都占据着主导地位，处于文化内容不断充实和缓慢发展的进化过程中。这一时期的闽越原住民文化中发明的诸如蛇崇拜、鬼神崇拜、文身等文化习俗成了地域文化的基础，并不断进化，一直延续至今。

(二)人口迁移背景下的文化传播与涵化

文化传播是指不同文化之间接触、整合、交流，产生双向的扩展和延伸。文化涵化是文化传播的结果，是文化接受。在文化传播过程中，往往发展较成熟的高等级文化会向低等级文化传播，两个文化系统的文化特质互相融合，整合成新的文化系统。闽南文化变迁的过程中有显著的人口迁移的烙印。人口的迁移不仅使得人口和生产力得到重新分布，也促进了文化的传播和交流。伴随着永嘉之乱、安史之乱、三王开闽、靖康之乱等多次中原移民南迁的浪潮，中原文化得以源源不断地传播至闽南，与闽南文化发生涵化。

永嘉之乱带来的移民主要迁往晋江流域，迁徙的多为地位显赫、经济实力强大的世家大族，家族、乡里、门客及部属往往一同迁徙，动辄千人，其在政治、经济、军事和文化各方面都占足了优势，中原的语言、民俗以及农耕文化也随之传播至闽南。[①] 如晋江翔云镇的梁氏，其族谱中记载，祖先梁芳跟着梁氏族人随晋帝渡江，并在钱塘、合浦间繁衍生息，梁芳之孙遐官至固安令，后来由于桓玄篡位，梁芳之孙举家逃至闽，定居南安。[②] 中原文化作为一种相较之下更高等级的文化，随着移民的脚步传播至闽南，与当地原住民文化融合，逐渐形成早期的闽南文化。

然而，在两种文化融合初期，闽越原住民文化与中原文化在文明程度上有较大反差，封建纲纪、律令对大多数蛮獠人并无约束力，蛮汉双方利益冲突不断。尤其是在隋末唐初，漳江和九龙江流域蛮汉冲突持续升级，以致发生了大规模的"蛮獠啸乱"。陈元光及其后代平定啸乱后，驻守漳州，其间重视教育和兴办学校、开设书院(如晋江市龙湖镇石龟村的许氏，亦称"石龟许氏"，"其祖许爱，随王潮入闽，镇漳州之诏安，改而入泉，乔居晋江十七八都间石龟，后枝派分栖"，迁居晋江后人才辈出，科甲鼎盛)，促进了封建文化的传播及对蛮獠人的开化。以王潮、留从效、陈洪进等为代表的统治集团治理闽南期间，为文化发展提供了积极宽松的环境，闽南文化不断从中原文化中吸收养分，与中原文化进一步涵化，渐趋成熟。对于土坑聚落而言，尽管其入闽始祖刘韶是入闽为官，而非避乱而入闽，也不是唐代朝廷派遣入闽的官兵，但作为北人南迁的"大移民"，其文化传播与涵化依旧体现着闽越原住民文化与中原文化两种文化融合与碰撞的特征。

随着时间推移，处于弱势的闽越文化不断受到中原文化的熏陶，冲突渐渐缓和。宋代期间，尤其宋室南渡后，闽南政治、经济地位得到提升，闽南文化与中原文化充分涵化，体现出丰富的想象力和创造精神：以安平桥、洛阳桥和东西塔为代表的建筑技术日臻成熟，并显现出高超的航海技术及造船技术；集宋代理学之大成的朱熹主簿同安期间，在闽南各地访友求贤，讲经论学，对闽南地区文化产生了很大影响；妈祖、保生大帝等信仰也都流传自宋代。中原文化最终构成闽南文化的重要内核，至宋代基本形成了以方言、方言艺术、口传文学、民间信仰、民间技艺、民俗和物质生活文化为主体内容的闽南文化基本格局。

然而，在闽南不同地域内的文化传播和涵化并不是同时发生的。由于闽南生态较好的沿海地带最先得到开发，而南靖、平和、诏安等环境相对恶劣的闽南山区成为移民落脚点大约是在宋代，相对晚一些，因此，闽南山区地带受中原文化的影响相比于沿海地带略晚。如今莲塘始祖赖荆、芦溪葛竹始祖赖梁、坂仔镇心田村始祖赖雍三兄弟，于至元十年(1273 年)，从宁化石壁城田心移居平和(原南胜县)、诏安等地。[③] 元至正年间(1341—1368 年)，林氏迈公后裔均海、均遂兄弟从同安迁入，均海居山格林边(今高滦)，均遂居篔

① 陈耕.闽南民系与文化［M］.厦门：鹭江出版社，2009：11.

② 陈支平.福建六大民系［M］.福州：福建人民出版社，2000：93.

③ 施伟青，徐泓，陈支平.闽南区域发展史［M］.福州：福建人民出版社，2007：85.

井（今白楼）。①

在多次移民潮的推动下，移民与土著之间由对抗转为融合，成熟的中原文化与弱势的闽越原住民文化最终得以交融。闽南文化选择性地传承了儒家文化及儒学礼教，崇商尚贾，以商养儒，并形成以地缘、血缘为中心的崇宗敬祖的宗族观念，呈现出祖根性、族群性和多元包容的特质。在传统聚落中则形成团结而牢固的宗族组织。由于迁徙时期不同、来源不同，宗族观念较为狭隘，因而早期聚落多以单姓宗族聚居。到后来为争夺生活空间滋生了一系列矛盾，宗族之间逐渐进行联合，达到异姓之间的共存。

对于土坑聚落而言，上述文化传播与涵化最佳的例证就是其堂号的彰显，土坑聚落留存的“堂号”，一是德承堂的堂号②，即现在土坑祠堂的堂号，堂号两边有堂联，上联曰：“德昭高廊亿万代作裘世德”，下联曰：“承来禄阁千百年厥志丕承”。联是以“德承”二字为联的首尾。二是高廊堂号，是从现莆田秀屿传来的堂号，土坑是从秀屿移居到此建村，峰尾亦是，故土坑及峰尾两村，被别支刘姓称为高廊刘。高廊的堂号，③在个别大厝中用此灯号，如双护厝的大厝即用此灯号。其灯一边标上“兄弟进士”，一边是顶端标上两小字“高廊”，中下部是一大字“刘”字。三是彭城堂号，民间普遍用此堂号，在灯笼、扁担、斗笠等各种用具上需作记号时都标上“彭城刘记”。堂号的运用，就是一种聚落空间文化，象征着土坑人的身份认同。

土坑三个堂号中的“德承堂”在民间并不使用。高廊堂号在土坑民间没被普遍沿用，仅有个别大厝用此灯号，至抗日时无处买灯而止。而彭城堂号在民间普遍使用。其原因：首先，土坑失谱（实是无谱）年代达二百年之久，明嘉靖四十一年（1562 年）遭倭患，祠堂及族谱焚毁，尚余零星至清初康熙年间，因迁界又被焚毁或散失。直至乾隆二十七年（1762 年）重新修谱，经十二年时间才修完谱，此时土坑才有自己族谱，造成几代人不知祖在何方，源出自哪支刘姓衍派，只凭口传或随意抄录彭城作为祖源及堂号。且地方上视彭城为正宗刘，福建境内刘姓大都以彭城为源头，就是非彭城源头也用彭城堂号，如闽西刘姓是中山靖王的后代，而用彭城堂号。其次，土坑人遭倭乱及迁界，两次外逃投亲靠友，其住地有彭城刘姓，与其认亲而随其堂号成为习惯，回乡继续沿用并传其邻居及族人，延续至后代。而没亲没友可投靠者，大都是投奔同姓，势必入乡随俗，认同其堂号，回乡后继续沿用并传其邻居及后代。再次，从事各行各业经营活动及联系交往者，应得各地刘姓支持，必须认同其堂号。最后，至 20 世纪 80 年代间，因续修族谱及编写史料，才有一少部分人知之，故认为彭城只能作为堂号（尊重民间的习惯），但不能作为祖先的渊源。

但地方学者们研究认为：应可证土坑刘氏先祖的源头是南阳衍派，不是彭城衍派，彭城在土坑没有文字记载可查，既无源可寻，又无据可证。

上述土坑堂号的问题也充分说明了文化传播与涵化对土坑文化的影响。土坑人与不同堂号及其背后文化之间接触、整合、交流，在时间作用下，产生了扩展和延伸，最终彭城

① 吴肇庆.平和县制［M］.北京：群众出版社，1994：86.

② 土坑民间不用此堂号。

③ 该堂号在土坑民间没被普遍沿用。

堂号被世人接受，其接受实际上是对其文化的接受，是刘氏家族文化涵化的过程。

（三）海洋文化影响下的文化进化与传播

文化进化是由社会内部发展引起的文化模式内容的充实和发展。闽南文化具有海洋文化的文化特质，在其变迁过程中不断充实，并传播至海外，影响着当地文化的发展轨迹。

闽南具有独特的海洋地理环境，早在闽越时期，在闽南原住民文化中已形成海洋文化的传统。随着海上丝绸之路的发展，泉州主要与南洋、阿拉伯之诸国，及日本、印度、柬埔寨、意大利、西班牙等国家和地区进行贸易与文化交流，印度佛教文化、阿拉伯伊斯兰文化和西方基督教文化等海外文化得以传入泉州，多种文化在交流碰撞中得以融合与共存，丰富了闽南文化的内涵。[①] 海上丝绸之路的发展，海外贸易的发达，对闽南文化产生了深刻的影响，使闽南文化形成了海洋文化的特质，影响着闽南人的意识、观念和胸怀。

而在移民海外的过程中，闽南人远涉重洋、历经磨难，随时应对艰难险阻，与风浪搏击，逐渐形成了敢为天下先、敢于冒险犯难和不落人后的拼搏精神，强化了闽南文化中鲜明的海洋文化特质。伴随着闽南人的足迹，闽南文化的影响力扩展至东南亚和中国台湾等地区。

在中原文化传播的影响下，闽南文化具有多元包容、善于吸收及创造的特性，与海外文化融合后，闽南文化呈现出中西方信仰和文化的双重特色。随着移民海外浪潮，闽南文化中海洋文化的特质越发明显，其中最为显著的就是番仔楼与洋楼建筑形式的出现，他们体现了海洋文化的特质在传统聚落中留下的痕迹。

对于土坑聚落而言，其海洋文化的特质更多地反映在其族人出海开展海上贸易上；在物质空间领域则通过番仔楼、当铺、商业街之类的加以体现，其遗留下来的诸如厦门口码头遗址等，可以证明海洋文化的存在。

（四）强力政策主导下的文化涵化与进化

在这一路径中，文化涵化主要是指文化抗拒，即处于支配地位的文化由于压力大而变迁过快，致使人们不易接受，出现排斥、拒绝、抵制或反抗的现象。文化孤立和文化反应都属于文化抗拒。文化孤立是指一个文化系统被迫表面上接受新文化特质，当外力撤退时，新特质即随之不见。文化反应是指一个文化系统抵制侵略，试图恢复原本的生活方式、传统文化和仪式。元代和明清时期是闽南文化发展的特殊时期，在强力政策的影响下，闽南文化经历了受压、抵制、反抗的涵化过程，并在一定程度上得到进化。

元代由于蒙古统治者实行军事专制和民族歧视政策，闽南文化遭受摧残，成为当时最底层的文化之一。在统治者强力政策的控制下，闽南文化被迫表面上接受新的文化特质，伊斯兰教清净寺、摩尼教浮雕、基督教石刻、天主教十字架等无一不在显示外来文化的发展优势，阻碍了闽南文化的自身发展。元末，泉州发生的以波斯色目人军队“亦思巴奚军”为主的长达十年之久的军阀混战更是对闽南文化造成重创，原本居住于泉州的大量外族人迁往闽南各地避难。据晋江市陈埭镇岸兜回族村《丁氏族谱》记载，丁氏一世祖丁谨乃元朝平章政事——阿拉伯人赛典赤・瞻思丁后裔，元明易代时，为躲避战乱，丁氏第三世

---

① 王治君.基于陆路文明与海洋文化双重影响下的闽南“红砖厝”［J］.建筑师，2008(1).

丁夔举家避居陈埭。但在元代，闽南文化也有其进化的一面：伊斯兰教、摩尼教、基督教、印度教等宗教在泉州得到传播；外族人与汉族通婚，其文化融入闽南文化中，一定程度上为闽南文化增添了一些新活力；元杂剧成为元代的重要文化发明，对闽南的方言戏曲的发展产生了重要影响。

明清时期的战乱动荡环境及严厉的“海禁”政策使闽南文化的发展继续受阻。民族压迫及复仇的浪潮造成闽南尤其是泉州范围内传统聚落没有安定和有利的发展环境，兵乱更是使许多聚落成为废墟。明清时期沿海“迁界”亦给沿海聚落带来了不可估量的损失，大量人口移民海外，减缓了闽南传统聚落的发展。而迫于生计继续从事着海洋活动或移居海外的闽南人，用他们独特的方式继续诠释着海洋文化的新内涵，促进了闽南文化的进化，使闽南文化在海外扎根和留存。

闽南文化的这一变迁路径与其在海洋文化影响下的进化和传播路径交织在宋元以后的文化变迁过程中。而这一强力政策主导下的文化涵化与进化路径，对闽南区域内文化的发展更多的是产生负面作用，使闽南文化走向式微，闽南传统聚落的发展也逐渐衰落。

第四节　闽南文化的特点

经历上千年的变迁，多元融合的闽南文化已融入闽南人民的生活方式中，为人们的生活制定了制度与道德底线，约束了人们的行为准则，显现出显著的特征。

首先，由于沿袭自闽越本土文化，闽南文化呈现出因长期远离政权中心而构成的自我意识，区别于中原农耕环境的闽南海洋环境提供了以海为田的生产基础，造就了闽南人民敢为天下先、敢于冒险犯难、百折不挠和不落人后的拼搏开拓的精神，体现出边缘性和海洋性的特征。①

其次，由于长期受中原主流文化熏陶，闽南文化选择性地传承了儒家文化及儒学礼教，培养了典型的崇商尚贾，以商养儒的精神，并形成以地缘、血缘为中心的崇宗敬祖的宗族文化，无论是闽南当地居民，还是在台湾或旅居东南亚等地的闽南人，都具有浓厚的乡土观念，强调认宗认谱，凝聚家族血缘关系，呈现出族群性和多元包容的特质。

再次，由于海外贸易、海外移民等因素促进了闽南文化与海外文化的交流，而闽南文化具有多元包容、善于吸收及创造的特性，接受海外文化影响后，闽南文化呈现出中西方信仰和文化的双重特色。

最后，闽南人的创业能力非常强，经商天赋也非常高，比较看重获利丰厚的“贩海之业”，倡导“舍本逐末”“通洋裕国”；同时，推崇关羽之义，设立关帝庙敬奉关公。在日常生活及商业经营中，闽南人也讲究肝胆尚义，接物以信，以义化利，获取经营利润之后，往往慷慨乐施、回馈社会。

---

① 张杰.海防古所：福全历史文化名村空间解析［M］.南京：东南大学出版社，2013：11.

第四章 文化变迁下的土坑聚落空间演变

在闽南文化变迁的过程中，闽南传统聚落也在不断变化和发展。自聚落形成开始，聚落中不断发生着各种大大小小的事件，人们的生活、思维方式、感情体验及人们相互之间的关联一直随着聚落的发展而发展，并在很长一段时间内不断变化、积累。人们共同的意志和生活方式等等，造就了聚落的空间环境，造就了聚落地域特征与聚落文化、聚落精神。

第一节 闽南传统聚落的文化系统分层

众所周知，怀特将文化划分为技术、社会及思想意识三个亚文化系统。闽南传统聚落作为闽南文化的载体，同样包含着技术、社会和思想意识这三个亚文化系统。

另外，自然环境是聚落存在和变迁的基本要素，是文化存续的必要物质基础，因此，针对闽南传统聚落，本书从自然系统、思想意识系统、社会系统与技术系统等四个层级和多个子系统来探讨其文化系统分层（如图 4-1）。

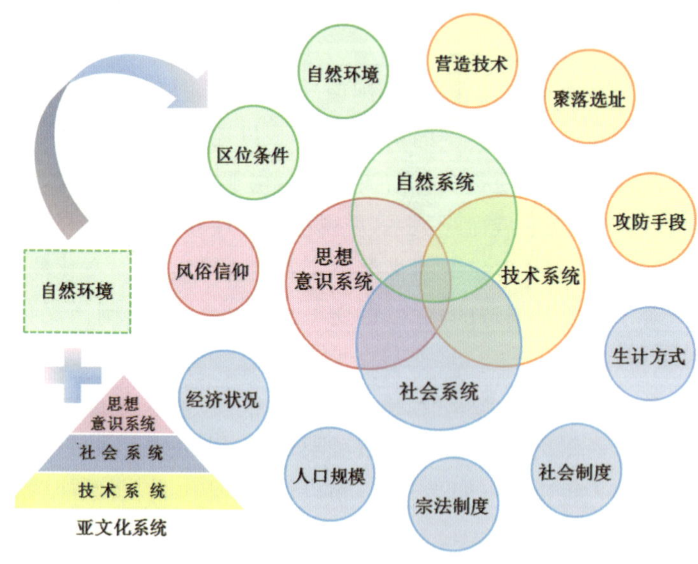

图 4-1 闽南传统聚落文化系统分层图示

一、闽南传统聚落自然系统

基于前文所述，传统聚落起源于自然，并且在自然中成长、进化。传统聚落的发展离不开自然系统。在人类心理结构上，自然系统从原始阶段便开始不断积累，并被不断地利用，不断地被人为抽象化。

闽南传统聚落的自然系统主要是指聚落的总体环境，每一个聚落的区位条件和自然环境据具体情况有所不同。传统聚落基于区位和地理空间形态，基于自然形态的特点，以人为技术利用、改造自然形态，使之更符合使用要求。自然环境中的地形、地貌、资源、植被、气候等多种要素都对传统聚落产生影响，并在聚落形态、聚落建筑形式、聚落建筑技艺等方面得到体现。

土坑聚落地处戴云山系东南麓，戴云山东延支脉，其地形地貌总体由西向东倾斜，为剥蚀矮丘红土台地和滨海海积相结合地带，土地贫瘠，但地质条件好，适宜于建设。对于自然系统中的众多因子，本书选取高程进行分析，即通过地理空间数据云平台获得相应的高程数据，利用 Arcgis 建立土坑聚落的高程模型并分析，选取图 4-2 所示范围，每间隔 50 米获取高程点如表 4-1，共获得 4456 个高程数据点，经计算得到土坑的平均高程为 9.948697米。①

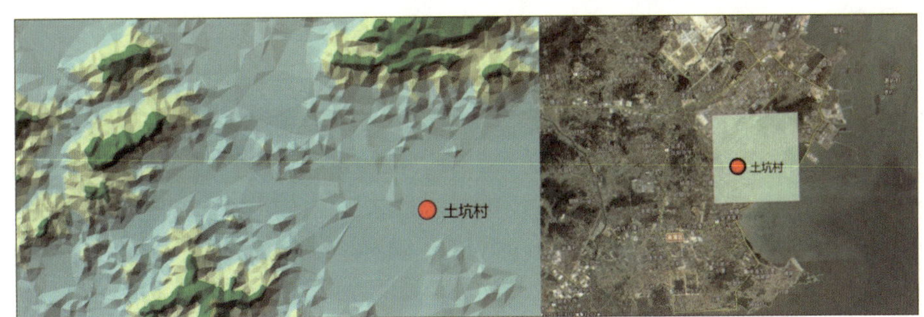

图 4-2　土坑村高程模型

表 4-1　方形范围 50 米间隔高程（部分）

经度	纬度	高程（米）	经度	纬度	高程（米）
118.9281	25.14675	10.1275	118.9604	25.14996	6.213531
118.9286	25.14675	10.05917	118.9609	25.14996	6.175584
118.9291	25.14675	9.990836	118.9614	25.14996	6.137637
118.9296	25.14675	9.922502	118.9281	25.15041	10.62247
118.9301	25.14675	9.854167	118.9286	25.15041	10.55414
118.9306	25.14675	9.785833	118.9291	25.15041	10.4858
118.9311	25.14675	9.717499	118.9296	25.15041	10.41747

① 本科研团队成员李明博士研究生阶段性研究成果。

特殊的自然地理条件为土坑乃至整个区域提供了花岗石这一得天独厚的建筑材料。泉港地质构造属于浙闽活化陆台，主要以非金属矿产为主。矿种有：粘土、花岗岩、花岗质瓷石矿、高岭土、叶腊石、石英岩、辉绿岩（辉长岩）。其中，花岗岩石资源丰富，储量达亿立方米。特别是分布在南埔镇邱厝村一带的“肖厝灰”，为优质花岗岩，结晶晶粒较细、分布均匀，硬度大，刨光度好，而且具有非常好的物理学性能，其优越的抗弯性能是其他地区花岗岩的两倍左右。良好的抗弯强度使得泉港石材可以作为建筑的受弯构件。石板、石梁技术大量运用于建筑、桥梁的建设，如位于泉州市东郊的洛阳江上的洛阳桥，整座桥采用花岗岩石料砌筑而成，桥面石板长达 8 米，有“闽中桥梁甲天下”“泉州桥梁甲闽中”之誉。当地石材资源丰富，工匠们因材施用，建造了大量的石构建筑，所以，在现存的土坑民居中，花岗岩、肖厝灰、石英岩等被广泛使用。而土坑所在的地域泉港区，其民居使用石料的历史十分悠久。早在 1500 多年前，已用石板做屋面，并以三合土（白灰、砂、黄土）灌缝。至 20 世纪八九十年代，人们还广泛采用花岗石作为建筑材料，以杂石奠基，条石砌墙，板石盖屋顶（如盖楼房，也可作楼板），梁、柱、拱、悬臂楼梯、门窗框、栏杆等建筑物构件，也全用石料。石构民居外观甚少装饰，有朴素自然之美。与木结构民居相比，石结构民居具有经济耐用、寿命较长、不生白蚁、维修费用少等优点，以花岗岩石为建筑材料，也比较能够满足沿海民居抗御台风和防盐碱腐蚀的特殊要求。但石结构民居也存在着抗震性能差，石构件笨重，加工、运输及安装比较困难等缺点。

土坑所在的泉港区，地处东亚季风区，属亚热带海洋性季风气候。常年气候温和，冬无严寒，夏无酷暑，干湿季分明。通过山腰盐场气象站实测资料得知：土坑的年平均气温 20.3℃，月最低平均气温 11.4℃（出现于 2 月），月最高平均气温 28.5℃（出现于 7 月），年平均气压 1019.0 毫巴，年平均相对湿度为 77%，年平均降雨量 1201.1 毫米，年平均风速为 2.6～7.1 米/秒。四个季度最大风速均出现于东北（NE）；其次是东北偏东（ENE）。第二季度、第三季度开始盛行西南偏南风（SSW）、南风（S）、东南偏南风（SSE）。年主导风向是东北（NE），占 37.31%。灾害性天气主要有台风、大风和暴雨洪涝，其次是干旱，冰雹罕见，寒害不凸显。

上述气候环境特点，决定了土坑及其所在区域的建设必须选用石材作为建筑材料。土坑聚落所处纬度较低，属亚热带海洋气候，由于地理位置特殊，每年都会受到多个台风袭击。海风中的盐碱对木构建筑具有较强的腐蚀作用，加之干湿交替的气候条件使得木结构的使用年限大大减少，并且木构建筑无法承受猛烈的台风侵袭，存在很大的安全隐患。与木结构民居相比，石结构民居较为坚固，构件不易损坏，维修费用少。① 以石材做建筑材料，满足了沿海民居抗御台风和建筑防盐碱腐蚀的特殊要求，充分体现了传统民居因地制宜的建造特点。

二、闽南传统聚落思想意识系统

如前所述，闽南传统聚落中的思想意识系统包含了宗法制度、风水理念、风俗信仰等

① 陈晓向.惠安石材特性及在乡土建筑中的运用［J］.华中建筑，2003(3)：86-88.

要素。其中，风俗是以个体或集体为单位的传统风尚、礼节、习性，是特定范围内几代人共同遵守并传承下来的行为准则及规范模式，对每个个体都有极强的制约作用。普度、尾牙、抢头香、割香、送王爷船、拾福分、镇五营、巡安等都是闽南传统聚落中存在的风俗。

对自然、太阳的崇拜产生了最原始的宗教。宗教总是以一种神圣的力量渗透到人们的生活中，对传统文化产生深刻的影响。宗教礼仪是宗教信仰最直观的体现，是信仰者向崇拜对象表达敬意而举行的仪式、活动，以及规定人们应遵守的禁忌。闽南传统聚落宗教信仰丰富，包括佛教、道教、基督教、伊斯兰教信仰，以及大量民间神祇的信仰，如妈祖、清水祖师、开漳圣王、关帝圣君、保生大帝、广惠圣王、惠泽尊王、三平祖师等信仰。

闽南传统聚落空间中布局有较多公共活动空间及宗教礼仪相关场所，成为重要公共空间，聚落中其他建筑则围绕这些核心公共建筑在空间布局上进行调整。这些场所和公共空间共同构成聚落中的风俗信仰要素，对聚落空间形态产生重要影响。

对于土坑聚落而言，早在唐、五代就有村民居住，参与海洋贸易，并在村中建造祭拜神庙，祈求平安。清嘉庆《惠安县志》载："大蚶庙在添奇铺海滨，昔海涛汹涌，有物轮囷高大，乘潮而至，乡人异之，为立庙。海商祈风亦能分帆南北，五代、南唐封光济王。"由此可见，土坑聚落及其周边地域对光济王的海神信仰由来已久，甚至比妈祖还要早，至今还留存着供奉海神光济王的大蚶庙可以为证。

众所周知，光济王在莆田民间信仰中称"镇海王"。古代莆田人同其他沿海闽南人一样，在海上航行经常受到风浪的袭击而发生船沉人亡的惨剧，为了保障船只和人员的安全，他们把希望寄托于神祇的保佑。自古海洋经济发达的莆田，前后产生过三个海神：柳冕、光济王、妈祖，而且三者并存相当长时间。

其中，第一个海神：柳冕（约 730—约 804 年），字敬叔，蒲州河东（今山西省永济市）人，唐代文学家。唐贞元二十年（804 年），时任福建观察使的柳冕以"闽中南朝放牧之地，可致牛马蕃息"为由，向朝廷奏请增设万安监牧马，得到批准。于是他在福唐（今福清）、莆田、仙游、泉州、浯洲（今金门岛）（陈渊率十二姓氏前往牧马而成神，至今仍备受崇拜）五地设置五个马区，从西北引进大量马匹、牛羊饲养。据宋《册府元龟》载，唐代秀屿牧区共有马 5700 匹，驴、骡、牛 800 头，羊 3000 余只。虽然万安监存在时间不长，但有力地推动了莆田畜牧业的发展。柳冕被莆田人立庙纪念，久而久之发展成为耕海者的保护神。据《八闽通志》载："灵感庙在醴泉里秀屿，以祀唐观察使柳冕。冕贞元间观察福建，巡管之内福唐、莆田、仙游皆置马监领牧，悉以'万安'为名，而秀屿其一也。秀屿亦名猴屿，近屿诸村有马坑、马厂，即旧监牧之遗迹，故老相传，柳氏兄弟尝职马政，没而神祇，故莆人立庙于此。"庙共三座：醴泉里秀屿曰"灵感"，营边曰"昌骏"，马厂曰"昌骥"，皆祀冕者也。"凡有所求必祷之，舟行者尤恃以为命，或风涛骤起，仓皇叫号，神祇为之变现，光如孤星，则获安济。""灵响与湄洲之神相望。"可见，柳冕作为海神的影响力不亚于妈祖。

第二个海神：光济王，姓罗，俗称罗仙子。《八闽通志》载："光济王庙，在府城东奉谷里大蚶山之南。"相传旧时一次海啸中，大量木头涌向埭头海边，每根木料上面都书有"罗"字，村民们把这些木料拿回家，用斧头砍削掉"罗"字，可是越砍削字迹越清晰。正当大家惊诧莫名之时，一个头戴峨冠、身穿黄袍的道人来到村头，他告诉村民们说："我是姓罗的仙子，要卜居在这里，那些带‘罗’字的木料就是用来盖庙宇的。”言毕就不见了人影。于是，村民们投工投劳为罗姓仙子盖起了庙宇，供起了香火。庙宇盖好后，非常灵验，有求必应。尤其是渔民出海捕鱼和船户航运客运前入庙祷告都特别灵验，往来平安。《八闽通志》载：“商舟往来必祷焉。”所以香火特别旺，久而久之便远近闻名，成为极具影响力的神祇。晋开运二年(945 年，即南唐保大三年、闽国元德三年)，南唐趁闽国内乱出兵灭了闽国，除福州仍被闽将李仁达(后改名弘羲)窃据外，其余的建州、汀州、泉州(当时莆田隶属泉州)、漳州等均纳入南唐版图。为了巩固在福建的统治，南唐元宗皇帝李璟册封罗仙子为光济王。光济王是莆田第一个被朝廷正式册封的海神。

第三个海神：妈祖，又称天妃、天后、天上圣母，俗称娘妈，是历代船工、海员、旅客、商人和渔民共同信奉的神祇。妈祖生于宋建隆元年(960 年)三月二十三日(农历)，因救助海难于宋雍熙四年(987 年)九月初九(农历)逝世，妈祖一生在海上奔波，扶危助困，济世救人，后人敬仰她，便在湄洲岛上建祠立庙纪念她，历代朝廷也对她屡次褒封，并将妈祖祭典列入国家祀典。

在莆田同保护海运有关的神祇，除柳冕、光济王、妈祖外，还有长寿灵应庙的陈寅，显济庙的朱默，灵威庙的许远、张巡，祥应庙海神，灵显庙五帝等。

土坑除了上述的民间信仰外，还有三一教及其他信仰，其遗存有兴天府、玄天上帝府、重安府、吾案宫、水兴庙等。

三一教亦名“夏教”，以“道释归儒，儒归孔子”为教旨。三一教的创立者为明代莆田人、哲学家林兆恩(1517—1598 年)，他倡教授徒始于明世宗嘉靖三十年(1551 年)，大约至 17 世纪中叶，“三一教”始逐渐发展完备。三一教是地方性的民间宗教，它最初流行于莆仙方言区，即莆田、仙游两县境内以及泉港北部、福清县南部，全盛时曾流行于福建、江西、浙江、湖北、安徽、南京、北京、河南、陕西、山东等地。三一教是一种以阳明心学为基础，以儒家的纲常人伦为立本，以道教的修身炼性为入门，以佛教的虚空为极则，以世间法与出世法一体化为立身处世的准则，以归儒崇孔为宗旨的三教同归于心的思想体系。三一教的经典有《林子三教正宗统论》《夏午真经》《林子本行实录》等著作。义理为修炼“心身性命”之学，以纲常道德为日用，以士农工商为常业，并推及人，劝人为善，修之于家，行之于天下。信教的目的是通过修行，达到最高的精神境界，以修己度人，“勿起邪心，勿为邪事，劝善济危，扶持正气，爱国爱民”；修之于心，行之于用，立德、立功、立言。祖师爷林兆恩(号龙江)，被尊为“三一教主”“夏午尼氏道统中一三教度世大宗师”。崇拜的对象，除了林兆恩外，还有张三峰、卓晚春、卢文辉、林至敬、朱逢时、张洪都、陈衷瑜、董史等。传教的场所是三一教祠堂。

清末至民国初年是三一教在泉港的鼎盛时期。其时南埔乡的岭头、南埔、施厝、前泌、柳厝、下梁、笼边、埭头、仑头、浮洋、沙格等自然村都建有三一教祠。其中较大的有南埔岭头的螺山堂、后龙土坑的章山堂等。山腰、涂岭、蛃川、涂寨、东岭、崇武等乡镇也兴建教祠，整个泉港地域范围内有三一教堂近 40 多座。20 世纪 30 年代，该地域信仰三一教的有 2000 多人。在土坑聚落中章山堂主祀的就是教主林兆恩，该堂的主要活动为修道、聚会、画符念咒。逢农历初一、十五之日堂门开放，群众可以自由进堂烧香。在每年的农历正月十四日、七月十六日、十月十五日都举行诵经、烧香、设馔祭拜及演戏等活动。平时，百姓修建房屋、安门筑灶、定亲纳聘、延医诊病、外出谋生、买牛养猪、耕耘播种，往往要进祠烧香，请三一教神主决疑。各级教主，也以画符念咒等形式，给群众治病、卜吉凶。

在土坑的众多宫庙中，规模最大的就是白石宫，白石宫里主殿祀社稷神，左殿祀海神妈祖，右殿祀司马圣王"张巡"。其中对于张巡的崇敬尤为突出。

司马圣王张巡即唐代"安史之乱"守睢阳牺牲的张巡。唐天宝十四年（755 年）冬，河东三镇节度使安禄山叛乱，所到之处，守将或不战而逃，或者临阵而降，唐玄宗被迫南遁。在此危亡之际，张巡起兵讨贼。张巡，邓州南阳人，才智过人，读书过目不忘，每写文章，常提笔落纸即成。其志气豪迈，知识广博，知晓阵法。开元年间中进士，初任太子通事舍人，后调任清河（今河北南宫县东南）县令，因政绩显著，清正廉洁，又改任真原（今河南鹿邑县）县令。张巡起兵后，在宁陵、雍丘（今河南杞县）屡破敌军，后来雍丘县令令狐潮投敌，伙同叛军围攻县城。张巡扼守六十多个昼夜，因城墙单薄，弃城率众至军事和经济要地的睢阳（今河南商丘），与太守许远会合共同抗敌。至德二年（757 年），敌将尹子奇率兵十万，围攻睢阳。许远认为自身才干不足，把军政大权拜托给张巡，自己甘事后勤。张巡平素待人忠厚，军纪严明，赏罚有度，深受官兵诚服。他常用奇谋，击退敌人。为表彰他的忠勇，唐肃宗诏封御使中丞。固守睢阳数月，救兵不至，城内粮食断绝，军民以网罗鼠雀充饥，煮马鞍、铠甲皮件填腹。在身陷危难之际，张巡乃使部将南霁云冒死突围，至临淮向河南节度使贺兰进明告急，请求援兵。但贺兰进明忌恨张巡的声威，又惧人借机夺已地盘，竟袖手旁观，不予相助，致使睢阳城陷落，张巡、许远、南霁云等一并被俘。诸将在敌面前，坚贞不屈，敌将尹子奇劝他投降，他瞋目怒骂。敌抉其口，齿尽落，血遍流，仍大骂不止。终与南霁云、雷万春等 36 人为敌杀害。由于他坚守睢阳，蔽遮东南，牵制叛军主力部队，使叛军延误时机，不能南下江淮，东南半壁河山得以保全。安史之乱后，唐肃宗下诏褒赠其为扬州大都督，诏封为邓国公。因他在初抵尹子奇军时，被诏封为御史中丞，故史称"张中丞"。后人为纪念张巡，在睢阳、杞县、南阳等地为他建立祠庙。明代民间相传："三国张飞忠心正气，千古不磨。一次托生为张巡，改名不改姓；二次托生为岳飞，改姓不改名。"（见《喻世明言》）宋朝以后，张巡、许远备受百姓崇拜，其庙宇遍及全国各地。北宋于汴京立庙，南宋时，其庙亦"南渡"，民间流传着许多张巡、许远显灵助官兵打胜仗的神话传说。明清时期，张巡、许远兼有司瘟疫、漕运和冥判的职能。后南迁入闽来泉港的中原先民亦把这一习俗带来，历代崇敬有加。现在泉港不少村庄奉张巡、许远为境主，民间在正月"游朝拜"民俗活动中，这些村庄抬着张巡、许远等神像绕境行道，热闹非凡。因民间对二位英烈崇敬至盛，道教也将其划入神团之中，托玉帝封张巡为"宝山忠靖景佑福德真君司马圣王"，亦称"斩鬼张真君"。民间宫庙中其像为白面黑须幞头持笏的文臣装束，民众多称之为"司马公"。宫庙中常将许远与其配祀，许远在道教中被封为中天大圣，在泉港民间的神像为红面墨须，左手两指向上，右手持剑的武将装束。现土坑白石宫是泉港敬奉张巡较有影响的宫庙之一。

而兴天府供奉的是五府大人，即奉祀五爷公。五爷公又称万圣老爷、千岁、王公、瘟王等，流传较广的说法，认为五爷公指朱、池、温、彭、刘五个王爷。传说这五个王爷是唐代进士，精通音乐，常被召到皇宫里演唱。有一次皇帝为了考考道家张天师，让五进士到地下室演唱，而后对张天师说，朕近来常听到宫殿前地下有奏乐之声，不知是灾是祥。张天师领旨细算，算了许久毫无头绪，有点恼怒，奏道：宫殿乃朝廷重地，岂能容忍妖邪作祟？奏毕将手往地下一挥，顿时地下室轰然倒塌，可怜在地下室的五进士全被压死。后来这位皇帝感到对不起他们，追封他们为“万圣老爷”，赐令“代天巡狩”，职司五方疫病，遇府食府，遇县食县。传说他们成神后经常到福建闽南各地视察，解决民间疾苦。人们深感其德，遂立像建庙以祀。乡民相沿成习，即使后来供奉的是一至四尊数量不一或物件不同的王爷，信众也泛称受供奉者为“五爷公”。这些“五爷公”职责大致相同，都是被敕封为王，代天巡狩，一为驱瘟疫，二为镇厉鬼。

土坑聚落的风俗习俗主要通过一定的形式加以体现，如传统表演艺术、民俗活动、礼仪节庆、有关自然界和宇宙的民间传统知识和实践等。

其中，传统表演艺术有土坑戏乐队（莆仙戏种）、土坑小鼓文艺宣传队、土坑大钵文艺宣传队、土坑弦馆文艺宣传队、土坑打佯鼓文艺宣传队等。土坑地属泉港区，北邻莆仙，受莆仙文化影响较大，凡有菩萨节日都邀请莆仙的剧团演出。1958 年，公社体制时，土坑大队（含现 4 个行政村）党支部书记刘春金、大队长刘荣才创办起土坑剧团，人称土坑戏，人员达 50 多人，以群众喜闻乐见的形式，采用莆仙剧种，排练了 60 多个传统优秀剧目，并请来名师传艺，通过刻苦训练，自编、自导、自演，还配备了一组完备乐器和司鼓手等。土坑戏乐队不仅在泉港各个乡村备受欢迎，而且还进入莆田演出，甚至拓展到福清、闽侯地区，对于丰富村民生活，提高生活质量，营造古村落良好的社会氛围做出了一定的贡献。土坑小鼓文艺宣传队是下支房组织的文艺宣传队，由 18 名妇女组成，穿“惠安女”服装，以小鼓为主，采用队列型的多种表演艺术，步伐轻快灵活，节奏整齐热闹，适用于各种活动场合，备受村民欢迎。土坑弦馆文艺宣传队是一种小型的文艺组织，一般在 12 人左右，分前后台。后台是各类型的乐器，前台配女角演唱、配上锣鼓，以鼓为主导，轻巧方便，适应于各种活动场合，备受各方的欢迎。早期只演奏北管，比较单调，适应性少，而后发展出带有戏剧性的形式。现组织有土坑、后田、三乡等三馆，除在本村活动外，还经常被邀外出参与婚丧喜庆等节日活动表演。

民俗活动、礼仪、节庆有妈祖换袍、妈祖出宫、妈祖出游、十月十五普度日，二月初二敲锣等。其中，土坑聚落白石宫妈祖出游是在正月十五元宵节。土坑刘氏通族陪妈祖出游，各个村庄或房支都备有彩旗、锣鼓、大轿，并组织装阁、花担、打胸和化装等形式各异的文艺队及舞龙队，以“三八连”开路，从白石宫出发，往竹头、后墘、后田、窑里接入东山、白石安圈绕着整个塗山巡游大半天。过往的村庄都办起香案迎接，彩旗招展，热闹非凡，成为土坑的一大盛会。

民间习俗有讨食、入厝、弄金文、吃祠堂、穿红衣、乞彩等。一直以来，泉港人谓出门谋生为“讨食”。泉港人相逢，频率最高的问候语仍是：“吃了没有？”而听者并不拘泥于其时其地是否恰当，皆礼应之。当地孩子周岁时，亲友要吃红蛋表示喜庆。“蛋”表示着生命的延续，“吃蛋”寄寓着中国人传宗接代的厚望。孩子周岁时要“吃”，结婚时要“吃”，到了庆寿时，更要觥筹交错地庆贺一番。这种“吃”，表面上看是一种生理满足，但实际上“醉翁之意不在酒”，它借“吃”这种形式表达了一种丰富的心理内涵。泉港人对饮食的选择，也正是其文化长期潜移默化影响的结果。吃的文化已超越“吃”本身，具备了更为深刻的社会意义。

而建成新居后，要择吉日良辰，举行乔迁新居仪式，俗称“入厝”或“过厝”。届时，全家男女老少都要穿新衣服，男的披红布，女的穿红衫（寡妇穿茄色）和黑裙，每个人都要拿一样东西，每样东西都要挂红。有的挑上盛着米的箩筐，米上面放红色剪纸花；有的挑上盛着水的水桶，水内放着数枚银元（象征水宝盘）；还有的拿着大秤、小秤、碗筷、炊具、扫帚等。长辈走前头，循序排列。到了新居时要大放鞭炮，并举行拜天帝、祭祖先仪式。中午办酒席答谢前来庆贺乔迁的亲戚朋友。

乞彩是指本村宫庙在元宵前后几日的白天，组织彩仪队到前一年有生男丁、起厝、进财、结婚或做寿等大喜事的人家讨彩钱。有的村落抬出宫中神像到村内巡行镇境并乞彩，鼓乐前导，旌旗招展。最有趣的节目是众善男信女在大厝埕或宫口燃起火堆，轿夫抬着神轿从火堆中一跃跳过，意即为神像焚身净化，那矫健的身姿、利索的动作博得围观者喝彩不断。有的村落则是组织彩旗队、锣鼓队，热热闹闹地把宫庙中的彩饼（一个肉馅扁饼，寓意好彩头）、橘子（寓意吉祥）和白花（本地将男丁称为白花枝，寓意添丁）乞彩给村民。受乞彩人家就要准备红包和香烟给彩仪队等，有的人家一年中有多种喜事，就乞多彩。

上述闽南传统聚落中的思想系统主要体现在风俗信仰对聚落产生重要影响，构成传统聚落中不可忽视的精神空间。在文化变迁的过程中，风俗信仰的变化或多或少会落到建筑实体中，影响聚落空间的变化。

三、闽南传统聚落社会系统

闽南传统聚落的社会系统主要包括社会制度、经济状况、人口规模、宗法制度和生计方式等要素。社会系统要素与文化变迁有着紧密的联系。社会制度规定了置身于传统聚落中的人们的生活和行为准则，伴随着历史的变迁，于无形中影响着传统聚落。经济状况是影响传统聚落演进的重要原因。[①] 对于乡村聚落而言，宗法制度是社会制度的重要支撑内容，国家层面的制度约束力往往在乡村聚落中会以宗族与宗法、传统道德等加以转型，以转型的形式作用于乡村之中，规范、约束，甚至惩罚村民的行为，并成为村民不可逾越的行为底线与道德标准。

（一）宗族与宗法制度

宗族是一种以血缘关系为纽带，以父系家族为脉系，体现家庭、房派、家族等宗亲间社会结构体系，并具有一定权力的民间社会组织结构形式，[②]是一种社会群体，它具备着血缘、地缘两大因素，并需要有组织原则与相应的机构。[③]

许慎在《说文解字》中亦云：“宗，尊祖庙也。从宀、示。”宀即房子，示即神，也就是说“宗”是供奉在祖庙的“先祖”神像或牌位，族人对祖先顶礼膜拜，“除了‘慎终追远’，表达充盈于胸中的宗教性情感，最主要的是为了表示自己具备作为一个父系单系世系团体成员

---

① 前文已对聚落社会、移民、经济等进行了阐述，本节不再赘述。

② 王桦.权力空间的象征——徽州的宗族、宗祠与牌坊［J］.城市建筑，2006（4）.

③ 冯尔康.中国古代的宗族与祠堂［M］.北京：商务印书馆，1996：7.

的资格”。[①] 这是“宗”的第一层含义。第二层含义“宗人之所尊”是说对祖先牌位表示尊敬就叫“宗”。所以在古文中“宗”和“尊”是互通的。

宗法本意是宗祧继承法，也可以引申为宗族组织法。[②] “宗”为近祖之庙，“祧”为远祖之庙，两者联称泛指各种祭祖设施。宗法是以宗族血缘关系为纽带调整家族内部关系，维护家长、族长统治地位和世袭特权的行为规范，是一种宗族之法。宗法制是按照血缘远近以区别亲疏的制度。宗法制度最核心的内容是严嫡庶之辨，实行嫡长子继承制，传嫡不传庶，传长不传贤，依靠自然形成的血缘亲疏关系划定族人的等级地位，从而防止族人间对于权位和财产的争夺。[③] 它与国家制度相结合，维护贵族的世袭统治。

宗法制度源于父系氏族公社时期的家长制家庭。殷商末期，嫡长子继承制逐步确立。周代形成了一套完整的宗法制度，即推行嫡长子继承制，并把原有的宗法制系统化，同时又形成“分封制”。在层级分封下，天子和诸侯、卿大夫既是各级政权首领，也是各个大小家族族长，形成一种“大宗小宗之法”的特殊世系关系原则，其主要目的在于：“尊祖、敬宗、收祖”。由此形成了以周天子为核心，由血缘亲疏不同的众诸侯国竞相拱卫的等级森严的体制，使政权不但得到族权而且得到神权的配合。“亲亲”“尊尊”在这一体系中得到完备的、严格的体现，成了宗法制的精神支柱。[④]

对于宗法制度的发展，多数学者认为其经历了五个发展阶段：先秦典型宗族制；秦唐间世族、士族宗族制；宋元间官僚宗族制；明清绅衿宗族制；近现代宗族变异时代。[⑤]

其中，在唐到宋代这段历史时期，宗法制度得到很大发展，宗族形态发生重大改变，形成新的结构方式。宋代理学家朱熹、张载等人将宗族制度改造为社会各阶层均适用的行为规范，朱熹还在《家礼》等书中制定了一整套宗法伦理的繁缛礼节。国家废除乡村社会建祠和祭祀祖先的诸多限制，鼓励乡村累世聚居，宗族组织逐渐走向制度化、大众化、普遍化。

宋以后的村落成为我国传统宗族文化的重要载体。“对福建的社会形态形成和发展来说，最为重要的是宋以后的封建家族制度。”[⑥]宋以后福建的祭祖方式，大致可以分为三类：家祭、墓祭与祠祭。其中，祠祭亦即祖祠内致祭，南宋后期，福建开始建设专为祭祖用的祠堂，且多限于名宦及乡贤的后裔，祠堂的规制尚小，祭祀的代数也很有限，多受制于“士大夫祭于庙”的藩篱。[⑦]

明中叶以后，在《家礼》逐步普及和士大夫推动的背景下，宗祠建设和祠祭祖先开始成为宗族建设的重要内容。另外，明朝在治理乡村社会的过程中，借助乡约推行教化，宗族则在内部直接推行乡约或依据乡约的理念制定宗族规范（祠规或祠约）、设立宗族管理人

---

① 钱杭.中国宗族史研究入门［M］.上海：复旦大学出版社，2009：33.

② 郑振满.明清福建家族组织与社会变迁［M］.北京：中国人民大学出版社，2009：172.

③ 邵建东.浙中地区传统宗祠研究［M］.杭州：浙江大学出版社，2011：1.

④ 邵建东.浙中地区传统宗祠研究［M］.杭州：浙江大学出版社，2011：3.

⑤ 冯尔康.中国古代的宗族与祠堂［M］.北京：商务印书馆，1996：8-56.

⑥ 戴志坚.福建民居［M］.北京：中国建筑工业出版社，2009：50.

⑦ 郑振满.乡族与国家——多元视野中的闽台传统设计［M］.北京：三联书店，2009：106.

员约束族人，发生宗族乡约化的转变，在一定程度上标志着宗族的组织化。[①]

清朝政府继续实行传统的"以孝治天下"的方针，从律例、基础社会建设诸多方面支持亲权和保护宗族公共财产，有条件地支持宗族对族人的治理，以期由宗族的团结和睦达到国家的安定、天下的大治。因此，聚族而居的人们建立宗祠、祭祀祖先成了社会的普遍现象，宗族组织也已经成为绅衿平民的组织。在这一背景下，土坑聚落所在的地域宗族活动非常频繁，宗族势力在民间社会异常活跃也成为必然。

（二）宗族组织的基本类型

家庭是指同居共财的亲属团体或拟制的亲属团体。[②] 家庭是家族构成的基本单位。"家有家长，积若干家而成户，户有户长，积若干户而成支，支有支长，积若干支而成房，房有房长，积若干房而成族，族有族长。上下而推，有条不紊。"[③]

对于家庭的结构的分类，依据家族成员之间的纽带，即规范和制约家族成员的基本社会关系，基本社会关系除了"同居共财"的经济关系外，还存在着婚姻、血缘、收养、过继等社会关系，其中婚姻关系是最为主要的。郑振满先生把传统家庭分为三种类型：一是"大家庭"，即包含两对及两对以上配偶的家庭；二是"小家庭"，即只有一对配偶的家庭；三是"不完整家庭"，即完全没有配偶关系的家庭。[④]

家族是指分居异财而又认同于某一祖先的亲属团体或拟制的亲属团体。[⑤] 中国的宗族是世界上少见的亲属组织，其重要特性之一是同时兼有血缘、地缘及"共利"这三种社会组织原则。[⑥] 这一特性揭示了宗族组织的多元特征。对于宗族组织的基本类型，郑振满先生认为其类型包括：一、以血缘关系为基础的继承式宗族；二、以地缘关系为基础的依附式宗族；三、以利益关系为基础的合同式宗族。[⑦]

家庭是宗族的组成单元，没有家庭的存在就没有宗族的存在。家庭与宗族之间的关系，郑振满先生研究认为，两者之间的基本结构如图 4-3，图中单线表示统属关系，双线表示并列关系。由于各种家族组织的相互统属和相互联结，构成了相当庞杂而又层次分明的家族系统。这些不同层次的家族组织，在结构上是耦合的，在功能上是互补的，从而体现了婚姻关系、血缘关系、地缘关系及利益关系的有机统一。对于每个家族成员来说，他不仅从属于其中的某些家族组织，而且从属于整个家族系统。因而，只有揭示各种家族组织之间的相互联系，才有可能把握家族系统的总体特征。

从动态的观点看，各种家族组织可以相互转化，从而呈现出家族发展的阶段性特征。在正常情况下，每个家族都有一个共同的始祖；这个始祖经过结婚和生育，先后建立了小

---

① 常建华.明代宗族研究［M］.上海：上海人民出版社，2005：186，258.

② 郑振满.明清福建家族组织与社会变迁［M］.北京：中国人民大学出版社，2009：14.

③ 林耀华.义序的宗族研究［M］.北京：生活·读书·新知三联书店，2000：73.

④ 郑振满.明清福建家族组织与社会变迁［M］.北京：中国人民大学出版社，2009：16.

⑤ 郑振满.明清福建家族组织与社会变迁［M］.北京：中国人民大学出版社，2009：14.

⑥ 郑振满.明清福建家族组织与社会变迁［M］.北京：中国人民大学出版社，2009：47.

⑦ 郑振满.明清福建家族组织与社会变迁［M］.北京：中国人民大学出版社，2009：47.

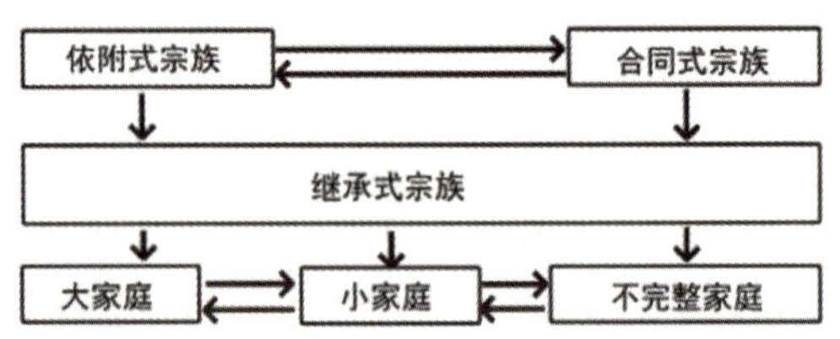

图 4-3　家庭与宗族组织的关联性分析图①

家庭和大家庭；而后经过分家析产，开始形成继承式宗族；又经过若干代的自然繁衍，族人之间的血缘关系不断淡化，逐渐为地缘关系和利益关系所取代，继承式宗族也就相应地演变为依附式宗族和合同式宗族。（如图 4-4）

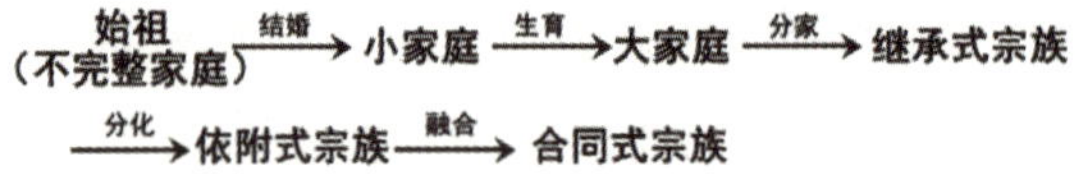

始祖（不完整家庭）—结婚→小家庭—生育→大家庭—分家→继承式宗族
—分化→依附式宗族—融合→合同式宗族

图 4-4　家族的变迁历程分析图

上图表明，各种不同类型的家族组织，标志着家族发展的各个不同阶段；结婚、生育、分家及族人之间的分化和融合，是联结各个发展阶段的不同环节。由此可见，家族组织的形成与发展，是一个循序渐进的连续系统。就其长期发展趋势而言，处于较低级阶段的家族组织，必将依次向更高级阶段演变，而这正是家族组织长盛不衰的秘密所在。不仅如此，在家族发展的较高级阶段，又会派生出较低级的家族组织，从而呈现出周期性的回归趋势，导致了多种家族组织的并存（如图 4-5）。

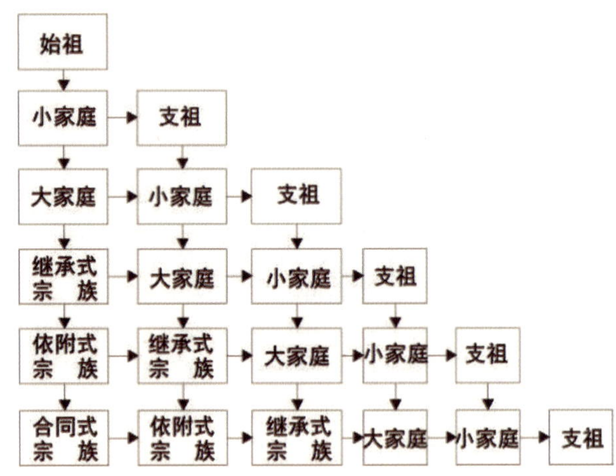

图 4-5　家族发展演化历程分析

上图中，纵向表示从低级形态向高级形态的演变，横向表示从高级形态向低级形态的回归。前者反映了家族组织的变异性，后者反映了家族组织的包容性。由此可见，家族组

① 郑振满.明清福建家族组织与社会变迁［M］.北京：中国人民大学出版社，2009：16.

织的发展进程，是一个层层相因的累积过程。因此，只有把各种家族组织置于历史的脉络之中，才有可能揭示家族组织的演变趋势，阐明家族发展的全过程。

（三）闽南宗族的历史钩沉

闽南地区围绕晋江、九龙江两大流域形成福建省著名的三角洲平原——泉州与漳州平原。此地人口稠密，宗族聚居的规模较福建其他地区大，形成了强宗大族。另外，这一地区于明代中叶及清代初期先后经历了倭寇之乱和迁界之变，宗族组织的正常发展进程受到了全面的冲击，出现了较其他地区更多的变异形态。①

根据郑振满、陈志平等学者的研究，在明代以前，闽南地区已经有不少强宗大族，在社会经济结构中占据了统治地位。宋代闽南的宗族组织，一般是以当地的某些寺庙为依托，而且多数与名儒显宦的政治特权有关，其社会性质较为复杂。南宋后，闽南各地宗族组织逐渐脱离寺庙系统，得到了相对独立的发展。元明之际，闽南地区的聚居宗族纷纷建祠堂、置族产、修族谱，陆续形成以士绅阶层为首的依附式宗族。②

到明中叶以前，由于社会环境相对安定，闽南地区宗族发展迅速，随着族人的日益增加，祭祖的规模不断扩大，建祠活动也越来越频繁，建祠之风盛行。福建历史上的家族祠堂，最初大多是先人故居，俗称“祖厝”，后经改建，逐步演化为祭祖的“专祠”。土坑聚落里现存家庙一座，各房支祠 23 座，这些支祠多数由祖厝逐步演化为家族专祠。

明代嘉靖后期，闽南地区经历了长达十年的倭寇之乱，社会经济受到了严重的破坏，宗族组织的发展开始出现某些变异形态。在这场浩劫中，沿海各地的聚居宗族受到了剧烈的冲击，有不少宗族组织一度趋于解体，长期未能恢复正常活动。万历十三年，晋江县施黎受《修谱遭寇志》中记云：③

> 嘉靖庚戌，予主祀事，宗戚来与祭者蕃衍难稽，子孙老幼计有八百余人。不意嘉靖戊午倭寇入闽，初犯蚶江，人不安生，瞭望烟火警惧。己未、庚申岁，则屡侵吾地，然犹逃遁边城，性命多获保全。至辛酉岁，倭寇住寨海滨，蟠结不散，九月廿九破深沪司，而掳杀过半。壬戌二月初八日，攻陷永宁卫，而举族少遗。呼号挺刃之下，宛转刀剑之间。生者赎命，死者赎尸。尸骸遍野，房屋煨烬。惟祠堂幸留遗址，先世四像俱被毁碎。加以瘟疫并作，苟能幸脱于剧贼之手者，朝夕相继沦没。……予陷在鳌城，家属十人仅遗其二，亲弟四人仅遗其一，童仆数十曾无遗类。长房只有六十余人，二房只有五十余人。……今岁乙酉，年已六十二矣，窃见宗族生齿日繁，欲修谱牒而难稽，幸二房曾祖叔时雨、光表者有谱移在泉城，寻归示予，此亦天道不泯我祖宗相传之意也。故题此以示后世，使知我宗族一时沦没之由，亦示后世子孙知宗族一时艰苦之状云。
>
> ——晋江县《临濮堂施氏族谱》（厦门大学历史系抄本）

---

① 郑振满.明清福建家族组织与社会变迁［M］.北京：中国人民大学出版社，2009：115.

② 郑振满.明清福建家族组织与社会变迁［M］.北京：中国人民大学出版社，2009：120.

③ 郑振满.明清福建家族组织与社会变迁［M］.北京：中国人民大学出版社，2009：128.

施氏此次修谱之举，距倭寇之乱已有二十余年，而该族重修祠堂及恢复合族祭祖活动，却又迟至明末崇祯年间。[①] 在沿海各地的族谱中，还有不少类似的记载。如泉州《荀溪黄氏族谱》记载："倭寇之寇泉城也，洵江尤甚。攻围数次，焚毁再三。巨室凋零，委诸荒烟蔓草间，所在皆是。"[②]在这一背景下，闽南地区的依附式宗族受到了不同程度的削弱，而合同式宗族则相应有所发展。此外，倭寇之乱促使族人筑堡自卫，从而强化了聚居宗族的军事防卫功能。

这些由族人自发组织的自卫兵在抗倭中起到了巨大的作用，但是随着乡族武装的发展，又引起了乡族械斗，如"都蔡冤"械斗事件，激化了当地的社会矛盾，在一定程度上毁害了祠堂、家庙及其耕田等。

明嘉靖以后的近百年中，闽南地区的社会环境相对稳定，宗族组织得到了恢复和发展，但清初的战乱及其迁界之变，又使得该地区的聚居宗族再次受到了全面的冲击。如据纂修于清康熙年间的鉴湖二房支派的《鉴湖张氏家乘》中载，鉴湖张氏家庙原位于今晋江市湖中村的地顶自然村后，"明初被兵火"，此后子孙一直乏力重修。至清乾隆甲戌十九年(1754 年)，徙居台湾的二十五世孙张方高四兄弟，秉承父志，卜地湖中新湖，重建新大宗，历时三年始竣。而土坑聚落居民则在清顺治十八年"禁海迁界"中流离失所，聚居宗族也随之全面解体。

据郑振满先生的研究，复界后闽南聚居宗族的重建，可能经由两种不同途径：一是以少数官僚或豪强之士为核心，重新组成依附式宗族，二是由陆续回归故里的族人自由组合，形成某些合同宗族。

康熙中叶以来，闽南地区的社会环境逐渐趋于安定，宗族聚居的规模不断扩大，各种形式的宗族组织都得到了稳定的发展。

(四)土坑宗族的发展概况

对于土坑聚落而言，其寻祖的源头，应从入闽始祖向上追溯。据土坑谱载：入闽始祖刘韶，字虞乐，河南光州人，生于唐玄宗开元元年(713 年)。刘韶第十八代裔孙刘瑁于南宋绍熙年间(约 1194 年)移居兴化境内秀屿前云(湄洲湾北岸)。刘瑁的裔孙刘宗孔于明永乐二年(1404 年)，在湄洲湾南岸的惠安县北面建村，名曰土坑村。

另据莆田西刘村的《西刘旧谱》载，始祖虞乐韶公，713 年生，749 年入闽，出任泉州别驾，于 769 年卒于官，其子友公扶榇归籍，时值中原动荡，道经于莆，因莆俗敦厚，择居莆田辖地涵江沙坂(今涵江保尾街)，而韶公下葬于今莆田西天尾镇碗洋村三山。由此可知，入闽始祖刘韶，既非为移民或避乱而入闽，也不是唐代朝廷派遣入闽的官兵，他是入闽当官，其子定居涵江而传代，世称涵江刘。

刘韶的父亲刘迈为金吾将军，刘迈的父亲刘洎是唐参知政事，李世民的宰相，查《新唐书·宰相世系表》，由刘洎上溯至西汉景帝刘啟的第六子，长沙即定王刘发，刘发有十六子，其中一子名刘丹，封地南阳，是安众康侯，袭封三代，徙沮阳。裔孙，字恭嗣，魏侍中，关

① 郑振满.明清福建家族组织与社会变迁［M］.北京：中国人民大学出版社，2009：128.

② 郑振满.明清福建家族组织与社会变迁［M］.北京：中国人民大学出版社，2009：128.

内侯，无子，以侄阜为嗣。阜，字伯陵，陈留太守。生乔，字仲彦，太傅军咨祭酒。生梃，颍州太守。生子简、耽。耽字敬道，为尚书令。生柳，字叔惠，徐、兖、江三州刺史，又徙江陵，曾孙虬，字录预，宋当阳令。四世孙洎，字思道，唐太宗宰相。

据《西刘旧谱》四十孙超英序文："河南光州固始县，唐参知政事刘洎，洎生金吾卫将军迈，迈生韶，韶官福建泉州通判（别驾）。"

又据土坑谱载，唐参知政事刘洎子刘迈为金吾将军，刘迈子刘韶为泉南别驾，即入闽始祖，其后代子孙称之为别驾公。

同时，经比较其他记载得知，唐时入闽进莆始祖刘韶后裔历经宋、元、明、清时代，先后迁徙至惠安圭峰（峰尾）、土坑、仙游县湖宅村及莆田境内西刘村、埭头镇北渚林村、璜崎村、涵江区洋中村等 7 个村落，证实刘洎与刘韶系直系关系。

基于上述谱载与史载相衔接的渊源世系表，可得出土坑始祖的源头是南阳衍派，不是彭城衍派。但是，进一步往前推，刘氏远祖是刘发、刘邦，所以，许多土坑村民将刘氏堂号称之为"彭城"。因此，从这一层面分析，土坑始祖源自彭城，而非南阳。

土坑聚落刘氏宗族的起点是兴化鳌城贵族刘宗孔（刘氏入闽始祖韶公第二十二世孙）于明永乐二年（1404 年）携家眷入驻土坑，经近七百年的繁衍，族人完成了"宗、淳、厚、秉、孟、元、淑、国、俊、启、万、端、建、懋、式、义、礼、傅、经、世、德、望、振、群、英、恩、荣、喜、永、继"的辈分延续，逐步形成了以"小家庭"为起点，到"大家族"，再到以刘氏血缘关系为基础的继承式宗族，其间又经历了多次析产和大小家庭的演变，并且随着刘氏宗族的生长，由此滋生出以土坑为刘氏宗族"母村"，包括后垅、竹头、梅林、顶庄、东山、黄山郑、白石安、蔡岭、蔡坑头、刘厝、横汾、打厝、后田、窑里、东宅尾、蔡坑尾、前埔等十七个"子村"的母子聚落形态。

四、闽南传统聚落技术系统

闽南传统聚落的技术系统要素主要包括聚落选址①、营造技术和攻防理念。技术系统要素中随着聚落选址技术和营造技术的不断成熟、攻防理念的衍化都受到文化变迁的影响，技术系统反过来也推动着文化变迁。技术系统要素是闽南传统聚落构成要素中最为关键的部分，决定着聚落的具体呈现形态。在闽南文化变迁的过程中，技术要素也会依技术发展程度和现实需要发生变化，并反作用于文化变迁，体现在聚落空间中。

其中，闽南建筑的营造技术堪称一绝，是构成闽南传统聚落独特风貌的基石。

闽南传统聚落中的建筑材料多就地取材。闽南地域的土壤以红、黄壤为主，主要树种杉木生长快，产量高，树干直，重量轻，结构性能好，防虫蛀且透气性好，成为当地主要建材。红、黄土壤适合夯实成墙，具有承重、坚固、耐久的优点，且防水吸潮。沿海地区以蚌壳、蚝壳等贝壳烧制的壳灰代替石灰，能防止海风带来的酸性侵蚀。闽南地区盛产石材，尤其是材质均匀、硬度高的花岗岩在民居建筑中得到充分利用，多用于建造台基、柱础、墙

① 前文已对选址进行了阐述，本节不再赘述。

身、门窗、石柱、台阶等;同时,以红壤为主要材料烧制成的青砖、红砖是当地砖的主要种类。闽南民居的红砖色泽鲜艳、质地坚硬且纹路清晰,红砖组成的外墙装饰、红瓦顶、红砖屋脊、红地砖共同体现了独特的闽南红砖文化。对于土坑聚落而言,花岗岩、肖厝灰、石英岩等被广泛使用于屋面、梁、柱、楼梯、门窗框、栏杆等,甚至整座民居建筑均为石构。

闽南传统聚落中建筑的营造技术属于中国建筑营造的重要流派,尤其在民居建筑方面,是民居形态中材料使用与结构技术最先进、构成因素最丰富、等级层次最复杂、装修装饰最多样化的一种类型。闽南民居的营造技艺分大木作、小木作、砖石作、瓦作、彩画作、油漆作、堆剪作等主要工种,以大木作最为重要。工匠亦是按工种分工分类,同样是以大木作工匠为核心。高超的营造技术使闽南传统聚落中的建筑兼具中国传统建筑的对称、封闭,还有严整以及独特的华丽、夸张、活泼、矫饰的特征。高翘的燕尾脊、弯曲的屋面、堆砌的水车堵、别具一格的石雕、浮夸的外墙装饰、艳丽的红砖墙共同构织出闽南建筑的独特个性。对于土坑聚落而言,其特殊的地理位置,使得其民居建筑在文化变迁的影响下形成了基于闽南红砖大厝基础之上的,又具有莆仙文化特色的建筑营造技艺,其中最突出的就是生土围合,搁檩式梁架结构体系。

攻防理念方面,从文化变迁的历程来看,闽南传统聚落起初是以居住为主要功能的。由于人口迁移、山多地少、宗族势力的不断强大,一些汉人移居闽南后,在较长一段时间里,与当地土著发生激烈的生存战争,不同宗族势力之间也往往因财务纷争、资源掠夺甚至口角等发生争斗,民间械斗不断。尤其是明清时期漳州府、泉州府民间械斗最为严重。此外,闽南所在的东南沿海地区历来有倭寇、海盗出没,社会长期动荡不安。

在抵御敌寇和防止内讧的特殊社会环境下,闽南的许多聚落在发展过程中逐渐体现出攻防理念。防御意识在闽南许多聚落的形态与空间布局中得到体现,如土坑聚落中街巷的宽度多在 1～3 米,街巷布局呈现蜘蛛网状,使得外人进入犹入迷宫,这一布局便于攻防。

第二节　文化变迁下闽南聚落空间的演变

伴随着闽南文化的变迁,在闽南文化变迁的多个路径的交叉作用下,闽南传统聚落,特别是沿海聚落空间经历了催生—形成—发展—鼎盛—衰落—重生的过程。

一、原始聚居点的催生

西晋之前闽南地域内已催生了闽越原住民文化,闽南文化处于文化创新和进化阶段。受闽越原住民文化发明的影响,在相对闭塞的闽南地域内诞生了闽南传统聚落的初始形态——原始聚居点。

旧石器时代,闽南已有人类生活的痕迹。晋江的深沪湾旧石器遗址是目前发现的最早的闽南史前遗址。深沪湾遗址年代大致可追溯到 80 万～50 万年前,考古发现共有 7 个旧石器地点,石制品 36 件,这些石制品都有人工打击的痕迹。这时期生活于闽南的原始人以狩猎为生,并栖身于离水源较近、位置高、湿度低、洞口内敛而背风的洞穴。

进入中石器时代，生产力提高，农业、畜牧业和狩猎业逐渐分离，农耕区域形成由数个穴居和小规模房屋简单组合而成的固定聚落点。1987 年 11 月，福建省博物馆、泉州市文管会在涂岭镇芦朴村东南四百多米处的蚁山顶上考古发现了先民遗址，共采集石砖 3 件、陶纺纶 1 件、陶豆 1 件以及陶片 200 余种。蚁山遗址证明了早在新石器时期，泉港先民就在这块依山傍海的土地上披荆斩棘，繁衍生息。

从闽南新石器时代遗址分布特点“大分散、小聚落”可知，闽南地域内的人们逐步由迁徙不定的、游猎和采集为主的生活演变为定居的、原始农业为主、辅以采集和捕捞的生活。原始农业成为其主要的生产方式，在氏族社会形成和发展的影响下，闽南地区原始聚落逐渐发展和演变：聚落选址一般选在山坡地或高于洪水位的河边台地上；聚落规划出现较为明确的内部功能分区和外部防御功能设施，开始出现壕沟等居住建筑以外的其他建筑类型；建筑形式亦开始多样化，已出现穴居和巢居两种建筑基本形态，并开始了向干阑穿斗结构和土木混合结构建筑转变的进程；聚落规模逐渐扩大，人口显著增加。此时的闽南聚落已具备一定的群体功能和组织意识。

现存于漳州市华安仙字潭峭壁上的古老岩画中的一系列形象逼真的独舞和群舞形象，彰显着上古时代这片土地上闽越人原始舞蹈的风采。这一时期的闽越原住民文化中的蛇崇拜、鬼神崇拜、纹身、拍胸舞等习俗流传至今。而漳平市双洋镇有着悠久的历史，据《宁洋县志》载，早在商周已有人类在此繁衍生息，1988 年 7 月，在双洋镇考古发现的石锛，印有蓝纹、绳纹、回纹、网纹的钵、盆、罐、尊、鼎等陶器残件，更是印证了其年代的久远。

简单原始的竹木结构的高台巢居，是先秦时期的居住形式。秦汉时期，百越民族在我国东南沿海广大地区生活，泉港境内的居民是百越之一的闽越族。闽越人生活居住以船为家，这种房屋可称之为船屋。另一种房屋是在岸上或临水而建的干阑式建筑，俗称“吊脚楼”。一般用木材或竹子建造，即用矮柱将整座房屋架起，“上设茅屋、下豢牛豕”。这种民居干爽、不潮湿，且可避免沙虱、毒蛇、猛兽的侵害。

因此，在西晋之前，闽南地域内已产生原始聚落点，呈现出不规则的点状空间布局，并逐步开始构架建筑空间和信仰空间。

二、闽南传统聚落的发展

近几十年来，考古学家多次发现南安、晋江流域的东晋墓葬，如南安丰州的狮子山遗址，发掘两晋南朝墓地共 17 处，其中东晋宁康三年墓葬中还出土了“陈文绛”字样的长砖和“部曲将印”等物件。《泉州府志·坊庙寺观》中有府治南的白云庙和南安丰州九日山下的延福寺都创建于西晋太康年间的记载。宋代《舆地纪胜》卷一三《泉州·景物上》载：晋江“在县南一里，以晋之衣冠避地者多沿江以居，故名”。由此可见，魏晋南北朝时晋江流域的汉人聚居点便已初具规模。

西晋末年永嘉之乱、唐初蛮獠啸乱、唐末三王开闽、宋代靖康之乱、宋室南迁等历史事件都引发了大规模的中原人士南迁，人口规模的不断扩大致使闽南地域内聚落点数量迅速增加，呈现出大范围广泛分布的趋势。至唐代，除了惠安之外，闽南其余各县均已建立县制，形成闽南民系的基本格局。

因此，汉晋至宋元时期，受人口迁移的背景下中原文化传播及与闽南地域文化涵化的影响，移民与地域生态环境不断调试，聚族而居，重视对神祇的祭祀，一些闽南的传统聚落逐渐开始形成并得到快速发展。

位于湄洲湾南岸的泉港一带是泉州地区开发较早的地域。2005 年 9 月，涂岭镇世上村发现一批西晋永嘉三年(309 年)的纪年墓砖。另外，在山腰镇普安村发掘了多座南朝古墓，根据造型及砖的纹饰可推测，墓主皆是中原迁入的富裕之人。这个时期，在南迁的高官贵族的带动下，中原风格的民居建筑逐渐代替了土著民居。据专家考证，此时的民居以三开间为基本单位，再组合成三合院或四合院，以中轴线左右对称布局，与中原地区晋、唐住宅形制特点一致。

其次，这一时期发展起来的闽南传统聚落选址大多受到中原文化中“枕山、环水、面屏”的风水学思想影响。如惠安县崇武镇大岞村，该村落形成于唐代，村落地处东海和南海交界处，位于崇武半岛最东端，三面环海。东临台湾，南隔泉州湾与晋江、石狮相呼应，北隔海与小岞对峙，西面与港前村紧邻。全村总面积近 4 万平方公里。大岞地形属于东南沿海丘陵台地，境内地势北高南低。“大岞”古称大岞岬，海边岬角高地之意，聚落选址依山势自北向南拓展，是“枕山、环水”的选址典范，村落形态呈方形。

该时期，聚落建筑空间中的民居建筑借鉴中原地区民居建筑的三合院或四合院的形式，较多地保留了中原地区民居建筑的特点，但同时又独具特色，砖木构架、红砖白石、坡屋顶、燕尾脊构成的闽南传统红砖大厝，成为闽南民居中最具代表性的特色。

伴随着聚落中民居建筑的发展和人们生活的需要，闽南聚落空间中诞生了具有多重功能的街巷，并随着聚落发展，街巷体系不断完善。街巷空间是聚落中的交通空间，街道和巷道纵横交错，串联起人们的生活空间，构成聚落的独特肌理。如位于晋江金井镇西北侧的丙洲村，是建于唐末时期的单姓聚落，在聚落的核心区有一条宽窄不一、长度仅 200 余米的老街，在历史上很长一段时期内都是聚落中等级最高的街道，承载着聚落的商业职能，并延续至今。[①] 而与老街相连的东西走向的主巷两侧多为住宅，道宽约 3 米，道路与建筑构成良好的空间比例关系。次巷仅容行人通过，以狭小的巷道串联起人们的生活空间，给人幽静、封闭之感。老街与周围的主巷、次巷共同构成细致而又紧密的街巷空间，成为丙洲村街巷格局中的重要组成部分。

在信仰空间方面，中原民间信仰元素不断渗透。唐末至宋元时期，佛、道、儒三大正统宗教文化与闽南当地宗教不断融合，闽南民间信仰得到迅速发展，衍生出各种神祇崇拜，包括自然崇拜、历史人物崇拜、孤魂崇拜、王爷崇拜等。许多至今仍有较大影响的神祇都产生自唐末和两宋时期，神祇职能具有浓厚地域特色。

在家族空间方面，汉晋至宋元时期，在拓展生存空间的过程中，移民闽南的姓氏群体聚族而居，逐渐衍生出组织化和制度化的宗族群体，以血缘和姓氏为纽带逐渐构织起聚落的家族空间。包括林、黄、郑、陈、许、卢、戴、李、张等在内的姓氏都是在几次移民潮中进入闽南的，闽南大部分宗族聚居的聚落都是从这些姓氏群体发展起来的。到宋元时期，许多

---

① 林翔，陈志宏，王剑平.闽南沿海地区传统村落公共空间类型研究[J].华中建筑，2010(12)：170.

富商开始投资家宅，闽南聚落内建祠逐渐增多，起初宗祠多附属于家宅，后来渐渐发展至脱离民宅而独立建造。家庙、宗祠成为聚落中的中心，民居建筑以此为中心向外扩展。但这一时期的家庙、宗祠多为祭不过三四代的小祠。如永春县岵山古镇属杂姓聚落，陈姓人口居多，其开基始祖为唐代进士出身的陈邕，官至太子太傅，于唐开元二十四年（736 年）被贬入闽，定居漳州。陈邕十一世孙陈弘元，于五代后周显德三年（956 年），迁居永春儒林街，至宋初结庐定居于现在岵山的南山之麓。随着历史发展，陈氏形成了许多支系，也有其他姓氏家族随时间发展逐渐迁入，所以，在聚落中新建了许多小祠，构成了家庙、宗祠、支祠共存的聚落形态。

据此，在聚落形成过程中，由于宗族规模扩大，为维系血缘和宗族关系，形成了多个宗祠。聚落内民居布局呈现出血缘性和一定的社会层次感，形成以家族、支系的祠堂或祖屋为中心，及相对意义上的小组团并各自壮大的格局（如图 4-6）。

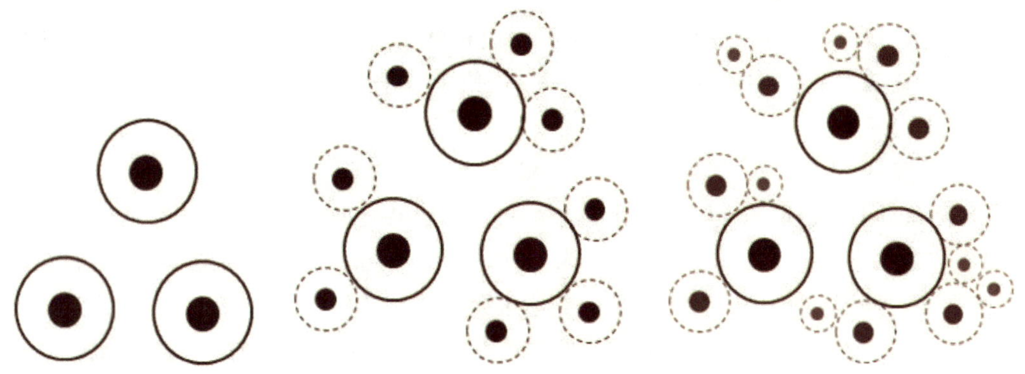

图 4-6　聚落家族空间演变示意图

在其他文化空间方面，宋室南渡之后，国家经济文化重心逐步南移，闽南地域内重视教育，人文蔚起，成为理学发展重地。这一时期兴起了一批书院，成为当时文化发展的重要见证。如建于南宋建炎四年（1130 年）的泉州石井镇（今安海镇）的石井书院，由黄松的鳌头精舍捐为监税朱松的讲学之所，后朱熹至该镇访求其父遗迹，并与士绅论学。自建立至清末，书院举人及第者达数百人，被誉为“闽学开宗圣地”。石井书院的建设促进了石井镇的文化发展，并逐渐成为石井镇聚落文化空间的重要标志，充实了石井镇的聚落空间。

三、闽南传统聚落的鼎盛

宋元至明中期，民居注重择位、定向、布局，已普遍使用罗盘。宋元时期大量烧制的纯正红砖瓦已出现并广泛用于建筑上，如南埔镇南埔村咸淳十年宋墓的墓室外侧，有三或五层薄瓦片砌成的防水层，防水瓦片略有拱形，大小规格与传统民宅上覆盖屋面的红瓦片十分接近，铺地的薄方砖则与传统民居中用于厅堂铺地的大方砖完全一致。红色象征喜庆、富贵，帝王宫殿建筑如宫墙、檐墙、屋顶一律用朱色。而泉州民居却以红砖文化为其显著特征，时至当代，橘红色贴面砖和屋面瓦的民居仍是包括泉港区在内的泉州地区所特有的。

“皇宫起”民居，传说为五代王审知为董皇后娘家赐“皇宫起”所致，还有一种说法是朱元璋赐闽南地区民众可盖“皇宫起”。对此，前者脱离了民居发展形成所需的长期基础，后者就形成时间而言与考古数据不符。据此，有学者研究比较，认为“皇宫起”源于南外宗。两宋之交时，北方战火不断。宋南渡后，宋宗室贵族大批南移，众多赵氏宗子在泉居住，由于其身份显赫，住宅必然是规格较高的宫殿式建筑，这就大大刺激这一时期当地民居的发展。

皇宫起建筑较为典型的如卢琦故居。该宅是泉港地区现存较有影响的元代民居，坐落在峰尾镇诚平村卢厝自然村，始建于元朝至正年间(1341—1368 年)，坐东北朝西南，长 60 米，宽 38 米，七间张三进，两天井，硬山式屋顶，极具闽南与莆仙民居融合的特色。故居四周筑有围墙，门前有宽阔埕地，两边有柴房(厨房和贮藏室)各两间；北边有两层绣花楼(小姐居室)一座；南边有文武馆各一座；馆后有小花园，内设凉亭、石桌、石凳、假山等。卢琦系终元之世惠安县唯一进士，其故居系泉港负有盛名的文物古迹，然因年久失修，前二进倒塌，仅存外墙体。

另外是槐山大府第。该宅位于界山镇槐山村林氏家庙右边，人称为“大厅大府第”。古大厝共有四进，左右各有四座三开间护厝，府第后另建一座三开间后护厝，整座古大厝原有大小房间 132 间，天井 20 个，大石阶 30 级，目前保存下来的一个厅堂极为阔大，房顶横排椽子多达 36 支。虽然古大厝的屋顶、壁墙经历代修葺，大部分不复原貌，但天井、柱珠、台阶和石狮等遗留至今，围墙四角的 4 个大茅厕尚有遗迹可寻，宅院之前有占地约 300 平方米的石砌荷池。该大厝宽 37 米，进深 88 米，占地面积约 3250 平方米，规模之大，在泉港乃至泉州地区都极为罕见。它建于明朝成化年间(1466—1468 年)，建筑年代之久远，遥遥领先于泉港一带绝大部分现存的古民居，说明早在明中期以前，泉港古大厝的形制已完全成熟。

宋元以后，闽南经济迅速发展，尤其是海上贸易日渐繁荣，出现大批富商，人们生活水平普遍得到提高，有了更多可用来修建家宅、寺庙或者宗祠的经费。海上丝绸之路带动了外来文化的传播，明清时期许多闽南人移居海外经商，这些因素都给闽南文化带来了海洋文化的内涵，华侨海外经商赚取的钱财有一部分也会用于故乡家宅的投资。受多元文化融合的背景下闽南文化变迁的影响，闽南文化中不断进化的海洋文化内涵在聚落中得以体现，尤其是随着到南洋创业的华侨相继归国，一些聚落在发展过程中出现洋楼、番仔楼等洋式及中西合璧的建筑和装饰。大部分闽南传统聚落在宋元以后得到了迅速发展并在明清时期发展到了鼎盛，奠定了现有聚落的基本格局。

这一时期，闽南区域内大多数传统聚落如泉港区后龙镇土坑村、泉州市东海镇蟳埔村、晋江市东石镇井林村、南安市官桥镇漳州寮聚落、龙海市东园镇埭尾聚落等都已成为人们居住和生活的重要家园。

(1)聚落空间特征

丝绸之路的繁荣为闽南带来了多元的文化发展环境，一些自然条件比较好或者社会地位相对较高的聚落规模不断扩大，通过文化传播、文化涵化及文化进化等路径进行取舍和互动选择，内部结构体系、社会意识和外部形态等要素不断调整，逐渐发展成具有地域性或社会性的中心聚落。另外，大批越洋海外的闽南人荣归故里，促进了多元文化的交流，在建筑形式上显现出多元风格，使闽南这一时期的建筑体现出多元性和开放性的特色，具有纷杂色彩的红砖白墙、高翘的燕尾脊、石木结合的柱子无一不在彰显这一时期闽南建筑独特的魅力。

如晋江市陈埭镇丁氏聚落，据《丁氏族谱》载，丁氏一世祖丁谨乃元朝平章政事——阿拉伯人赛典赤·瞻思丁后裔，以商贾定居于泉州城南文山里。元明易代时，为躲避战乱，丁氏第三世丁夔举家迁居陈埭。起初丁氏以宗族聚居的形式居住在岸兜，为增强宗族凝聚力，丁氏不断完善族内宗法制度，并于陈埭镇岸兜村建立家族共祭的宗祠。据《重建丁氏宗祠碑记》载："三传至硕德公，徙居陈江，遗命诸子，即所居营祠焉。"可推测丁氏早期的住宅应围绕在宗祠周边，经前几世共同居住逐渐发展成团块格局。随着人口不断增加，房派不断分支，一些分支迁出岸兜，迁往周边的鹏头、花厅口、西坂，其后人也都把住宅建在房派祖宅地的周围，形成新的团块，随着房派不断再分支，周围又建造更多次一等级的住宅，最终形成梯级化扩展的多级团块式布局，经过六百多年发展，形成了"万人丁"规模的陈埭回族村（乡）。

再如漳州龙海市东园镇西侧的埭尾社，是开漳圣王后裔聚居的宗族聚落，开漳圣王陈元光之二十世孙陈淳的五世孙陈均惠，于宋祥兴二年（1278 年）因战乱而避居于圳尾。明景泰五年（1450 年），陈均惠之七世孙陈仕进来到埭尾开立基业。[①]

埭尾社的古民居建筑始建于明代至清代中叶，位于聚落东北部，均为闽南传统的红砖大厝，建筑整体布局统一，以轴线控制结合院落组合，聚落结构组织有序。聚落起初呈与水岸相平行的带状布局，民居环绕宗祠而建。随人口规模扩大，土地面积所限，民居逐渐往西侧和南侧发展，发展出一片以两进建筑为主的大厝区，建筑朝向坐南朝北。之后往南面发展出一片由一进制大厝构成的块状新厝片区。新厝片区的建筑延续原先的规划，保持相同尺寸自北向南延伸，并向东西两侧发展，形成整齐划一的棋盘式布局。新建筑以坐北朝南的朝向，区别于古厝。

（2）街巷空间特征

宋元以后，闽南的农业、手工业、商业都迅速发展，传统聚落除了居住功能建筑的增加，其他功能的建筑也不断丰富，作为串联聚落各功能区块的街巷空间体系在这一时期得到优化，许多聚落在宋元以后，尤其明清时期，形成了较为完备的街巷空间体系。

如永宁古卫城在明代以前已形成较为清晰的街巷体系，东西向和南北向的两条长街将卫城大致划分成四个区块。明代，永宁卫城内的北门街、南门街、东门街和永宁古街分别是卫城北门、南门、东门和西门的入城道路，四条街与开坊赵帅府相接，基本形成了永宁卫的十字街道路格局体系。同时，出于军事防御功能的需要，十字街除外的其他街巷，蜿蜒曲折，宽窄多变，主干道呈丁字相交。明代形成的街巷格局至今基本保留。

又如厦门翔安区的田墘村自明代建立始，聚落内的街巷空间不断完善。街道宽窄曲直，宛转变化，木结构建筑沿街布置，随之变化，密密麻麻的巷道连接着农田、民居大厝、宗祠、宫庙，相互交织成丰富的街巷系统，沿街道—巷道—宅院，构成一个开放至私密的完整

---

① 易笑.闽南古村埭尾聚落研究［D］.泉州：华侨大学，2014：11.

空间序列。

(3)信仰空间特征

两宋时期海上贸易迅速发展,保佑海上平安的诉求促进了闽南海洋文化特质的拓展,从莆田传入的妈祖信仰弥补了闽南民间海神信仰的不足,受到闽南人们极大的重视,许多沿海聚落相继增设供奉妈祖的庙宇,丰富了聚落信仰空间。

此外,为加强对沿海地区的海禁及对外防守,明清时期在闽南,主要是泉州地区实施铺境制度,构成泉州较为完整的城乡社会空间分类体系。同时,在各个铺境单元中都设置有主体象征的祀神供该铺境内的百姓供奉,兴建祠、庙、坛等民间神庙。通过铺境与信仰的结合,传统聚落的空间重新得到整合,形成具有明确区域范围、特定社会群体及强烈心理认同的空间共同体。因此,明清时期,闽南传统聚落的信仰空间得到空前繁荣,对整体聚落空间产生重要影响。

自隋代开始发展的永宁古卫城中,其信仰空间在明代基本形成"永宁五大庙"的格局。慈航庙始建于隋朝,祀男相观音,是永宁最古老的庙宇之一。明代以前,永宁地域内已有部分聚落形成,聚落空间主要以慈航庙为中心往外扩散。鳌南天妃宫相传建于宋代,拜妈祖是闽南人出海前重要习俗,天妃宫的存在说明早在明代以前,永宁已有商客往来及信仰需求。明代永宁建城后划分为三十二铺,每铺都有明确的控制范围,并拥有自己的保护神。由于官方税收制度影响,佛教、道教等正统宗教逐渐衰微,僧徒走出寺庙诵经祈福,促进了民间信仰的繁荣。[①] 此外,在对着街巷或街巷的尽端,窗口、房门朝向路口或者巷角的建筑,多为保护神的庙宇或宗祠。如北门街与南门街的尽头汇聚于赵帅府;永宁街、小东门街靠城门的尽头有土地庙;东街的尽头则有泰山夫人宫和临水宫;南街以慈航庙和天妃宫为主。这些街巷与宫庙的布局方式,与其他宫庙一起,共同构织了永宁的信仰空间体系,并至今影响着聚落内人们的生活。

(4)家族空间特征

宋代关于普通百姓建祠祭祖、祭先祖和始祖的提倡,在明代晚期获得合法实施,宗法制度进一步发展,宗族发展进入组织化、制度化阶段。明代中期以后,经济的发展,加上激烈的社会变迁,加强了家族凝聚的重要作用,闽南传统聚落中的祠堂建造进入繁荣阶段。闽南地域内的宗祠几乎都是在明代嘉靖、万历以后陆续建立的。具备祠堂、族谱和族田三个要素的宗族,直到明代晚期以后才普遍出现。这一时期,闽南修建宗祠之风盛行,聚落家族空间得到较大发展,如仅泉港山腰的庄氏家族,大小宗祠数量便不下 50 座。随着聚落规模的扩大,宗祠也逐渐衍生出支祠,家族空间不断完善。

再如永宁古卫城的家族空间在明清时期处于不断变化的过程,依照各姓宗谱和现存的宗祠,可大致推断出各时期永宁卫的家族聚落空间构成状况。自明洪武建卫以后,陆续有多个姓氏迁入,姓氏从章、袁、吴、郭、郑五大姓发展到五六十个姓。其中张氏迁居于明初,据今城隍庙前的张氏宗祠可推测其宗族聚居于城隍庙前,一直延续至今;高氏族谱中有其始祖于元末迁居永宁的记录,从现存霁江高氏大宗祠——崇本堂及霁江高氏祖

① 张杰.海防古所:福全历史文化名村落空间解析[M].南京:东南大学出版社,2014:194.

祠——朝霞堂地理位置可推测其宗族在明代以前已聚居于南门以西一带；干氏家族于永乐至万历年间六代世袭永宁卫指挥使，参照清代永宁卫城图中干氏提督衙的方位，可知干氏宗族兴旺了近百年，长期分布于卫城中部；王氏先祖世袭明卫将军，祖祠在城隍庙之北，慈航庙之南，其族应聚居于此区域；（宋太祖之弟）赵光美之后裔赵古礼，于明洪武十八年（1386 年）受封永宁卫千户侯，在明末兵燹中赵氏家室多被毁，据清代环城图上王祠与赵卫候府的方位，可大致推测赵氏一族聚居在王祠附近；刘氏始祖刘瑛于 1387 年入镇永宁卫，族人在小东门附近聚居。①

明末清初，董氏、何氏家族迁居永宁，董祠建于南门、西门之间，在聚落中心的西南方，董氏家族形成一定家族规模。而何氏聚居之处暂难以考据。清康熙年间，蔡氏、黄氏、张氏、郑氏和曾氏五个姓氏族群迁入永宁卫。蔡氏宗祠坐落于卫城西北，场口街边；张氏于明初已迁入永宁和梅林两个支系，清代同治年间又迁入儒林和曲江两个支系；清光绪年间由龟湖长房（十五世）分支而来的郑氏支派，在北门一带明初迁入的郑氏支系附近聚居发展；曾氏于清末自泉州龙山迁居北门街附近。②

（5）文化空间特征

明清时期，科举制度盛行，闽南地区普遍开办书院和社学，重视教育，因此，在闽南传统聚落中多见书院、学堂等建筑。如田墘村自古重视儒学和教育，在同治十年便已设立公共学堂，新中国成立前，又设衡山学堂，直到新中国成立初期，大嶝的教学中心一直都设在田墘村内。

九峰古镇自明正德十三年建文庙后，孔子、朱熹的学术思想传入，聚落内许多大户人家开设学堂或私塾，延师课子，各姓祠堂也广置学田，对学有所成的后裔给予奖励，崇儒重教的思想风行，以致聚落历史上名人层出不穷，明清时期仅曾氏一族就有 41 人中举。

明成化年间，永宁卫知事陈用之设“永宁卫学”，并聘请名儒陈愈任教，卫学停办后又在原地建立文祠，称鳌水书院，历经百年蕴积，鳌水书院的思想精华影响至今。

随着闽南文化的进化、发展，闽南地区对教育的愈发重视，闽南传统聚落中书院、学堂不断增加，丰富了聚落的文化空间，至明清时期，聚落中的文化空间进入鼎盛时期。

四、闽南传统聚落的衰落

从宋元到明清，在移民浪潮下不断传入的中原文化及海洋活动中不断丰富的海洋文化的共同作用下，闽南文化发展到了繁荣阶段，闽南传统聚落也经历了宋代的大发展，大部分聚落至明清时期发展到了鼎盛，奠定了聚落基本格局。然而受政府政策制度强力干预的影响，闽南文化经历涵化和进化，发展速度减慢，逐渐走向式微，在文化变迁影响下，闽南传统聚落总体发展速度减慢，一些聚落遭到严重损毁，在人口外迁中走向衰落。

元代蒙古统治者歧视和残害汉人，兵匪混杂，元末兵乱及之后的汉族复仇浪潮致使闽南，尤其是泉州及周边社会动荡不安，传统聚落缺乏有利的发展环境，发展缓慢，许多聚落

① 张杰.穿越永宁卫［M］.福州：海峡文艺出版社，2016：169.

② 张杰.穿越永宁卫［M］.福州：海峡文艺出版社，2016：169.

中的建筑成为废墟，满目疮痍。

明末清初社会动荡，首先是明代嘉靖、万历年间，沿海海盗猖獗一时，村民生命财产损失难以计数，许多繁华的城镇、村落沦为废墟。其次是清初频繁的战乱、"迁界"造成村民流离失所。泉港沿海聚落几乎全在迁界之内。先民们在这场迁界的历史浩劫中，备尝辗转迁徙之苦和远离祖业家园之痛。当时，界内田园、房屋、树木，尽被烧毁。后又随着"复界"而逐步恢复，但这一时期民居建筑停滞发展，主要风格趋于自然、朴素。同时，由于社会财力的匮乏，民居建筑材料最大限度地利用乡土建筑材料和建筑废弃物，由于用生土、三合土夯筑墙体既坚固又经济，故当时十分流行，"出砖入石""城市瓦砾土"墙体也是这时期的发明创造。

五、闽南传统聚落的重生

康熙二十二年(1683 年)，清廷撤销迁界令，沿海移民回流原籍重建家园。一方面，相对的政治安宁带来社会经济的逐渐复苏，加上闽南人在浩劫中开阔了眼界，增长了经商发展经济的能力，这些给闽南聚落的重新焕发生机创造了条件。如土坑聚落在复界后建成宏伟的古民居群，再如山腰镇小三房古民居群，这些均是这一时期的代表性建筑，见证了复界后聚落的复苏与重生。另一方面，因长期动乱的影响，在此后相当长的一段时期内，人们建设民居时不得不考虑防御功能，出现建设密集排列分布的建筑群，如单座建筑则多出现能瞭望敌情的埕头楼、护厝楼、榉头楼以及最后一落为楼房的局部高层建筑，最具代表性的有黄素土楼、山腰后楼、前黄侍卫府等。

其中，如位于前黄镇的黄素土楼，该楼建于乾隆六年(1741 年)，为当时楼主黄素、黄堂官父子历经三十余载建成。土楼皆由条石砌筑，作平面方形四合式，等边长 28.20 米，高三层 9.40 米，墙壁的厚度最宽达 1.40 米，窄者也达 0.73 米。一、二两层由花岗岩条石砌体，精凿得平坦均匀，只见线条，不见灰浆。第三层由糯米、糖水、石灰抹壁而成。年久变黑似土，故当地人称之"土楼"。二、三层楼内彩栋画壁，共有 24 格栏杆，雕饰花鸟。三楼上紧靠墙壁处有一条约宽 2 米左右的可通达四周或哨楼的走廊，旧称"跑马道"，既宽敞明亮，又通风透气。土楼外部四角顶端各有哨楼伸出，设有射击孔。楼下四壁仅在西面设拱形石大门，石大门分内外两重，都用优质坚固的桧木做门板，中间为大铁闸。外门板又加包铁皮，门上还设有水槽，以防土匪火攻。这些设备堪称防范严密，布局严谨。楼内隔成 36 间房，楼外环筑 72 间厢房，取象于"三十六天罡""七十二地煞"。石楼坐东朝西，坐落于厝群中央，总体结构主次有别、高大壮观。土楼前面有石埕，分三层铺以石板，占地 453.60 平方米。埕北有一木构的埕门，埕门外又一石埕，也铺石板三层。此埕的西面又有两个高低不同的大砖埕。土楼与环屋高低俯仰，相互连贯，自西往东分为四进，地势逐进抬高，铺以石台阶连通。相传楼主黄素父母早逝，孤苦伶仃，后娶邻村的"歹命女"为妻，夫妻俩先后无意中各得一笔大财，就在邻村埕边购置土地建造土楼。

随着华侨的陆续归国或投资家乡，闽南传统聚落中番仔楼、洋楼等新的建筑形式出现，并逐步增多，一跃成为聚落的新风貌。

20 世纪 60 年代，在"文革""破四旧"运动中，闽南传统聚落遭到严重破坏。"文革"之后，随着华侨寻根热潮的兴起，闽南地域内许多文化、风俗得以复兴，闽南传统聚落得以重获新生。

在建筑空间方面，一部分传统聚落得以保留明清时期的原貌，如泉州埭尾村有40余座明代古厝得以留存。然而，在大多传统聚落中，存在与聚落传统风貌有冲突的现象：如传统风貌与新建住宅现代风貌的冲突，传统建筑破败、倒塌严重，传统街巷路面原有的铺设被水泥化所替代等等。

在信仰空间方面，"文革"时期，闽南传统聚落受到较大影响，许多菩萨、神像被捣毁，宫庙遭到破坏，仅漳州地区就捣毁菩萨近20万尊，捣毁神牌40多万个。但大多闽南传统聚落中的民间信仰得以流传，一些重要的民间宫庙经历改建、修建，得以保留，香火不断。如泉州丰泽区蟳埔村的顺济宫，基本保持顺济年间的原貌，供奉湄洲妈祖，同祀观音、圣姑妈、保生大帝、康王爷等诸神，并配祀千里眼、顺风耳，数百年来香火不绝，成为蟳埔村村民的精神支柱。

在家族空间方面，闽南聚落人口基本呈现稳定状态，以血缘和家族为中心的家族空间和秩序依然存在。如晋江安海镇东北部的社坛村属燕山黄氏宗族下属的房派支系，村内分布有大大小小共7个祠堂，在重大节日（如除夕、元宵节等），家家户户前往丰州镇的燕山家庙进行祭拜，平日里则在村里的各分祠祭拜。

综上，在闽南文化变迁和进化的进程中，闽南传统聚落具有较为适宜的发展空间。但许多明清时期的古建筑历经上百年变迁，逐渐老化或残损。新时期，随着保护传统文化，留住聚落乡愁的政策出台，闽南传统聚落更是处于保护和复兴的有利环境中。然而，由于保护力度不够，或村民的保护意识不强，往往有一些颇具价值的传统建筑被拆毁，传统聚落的原始风貌遭到破坏。对传统聚落进行科学、合理、有效的保护，迫在眉睫且势在必行。

第三节　土坑聚落文化变迁及空间演变①

基于上述文化变迁视野下，闽南传统聚落空间演变一般规律的总结，土坑聚落空间演变的规律又将如何解析，是本节探讨的核心内容。作为复杂的综合空间，任何两个传统聚落都不可能是完全相同的，每一个聚落发展演变的过程中都有其特殊性。对于泉港区土坑聚落的空间演变研究，我们基于闽南文化变迁的路径和闽南传统聚落空间演变的大背景，进行具体探究。

一、文化变迁下的土坑传统聚落空间演变

基于对土坑传统聚落的实地调研、考察，结合考古资料、刘氏族谱、惠安地方志等文献历史资料的解读，运用文化变迁的相关理论，可知在海洋文化影响下的文化进化、莆仙文

① 本节主要来源于土坑申遗工作领导小组历史文献组。

化熏陶下的文化涵化、强力政策主导下的文化反应这三个文化变迁路径的交叉作用下，多种文化特点逐渐融入土坑聚落、并在聚落空间中得以体现，聚落经历了闽南传统聚落的一般规律，即“兴起—生长发育—停滞衰亡—重生鼎盛—衰落”的历史过程，同时也呈现出土坑特有的文化内涵，总体空间从点到面，最终建设成为背山面海的龟背福地，进而向外衍生，形成了“母子十八村”的格局。

(一)土坑聚落的兴起(明代以前)

土坑建村之前便早已有人在此居住，聚落发展历史可以追溯至明代以前。土坑又名塗山、涂坑，其海澳与隔岸峰尾统称为峰尾澳，民间也称土坑海，宋时属城山乡，元时属忠恕乡德音里。因此，土坑在明代以前就有聚落发展。据惠安《德音卢氏族谱》载：“我洛阳族氏世居于河南卢氏县伊川，因其旧谱篇帙遗失，阙而不传，故现存自卢氏四十一世潞公为始。……庶子奕叶显仕，奠定了盛唐卢氏望族。后来，潞公以四代孙怀慎贵加赠光禄大夫，墓葬长垣县永康里。”另据卢琦公《墓志铭》载：“君先世光州固始人，从王绪入闽居泉之惠安。”据惠安《德音卢氏族谱》载：“五代之际，兵车蹂躏不宁，于是，卢氏五十四世仲咨公偕族人避地入闽，居福州卢塘，或居汀州永定，或居漳浦南靖。”入泉始祖卢氏五十五世廓公(仲咨公长子)，字开甫，宋功授吏部宣德大夫，旧居福州卢塘；宋初以明经学举为漳州主簿，迁任南安令，视泉之风景民俗有慕，即筑室于南安四都鹏山下。历官广东衡政参军，终授吏部宣德大夫，前后惠政及民，后赋归南安居住，墓葬鹏山下。廓公传有五子，复分仁、义、礼、智、信五房，于宋开宝三年(970 年)，各自择地居之，分支五派：长子为仁房，初祖讳顺，住居南安四都鹏山下；次子为义房，初祖讳愿，字胤禄，号北海，住居惠安八都德音里圭峰山下；三子为礼房，初祖讳颐，住居晋江四十都；四子为智房，初祖讳顾，住居同浯水头；五子为信房，初祖讳颛，住居惠安廿九都祥符里赤埕。

通过上述文献可知，肇惠卢氏入惠始祖有两个世系三个支派。即：一，赤埕支派：宋开宝三年(970 年)，卢氏五十六世颛公(廓公五房，又称信房)源流。由南安四都鹏山迁居惠安廿九都祥符里赤埕，即今涂寨镇瑞东村。二，圭峰支派：宋开宝三年(970 年)，卢氏五十六世愿公(廓公二房，又称义房)由南安四都鹏山迁居惠安八都德音里圭峰山下，即今泉港区峰尾镇诚平卢厝。三，崇武支派：洪武二十年(1387 年)，卢海公由漳州龙溪县里黄山所迁居崇武，即今崇武城靖江卢厝街。可见，在明代以前，土坑所在地域城山乡就有聚落兴起，并逐步发展、衍生。

从土坑聚落更大的区域即泉州来考察：泉州地区海外交通贸易活动始见于南朝梁时，梁大同十二年(546 年)，印度僧人拘那罗陀(中文名真谛)由海外到南海郡(今广州)至建康，后在九日山翻译《金刚经》。[1] 唐时为了促进海外贸易，唐文宗太和八年(834 年)特诏示：“南海蕃船，本以慕化而来，因在接以仁恩，使其感悦。……以示绥怀，其岭南、福建及扬州蕃客，宜委节度观察使常加存问，除舶脚收市进奉外，任其来往通流，自为交易，不得重加率税。”[2]泉州的对外贸易向前迈了一大步。五代时期，闽为王潮、王审邽、王审知兄

---

① 卷 1：拘那罗陀传［M］.续高僧传.

② 唐文宗.太和八年疾愈德音［M］//全唐书：卷 75.

弟所据，他们更加积极奖励海上贸易，新五代史称他“招来海中蛮夷商贾”[①]，竟至“关讥不税”的境地。当时泉州外贸航线在唐的基础上，又延伸到朝鲜与日本等国，范围大为扩展。

土坑居于泉州与莆田中间的头北地区，在南北两大港的带动下，再加上港阔水深不淤、避风好的天然条件，其海外交通贸易得以开拓发展，并吸引外来者在此谋生创业。据《沙堤开辟目录》（明手抄本）载：自唐中宗世，有闽闽（今福清）胡、张二公因经营失本，不得回乡，莫奈自沙汕之上结草为屋，捕鱼为业。不久，胡、张二人又回乡招来各自的族亲，并携带眷属，拥入沙格，兴建土木于两翼。由此可见，至少在唐神龙、景龙年间（705—710年），沙格澳就有捕鱼业。随之而来的对外贸易也有较大发展。界山镇槐山古窑址出土文物表明，在唐、五代期间，该地出产大量的瓷器，并经海路销往外地。其中，黑釉瓷器正是泉州海外销售的主要瓷器品种之一。现在，该地还有大仓、小仓的叫法，大仓曾置存精品瓷，小仓置存普通瓷，头北地区群众至今还称槐山为“瓷窑”。

嘉庆《惠安县志》载：“大蚶庙在添奇铺海滨，昔海涛汹涌，有物轮困高大，乘潮而至，乡人异之，为立庙。海商祈风亦能分帆南北，五代、南唐封光济王。”而庙下有南码头，为此专门有一出《南码头抗诉》的莆田戏，讲述海事纠纷的调解。另载，“济阳蔡四使庙，在县治十都吴山之南。神讳镐，莆人。唐大中间，家此，仕梁为兵马使，击贼有功。没葬大乡澳之西山。墓碣尚存。旧庙在莲塘埔，人病湫隘，更卜今地而新之。”县志等文献的记载，再次证明当时头北通过海路对外贸易相当普遍，经济较为繁荣。派兵马使驻沙格一带，更是有力证明。

宋元时代，特别是南宋时期，随着政治和经济中心的南移，泉州的海外交通贸易得到了空前的发展。哲宗元祐二年（1087 年），朝廷在泉州建立市舶司，这是泉州港走向兴盛的一个关键性的转折。宋室南渡后，经济困乏，“一切倚办海舶”。泉州港备受重视，成为海外交通辐辏地区，并以此地为中心，划分南、北洋。自北宋建司至南宋近二百年中，泉州港更赶超广州港。据成书于开禧二年（1206 年）的赵彦卫《云麓漫钞》和成书于宝庆元年（1225 年）的赵汝适《诸蕃志》所载从泉州港辐射之区，南线可达东南亚、南亚、西亚、非洲，北线到东北亚的朝鲜、日本等五十多个国家与地区。

据泉港区峰尾黄氏造船世家家谱记载，其第一代传承人黄源修，峰尾镇诚峰村衍泽堂人，生于南宋隆兴元年（1163 年）。依据黄氏传统造船工艺，黄源修将各种渔船、商运船型按比例缩小，经手工精雕细刻制成各种船模。船模选料、做工十分精细，船具配置古色古香，具有突出的地方文化特色。黄氏家族造船模型的代表作有“黑舶五青案”“郑和宝船”及“郑成功战船”等船模船型。其中，“黑舶五青案”仿元明时代官船上枪炮洞口的构造形状而制，因古船两侧船舷涂黑色油漆而得名，也称为“黑舶五枪孔”。峰尾“黑舶五青案”的威名能与官船相提并论，船上不但有充足的枪支武装配备，而且还专门雇用神枪手护航，勇于与海匪拼杀，令海盗贼船胆战心惊。因此，在沿海各地闻名遐迩。峰尾人为了祈求平安、防御盗贼，就在民间自发制作“黑舶五青案”船模，世代相传。

元代，泉州的海外贸易达到鼎盛，来往南海之商旅或官吏无不以泉州为出入门户。外国一些著名人物如马可·波罗、马黎诺里，皆取道泉州回国。孟高维诺、德里、伊本·白图

---

① 闽世家，王审知传［M］//新五代史：卷 68.

泰则由泉州港登陆入华，泉州成为“梯航万国”的世界最大商港。如马可·波罗记述当时泉州“是世界两大港之一”(另一个为埃及的亚历山大港)。汪大渊的《岛夷志略》一书，也反映这一盛况。汪氏于元大德四年(1330年)和十一年(1337年)两度由泉州附舶出航，涉足南海、西洋220余个国家与地区，历时8年之久。他远航亚、非各地，不仅亲历前人开辟的航路，为后来的航海者提供更为确切的航程数据和珍贵资料，也证实了泉州港海上交通的范围之广大和世界大港的地位。

由此，湄洲港的发展进入了鼎盛时期。据《仙游县志》《枫亭镇志》载，宋天宝年间(968—975年)枫亭太平港开港通航，商业贸易随之兴盛，尤其是大量的砂糖通过该港运往海外销售。而秀屿港则是“舶舻衔尾，风涛架空”“遐珍远货，不可殚名者，无不辐辏于南北之贾客”。

在此大背景下，头北群众通过海路对外贸易达到一个新高潮。北宋惠安菱溪谢庄岭人(今属泉港涂岭)谢履，入仕后历任南安县主簿、清溪县知、都水监监丞、兴化军知事、汀州知府等。曾写过“蛇冈蹑龟背，虾屿据龙头。岸隔诸蕃国，江通百粤舟”一诗。该诗正是描述当时头北海上贸易的盛况，具体地点为古代添奇港(今泉港、惠安的交界地约下江所在)，这有前黄昆山寺山上石壁的两首诗为证：一首为“天开石洞倚岩雄，面对竽江四玲珑。入眼波光随印照，千云万水一山中”，落款“开山僧有题”；另一首，引首为“天池玉乳”，正文为“源头活水许谁知，滴滴清凉应此时。削壁拓开无尽藏，直教饮者热烦除”，落款“庚寅(990年)终夏释无有山僧手辟并题”。昆山寺为昆山山脉首座寺，比建于北宋大中祥符年间(1008—1016年)的虎岩寺早。可以推断，至少在公元990年就建有昆山寺。而诗中所提到的“竽江”，则是林辋溪与菱流汇入的河流；“四玲珑”，则是谢履诗前两句所咏的四种具象。1984年编修的《钟厝村史》，对虾屿有具体表述。

对于当时惠安沿海对外贸易的发达，当时编修的族谱多有记载，如峰尾澳隔岸的《惠安岞江李氏族谱》载，“宋孝宗时，滨海之造民船，兴贩牟利于海外，牟利者达五至七倍”。厦门大学庄景辉教授主笔的《泉州港考古与海外交通史研究》中提到，“糖、酒、盐、茶等在出口商品中占有很大的比重，这些货物主要畅销东南亚一带”。头北是海盐主产地，境内始于唐的山腰盐场是目前全省第二大盐场，当时海盐大量外销。光绪二十五年(1899年)的台湾《运载唐盐》记事，“台地目下需用孔急……开新竹向台北盐务组合，商运唐盐者为戴茂才，珠光唐盐亦派船一艘到惠安采买”。

同时，添奇港边叶厝村的铁屎岸，从另一个侧面证明了当时对外贸易的发展。宋时矿冶业有很大发展。时惠安的冶铁技术已非常成熟。沿海用铁沙，以木炭冶炼已相当普遍。明嘉靖《惠安县志》卷5载：“宋时卜坑、黄崎、曾炉、卢头、沙步、峰前、牛埭俱产铁砂，置冶煮铁，至今尚有遗屑。”明嘉靖《惠安县志》卷7载：“宋时邑尝煮铁。”如今多数冶铁遗址已毁或无迹可考，铁屎岸一带是迄今为数甚少且保护较好的一处。书中所提“曾炉”“峰前”皆今泉港属地。现曾炉寺内一对清光绪年间重修寺宇时留存下来的石柱，以及同一时期所镌的对联“炉火放开天眼碧，山容掩映佛头青”，说明古时曾炉寺的冶铁盛况。而土坑聚落后山的“铁坑”，附近的“铁塘村”“铁坑村”等，都说明当时土坑的冶铁盛极一时。对岸的莆田县也是“海滨有铁沙场，舟载陆运凡数十里，依山为炉，昼夜火不绝”①，故能“比层鬻器”②，蔚成风气。

头北发达的冶铁业，为当时的制船业以及对外贸易发展提供了可靠的物质保障。因为宋元时期，泉州造船的很多重要构件，如铁锭、铁钉，均离不开铁。用铁钉钉合和桐油灰塞缝这两种造船工艺，是包括头北在内的泉州造船的传统，至今仍被广泛运用于木质船的制造。而冶铁业的发展，为铁制品外销提供前提条件，铁锅等铁制品也是当时头北海外贸易的重要产品。

元代特别是元后期，虽社会动荡不安，但头北的渔业仍十分繁荣。元代峰尾进士卢琦在《渔樵共话图》中写道：“樵夫初下山，渔夫才舶船。邂逅即相问，生涯两堪怜。我竭鱼可羹，尔归突未烟。尔鱼莫索价，我薪不论钱。惟将薪换鱼，一笑各欣然。”诗中充满淡泊朴实的生活气息，说明当时峰尾澳的渔业生产与贸易已深入普通群众。而其所著大气磅礴的《海赋》，直接点出峰尾澳外大海“东接扶桑、西逾弱水、北洗沃墟、南激珠厓”，说明当时峰尾澳与“扶桑”（日本）的交流已深入人心。建于元代的航标塔——圭峰塔，也见证了当时峰尾澳的繁荣与昌盛。为加强对头北对外贸易的管理，元统二年（1334 年）在涂岭街设立巡检司。

海外贸易的发展，带动了头北经济和社会事业的繁荣昌盛。太平兴国六年（981 年），朝廷从晋江县北部析十六乡，设惠安县，县衙定在今前黄镇古县村，后再迁今惠安县螺城。将县一级行政机关定在古县，可见头北在当时社会的知名度和影响力相当大。其中，最主要是海外贸易带来的区域经济快速发展和人口倍增促成之。

处于头北海外贸易中心的土坑，起家于海耕，发展于海贸，并不断延伸其经营范围和扩大其贸易腹地，最终富甲一方。

在唐、五代头北海运兴起的同时，作为处于太平港出海口、面对秀屿港（时称小屿港）、南联泉州港的土坑湾，早有先民郑氏等多姓群众参与海洋贸易，并在村中建造祭拜神庙，祈求平安。现后墘村遗留的“莲坑宫”，以及联通海域的割山村“莲坑沟”（土坑邻村）和后墘村的“莲坑潭”，可见证海洋贸易。

宋元时期，先于刘宗孔入住土坑前埕、濒临厦门口埕的刘郡（音名）家族，已开始海洋贸易。根据刘郡家族留下来的宋代“八角井”，其现今保留的 30 多亩的旧宅地，刘宗孔初来时向他的族人借火、借饮“八角井”井水的故事，刘郡族人与刘宗孔家族共同建设的吾案宫的遗存文物，刘郡族人居住地遗留的建筑构件，以及至今土坑聚落流传的“前埕刘郡、土坑无份”俗谚等，都说明当时刘郡族人从事海洋贸易的辉煌。从对土坑聚落老人的采访得知，20 世纪 60 年代在挖厦门口淤泥时，曾挖到竹编加鹅卵石的船锭，这说明当时的厦门口在明代之前曾停靠过船。从对厦门口考古挖掘、周边遗留的建筑构件及建筑遗址等的分析可知，明代之前，厦门口已形成一定的贸易和街市规模。因刘郡族人的后代去向不明，未能获知更为详细资料。而从土坑刘氏先祖居住地秀屿区东庄镇前云村获取的资料考证，刘氏先祖从事海上贸易历史悠久，现在前云村遗留有名为“十八阶”的刘氏家族专用

① 卷 12：货殖志引绍熙志［M］//周瑛.弘治兴化府志.

② 卷 85：绍兴五年二月乙酉［M］//李心传.建炎以来系年要录.

码头和三列带有门面的古厝断壁，进一步说明了刘氏家族从事海洋贸易的辉煌历史和家族传承，也从侧面印证了同脉相连的土坑刘氏家族海洋贸易的历史渊源和遗传基因。（如图 4-7、图 4-8）

图 4-7　明代以前土坑聚落遗存：左为位于前埕的宋代古井，右为前云村刘氏宗祠重建碑记

图 4-8　明代以前土坑港口遗址范围图（左）与厦门口码头遗址现状（右）

综上所述，土坑聚落兴起于唐、五代时期，土坑为郑氏等多姓合聚之地，是海上贸易的重要港口聚落。宋、元时期则以刘氏为主，集聚于前埕、厦门口埕一带，并已初具规模，已有海上贸易的集市、码头等功能设施。而且，此时期的聚落非刘宗孔一脉的刘氏单姓血缘型聚落。（如图 4-9）

（二）土坑聚落的生长发育（明初至清初）

明至清初，因兵乱、倭患、海禁等等原因，特别是从明太祖洪武元年（1368 年）发布第一个禁海令，到明穆宗隆庆元年（1567 年）局部废止海禁时止，其间近 200 年的时间，泉州的海外贸易逐步走向衰落。

另外，洪武七年（1374 年）正月，罢福建（泉州）市舶司，严海禁以防倭寇。泉州官方海外通商贸易基本停止，使得作为外贸港的泉州港，其地位被福州、月港、厦门三港所代替。

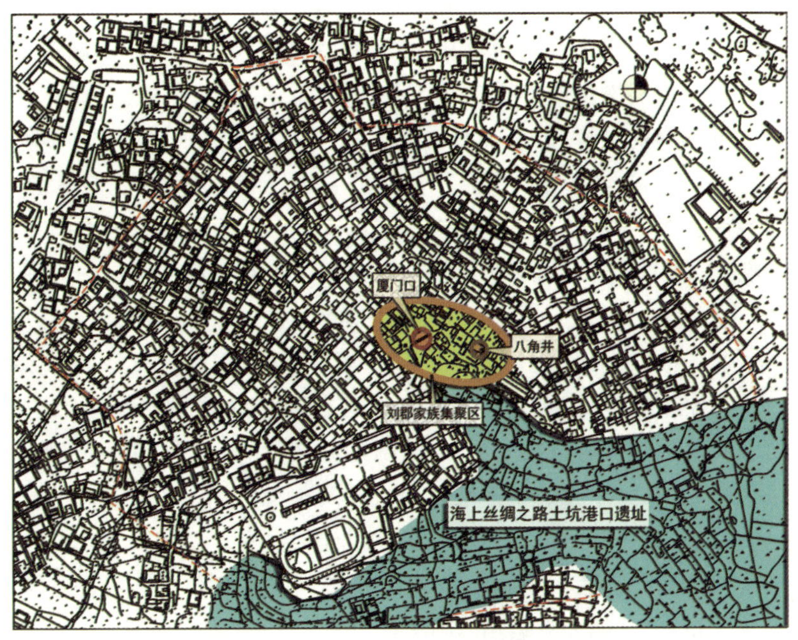

图 4-9　明代以前土坑刘氏家族聚集区示意图

而土坑聚落处于泉州湾北部的头北，远离泉州动乱中心。虽历经倭患、“禁海”等，但其对外贸易尤其是海洋贸易势头强劲，成为泉州对外贸易最具潜力的地区之一。

明代谢肇淛在《五杂俎》中记载：漳泉之人，“东则朝鲜，东南则琉球、吕宋，南则安南、占城，西南则满剌迦、暹罗，彼此互市，若比邻然。”明中叶，以航海为业的惠安沿海人民，“自青山以往，业盐又出细白布，通商贾，辇货之境外，几遍天下”。“冬易浙米而南，春易广米而北，闽海赖以无乏食之民”。

其次，造船业的空前发展，也助推了海洋贸易的发展。据清《峰城黄氏族谱》记载：“我族自明由莆的黄巷分支，世居辋川前潘堡山亭，明时人才昌盛，僻处海滨，阖族皆习造舟工艺，其执斧者多至九十九。彼时，内辋川，外黄崎，其舟楫之盛若是也。”[①]峰尾澳造船业强盛后，黄氏又迁居峰尾，族人继续从事造船、修船，并参与郑和宝船的制造。明、清两代，峰尾澳成为头北重要的造船业中心；民国期间，与崇武、莲城、张坂等地造船齐名；新中国成立之初还建有后龙造船厂，旧址为现峰尾龙光房地产用地，旧址周边有打铁店、木材厂等配套工场。

峰尾澳、沙格澳为明、清时期最为繁忙的港澳之一，据道光《惠安县续志・海防》载：“峰尾澳在县东北五十里，北障沙格，南距黄崎，时于兴化吉口、湄洲诸岛，盗船多泊于此，基地险要，关防兵船不离汛焉，左支一潮由肖厝、沙格西澳入枫亭，与黄崎对峙如门，辋川居其内，诸商所集地也，设立城垣一、烟墩三，系惠安汛带防，澳有往浙采捕渔舟五六十，商船出入均由汛防验，原额安兵五名防守”，[②]“峰尾澳离深水外洋约二百七十五里，系南北风两垵，居民

① 惠安县水产局.惠安县水产志［Z］.惠安：福建省泉州市惠安县内部资料，1992：12.

② 娄云，纂修，（道光）惠安县续志［M］.福州：福建人民出版社，2018.

有整驾商渔船出入停泊”,“沙格澳在县东北六十里,设有港西汛,系惠安汛带防,烟墩三,有往浙捕渔船五十余,商船十余,出入均由汛防验,澳外有黄竿屿,洋北属莆田界,原额安兵五名防守”,“沙格澳离深水外洋约三百八十五里,系南风垵,居民亦有整驾商渔船出入停泊”。包括土坑在内的沿海“土著民醵钱造舟,装土产径望东西洋而去,与海岛诸夷相贸易。其出有时,其归有候”。[①] 为加强对外贸易的管理,明政府在沙格设巡检司,“在县北十都。洪武二年建,二十年徙于八都峰尾村,故址尚存。”[②]近期在界山镇鸠林村发现的清朝“永宁卫崇武千户所峰尾巡检司为界”的界碑,说明当时针对海外贸易的管理已有成熟体系。与此形成的涂岭街、山腰街、南埔地上街、南埔街、柳厝街、南庄街、后龙峰尾街、土坑街等,是当时颇具影响的港市商业街。这些港市商业街成为泉州海洋贸易在内陆的终点和海外的起点之一。以土坑为主的港口贸易成为泉州港、湄洲港对外贸易的重要组成部分。

这一时期,除了海上贸易持续发展外,闽南地区儒学礼教进一步得到重视,崇商尚贾之风盛行,以地缘、血缘为中心的崇宗敬祖的宗族文化也逐渐发展了起来,这些历史时期的社会背景为土坑聚落提供了宽松、自由的发展氛围。

首先,土坑聚落进一步拓展。据土坑刘氏族谱载:“宗孔公生长秀屿……勃然兴曰:‘此真可为聚族区也’。”其四周有岩山、柳山、奎秀山、割山及其他一些小山脉,在聚落东北角有一后田溪直接通向海湾,即土坑海。

土坑海,其海域西至后田埭,往东偏北经峰前、上西两村的部分海域,再往东经商屿岛的外海,往南经屿仔壁至田仔下与刘山海为界,再由田仔下向西即是小海湾,海湾因土石风化及周边陆上开荒建村水土冲刷成为滩土冲积地,后来在湾的漏斗口(许厝至现在林里村)筑堤围垦,并在堤上筑一斗门(闸门),以拒海潮涌入,又可开闸泄洪及埭内排水,这是土坑海西面小海湾的演变过程。

土坑海域内有船只停泊靠岸码头设备,称为许厝脚码头,实是许厝靠的码头,“脚”与“靠”本地语同音,因走声调而称许厝脚,并成为习惯。据传有时也称许厝澳,还有在屿仔壁有停泊避风的设备,但不是停靠的码头,因是海中的岛屿仔,因此称为屿仔壁,“壁”与“避”本地语是同音(只是声调之差),人们称“壁”较为习惯。还有商屿岛,是处于水位较深偏外海的岛屿,此岛是作为海上交易及转运的地点,并有相应的设备,故称为商屿岛。(如图 4-10、图 4-11)

综上,整个土坑聚落形成了“枕山、面屏、临水”的聚落生态环境,这一环境形成了适合人们生存与发展的山水倚望的风水格局(如图 4-12)。

其次,作为明清时期的海丝重地之一,土坑聚落受到海洋文化的影响,在发展过程中逐渐呈现出海洋文化的特质。明永乐二年(1404 年)刘宗孔携族人移居土坑以后,随着聚落人口的增长,人地矛盾逐步突出,在海洋文化影响下,凭借得天独厚的地理优势,土坑聚落进一步拓展海上贸易,于厦门口、许厝脚建码头,并在商屿岛上建停靠点。据此,土坑聚落形成了完整的海上贸易出行路线,即由厦门口码头,沿着后田溪进入土坑海、再经许厝

---

① 卷 93: 福建三 [M] //天下郡国利病书.

② 卷 80: 古迹, 泉州府, 惠安县, 沙格巡检司 [M] //黄仲昭.八闽通志.

图 4-10　屿仔壁港现状图

图 4-11　屿仔壁港通往厦门口市码头现状图

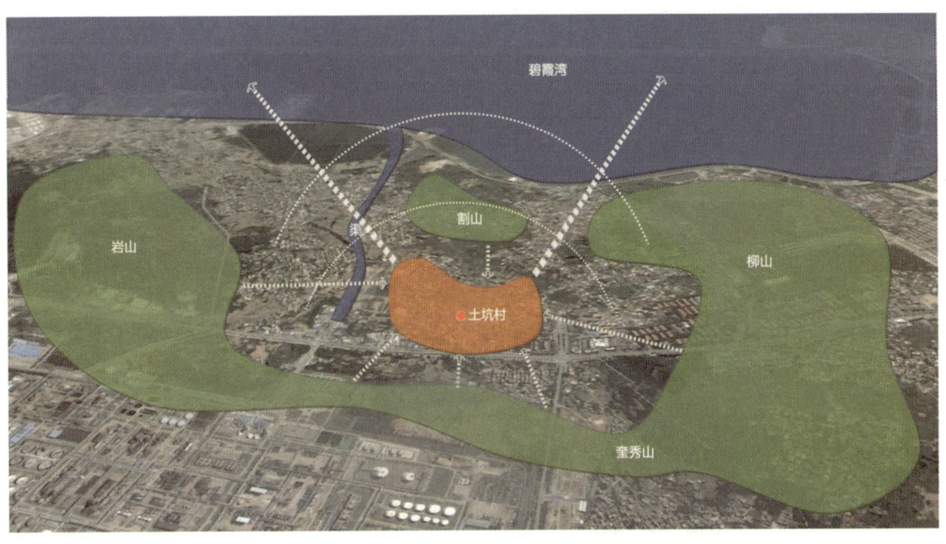

图 4-12　土坑聚落山水倚望的风水格局分析

脚码头、屿仔壁、商屿岛，为土坑聚落的社会经济发展创造了条件。

明初，刘宗孔携族人移居土坑，根据族谱，其长房淳章公居南头，即居祖祠南侧；次房淳明公出居云南；三房淳显公出居广东；四房淳贞公居北头，即祖祠北侧。长房的长子厚仁公、次子厚兴公、三子厚豪公又繁衍“秉”字辈六子。四房有长子厚德公、次子厚义公、三子厚礼公、四子厚智公、五子厚信公，其中，长子厚德公及其族人在德源，次子厚义公在下建井、三子厚礼公在铺仔顶集聚生活，四子与五子则迁出土坑，在顶前乡、东宅尾集聚生活。由此，形成了长房及其族人在聚落南部发展，四房及其族人在聚落北部发展的态势，而两大集聚点的分界线为祖祠，即形成以祖祠为中心南北两大刘氏宗族集聚区(如图 4-13)。

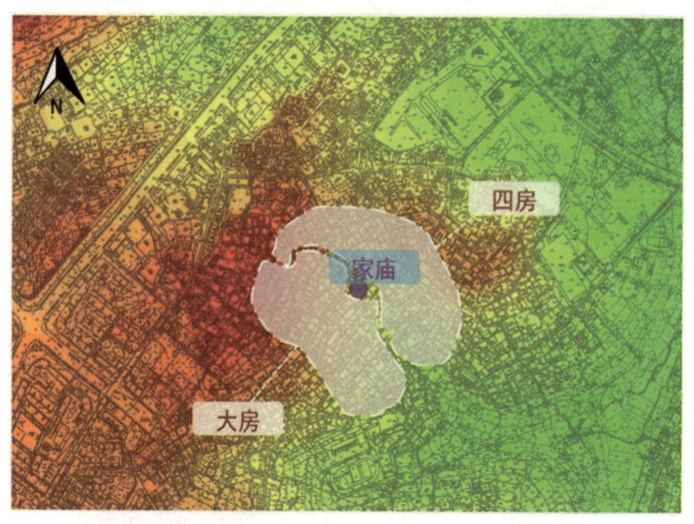

图 4-13　明初围绕祖祠形成了南北两大集聚区

明初刘宗孔家族的移居，使得土坑聚落有了长足的发展，逐步形成了“枕山、面屏、临水”的风水格局，聚落内也围绕着刘氏祖祠形成了南北两大刘氏族人的集聚区，在土坑聚落经济发展方面，形成了完整的海上贸易出行路线，即由厦门口码头，沿着后田溪进入土坑海，再经许厝脚码头、屿仔壁、商屿岛，形成了完整的海上贸易线路。

(三)土坑聚落的衰败与停滞(明末至清康熙早年)

明末清初，土坑聚落走向衰败。嘉靖四十一年(1562 年)，闽南倭患四起，土坑聚落遭到倭寇侵袭，祠堂及家谱均被焚毁。土坑聚落发展的进程被打破，族人陆续搬离至土坑周边居住。

清顺治十二年(1655 年)，清政府下令：“沿海省份，应立严禁，无许片帆入海，违者立置重典”，从此土坑聚落发展进入了停滞阶段。到了康熙年间，清政府划定一个濒海范围(从濒海三十里左右，到濒海四十里、五十里，乃至二三百里不等)，设立界碑，乃至修建界墙，“勒期仅三日，远者未及知，近者知而未信。逾二日，逐骑即至，一时跄踉，富人尽弃其赀，贫人夫荷釜，妻襁儿，携斗米，挟束稿，望门依栖。起江浙，抵闽粤，数千里沃壤捐作蓬蒿，土著尽流移。”沿海居民，被强制迁出该范围内。“令下即日，挈妻负子载道路，处其居室，放火焚烧，片石不留。民死过半，枕籍道涂。即一二能至内地者，俱无儋石之粮，饿殍已在目前。""稍后,军骑驰射,火箭焚其庐室,民皇皇鸟兽散,火累月不熄。而水军之战舰数千艘亦同时焚,曰:资寇用。"

据《圳山李氏族谱》记载:迁界令一下,大兵压城,临海的乡村屋舍化为废墟,拖家带口的李氏,准备到英林投靠老婆的娘家,可是当时到处兵荒马乱,差点在路途上丧命;1684年回迁老家之前,他们移居青阳,在那里住了整整 22 年。另据《岱峰英岱三瑞堂洪氏族谱》记载:迁界当天,洪氏的母亲不幸过世,灵柩设在厅堂。可此刻村庄沦为一片荒地,房子一夜之间化为灰烬,海岸荒无人烟,朝廷派兵戍守,入界者死。当时年仅 13 岁的洪氏,冒险越过界碑,偷偷地拣回其母尸体。《安海志》载:辛丑(1661 年)迁界之酷举,使"安海鞠为茂草,海港沦为闭绝,生民流离失所,商贾破产亡家。其间有素贸于海者,相率辗转流寓南洋一带,以谋生路,而为后之侨商"。龙湖前港《温陵钱江施氏族谱》载:"施氏族人倭寇时之离异,迁界时之散处……或往粤省、暹罗、吕宋等处。"《金井李氏族谱》云:"清初战争日烦之时,兄南弟北……奔走吕宋外夷。"

土坑同样成了一个无人村落,房屋被火烧,木质结构的屋檐毁于一旦,族人四处逃生,据谱载:"乃以海患弗宁,奉旨迁移内界;尔时离散,祠宇可怜焦土,谱志残缺不全",迁界时土坑的啟字辈,单长房就有 22 家没有回乡,因儿女失散,没有后嗣,造成下代的万字辈人数不但不增,反而减少 46 人。另外,清初"迁界",航运事业备受摧残,由此使得支撑聚落发展的海上贸易被终止,整个聚落走向消亡。

(四)土坑村聚落重生与鼎盛(清康熙二十三年至民国)

随着清康熙二十三年(1684 年)复界,二十四年在秀涂、洛阳等地设立海关分关后,惠安的海上商航又渐次发展,进入再度繁荣时期。至道光年间(1821—1850 年),达鼎盛阶段。其时獭窟、崇武、秀涂等澳有海船、商渔船"一千七百号"。这些船只除了向胶东半岛、辽东半岛、江苏和海南区域发展外,与台湾的商航也达到巅峰。从台湾运来的有大米、砂糖、樟脑和水果等,从惠安运往台湾的有药材、瓷器、大豆和烟草等。仅光绪七年(1881年)进入台湾淡水的头北帆船就有 34 艘。

在上述背景下,刘氏家族纷纷返回土坑,聚落由此逐步恢复生机。随着刘氏人丁的不断繁衍壮大,土坑的海贸得到空前发展,并形成了 3 支海商船队,刘端弘(俗称刘百万)船队拥有 20 艘三桅洋船,其长子刘建珍拥有 18 艘,刘端山、刘建布则有 16 艘同类洋船。商船主要停靠在土坑湾的峰尾、沙格两澳,由海路至厦门、宁波、台湾及日本、琉球,东南亚的马来西亚、新加坡和菲律宾等。

至今保留在后龙镇上西村部的肖山清音寺碑记,也说明了当时土坑与菲律宾、日本、台湾等地的海上交流非常便捷。碑文为"朝林肖山肖印必溪继曾继贤,为青冬助白金一百两以成美。此佛地□圣道场兴焉。梵宇已成徽妙,大和尚遂议筑尼菴预助英洋五百圆。而尚有缺,于是牒渡江往募殊域,台南北、夷西东。及到吕宋,酋长陈最良、王家煌、叶清原等福缘□呼域中善信共捐白金八千有奇助之,而清德菴成。夫寺筑于象山之隈,布金□兰陵之麓,环碧海而绕青山,谈经说法,聿修七众之仪,暮鼓晨钟,大壮上方之□。心妙法花香鸟语,□事来见性禅,几岂不长辉福地之烟霞,永护山门之风雨",碑注"大清光绪十八年(1892 年)十月涂山邑庠生刘升元敬书,两山住持根妙门人□□"。象山古时为土坑属地,此碑又是土坑刘氏子孙刘升元题写，碑中提到“牒渡江往募殊域”，即持戒牒渡江即可周游各地募捐，而且找的是一些“老乡”倡议捐资，说明了当时土坑对外交流的频繁以及海上贸易的繁荣与昌盛。而长于邻村的贤慧法师海外游历，更证明了这一切。贤慧法师于光绪十八年（1892 年）冬，合家 12 人往印度朝圣，再到锡兰（斯里兰卡）椤伽山，结庐岩栖学佛，前后 6 年。光绪二十三年（1897 年）冬，缅甸仰光绅士高万邦专程赴椤伽山恭请贤慧等禅师出山到缅甸弘法。光绪二十四年戊戌（1898 年）初，贤慧等禅师从缅甸经槟城、马六甲海峡，取道新加坡返回中国，巧遇祖籍漳州南靖的刘金榜，被挽留共谋兴建双林寺，而建寺的工匠及石料均源于福建头北，木料小部分运自中国，大部分在南洋一带采购。

土坑港的对外交流相当频繁，同宗的峰尾刘氏族人在总结行船经验的基础上，编写了《犯船簿》，簿中详细记述了各航线各港口状况及沿途需注意事项。其中，南下路线明确标记由土坑港行船至海南再到达越南边境的今广西东兴市江平镇的行船路线。到达今江平镇的商船，通过边境交易点与越南开展商品贸易。

其次，湄洲湾海域商贸繁荣，国外商船来往频繁。据日本冲绳县教育委员会编辑的中国与琉球交流论文集记载，乾隆四十二年（1777 年），当时琉球来船出港时的免税货物当中，一些粗麻布、苎麻布、铁钉、糖等，相当部分来自产地包括土坑在内的头北地区。而且每年琉球的使者均来泉州、莆田等地，在与土坑等沿海港口交易的同时，也得到当地官员的保护。此外，越南、马来西亚等地的商船也常来交易。清光绪曾枚所著《獭江所知录》载：“道光壬寅，英夷滋扰，沿海居民患之……遇夷船于大小岞、湄洲间……”这些海外商船一部分借机寻滋闹事，如英国籍船只，成为政府的打击对象；一部分到包括土坑在内的沿海港口街市交易，如越南、马来亚等地商船。当时进口交易主要物品为药材和日常用品。药材有没药、冰片、槟榔、燕窝、鹿角、石花等；日用品有毕布、暹罗红纱、西洋布、东京乌布、番纸、嘉文席、番镜、漆、番锡、紫檀、番铜鼓、白琉璃盏、琉璃瓶等。到了清代，大米成为最大宗的进口商品。出口则为瓷器、茶叶、糖、海盐、铁制品、土烟、土纸、苎布、桂圆干、砖瓦、石木雕刻品、桐油、樟脑等。“通商贾、辇货之境外、几遍天下”的细白布、[①]苎麻布、铁制品、海盐、荔枝干、桂圆干、樟脑、砖瓦等建筑材料，以及“其航大海而去者，尤不可计”的糖、泉之蓝等[②]，都是土坑对外贸易的重要产品。

在广泛发展对外贸易的同时，土坑地域也开设了不同风格的专业店铺，如专营产地南京的布匹店、专营海外产品的洋货店等，街市规模在不断扩大，形成了以屿仔壁港为主要港口，祠堂口、施布口两条主街道，厦门口市码头为主要货物聚散地的规模庞大的港市，商业辐射范围境内达到厦门、泉州、莆田、宁德、三明和四川、江西、广东、海南等地，境外主要为日本、菲律宾、马来西亚、新加坡、越南等国和中国香港、澳门、台湾等地区。

据清康熙五十九年土坑刘氏的《振英实录》载：振英在康熙八年（1669 年）已在四川生活，后返乡在枫亭做贸易，而后前往四川经商，“越五年余，息达大有生意，在蜀娶妇蔡氏，生一子……”土坑至今流传的一句俗谚，“红霞红绸绸，骑马去泉州；泉州去卖货，蚵壳换香

① 惠安县地方志编撰委员会办公室.惠安县志［M］.北京：方志出版社，1985：432.

② 王世懋.闽部疏［M］.

配(块)”,意即土坑到泉州贸易相当便捷,所交易的产品是以本地的牡蛎灰去换舶来品香料等,说明了当时土坑与泉州的贸易相当密切。土坑经济的发展,也留下“土坑窟,会得入,不得出”形容土坑村村大人稠厝多业广的俗谚。因对外交流密切,刘氏族人在来铺建迎宾楼,用于款待外来客商;建设五里亭(以屿仔壁与祠堂口距离命名),为屿仔壁港出海船舶回归、候潮人员歇息之用。

在海商的带动下,土坑刘氏族人进行了全民性经商,有房子就做生意,形成了“街在古宅、宅在街中”的商业格局,经营范围以海商为主延伸发展到开当铺、药铺、布店、杉行,冶铁等行业,仅当铺就有振铺、来铺、仁来、宜兴、振义、施布以及四房长的德源、湧源等8处。土坑后山的“铁坑”,为当时祠堂口街、邻村割山等地的打铁铺提供初级产品。族人还采取股份制形式购置了大量海地和土地,对外出租,收取租金。据清光绪土坑刘氏的《叙长房二世祖冬至祭墓费所从出略》载:“本海自献币石至娘宫前一带,原系我族公业,插縺驶船,租有定额,蛎螃一人,只出一分,以为海粮,祭祀等用其余……田仔下到许厝下一带蛎螃已经捕过,只应入分者赚取。”由此可见,自今割山至上西一带近半个峰尾澳的海域,皆为土坑所有。而厦门口货物集散地因与厦门通商频繁,被称为厦门口埕。

海洋贸易带来的巨额财富,也让土坑刘氏族人大量盖房,累计建造40座大厝,及兴办选青斋、凌云斋等学校,培养文武人才。仅史书记载的就有4位进士、13位举人。土坑族谱记载的共有79位进士、举人、贡生、太学生、乡饮正宾等名人。

海外人士也不断到土坑交流、生活,各种文化在这里汇聚、交融。基督教在土坑传播迅速,来自英国的女传教士惠乐霖是这里的常客,西医也随之而来,创办了仁幼产科医院,并在今台商投资区的洛江及泉港区的南埔等地开了分院。(图4-14)

图4-14 英国女传教士惠乐霖传教的礼拜堂

清光绪年间,从缅甸恭请的卧佛被敬奉在清音寺。妈祖、三一教、来自葱岭北何国(今吉尔吉斯斯坦的阿尔别希姆)的泗洲佛、刘备、关羽、张飞等信仰,都在这里占有一席之地或留下印记，北管、南音、莆田戏、车鼓大曲等均能在这里找到传承人。如陈逢春（1528—1606 年），字汇敷，号鹤陵，安文新宅人（今浙江金华市磐安县人），明代诗人。厌弃举子考试，不走做（当）官之路。于家博览群书，凡六经史传，百氏子集，骚赋律绝，及故典、历象、舆地、医经、密经、冥术等靡不淹贯，博雅之声冠于一时。上门问奇质疑者淹门，而答之如流。倡导组织“螺山诗社”，郡邑诸名公入社恐后。明时，土坑海商到宁波，与逢春交谈甚欢，受益匪浅，便将其敬奉在凌云斋内，敦促族人勤奋学习。（如图 4-15）

图 4-15　刘氏族人引进的（西医）仁幼产科医院遗址

这一时期，政府海外贸易政策逐渐放松，出现了移民潮。如清乾隆十一年（1746 年），清廷准许移居台湾的大陆居民携眷入台，为清廷严禁偷渡政策实行以来的第二次弛禁，也带动刘氏族人的大量外迁，据不完全统计，仅在马来西亚和新加坡的族人就超千人，在越南的近百人、台湾近千人。姓氏外迁现象在当时颇为普遍，如岞江李氏十七世性的妻子，因性于永乐元年（1403 年）掌官船遇大风陷难于海外，带孕嫁到曾炉生下儿子凤义。其十八世的侄辈中，凡熟悉水性、善操舟者，大部分于洪武二十五年（1392 年）被选赐至琉球国，“令往来之朝贡”，这些人后定居在冲绳那霸市的久米村。而刘氏家族与曾炉的海商交往甚深，乡人常互搭海船外出。

不断发展的海外贸易，增加了家族资本的积累，同时也促进人丁的兴旺，居住在两条主街周边的刘氏族人不断外迁，形成了以土坑为母村，后垅、竹头、梅林、顶庄、东山、黄山郑、白石安、蔡岭、蔡坑头、刘厝、横汾、打厝、后田、窑里、东宅尾、蔡坑尾、前埔等 17 个“子村”共同组成的聚落。

外迁的刘氏族人以海为田，继续从事海洋贸易。民国期间，土坑刘氏族人刘燕吓继承先辈海商传统，建造三支桅大帆船，与邻村割山的“阿美芙”号商船齐名，因船比峰尾、肖厝等地的最大船还大，被群众戏称为“福建大”，主要航至台湾与吕宋，主营海鲜干品、糖、米等货物。

20 世纪 60 年代，土坑村依托商屿岛基地，创办紫菜、海带养殖场，在屿仔壁建造修船厂，置船捕鱼和发展运输业，而后又围垦兴建养虾场。当时全村拥有帆船 6 艘，机帆船 3 艘，网船 63 条，舢板 120 只。运输船队主要走浙江温州、台州、宁波、沈家门和省内厦门、晋江等航线，全村从事渔业人员 176 名，当时海业年收入超过了农业总收入。而今，渔业虽不是土坑村群众的主业，但仍有一批村民从事航海工作，漂洋过海谋生计求发展。

从刘宗孔土坑开基到莆田市仙游县榜头镇后堡、郊尾镇前埔，南平市建瓯、浦城县等地的刘氏后人，虽不从事渔业生产，但还有一批人从事着与海有关的生意或工作。

在刘氏族人的影响下，头北地区的海洋贸易颇具规模，形成了同宗兄弟峰尾刘氏的“米帮”、山腰庄氏的“盐帮”、割山陈氏的“布帮”、肖厝萧氏的“糖帮”……他们北上吕宋、琉球和国内浙江、山东，南下越南、马来西亚、新加坡和国内广东、广西、海南、香港、澳门等，直航台湾，在劈波斩浪中，将南杂北货输送到世界各港口，成就了一大批如“刘百万”的贵贾富商，而清末乡人萧碧川在刘氏等前人海洋贸易的基础上，在印尼、上海、香港等地开设商行，大规模从事海外贸易，成为海洋贸易的“大伽”，更将峰尾澳、沙格澳建成碧霞洲，向南京国民政府申请获批并正式纳入国际航运图。

综上，一方面，闽南文化中海洋文化特质不断丰富，闽南人敢于拼搏、不落人后、敢为天下先的精神，加上莆仙文化中的求真、向善、重教、崇德等特质深深地影响着土坑聚落的发展。复界后土坑聚落刘氏一族陆续返回，并开始大力发展海上贸易，因发展海上贸易，土坑聚落成为一方富裕之地，并在聚落内形成了商贸街，开设了 8 处典当行。土坑聚落功能从单一的居住嬗变为集居住、商贸、文化、教育、金融、宗教、医疗等一体的功能复杂的港市聚落。

另一方面，稳定的发展环境，促进了土坑聚落与周边地域的文化交流与融合，在莆仙文化的熏陶下，土坑聚落文化融合有闽南、莆仙地区的文化特色，主要体现在闽南与莆仙风貌融合的建筑艺术、民俗文化以及多元宗教文化的融合方面。

在闽南文化、莆仙文化双重路径的影响下，土坑聚落文化内涵不断得到充实，并反映在聚落发展的过程中及聚落空间形态里，清代“复界”以后直至民国时期，土坑聚落逐渐发展到了鼎盛时期。

(五)土坑聚落的衰落与复兴

清代后期，大量闽南人移民海外，土坑聚落中也出现人口外迁的现象，人口规模的缩小，减缓了文化变迁的进程，聚落发展也一度停滞。民国至解放战争时期，土坑聚落作为泉港区的革命根据地，聚落基本形态得以保留，聚落生长缓慢。

中华人民共和国成立之后，土坑聚落的空间和形态整体保留较为完整，人口也逐渐稳定增长，但聚落以核心区为中心，不断向四周发展新村，许多居民都搬到新村居住，并在原有“母村”、十七“子村”的基础上，进一步发展，形成了包括后墘、竹头、梅林、顶庄、东山、黄山郑、白石安、蔡岭、蔡坑头、刘厝、横汾、打厝、后田、窑里、东宅尾、蔡坑尾、前埔等“母子十八村”的空间格局。(如图 4-16)其中，打厝村、窑里村等均已经搬迁至栖霞社区，原址建造了炼油厂。

(1)白石安

白石安村位于后龙镇西北部，岩山西部地带，东联土坑，泉港主要交通干道“海西路”

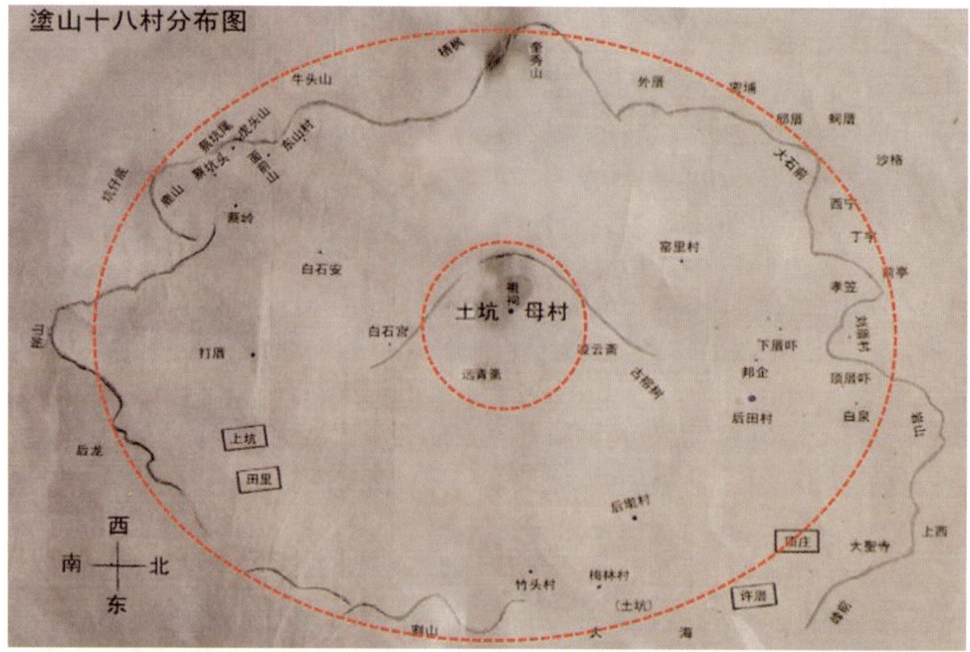

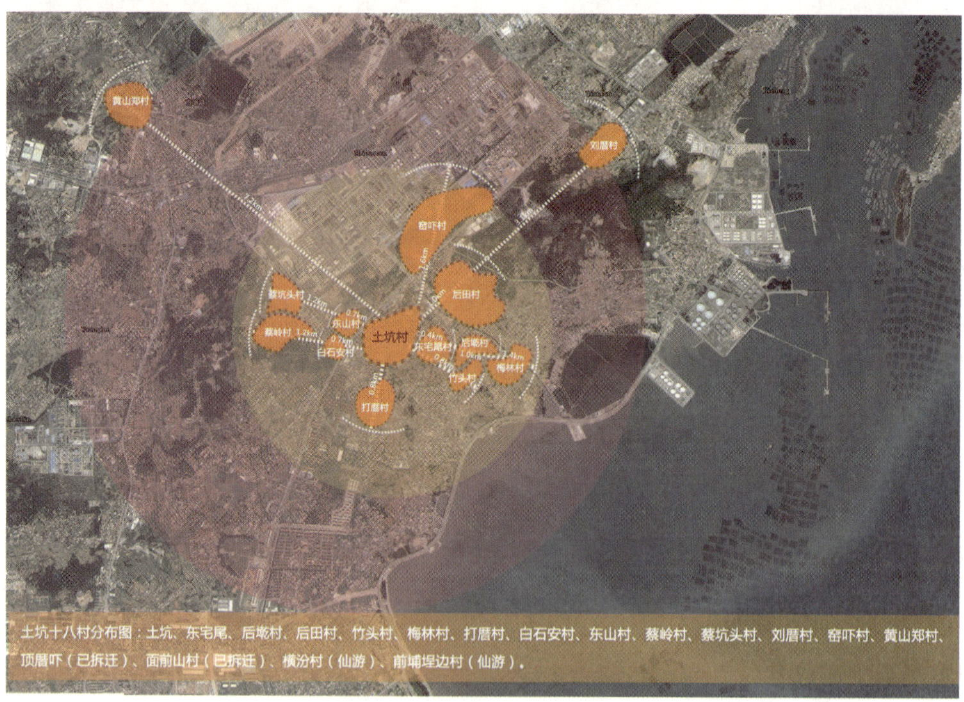

土坑十八村分布图：土坑、东宅尾、后垅村、后田村、竹头村、梅林村、打厝村、白石安村、东山村、蔡岭村、蔡坑头村、刘厝村、窑吓村、黄山郑村、顶厝吓（已拆迁）、面前山村（已拆迁）、横汾村（仙游）、前埔埕边村（仙游）。

图 4-16　土坑十八村示意图

贯穿全村，区位优越，交通便捷。

白石安村占地约 0.16 平方公里，约 400 户 1200 人，以刘姓居多，村落西侧为农田，盛产花生、大豆、甘薯。目前，村落内多为老人、小孩与妇女，青壮年普遍外出谋生，因此，人口流失严重。整体聚落呈现由东北向西南倾斜的状态，建筑多为南北偏西朝向，村落处于四山环绕的平原处，即东临割山，南对金鸡山，西眺五公山、天湖岩山，北毗岩山。村前有自西北向东南蜿蜒的溪水流过，联系了村内刘氏祠堂、庙宇、古民居群等，由此形成了“依山傍水，山水倚望”的生态环境格局。

村内街巷有两条主干道交叉布局，并各自延伸出子路，整个路网呈现不规则形，曲折多变，主干道街巷宽度多为 3～5 米，子路多为 1～2 米。村内建筑主要为住居、宫庙类建筑，多建于清末民初，风貌为典型的闽南古厝，多以红砖、木、石等为材料，结构多为搁檩式。其中，刘氏宗祠现存建筑主体为清代建筑，后经过多次重修，建筑南北朝向，面阔 12.50米，进深 20 米，占地面积约 250 平方米，为三间张二落古厝，造型为典型的闽南古厝。另外，整个村落内保存的民居平面多为三间张二落与五间张二落古厝，整个村落建筑较为古朴，简洁。（如图 4-17）

图 4-17　白石安古厝

(2)蔡岭村

蔡岭村位于后龙镇西北部，天湖岩山东部地带，东临东坑村、北接东山村，泉港主要交通干道“海西路”贯穿全村，区位优越，交通便捷。整个村落占地约 0.15 平方公里，约 400 户 1200 人，以刘姓居多，聚落东南为农田，盛产花生、大豆、甘薯。抗日战争时期，村民跟随刘马锡为主的革命群众，以东山村为地下工作据点，与土坑地下革命人士一起，参加了抗抓壮丁、抗征粮、抗苛捐杂税等革命斗争。

村内街巷纵横交错，构成“长街窄巷，拐弯胡同，起伏有致”的街巷特征，呈现出山地村落特有的竖向景观。村内的民居建筑特色鲜明，是闽南传统地域性建筑的集中体现，其材料多为红砖、木、石等，体现了空间性、实用性、物质性和审美性。其次，民居平面类型较为丰富，有三间张二落、五间张二落等型制，古厝大多采用清水墙勾缝的形式，在墙面上采用规则红砖与规则条石，并按照一定排列样式混砌，以营造出美妙而富有韵律的画面。另外，刘氏宗祠是现存保存较为完善的传统建筑，其主体为清代建筑，南北朝向，面阔 12 米，进深 18 米，占地面积约 216 平方米，为三间张二落古厝。

(3)打厝村

打厝村位于后龙镇中部，北靠土坑村，距后龙镇区约 1 公里，“祥云路”与 201 省道从村落中间穿越，交通较为便捷。

打厝村源于土坑刘氏发展的外迁，曾是土坑行政村的重要组成村落。村落面积约0.15平方米，约200户1000人，其中，以刘姓居多。打厝古村落东靠割山，紧邻碧霞湾，古时主要从事农业、渔业和对外商船贸易，村落东部为农田。现多数居民已经搬迁至栖霞社区。

村落以仁慈宫为中心呈扇形向西延伸，与丘陵、农田相互交错，古时山沟流水从村中穿过，将聚落串联起来，形成了“依山伴水，山抱聚落，聚落抱山，一水勾连”的生态格局。

村落内部主要街巷纵横交错，呈现“半弯月”状的街巷系统。在支巷两侧散布着古厝、宗祠、庙宇等，形成了一系列富有特色、又充满生活气息的街巷景观。

村落内现保存有祠堂、古厝、石屋等，其中，宗祠1座，古厝、石屋20余座。另有大量的近现代洋楼、番仔楼等。民居类型较为丰富，有三间张二落、五间张二落、三间张二落双护厝、五间张二落双护厝等，红砖白石墙体，硬山式屋顶和双翘燕尾脊，体现出闽南传统古厝风貌。宫庙建筑多装饰华丽，彰显地域民间文化信仰特色，其中较为典型的是仁慈宫，平面为五开间二落，由外而内分别布置：第一进为公厅，又称五间厝，为穿斗式砖木结构的建筑，是族人的室内公共集会场所，常作为开会及招待客人贵宾之场所；第二进为神明厅，为砖石结构的建筑，其中有历代的祖先神位，为主要的祭祀空间。整个建筑雕刻艺术精湛，如镜面墙贴面镶嵌各种各样的图案，变化丰富。(如图4-18)

图4-18　打厝村民居与祠堂

(4)东山村

东山村位于后龙镇北部，湄洲湾西侧。东邻土坑村，距泉州市区41公里，距莆田市区30公里，紧邻201省道和福全高速公路，距仙游火车站11.5公里，区位优越，交通较为便捷。

东山村村域面积约 0.7 平方公里，约 400 户 1259 人，以刘姓居多。抗日战争时期，该村成为以刘马锡为主的革命群众的地下斗争据点。东山村西倚群峰，东靠湄洲湾，村落南部为农田，三座水塘点缀其中，形成了“依山伴水，溪塘点缀，聚落抱山”的生态格局。

村落内部街巷呈现“人”字状，街巷两侧散布着古厝、宗祠、庙宇等，形成了一系列富有特色、又充满生活气息的街巷景观。村落内现保存有较丰富的传统民居和近现代洋楼、番仔楼等，其中以现代洋楼居多，且建筑规模一般都较大。番仔楼是闽南传统古厝与具有异国情调的“小洋楼”的中西合璧，其建筑材料多为红砖、钢筋混凝土、石、木的有机结合。整个村落现保存较好的宗祠有 5 座，民居 20 余座。其中，祠堂多装饰精美，建筑主体飞檐翘角，雕梁画栋，木雕、砖雕、灰塑、彩绘的手法较为突出，极具特色。庙宇多奉祀多个神祇，但建筑空间类型较为单一，平面均为单殿型，规模面积均在 30 平方米内。

(5)黄山郑村

黄山郑村位于涂岭镇北部，坝头溪上游的丘陵地带。整个村落占地面积约 0.28 平方公里。明朝时期黄山郑村属惠安县，清朝至民国属官浔镇，新中国成立后至今，黄山郑村同几个主要自然村并建下炉行政村。目前，村落内多为老人、小孩与妇女，青壮年普遍外出谋生，因此，人口流失严重。

图 4-19　古厝

图 4-20　古榕树

图 4-21　刘氏宗祠

黄山郑村宗祠坐北朝南，可望远处的牛岭山、蚁山，民居在其北侧延伸，村落在左、右有“钟”“鼓”，即象征意义的小丘形成左钟右鼓的形式；而整个村落面向坝头溪，背靠格头山，其选址和营建符合“枕山、环水、面屏”的理想风水模式。村落依托山地自然坡度高差进行营造，构成“高低错落，山抱聚落，聚落抱山”的村落空间形态。民居顺着地形由高到低布置，主要道路连接古厝、石屋、宗祠，纵横交错，呈现“倒人字”形的道路网络。村落保存较好的传统建筑有宗祠 2 座，古厝、石屋 20 余座。另有大量的近现代洋楼、番仔楼等。宗祠的平面为三间张三落古厝，沿着轴线布置有：第一进为公厅，为穿斗式砖木结构的建筑，是族人的室内公共集会场所，常作为开会及招待客人贵宾之场所；第二进为神明厅，为砖石结构的建筑，其中有历代的祖先牌位，为主要的祭祀空间；第三进则为宗祠堂正厅，为穿斗式砖木结构建筑，祈福族人平安之所。民居类型较为丰富，有三间张二落、五间张二落等型制，造型为典型的闽南古厝风貌，建筑材料为红砖、木、石、瓦等的有机结合。

(6)刘厝村

刘厝村位于南铺镇东部，南倚岩山，西靠邱厝村，北靠肖厝村，距南埔镇、后龙镇区均为 5 公里。刘厝村始于清初土坑刘氏发展外迁至此，村落面积约 0.12 平方公里，约 100 户 500 人，主要聚居刘、林、萧三姓，其中以刘姓居多。目前，村落内多为老人、小孩与妇女，青壮年普遍外出谋生，因此，人口流失严重。

刘厝古村落坐落于月形岩山凹形的地势中，呈现半月之状，民居依地势逐渐升高，窄巷勾连，构成“高低错落，山抱聚落，聚落抱山”的空间形态。村落内部街巷纵横交错，形成了一个环形的街巷系统，依据山势的起伏变化，街巷顺势变化，形成了一系列富有特色、又充满生活气息的街巷景观。村落内保存较好的传统建筑有宗祠 2 座，古厝 30 余座。另有大量的近现代洋楼、番仔楼等。民居类型较为丰富，有一条龙、三间张二落等型制，其造型为闽南古厝风貌。宫庙建筑空间类型较为单一，其平面均为单殿型，规模面积均在 30 平方米以内，奉祀多个神祇。

(7)后田村

后田村位于后龙镇东北部，西南连上坑村，东与前厝村交界，西以高仙峰渠道为界，北与岩山最高点为界。据惠安县志记载，后田村于 1985 年 6 月由原土坑大队析出为行政村，属老区据点村。整个村落面积约 1 平方公里，全村 600 户共 2080 人。后田以方位得名，由于建居在一片田洋之前端，后有田洋，故取名后田。100 多年前土坑的刘氏先人独具慧眼选址于此，带领族人开垦种植，建立后田村，繁衍生息，孕育后代，现今刘氏依旧是村内的大姓。村内建筑沿一条主街呈鱼骨形展开，街巷宽约 5～6 米。两侧建筑多为 2 层石头房和 3～4 层的新式小洋房，以及保存着少量闽南红砖风格的古厝。其中，村落中心保存较好的古厝，为 100 多年前刘氏族人所建，为典型的五开间闽南红砖官式大厝。现古厝已改为宗祠，供村内刘氏后代供奉先祖。

(8)蔡坑头村

蔡坑头村位于后龙镇西北部，是东山行政村下属的自然村。东临土坑、后田村，西与南埔镇仙境村交界，北侧是福炼一体化新厂区，南紧临福炼生活区商住地带。蔡坑头村系土坑村刘氏家族后代迁徙而至所成，村中多为刘姓村民。蔡坑头村作为自然村，村落面积较小，村内地势较为平坦，现保存较好的民居有10余座，民居多为一层，局部两层。屋顶形式多为坡屋顶但不设燕尾脊，风貌简洁、朴素。村落中心位置建有刘氏祠堂，名为龙凤府。祠堂风貌为闽南古厝式样的现代建筑，建筑规模较小。

(9)东宅尾村

东宅尾村位于后龙镇东北部，东紧靠屿仔壁码头，南邻割山行政村，北边比邻岩山，西邻后田、土坑行政村，距离肖厝码头仅2公里，交通相对便捷。村内地势较为平坦，街巷蜿蜒复杂，多条支路、小路四通八达，村内传统建筑类型丰富，现保存有一定数量的民居、祠堂、寺庙等。其中民居有10余座，祠堂1座，小型寺庙、土地公庙数量若干。民居多以出砖入石为墙体，层数两层。祠堂名曰厚言堂，造型为闽南传统古厝式样，但外观装饰简洁、朴素。

(10)后埯村

后埯村位于后龙镇东北部，东紧靠屿仔壁码头，南邻割山村，西邻后田、土坑村，北邻许厝行政村，与岩山接壤，交通便捷。村落面积约3平方公里，人口3230人，近890户。耕地面积近300亩，主要种植红薯、花生等。滩涂面积6000亩，其中，养殖花蛤900多亩，村民以耕农、耕海、外出务工经商为生。村内现存10余座传统民居，且多为闽南当地特色砖石构建，墙面多为出砖入石。村中祠堂建筑造型极具闽南特色，红砖墙面，屋顶为燕尾脊，刘氏宗祠前设有广场，宗祠内部装饰繁多，具有较高的艺术水平，凸显了当地的特色。主干道路边有古井——甘露池，具有较为悠久的历史。

(11)梅林村

梅林村位于后龙镇东北部，是后埯行政村范围下的自然村，东紧靠屿仔壁码头，南邻割山村，北邻岩山与许厝行政村，西邻后田、土坑村，交通较为便捷。梅林村以农业为主要生存方式，村民以耕农、捕鱼养殖、外出务工经商为生。一条主干道路贯通全村。村落内保存较好的有民居10余座，寺庙5座。村内中心地块建有祠堂，是刘氏族人建造，祠堂装饰奢华，屋顶、屋檐颜色鲜艳缤纷，屋脊饰有双龙戏珠。此外，村内建有卓氏家庙，规模较大，但装饰较为普通，墙面设有色彩丰富的壁画。宫庙以仁慈宫为代表，该宫庙供奉圣母神像，规模较大，前设有大型广场，广场前设有半圆形池塘龙泉池。村内传统民居为闽南传统古厝形式，出砖入石为墙体，燕尾脊为屋顶，多使用红砖，平面多为三间张二落与五间张二落。

(12)竹头村

竹头村位于后龙镇东北部，是后埯行政村范围下的自然村，紧靠梅林村，东临屿仔壁码头，北接岩山与许厝村，南邻割山村，西邻后田、土坑村，交通较为便捷。村民多从事养殖业，种地或外出务工经商，民风淳朴。

村内现存传统民居5座，民居多为闽南传统红墙厝和石屋，多为两层，屋顶设有燕尾脊。村中心地块保存有闰德堂，该建筑为刘氏族人所建，规模较小、装饰较为朴素。墙体为红砖墙面，墙面上端绘有壁画，绘制较为精美，屋顶燕尾脊堵中部分有镂空设计，两段则设有彩绘，整体建筑小巧、朴实。

(13)前埔村

前埔村位于仙游县郊尾镇北部，与后沈、长安、三埔、郊尾街毗邻。村落北依牛岗山，向东倾斜，地形似鼎，“鼎”与“埕”方言谐音，故又称埕边。前埔村由清代土坑村刘氏家族迁移而形成，因此，刘氏在村中人数较多，另外，郑、徐氏占有一定比例。前埔村分为崙头、双友、源和、明和等 4 个自然村。

整个村庄四周被丘陵环绕，村庄内部地势较为平坦。村入口道路作为村落的主要街巷贯穿整个村庄。入口处为村内最大的祠堂中和书院，即刘氏宗祠。另外，还建有万安宫，也为刘氏祠堂，由村内刘氏后人集资所建。现保存较为完好的传统民居有 20 余座，主要以五开间，三开间为主，多为一层或二层，民居为红墙黑瓦，悬山燕尾脊屋顶，建筑造型古朴、简洁，具有闽南与莆仙传统民居相互融合的特点。另外，传统民居墙体为土墙。部分传统古厝还形成了多层屋顶叠嶂，建筑展开七开间，甚至十开间的形式，极具莆仙地域特色。（如图 4-22、图 4-23、图 4-24）

图 4-22　重建中的中和书院

图 4-23　万安宫

图 4-24　前埔村民居

(14)横汾村

横汾村位于莆田市榜头镇西部，木兰溪中游平坦地带，东临莆田城区、湄洲湾，南接鲤南镇，西邻书峰乡，北通钟山镇，距福诏高速、浦永高速均在 5 公里以内，距莆田市区 24 公里，交通较为便捷。整个村落占地面积约 0.26 平方公里，约有 150 余户。

村落面向木兰溪，背靠群山，以刘氏一族为主，是莆田榜头镇现保存相对完善的、规模较大的单姓宗族聚落。其开基者为先祖刘氏第十一世祖刘万康和刘万在，于清乾隆辛酉年(1741 年)外迁来榜头镇长路边(旧地名坂头店，民国时县志变更为今用“榜”字)，最初路边开设十多家店铺，上可通永泰，下可通枫亭，后聚落不断向北延伸发展，直到清末才发展成现今规模。横汾村三面环山，西有塔山、白石岩，北有雷山，东有人形尖、天竹山，村落南部木兰溪从东部塔山蜿蜒流入兴化湾，由此，山、村、溪有机结合，横汾古村落依照地势起伏，半抱宗祠和族厝向上延伸，并呈马蹄之形，构成独具特色的古村落景观。（如图 4-25、4-26、4-27）

图 4-25　横汾村民居

图 4-26　刘氏族厝

图 4-27　刘氏宗祠

村落内传统建筑类型较丰富，现保存有祠堂、古厝、石屋等，其中，保存较好的有宗祠 1 座，古厝、石屋 20 余座。另有大量的近现代洋楼、番仔楼等。民居类型较为丰富，有三间张二落、五间张二落古厝，建筑风貌具有闽南与莆仙传统民居相结合的特色，其建筑材料为红砖、木、石、瓦等的有机结合。其中，族厝平面为五间张二落带双护厝的布局形态，位于祠堂东侧，族厝由外而内分别布置：第一进为拜厅，也为迎宾厅，为砖石结构；第二进为族厝正厅，为穿斗式砖木结构的建筑，祈福族人平安之所。其次，石屋以大小不一、但方正规则的石头，通过错落有致的垒砌形成坚固的墙体，创造出独特的墙面图案，石块间用石灰浆粘接，并勾出很细的缝。番仔楼普遍具有闽南古厝与具有异国情调的“小洋楼”的结合风貌，其建筑材料多为红砖、钢筋混凝土、石、木的有机结合。宗祠平面为五间张二落的布局形态，沿轴线布置：第一进为公厅，又称五间厝，为穿斗式砖木结构的建筑，是族人的室内公共集会场所，常作为开会及招待贵宾之场所；第二进为神明厅，为砖石结构的建筑，厅中有历代的祖先神位，为主要的祭祀空间。

(六)土坑聚落历史变迁过程归纳

基于上述内容，土坑聚落历史变迁过程可以归纳为如表 4-2，图 4-28。

表 4-2 土坑聚落历史变迁历程归纳

阶段	聚落形态	历史遗存
明永乐前	聚落内已有刘氏、郑氏等族人居住，且以开展海上贸易，成为泉州海上丝绸之路的重要组成部分。	横龙的八角井、古厝基、厦门口等
明永乐二年至明末	刘氏一族于此开基，大房与四房南北分向发展，形成塗山南麓的刘氏聚落，并继续发展海上贸易，成为弥补泉州海上丝绸之路衰落的飞地。刘氏族人也随着人口的增长而逐步开始外迁、谋求发展。	祠堂、白石宫、厦门口等
明末至清代复界	土坑聚落衰败，并停滞发展，人口锐减，海上贸易衰败，聚落建筑物被焚毁。	族谱记载
清康熙二十三年复界至民国初期	海上贸易的恢复使土坑成为一方富裕之地，货船穿梭，富甲一方；尊礼重教，名士频出。而聚落则以祠堂为中心，四房后裔多居于北侧，大房后裔多居于南侧，有序排列，分为八排古厝，聚落发展进入鼎盛时期。	二十余栋大厝、祠堂口街、施布口街、书院等
民国时期	土坑作为泉港的革命老根据地，形态基本保留，聚落发展缓慢。	凌云斋等
新中国成立之后	聚落向四周发展，在原有母村及 17 个子村的基础上，进一步衍生成为子母村形态。	土坑十八村

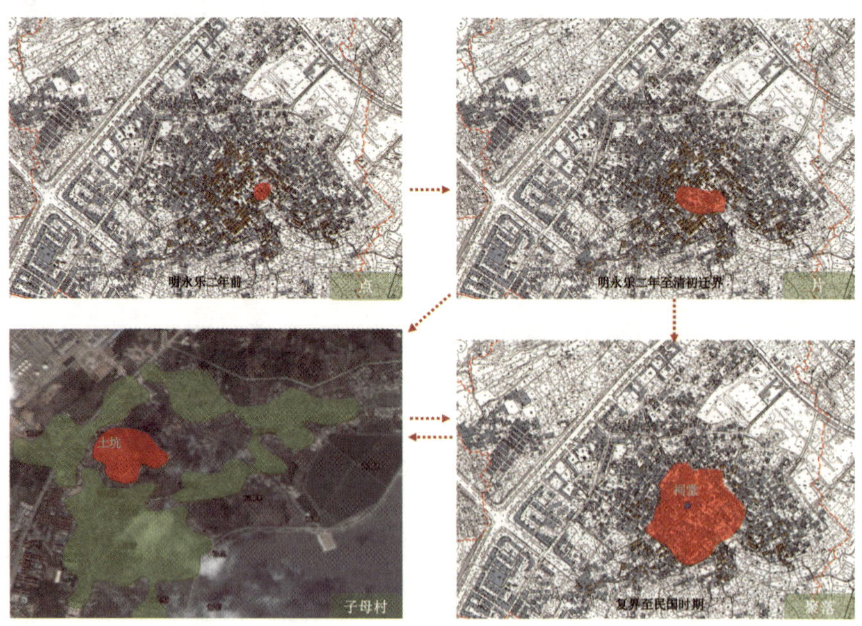

图 4-28 土坑聚落空间形态演变

二、土坑聚落文化变迁内在规律

土坑传统聚落兴起于唐宋，发展于明代，鼎盛于清代，其整个文化变迁涵盖于整个闽南文化变迁之中。据此，我们从文化变迁的视角，进一步解读土坑聚落空间演变的内在文化历程，以此揭示其规律。

众所周知，土坑聚落的文化变迁过程受到了海洋文化、宗法文化、闽南文化、莆仙文化等众多文化的影响。其中，海洋文化在诸多文化中尤为突出。海洋文化是和海洋有关的文化，是缘于海洋而生成的文化，也即人类通过对海洋本身的认识，利用海洋而创造出来的精神的、行为的、社会的和物质的文明生活内涵。海洋文化的本质是人类与海洋的互动关系及其产物。① 海洋文化包罗万象，人类源于海洋，因由海洋而生成和创造的文化都属于海洋文化；人类在开发利用海洋的社会实践过程中形成的精神成果和物质成果，如人们的认识、观念、思想、意识、心态，以及由此而生成的生活方式，包括经济结构、法规制度、衣食住行、习俗和语言、文学、艺术等形态，都属于海洋文化的范畴。

土坑聚落作为海上丝绸之路起点泉州港的重要组成部分，它见证了宋元、明清时期及其之后海上贸易的辉煌，并且通过大海，铸就了土坑人崇尚力量的品格和崇尚自由的天性，其强烈的个体自觉意识、竞争意识和开创意识，使得他们更具有开放性、外向性、兼容性、冒险性、神秘性、开拓性、原创性和进取精神，而正是这份内在的土坑精神塑造了土坑聚落的文化，同时也正是这份精神折射出了闽南精神，因此，从地域视角剖析，土坑是闽南精神的缩影，是闽南文化的代表。

其次，在闽南文化之中，土坑又夹杂着莆仙文化。因此，从文化变迁理论解析，土坑文化又是莆仙文化与闽南文化共同作用下的文化涵化。莆仙踞滨海一隅，具有多重边缘性的特点，是一块相对独立的区域，形成相对独立的文化。同时，处于福州和泉州之间的区位又使莆仙地区便于沟通外界。因此，莆仙地区在其文化发展中既保留了古越文化的内涵，又与中原文化、外来文化保持沟通，形成以汉文化为主导、特色鲜明而又富有活力的莆仙文化。

莆仙文化中最突出的就是其方言，莆仙方言属汉语方言系闽海方言群，因莆仙历史上同属于兴化军、兴化府，所以，莆仙方言也称为兴化话。莆仙方言的独特标志是：八音分明，保存着大量的唐以前中原古汉语，保留着边擦清音。莆仙方言流行区域，除原莆田县和仙游县全境外，还有周边的福清新厝、江阴、一都、东张、镜洋、音西的部分村落与泉港界山、涂岭秀溪部分、秀溪以东及永泰梧桐以南、嵩口以西等地区。而土坑聚落则位于泉港地域范围内，故具有莆仙方言的特色。土坑一带的方言，人称之为“头北话”。“头北话”是泉港人对原惠北地区、今泉港区方言的俗称，是一种从莆仙话地区过渡到闽南话地区的衔接性语言，是一种动态的语言。由此可见，土坑聚落文化中接受了莆仙文化的传播，并与闽南文化进行了融合，由此，使得土坑文化适应了上述两种文化的碰撞。

其次，莆仙的民俗保留中原古风，又独具地方特色。莆仙与中原一致的岁时节令有元

① 曲金良.海洋文化概论［M］.青岛：中国海洋大学出版社，1999：20.

宵、清明、端午、中秋、冬至、除夕等等，与中原古俗一脉相承。但在婚俗、寿俗、戏曲等方面又极具地方特色。如莆仙戏，该戏是莆田、仙游地域文化的积淀与结晶，素以“宋元南戏活化石”和“南戏遗响”著称。剧目古老，现有传统的保留剧目五千多个，其中相当一部分为古老剧目。音乐曲牌丰富，现有曲牌一千多个，音乐歌舞“集盛唐古曲之精英，留霓裳羽衣之遗响，采宫廷教坊之荟萃，取山村田野之歌调”。音乐唱腔，风格独特；表演艺术具有古朴典雅、绚丽多彩的特色；表演基本功科目五花八门，千姿百态，个性鲜明。表演程序糅合杂剧和民间木偶戏精华，行当角色承袭南戏规制，其生、旦、净、末、丑、贴、外等七个行当，尤其“靓妆”一角，其源极古。因泉港地区、包括土坑聚落的许多村民的先祖，于明清时期自莆田、仙游一带迁徙而来，莆仙戏也由此引入，并生根发展。因此，后龙镇的土坑村、南埔镇的南埔村、界山镇的潘南盐场等都曾办有莆仙戏剧团。现莆仙戏仍是界山、南埔、后龙、峰尾等镇民间欢庆的重要节目，每逢重大民俗节日，甚至老人庆寿，孩子考上大学，都请来莆仙戏剧团。最为隆重是演“文武台”，即请来两个戏班，在村里各搭一处戏台同时演出。莆仙戏的引入，也带来了与北管音乐不同特色的莆仙音乐。（如图 4-29）

图 4-29　莆仙文化孕育下的土坑民间曲艺：土坑小鼓队(上图)、土坑管弦宣传队(下图)

在丧葬礼俗方面，土坑人忌讳把亲人的死亡谓为“死”，而是称为“老了”或“过身”，委婉地表达了人们对亡者的尊重。并认为，人活着的时候，灵魂主宰着自己的肉体，不能支配他人;人死后,灵魂还存在着,能影响甚至支配还活着的人,能给他们带来灾祸,也能给他们带来幸福。当刘氏族人死亡之后,应立即将死者头朝厅内、脚朝厅外安放,并用被单(称“水被”)把死者的躯体和面部盖得严实。合家男去冠,女披发,地上铺稻草,众人围尸跪坐恸哭。一般为配偶和子媳披麻戴孝,孝子腰缚草鞋,其他的亲人或着白长衫,或着蓝长衫,或着白上衣。协助治丧亲属在厅口张挂“脚尾布”遮挡阳光,以免照射到亡者的身上。并于尸前点生油灯一盏,烛一支,注意不使熄灭,为让死者在冥冥之中走向光明,称“点脚尾烛”,孝男孝女日夜守灵至出殡。家族中老者提着装有斋果、金银纸的“礼篮”,引领孝男以及长孙(长孙与“尾仔”同礼)到供奉“保境社主”宫庙“投社”,为亡者到阴府报到,免得灵魂归阴后沦为孤魂野鬼。接着,长孝男出门,自池塘、溪沟或田埂边取黏土一块,用瓦片盛着捧回,置于亡者脚尾地上,土上插香点燃。同时要不断地焚烧冥纸,为死者前往阴间准备足够的“盘缠”,称“买路钱”,直到入殓为止。

关于死者去世的时辰,有“留三顿”的说法。清晨早饭之前气绝,说是为子孙留下三顿饭,后代一日三餐都有饭吃。若在早饭或午饭后去世,则后代三餐将有难以为继的可能。最忌讳的是在晚饭后断气,死者将一日三餐都带走了,预示后代子孙将无一日三餐之用了,必须进行一番解厄。解厄的方法是让众孝男和孝女在厅堂面朝外跪地,由堂亲长辈分别给每个人分米,意为向天乞米。

对于治丧,土坑人与泉港其他村一样,都尽其力认真办理亲人丧事,究其原因,一是与传统的灵魂不灭观念和佛教“转世再生”说的影响有关;二是在宗法社会里,葬礼是对死者身份、地位的确认,出殡仪式也是对死者家族势力的一次大检阅,其社会意义大于个人意义。而这个职责就落在“库房”上。库房由堂亲组成,首先在治丧之家的大门贴白纸条挂白布,向外人告示;派人向亲戚朋友报丧,“报死”者足不可进入人家大门,在门外高声喊叫;给在外地或海外亲人发讯,令在外子女闻讯奔丧。逝世者或其子嗣有文化或有身份者,则会印发“讣帖”,遍告诸亲友。讣帖有繁、简两种。简的由姻、世、谊、宗诸同人代告,其式:“×××令先尊(令先慈)××先生(孺人)于×年×月×日×时仙逝,择此×月×日安葬于××山之麓,×刻启灵,我同人忝属挚交,务希于是日×时齐集×处,以便执绋,勿外是荷。”印于红纸,称“公启片”。繁的除“公启片”外,尚有孝男孝孙署名的讣告、公吊帖、行述、哀启等。还有的印上死者遗像、名人题唁的哀词合订一本,封面加名人题签,形如线装书,颇美观。讣闻上子孙如已故的,于名外加一黑框,以示区别,亡者居所贴白纸以示悲伤。(如图 4-30)

基于上述闽南文化与莆仙文化这两大主导因素的作用,造就了土坑聚落与文化。众所周知,文化变迁是不同文化碰撞,在诸多因素的作用下,产生的文化适应性的过程,是一个动态的过程,需要通过文化创新、文化进化、文化传播和文化涵化等路径加以推进。同时,文化变迁有正向与负向之分,而这一切都可以用来阐述土坑聚落的演变过程,土坑聚落在上述海洋文化、闽南文化与莆仙文化、宗族文化等主导因素的作用下,产生文化的碰撞过程,以此使得土坑聚落发生文化适应、文化涵化与文化传播,从而促使了文化创新与文化进化,即诞生出土坑聚落文化。同时,在这一过程中,因制度文化,如海禁迁界、抗倭等等促使了聚落发展的停滞,甚至消亡,使得土坑文化向负的方向发展,而与此同时,又随

图 4-30 宅门上贴白纸

着复界、海上贸易的复兴等等，又重新矫正文化变迁的路径，使得其朝着“正”的方向发展，由此，造就了土坑的辉煌，其最大的明证就是“刘百万”、刘开泰等等历史名人的出现。

表 4-3 土坑聚落文化变迁规律解读

阶段	文化变迁路径	文化特征	外在表现
明永乐前	文化创新		原住民文化
	文化传播	中原文化、海洋文化	重视周鲁礼仪，冒险、敢拼等精神
	文化涵化	闽南文化、海洋文化	闽南精神
明永乐二年至明末	文化传播	文化接受、文化影响	刘宗孔营建土坑村、厦门口码头等
	文化涵化	闽南文化、莆仙文化	方言“北头话”、习俗、建筑风貌与营造技艺
	文化进化	土坑聚落精神	重视礼仪、传统道德，强调务实、敢作敢为的精神
明末至清代复界	文化抗拒	隔离孤立	土坑聚落的消亡、宗族人口的锐减
	文化传播	文化接受、文化影响	刘百万、刘开泰等名人
	文化涵化	闽南文化、莆仙文化	土坑十八村
	文化进化	土坑聚落精神	重视礼仪、传统道德，强调务实、敢作敢为的精神
清末至今	文化适应	文化同化、文化融合	传统聚落形态逐步消失、核心区刘氏族人减少
	文化抗拒	反应运动	抵制现代同质文化的入侵，传统文化的复兴

第五章 鼎盛期的土坑聚落空间

基于前几章论述，明清时期，特别是清代复界之后，土坑聚落进入了鼎盛发展阶段。受海洋文化影响，土坑聚落刘氏一族把握商机，恢复了海上贸易活动，土坑经济迅速恢复，并得以长足发展，一时富甲一方，尤其是从事海运商业及典当行业的长房刘端弘的经济实力居全村之首，被称为“刘百万”。经济实力逐渐强大后，刘氏族人大片购置土地，修建、扩建祖祠，兴建家宅。刘氏兄弟分居祖祠南北两侧繁衍生息，他们重视儒家礼制规范和道德伦理，在聚落中建造了 40 多座大厝。其中仅刘端弘父子建造的大厝便有 18 座。据此，鼎盛时期，土坑聚落空间是什么样的面貌，其内在的街巷空间、建筑空间、信仰空间、文化空间等等又是如何，其空间的特征、空间背后文化的内容又是什么等等问题值得研究。

第一节　聚落空间格局

一、聚落空间形态

据土坑谱载：“宗孔公生长秀屿，而更远谋贻燕。爰渡海而南，览此地之形胜，奎岫拥护，状如凤凰展翼，翁山朝拱……时明永乐二年，实遂肇居之。”据此，土坑在刘宗孔的选择下，经数代刘氏族人的经营，逐步形成了“背靠塗山，面向厦门口前面前溪”的聚落生态格局，而在这个格局中，结合土坑文献资料、考古勘探报告及对土坑现有建筑年代、朝向、功能等的调研，可以进一步分析出：面前溪位于塗山南麓，呈现“月牙型”，而聚落建成区则在塗山的南坡高地上，与面前溪相抱，其形态也呈现“月牙型”，据此，整个聚落的空间形态呈现“太极”图案。面前溪是水，是“阴”，阴，《说文解字》曰：“暗也，水之南、山之北也”，《说文系传》曰：“山北水南，日所不及。”这符合了面前溪的位置。土坑建成区是高地上的房屋，是“阳”，阳，《说文解字》曰：“高明也。”《说文解字义证》：“高明也，对阴言也。”也符合建成区的要求。另外，在这阴阳之间，南北有选青斋、凌云斋游离于建成区外，而正是这游离，形成了“少阴”“少阳”，恰好进一步完善了“太极”的空间意向，进一步印证了明永乐年间刘宗孔选址建村的意图与远大理想，也契合闽南人的堪舆理论。（如图 5-1）

《道德经》曰：“道生一，一生二，二生三，三生万物。万物负阴而抱阳，冲气以为和。”而土坑聚落空间形态则暗喻着：土坑刘氏宗族及其聚落由混沌无序中升起，转向有序运动，

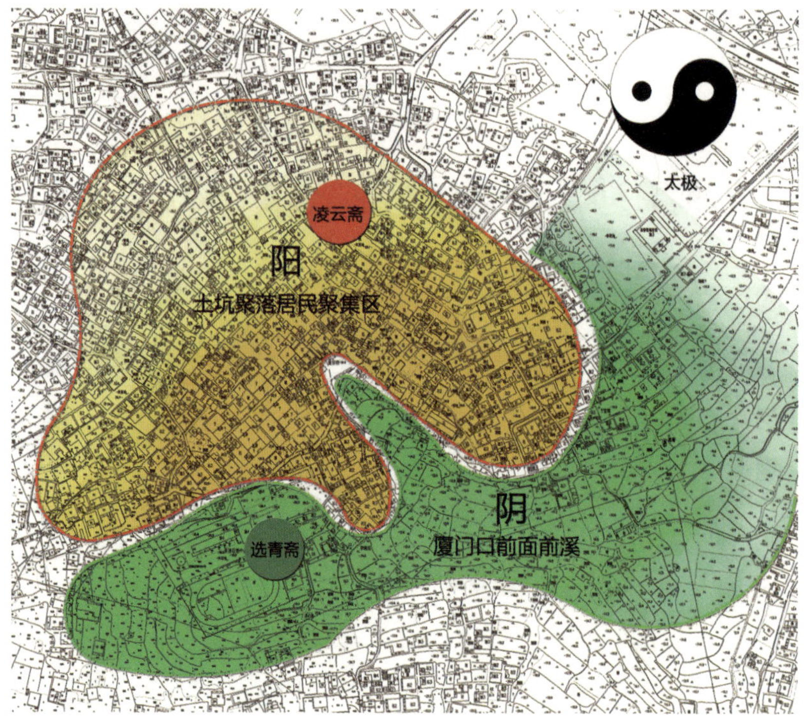

图 5-1　土坑聚落空间形态分析

最终促使刘氏宗族及其聚落的诞生，即“太极”的诞生。而刘氏族人希望通过族人的不懈努力，能够使得土坑聚落与刘氏族人在阴阳交互作用中世代交替，保持和谐平衡。因此，土坑聚落空间形态可以折射出刘氏族人的“负阴而抱阳”营造的意思与人文精神。

土坑聚落内，以宗祠为中心形成网状的空间形态，即围绕刘氏宗祠，形成南北两大片古厝群，每片古厝群均由 4 座三进古厝或二进古厝组成，且这 8 排古厝平列相错排列，同时，结合四横（西南—东北向街巷）五纵（东南—西北向街巷）的道路网，形成网状的空间格局。在这个网状的空间形态中，凝聚着店铺、住宅、饭店、宫庙、祠堂、药房、学堂等等建筑，共同构建富有土坑聚落文化特色的空间。（如图 5-2）

二、一港两街一码头

基于上述太极形态，结合土坑海上贸易及其遗留的历史文化遗产，在土坑聚落内形成了两街，即祠堂口街与施布口街，在聚落南部则形成厦门口码头与屿仔壁港，由此，形成“一港两街一码头”。

其中，屿仔壁港位于土坑的东南方向，四面环水，为刘氏族人停靠船舶的主要海港，出港为湄洲湾，出湾即台湾海峡。“海商祈风亦能分帆南北”，沿南线可达泉州、厦门、广东和东南亚各港口，北线通宁波、上海、青岛和日本、朝鲜等港口。靠港船舶溯港尾溪直达厦门口市码头。屿仔壁岛与大船停靠点——商屿岛的直线距离 1.8 公里。从土坑海尾至商屿，原有一条石板路，主要用于拉运货物，现没于滩涂。商屿原为无名礁，因有大船常靠并在此交易，改称为商屿。

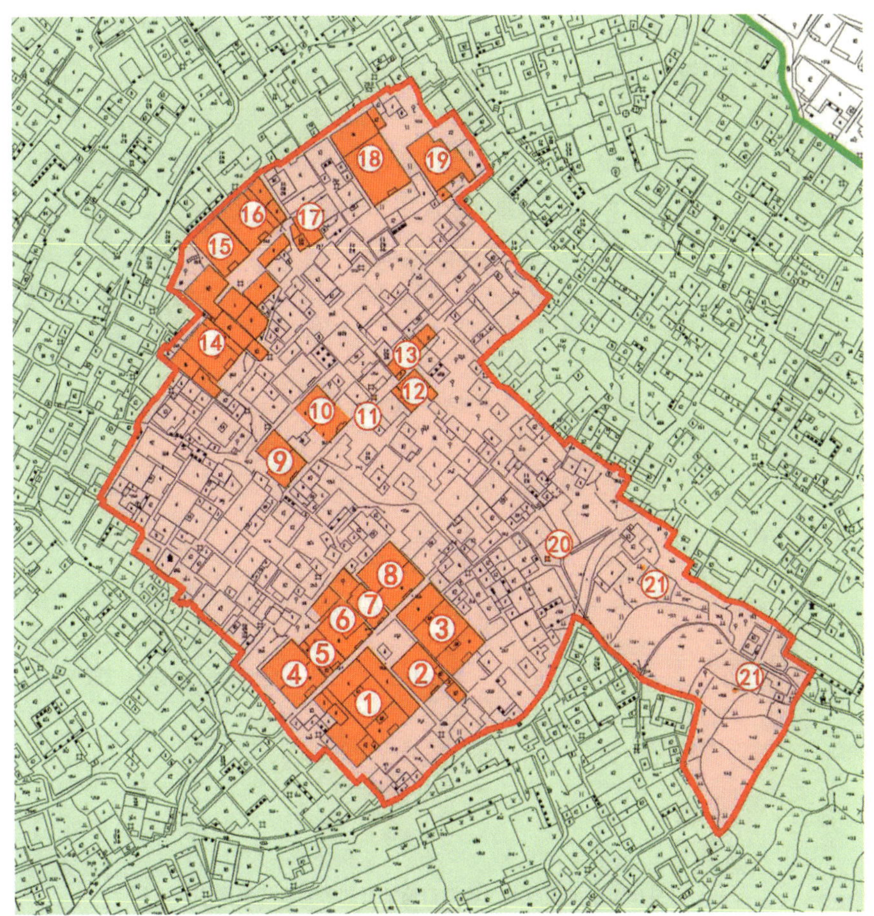

图 5-2 土坑聚落核心区主要建筑

注：①百万大厝，②中厝布店，③传盛居(应麟府第)，④傅鹤府第，⑤见龙府第，⑥家驹粮铺，⑦施布当铺，⑧肇元进士第，⑨长春药堂铺(建连府第)，⑩万捷十三行(打金、打银、洋货等)，⑪祠堂井，⑫建节海货商行，⑬礼贡书院，⑭顺裕大厝(端山府第)，⑮建珍大厝，⑯来铺当铺，⑰绣花楼(勖斋)，⑱开泰进士第(提督府)，⑲端瑜大厝(大峰进士第)，⑳三孔井(元末明初)，㉑厦门口市码头

厦门口市码头则位于土坑聚落南面中部。据民间谱牒和其他历史文献记载，宋元时期，海域直达今福建炼油厂东大门前(已拆迁的“窑仔”自然村前)。今许厝、月林等沿海村落，宋元时期是一派汪洋，海水可直达土坑聚落前(今后龙中心小学处)。基于前文，土坑聚落宋元时期的原住民刘郡及其后裔就居住于厦门口周边，他们已开始从事海上营生，船舶就泊靠在聚落前低洼、避风处的澳头，时称“厦(下)门口”。

明永乐年间，土坑刘宗孔由秀屿区前云迁来土坑聚落居住。刘宗孔家族世代从事海运业，他看中的便是土坑聚落从事海运业的便利。

清代中期，土坑的海运商贸业逐渐做大，至乾隆年间达到全盛。当时，由于“下门口”长年泥沙淤积，三桅大船难以停靠。土坑人便开辟了位于海中的小岛商屿与屿仔壁，以及位于今许厝村海边的深水码头。大船先靠泊在以上三大澳头，再用较小的船只把货物驳运到土坑聚落前的“下门口”。当时，闽南厦门港逐渐繁荣，土坑船队与厦门港的贸易逐渐频繁，加上“下门”与“厦门”方言谐音，人们就开始把土坑的古码头改称为“厦门口”。

码头岸边为广阔埕场，货物上岸后，一部分由商家现场交易后直接转运到周边县、村，一部分由族人分运至各自家中，并通过自己的商铺对外销售。出口货物在此集中后，由小船转运到停靠在屿仔壁或商屿岛的大船，再转运相关港口进行交易。

2016 年 6 月，福建省考古队组织对该区域进行勘探，“在该考古勘探区域发现了海岸、海滩、海沟、进出口等现象”，由此，进一步说明当时“厦门口”是良好的、天然的港湾。（如图 5-3）

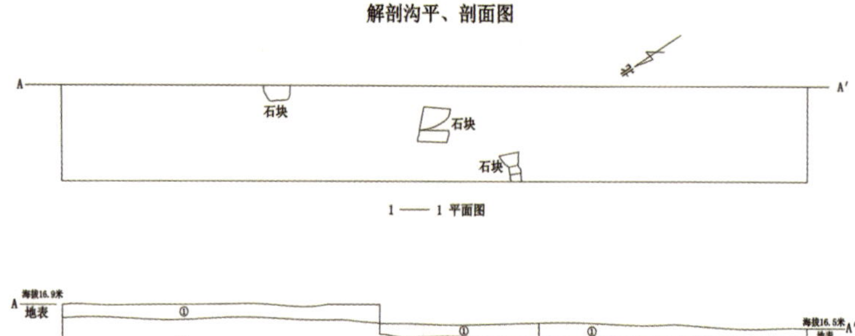

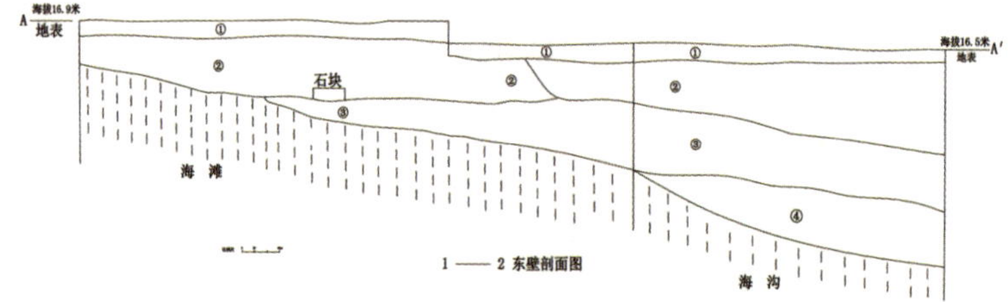

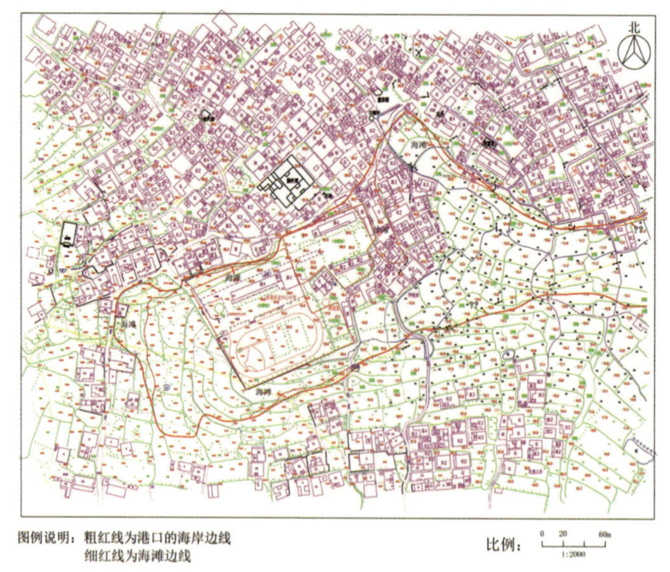

图 5-3　厦门口考古勘探区域①

① 泉州市泉港区海丝土坑港口遗址考古勘探工作报告［Z］.内部资料.

综上，土坑聚落海上贸易活动最大特点在于实行阶梯式停船，大船停靠商屿，略大船靠岸屿仔壁，而小船则靠厦门口，货进家门，前门为店，后门为仓，商住两用。刘氏家族自宋至解放初，一直从事海洋贸易，并将海、陆贸易连接起来，将生意扩大到内陆四川等地。

三、八大当铺

基于上述，随着海上贸易的发展，土坑聚落开拓了东南亚连接闽浙一带的海上航运线。明清时期，村民们大力发展商业和加工业，在聚落内陆续建成 67 座兼具商宅功能的大厝、并开设街市。土坑聚落因此逐步兴旺起来，成为远近闻名的“海丝港市”。

在海丝港市聚落中，典当是聚落繁荣的一个缩影。随着聚落的不断兴盛，土坑聚落逐步发展出八大当铺，即：施布当铺、德源当铺、来铺当铺、湧源当铺、宜兴当铺、振铺当铺、振义当铺、仁来当铺，这些当铺见证了土坑因海上贸易而鼎盛发展的历程。

其中，施布当铺始建于清乾隆年间，由土坑十二世祖刘端弘（刘百万）建造。其建筑入口塌岫墙堵上的装贴为南洋进口瓷砖，是土坑最早采用洋瓷砖装饰的建筑物。同时该当铺也是土坑经营的第一间当铺。刘端弘拥有一支 20 艘商船的船队，是土坑外洋贸易船队之一。经营船运货物往来，银票往来，实物抵押，民间借贷。商船经海路至厦门、宁波、台湾及日本琉球，东南亚的马来西亚、新加坡和菲律宾等。（如图 5-4）

图 5-4　施布当铺旧址

德源、湧源当铺始建于清乾隆年间，由土坑十二世祖刘端瑜建造。当铺为五间张二落大厝。刘端瑜子刘大峰、刘大江，孙刘开泰、刘逢泰和侄孙刘希彦，为清道光土坑刘氏“一门三进士”，是土坑乃至惠北、惠安的名门望族。刘端瑜是土坑的巨富。他在许厝海边开设大杉行，并经营修造船厂；还在家开设德源、湧源当铺，为众多商户开展实物抵押的融资借贷业务；并经营商户在贸易往来中的银票汇兑业务，是当时土坑规模较大、资本较雄厚的典当行之一。（如图 5-5、图 5-6）

图 5-5　德源当铺旧址

图 5-6　湧源当铺旧址

来铺当铺始建于清乾隆年间，由土坑十三世祖刘建珍建造，是座五间张二落的大厝，建筑面积达 400 多平方米，是居家兼经营的豪宅，既可居住家眷，又可作为船队经营内外贸易的办公场所。同时，还可以开设融资贷款的典当行。当铺经营货物贸易、资金结算、银票汇总、物资寄运、股份投资、转运和商行以及民间信贷和物资抵押业务。（如图 5-7）

宜兴当铺，也称顺裕海商大厝，由土坑十二世祖刘端山第四子刘建布所建。该宅为两座庞大的古民居，即进士府（五间张二落双护厝），三间张二落大厝和后大楼（四间张）。三

图 5-7　来铺当铺旧址

间张为当店和商品存储库房。三间张面积 500 平方米，建为文武馆。该建筑有 4 个天井、4 间教室，还有门前砖埕和后花园。刘建布为武举人（其父刘端山，其兄刘建连均为武进士），经营海运和远洋贸易，拥有 16 艘远洋大船，为当时土坑聚落的第三大船队，也是土坑最早从事远洋贸易的船队。刘建布的当铺和船队所经营的范围，与其他几个船队基本相同，刘建布当铺规模更大、资本更雄厚。他设立了顺裕海商商行，把三间张库房作为商品储存和批发的场所，仅当铺便开了两家，同时设有顺裕文武馆、长春堂中药铺，进士府门口两旁设有旗杆夹。（如图 5-8）

振铺、振义当铺始建于清乾隆年间，由土坑十二世祖刘端弘（刘百万）建造。当铺平面为五间张二落大厝，后建有大楼（现大楼已拆除）。由其五子刘傳鹤经营振铺、振义当店，主要经营货物抵押借贷，延续至民国期间。现仅存遗址。（如图 5-9、图 5-10）

仁来当铺始建于清后期，主要经营货物抵押借贷，是土坑最晚的当铺，延续至民国期间。现仅存遗址。

四、港市聚落

基于上述“一港两街一码头”的构成体系及其八大当铺，结合聚落空间形态可以进一步归纳出土坑聚落属于海丝港市，“港市”即指在与海外进行经济贸易往来时，因这个港口而形成的市场、聚落。港市既是起点，又是终点。土坑港市聚落的发展契合了聚落的兴起、发展、消亡、重生的过程，其“始于唐五代，兴于宋元，盛于明清”的历史脉络清晰可见。

图 5-8　宜兴当铺旧址

图 5-9　振铺当铺遗址

图 5-10 振义当铺遗址

第二节 街巷空间

对于传统聚落，街巷空间是揭示聚落空间形态的重要切入点。随着城镇化进程的迅猛发展，传统聚落经历着一系列的嬗变，许多历史信息，诸如传统古厝等都在发生激烈的变化，面临着被破坏的危险，由此，聚落所留存的历史遗存信息会变得越来越少，且越来越模糊。而在这场危机之中，街巷是保存信息最多的载体，可以通过它们直接和清楚地解读出聚落最根本、最久远的轮廓与结构。据此，解析街巷空间对于研究聚落具有重要的意义。

土坑聚落的街巷是历史物质形态要素中最主要的要素，它是聚落的脉络，担负着居住、交通、文化、经济等多重功能。同时，街巷空间因形成过程中的随机性、适应性以及无规范制约等，其形态表现出自由丰富、多样化的特征，这就构成了聚落空间的特殊品质与魅力，折射出聚落的人文内涵和风土特质。从这个层面上剖析街巷空间对于揭示聚落内在的空间特色及其文化内涵具有重要的作用。

一、街巷体系

土坑聚落内不论古厝、番仔楼或是石屋，都不是完全并列建造的，建筑之间交叉错落，加上商业空间的出现，土坑聚落核心区域的街巷随建筑发展呈现出折线形，街巷交汇处往往形成“丁”字形或错开的“十”字形，大大小小的街巷回环往复，加之聚落中地势不平，形成了宛若迷宫的复杂街巷交通体系。街巷道路中主街宽 2～3 米，其余街巷宽 1～2 米。

随着建筑空间的扩展，土坑聚落核心区域逐渐形成“四横五纵”的街道体系和网状的空间格局。四横即四条西南—东北向的街巷，五纵即五条东南—西北向的街巷，在街巷交汇处或者路的尽端，往往形成晒埕或者小型广场，作为村民们晾晒谷物、交流和集会的场所，如在凌云斋（北武馆）边上的广场与四棵榕树，以及重安府等宫庙建筑前的广场，都形成了街巷景观节点空间，成为聚落重要的公共空间，为聚落举行重大祭祀或节庆活动提供了场所。而整个聚落则随着建筑的延伸发展而呈现"延续核心区，向四周放射拓展，形成圈层蜘蛛网状"的街巷道路网络体系。（如图 5-11、图 5-12）

聚落核心区四横五纵道路体系

整个聚落圈层蜘蛛网状的道路体系

图 5-11　土坑聚落网状空间格局分析

图 5-12　土坑巷景

其次，在四纵五横的街巷空间体系中，最为突出的是祠堂口街与施布口街，它们是构成“一港两街一码头”的重要部分，也是承载土坑聚落文化的重要物质，是留存土坑辉煌的印记所在。

二、街巷功能

聚落空间形态特征集中反映在街巷网络形态上，街巷是聚落形态的骨架和支撑。在聚落中，街巷的主要作用首先是联系聚落内部各要素成为有机整体，并有效组织线性交通；其次，作为聚落的主要外部空间形式，承载着村民经济活动和社会文化活动；再次，作为传统聚落意象的主导元素，街巷又是在聚落范围内进行意象组织的主要手段。

在城市中，一般将空间划分为“硬性空间”(hard space)与“软性空间”(soft space)两种基本形态。硬性空间主要由建筑而界定，通常是社会活动集聚的主要场所。软性空间则指城市内外以自然为主的场所。其次，街巷空间作为城市中最为典型的线形硬性空间，具有典型的隐性环境要素，即街巷空间所隐含的文化内涵，如街巷空间提供的人际交往、社会认同、历史文化内涵、风土民情、参与和心理感受等。同样，在传统聚落中，其街巷也是典型的线形硬性空间，包含着典型的隐性环境要素，同时其特有的历史文化及其隐性环境的多元化，决定了聚落街道功能的模糊性和多重性。

(1)交通功能

整个聚落圈层蜘蛛网状的街巷道路体系中，街巷最主要的功能即为交通通行功能，整个土坑聚落，围绕核心区域周边为聚落主干道，路面宽度约 4～5 米，可以通行车辆；核心区内街巷呈现“四横五纵”，街巷宽度 2～3 米，最窄处不足 1 米，路面多为石块铺设，因此，多为步行道路。

(2)社会经济活动功能

与街巷场所有关的聚落社会经济活动，按经营内容可划分为：传统商业活动、传统手工业活动、宗教文化活动、配套服务(如医疗卫生)等。按经营场所可分为：门面经营、固定摊点、临时摊点等。

土坑聚落内门面经营一般多为前店后宅，或下店上宅型，其中，前店后宅较为典型的如祠堂口街、施布口街。这两条街巷集中着南京布匹商行、万捷十三行之打金铺、涂山客栈等商业性门面，形成了极具地域文化特色的海丝商业街巷空间。而下店上宅型主要位于刘氏家庙后的小型农贸市场兼日杂货店。

土坑聚落中，门面经营多为固定摊点，主要为零售业和服务业，依托祠堂口街与施布口街，历史上曾以经营西洋货物、烟酒、中西药、船用物品、食杂和金银加工等为主。另外，随着聚落发展，逐步在祠堂口街刘氏家庙后形成小型农贸市场，以满足当前村民的日常生活需求，建筑面积约 80 平方米。

临时摊点以土坑聚落周边农副产品或小手工业者的产品为主。时间上有很强的间歇性，俗称“早日”，多集中在早上 7 点至 10 点三个小时左右的时间内，且多为占道经营，主要集中则海西路与祥云路交叉处，与后龙镇镇区紧邻。

(3)社会文化生活功能

除了经济功能外，土坑聚落内街巷的社会生活功能较交通功能更为明显，聚落内主要街巷都与宫庙、宗祠、古井等相互联系，这一联系使得村民的文化活动、休闲娱乐、社会聚会等融为一体。居民的生活从家扩展到门前街道直至整个街区。聚落、家的领域感在整个街区内得以建立而并未囿于宅内，每个人都是社会生活的参与者、管理者，是街区安全的守望者，这就是传统街区更具有归属感、安全感的原因。在较封闭的巷道中，生活氛围更浓，在聚英路与厦门口广场联系处即为重安府；在祠堂口街与凌云路交叉处即为凌云广场，周边为凌云斋、跑马场与兴天府；而祠堂口街东部街巷一侧即为祠堂井，这些街巷空间都为居民们社会文化活动的场所。村民可以在重安府凉亭里歇息，可以在厦门口广场上看戏，也可以在兴天府中拜祭许愿，更可以在祠堂井前洗衣聊天等等，这些关系村民日常生活的活动都可以在这一相对封闭的街巷空间中完成，因此，土坑聚落街巷的功能不仅仅是经济贸易和交通通行，还承担着一份生活与文化的功能。(如图 5-13)

(4)空间秩序组织功能

利用街道连接重要公共建筑物，如重安府、白石宫、凌云斋、刘氏家庙、广场、重要民居等，以形成统一完整的构图轴线，是街道另一种重要功能，也是传统聚落常用的空间组织手段。其基本做法就是以一条或若干条街道将聚落内各主要建筑、广场等联系起来，把原来孤立的各景点组织到一个统一的网络之中。

对于传统聚落而言，这种空间秩序组织的方式较城镇轴线对称的空间秩序组织更具自发性，因此，在整个传统聚落的空间秩序组织体现出自然、自由、非对称性的特色。

村民在东宅尾路边的土地庙前祈福

厦门口广场的莆仙戏演出

村民在凌云斋前榕树下聊天

图 5-13　街巷的社会文化生活功能

据此，对于土坑聚落而言，比较典型如聚英路，以白石宫起点，以厦门口广场作为终点，形成一条空间序列轴。再如德源巷长约 95 米，以施布口街为起点，经二次 90 度转折，最终止于祠堂口街，整条街巷宽度 1～2 米，较狭窄，光滑的石条路面随着地形的逐步提升蜿蜒而上，加之两侧建筑的高低错落，街巷空间呈现出趣味性与层次性。（如图 5-14）

图 5-14　德源巷

三、祠堂口街

祠堂口街位于土坑聚落核心区的中央，现存街道长约 75 米，宽 2～4.5 米，路面为石板铺设，沿街店铺相向并排而开。店铺总体布局前为店，后为仓和住宿，纵深较长。沿街店铺主营西洋货物、烟酒、中西药、船用物品、食杂和金银加工等，也是整个聚落及其周边村里主要的饭馆、小吃店所在地。较为典型的有南京布匹商行、涂山饭店、万捷十三行之打金铺、涂山客栈、万捷十三行之酒坊、万捷十三行之洋货海贸商行、涂山药铺、邮政会所、礼贡驿站、礼贡书院、长春堂药铺、船舶铁件商行、维欣客栈、钟金百货商行等。（如图 5-15）

图 5-15　祠堂口街街景

其中的南京布匹商行值得一提，《闽书》风俗志载，泉州惠安“北镇之布行天下”；明《惠安政书》图籍载，惠安“余以桑棉麻丝为重。次可为货，以市他方，如盐、布、饴、油及草木蔬果，水陆牧畜”。当时在惠北，数土坑商贸业最发达，村内店铺林立，南京布匹商行是其一。该建筑始建于明代，为单间街坊铺面式建筑，二层，沿街店面为木板门，二层层高较低，两侧山墙为砖石砌筑，经营村中特产及外来货物。后因倭患、迁界被毁，清初由土坑十一世祖刘万佑重建。清乾隆年间，刘万佑之子刘端弘重修，初期由其后裔改为经营包子的饮食店铺。当时，土坑的海运商贸业已得到空前的发展，布匹交易是商业活动中的主打商品，尤其是来自江浙的绫罗绸缎，来自海外的西洋布，更是受到当地消费者的青睐。还有本地的土特产苧麻布，也在这里通过远洋商业船队销至国内各地及东南亚诸国。于是，各种各样的以经营布匹为主的商行，在土坑街上如雨后春笋般出现，刘端弘家族便在原先饮食店的基础上，创办了经营土布、洋布、丝绸等本地土产和外来高档布匹的专业商行。这间“南京布匹商行”是众多布匹商行中规模较大的一座，延续至民国期间。（如图 5-16）

涂山饭店始建于清初，最初为土坑十一世祖刘万捷所建的民居，用作刘万捷开办的十三捷金银首饰店的制作工场和销售店面之一。房屋取坐西北朝东南坐向，二落五间张古民居式古厝，占地面积约 450 平方米。清末，因时局动荡，海路不畅，商贸活动停顿，金银首饰行业因市场不景气而歇业，该店面转让给长房刘建藻子孙，改为经营餐饮小吃。该饭店因在同行业中规模较大，设施较完善，遂称为“涂山饭店”。（如图 5-17）

万捷十三行之打金铺始建于清初，为土坑十一世祖刘万捷所建。刘万捷 66 岁时，共兴建 13 家打银、打金铺（即制作金银首饰的作坊），经营金银首饰加工制作，这是其中之一。据记载，刘万捷的 13 家金银首饰铺，打造各自不同的首饰品种，已形成完整的“产业链”。由十三家金银首饰店打造出来的金银首饰产品，通过土坑对外贸易船队，远销至东

图 5-16　南京布匹商行旧址

图 5-17　涂山饭店旧址

南沿海城市、台湾、琉球、日本，甚至东南亚各国。后因社会动荡，海路不畅，远洋商贸业务迅速萎缩，严重影响金银首饰等高档消费品的外销渠道，13 家金银首饰店陆续关门歇业，店铺房产陆续出让给土坑族亲。该打金铺于民国初年转租给小商贩经营糕饼、糕粿、饮食、豆腐制作，办小酒坊，新中国成立后才由刘万捷嫡系后裔陆续赎回。该打金铺取坐西北朝东南坐向，二落五间张古厝，占地面积约 300 平方米。(如图 5-18)

涂山客栈始建于清朝咸丰年间，为土坑长房刘氏族人建造，房屋取坐西北朝东南坐向，二落三间张石屋，占地面积约 250 平方米。早期，该建筑只是普通的民居，后来因为土坑商业高度发达，往来土坑的客商日渐增多，村中的客栈已供不应求，该民居主人便辟出

图 5-18　万捷十三行之打金铺

部分门面作为土特产店，另外部分房子用作客栈。该客栈一直经营到新中国成立后。（如图 5-19）

图 5-19　涂山客栈遗址

万捷十三行之酒坊始建于清初，由土坑十一世祖刘万捷建造，取坐西北朝东南坐向，二落三间张古厝，占地面积约 150 平方米。清乾隆年间，土坑海运商贸业鼎盛时，酒坊的前身曾是刘万捷家族经营的十三家金银首饰店之一。海运业萧条后，金银首饰店歇业，铺面租让给本村村民开设酒坊直至解放初期。土坑刘氏自明初永乐年间刘宗孔开基后，商业日益繁荣，客商往来不绝，对酒类等消费品的需求量日增。自明朝起，土坑聚落里便存在有多家酒坊，尽管酒坊地点、招牌不时变换，但酿酒行业从不间断。涂山酒坊是规模较大、营业时间较久的酒坊之一。（如图 5-20）

图 5-20　万捷十三行之酒坊

万捷十三行之洋货海贸商行始建于清乾隆年间，由土坑十二世祖刘端山建造，取坐西北朝东南坐向，二落四间张古厝，占地面积约 400 平方米，由刘端山次子刘建节继承。当时，土坑的海运商贸业已处于鼎盛时期，远洋船队主要从事粮食、木材、金银首饰、布匹及海产品等大宗商品贸易。土坑周围为沿海地区，海洋捕捞业历来发达，近海的水产品交易也需要有一个交易和集散市场，于是便催生了许多经营交易海货的商行。这家商行是其中规模较大的一家，经营范围包括海鲜和干货及各类洋货。其进货和销售渠道，包括湄洲湾内各沿海鱼市，东南沿海各重要渔场、城市及台湾、琉球等地，甚至东南亚诸国的大量海货，都在此地集散。（如图 5-21）

涂山药铺始建于民国初年，由土坑长房裔孙刘金堂建造，房屋取坐南朝北坐向，为二层土木砖石混合结构楼房，占地面积约 80 平方米。约于民国初年，始经营中、西结合药铺。名为药铺，其实是一处有中、西医生坐诊的诊所。据记载，抗战时期，中共惠安特支书记曾炉、中共闽中特委负责人之一蔡先镳和当地地下党员曾木生等人，曾在此以行医为掩护，开展地下革命斗争。该药铺一直坚持经营到 1955 年，最后主持药铺的陈定春医生（割山人）外调到公办的后龙医院工作，该药铺才关闭。（如图 5-22）

邮政会所、礼贡驿站、礼贡书院始建于明朝中期。明清时期，土坑刘氏人文蔚起，子孙陆续科举登第。当时，有学子登第，官方要登门报捷的习俗。土坑刘氏祖先便筹建这座名为“礼贡驿站”的楼房，作为官府差人报捷时歇脚的地方。清乾隆年间，在“礼贡驿站”的基础上，扩建为“礼贡书院”，即办成供学子读书的族办塾馆，成为土坑村由房族开办的儿童

图 5-21　万捷十三行之洋货商行旧址

图 5-22　涂山药铺

启蒙教育学馆，也是土坑聚落历代培养人才最多的地方。学馆直至民国期间搬入刘氏祖祠由名师红先生开办。原会馆旧址属土坑长房刘端山的后裔刘建节继承，后改建为店铺。房屋坐西北朝东南，二落五间张古厝，占地面积约 200 平方米。民国期间，土坑籍旅居马来西亚华侨刘永固、刘永敬等人，考虑到当时远出谋生的族亲和往来商贾众多，常要有书信往来和资金汇兑，极为不便，回乡兴办这所邮政会所，为南来北往的商贩和外出的族人

提供邮寄、汇兑等业务，是当时惠北地区少有的几处邮政会所之一。（如图 5-23）

图 5-23　邮政会所（礼贡书院）旧址

长春堂药铺始建于清乾隆年间，由土坑十二世祖刘端山建造。房屋取坐西北朝东南坐向，为二落三间张古民居式古厝，占地面积约 300 平方米。刘端山后被钦赐武略骑尉，乡饮正宾。嘉庆年间，该房产由其四子刘建连继承。刘建连，嘉庆朝武进士，曾长期于惠安县治螺城文庙讲学。据谱牒记载，刘建连的后裔移居今仙游县郊尾镇。清光绪年间，刘建连侄儿刘礼南继承祖业房产，用以开办中西医结合的药铺。刘礼南的后裔，许多移居国外，现有刘国兴、刘国恩、刘德良、刘顺意等 200 多位土坑顺裕人士居住于马来西亚槟城。至清末民初，土坑商业发达时，开办多所药铺和医、药结合的诊所，经营有许多外国进口的药材。比如各类西药、冰片、槟榔、燕窝、鹿角、石花等等。后药铺因故倒闭，房产出卖给长房刘端耳后裔“布店二”，改为经营丝绸布匹。新中国成立初期，出租给外来商贩制作出口线面，远销至东南亚各国。（如图 5-24）

船舶铁件商行始建于清初，由土坑十一世祖刘万捷建造，取坐东南朝西北坐向，二间张，建筑面积约 80 平方米。早期为打铁店，后来改为打制船舶用具（铁锚、铁钉等）的专业船舶铁件商行。清乾隆年间，土坑的海运业发展到全盛时期。据谱牒记载，土坑聚落清代有三大户经营三支大船队，分别拥有 20 艘、18 艘、16 艘三桅海运大船，其他没有形成船队规模的船只数量也颇多。庞大的海上运输船队，带动土坑聚落周围乃至整个头北地区商品经济的高度发展。这么庞大的船队船只需要建造和修补，于是为修造船只服务的相关行业，也得到高度发展。仅供应造船修船铁件需求的店户就有多家，该船舶铁件商行是众多打铁店铺中规模较大、制作技术较好的店铺之一。该商行一直营业到土坑海运业萧条歇业后才转作他用。（如图 5-25）

图 5-24　长春堂药铺、布匹裁缝制作坊旧址

图 5-25　船舶铁件商行旧址

维欣客栈始建于清朝乾隆年间，由土坑十二世祖刘端弘建造，取坐西北朝东南坐向，二落三间张，占地面积约 300 平方米，该房产由刘端弘第四子继承。其后裔刘维欣把部分房屋改建为二层楼房，开设客栈，并以“维欣”命名。当时土坑聚落商业发达，各地客商云集，村内客栈生意兴隆。维欣客栈有其独特的经营方法，既经济又舒适。长期在本地从事

小生意的外地小商人、买卖小商品的商人、外地来本地的小手艺人(比如从事五匠行业的匠人),甚至在当地玩江湖杂耍的艺人,都长期固定住宿在维欣客栈。即使在土坑海运贸易业萧条后,维欣客栈也照样经营下来。(如图 5-26)

图 5-26 维欣客栈

钟金百货商行始建于明代,由土坑五世祖刘孟唯建造,取坐西北朝东南坐向,二落五间张民居样式的古厝,建筑面积约 450 平方米。明代,该建筑只作为普通民居使用。至清代中期,该民居的部分(约 150 平方米),由刘孟唯的裔孙转让给本村人刘钟金。刘钟金用作经营百货的店面,并以自己的名字给百货商行命名。该百货商行经营番纸、嘉文席、番镜、漆料、漆器、番锡制品、番锣鼓、琉璃盏、杯等器皿。当时土坑还有多处经营此类百货商品的商行。钟金百货商行一直办至解放初期。(如图 5-27)

四、施布口街

施布口街也称时铺口街,位于祠堂口街的南侧,现存街巷长约 100 米,宽 2～3 米,石板路面,店铺一字排开,主营典当、布匹、粮油、建材、钟表、煤油灯等。主要店铺有中厝布匹商行、钟表维修点、西洋煤油灯租赁及维修店、三房杉行、家驹粮铺、食杂店等。(如图 5-28)

其中,中厝布匹商行、钟表维修点、西洋煤油灯租赁及维修店始建于清乾隆年间,由土坑十二世祖刘端耳建造,为五间张三落大厝。刘端耳开设多家布行、染坊。全家族经营布匹类包括西洋布、本地苎麻布(土布)、染坊。所以其家族被称为“布店二”。

清代至民国,还经营西洋钟表、西洋蜡台灯等。因商船往来频繁,在海商的带动下,土坑聚落的经济迅猛发展。清代时期,进口交易主要物品为药材和日常用品。(如图 5-29)

图 5-27 钟金百货商行遗址

图 5-28 施布口街

三房杉行始建于清末，民居样式，为四间张二落古厝，占地面积约 400 平方米，经营木材(以杉木为主)。现部分建筑已经倒塌。(如图 5-30)

家驹粮铺建于清乾隆年间，由土坑十二世祖刘端弘(刘百万)建造，为七间张三落大厝。前期开设经营粮行(粮油囤积买卖)，清代后期开办私塾、文馆，一段时期后并入选青斋，后被改制兼并。泉港地区地少人多，历来缺少粮食。海洋贸易的发展使土坑聚落日益繁荣，人口的增加带来对粮食需求的增加。开设粮铺一时也成为土坑区域的热门行业。

图 5-29　中厝布匹商行等遗址

图 5-30　三房杉行旧址

（如图 5-31）

食杂店建于清乾隆年间。土坑三大船队的运输、仓储、批发、商行经营等集中于祠堂口街与施布口街这两条主街道等处，往来客商众多。于是，刘建珍及其子孙开办了食杂商店，供应过往客商。（如图 5-32）

五、街巷景观空间序列

街巷景观的空间序列是指街巷空间的先后顺序，是按街巷两侧建筑功能给予合理组织的空间组合。各个空间之间有着顺序、流线和方向的联系。街巷空间景观序列的营造

图 5-31　家驹粮铺旧址

图 5-32　食杂店旧址

强调:(1)导向性:所谓导向性是以空间处理手法引导人们行动的方向性。营造者常运用美学中各种韵律构图和具有方向性的形象类构图,作为空间导向性的手法。在这方面可以利用的要素很多,例如利用街巷两侧建筑墙面不同的材料组合,柱列、街巷小品和绿化组合,天棚及街巷地面铺设材料、铺设方式、线条等强化导向。(2)视线的聚焦:在空间序列设计中,利用视线聚焦的规律,有意识地将人的视线引向主题。(3)空间构图的多样与统一:空间序列的构思是通过若干相互联系的空间,构成彼此有机联系、前后连续的空间环境,它的构成形式随着功能要求而多样,因此既具有统一性又具有多样性。街巷空间景观序列分规则型布局和不规则型布局。

一,规则型布局的空间序列。规则型布局的空间本身是规则的均衡,通常是以贯穿平面的直线为基准,把所有重要因素集中于空间主轴线上,沿轴线(直线)前进时,感受不同要素之间相互关系，由此产生新的空间经过序列感受。规则型布局是有意识地在视野中追随着一个明确结尾而组织起来的，可以使人获得庄重、爽直和明确的印象。

如施布口街就是典型的规则型街巷，主轴线贯穿东西，地形平整，轴线由百万后街下坡沿着傳鹤府第西山墙进入施布口街，经见龙府第、百万大厝后墙、家驹粮铺等至德源巷，全长约 100 米，路宽 2～3 米。整条街巷规则，一侧为五栋排列整齐的古厝正立面，古厝入口内凹的塌岫，加上镜面墙、水车堵等形成较为连续而丰富的街巷里面、而另一侧为三栋排列整齐的古厝后墙，封闭墙体的红砖与石块整齐砌筑，单调而压抑。街巷两侧的立面形成了强烈的反差，为此，通过古厝前的台基、旗杆石等加以突破，再加上至中厝布店第三落倒塌的遗址及其遗址里的古树，营造了街巷空间由封闭走向开敞的转换，同时也由此增加了街巷的空间趣味性。石板的路面整齐排列，延续至德源巷，而德源巷二层的石屋则起到了施布口街对景的作用，限定了空间，为街巷的转换创造了条件。(如图 5-33)

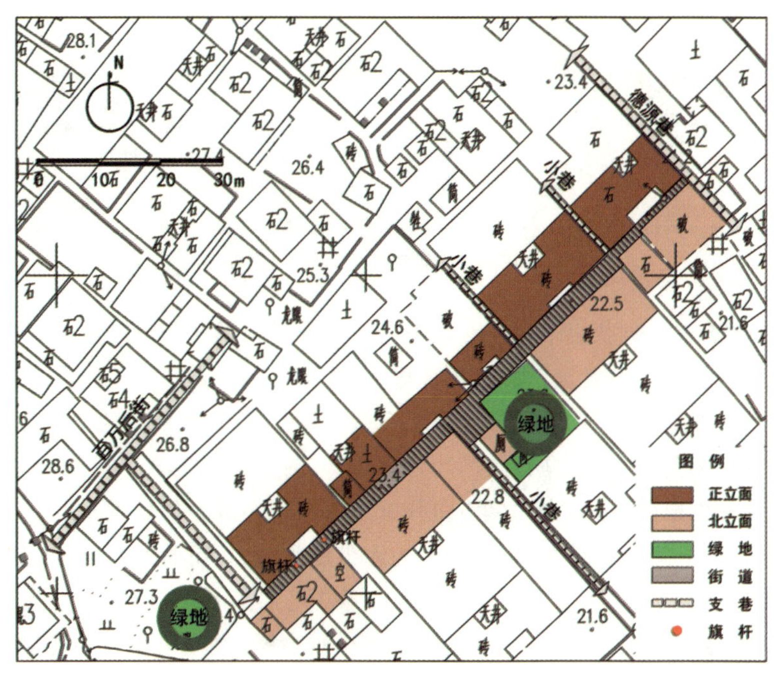

图 5-33　施布口街空间序列分析

再如祠堂口街，现存街巷以长春堂药铺为起点，将万捷十三行、南京布匹商行、涂山饭店、万捷十三行之打金铺、涂山客栈、万捷十三行之酒坊、万捷十三行之洋货海贸商行等串联为一个整体，并结合地形的变化，在祠堂门前通过祠堂井形成一个小节点空间，最终以邮政会所、礼贡驿站、礼贡书院建筑突出街巷一间为结束，通过建筑的门洞形成祠堂口街的对景，从而达到街巷空间的转换，引入下一条街巷。整条祠堂口街，入口处相对开敞，长春堂药铺转角处的门窗及其流线型的山墙屋面曲线，形成街巷的起点空间，而街巷两侧商铺相向开设店铺，两排宽阔的店面中夹杂着四间张的大厝镜面墙，与店铺形成强烈的对比，空间界面连续而丰富，至刘氏家庙处，则以院墙替代封闭的镜面墙，再次增加了界面的丰富性，而礼贡书院的门及其门上的门楣极好地形成整条街巷的对景，以此收景，整条祠

堂口的空间由一系列的开敞、闭合小空间组合而成，转换巧妙，街巷两侧界面变化丰富。（如图 5-34）

图 5-34　祠堂口街空间序列分析

二，不规则型布局的空间序列。不规则型布局的空间通常是以曲线的进程为基础，可以使人感受到流动与运动之感。沿街巷行进时，在不同的视点与视线方向可以看到景观、建筑物及各种景物呈现不同的形象。因此，在聚落中不规则型布局的空间序列常常形成一系列变化着的构图，这构图具有连贯性，不断给人的感观以刺激。对于聚落连续景观则是用动态观点分析聚落空间视觉效果，即分析聚落内步移景异的景观特点。

如凉亭巷，以圣碑巷为起点，通过地形的逐步提升，及其街巷的弯曲，在凉亭处形成景观节点，再通过转折与地形提升进入涂北路，整条街巷虽然长度近百米，但曲折有序、层次分明，街巷空间富有情趣。特别是凉亭处，空间相对高畅，登高可见周边街巷及其规则有序的红色屋顶。通过圣碑巷不足 1 米的巷道进入凉亭巷，空间一下开阔，两侧建筑都为现代民居，被裹挟在现代民居界面之间，透露出传统红砖的古厝，奇妙而丰富。随着街巷转折即进入凉亭处，空间相对宽阔，造型独特的凉亭，其歇山屋顶缥渺而空灵，在周边简易民居的映衬下更显得优美而安逸。再随着街巷深入，再次转折映入眼帘的是来铺院墙与凉亭院墙，来铺院墙通透，竹节棂窗在对面凉亭封闭院墙的衬托下，显得苗条修长，透过院门即为镜面墙的来铺大厝，整齐规则、大气雄健。继续深入则随着地形的升起而进入涂北路，整个视线由此抬升，再回首，凉亭的院墙，虽为石块堆筑，但因地形墙身变高，显得更为朴实、简洁。总之整个凉亭巷空间层次丰富，街巷转折有序，空间收放自如。（如图 5-35）

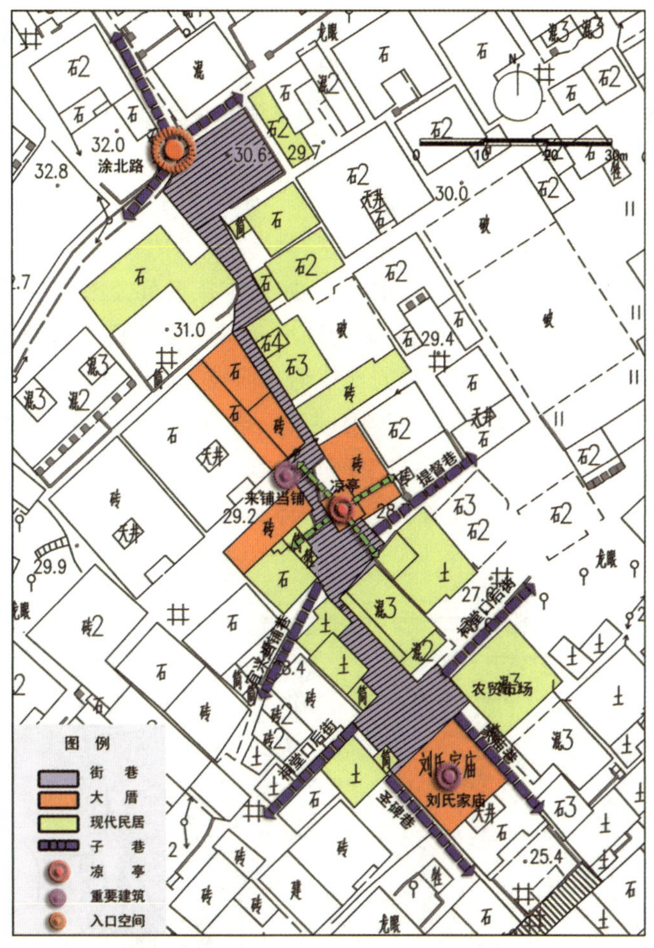

图 5-35　凉亭巷空间序列分析

再如凌云路，该路南起东宅尾路，北至涂北路，长约 262 米，宽 2～4 米，其空间序列由东宅尾路交叉处的土地庙开始，土地庙占地面积 1 平方米不到，却是周边村民信仰的重要场所，其空间结合庙前小广场、周边两棵大榕树来营造，该节点作为凌云路空间序列的起点，小巧朴实，沿着街巷顺地形逐步升高，道路两侧为 2～3 层的现代民居，建筑高度 11 米左右，道路宽度为 2～3 米，加上地形的升起，使得街巷空间压抑、光线昏暗，向前至 95 米处，即为凌云斋前跑马场，场地宽 20 米，长 30 米，为一长方形，长宽比例为 1.5，接近黄金比，加上入口处设置了戏台，进一步增加了进入广场的空间引导性，让人感觉空间相对开阔、舒展。而广场东边为 5 棵树龄达 300 多年、高 30 多米的古榕树与陡峭的平台及其平台上高耸的民居，更进一步增加了广场的围合性，原本接近黄金比的跑马场显得深邃而神秘。而跑马场后即为凌云斋，数级台基，加上院墙及其院埕衬托着后面的凌云斋，古厝风貌的凌云斋在斋边榕树的陪衬下，显得安然宁静。而枝繁叶茂、遮天蔽日的榕树下则为兴天府，村民们每天在兴天府前的拜亭中休闲、聊天、祭拜，显得安然自得、舒适恬静。这一系列的组合增加了整个街巷中心节点的空间层次性、趣味性与神秘性。蜿蜒而上即为近百米随地形逐步上升的街巷，直至涂北路。整体街巷空间丰富，序列感强烈。（如图 5-36）

凌云路空间景观序列分析图

凌云斋前跑马场现状

土地庙

图 5-36　凌云路道路空间序列分析

在土坑聚落中，从街到巷再转入民居入口这一段空间序列经历了从公共空间到半公共半私密空间再到私密空间的一系列转换，充分展示了空间的进退有序、开合有法、高低有致、曲折有度以及对视觉的多焦点处理，使街景统一中又不乏变化。

六、街巷节点空间分析

1.入口前导空间

土坑聚落的街巷空间属于线性街巷空间系统，该系统是有起始点、发展和结束点的完整的空间序列，包括入口空间在内的各类节点为停滞行为和功能转换提供空间支持，为街巷整体意象的形成提供认知元素，是构成街巷空间体系的特征要素。

对于土坑聚落而言，白石宫广场为整个聚落入口的前导性空间，连接外部与内部的主要道路。白石宫广场占地面积 455 平方米，是由半圆形的泮池、近似梯形的广场组成。因地形北高南低，整个入口空间内嵌入地块之中，即直径约 5.5 米的半圆形泮池与地面标高基本一致，但近似梯形的广场，其最北端地面与泮池处的地面有近 2 米的高差，为此，在广场西侧设置了挡土墙，挡土墙的设置增加了广场的围合性，使得整个入口节点与西部、北部的农田隔离而显得更为独立、完整。整个广场简洁、朴实，基本没有装饰，以突出白石宫建筑的高大、雄伟。目前，土坑聚落是从白石宫后的道路绕到白石宫广场前，再进入聚落之中，因此，在这一过程中，整个入口前导空间曲折而富有层次性。即因北部地形高，先展示的是白石宫建筑的屋脊，顺着道路则展示出白石宫的西山墙，西山墙为出砖入石的墙面，红砖红瓦交替砌筑，古韵悠悠。随着道路路面的降低，前面是广阔的农田。至泮池处回首，则是白石宫的泮池与近似梯形的广场。顺台阶而下，近似梯形的广场、近 2 米的挡土墙，围合了一份独立、宁静而富有趣味性的空间，营造了封闭、舒适的入口场所。总之，土坑聚落的入口前导空间丰富多变，情境交换突发而顺畅，展现出聚落本身独特的空间风情与文化底蕴。（如图 5-37）

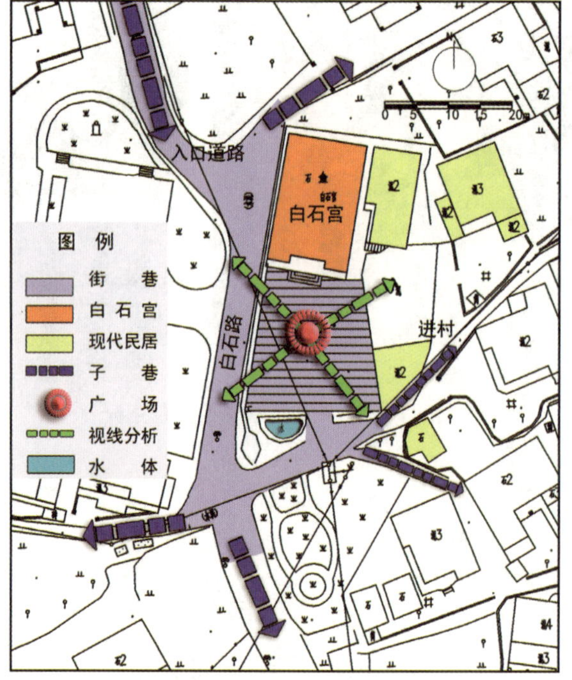

图 5-37 白石宫入口节点分析

2.广场空间节点

街巷广场往往与公共建筑有关，土坑聚落内的宫庙、宗祠、书院等重要建筑群前往往容易形成广场，如重安府、白石宫、凌云斋、选青斋前广场等。而街巷多与这些广场发生关联，并且拓展而成为街巷体系的重要节点，由此，产生相应规模的节点广场。它们在特殊日子用来满足宗教活动、庆典活动、戏曲演出的需要，平时则被居民利用为进行文化、娱乐、商业、公共生活的场所。

重安府前广场位于聚英路北侧、厦门口码头边，占地 1152 平方米，广场核心建筑为重安府，为一单殿带拜亭式的庙宇建筑，建筑体量相对较小，庙宇西侧与北侧都为传统古厝，北侧古厝旁有一口元末明初的三孔井。重安府东面为传统三合院，广场南部为聚英路与厦门口码头，广场三面围合，朝厦门口码头处为开放空间，正对码头遗址外的农田。据此，重安府广场成为聚英路中间的一个重要节点空间，重安府面对厦门口码头及外面的农地，与厦门口码头、三孔井一起成为整个聚落的地标性节点，承载了聚落海上贸易的历史积淀。其次，从节点形态分析，聚英路在重安府广场处内凹，由此使得整个节点空间呈现凹形，且东、西、北三面建筑围绕，南面视野开阔，为农田用地，空间围合而不封闭。重安府与其东侧的龙眼树一起构筑成神圣的信仰空间，其西侧民居三面围合的三孔井，则古朴而深邃，展示着世俗的温馨与自然。两种截然不同的空间，通过重安府前广场交织在一起，广场平面为不规则形。由三孔井向东，则以三合院建筑为对景，朴实的照壁与隐露的三合院红墙、燕尾脊屋顶呈现一份安宁、喜悦的氛围，整个空间节点层次丰富、有序而和谐。(如图 5-38)

图 5-38　重安府广场节点景观分析

3.井台空间节点

土坑聚落拥有古井 38 口，古井与村民的生活息息相关，并与街巷空间密切相关。井除了可以提供饮水外，还可以提供其他生活用水，如洗衣、淘米、洗菜等。其次，井也是村民交往的场所。对于聚落的妇女而言，她们很少有机会接触外界，因此，往往会趁在井台洗衣、淘米等劳作之际，相聚在一起进行言谈交流。因此，井台成为村民颇费匠心来经营的空间。

土坑聚落的古井，多数是结合在街巷一侧，或凹入街巷，或镶嵌在街巷的转角处，并借助周围的建筑而围合成为一个半封闭的空间，有的还通过设置矮墙来加强其空间领域感。如百万后街边的古井就是典型的镶嵌在街巷一侧的空间场所。（如图 5-39）

图 5-39　镶嵌在街巷中的古井

井台空间的形成，虽然主要是出于使用要求，但井台本身造型各异，有圆形、方形、六边形、多孔形等，营造出了多样化的井台景观。其次，街巷都比较狭窄，且多呈“线”状空间形态，具有较强的连续性，井台空间属于“点”状的空间形态，因此，井台空间丰富了街巷的节奏感，成为空间视觉焦点。

七、街巷空间行为属性分析

人们在空间中的行为是千姿百态的，对空间形态的需求也多种多样。根据人们空间中行为的特征，街巷空间大致可分为运动空间和停滞空间。运动空间可用于前行、散步、游戏或比赛、欢庆、游行等运动行为；停滞空间可用于静坐、观望、等待、集会、饮食等行为。[①]

人们不同的行为要求有不同的空间载体。一般说运动空间希望相对平坦流畅、无障碍物，[②]在街巷中即是其线性主体部分。传统街道中运动主体是人或小型机动车、畜力车等，运动速度低，因此，其小尺度的侧立面、曲折多变的线型很适宜。沿路线运动时，在不

① 芦原义信.外部空间设计［M］.尹培桐，译，北京：中国建筑工业出版社，1985：33-35.

② 芦原义信.外部空间设计［M］.尹培桐，译，北京：中国建筑工业出版社，1985：33-35.

同的视点与视线方向可以看到建筑物以及各种景物呈现不同的形象。如土坑聚落中的凉亭巷、凌云路就是通过两侧建筑立面、建筑的前后位置、植被、古井及其地形缓慢的高差变化等，形成丰富的、多变的线性空间，并且协同其他街巷形成了一系列富有变化的构图，具有连贯性和连续性，不停给人以刺激，使人得到关于街巷空间的完整的印象。

停滞空间要求有相对围合性并且巧妙地向运动空间过渡，以满足其行为要求，[①]在街巷中即是附属或相连的各类节点空间。如凌云斋前广场，通过广场前的榕树、兴天府、跑马场、戏台等，让人驻足停留，并引出空间转折进入其他街巷，巧妙实现了向运动空间的过渡。

另外，根据用途和功能来确定空间的领域，从而可以建立不同的空间序列：外部的—半外部的(或半内部的)—内部的；公共的—半公共的(或半私用的)—私用的；多数集合的—中数集合的—少数集合的；嘈杂、娱乐、动的、体育性的—中间性的、宁静的、文化的、艺术的等。祠堂口街内的古井、刘氏家庙前埕院内空间、家庙内深井等就是一系列由外部空间向半公共空间、私密空间转换的典型案例，也是从祠堂口街的港市贸易喧嚣转入宁静的典型空间。

如果说符合“外部的、公共的、多数集合的、嘈杂、娱乐、动的，体育的”这些特征的是街巷空间中的运动空间；符合“内部的、私用的、少数集合的、宁静的、文化的”特征的是街巷两侧的建筑、建筑群内部空间，那么停滞空间就是介于二者间，起过渡、转折作用的“半外部(或半内部)、半公共(或半私用)、中数集合、中间性”的空间。据此，根据形成机制可以将街巷停滞空间分为两类：(1)道路膨胀成的节点、与道路空间连接关系的小广场，如聚英路旁的重安府前广场，就属于这类节点。(2)空间转换功能的中间性空间，如建筑入户前的小节点(如塌岫空间)、檐廊、骑楼或石埕、前院(没有院墙)等。通过上述分析，可以得出，正是土坑聚落内一系列的停滞空间，其丰富的、多样的空间形态使得整个聚落的街道空间成为村民生活的发生器和促媒器。(如图 5-40)

第三节　古厝建筑空间

一、闽南古厝

闽南古厝是指在闽南一带的传统民居，在闽南语里，“厝”即房子，红砖厝即用红砖盖的房子，也是闽南最有代表意义的传统建筑。

古厝的主要特征是：前埕后厝，坐北朝南，平面为三间张二落或五间张二落，或三落，或加护厝，红砖白石墙体，硬山式屋顶和双翘燕尾脊。

---

① 芦原义信.外部空间设计［M］.尹培桐，译，北京：中国建筑工业出版社，1985：33-35.

图 5-40 土坑聚落街巷道路与停滞空间

(一)平面布局[①]

在上述三间张二落或五间张二落等古厝中,"光厅暗屋"是闽南古厝的布局特点。中间厅堂宽敞明亮,为奉祀祖先、神明及会客的场所。厅堂后壁多用可开启折合的大扇木门隔成,平时闭合与后轩分开。厅堂两侧为东西大房,是主要居室。大房前有㮰步,是梳洗的地方。大房后有后房,是女眷居室或存放随身用物、箱笼的储藏间。而这些平面布局都源于"一明两暗"的三开间一条龙的布局形式,因此,"一明两暗"是闽南古厝最基本的构成单位。

五间张是在三间张的左右再扩展一间而成,即"一明两暗"布局基础上,由数个单体建筑及外部空间组合衍化而成的合院建筑。因此,根据开间大小,合院建筑称之为三间张和五间张,其按进深大小可分为"一进""二进""三进""四进""五进"五种,或称"一落""二落""三落"等。在建筑单体名称上,以三落为例,通常第一进称"下落"(前落、首落),第二进称"顶落"(上落),第三进称"后落"。正屋前面两侧有二厢房,称"榉头"。"榉头"朝天井一面常敞开,使大房既能通风,又避免阳光逼射,有遮阴纳凉作用,也是客人、随从休憩之所。前落与后落以两"榉头"相连,两落往来甚为方便。首落前,即屋身正前,留设的户外广场

① 第六章对古厝平面进行详细阐述,本章简略阐述。

称“埕”。埕中大多仅摆放小盆花，留出较大场地，埕常常以院墙围合，在院墙的一侧开设埕门。每落厅前都有“深井”(天井)，保证厅堂轩敞明亮、通风采光。厢房之外，两侧或一侧增建的纵向长屋为“护厝”。增建一侧为单护厝，增建两侧为双护厝。如为单护厝，另一侧也常留有通巷，既作为前后各落出入的另一通道，使各落自成单元，又可使正屋免受邻居活动的影响。护厝又可增加一些辅助用房，或作厨房、杂物工具放置场所，或作客舍，或为僮仆居室，或作书斋别筑。(如图 5-41)

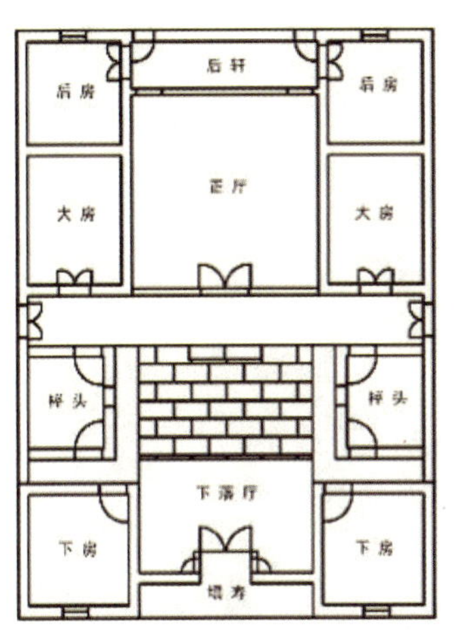

三间张二落

五间张二落

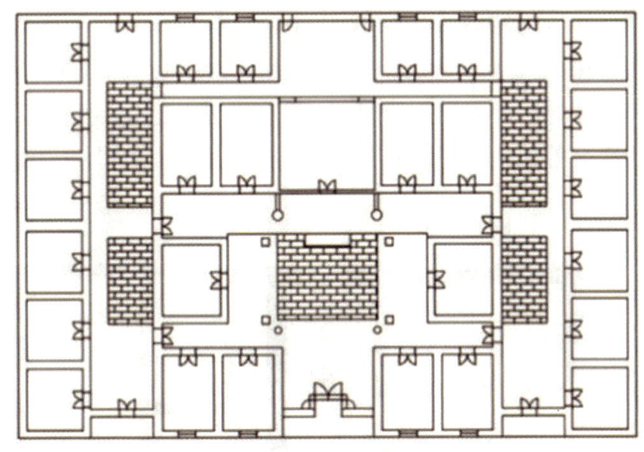

五间张二落双护厝

图 5-41　闽南古厝平面图

(二)立面造型

闽南古厝的立面主要由勒脚、墙身、檐口与屋顶组成，其造型最显著的特征就是:燕尾脊、红瓦、白色水车堵、红色镜面墙与白色群堵。

(1)勒脚(包括角牌石础)，勒脚多用白石和青石来作为装饰，图案图像大部分是虎脚、麒麟、喜鹊、马踏祥云、狮子戏球等造型，也有吉祥文字之类。

(2)墙身(包括山墙、腰线、窗)。墙身最具特色，为红砖砌筑，称之为镜面墙，并采用花样墙面，以此极大地丰富单调的墙面。如梅花封墙砖、万字花砖墙、龟背砖花墙、古钱花砖墙、葫芦花砖墙、拼花砖墙等。有时也采用砖石混砌，即“出砖入石”的方式构筑墙身。

山墙屋脊处施泥塑作浅浮雕，呈对称式，或施彩色瓷片，纹样有火纹、云纹等，两边对称适合，并以花灯、花篮摆在中间，这些纹样装饰大体构成一种如意葫芦形。色彩上，蓝白相间。腰线有红砖、白石、青石影雕等。

窗的种类繁多，有砖构窗、石构窗、瓷构窗、木构窗等。砖构窗、瓷构窗特点在于本身独立形成一个整体图案。石构窗的窗柱常以一种圆雕形式出现，雕有动物花卉，如果是镂花窗，常见的是戏曲人物。

(3)檐边，施水车堵，内一般都是浮雕形式，用泥塑彩绘，多山水人物，有故事情节。

(4)屋顶采用红瓦，正脊为燕尾脊，都是中间凹陷、两端微翘的优美曲线。燕尾脊两端探出高昂翘起，尖细，有轻灵飞动之势。

二、莆仙民居

莆仙话把建房叫作“起厝”，在莆仙传统习惯中，“起厝”是一个人、一个家族成功的象征。一座房子也是一个人、一个家族社会地位和经济实力的具体表现。

(一)平面布局

莆仙民居平面一般为：三间张、四目厅(或房)、五间张、四点金、五间过及其变异形式等。

三间张即一厅二房横开排列，它是单体建筑的最小规格。(如图 5-42)

四目厅即是将三间张增加纵深，把中间厅堂的后部截出一段为福堂，再把两旁的房间隔断为前后房，“四目房”是在“三间张”的基础上增加两房形成的，即“一厅四房”。平面布局是把位于中开间的厅的后部隔出一个后堂，两边的房间也分隔为前后两部分，分别称为“房”和“间”。四目房是莆仙地区民居建筑的基本型，其他类型建筑都是在此基础上发展而成的。(如图 5-42)

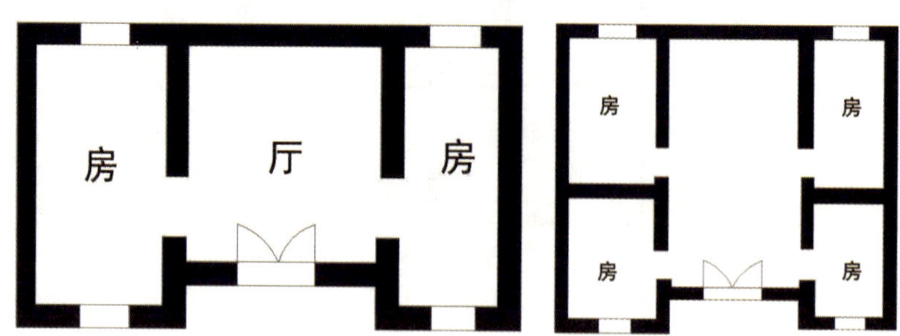

图 5-42 左为三间张，右为四目厅

五间张又称“四目房带山房”，是在三间张或四目厅的两旁再加厢厅及其后房，它是莆仙式连体大厝的基础单位。

在“四目房带山房”类型的建筑前方左右两侧分别增加对称的两至三间厢房，其形状如伸出两只手，故称为“伸手”。“四目房带山房”与两“伸手”围合形成“三合院”，“伸手”前端以围墙及门楼封闭，中间空地称为“前庭”。前庭主要供家庭生活、小孩玩耍等(如图 5-43)。

“四点金”是指三开间的四合院式住宅，也是莆仙地区四合院式民居的基本型。之所以称为“四点金”，是因为主要房间分别位于建筑的四个角上。这四角的房间左右与厅相连，其中靠近入口的称为“下厅”，后面称为“顶厅”；前后再通过侧厅相连，围合形成天井。（如图 5-43）

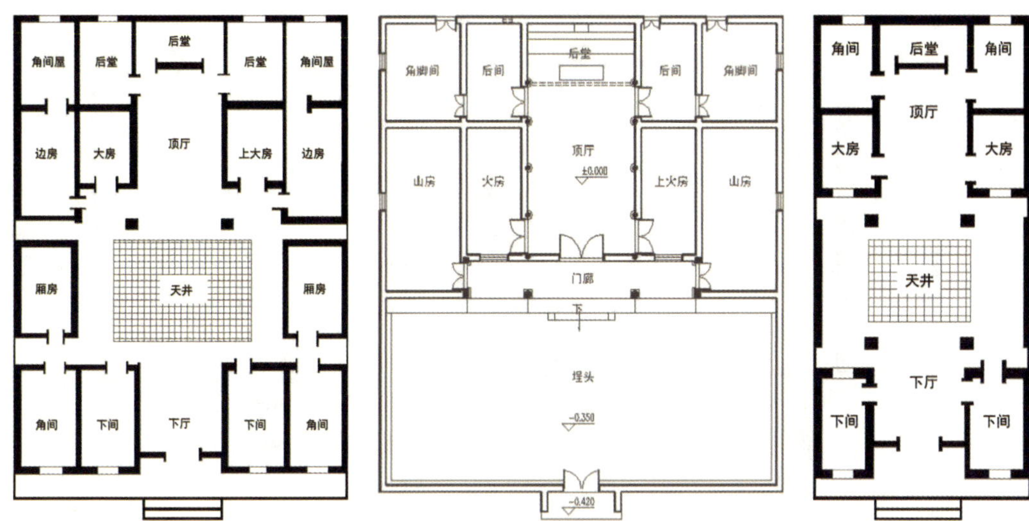

图 5-43 左为五间过，中为四目房带山房，右为四点金

“五间过”的民居形式是由“四点金”发展而来的。“四点金”向横向发展，左右各增加一个开间，即称为“五间过”。（如图 5-43）

“五间过加两伸手”即为在“五间过”类型的基础上，建筑前方左右两侧分别增加对称的两至三间厢房，形成“伸手”。“伸手”前端以围墙及门楼封闭，中间空地称为“前庭”。（如图 5-44）

“多进大厝”是一种相对复杂的民居形式，是在前几类建筑形式的基础上，从横向和纵向层层扩展而来的，其建筑的等级也最高。

因此，一些名门望族为了显示自己的财力，在五间张基础上扩大和延伸。在横向上，可以扩大为七间张、九间张，而且可以再加护厝，甚至几重护厝。如仙游盖尾连氏大厝，为九间张加三护，总宽近百米。另一种横向组合是两座五间张或七间张并排，中间隔一条巷道，在小巷前后建两个门把两座大厝并连在一起，形成“鸳鸯厝”。在纵向上，则可以把五间张或七间张向后延伸为双座厝、三座厝（莆仙话称进深为座）。而为采光、通风和流泄雨水所需，在左右的厢（护）与前后的座之间，以天井为中心组成院落，在天井四周和天井与天井之间，均以廊道相连相通。这种纵横扩展产生了众多天井，具有采光通风和排水功能。

莆仙民居从整体布局上体现了前庭后院、前堂后室、多层次深进以及前后左右有机衔接对称等特点。这种房屋多为土木砖结构。第一道是大门，门位凹入，门上多嵌业主姓氏郡望匾额。大门平时紧闭，出入由两侧边门，有大事时大门才洞开。有的前后连建“五间张”多座，中间用小院或大“天井”隔开，两侧前后用厢房相连，形成群体建筑，利于聚族而居。这种建筑，两进的叫“双座厝”，三进的叫“三座厝”。前座厅堂叫“下厅”，“厝里”叫“下厝里”；

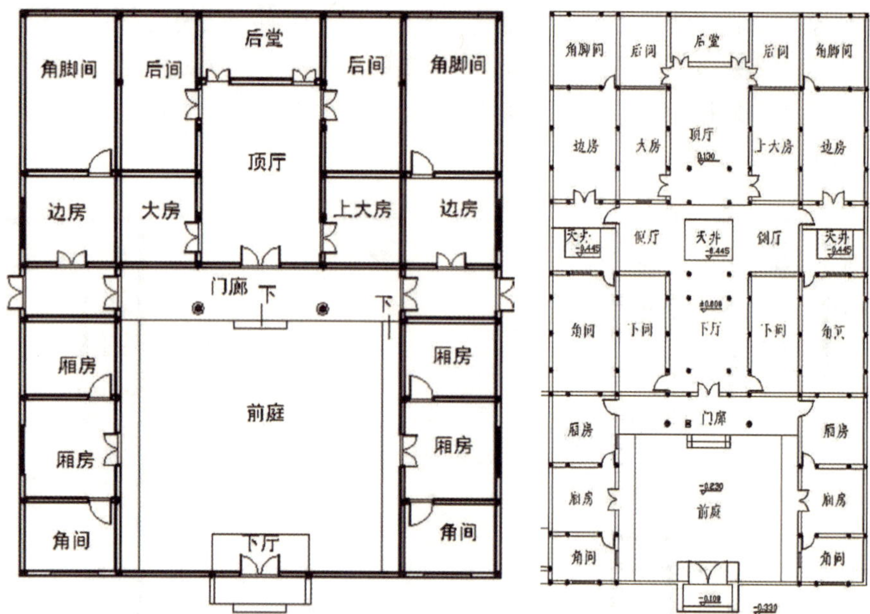

图 5-44 左为四目房带山房加两伸手，右为五间过加两伸手

后座厅堂叫“上厅”，厝里叫“上厝里”。第一座正屋前，往往有个大庭院，三面围墙，有的把两房“护厝”延伸到庭院两侧，与庭院同墙。一般是连续横向三间，与庭院左右侧相对，俗称“下间”，下间的最前一间称“下间尾”。正屋一般坐北朝南。

(二)立面造型

1.屋顶

主厝的屋顶多为悬山式，也有歇山式的，屋面采用曲线燕尾脊形式。厢房、护厝等次要建筑的屋顶则多为普通双坡式、卷棚式。屋面做法一般是在檩条上铺设厚且宽(3～4寸)的椽条，椽上密铺竹木条，然后在竹木条上铺以红色泥板瓦；有些家庭因经济条件较差则将椽间距变窄，再在椽上直接铺设瓦片。由于椽之间有些距离又地处沿海，海风较大，为防止瓦片掀落，每隔一定距离要在瓦片上压以方形或长方形红砖。在靠近山墙处的瓦片上竖压瓦筒，作为屋顶山墙边的收口。檐口装配瓦当和滴水。总之，莆仙传统民居的屋顶造型多作双坡面、悬山顶、燕尾脊，既异于福州地区的平脊封火墙，也有别于闽南地区的硬山顶。

2.墙体

墙面多是以红砖、石材、夯土相结合的三段式构图。墙面以条状石材砌筑为基座，上铺一定厚度的红砖，再上面为外刷白灰的夯土墙，墙面的最上部用红砖压边，整个墙面红白灰三种颜色相协调，具有明显的地域建筑风格特征。院墙的正立面大门左右两侧的墙砌成阶梯状，并且在顶部边沿处也采用了压顶：红砖、白灰层层铺设，间或勾以蓝边。等级较高的建筑在压顶的最上部还砌有砖雕，极大地丰富了立面形式，为古朴的民居增添了趣味性。

3.装饰

首先，大门坦是莆仙民居中最突出的部分，其装饰也尤为突出，是户主身份和地位的象征，也是民间艺人展示工艺技巧、体现艺术才华的地方。明清时期大门坦的屋顶与正厝都作翘脊悬山式。门屋两旁的墀头在明代是另筑两座假墀，俗名墙头厝；清代则改为铲牌式，俗称卷书头。门当原本是指在大门前左右两侧相对而置的一对呈扁形的石墩或石鼓（用石鼓，是因为鼓声洪亮威严、厉如雷霆，人们以为其能避鬼）。户对则是指位于门楣上方或门楣两侧的圆柱形木雕或砖雕，由于这种木雕或砖雕位于门户之上，且为双数，有的是一对两个，有的是两对四个，所以称为户对。根据建筑学上的和谐美学原理，大门前有门当的宅院必有户对。所以，门当、户对常常被同呼并称。又因为门当、户对上往往雕刻有适合主人身份的图案，且门当的大小、户对的多少又标志着宅第主人家财势的大小。所以，门当和户对除了有镇宅装饰的作用，还是宅第主人身份、地位、家境的重要标志。

在彩绘装饰方面，明中叶前莆仙的士大夫宅第的木质构件皆不上漆，更无彩绘。清代的大多数宅第尚无独立的彩绘。由清入民国后，莆田许多民居忽又风行彩绘装饰，施画部位有枋额、门额、门扇、廊壁、山墙、卷书等，甚至楼梯都加彩绘。题材和技法亦有所拓宽和发展，即除传统的国画花鸟、动物、山水、人物外，还引进现代题材和西洋画法。

三、土坑民居

土坑现存的古厝多为民居建筑，这些古厝多以前埕后厝、坐北朝南、三或五间张或加护厝、硬山式屋顶及双翘燕尾脊为主要特征，墙体由红砖白石砌筑，也有夯土、碎石混合砌筑，具有闽南红砖大厝的特点，又明显糅合了莆仙民居风格。大厝皆为砖、石、夯土、木结构，多为穿斗式结构、硬山式或卷棚屋棚，座座屋脊高翘，壮观辉煌。大厝有砖雕、石雕、木雕，甚至于屋檐下的泥塑都雕有精致图案。

（一）平面布局

土坑现存古厝平面类型丰富，有三间张二落、五间张二落古厝等闽南古厝常规的平面型制，还有一些突破闽南常规型制的变异形态，如三间张带单护厝，番仔楼式大厝，五间张三落带回向、角楼、丁子楼的大厝，三间张二落工字廊等。其中，旗杆厝为五间张三落带双护厝、前埕的平面布局形态，而绣花楼与其东侧的勖斋则为典型的莆仙民居特色，即三间张二落工字型平面，加一间厢侧厢房（绣花楼），加后花园，并带有大门坦及院埕门。在造型上侧厢房绣花楼采用了二层楼阁化，并且屋顶为歇山顶，该种处理方式映射出莆仙民居的做法，即“莆仙民居中常将宫殿建筑的某些形式引入民居建筑，使之更显宏伟壮观，如把两旁护厝的最前一间或最后一间抬高，屋顶改为飞檐翘角的四坡歇山顶，类似于寺庙的钟鼓楼雄峙于正厝两边，俗称龙虎楼”①，总之，绣花楼与勖斋建筑其大门坦、龙虎楼等都是在闽南民居中融入莆仙民居的元素，形成了独具土坑特色的传统建筑形式。

其次，聚落中留存有五间过加两伸手的平面形态，即顺裕大厝与端裕大厝，且这两座大厝均带大门坦、院埕墙，中间置院埕门，其平面型制具有明显的莆仙民居建筑的特色。莆仙民居的前院分敞开式和封闭式两种。一般普通平民百姓的前院多为敞开式，即在屋前铺有宽敞平整的大埕，即大门坦，作为公共晒物、平时纳凉和正月元宵赛会场所。但也

① 莆仙政协文教卫体文史资料委员会，等，编.莆仙老民居［M］.福州：福建人民出版社，2003：7-8.

有封闭式的，其做法是把两旁厢厅或护厝向前延伸，俗称“下间拖”“护厝拖”，正面由此似三合院；再在院前筑一道院墙，墙中间建一座院门，形成两手拱抱之势，院门一关，即全院封闭。顺裕大厝与端裕大厝就是这种类型。农村的封闭院一般还要在院外另铺一个大埕，形成内外两院（俗称里外埕），农事活动和迎神都在外埕举行。至于官宦宅第多作封闭院，一般做法是在大院前方筑一道照墙，两边再加两堵护院墙，另外在左或右前的角隅处建一开间屋宇式院门（俗称大门坦，取走出正门有坦途之意）。（如图 5-45、图 5-46）

图 5-45　顺裕大厝院门

图 5-46　顺裕大厝护厝拖

再次，因地形的限制等缘由，出现了四间张二落平面型制，即长春堂药铺、建珍大厝等，这些平面型制在闽南古厝中均为罕见，其中，建珍大厝带回向，而长春堂药铺入口下落门厅偏于一侧，与天井榉头间对齐，其型制独特。

复次，连体大厝的出现，即建珍大厝与来铺大厝为土坑聚落里较为典型的连体大厝，两宅共用一个院门，前埕连通，且主体建筑前都设置了回向，由此整个前埕较为封闭。而这一布局方式在莆仙民居中较为常见。莆仙连体大厝的一大特点是对外封闭，对内开敞。建珍大厝与来铺大厝作为连体大厝具备了莆仙连体大厝的特点。但土坑的这一连体大厝与莆仙连体大厝又有着明显的区别，即莆仙的连体大厝是以五间张或七间张为基础，并排，中间隔条巷道，在小巷前后再加筑一截墙，即把两座大厝并连在一起。而土坑这座连体大厝中建珍大厝为四间张二落、来铺大厝为五间张二落单护厝，建珍大厝的平面布局既不是五间张与不是七间张，而是四间张二落；其次，两栋建筑间没有出现墙体连接，而是留有一条空隙，据此，土坑的连体大厝既有着闽南古厝单体平面特色，又有着莆仙连体大厝的部分特点，是闽南与莆仙民居的结合体。（如图 5-47）

图 5-47　连体大厝

（二）外观造型

闽南建筑的造型为：红砖赤瓦、燕尾山墙，镶嵌上精美的木石雕刻装饰，即大量使用红砖红瓦，广泛应用白色花岗岩做台基阶石，屋顶多为两端微翘的燕尾脊，壁、廊、脊等细部装饰十分精致，不仅外观独特，而且在装饰与色彩纹样等方面都与其他区域的建筑截然不同，成为闽南文化的重要载体。对此，有学者将其归纳为“闽系红砖建筑”，[①]该建筑类型以泉州为核心，主要分布于泉州、厦门、漳州等地，在台湾地区以金门最为集中。

对于闽南红砖建筑的起源尚无定论。早在宋代，这种建筑已经在闽南地区开始建造和推广。红色的建材是专用于皇家宫殿、庙宇及帝王宗祠这一类建筑，被称为宫廷色，本为“庶民不许”，却在闽南民间大量使用，这除了与闽南人长期从事海外贸易，民间积累了巨大财富以及炫奇斗富、讲求排场的乡风有关外，还由于福建沿海地区自古以来都是“山高皇帝远”，再加上闽南人“敢为天下先”的特性，使得外形富丽堂皇，被称为“皇宫起”的违禁红色建筑在闽南一带悄然风行。

① 陆元鼎，主编.中国民居建筑［M］.广州：华南理工大学出版社，2003：486.

土坑聚落内的传统古厝也不例外，多为以红砖石作外围护结构，民居墙身正面为“镜面墙”，以红砖砌筑；下落明间的塌寿正面为“牌楼墙”，以白石砌筑。（如图 5-48）

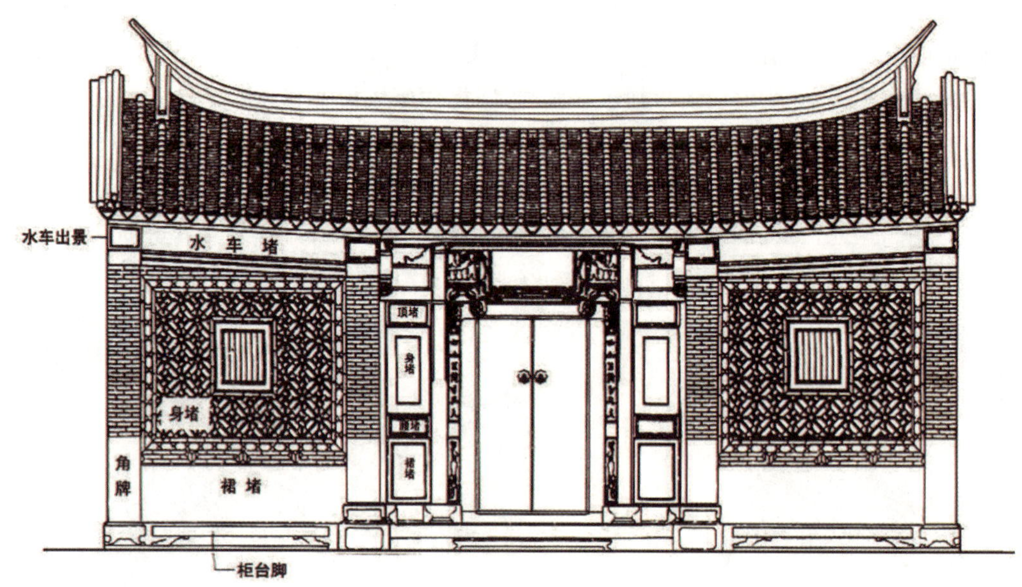

图 5-48 闽南传统古厝正立面图

(1)地伏，指地牛和勒脚(包括角牌石础)，多用白石作为装饰，图案图像大部分是虎脚、柜台脚、香炉脚等造型。

地伏包括地牛和虎脚。地牛，外墙体最下层的矮平线脚，形态单一，只做出简单的素平线脚，有一定的视觉找平作用，给人以平整稳定之感，有时与虎脚连作。勒脚，即虎脚，又称为大座，一般用整块的白石加工而成，其上砌筑粉堵，总体形态如同两只背对背行走的猛兽，脊背平直，腿脚有力，如寻找猎物一般充满力量。地伏石雕，有的以青石雕刻，和墙身青石腰线、门口嵌砌青石雕件的材料及雕刻手法都相一致；有的以花岗岩刻成，色泽、质地与青石雕的腰或门口装饰都不相同，形成材料的质感及色彩上的对比。此外，在民居檐口柱与步口柱之间的地伏雕刻，别具一格，主要运用线雕手法，线条清晰而凹凸较小。题材有“连(莲花)生贵子(莲子)”“喜鹊登梅”、云纹、龙纹、葫芦、麒麟、狮子、棋盘、扇子、铜钱等，富含吉祥意义，民间装饰色彩浓郁。

另外，柜台脚外观如低矮的柜台形，正面浮雕出双足外撇成八字形，并雕刻成兽形的矮案，而在角牌石础处则雕刻竹子、书卷、喜鹊、卷草等。

石阶，即台基边缘的石条。土坑聚落民居大门入口处的石阶与踏步与闽南民居一样，因传统观念避讳过多的接缝，石条特别要求整块完整，不能有接缝，所以选用比较大而完整的石板。尤其是踏步，一般是用一块完整的条石雕刻而成。同时，在底层还做出细细的线脚，使踏步产生情趣，具有一定的轻盈感。

总之，土坑聚落中传统建筑的地伏处理，体现了闽南古厝常用的图案与雕刻工艺，是闽南古厝的代表之一。（如图 5-49）

图 5-49　土坑古厝地伏

(2)墙身(包括山墙、腰线、窗)。墙身最具特色,包括裙堵、腰堵、身堵、水车堵等。其中,在裙堵(粉堵)用灰白色花岗岩石竖立砌筑,表面不做雕刻。腰堵用白石制成,一般用线雕的手法阴刻花草图案。身堵是整个镜面墙最大面积的部分,也是核心的墙面,所以也称"大方堵""心堵",身堵四周用红砖砌筑数道凹凸的线脚,形成堵框,称"香线框",镶边线框较墙面凸出或凹进,使墙面更为突出。

土坑聚落现有的古厝墙面仅为红砖满砌,部分采用了香线框,没有闽南古厝镜面墙中常用花砖砌筑形成万字堵、古钱花堵、工字堵等"拼花"出现,砌筑多为一顺一丁或者一斗一眠,简洁朴实,甚至有些古厝墙面采用莆仙民居中的"金包银"或"土格墙"的方式砌筑。"金包银"是指用于制作夯土墙的材料为三合土,是在土壤中适量掺入河砂和石灰。"金包银"的做法看似简单,实则工艺精湛,备料讲究。墙心和内外墙面的土料所掺石灰比例不同。外墙面用料最精,内墙次之,墙心土则少掺或不掺石灰。上料时先上墙心土,再分别在其两侧上内外墙面土,上一匹夯打一匹,每一板与上下板互相错缝,整板墙打好之后,用鸭嘴板在内外墙面上反复拍打,以利墙心土与边土的结合,同时又能使内外墙面平整。有缺损、露底不匀处则用同一种土料补齐后反复拍打,俗称"要打出油来",一般以达到光洁平整没有接茬痕迹为度,在墙角和门窗洞的地方则镶砖以利牢固。① 土格墙是指农民在冬季用田园的泥土印制成一块块长度与墙体厚度相当的大土砖,晾干后储存备用或待售,起厝时不用夯筑土墙,只把"土格"一个个交错横立排叠起来,就成为一堵土墙,然后在外面再加砌一层红砖,这种墙体因土坯与角砖间全部不联结(搭缝),墙体不佳,故为了增加墙体的刚度,即用宽等一块角砖、厚等两块角砖、长等墙体厚度的青石块作为拉结石,按上下每隔八层砖、左右每距八块砖嵌砌一块,呈五点梅花形,以此加固墙体,同时增加美观。② 在土坑聚落中,许多古厝是以土格墙外加包砖作为镜面墙的砌筑方式。(如图 5-50)

其次,在镜面墙的组织中,常在裙堵处用小石块砌筑替代整块的白石,如凌云斋正立面采用六边形的小石块砌筑成龟背纹,以替代闽南古厝中常见的整块石块砌筑而成的裙堵。再如六主四宅正立面裙堵为条石砌筑、镜面墙采用了金包银的方式。(如图 5-51)

立面开设窗是有利于室内采光、通风、排气等,同时可以丰富镜面墙。土坑聚落中现存古厝多开设石窗。石窗或称漏窗,是闽南古厝中最重要的构件。土坑古厝石窗主要有条枳窗(即直棂窗、石条窗)、竹节枳窗(竹节窗)、螭虎窗等。条枳窗的窗枳用竖向的直棂,棂条数一般为奇数,窗棂断面为正方形或扁方形。土坑多数民居采用了石条窗,有些则采用红砖花窗,其形状有铜钱纹、花瓣纹等,还有的则用红砖砌筑,外粉刷成白色,模仿石条窗。另外一些古厝把直棂雕成竹节状,寓意步步高升,竹节上附着花卉、人物、动物等,多为透雕形式。窗洞有长方形、正方形、圆形、八角形、六角形等,整个聚落立面开窗较为丰富。其中,白石宫正立面开设了螭虎窗,窗中央为神仙与仙童,周边围绕着四条螭龙,雄伟而精神。而刘氏家庙中的透雕竹节枳窗,竹节上附着喜鹊、鹿、兔等动物,形象活泼生动,富有情趣。(图 5-51)

---

① 姚敏峰.福建莆仙地区传统民居墙体构造发展研究[J].长江大学学报(自然科学版),2011(8):115.

② 莆仙政协文教卫体文史资料委员会,等,编.莆仙老民居[M].福州:福建人民出版社,2003:10.

图 5-50　镜面墙处理方式：上为土格墙体，下左为凌云斋龟背纹裙堵，下右为六主四宅镜面墙

白石宫螭虎窗　　刘氏家庙竹节枳窗

图 5-51　土坑古厝窗

（3）山墙，亦称“大壁、大栋壁、大规壁”，在结构上，多以木结构承重，大壁只作为围护。民居普遍采用红砖砌筑大壁，称“封砖壁”。① 其中硬山顶称为“包规起”，将山墙用砖墙封住屋顶，包规即指硬山屋顶的垂脊正好处在山墙之上，由山墙外皮砌出的几道砖皮将垂脊包住。在三间张、五间张的两落大厝，山墙形式常为：牵手规，铡规。牵手规是指顶落屋顶的规带（垂脊）、榉头规（单坡即“孤倒水”时，榉头的正脊）或外檐口（双坡即“双倒水”时）、下落规带，这三者连成一条弧线。如白石宫的山墙就是典型的牵手规，线条流畅，舒展。而传盛居、建珍大厝、傳鹤公府第山墙等都为典型的铡规，铡规即因其形似铡刀而得名，即榉头外檐口平直的做法，顶落、下落的檐口均高于榉头的外檐口。（如图 5-52、图 5-53、图 5-54）

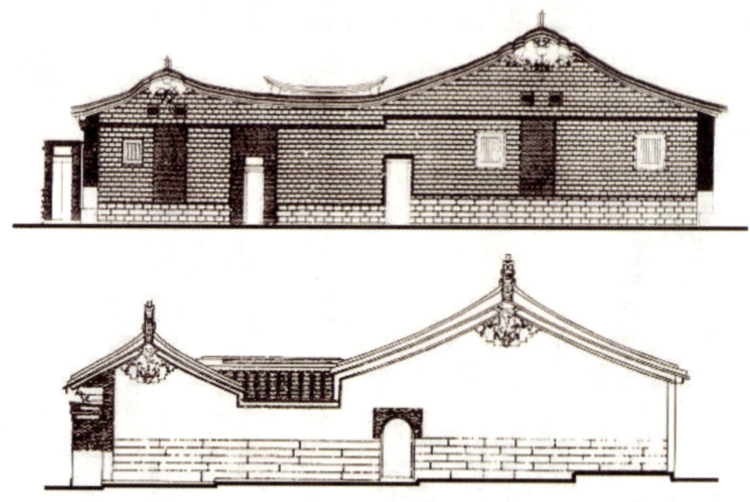

图 5-52　古厝山墙规带形式：上为牵手规、下为铡规

图 5-53　白石宫牵手规山墙

① 曹春平.闽南传统建筑［M］.厦门：厦门大学出版社，2006：96.

图 5-54 傳鹤府第铡规山墙

其次，山墙采用“出砖入石”的形式，出砖入石是土坑民居墙体砌筑中最具有特色的一种，是利用碎砖与石头混砌的墙体。据史料记载，泉州在明万历年间(1604 年)发生过一次 8.1 级大地震，泉州地区民居倒塌无数，人们利用地震后的残砖碎石进行有规则的砖石混砌，石为竖砌，砖为横叠，砌到一定高度后，砖石相互对调，使受力平衡均匀。墙厚 30 厘米，前后砖石对搭，用壳灰土浆黏合，使整个墙壁浑然一体，红白对比和谐，简陋而精致。①“出砖入石”的大量运用，有着深厚的地域文化内涵，即赋予外墙吉祥喜气的民俗内涵，红砖寓意为“金”，方石(呈灰白色)寓意为“银”，由此展示出闽南人祈求富贵、炫耀门第的心理，也寄托了人们对美好生活的向往。最典型的是白石宫山墙面为出砖入石，即由乱石砌筑形成裙堵，出砖入石形成身堵，上再置红砖，形成层次分明而又极具特色的山墙面。

再次，除了出砖入石的形式及其砌筑方法外，山墙面横向常采用二段、三段、四段等砌筑方式，二段式即山墙用乱石或条石等砌筑裙堵、上再置红砖或夯土形成二段不同砌筑方式的山墙。其典型的如提督府梳妆楼山墙即为该种类型。三段式即裙堵用条石块平砌或乱石砌筑，身堵则用夯土或四枳缭、磉石人字砌、乱石砌筑或者出砖入石，再往上则用红砖砌筑，由此形成三段式，上文的白石宫、建节海贸商行等就是典型案例，而长春堂药铺山墙则用条石平砌裙堵，乱石砌筑身堵，再上设红砖砌筑的山墙砌筑方式。另外，提督府主体建筑的山墙即为条石裙堵、夯土身堵、红砖顶堵的三段式山墙；而刘宗丁宅以乱石砌筑为裙堵、夯土为身堵、再置红砖砌筑的山墙形式；中厝布店则为乱石裙堵、条石身堵、红砖顶堵形成山墙面。四段式，即条石基础、乱石裙堵、夯土身堵、红砖顶堵的山墙面，传盛居就是典型的此类山墙形式。(如图 5-55)

① 陆元鼎，主编.中国民居建筑［M］.广州：华南理工大学出版社，2003：487.

长春堂药铺

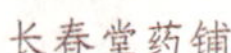

刘宗丁宅

传盛居

建节海贸商行

图 5-55 山墙砌筑类型

(4)屋顶。土坑聚落古厝的屋顶因平面的多样而丰富多彩,屋顶以硬山为多,榉头间有做成平屋顶的,也有做成单坡或两坡的。坡屋顶的屋脊是整栋屋面的重点,它主要有防风、防漏、坚固与承担整个屋盖的作用。屋脊分正脊、垂脊和翼脊等,民居类古厝屋脊朴实、基本没有装饰,仅仅在脊两端施燕尾脊。而宫庙与祠堂类古厝屋脊装饰丰富,白石宫以中厅的正脊为例,在它最上端最显眼的位置,常常有华丽的装饰,塑有生动的双龙戏珠,并在脊堵两端贴彩瓷,图案为狮子绣球,脊堵则采用漏空花屋脊的形式,即脊的中间砌筑雕孔花砖,这种脊可以减少风的阻力,又能减轻屋盖的重量。垂脊尽端施八仙、祥云、宫庙等,翼脊则采用剪粘的技法加以凤凰装饰,剪粘的主要技法为"剪"与"粘"。当地称为"堆剪""剪花""剪瓷花"等。在普通民居中,也有少数屋脊采用漏空花屋脊的形式,但整体简洁、朴实。(如图 5-56)

考察土坑聚落内的传统古厝民居,其屋顶也多为硬山屋顶,而非莆仙民居的悬山顶,

图 5-56　白石宫屋顶

屋顶朴实无华，但因平面的丰富，及其地形的高差，整个聚落形成了层层叠叠、高低错落的屋顶轮廓，正脊由舒展、平缓的曲线向两端吻头起翘成燕尾，中间过渡自然流畅，屋面双向曲面，檐口曲线从房屋中点开始向外向上起翘，曲率平缓柔和而富有韵律，整个屋面中脊、规带穿插其中，形成极具地域特色的建筑屋顶造型。（如图 5-57）

图 5-57　土坑古厝屋顶

其次，整个聚落内的传统古厝屋顶都是采用红瓦。红瓦包括筒瓦和板瓦，筒瓦等级较高，板瓦扁平，弧线平缓。如旗杆厝、傳鹤府第、端裕大厝、建珍大厝等均采用这些物品。并且，整个聚落内的红瓦均不施釉，且只有筒瓦、板瓦、勾头与滴水四个构建。滴水即雨帘、垂珠。勾头即花头，花头正面做出圆形，上刻有荷花、牡丹、福字的图案与文字，但其下也如滴水一样伸出圆舌形，并刻有房屋、山峦、卷草等图案。（如图 5-58）

图 5-58 滴水

再次，传统民居屋顶中较普遍地运用了燕尾脊。而燕尾脊的使用不是随意的，最先仅限于庙宇，民居中也只有当官或中科举的人家才可使用，燕尾代表了神圣不可侵犯的意义，起了彰显社会地位的作用。另外，屋顶常置香炉、狮子、翁等魔镇物（即避邪物），用于镇宅、镇鬼祟、避邪。（如图 5-59）而阴阳五行说也被当地工匠运用于山墙的五种形式，它们分别代表了金、木、水、火、土，燕尾归于火行。这些都折射出明清时期闽南工匠的神秘主义文化内涵，即所谓“梓人（木工）造屋，必为魔镇”“凡梓人造房，瓦人覆瓦，石人瓷砌，五墨绘饰，皆有魔镇咒诅”。（如图 5-60）

图 5-59　魇镇物：上左为陶狮、上右为翁，下为缸

图 5-60　五行山墙：上左为金，上右为火，下左为水，下右为火

山尖规尾常用灰塑加以装饰，灰塑也称灰批，是闽南传统民居上特有的一种装饰手法，灰塑以传统建筑中的灰泥为主要材料，是趁湿时将灰泥捏塑成形，干后硬化而形成。灰塑色泽洁白，质地细腻，在制作中可以添加矿物有色粉，形成不同的色彩，也可以在半干时施彩绘。① 山墙规尾处则常用悬鱼、惹草、窗眉、花篮甚至书、琴、笔、剑等加以装饰。（如图 5-61）

图 5-61　山墙悬鱼处山花装饰

---

① 曹春平.闽南传统建筑［M］.厦门：厦门大学出版社，2006：167.

(三)装饰

土坑古厝整体装饰较闽南其他古厝显得朴实、简洁。但许多细部,如门窗、台基等装饰依旧精美而复杂。土坑聚落古厝的装饰艺术主要通过雕刻艺术、山墙装饰以及灰塑、陶作与剪粘工艺等加以体现。

其中,雕刻艺术主要集中在石雕与木雕,其技艺凸显地域特色。整个聚落的雕塑繁多,按材料分,有石雕、木雕、砖雕和泥灰雕;按造型分有浮雕、阴雕和透雕;按内容分,有山水、人物、花鸟、楼阁。雕塑线条鲜明,姿态万千,具有闽南建筑特色。其次,土坑原来隶属于惠安,其花岗石资源丰富。因此,聚落内的建筑普遍采用白色花岗石,并且其石雕多用于门、外墙体、柱础、排水口、井圈等部位,这些雕刻艺术,融实用、审美于一体,增加了民居的采光、通风效果,增添了建筑的形体变化,丰富立面的阴影效果,使建筑在造型上显得立体生动。

石雕从雕刻技法可以分为:(1)线雕,即线刻,将石料打平,磨光后,依照图案刻上线条,以线条的深浅来表现各种文字、图案,并将图案以外底子再很浅地打凹一层。线雕多用于窗框、腰线石等部位。(2)沉雕,即浅浮雕。雕刻图案的表面也可以磨平,底子上则凿出点子,以此形成外观层次分明的效果。多用于腰堵等处。(3)剔地雕,即半立体的高浮雕,主要用于门额、窗棂、水车堵等。(4)透雕,即将石材镂空的技法,多用于祖厝的龙柱、螭虎窗等。其代表性的石雕、砖雕、木雕、灰塑、陶作与剪粘工艺等主要集中在大门、水车堵、柱础、室内门窗等。

1.大门

土坑刘氏族人重视大门的装饰,认为大门是户主的社会、经济、政治地位的象征,所以土坑古厝大门正立面往往是雕刻艺术装饰的重点。现存聚落古厝的入口多为单塌,双塌的仅祠堂口街万捷十三行。据此,为了便于论述,将单塌展开,由上而下,分别为:门楣(牌楼面)、门簪(顶堵)、上段(身堵)、下段(裙堵)、门砍石(座脚)及其中央大门。

(1)门楣,即门框上沿。其正中常设有一块与门洞同宽的石匾,早期石匾大都采用线雕,现常为影雕石匾。石匾刻有与户主身份相应的文字,石匾两侧有走马板,走马板为石雕,内容多为人物故事。如提督府,为五间张三落大厝,其大门正上方门框上,设一块石匾,两侧为石框走马板,因年代久远,马板内的雕刻已看不清。而其仿木门楣的地方,则采用彩绘的构图方式,塑有立体的山川,并用水墨绘制喜鹊、梅花、松柏等图案,其中,交趾陶山川立体感强烈,而水墨花鸟图则素雅、精致,彩绘的枋心线采用交趾陶突出,形成立体的构图。(如图 5-62)

而建珍大厝大门中央则没有石匾,门框上直接置门簪,上即为门楣与木坊,大门两边不设马板,直接为顶堵,顶堵采用石雕形成框,内采用透雕刻,每边中间刻有“舜耕历山”与“圣君访贤”,即两边有人物、马、建筑物及山水、祥云、枫树等,图案取自“二十四孝”故事之一,寓意谦和和孝让的美德,以“孝感动天”。两侧刻人与仙鹤,为“麻姑献寿”与“仙翁敬桃”,寓意富贵吉祥等。(如图 5-63)

(2)门簪,即“刀挂簪”,即在门楣上凸出的两个雕刻,有如印章或龙头,后尾穿过门楣以锁住门臼,具有辟邪的象征意义。旗杆厝、傅鹤府第、见龙府第、提督府等古厝的门簪为

图 5-62　提督府门楣立体泥塑与水墨画

图 5-63　建珍大厝顶堵石刻

木制，平面为圆形或六边形，多用浅浮雕方式表现禽鸟、花卉、卷草等，有的上彩，生动活泼，寓意鲜明；也有不施装饰的，朴实简单。比较闽南地区其他古厝的门簪，首先，土坑聚落的门簪为木质，而闽南其他地区常用的却是石质；其次，雕刻花纹方面，土坑聚落多为花鸟、卷草，闽南其他地区则多为人物；再次，工艺方面，土坑聚落为浅浮雕，而闽南其他地区多为透雕；最后，闽南其他地区门簪平面多为圆形，而土坑聚落类型相对多样，有六边形与圆形等多种。（如图 5-64）

土坑聚落古厝门簪式样

闽南其他地区古厝门簪式样

图 5-64　土坑聚落门簪与闽南其他地区古厝门簪样式比较

(3)门框两侧。两侧余塞板位置自上而下，分两段进行雕刻，有别于闽南古厝常规的三段式，上端即身堵，内多石刻或砖刻，如端瑜古厝其身堵为砖雕，图案为四条螭龙盘踞上下，围绕在中间的为"寒窗苦读"，整个图案刀工细腻，线条流畅；而建珍大厝的身堵为石雕，图案为"喜上眉梢"，即采用透雕刻有喜鹊、梅花、山峦等。(如图 5-65)

图 5-65　建珍大厝石雕

另外，塌寿两侧身堵多为葫芦拼花图案，简洁、朴实。有些古厝，不施装饰，仅为红砖，有些则采用交趾陶，如端瑜之孙宅塌寿侧面的身堵为交趾陶，图案为“三王献瑞”，即麒麟、雄鹰、牡丹，上方万兽之王雄鹰驻足枝头，中间则仁兽麒麟脚踩祥云回首奔驰，而百花之王牡丹位居底端，寓意吉祥；另一幅则为“英雄豪杰”，即茶花、鹦鹉与骏马，其中，鹦鹉停于枝间，骏马在树下奔腾，底端为茶花，两幅构图方式一致，画面逼真、层次丰富。（如图 5-66）

图 5-66　端瑜之孙宅装饰：左为三王献瑞、右为英雄豪杰

提督府身堵为砖块，图案为孔雀、牛、鹿、松枝等，匾额上方的牌楼面的长框中有山川、喜鹊、花草等图案，中段接近方形，多以单个的动物为雕刻内容，下段矩形框较短，以雕刻花瓶和植物为多。整个土坑聚落在大门身堵处雕刻较为精致，与闽南其他地区的古厝类似。但大门两侧裙堵及塌寿侧面的裙堵基本不施装饰，或者与身堵合一处理，整体较闽南其他地区的朴实、简单。（如图 5-67）

（4）门枕石，立于大门门框两侧的巨大石块，实际上是门轴的支点，作用是平衡门扇重量，防止门框摇动，同时门枕石夹住门槛，又成为门槛的支撑体，而门槛在将门枕石分隔成内外两部分的时候，也为匠人们留下了充分展示其技艺的空间，往往成为装饰的重点。土坑聚落较具代表性的是肇元进士府第的门枕石，整个造型为方形，正面分别雕刻松、鹤和竹、鹿等，寓“福禄双全”“平安长寿”之意。（如图 5-68）

（5）牌楼面及其他。牌楼面位于门楣上方，是由大楣、引脚、弯拱、桁引等构件组成，在整个土坑聚落中，牌楼面保存较好的有白石宫、肇元进士府第、刘氏家庙等。其他古厝比较朴实，或为木作，或者为石质，或砖质，但基本没有装饰。现存的古厝牌楼面以木雕为主，如肇元进士府第在门楣上的斗抱雕刻莲花、卷草，上至云斗，云斗内开挖方框，内刻牡

图 5-67　端瑜古厝身堵砖雕

图 5-68　肇元进士府第的门枕石

丹花，云斗间的弯枋中间同样开挖方框，内雕刻喜鹊、牡丹、太阳花、牛、猪、鸡等图案，再上至头弯枋、再至荷花瓣斗，整个雕刻为透雕，线条较为粗犷，整体较闽南其他地区古厝牌楼面更为简单、朴实。（如图 5-69）

其他是指檐檩与其周边的吊桶、雀替、圆光等构件，土坑现存古厝的这些构建的雕刻多为透雕，线条较为粗犷，题材有花卉、花瓶、仙鹤、喜鹊、戏曲故事等，并且常在挑檐檩步通出榫处施螭虎栱，栱进行了雕刻，螭虎半个嵌入檐墙内，栩栩如生，也有的吊桶外设置倒

图 5-69　肇元进士府第牌楼面

爬狮、吊桶边的雀替雕刻三国演义中的“群英战吕布”与西游记中的“蟠桃会”画面。如旗杆厝，其大门檐檩下雀替采用了透雕，图案为“郭子仪上寿”；傳鹤府第檐檩下的雀替则为“六国封相、衣锦荣归”图；再如肇元进士府第檐檩下雀替采用透雕，雕刻了人物、马匹、城墙等，以戏曲故事“单骑救主”为题材。另外，吊桶雕刻为花瓣形，较闽南其他地方而言，显得简洁、雅致。（如图 5-70）

吊桶与丁头栱的木雕

吊桶、丁头栱与螭虎栱

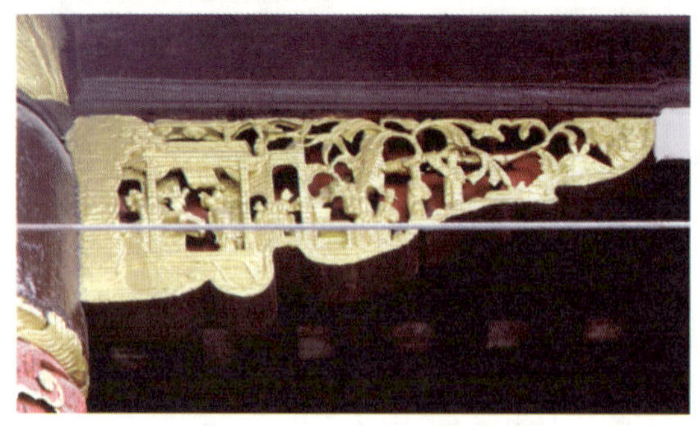

木雕：六国封相、衣锦荣归

木雕：单骑救主

图 5-70　其他构建的木雕装饰

2.水车堵

水车堵是位于墙身最上方、屋檐之下的起出檐作用的一条狭长的装饰带，称为“水车堵”或“水车垛”。在闽南地区，“水车堵”的“水”与闽南话的“美”同音，“车”与闽南话的“斜”同音，指很美的墙上斜垛，这一称呼流行于漳、泉、厦与台、澎一带的建筑界。

水车堵具有装饰、收边、止水、悬挑及压瓦的作用，是闽南传统古建筑中的特殊构件。其高约20厘米，深约8厘米，长则根据民居的长度来定，一般是与民居的长度相等。由于水车堵位置较高，且在墙体与木结构交界的部位。因此，也可将它看作墙顶的构造。

水车堵以砖叠涩出挑，正面做出线脚边框，边框内常用泥塑、剪粘构成装饰带，作为红瓦屋顶与红色砖墙之间的过渡。土坑聚落内古厝的水车堵多延续至角牌为止，用“景”作为结束，形成“水车出景”。

被称为古建筑“景观走廊”的水车堵，是建筑墙面的重要装饰的组成部分，其层层出挑的砖线，凹凸变化的线脚以及垛内布置的灰塑、剪粘、彩绘、交趾陶或瓷砖，具有浓厚的装饰意味，从建筑装饰艺术特征上来看，大致可分为三种。①

第一种是线条装饰艺术。闽南包括土坑聚落中的古厝中很少出现平面形的水车堵，几乎都会有变化，尤其是线条艺术的变化。线条在建筑中已经脱离了结构性的需要，对平面的墙身起到一定的装饰作用。据此，在土坑聚落现存的古厝中，多数古厝的镜面墙就是依靠水车堵线条的粗细凹凸变化去装饰立面，丰富镜面墙的美化效果。而水车堵上运用繁复的线条装饰，这可能与宋代泉州港的海外交流互通有关。据赵汝适的《诸蕃志》和赵彦卫的《云麓漫钞》记载，南宋时期，泉州与东南亚、西亚及北非通航的国家和地区已达五十多个。印度、阿拉伯及西洋的商人络绎不绝，对闽南建筑装饰方面产生了深远的影响，尤其是西洋建筑墙头的线脚。近年在泉州出土大量的宋元西洋建筑石雕，包括印度教、摩尼教、伊斯兰教及佛教等之石雕构建。这些石雕构件中呈现出许多水平装饰的线脚，凹凸的线条显示出西洋的建筑装饰传统。而这亦契合了土坑刘氏家族海上贸易的历程。因此，从现存古厝的朴实的水车堵线条中，可以折射出刘氏家族海上谋生的辉煌，也可以窥视出整个土坑聚落作为海丝港市的历史印记。

第二种是立体造型艺术。水车堵出现在建筑墙体正面檐口下时，都会在两端设计墀头为框。而整个水车堵一般都采用传统的分段或套框的做法，分割为垛头、垛仁。较长的水车堵常分隔为三小段，即一个空间内分割形成三个部分或三垛，每段之间都会用精雕细刻的垛头来分隔。垛头又称为“线肠”或“盘长”，其工艺复杂。传统上以石灰或贝壳灰为主要材料，加上糯米浆、麻绒等配制而成，是一种具有很强黏性和韧性的石灰砂浆。灰塑一般以铁丝或砖瓦搭出骨架，上敷灰泥，边披边塑，直至成型，最后在半干的泥塑表面彩绘，也可以在灰泥中直接调入矿物质色粉。灰塑是趁湿时制作，较砖雕、石雕有更大可塑性。其用深剔雕刻法雕刻的图案线条层次感强，更有立体感。深剔部分漆靛青或土红色，线条则为白色，色调对比强烈。

垛仁是体现建筑装饰主题的重要组成部分，装饰的内容题材涉类广泛，一般民居建筑

① 赵洋.闽台红砖建筑水车垛装饰艺术探微[J].美术大观，2017(2)：96-97.

多用山水、花鸟、亭台、楼阁、博古、茶具、人物、坐骑等，而宫庙类的装饰题材则多半以祈福教化、忠孝节义及吉祥献瑞为主。就民居而言，左右两边垛仁内一般花草装饰较多，花草表示财富，也有部分用八宝、时钟、书籍、镜子等作为题材；中间部分则常常用假山花墙、小桥流水、亭台楼榭等塑造出一个小园林，加上仕女、儿童或戏曲人物等，显得颇为生动，通过塑造祥瑞景物、人间仙境表达对美好生活的憧憬。有的图案装饰能直接反映出闽南地区特定的地域文化特征，如出海船只图案。《山海经》中记载“瓯居海中，闽在海中”。古越族人“以船为车，以楫为马，往若飘风，去则难从”。先民使楫驾舟的特殊生存方式孕育了闽南的渔、水、船文化。

剪黏主要发源于漳州、泉州、潮汕一带，先以泥塑方式塑出人物鸟兽等立体造型，再以钳子剪下瓷碗、花瓶之类的着彩瓷片，嵌在其上。瓷片与泥塑之间以石灰、海菜、糖水混合的黏合剂接合，其作用与泥塑着色相同，但最终效果却更为立体而多变。剪黏的题材丰富，种类繁多，常将龙、凤、马甚至人物等安置于垛仁内。复杂重复的装饰费工费时，为了缩短时间和提高工作效率，剪黏师傅开始不断改进工法，减少施工程序，因而发展出利于施作的淋搪材质。

淋搪又称“交趾陶”或“交趾烧”，属于低温彩釉软陶，其源可上溯至唐三彩陶。制作过程先以瓷土塑形，经 1100℃左右的高温素烧，再施釉药，然后再入窑以 800～900℃左右的窑温烧制而成。釉药色丰富，以胭脂红最为出名。

由于水车堵位置较高的缘故，塑造的交趾陶立体物造型都会有一定的前倾，以便观赏。人物头部约占身高的五分之一，明显偏大。人物的身段、服饰则深受地方戏曲及歌仔戏的影响。无论人物或鸟兽、花卉的造型、用色，皆十分鲜艳且生动活泼，其特色在于晶亮艳丽的宝石釉彩，呈现多元丰富的民俗风格。

第三种是彩色瓷砖贴面艺术。水车堵用彩色瓷砖贴面的做法以金门地区为盛。装饰多用植物图形、文字图形、几何图形等元素创造出精致复杂的图案，组合变化，千姿百态。

基于上述，土坑聚落内现存的古厝的水车堵，相对于闽南其他地方水车堵的传统风格，显得简洁、朴实，没有传统风格的繁复、华丽的泥塑，其作用都为线条装饰功能。从现存的几处古厝的水车堵考察，第一类保留了方涩、垛头、垛仁、盒子、枭混、盘长等，垛仁内多不做装饰，或做简单点缀式装饰，或开设方形铜钱小孔加以装饰，在水车出景处则多以书卷、人物、喜鹊等为装饰物进行装饰，比较闽南出景，整个装饰过程较为朴实。第二类保留了水车堵的外框、叠涩等，但不粉刷，留存红砖，不做装饰。（如图 5-71）

3.柱础

唐宋以来，闽南传统民居建筑一般都设有柱础。明代以前柱础一般不加雕饰，清代的柱础则普遍加以雕饰，图案有麒麟、马、狮、虎、龙和各种各样的花卉、人物等。[①] 柱础是闽南古厝中雕饰较为集中的建筑部件之一，位于房屋立柱之下，与地面直接接触的石柱础，其最大的功能是抬高柱子，防止雨水与潮气对柱子木材的浸蚀，保持木柱的干燥，大大延长了其使用寿命。因此，柱础是闽南古厝立柱时不可或缺的基础柱石。

---

① 颜才添，林怀.惠安石雕在闽南传统民居中的应用研究［J］.华中建筑，2010(7)：177-179.

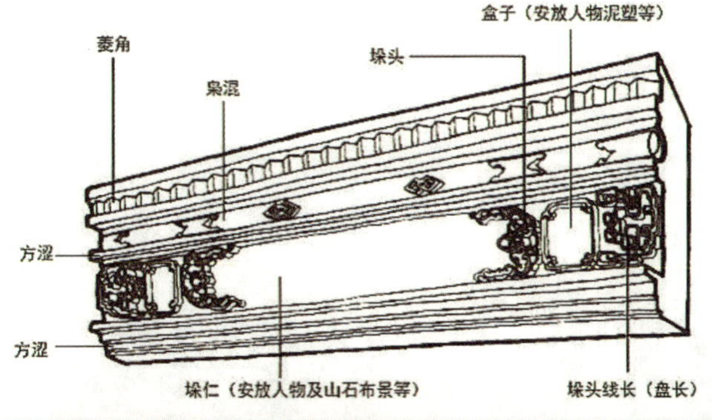

图 5-71　水车堵内的灰塑装饰

柱础包括柱珠与磉石。柱珠，就是在柱子下方的石块，其造型丰富。磉石，在柱珠下面的正方形石块。柱珠与磉石是闽南古厝中雕饰较为集中的建筑部件之一，形式多样，内容丰富，它们一般用于门廊和用作独立支柱基础。用于门廊的柱珠与磉石因为其上的柱子都是倚柱，所以它们只能露出两面或三面，是一组门廊的柱珠与磉石形象，用作独立支柱基础的柱珠与磉石造型则更为多样。柱珠主体有扁鼓形、连珠形、连珠复叶形、圆鼓形、方鼓形、方形、八角形等多种变体形式。同时，柱珠与磉石连作，衍化出更多形态复杂的多层柱础。

土坑聚落中柱础形式较为多样，内容丰富，造型有扁鼓形、连珠形、连珠复叶形、圆鼓形、方鼓形、方形、瓜瓣形等，有些柱础上刻有鲤鱼、牡丹、卷草、莲花等，工艺有浮雕、阴雕等。（如图 5-72）

4.室内木雕艺术

室内木雕主要集中在通随、瓜筒及门窗等处，另外室内的陈设家具等也普遍饰有雕刻。雕刻题材多为花鸟以及八仙、力士、三国人物等，有些围绕琴、棋、书、画展开。但总体而言，土坑聚落室内，在梁架、斗栱等处基本不施雕刻，整个室内木雕较闽南其他地区简洁、朴实。而一些古厝门窗等雕刻内容相对丰富，如刘开南住宅室内的门窗，其雕刻精美，门、窗顶板、窗眉等处都施木雕，其技法分为浅浮雕、透雕、圆雕等。

图 5-72　柱础

(四)结构体系

闽南传统聚落，特别是乡村聚落中，古厝多为插梁式结构。插梁式的特点是承重梁的一端或两端插入柱身，与抬梁式构架的承重梁压在柱头上不同，与穿斗式构架的以柱直接承檩，柱间无承重梁、仅有拉接用的穿枋的形式也不同。具体而言，即组成屋面的每根檩条下皆有一柱(前后檐柱、金柱、瓜柱或中柱)，每一瓜柱骑在下面的梁上，而梁端则插入临近两端瓜柱柱身，依此类推，最下端(外端)的两瓜柱骑在最下面的大梁上，大梁两端插入前后金柱柱身。这种结构一般都有前廊步或后廊步，并用多重丁头栱的方式加大出檐。在纵向上，也以插入柱身的联系梁(寿梁或楣、枋)相连。这种构架与抬梁式一样。插梁式构架兼有抬梁与穿斗的特点，它主要以承重梁传递应力，这是抬梁式的原则，而檩条直接压在柱头上，瓜柱骑在下面的梁上，又有穿斗的特点，但它一般没有通长的穿过柱身的穿枋，其施工方式也与抬梁式构架相似，是现场施工，由下而上、分件组装而成，穿斗式构架则是一榀排架在地面上组装好，然后整体立起，临时支戗到位，再用纵向穿枋将各榀屋架相连。插梁式构架的山面往往加设通高的中柱，以增加刚度。①

① 曹春平.闽南传统建筑［M］.厦门：厦门大学出版社，2006：38-39.

从屋架的稳定性来看，插梁式构架优于抬梁式构架，因为它的梁头插入柱身，有多层次的梁柱间插榫，有的还在大梁下另加一道梁枋以增加稳定性。从承重来看，它的梁跨大于穿斗式，空间开敞，但它的步架又比抬梁式要小 80 厘米左右。从用料看，插梁式的梁柱粗壮，尤其是大梁，采用近似圆形的断面，是稳定可靠的。①

土坑聚落的古厝多为搁檩式而非插梁式，搁檩式即由两侧墙体承重。插梁式仅仅在少数古厝明间的中路栋（中档壁）②及寮口（面向天井的檐廊、轩棚构架）使用，其余部分采用搁檩造（砖墙、石墙承重）。

其次，在上述结构体系下，土坑古厝顶落脊檩到地坪的距离与其到顶落檐柱的距离比超过 1.6，其顶落高宽比相比闽南其他古厝更大，如南安蔡氏古民居顶落高宽比为 1.07，晋江福全古厝顶落高宽比为 1.27，石狮永宁古厝高宽比为 1.16，而更接近莆仙民居的比值，即莆田洋尾村古厝高宽比为 1.72，土坑古厝高宽比为 1.61，因此，土坑古厝的顶落厅堂空间更幽深、高敞（如图 5-73）。由此，也可以看出土坑在搁檩式的结构体系下，其空间感更接近莆仙民居，而非闽南其他民居。

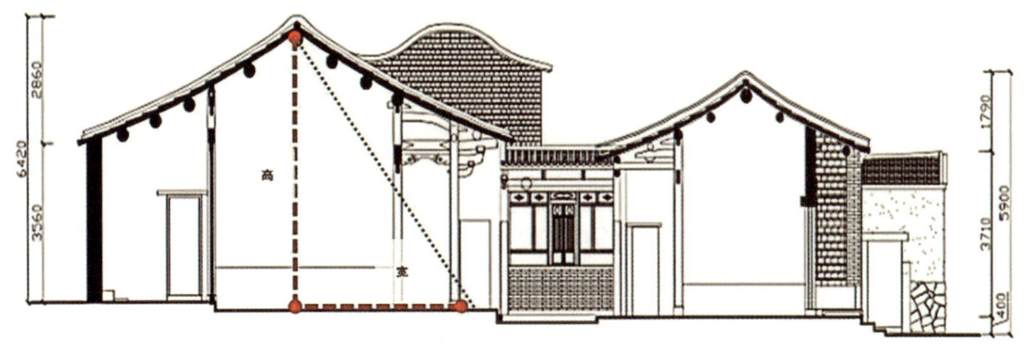

图 5-73 传统古厝顶落高宽比对比

四、归纳

综上，土坑古厝是以前埕后厝、坐北朝南、三或五开间或加护厝、红砖白石墙体、硬山式屋顶和双翘燕尾脊为主要特征的一种民居形式。其数量最多、分布最广，成为土坑传统建筑的典型。其空间类型以闽南传统民居为基础，但结合有明显的莆仙民居风格，如下落中屏门的广泛使用；相对于闽南传统民居而言，土坑古民居的顶落高宽比更大，使得顶落的厅堂更为高大，这与莆仙民居类似。另外，在结构上采用了莆仙民居常用的搁檩式，而非闽南传统民居的插梁式；在建筑的装饰艺术上，较闽南传统古厝而言，装饰显得较简洁，而较莆仙传统古厝而言，则显得较为华丽而复杂，由此，体现出闽南与莆仙文化的交融与过渡。

---

① 曹春平.闽南传统建筑［M］.厦门：厦门大学出版社，2006：39-40.

② 在闽南古厝中，木构架为“栋架、栋路、大栋路、大屋架”，明间的横向构架称为“中路栋、正路栋”。

第四节　信仰空间

一、宫庙与信仰概况

在土坑聚落建村以前，先民已在海滨建大蚶庙供奉光济王，在后田岩山腰建大圣寺供奉佛祖和观音。建村后，由于靠近莆仙地区，受莆仙文化的熏陶，明清之际在信仰方面主要形成了三一教信仰、妈祖信仰、关圣大帝信仰、司马圣王信仰和土地公信仰等，其中，三一教信仰是极具莆仙特色的地域性信仰。

首先，濒海的地理位置和海上贸易的发展，使得在多样的信仰体系中，妈祖占据着极为重要的地位。明万历年间土坑聚落建起白石宫，在嘉靖年间倭匪来袭及清初战乱之后，宫宇几近毁灭，"复界"后土坑聚落因海上商贸而经济复苏，人们感念妈祖诸神的庇佑，于清乾隆二十四年重修白石宫，并为其添置了珍贵的石雕造像。

其次，土坑人的宗教信仰有明显的三教合一倾向。三一教是由林兆恩于明世宗嘉靖三十年(1551 年)创立的宗教，主张儒、道、释归于一。它最初流行于莆田和仙游境内，之后传入土坑聚落，建立章山堂，教徒甚众，并建立有领导机构，坚持每早拜教念经和值班，教徒活动比较活跃。

此外，清代土坑聚落中其他宗教信仰也迅速发展，体现出多元共融的信仰特征，集中体现在大量宫观寺庙建筑的兴建上，目前共有宫庙 16 处(如表 5-1、图 5-74)。

表 5-1　土坑村主要民间宗教信仰类建筑列表

名称	位置	建造时间	主祀神祇
白石宫（又称妈祖宫）	进村路中段	明代	主殿祀社稷神，左殿祀天上圣母：海神妈祖，右殿祀司马圣王"张巡"；前殿右侧祀马神
清莲堂	后龙中心小学旁	清代	观音、吕洞宾、地藏王及清莲堂已故主持
聚英亭	后龙中心小学旁	清代	刘备、关羽、张飞
大圣寺	后田岩山腰	始建于南宋，清代重建	释迦牟尼、观音等
兴天府	德源房	清代	五府大人
章山堂	南头铺	清代	林兆恩
玄天上帝府	埔吓顶	清代	玄天上帝
重安府	下房	清代	刘备、关羽、张飞
太师爷府	顺裕房	清代	太师爷
水兴庙	南头尾	清代	龙王
吾案宫	横龙中	宋代	刘备、关羽、张飞
土地公庙	来铺	清代	土地公

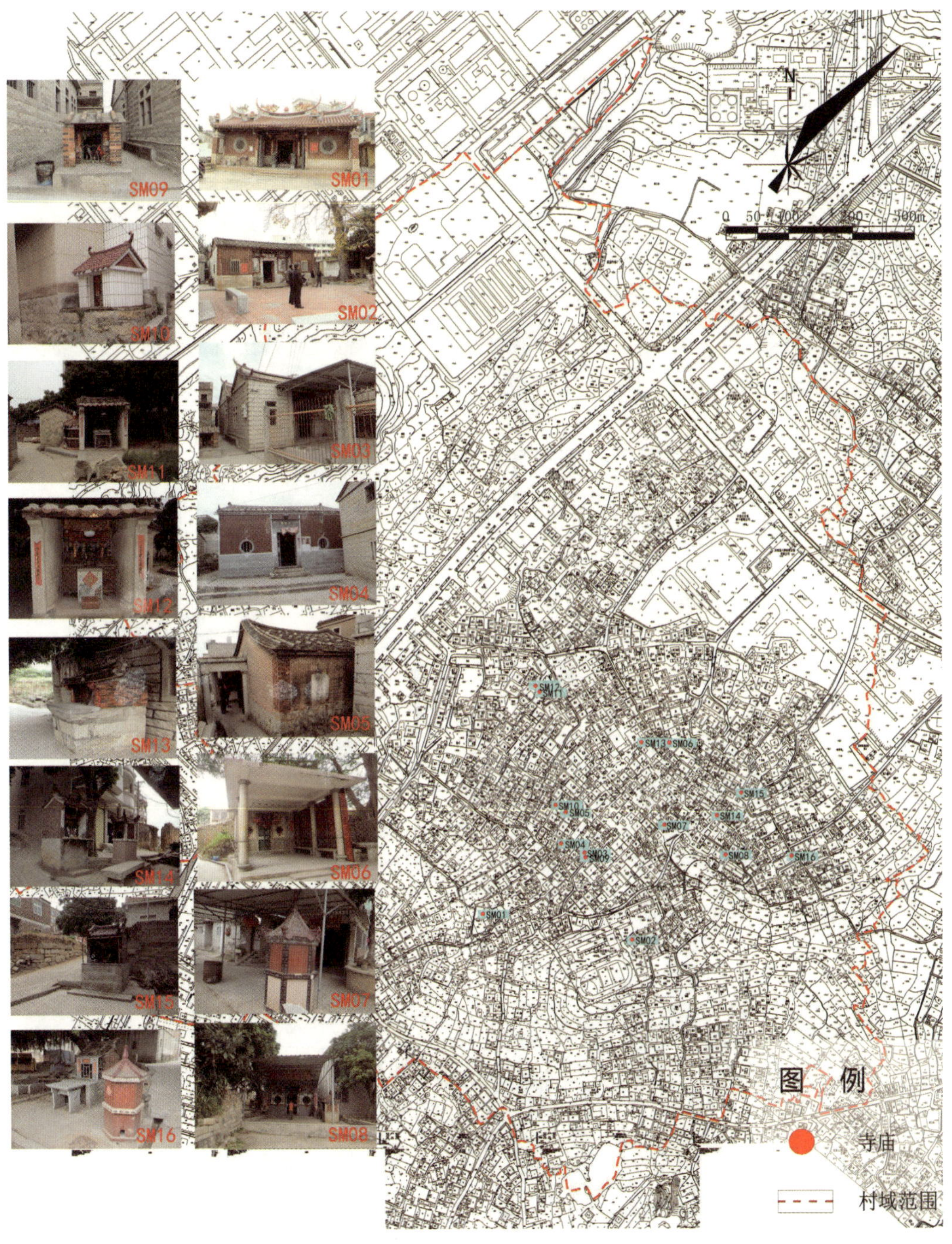

图 5-74　土坑聚落宫观庙寺分布

在土坑聚落中，德源房建兴天府、埔吓顶建玄天上帝府，下房建重安府，横龙中建吾案宫，南头中建聚英亭，南头尾建水兴庙，顺裕房建太师爷府，来铺建土地公庙。众多神祇共处一村，有的甚至共处一庙。与信俗活动相关的传统表演艺术也在土坑繁荣起来。

二、白石宫建筑

在诸多宫庙中较具代表性的民间信仰建筑为白石宫，它是土坑聚落重要的胜迹之一，该宫庙始建于明代，宫宇几经毁废与重建，现为1998年、2003年重修。白石宫坐落于距白石山南麓几百米远的地方。白石山实质为一座小山丘，因为山丘上布满天然晶莹润泽的白晶石，故名。据说清朝乾隆年间，白石宫原选址在白石山上，建时举行奠基仪式，乡人宰猪当牲礼祭拜。当刀插进猪喉时，不料猪猛然跃起狂奔，跑到山的南麓扑地而亡，大家认为此地为“祥兆宝地”，遂将宫移建在这里，名曰“白石宫”。

白石宫是惠北历史上三大名宫庙（峰尾东岳庙，沙格灵慈宫，土坑白石宫）的重要文物胜迹之一，现建筑由月池、大埕、门厅、天井与大殿组成。（图5-75、图5-76、图5-77）

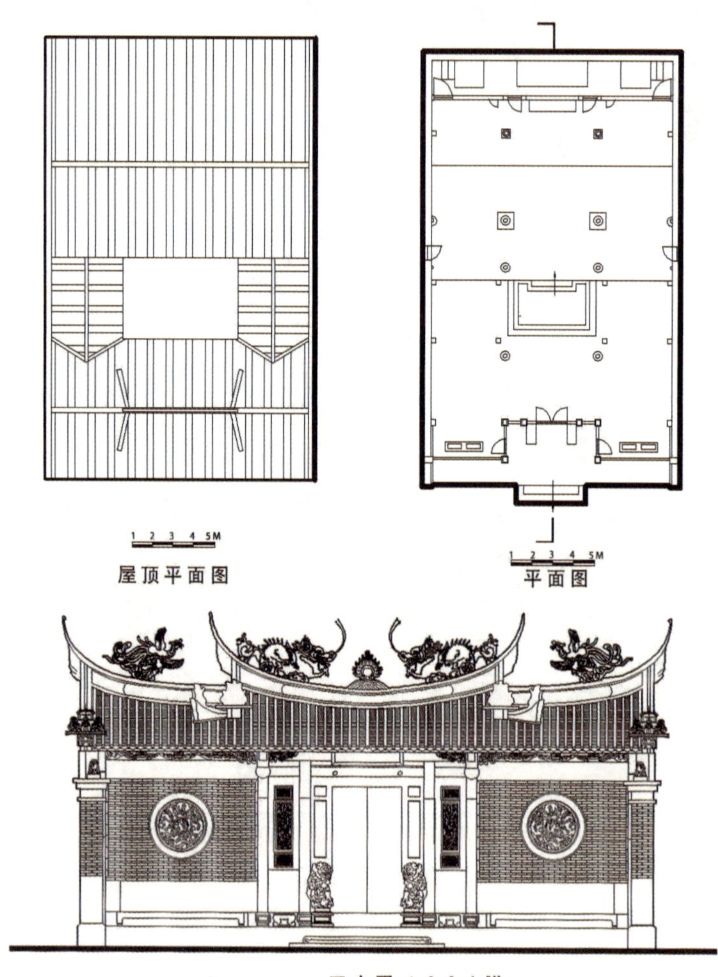

图5-75　白石宫建筑平、立面图

白石宫最为突出的是室内的雕刻柱子，柱子有龙柱、人物柱、花鸟柱等。其中，透雕龙柱高2.25米，圆径0.40米，八角形柱础浮雕骏马、花卉，全柱通高2.52米。惊涛嶙石，鲤

图 5-76　白石宫正立面

图 5-77　白石宫山墙面与正立面

跃禹门，苍龙由下环绕而上，上下四足撑、举、伸、屈，雄劲矫健，隐现于云团间，昂首吟啸，各处云头有八仙驾游其上，神态飘逸。透雕人物柱高 2.30 米，圆径 0.28 米，辅以鼓形浮雕花卉柱础，全柱通高 2.60 米。柱身图案大都取材于名人故事，构图疏密有致，人物形神兼备。透雕花鸟柱高 2.25 米，圆径 0.32 米，瓜棱形柱础，全柱通高 2.52 米。缠枝牡丹招展多姿，或含蕊或怒放。末端有双凤，上下颉颃，取双凤朝牡丹之意。柱梢又雕有仙女、侍童，以丰富意境。（如图 5-78）

图 5-78　殿内四根雕刻石柱

白石宫先奉“司马圣王”，后祀“妈祖”。“司马圣王”也称“司马圣侯”（即“张巡”），唐“睢阳太守”，是遍布中国南北的“双忠庙”的主角之一。现宫宇门柱楹联“士觳咸享钟白石，文明蔚起唤涂土”，道出了白石宫的历史文化及渊源——有识之士战战兢兢敬献恭礼，钟爱白石这片神圣之地；文运昌明蔚然成风，唤醒涂土一方人居。一对圆雕石狮立于大门前，蹲高 0.86 米，首尾长 0.90 米，底座高 0.45 米，通高 1.35 米，重逾千斤，昂首咧嘴，威猛雄烈。原石雕已失窃，仅存底座。现所见乃后来补置，比原雕略大。

螭龙透雕圆窗镶嵌在门两侧墙壁上，花岗岩外直径 1.38 米，辉绿岩内直径 0.90 米，透雕连环螭龙，当中雕“福禄寿”三星人物造像。玲珑剔透，质朴古雅。

现白石宫不仅从这些石雕可见当时建筑特色，其整体格局亦基本与清代修建时的规模相同。宫宇坐西北朝东南，砖石结构，硬山式屋顶，二进，建筑面积 270 平方米。殿宇雕梁画栋，体现了闽南古宫祠的传统建筑风格。朱漆大门，两尊门神高大威猛，正气凛然。红底门额更衬出“白石宫”镀金大字的圆润洒脱，苍劲有力。上厅共三殿，主殿祀社稷神，佛龛古朴大方，文判官朱脸圆目，疾笔挥毫，武判官青脸怒容，握戟欲战；左殿祀海神妈祖，凤冠霞帔，慈眉善目；右殿祀司马圣王“张巡”，系忠烈贞节神，其神像亦是神态逼真。殿壁描绘着妈祖升天及司马圣王出世事迹，下厅壁绘有神话人物及戏文故事，图文并茂，蕴含禅意哲理。另外，山墙为独具闽南地域特色的“出砖入石”，宫庙屋顶宏伟精致，体现了较高的艺术价值与营造技艺。（图 5-79）

大门门神

海神妈

司马圣王

主殿祀社稷神

图 5-79 白石宫所祀主要神明

宫外是宽阔的水泥埕，筑有戏台，逢佛事盛典，这里便热闹非凡。埕场正前方有一半月形池塘，中间有瓷砖所镶的"明月池"三个大字，池水微荡，波光粼粼，有如柱联所言"光辉照大地，晴朗映碧天"。兼之铺路植树，使得白石宫周围环境更加优美，吸引着众多的信徒和游客前来烧香礼拜或观光览胜。

三、神明崇拜的文化信仰空间内涵解析

(一)多元的民间文化信仰辐射空间

通过上述，可以看出土坑聚落具备闽南传统聚落民间信仰的一般规律，即民间信仰呈现多元的状态，有信仰妈祖的、刘备关公张飞的、泗洲佛的、教主林兆恩的、社稷神的、司马圣王的、观音菩萨的、土地公的、王爷的，甚至还有信仰龙王的等等，整个聚落的文化信仰空间呈现多元交织的形态。(如图 5-80)

图 5-80　土地庙

与此同时，在神明信仰范围的辐射上，也呈现出辐射范围大小、长短的不一，即：(1)辐射整个聚落及其周边乡村的文化信仰神祇，如妈祖、教主林兆恩、关羽(元龙山关帝庙)等；(2)辐射土坑核心区的文化信仰神祇，如王爷、观音、刘备关公张飞及其宗祠、家庙等先贤信仰等；(3)辐射具体地块的文化信仰神祇，如土地公等，由此构筑了多元交叠的民间文化信仰空间形态。

(二)泛神与专神崇拜交织与共融的文化空间

在文化信仰辐射空间上，土坑聚落的神明空间呈现出多元的特征，与此同时，可以进一步分析得出其信仰内涵上呈现多元的空间形态，即妈祖、刘备关公张飞、观音、王爷、土地等信仰交织于聚落中，并且在同一座庙宇中可以单独崇拜一种神明，即专神，也可以崇拜多种神明，甚至可以崇拜佛、道、儒混杂交融的神祇，即泛神。因此，在土坑聚落内诸多的神祇可以单独建庙观被人祭拜，也可以多个神祇同处于一座寺庙内。其中较为典型的如白石宫，庙内以供奉社稷神为主，左殿祀海神妈祖，右殿祀司马圣王“张巡”。再如清莲堂供奉观音、吕洞宾、地藏王等。由此在寺庙建筑空间上形成多元的形态，即专神与泛神的共存，其中对于泛神宫庙而言，无论宫庙面积的大小，一定会供奉两尊以上的神祇，这些主神往往有配偶神、侍神、护卫神等，从祀神相伴到同祀神和寄祀神等，使得每一间宫庙都形成完整的神祇崇拜体系。

形成这一文化空间的原因一方面来自土坑聚落所在地域——闽南独特的文化内涵，即土坑聚落所属的闽南地区是中国东南土著民族“蛮”“闽”的重要活动区域，是相对于中原正统王朝的“四方万国”的组成部分，同时也是闽南民系与闽南文化形成与发展的起源地。从自然地理位置上涵盖了晋江、九龙江流域所在的福建泉州、漳州、厦门三地，倚山傍海，区域内山地、丘陵纵横，岛屿众多，在这种山水相间的生态环境下，闽南民间的宗教信仰呈现出独特且纷繁复杂的文化面貌。

此外，宗教信仰本身的发展历程与地域文化的结合造就了这一共存与交融的文化空间形态。闽南民间宗教的发展经历了以“灵魂不死、万物有灵、图腾崇拜、祖先崇拜”为主要内容的原始宗教和巫术盛行的早期发展阶段，到了三国至唐中叶时期，随着“北人南迁”，北方的民间信仰逐步传入闽南地区，并得到了初步的发展，如对山川水火、日月星辰、风雨雷电等自然崇拜的庙坛逐步建立，以及城隍庙、土地社庙、佛教道教的庙观等都在这一时期逐步建设发展起来。唐末宋元时期，因社会的稳定，经济的发展，民间信仰得到了迅速的发展，并逐步本土化。期间，土坑聚落所在的地域城市泉州已成为闻名于世界的海外贸易城市，在这社会、经济、文化的大发展中，正统的宗教——佛教、道教发展迅速，其中《八闽通志》中就记载了寺观的数量“至于宋极矣，名山胜地，多为所占，绀宇琳宫，罗布郡邑”。从民间信仰的层面上来看，这个时期整个福建都处于一个造神运动的大潮中，地方志中常有这样的说法：“闽俗好巫尚鬼，祠庙寄闾阎山野，在在有之。”[①]因此，在这一大潮中，土坑聚落也随之建造了许多庙宇，其中较为典型如吾案宫、大圣寺等。同时，这些民间信仰与地域的人文、地理条件、生态环境等相适应，产生若干变异，逐步实现了本土化的转型。如关帝原先只是被视为义的化身受到崇拜，随着宋代福建商业的繁荣以及海外贸易的发达，关帝则被视为财神和海上保护神，不少商人和航海者都奉祀他。又如城隍神原先为城池的保护神，宋代发展为司民之神，具有秉人生死、立降祸福的职能，百姓有疑难之事大多要到城隍庙祈祷，城隍神遂成为冥冥世界中的一位父母官。

另一方面也是最重要的方面，整个闽南地域在宋代涌现出数以千计的神祇，从北方或邻省传入的神祇不多，绝大部分是土生土长的，至今仍在这个地域有较大影响的神祇都是在唐末至两宋时期产生并发展起来的，诸如土坑聚落中的妈祖、张巡、王爷等地方神。由于这些土生土长的神祇是在闽南这一特定的自然地理条件和历史文化背景下孕育和发展的，所以具有浓厚的地域特色，这一点在神祇的职能方面表现得尤为突出。[②] 明清至民国

① 林国平，彭文宇.福建民间信仰［M］.福州：福建人民出版社，1993：10.

② 林国平，彭文宇.福建民间信仰［M］.福州：福建人民出版社，1993：11.

时期，民间信仰则出现了兴盛并向外拓展辐射的情形。这期间由于官方税收等制度的影响，佛教、道教等正统宗教走向衰败与世俗化，许多僧徒走出寺庙来到民间诵经拜忏、祈福禳灾得以谋生，这无疑促进了民间信仰的繁荣发展。与此同时，随着正统宗教的衰败，民间供奉地方神的宫庙随之兴盛，并成为百姓宗教活动的主要场所。[①] 另外，在整个闽南民居的宗教信仰中，那些比较正统的佛、道、儒三教及其比较大型的寺院，村民对它们的态度多是敬而远之，或是拜奉有节，相反，那些属于古村落内的寺庙，包括一些莫名其妙的旁门左道、神魔鬼怪的偶像，却受到族人、村民的倍加崇拜，香火缭绕，盛典不绝。[②] 综上可见，闽南地区这一特殊的、极具地域特色的宗教信仰的嬗变过程必然导致多神与专神崇拜的交织与共融，因此，土坑聚落内民间信仰是宗教本身发展的必然产物。

基于上述，在民间宗教信仰的发展中，政治制度起了关键性的作用。纵观我国社会发展历史，可以看出：宗教信仰与政治体制的关系历来是密切的。汉唐时期，政府注重的重心在于佛教、道教等教团宗教，到了宋元以后，随着宋明程朱理学的兴起与释道的衰微与世俗化，官方试图通过乡村礼教的推行，对混杂的民间宗教加以控制，毁坏淫祠、禁师巫邪术成为政府宗教工作的重点。[③] 从礼制意义上分析，神祇祭祀在明代洪武礼制的确立过程中是不可缺少的内容，它包括了正祀、杂祀以及不允许崇拜的淫祀。[④] 比如社稷的祭祀，是从京城到乡里都存在的，日月、先农、先蚕、高媒等只存在于京城；在各级统治中心城市里，城隍、旗纛、马神、关帝、东岳等等都属于正祀系统。但是为了满足政治统治的需要，"洪武元年命中书省下郡县，访求应祀神祇。名山大川、圣帝明王、忠臣烈士，凡有功于国家及惠爱在民者，著于祀典，命有司岁时致祭"，这样在实际上就大大增加了应列入"正祀"的神祇。第二年"又诏天下神祇，常有功德于民，事迹昭著者，虽不致祭，禁人毁撤祠宇"，这无疑大大扩大了民间神祇信仰存在的空间，因为任何神鬼都可以假托灵验，被传说为"有功德于民"，虽不被官方致祭，却可以保留民间的香火。洪武三年再下令说，"天下神祠不应祀典者，即淫祠也，有司毋得致祭"[⑤]，但是该项制度中也只是禁止官方的礼仪行为，而没有采取禁毁的行动。这无疑表明属于"淫祀"的民间信仰十分普遍，甚至地方官员也往往入乡随俗，对其采取了礼仪性的做法。[⑥] 政治制度上的嬗变促进了土坑这个千年海滨聚落民间信仰的多元，庙宇建筑空间的多样，而其间深层的原因在于：政治制度嬗变的目的是"利用民间崇拜在村落、乡镇以及城市的非行政首府的中心来对它们加以控制"，是

---

① 林国平，彭文宇.福建民间信仰［M］.福州：福建人民出版社，1993：1-15.

② 陈支平.近五百年来福建的家族社会与文化［M］.北京：中国人民大学出版社，2011：138.

③ 陈支平.福建宗教史［M］.福州：福建人民出版社，1996：58.

④ 按照《礼记·曲礼》，被官方或士绅称为"淫祀"的民间信仰活动是指越份而祭，即超越自己身份地位去祭祀某一种神，后世(至少是从宋以后)"淫祀"还包括了对不在政府正式封赐范围内的鬼神的信仰活动，包括了对被民间"非法"给予帝王圣贤名号的鬼神的信仰活动和在任何信仰活动中充斥所谓荒诞不经和伤风败俗行为的活动。

⑤ 卷 50：礼四［M］//明史，北京：中华书局，1974：1306.

⑥ 赵世瑜.狂欢与日常——明清以来的庙会与民居社会［M］.北京：生活、读书、新知三联书店，2002：58-59.

"利用神来召集民众，颁布法令"，[①]而这一嬗变促进了土坑文化信仰空间的多元化。

(三)务实下的功利性成了文化信仰空间存在的基础

土坑聚落内散布的宫庙，从白石宫到面积仅仅 1 平方米的土地庙都具有实用性，具有相应的功能性。功能性对于神祇而言是其职能的体现，实用性则对于聚落内及其周边村落、城镇的居民而言，对神祇的信仰体现出了闽南传统文化中的务实性与功利性的交织，这是寺庙这一文化信仰空间存在的基础。

首先，从神祇的职能来考察土坑民间信仰的功能性特征。众所周知，神是人创造出来的，但人在创造神的同时，又赋予了神以超自然的力量，同时，人们又臣服在神的脚下，为神的奴隶，在神祇所渲染的文化信仰空间中膜拜、感悟，这一过程是人们自身的物质需求与精神需求的发展，在与自然及社会等进行抗争，臣服，再抗争，再臣服中逐步形成的文化信仰与对神祇崇拜的产物，是地域历史、文化、社会发展的必然结果。在这种结果中，这些神祇具有主宰万物的超自然力量，能够为人们带来雨露、财务、平安、健康……因此神祇的绝对意志和至上权位，是在这种简单的佑与不佑之中，诺与不诺之间确立与显现，而这一切就是神祇的功能所在，是其功能性特征的强烈体现，也是其存在的基础。

在民间信仰中，神祇的功能性特征，集中地表现在各种神祇的职能上。按照其职能分工，考察土坑聚落内的神祇，可以分为祈雨旸疫疠、御寇弥盗、捍灾御患、避灾降福、祈免风涛险阻、祈求发财、祈求子嗣、祈求平安等等，这些神的职能与百姓日常生活、生产均有着十分密切的联系，是百姓根据自己的需要赋予不同神祇的。(如表 5-2)

表 5-2　土坑聚落宫庙的功能情况表

名称	主祀神祇	主要职能
白石宫	社稷神、妈祖、司马圣王	祈雨、祈求海上平安、祈福驱灾、治病、御寇弥盗等
清莲堂	观音、吕洞宾、地藏王	祈福驱灾、治病、降妖驱魔
聚英亭	关羽	御寇弥盗
大圣寺	释迦牟尼、观音	祈求平安、祈福驱灾、救苦救难
兴天府	五府大人	祈求平安、避灾降福、驱疫鬼
章山堂	教主林兆恩	惩恶劝善、扶危济贫、祈福禳灾、爱国爱民
玄天上帝府	玄天上帝	避灾降福、驱疫鬼
重安府	刘备、关羽、张飞	御寇弥盗、惩恶劝善
太师爷府	太师爷	祈求平安、避灾降福、驱疫鬼
水兴庙	龙王	祈雨、镇妖
吾案宫	刘备、关羽、张飞	御寇弥盗、惩恶劝善
土地公庙	土地公	祈求平安、避灾降福

从上表中可以看出，土坑聚落中的庙宇与抵御灾害有着密切的联系。这些灾害主要

① [英]王斯福.帝国的隐喻[M].赵旭东，译.南京：江苏人民出版社，2008：76.

包括:倭寇之害、瘟疫之害、雨风旱涝之害,因此,消除这三大祸害成了土坑整个聚落庙宇的主要职责。同时,从上表中也可以发现,神祇的职责是多元的,并且不是固定不变的,尽管每种神祇都有一种主要职能,但同时会兼顾其他职能,而这些职能的多元实际上是为满足村民在现实生活中的需求,是务实需求的外在表现。另外,这种务实的需求往往与神级是对应的,即神级越高,其职能也越多,承载的村民需求也越多,越能体现出聚落民间信仰文化的务实性。如妈祖最初的职能是祈雨和言人祸福,宋宣和四年(1122 年)以后被奉为航海保护神,以适应闽南乃至整个东南沿海海上交通发展的需求,但同时还兼掌祈雨、治病、御寇弥盗等等职能。

对于实用功利性,可以进一步从村民祭拜神祇的目的中加以考察。我国是一个重视伦理教化的国度,统治阶级力图把宗教信仰纳入社会教化的轨道,因此,据《八闽通志·祠庙》:"礼法施于民则祀之,以死勤事则祀之,以劳定国则祀之,能御大灾、捍大患则祀之,有戾乎此者皆淫祈也。"但是,一般百姓信仰宗教并不注重社会教化,更不是从纯洁灵魂出发,他们祭拜神祇祖先的最主要目的是祈福禳灾,因此,在村民们的观念中,祭拜鬼神有百益而无一害,只要点上几炷香、献上若干祭品,再磕头,就可以得到万能的神祇的庇佑,从中可以得到种种好处,诸如逢凶化吉、全家平安、五谷丰登、人丁兴旺、财运亨通、国泰民安、风调雨顺等等。据此,千百年来,村民们在现实中无法实现的美好愿望,就是通过对神祇的祭拜祈祷,在虚幻的精神世界里得到某种补偿,这就是一般民众的宗教信仰的基本心态。在这种心态的作用下,村民在初一、十五要祭拜土地神,祈求和答谢神祇赋予的五谷丰登;渔民们要拜祭妈祖,以祈求平安顺利;手艺人要拜祭各自的祖师爷,以求得平安通达;而普通的村民则要去各自的保护神庙,焚香祷告,祈求满足他们心里的祈盼。

总之,土坑聚落的村民们是按照自己的需要塑造神祇,又是用实用功利性的心态来对待神祇。所谓"平时不烧香,临时抱佛脚"的实用功利心态在聚落民间信仰中表现得十分充分。他们把世俗的人与人之间关系移植到宗教的神与人之间的关系中去,相信在世俗的人际关系中,接受了人家的钱财,就应该为人家排忧解难。在神人关系上也是如此,神祇受人香火和膜拜,也就必定要为人祈福消灾,因此,"有求必应"和"有应必酬"成为聚落文化信仰空间的内涵特征。①

(四)以巫鬼神祇崇拜为核心的文化信仰

在土坑聚落众多的庙宇中,从观音到关帝再到土地的崇拜与信仰都透露出对巫鬼神祇的崇拜。对于巫鬼神祇信仰最早记录的是《汉书·地理志》,上载东南越人"信巫鬼,重淫祀"。随着汉民族文化与福建土著民族文化的融合与变迁,民间信仰逐步形成以"救生"为核心的巫鬼神祇的文化信仰空间,土坑聚落内的妈祖、张巡等都是在这漫长的发展中逐步被"塑造"出来的。对此,林拓、王铭铭、林国平、陈志平、郑振满等学者研究认为:唐宋以来福建民间对巫鬼神祇的虔诚崇拜,一方面是闽越族鬼神崇拜的文化传承,一方面还有中原佛道宗教文化影响的缘故。由于官府的扶持,佛道在福建获得了很大的发展,佛道宫观庙宇在闽中各地增建了许多,僧侣与道士的数量激增,与由民间自发形成的巫鬼神祇及其

---

① 林国平,彭文宇.福建民间信仰[M].福州:福建人民出版社,1993:31.

宫庙相比，汉式佛道神祇与宫观庙宇似乎更为兴盛，事实上，民间巫鬼神祇崇拜一直是福建信仰文化的主流，它被掩盖在佛道宗教的光环之下，或者借助佛道文化的外衣顽强地生存在福建广大乡村中。[①] 这些巫鬼神祇生前大多是福建本土亦巫亦道的人物，百姓认为他们能与神祇沟通、能预测祸福、能排忧解难，加之大多数稍懂医术，这对于瘟疫多发、医疗水平低下的古代福建至关重要，这些巫道之人死后，百姓往往为他们建庙立祠，把他们当作救苦救难的神祇供奉起来。据此，整个福建各地创造的数量庞杂的巫鬼神祇，都具有共同的"救生"功能，这也是闽南民间信仰的主体特征。

第五节 家族空间

一、家庙祠堂

土坑聚落为单姓聚居村落，自明代刘宗孔开基创业之始，建有刘氏祖祠，后历代不断扩建、修建。土坑聚落中祖祠（即家庙）为全村的中心，是刘氏宗族最具凝聚力的场所，也是其家族文化的代表，因此具有极高的历史文化地位，民居建筑围绕祖祠（即家庙）展开布局。同时，刘氏宗族重视修宗谱、立宗祠、建族墓、设义塾义田、举族合祭，体现了浓厚的宗族观念，也反映了深厚的家族文化底蕴。

现在土坑聚落中拥有刘氏家庙 1 座，支祠 22 座。其中，刘氏家庙即承德堂，由刘端山提议建造，始建于明代后期，刘端山为刘端弘（俗称"刘百万"）的堂兄弟，家境富足。1993 年重修，位于大街街头，占地面积 363 平方米，建筑面积为 235 平方米，平面为三间张二落带前院传统古厝式样的现代建筑。该建筑由院墙门、前埕、门厅、天井与大殿组成。门厅采用传统古厝入口塌岫做法，门开在门厅的正脊之下，两侧甬门相向而开。大门梁架、坐斗、雀替、垂花柱等部位的木雕繁琐细密，题材丰富，施以彩画、镏金，达到"满装饰"的效果；门上额枋至檩下做三层叠加的连弧拱，中间一层是连续的一斗三升的做法，但将斗置于拱上中部，做法与众不同，拱上木雕细密。大门身堵上石雕书法多样，有影雕、浮雕、透雕等，题材丰富；大门两侧墙以红砖拼"万"字回纹，中开镂雕的竹漏窗；勒脚石、踏步与柱础的石雕也十分讲究，一对门簪石雕别致。大殿梁架明间为五架抬梁前后出廊做法，由墙直接搁檩；五架梁以瓜柱包梁，彩绘鲜艳；前廊梁上坐斗木雕狮子形象生动，梁架、雀替上的木雕细密繁琐，施彩画、镏金。柱础造型多样，有方斗、八边形、南瓜状、圆开等；祠内以方形的红砖铺地。屋脊做成燕尾脊，门厅脊中嵌瓷做双龙戏珠，大殿脊中饰宝塔，天际轮廓线优美。出墙泥塑彩画精美。（如图 5-81、图 5-82）

从乾隆年间开始，刘氏祭祖每年有春秋两祭。但"文化大革命"之后改成了一年一祭，清明节村祭。现在，祖祠每年于清明、中元节开展隆重的祠祭活动。17 个子村中 70 岁以

---

① 林拓.文化的地理分析过程：福建文化的地域性考察［M］.上海：上海书店出版社，2004：222.

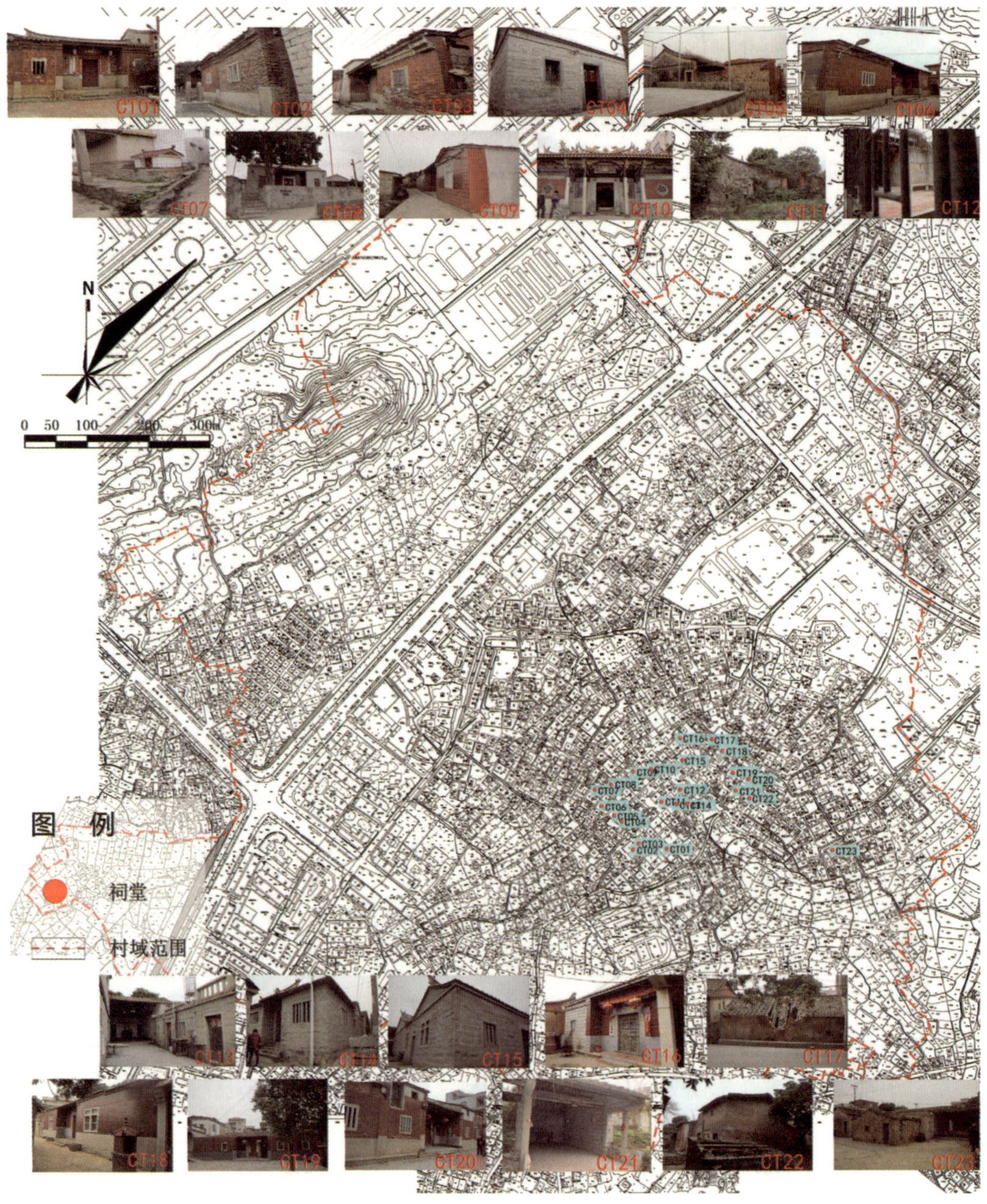

图 5-81　土坑聚落祠堂分布

上的老人都会不约而同地来母村土坑祭祖。一般为清明节上午十点左右，祭台摆放猪头猪脚等两桌祭品，摆放香烛、放炮。主祭人穿长褂。一点香、二祝词、三念祭文，之后会办酒席。祭祖时，也会有留洋在外的刘氏后人归来祭祖，子村的老人也会带着用漆盘装的糕点和汤点前来祭拜祖先。

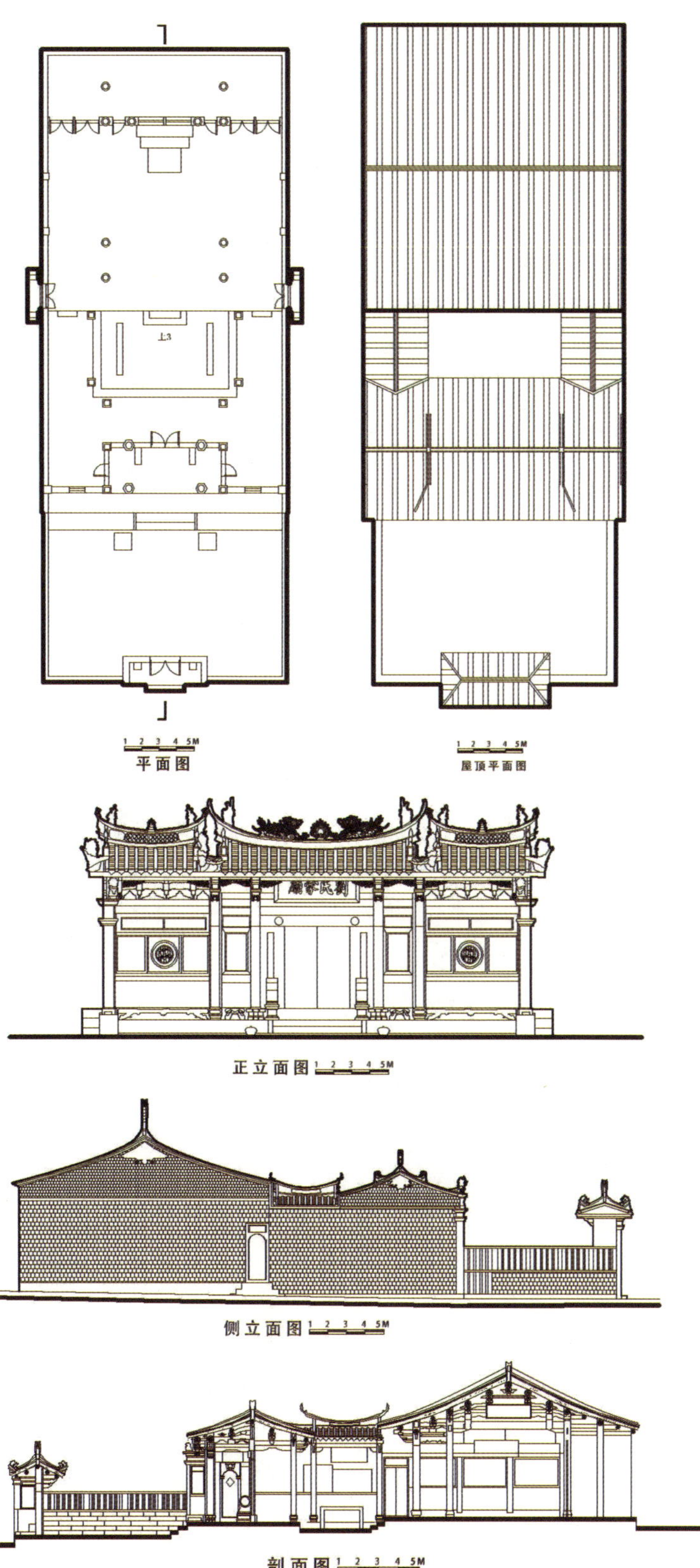

图 5-82　刘氏家庙建筑平、立、剖面图

另外，祭祖在家庭中也得到很好的传承，家中设神桌供奉祖先，每月初一、十五及重大节日均供奉如仪。其他祠堂大多修建于清代及民国时期，这些祠堂经过数次的翻修、扩建，基本保持原有的建筑形制。

二、族谱与家训

土坑刘氏重视族谱修撰，至今已有多种版本族谱，乾隆年间的族谱尤具重要史料价值。这些族谱对族人子弟起到了鞭策和激励作用，反映了强烈的同宗、同族意识。宗族文化的保守性在开放性的海洋文化环境中起了重要的凝聚作用，成为同胞情感联系的纽带和文化认同的标志。

其次，刘氏宗族在漫长的聚落营造过程中，逐步构筑了维系家族长治久安的“族约乡规”，即《刘氏家规家训》。

螺北塗山刘氏家规

一敬天祖

人生乎祖，而命主于天。一有玩忽之心，则亵天弃祖，孰甚！须内齐心志，外洁衣服。朔望晨夕，焚叩虔诚；岁时伏腊，享祀丰备。处屋漏，如对帝谓；入宫庙，常存僾忾，则鉴格有素，申赐无穷矣。

二敦孝悌

父母于子，少而含哺，长而婚娶。其间提携奉负，珍惜万状，直如昊天罔极。子可不以孝报乎？必以深爱呈为和气。以和气发为愉色，以愉色着为婉容。周旋膝下，体志无形，不徒服劳奉养之故事；承欢无声，非特温清定省之故节。凡亲事之皆然，而于衰老、久病、鳏寡、贫乏四者，尤宜加意。盖衰老者，龙钟鹄立，手足不仁，最为苦楚。久病者，坐卧不适，溲秽席荐，诚是臭陋。鳏寡者，形影相对，心话谁语，不胜冷落；贫乏者，抚字财匮，婚娶力竭，无限抑郁。此时在亲内自伤，出于无可如何，即令人子多方为悦，尚难必其底豫。使因承奉之苦，人而暗咒速死，或因拮据之无功，而明骂闲食。视此等亲，为寻亲常等亲，不孝孰甚焉！至于兄一气分形，同胞共乳，兄即父之次也，勿听妻子而伤手足，勿贪财产而召斗争。兄弟既翕，父母因之，而顺则能悌，益以成其能孝。人能孝悌，推之而忠君、信友、仁民、爱物，由此而基。故有子以孝弟为为仁之本；孟子以事亲从兄为仁义之实，诚宜为子者所急务也，抑亦为妇者宜共体焉。然父子天性之亲，果为大不孝者，亦少。而女流无知，往往以珍馐充口腹，肥甘适儿女，不顾舅姑之养，而蹈于忤逆。为夫者，须为之劝，曰：有千年青山，无千年翁姑。更为之戒，曰：忤逆还招忤逆儿。庶几恐惧修省，勉强暂至自然子道，或有补于万一云。

三隆师傅

人虽赋质聪明，而古昔遗迹，世间事变，不能无待师教。须择性学兼优之士，延置西席，而意气仪文，尽其敬恭，修脯膳节，极其丰渥，将先生感弟子礼遇之厚，倾心传授。读成则功名拾芥，不成亦加识字，慎无草草相待。

四严乱宗

一脉相承，水木大义，岂容他姓淆紊？倘有一二乏胤，须择昭穆相应之子，亲者继之，或本子非才，弗堪为嗣，不已择疏之贤，而应序者继之。不然，舍同宗而取异族，将以绍后嗣，而不知已先绝嗣矣。切戒切戒！

五崇享配

春秋祭祀，实惟祖功宗德，自下而欲追配不祧，断非同功同德之裔，不可议。子侄以孝闻，女流以节着，或能建置祀租书田等产，永供宗庙典礼，激励子孙读书，及进取科第，高致爵位，显耀门闾者，木主准入配享，但官家仕宦多举人进士始充，而民籍发达少，生员吏典亦与。诚以庙中即无举人进士祀，而有生员吏典主，使人观之亦不失为读书故家也。其余无容滥入。

六肃闺门

牝鸡司晨，家因以索，而墙茨鹑奔，姑且置之不论。凡少妇，责令安闻，尊舅姑，从夫命，毋干外事。其花婆姑尼戏子人等不踵门，亦不许擅游庵院寺观，藉称拈香拜佛，即老妇亦然。或不幸甘心守寡者，宜勤纺织，懒栉洗，忍饥寒。除自身父母兄弟外，无容滥接，而亲疏年少闲人，并杜进阶。将冰清玉洁，女流可钦。不然，服妇再嫁，人间之常。毋致秽玷。

七务辛勤

怠惰自荒，职业不务，读无成，耕无获，其席厚履丰，固无望矣！势将俯仰无资，室家交谪，伤实多焉。为士，宜刻励灯窗，诵书诗，探旨意；为农，宜焦劳亩亩，植桑麻，树五谷，冒风雨而致勉，历寒暑而不倦。工商皆然，将心力各殚，而显厚可期。

八尚俭素

物力有限，而专尚奢侈，将始也竭财以用，既也欲用无财，终必至于典屋卖田，而流于不孙之弊，无论矣！必也食以时用以礼，燕祭罄珍羞，餐饭甘淡薄，即及衣服器用，屏弃华采，宫室馆舍，不事雕镂，斯财流日节，财源不匮矣！

九止佛事

幽明一理，生者之功罪刑赏莫掩，死者之善恶彰瘅安逃？自僧家妄言祸福，忏悔可免地狱，往往信之。夫亲若无罪，何故而入地狱？亲使有罪，入地狱而佛果能破乎？且相生相养，人类赖以相续，即佛氏自身，当不出于空桑，其徒亦必受形于母。男女之诞育，正阴阳之大义。必谓生产污秽，佛氏谴入血池沉锢，须顶礼益经解脱，此又荒谬之甚也！万万勿为所惑。至于填库之事，亦属无凭。但尽子心，答亲恩。如欲随俗，香花灯烛供佛，一僧。礼诵足矣！毋容多费。

十戒下流

从来门第之高大，非出无因。盖由其立志卓异，规模宏远，事必求法，传人必附圣贤，而寡廉鲜耻之事，毫有不屑。斯人称杰，而家以称故也。自今有因贫困，甘蹈贱行，或嗜货利，不顾辱身，如娼优隶卒窃偷丐乞之类，负惭先世，贻羞后裔，不许预入祠堂，甚者听族房长，当祖宗前荆笏，驱逐异居，俟悔改后，任其归里。端家风，亦以杜邻累也矣。

十一追本生

嗣裔流光，莫非祖考积厚。故朝廷宠赐，必追赠其所生，父而祖，祖而又曾祖，所以慰孙子报本之思，亦以励祖父昌后之修也。因体此意，议族中为父母者，能送子读书，登于乙榜者，其父主许入祠堂；登甲榜者，祖许入。至于历宦贵显，得荷封赠者，曾祖亦许入。岁时谒庙，群昭穆咸在，老者指为告曰：若者主入于此，为锐志送子有成之故。将叔兄弟侄，知有所劝。裕者不吝修脯以延师，贫者亦甘糜粥以课儿。行见书声鹊起，远大难量。吾家虽无书田之遗，此举亦足以当之矣。确是不刊之规，其他异路功名，非出科甲者不与。

十二谨嫁娶

门第高下，而家教之淑慝以分。故嫁女而婿家下流，则庭训无闻，其婿玷我门楣者有之；娶妇而妇家卑贱，则壶范未娴，其妇污我闺闻者有之。况良贱不伦，荣辱实关五世。甚且，借口前婚继后婚，而未有已，卒至卑我之耦，而我亦适以自卑也。自今族内，女配贪其厚仪，男婚涎其丰妆，不论敌否，妄结媾好，谱中于女，但书适某家，不记其籍贯；于男，但书娶某氏，必没其里居。其余平等书乡书姓于姻门父翁，或有绅衿外舅，或列举贡，则并其名书之，所以明贵贱也，昭劝惩也，世世遵之。

十三干外戚

男有取于庭教，而女亦尚乎姆训。盖往之汝家必敬必戒。烦母氏之告语，庶之子于归，无非无义，免二人之贻罹。故生男，贵贱荣辱有关一本；而生女，贤泼褒讥爰及双亲。我族谱例，妇氏父母，非绅衿举贡，不书其名。今议：就中如有能执妇四德无缺，或惯恃泼性，七出有干，父母即无绅衿举贡，其名亦皆书之。一因其女丑，以丑之也，一因其女善，以善之也。由是妇氏父母见其丑而知所丑愧，见其善而知所喜，将必不惮教戒，更加叮咛，使其女反泼为不泼。理有固然。已贤而愈贤，事所必至，而吾家妇德，蒸然为之一变。胥赖之矣。

十四禁风水

毙者以土为安。凡荒山瘠麓，和平无碍之处，藏风聚气，便可安厝先灵，不必过求风水。盖风水玄微，妙应、救贫而外，罕有识者。幸而有识，价值无凭，贫家何处得银可买？或一二有力能买，不顾于人有碍，而强葬盗葬，则斗讼势所不免，卒至家破产荡。死者之利未知，生者之害先见。亦属无用。况福地之居，必归福人，显厚之家，不惜金钱以营穴，竟得绝域者有之；单寒之户，止用花草以求坟，反应吉兆者有之。且盛衰兴废，实皆应乎天道；贵富贫贱，不尽关乎地理。试观牛眠称善，传世未有长存；金钧叶良，承非无沦丧。是以古之葬者，兆域国都之比有常处，地无分于吉凶；掩埋七百之数有定期，日不容乎趋避。苟不稽古，惟徒狗今，遂致厚棺重椁淹堂，竟即于朽亡，岂不惜哉？丹漆金涂，停家或及乎水火，悔之晚矣。请自今日，凡我族姓，务须广种福田，以俟福地之自得。慎勿虚求福地，妄比翼福禄之骤临。

十五存坚忍

事变之来不一，而胜以坚忍，则炭熄为冰。故汉高能忍，而成帝业；项籍不能忍，而底败亡。他若子房之见教，公艺之和家，莫非忍所致也。业已经效于古人，何必不遵于后世？自今子弟，尚闻恶言之伤，则佯为不知，可免口舌之射；如见凶拳之加，则明作退避，自无斗伤之患。视彼横逆，直与兽何难？反吾仁礼，令唾面自干。不然或以诖误杀命，致亏体辱亲；或以逞胜健讼，罗费财耗家，斯时坐囹圄而思过，前非何追？迫饥寒而悔祸，后改已迟！况冤怨互结，未有已时；报复相寻，殆无虚日。与其贻千日之忧，何如忍一时之气？子弟容未知戒，父兄切宜重惩。

十六贵守成

祖宗开创艰难，而孙子不知爱惜，竟使一坠涂地。非惟无面见先人，抑亦何颜对后昆？凡族中弟侄，生为儒士后，宜思父兄书香，勿因淡薄而坠志，勿役纷华而改业；出为农民嗣，当念父兄遗产，勿以一亩为少而轻费，勿以一分为微而妄变。将见书不负人，农为大本，后来显名厚实，何可量哉！则能守正，所以拓其能创，庶几足称善继善述，而为孝之大者矣！

十七致孝养

人当壮岁，何难于是嗜欲？而一及暮年，垂涎甘脆，不禁若渴。富厚之子，皆足以供之，幸矣！贫贱者室如悬，贷无门，将何以给乎？惟量力所为。平居菽水承欢，而和其气、怡其色、柔其声，以绕膝下。至伏腊祭祀之期，神惠馀物，则思父母遭我淡薄已甚，而于其初毕，急切一脔以奉，济其渴想，继而烹调全簋以进，供其醉饱，终更留夫食馀以献，令其厌足。如此虽乏鼎烹之隆，少当养之遗，又弟兄分爨，父母轮膳。遇有馈送燕宾珍羞滋味，须延待陪共食，不可谓“非我膳日。置之值饭”也。不然，或有财而惜费，或无财而借口，甚者匿膏粱以娱妻子，私肥鲜以饱口腹，不顾二人之养，不孝孰大焉！

十八敬耆年

人世功名，或可以学而致，而惟龄算。不得以力而施，故达尊，齿居其一；而五福，寿处乎先。盖人生有不免襁褓者，有卒当殇壮者，而此独享耄耋期颐，非天眷特厚，何以得此？况阅历已久，见闻必多，宣之口有稽，见之行足法，而兼之以德，又未可知。子弟凡遭此等，五年宜兄，十年宜父，步履随后，谈笑推先，饮食必让，劳勚勿烦。面觌，心固备极敬恭；背违，语亦无容放肆。其于他姓班白皆然，而在本族黄发尤甚。倘有一二傲慢为心，是必短折者流，不思后来，我亦有至耆老之日，于此不敬他人之老，异时安望他人敬我之老乎，切戒切戒！

十九尊高贤

从来磊落奇伟之人，非由造物灵气所钟，则本问学力累而成，或间生而一生，或千里而一觏，不可多得。乃西家农夫，不识东家圣人，谓彼满腹文章曾不值我家薪米也，从而忽慢之，又从而谤毁之。不知际会有时，达则公辅之器，君国赖以奠安，苍生借以富教，即不幸蠖屈一室，而讲书立教，子弟因之而明理，家声由之而称故，所共亦非浅鲜。必也隆先生之礼，修弟子之仪，追随周旋之不暇，拜跪承教之惟谨，既极口以愉扬，复心以悦服，将见知尊高贤者，当亦不失为小贤也。抑又有说焉。生知固上学，即次困又次人，苟奋发有为，所造安可涯量。无论高贤当尊，即句读小子，亦无容藐，敢以告我子姓。

二十均分爨

肖子成同反掌，浪子败如燎毛。在亲原无容多与，而是命自无之，有非命自有之，无在子又何贵加取？故爨分之际，财无论多少，产无论厚薄，服物器用无论完敝，若者留公，妥议后须逐一品搭，均平拈阄，伯兄不可怙长，季弟毋容恃爱，唆教父母分有未尽，心属偏与。盖孝子悌弟，胞乳为重，物业为轻，相安无言。而逆儿泼妇，每每藉为口实，以怨怼双亲。迨亲既往，因而骨肉操戈，当官破家，甚且冤积数世有之，则向之之多与，固为惜之，而不知反伤之也；向之加取，固为利之，而不知反害之也。虽子不皆孝，而财有由发，父母何能一视，然与其增损召隙，何如平均弭衅乎？吾愿为亲者，以天地为心，而无所私；为子者，谅其亲天地之心，即有私而不敢言，其私也则几矣。

二十一端蒙教

天下无不可教之人，但至凶暴积久后，方欲令改移为善，往往难之。为父母者须从幼时，课以义方心术，使其出言无放肆，行事务光明，交比绝匪人，将习与性成。后来读者正士，耕者为端人，功业由此而基。

二十二杜侈骄

谦益满损，往训炳若日星，世不之察。有才则骄其才，有学则骄其学，有富贵、有事功、有财物，则骄其富贵事功财物，遂致身名俱丧，物议交攻，可胜叹夫！必也言语勿夸大，意气尚和平，与人绝傲慢，抚物存爱惜。居高思惧，处安思危，履盛满思覆。将见不骄其才，而才益以美；不骄其学，而学益以进；不骄其富贵、事功、财物，而富贵、事功、财物益以固以丰。此吾父生平所熟训，而我终身所禀奉者也。敢以移之族姓，勿忽。

二十三去贪残

取贵以道，得贵以义。何乃贫不安贫，富思加富？见人钱财则贪，见人田屋则贪，见人服物玩好则又贪。贪而不遂，因继以残，或诱赌荡以图之，或陷刑罚以迫之，或害性命以夺之。噫！物各有主，而顾黩货如此乎？惟是非我所有，虽一毛而莫取，杀一不辜得天下，亦不为。将人以宝为宝，我以不贪为宝，两宝各得矣。传闻吾族先时有人垂涎他家田与己毗，百计营得，得则用石砌畔，不许下坵人削，而己则掘上坵人，井在岸，不数年掘至入己田中。而今后嗣寥寥，其田并属他人。聊举以为贪残之戒。

二十四勿乡原

天下理无两是，亦无两非。而彼亦不说人是，亦不说人非。致人可曰可、人否曰否。不然，背而窃议人短，面乃极扬人长。若有见势利则炎趋若炭，无管物议；觇倾危则冷待似冰，不使人援，友人匿怨，而至其邻陷阱，便挤之加下石焉。无衅刀仍藏之笑耳。又或甚者，他人为恶，而己不预，赢则尸功，输则多方掩蔽，不任其过。被唆者至于家产破荡，悔莫可追，禁口不敢以闻于人，其受害于所唆者，不知为彼之指使，而令祸我至此极也。认仇作德，反从亲爱者。闻有之村夫俗子，只见此等与物无忤，与人尽合，惑以为似忠似信，莫识为大佞大诈之尤，即孔子所谓乡愿也。聊为点破，子弟慎无蹈袭其行，而共生嫉恶之心。切要，切要！

二十五设规讲

家规谱载甚详，而我族子弟未尽循蹈者，良由幼少失学，全不丁识，目瞽遂至于心盲也。今请本族中不论为昭为穆之行，择读书明理者二人，于每岁元旦谒庙后，及春秋二祭毕，群昭群穆咸在，设一案厅中，将规条置于其上，二人东西向立，高声宣讲，反复析示，令子弟拱听，庶几尝学者目睹，固知所劝，未尝学者，耳闻而亦知戒也。试观朝廷之于各州县，每铺设立约正副二人，责令朔望赴约所传，集铺民宣讲圣谕，以化导愚顽，名曰《铎书》，此其遗制也。慎宜永效，而遵为例。

康熙十三年岁次甲寅十月谷旦十世孙邑庠生席珍谨立

光绪己卯年四月望日重抄

雍正十二年岁次丙寅蒲月谷旦十世孙邑庠生席珍男庠生璋谨补

光绪己卯年孟夏念(廿)七日重抄

基于上述，可见其内容丰富，除了“敬天祖”“敦孝悌”“尚俭素”等较常见的条目外，首先，刘氏家规还特地提出要“隆师傅”“尊高贤”“端蒙教”，这些都是针对教育而言的，即要求族人要尊敬老师，尊敬贤士，以美德教育敦促人。由于名儒陈逢春对聚落的教育事业贡献巨大，土坑聚落中的村民甚至还为其设庙奉祀。另外，“兴天府”的宫庙口有一副“逢凶化吉保平安，春风化雨洒万户”的石柱联，是取“逢春”二字所作的冠头联，也是为了纪念古代名儒陈逢春。

其次，在家规中强调“去贪残”。教导子孙应凭道义取得富贵，不能见财起贪欲，用残暴的手段来抢占。更提出要以“不贪”作为人生至宝，方得心安。据载：清代乾隆年间，土坑海商创业的典型人物刘端弘与族亲合伙购置 18 艘桅帆船，自海上走关东经商，借此发家，富甲一方。但他始终牢记祖辈“去贪残”的规矩，经常引导村民为善，并牵头制定和完善“去贪残”的乡规。现今在土坑聚落中流传着一个关于他的美谈：曾有一位邻村老妇到刘端弘的当铺里当旧红衣衫。刘端弘立马自己掏钱借给她，交代有钱再还。又过一年，老妇因丈夫病重又无钱买药，不得已又想当这条红衫。她不好意思再到刘端弘的当铺，而到另一家当铺去当。该当铺伙计见是一条旧红衫，不但不给当，还出言辱骂。老妇受不了羞辱，头撞石柱而死。该当铺随后也就倒闭了，而刘端弘的当铺却越办越红火。一样的当铺，因为人处世方式的不同，结果也不同。该传说教导后人：做人要“去贪残”，要与人为善。另据刘守德老人回忆，抗战时期，很多百姓食不果腹，村里有位名叫刘添水的商人，长年用船从外地购进用作饲料的地瓜干，从中挑质量比较好的地瓜干进行再加工，然后以很低的价格卖给百姓，还经常免费赠菜油给他人，以此帮助土坑聚落及其周边村里的乡亲们渡过饥荒难关，土坑聚落因此在周边地区赢得了影响力。

最后，“尚俭素”“杜侈娇”，即劝诫村民要抵制奢侈浪费的不良风气，树立勤俭节约的生活习惯，生活中的一些婚丧习俗也要能简则简。对此，土坑聚落已经形成了一个传统：每年清明节那天在刘氏家庙举办祭祖和敬老宴。但办宴席有一条不成文的约定：只上 8 道菜，不饮酒。以此，避免奢侈攀比之风。除此之外，村民们还约定好：“敬老宴”由老人们自己动手做饭，每桌由年龄最小的老人负责端菜。

众所周知，土坑的家训家规有效地规范了村民的行为习惯，并且这一乡约代代相传，成了土坑聚落文化的精髓与人文精神的法宝。

第六节 文化空间

一、文化教育

随着生活水平的提高，在聚落发展的过程中，土坑聚落注重培养子弟入学、入仕，渐渐形成“以商贾兴、以官宦显”的传统观念。

据传，拥有18艘大帆船的巨贾刘端弘（即刘百万）虽然没读过书，却一贯敬重文人，他一直渴望能在土坑营造书香氛围，让村民都有机会接受文化教育的熏陶，使土坑村能多出人才。他将这一心愿告知同村从事杉木生意的堂亲刘端瑜，没想到刘端瑜也早有此意，两个人一拍即合，决定联手兴教。刘端弘为此开办了南文武馆“选青斋”，刘端瑜办了北文武馆“凌云斋”。为鼓励学习，在两馆中，习文者免费，习武者每日可获赠一粒鸡蛋。

刘端弘和刘端瑜组建“选青斋”与“凌云斋”之后，村里其他人也纷纷效仿他们，于是顺裕文武馆、礼贡书院、三房文馆、三房武馆、五主文馆、横龙武馆、绣花楼学堂（专供女眷学习所用）等，如雨后春笋般冒出。

此前，刘宗孔在传至第三代、第四代间，刘氏后人即遴选塾师办馆，或寄读于名师家，此后土坑的塾馆随人口增加不断发展，培育子弟读书之风，也逐渐兴起。至第五代，长三房出了一位太学生，成为土坑第一位读书出仕的子弟，激发了送子弟入馆读书的积极性，也鼓励子弟养成勤奋苦学好风尚。聚落中较早、较优的塾馆也因此被称“三房馆”，成为土坑初期教育兴学的基础。

另外，土坑地处海滨，出了许多外出谋生、走南闯北的族人，他们需练就拳术防身保财物，于是土坑早期就有练拳学武的习俗。随着人口的发展，外出谋生的也渐多，尤其是一些经商较富有者，不但个人及家族弟子都要参与练拳学武，而且聘请拳师教习兼做保镖及看家护院。此时土坑的练拳学武，也成为一种风气，各房各族都有练拳学武场所，为参练者提供方便，逐步发展成为学武参与武科考试的武馆。由于当时长二房及长三房经济发展较快，其实力居全村之首，文武教育水平也随之发展提高，参与科举考试出仕人物较多，长三房淑字辈的巡检、启字辈的守备及驻镇地方的千总，居整个聚落的领先地位，具有一定的号召力。长三房有俊字辈的府经历、县丞及陆路督标，四房有国字辈县主簿、启字辈的教谕及县正堂等（待考），故聚落中流传着“三房皇帝四房王爷”之称。

清乾隆时代，土坑的经济实力、教育兴学及科举，主要集中于长房长及四房长。长房长万昇顺裕商号，经商海运，家境富裕，子孙除考试出仕外，师资人才不少，长房长子弟，大多就学顺裕塾馆。四房长对教育兴学及科举考试也颇为重视，其建设盛况空前，有水平较高的塾馆，称“后馆”，是“凌云斋”的前身，并以此基础，发展规模相当的文武馆。馆建在北头的榕树下，规模略同“选青斋”，但结构内外尚有不尽相同之处，招收学生同“选青斋”无甚差别，从蒙童至各种程度不一的学子，武馆应该附设其中，有外场，名练马埔，作为练马、马步射、刀术和各种比试场所，南北文武两馆相对称。

刘端弘、刘端瑜还重视“引进人才”，以“士”策“智”，来助力聚落刘氏子孙教育事业的腾飞。自从大力兴教以后，土坑人才激增、精英世出，聚落被誉为书乡、学府。据谱牒载，清代土坑金榜题名的文武进士等各类社会贤达有 70 多人。村南有秋甫、吉甫两兄弟得中文举“双榜进士”，村北有刘开泰、刘逢泰两兄弟及其侄刘希颜以武举“一门同榜三进士”。一时之间，村中旗杆林立，牌匾丛悬，文兴武昌。

二、代表性建筑

1.清莲堂与聚英亭

清莲堂始建于清代后期，2003 年重修，位于后龙中心小学东侧，占地面积 267 平方米，建筑面积 211 平方米。清莲堂所在地原为清乾隆年间的富商刘端弘建造的南文武馆“选青斋”，后在“文化大革命”期间被拆除，现小学的一部分与清莲堂所在地都是其旧址。（如图 5-84）

该建筑群由戏台、大埕、六角亭、主殿（清莲堂）、偏殿（聚英亭）组成，大埕左侧还有一座历史文化名村办公所。戏台为新建，石基、石柱、钢构。六角亭重檐六角攒尖顶，红色琉璃瓦，飞檐翘角，脊上嵌龙形瓷饰，中塑刘百万像。清莲堂为三间张二落古厝式样的小四合院，供观音、吕洞宾与地藏王，侧殿供村内历代先人牌位。聚英亭为三开间歇山屋顶带卷棚前廊的建筑，前开凿跃龙池，池上设石拱桥，桥旁有一棵二百多年的木棉树，浓荫蔽日。相传清代武进士刘肇元原从京城带回两棵木棉树苗，植于其成就学业的南文武馆中央，现在只剩这一棵。这棵木棉树高三丈有余，树干三人合抱，树冠呈伞状，常年花叶不相见，花开时满树通红，是村庄一大标志。

该建筑蕴含着丰富的文化内涵，是土坑古代人才培养的基地，具有较高的历史文化价值。相传土坑建村时，教育培养人才一直是刘氏族人的难事。至刘氏第五代，出一位太学生，名主监，字孟季，是孟字辈（出自三房）。

清莲堂为长房长刘端弘（名祥云，即“刘百万”，系刘万佑长子）所建造。刘百万重视教育兴学，在未建田馆的文武馆之前，据传塾馆是办在时铺典当后面，即阿尾九原居住屋，南边隔巷，是旧七间张，后面是刘金辉及其兄居住屋，南面有块空地，是三间张，后面与晋铺五间张相连，此地曾留下一块举重石，是练武的场所。随后，在前面田地上建一武馆，原练武场作为民居，武馆北边附一所塾馆，称下馆，后改为聚英亭，下有鱼池拱桥，及栏杆，池的东面栽一株攀枝花树，又称木棉，又名英雄树，亭内供奉关圣帝公。外场，名马路埔，是步骑射等练武场所。文馆名以斋，平面为三间张二落两侧带护厝，中间有亭盖和厅连在一起，作为讲学场所，有藏书屋、学习室、教室、卧室等。招收文化程度不一的学生，名称“选青斋”，也称田馆或下馆（是旧称）。（如图 5-83、图 5-84、图 5-85、图 5-86、图 5-87、图 5-88）

2.凌云斋

土坑聚落中有“南北文武馆”之说，即“选青斋”与“凌云斋”，其中，刘百万办南文武馆“选青斋”，刘端瑜办北文武馆“凌云斋”。“选青”语出“青出于蓝而胜于蓝”，即培植选拔精英之意；“凌云斋”意在激励后辈胸怀凌云壮志，奋发图强。在两文武馆中，学文者免费，习武者每日免费供一粒蛋。

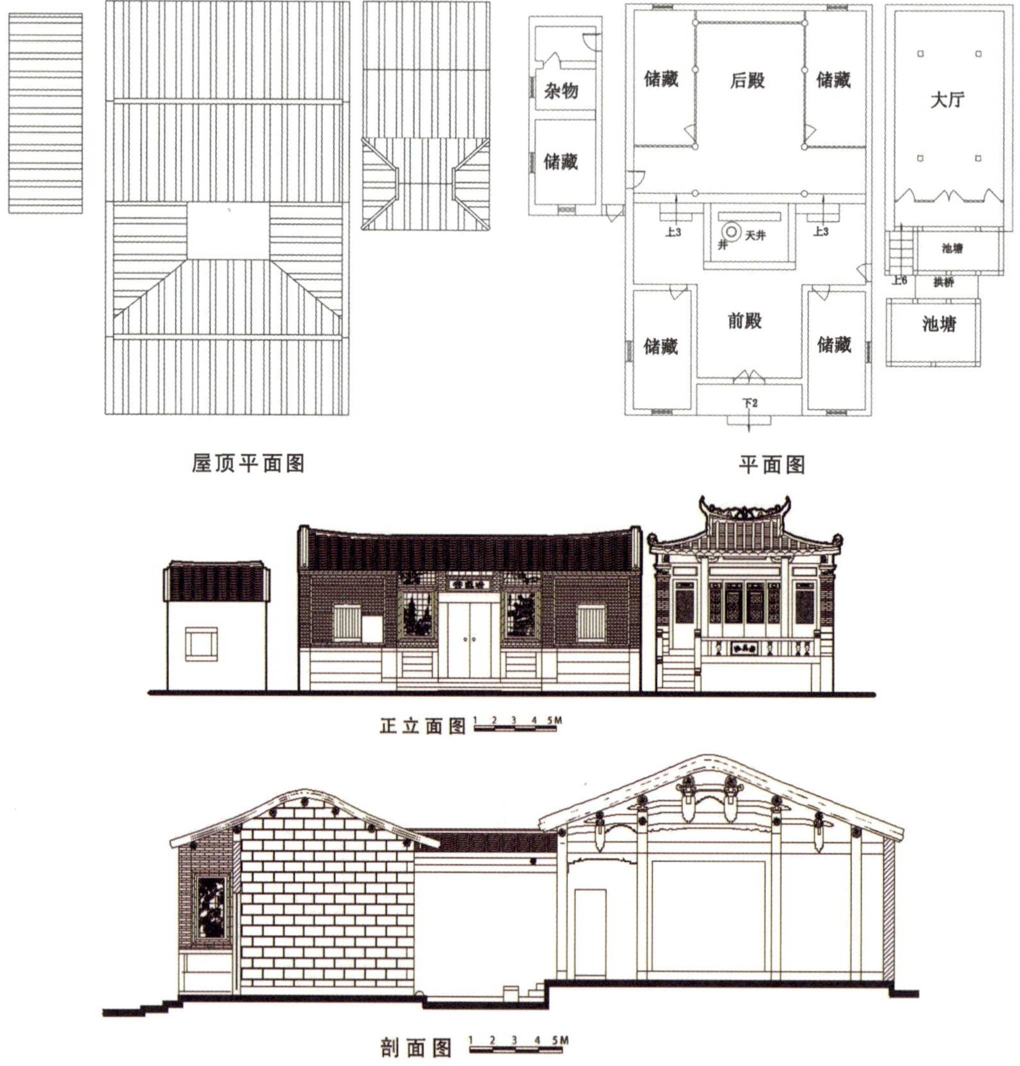

图 5-83　清莲堂与聚英亭建筑平、立、剖面图

民国时期，族人刘雪本立志办学救国，辞去集美大学教职，回乡在选青斋办选青小学及附中，在凌云斋办农业中专。后来惠安地下党组织特派员刘祖丕等人便是以教员的身份为掩护，在塗山一带开展革命活动，建立土坑地下党支部，两个学馆成为解放战争时期的革命活动据点和北海区工委办公所在地。

现凌云斋楼阁犹存，占地面积 358 平方米，建筑面积 327 平方米。平面为三间张二落单护厝，护厝为二层番仔楼，主体部分由门厅、天井与顶落组成，顶落中的顶厅、大房及其后轩等房间的隔墙已经拆除，整个为一个大空间，据此梁架也改为三角形廊架，榉头间仅剩左侧部分，下落入口采用单塌，大门两侧的身堵等已经改为黑板，但台基、柜台脚等处都保留着当年的石刻，在斋馆大门前又有宽敞的砖埕。原在凌云斋之前植有 18 株榕树，现仅存 3 株，迄今有 300 多年的树龄，每株皆有 30 多米之高，枝叶茂盛，成为土坑村的一道天然屏障。（如图 5-89、图 5-90）

图 5-84　清莲堂

图 5-85　聚英亭

图 5-86　清莲堂中观音、吕洞宾、地藏王神像

图 5-87　清莲堂中已故住持牌位

图 5-88　聚英亭中关公神像

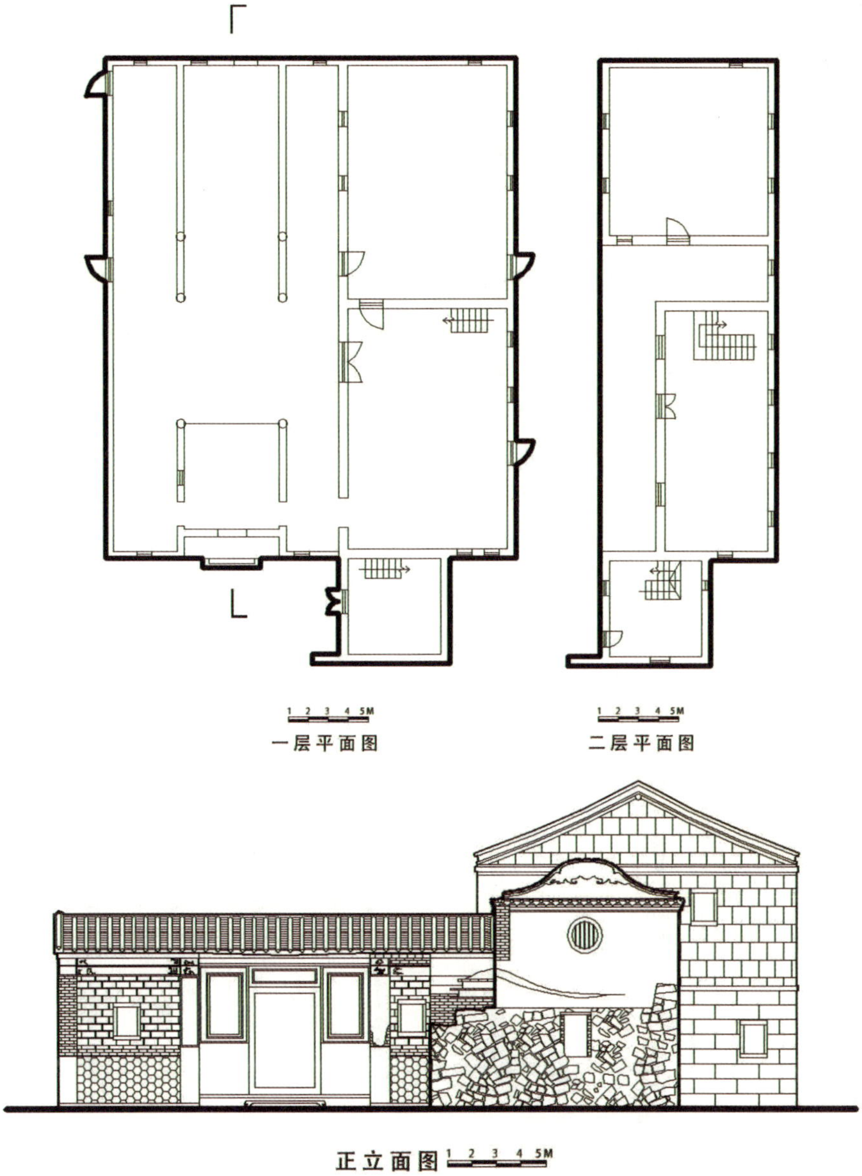

1 2 3 4 5M
一层平面图

1 2 3 4 5M
二层平面图

正立面图 1 2 3 4 5M

图 5-89 凌云斋建筑平、立面图

图 5-90 凌云斋

3.绣花楼（勗斋）

绣花楼（原称勗斋）始建于清乾隆年间，最初是作为迎宾楼用的，主要用于迎接当年海商兴盛时期南来北往的客商，以及运到来铺金融街的各种货物。随着时间推移，迎宾楼后来成为女学，大家闺秀在楼里学绣花、颂经典（后改为学习西方的算术等）的场所。建筑分为两部分，一部分为二层小楼，另一部分为二落合院式单层建筑。

其中，二层小楼建筑占地面积156平方米，建筑面积143平方米，平面为一间厢带后院的番仔楼式建筑，楼梯由院落露天至二楼，栏杆为石砌筑，屋顶采用歇山顶，四角置立双柱，双柱分别向两面出丁头栱承托相互垂直的檐檩，以承接屋面，双柱间用红砖砌筑角墙，形成砖砌角牌，角牌上设水车出景，内置泥塑，并与檐下水车堵联成一体，增加了绣花楼的立面层次，四面纵横向采用“三三构图”，即三个层面横向：中央为“一顺一丁”红砖砌筑的镜面墙，镜面墙中央开设竹节棂圆形窗洞，形成第一个层面；立面两端为角牌与水车出景，形成第二个层面；角牌与镜面墙之间则采用白墙，内嵌葫芦纹拼花红砖，形成第三个层面；纵向则为：第一层面番仔砌石块墙，第二层面中间层，第三层面是屋顶层。绣花楼二层室内为五步架卷棚屋顶，抬梁式构架，两山墙三架梁与五架梁上至斗栱，斗栱雕花，并施鎏金，梁下置鎏金雕花的随梁，室内窗为八角形并带有八角形窗花格栅，一改外立面的圆形，增加了趣味性，地板为红砖铺砌，置木楼板上。总之，整栋建筑精巧、秀丽、别致。（如图5-91、图5-92）

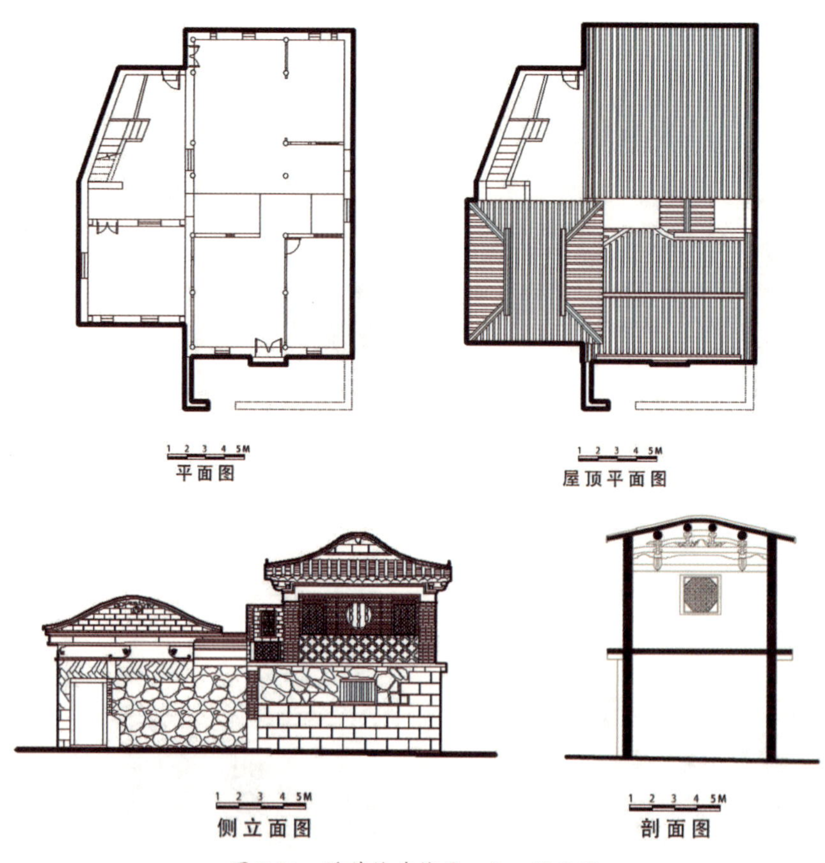

图5-91 绣花楼建筑平、立、剖面图

图 5-92　绣花楼外观

二落合院式单层，该建筑平面为三间张二落古厝，平面布局由院墙、前埕、门厅、工字型连廊、顶落组成，其屋顶平面独特，呈现“工字型”，建筑入口门楣上泥塑“勗斋”。勗，同勖，勉励的意思，即勉励刘氏族人好好学习。顶落为插梁式结构，七步架卷棚，梁架上瓜柱施鎏金斗栱，连廊分割的小天井，开设八角形漏窗，顶落檐廊两侧开设拱门，门板石刻有卷草花纹、精致小巧。墙体部分采用红砖，部分采用出砖入石。（如图 5-93、图 5-94、图 5-95、图 5-96、图 5-97）

图 5-93 绣花楼内部

图 5-94 绣花楼内卷棚梁架

图 5-95 绣花楼四角丁字栱承托檐檩

图 5-96　绣花楼一楼门

图 5-97　勗斋门楣

第六章 土坑民居空间量化与美学解读

传统民居是在社会、经济、文化、种族及地理环境因素的相互作用下孕育而生的，反映着特定区域内从物质到精神的集体意识，是认识地域文化特色的重要载体。[①] 传统民居建筑是聚落空间的重要组成部分，是聚落的底色。传统民居形成的空间秩序是聚落历史发展的根基，对于理解聚落发展的规律有着重要的意义。

第一节 建筑类型学与空间量化

建筑类型学是欧洲早期研究城市建筑关系而产生的建筑研究方法，其主旨并非对建筑分门别类地划清界限，而是试图探索隐含在建筑表象之后的具有同质特征的模糊与不确定性。[②] 建筑类型学的概念初现于 18 世纪，法国建筑师迪朗作为创始人，首次运用系统的类型学研究方法对古典建筑进行了分析，通过对建筑构件和组合形式的归纳，绘制出方案类型，说明建筑类型的组合原理，由此开启了建筑领域标准化与类型化的研究方式。现代意义上的建筑类型学起源于 20 世纪 60 年代，初衷是对于现代主义的反思，建筑师试图通过类型分析的手法获得启发，改变工业化带给建筑冷漠和标准化的性格。意大利阿尔多·罗西和他的新理性主义是现代建筑类型学的旗帜。建筑类型学的本质是从社会文化和历史传统的角度入手，对建筑类型进行理性分析，进而抽象出最具代表性的“建筑原型”。建筑是由一定意义的空间组合而成的，建筑类型学就是基于最基本的平面形式和空间组合，运用比例的分析手段，对于具有相同特征的建筑对象进行归类，进而作为相关设计实践的依据。

20 世纪 80 年代之后，我国兴起了关于建筑类型学的研究浪潮。但是一方面，研究重点基本集中在对于国外建筑类型学大师的理论和作品的解读上，将建筑类型学与我国民居建筑相结合的研究尚处于起步阶段。另一方面，一直以来运用类型学的方法对于闽南民居建筑的研究基本立足于建筑的空间形态和地域特性，对于建筑空间尺度的量化研究涉及较少。而空间尺度是民居建筑的基本存在方式，在研究民居建筑时无法忽视空间尺度的影响。因此，通过对于闽南民居建筑的空间量化来揭示土坑民居的美学价值，进而揭

① 戴志坚.福建传统民居的分类探析［J］.小城镇建设，2001（9）：30-33.
② 汪丽君.建筑类型学［M］.天津：天津大学出版社，2005：15.

示土坑聚落的文化价值，该路径具有一定的创新性。

据此，本书将通过系统的建筑类型学方法，基于大量调研的闽南古厝平面分析，以二维平面尺度为研究对象，梳理出古厝平面中存在的理性规律，以此探究二维空间量化体系。并在量化的基础上，探究古厝民居中平面二维的美学表现，以及解读古厝民居美学形成的影响因素。通过理性的二维空间量化分析，探寻解析聚落空间特征的方法，为聚落保护与特色的延续提供支撑。

利用建筑类型学理论和方法对闽南传统古厝民居进行比例研究和量化分析，有助于从更为理性的角度去理解传统古厝民居中的美学特征，并有利于更好地挖掘、继承闽南传统古厝民居中所蕴含的智慧与技巧。同时，对于传统古厝民居的保护具有深刻的指导意义，并对于设计创新，继承地域建筑文化具有一定的理论和实践意义。

一、建筑类型学的基础理论与解读

对复杂事物分类，是人们智慧地认识世界的一种方式。类型是形态和结构相同的一组样式得以聚合为一个有机整体，同时又是使形态与结构相异的那些样式分离出去的概念。这说明类型有两个特点：首先，类型是一种组合的代表，同一种类型的内部有着相似的组合元素，并且元素与元素之间或元素与整体之间存在一定的数理关系。其次，类型是一个界限，是作为区分不同元素组合方式的标准。建筑学中的分类解析的方式，被称为建筑类型学。①

对于建筑类型学的研究，法国建筑师迪朗运用系统的类型学研究方法对古典建筑进行了分析，通过对建筑构件和组合形式的归纳，绘制出方案类型，说明建筑类型的组合原理，由此开启了建筑领域标准化与类型化的研究方式。19 世纪后期，随着第二次工业革命的进程的深入，大批量、标准化的工业思维越来越深入人们的生活，并影响人们对待建筑的态度。以柯布西耶为代表的工业时代建筑师信奉“住宅是居住的机器”这一理念，认为建筑必须在满足人的需求的条件下进行规范化生产，由此形成了建筑类型学领域的“范型”的概念。20 世纪 60 年代，厌倦了工业化冷漠的建筑师们祈求恢复建筑的人文情怀，以罗西为代表的建筑师们试图从历史中寻求建筑灵感，并将类型学的概念扩大到了城市范围的研究之中。其建筑类型学思维深受心理学大师荣格的影响，荣格在有关人类“集体无意识”的概念时曾说，人类世世代代的普遍性的心理经验的长期积累，“积淀”在每一个人的无意识深处，其内容不是个人的，而是集体的，是历史在“种族记忆”中的投影，神话、图腾等往往包含人类心理经验中一些反复出现的“原始表象”，这种“原始表象”被荣格称为“原型”。② 罗西将“原型”引入建筑类型学领域，通过类型学的方法总结出建筑原型，进而引导设计实践。广义上来说，只要在设计过程中涉及“原型”的概念，都属于建筑类型学范畴。

---

① 汪丽君.建筑类型学［M］.天津：天津大学出版社，2005：12.

② 宋冉，卢朗.浅析阿尔多·罗西的“类似性”原则在其思想与实践中的运用［J］.文艺生活·文艺理论，2015(02)：243-244.

(一)建筑类型学分类层级

建筑类型学作为建筑领域的一种认识和思考方式,存在一定的分析原则:一,分类是有层次的,根据研究事物的不同特性可以产生不同层次的类型对象;二,分类的形式不只是一种,根据不同的标准和方法可以产生不同的分类结果;三,分类不是为了隔离建筑之间关联性,各种不同的类型之中也存在本质的相关性。

据此,类型可以有无数的类和亚类,而阿尔甘认为:可以将形式上的建筑类型归为三大类:①(1)聚落尺度和它的建筑组织,反映在建筑组群与聚落形态关系上。这里所说的是在聚落空间形态发展的过程中,不同时间内聚落会面临不同的发展问题,另一方面在面对不同的外部因素,如政治、经济、人口等,也会产生不同的发展动力,最终产生了形态各异的聚落空间形态类型。传统聚落的形成在多重的内外因素的作用下,产生出形态各异的聚落空间,像带状聚落、团状聚落、宫格式聚落等等。(2)建筑的尺度与大的构造元素。如聚落广场、重要节点空间等空间类型构成。(3)细部比例、构造与装饰部分。如屋顶的处理,古厝的立面,水车堵内部的装饰等。

如位于漳浦县湖西畲族乡的赵家堡,是典型的宗族聚居性堡寨,其空间类型属于团状聚落,是南宋末年皇族闽冲郡王赵若和(宋太祖赵匡胤之弟赵匡美的第十世孙)的第九世孙赵范于万历二十八年(1600 年)开始建造,于万历四十一年(1619 年)建成,并于崇祯七年(1634 年)由赵范之子赵义加以扩建而形成的建筑规模宏大的堡寨。赵家堡内建筑受闽南传统古厝的影响,建筑组织讲究以中轴对称,以房间围合形成合院,并通过开间、进深构成不同形式的民居,堡内的民居建筑主要采用三开间三进和五开间五进的组合形式。单体建筑通过组合形成建筑群,赵家堡中的建筑群分为大房、六房和七房三个部分。大房是以赵范府第为主的三座五开间五落古厝建筑并列组织形成,六房是以三座三开间三进古厝为主并列组织的建筑群,七房同样以三座三开间三进古厝为主,形成三座古厝并列组织的建筑群。大房、六房和七房三个主要的建筑群构成了赵家堡基础的聚落形态,大房主体部分位于聚落中心,六房位于聚落北部,七房位于聚落东部,形成了"┤"形布局。受此布局的影响和在城墙的制约下,整个堡寨形成了一个长约 310 米、宽约 300 米的近似正方形的聚落形态类型。(如图 6-1)

对于建筑空间而言,建筑的尺度以及组成建筑的空间构成元素。建筑是具有功能意义的空间的组成集合。不同功能意义的空间集合成不同功能类型的建筑形式,不同尺度的空间集合成不同尺度类型的建筑形式。因此,从某种意义上来说,建筑类型学的本质就是关注建筑本体的类型的分析,再由建筑扩展到城市和建筑构件。

如闽南地区的官式大厝和手巾寮两种不同的建筑形式,在建筑尺度和空间构成元素上存在明显的差异性。在建筑尺度上,官式大厝的开间等级要大于手巾寮的开间等级。官式大厝一般为三开间或是五开间的建筑形式,面阔尺度相对较大,如田墘某栋三间张两落古厝民居,面阔 11.4 米左右,进深 21 米左右。而手巾寮为一开间的建筑形式,面阔尺度要相对较小,如泉州竹树巷 22 号手巾寮,面阔 4 米左右,进深 21 米左右。(如图 6-2)

---

① 汪丽君.建筑类型学[M].天津:天津大学出版社,2005:121.

图 6-1　赵家堡团状聚落类型分析图

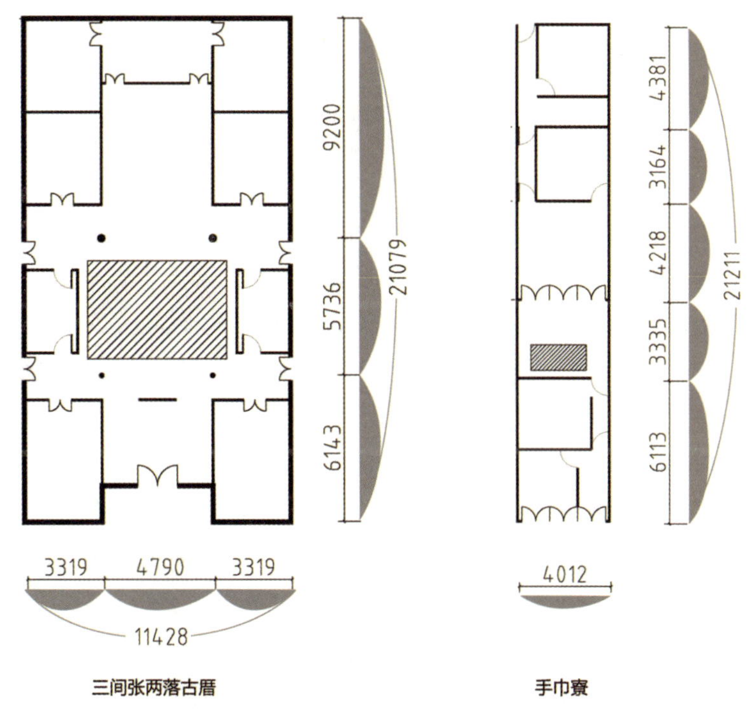

图 6-2　官式大厝与手巾寮空间尺度对比

传统建筑的细部构件通常具有明显的类型特征，形成具体类型的典型性和符号性，许多建筑类型都是由其细部类型的区别而体现的。像闽南古厝民居中的笼扇，一般位于闽南民居室内，是面向天井的门扇。与镜面墙一样，笼扇也是从上到下分为几个部分：顶堵、身堵、裙堵，各部分之间存在一定的比例关系。如土坑聚落的刘立贵民居中榉头间的笼扇，整体长为 2.20 米，宽为 0.64 米，长宽比约为 3.4∶1。顶堵长约为 0.27 米，身堵长约为

1.16 米，裙堵长约为 0.80 米，三者之间的比为 1∶4.3∶3。这一比例关系反映出土坑聚落民居建筑门窗的规律性特征，是土坑传统民居建筑的一种符号。（如图 6-3）

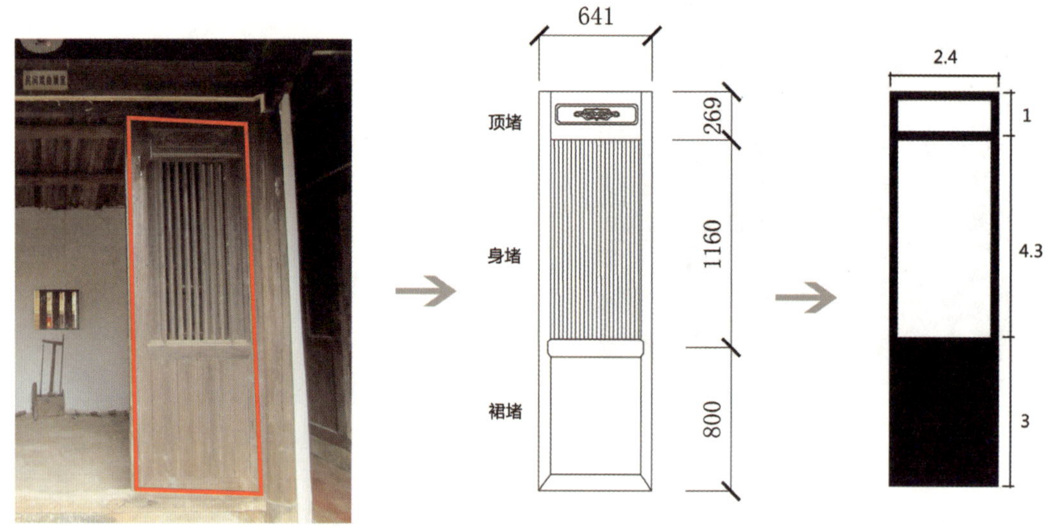

图 6-3 闽南笼扇比例分析

（二）类型学的研究方法

建筑类型学将设计过程分为两个阶段，分别是类型学阶段和形式生成阶段。类型学阶段是一个寻找并获得类型的阶段，这个过程中设计者需要设身处地地寻找与人们行为方式、心理结构相契合的类型，分析其内在的形式结构。而形式生成阶段则是将类型适当再现的设计行为。类型阶段代表了设计与过去之间的关系，而形式生成阶段则代表了设计与现在及未来的关系。[①] 下文研究主要基于类型学阶段对闽南古厝民居进行量化分析，并尝试性在分析的基础上进行设计实践。

类型学阶段是建筑类型学研究方法的主要形式，也是区别于其他建筑流派的主要特点，是整个研究设计过程的基石。类型学阶段是一个抽象的阶段，在对历史和地域模型形式的研究中寻找一种具有代表性的建筑秩序，这种秩序即所谓的“原型”。在具体操作中，可以把抽象的方式分为两点：一是比例关系，二是空间模式。

第一，比例关系。

古希腊人对美有着特殊的执着，专研于对自然界美的事物和人体自身的观察，总结出一个原理：给人以美的愉悦感觉的物体，在形式上都具备一定的比例关系。他们在数字的基础上分析出这种比例关系，并以此影响了整个西方建筑的发展。所谓比例，简单地说就是物体的每一部分或构件与整体之间存在着一种数字（倍数）关系，而且每一个部分也与其他部分之间存在着一种数字（倍数）关系。

人体本身具有和谐的美感也是比例研究关注的焦点，希腊人相信“人体可作为万物的

① 冯骥千.运用类型学思想探析建筑架空空间［D］.长沙：湖南大学，2010：12.

度量”，人体的和谐比例就经常被运用到建筑设计中，这在很多对古希腊建筑的研究中都被提到。因为在他们看来，要获得建筑物的美感，就必须使建筑物具备符合人体美的比例关系与和谐秩序。同时，人体尺寸也可以作为建筑尺寸的参考，通过建筑与人的尺寸的不同比例营造不同的建筑空间，给人多重的室内感受。（如图 6-4）

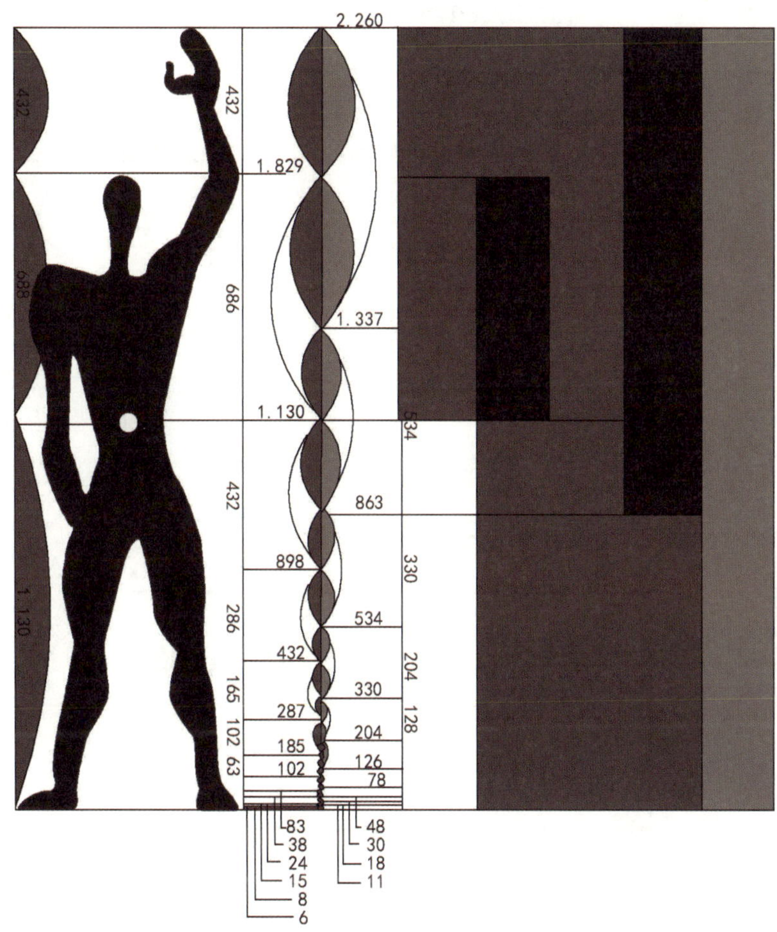

图 6-4　人体比例分析图

其中，黄金分割一直是公认的最美的比例关系。把一条线段分成长短两段，且较长的一段与总长的比等于较短的一段与较长一段的比等于 0.618，这种分割方法就是黄金分割，而长短线段的比值 0.618 则被当成为黄金比。以黄金比例组成的矩形被称为黄金矩形。自从毕达哥拉斯从正五角星形的比例构成中发现了黄金分割以来，这种比例关系就被广泛应用到艺术、建筑等领域的设计实践之中。

黄金比例广泛地存在于自然界之中，比例和谐的鱼身上存在黄金分割。黄金比例和自然生长之间也存在某种联系，鹦鹉螺的生长曲线具有美好的黄金分割比例。同时，人体也具有黄金分割的比例关系，肚脐是人体高度的黄金分割点。（如图 6-4）

除了黄金比例之外，还存在其他五种良好的比例关系，也经常出现在建筑以及美术的设计之中，即 1∶1、1∶$\sqrt{2}$、1∶$\sqrt{3}$、1∶$\sqrt{4}$、1∶$\sqrt{5}$。① 以此五种比例关系形成的矩形，则相应称为正方形、$\sqrt{2}$矩形、$\sqrt{3}$矩形、$\sqrt{4}$矩形、$\sqrt{5}$矩形。五种基本矩形存在着一定的关系：（如图 6-5、图 6-6）

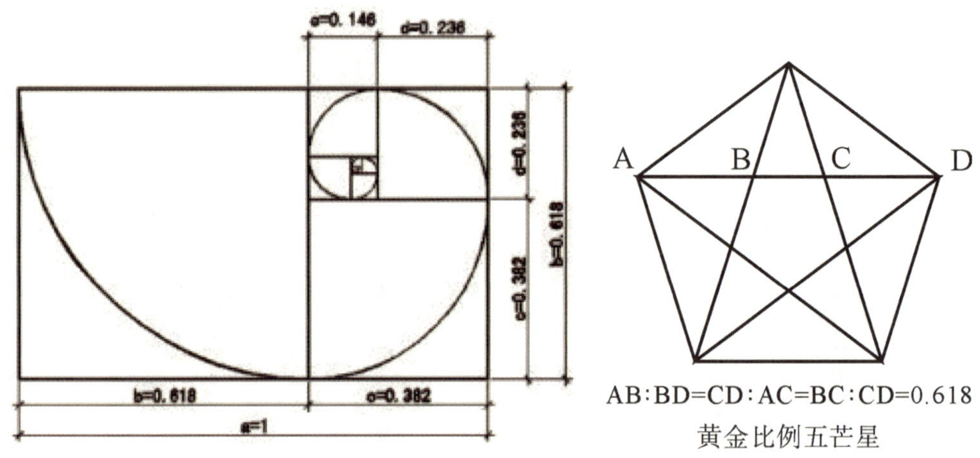

图 6-5　黄金分割螺线与黄金比例五芒星

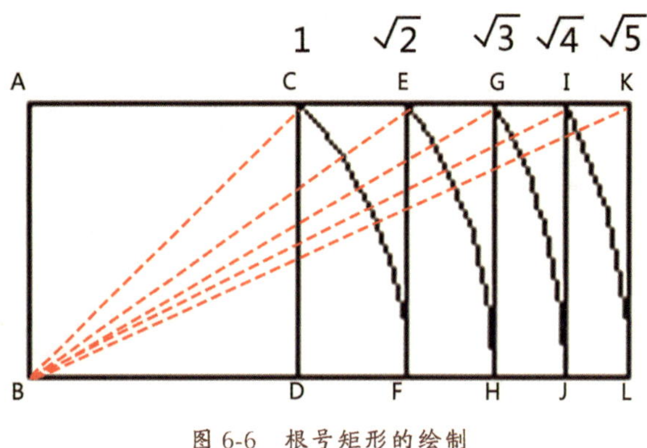

图 6-6　根号矩形的绘制

以正方形为基本型，以其对角线 BC 为半径画弧，延长底边 DF 所形成的矩形为$\sqrt{2}$矩形。以$\sqrt{2}$矩形的对角线 BE 为半径画弧，延长底边 FH 所得的矩形即为$\sqrt{3}$矩形。$\sqrt{4}$矩形、$\sqrt{5}$矩形的绘制以此类推。

而在实际的比例研究时，需要对相应的根号矩形进行比例分割，以便能更加细致地研究整体的比例关系，据此根据上述分割原理，绘制各根号矩形的比例分割图如图 6-7。

基于上述，对闽南古厝民居进行比例研究，以此揭示其比例关系。如晋江市金井镇福全村某栋三开间古厝民居，不论从整体比例还是局部尺度感受，都给人一种规矩、严肃、均衡的感觉。主要原因就在于该民居在平面布局上采用了合适的比例手法。整体面阔与进深比为 1.96，近似于$\sqrt{4}$的分割比例关系。并且局部房间的尺度比例都采用了 1/4 的比例

① 陈绍山.比例与黄金比例及其在建筑设计中运用的探讨［J］.华中建筑，1990(01)：21-26.

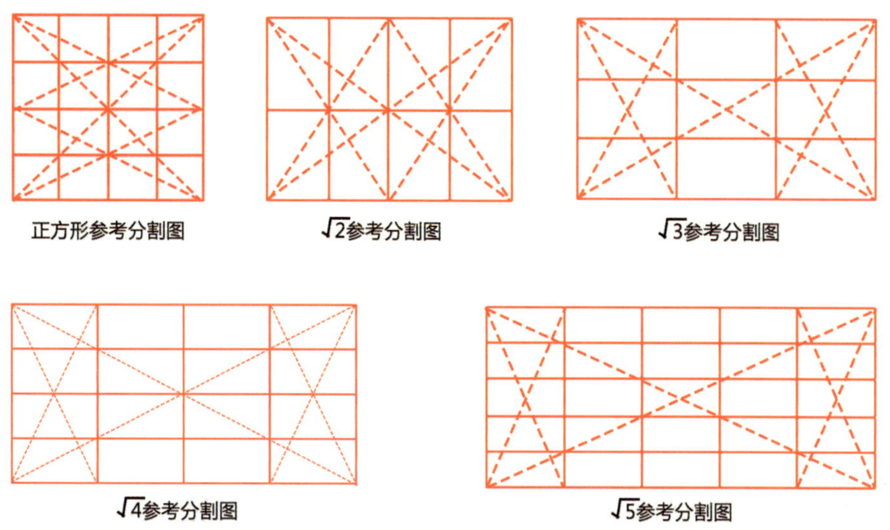

图 6-7　根号矩形的绘制图

关系(如图 6-8),下落的进深约占整体建筑进深的 1/4,大房的面阔约占整个面阔的 1/4。这种比例均衡一致的设计手法,营造了该栋建筑的特殊美感。

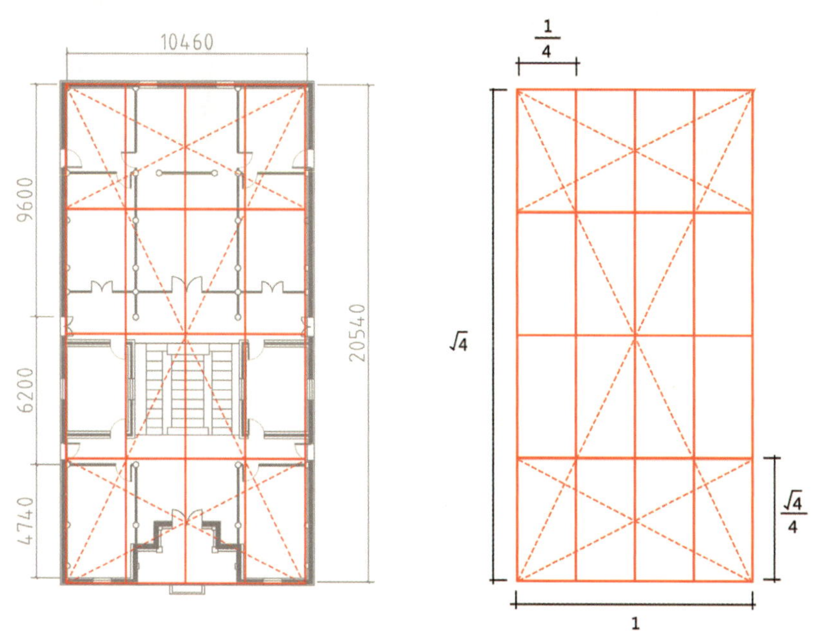

图 6-8　闽南民居比例分割分析图

第二,模矩。

在比例关系的基础上,人们又发展出来一种基本空间的尺度关系称为“模矩”。模矩就是利用类似和重复的手法将基本空间放在一起的特殊的组合方式,继而产生构成上的联系，特别是一个形可以和完全相同的形摆在一起。[①] 显而易见，运用模矩的手法不仅可以增加效率，同时它还有某些美学上的效果，而其美学上的成就往往得助于秩序。模矩化有其特殊的优点，即构造设计很方便，同时也更容易找到单元间的关系，更容易配合、复制及掌握共同特征。

如前文论及的闽南埭尾村聚落形态，整体布局讲究各部分的组织秩序，以轴线控制结合院落组合，共同构成有序的内部组织结构。在一进三开间古厝区，三间张榉头间止类型的古厝民居作为基本单元，每栋建筑的面阔保持一致，进深保持一致，保证了单体建筑外观和平面均整齐划一。单体建筑与单体建筑之间的间隔保持一致，即以重复的手法对建筑进行组织排列，保证了建筑群组织的统一性。这种模矩化的组织手法，不仅体现了中国传统"礼制"的思想以及理性的秩序，也在视觉上呈现一种规律性的视觉美感。（如图 6-9）

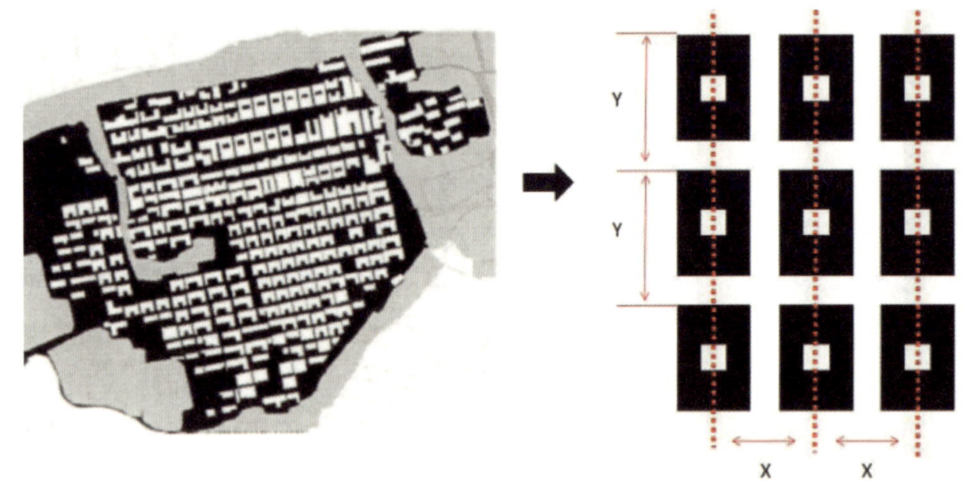

图 6-9　埭尾村民居的比例秩序图

建筑中的比例关系，归根到底主要是为了能建构一套和谐而稳定的内在基础，而呈现出秩序的美感。传统民居中，往往有着不易被察觉的比例关系，因而具有无法言表的视觉美感。运用建筑类型学中的比例关系来研究民居，抽象民居原型，其目的就是为了发掘传统民居中隐藏的比例系统，发掘建筑各部分的良好关系，发掘传统民居的美学逻辑，从理性的角度解读传统民居。

（三）空间模式

比例是以自然及人体美感为基础去发掘建筑物自身所具备的一种秩序关系，是绝对的。空间模式指的不再是自身绝对的内在的数字关系，而是物体与物体，或者说空间与空间之间的一种相对关系。建筑模式不是简单的几何相加，它代表的是与一定的生活方式相对应的建筑形式，是一项社会性的构造活动。从结构的角度可以将"空间模式"归纳为以下四种：（1）中心化空间结构模式；（2）轴线复合空间结构模式；（3）组团式空间结构模式；（4）拓扑空间结构模式。在关于闽南民居的研究当中，结合闽南民居的空间特性，主要

① 汪丽君.建筑类型学［M］.天津：天津大学出版社，2005：179-181.

集中于中心化空间模式和轴线复合空间模式两种形态对闽南古厝民居进行分析。

第一，中心化空间模式。

中心化空间结构模式是一种中心式的集中构图，它一般是由一定数量的次要空间围绕一个大的占主导地位的中心空间构成。这个中心空间一定是全方向体，如正方体、圆柱体、穹顶和锥顶等。由于它面向四方，没有缺憾，具有统领全局之感，很久以来就被用作纪念性建筑和其他重要建筑的典型空间结构模式。因此，这种模式是人类获得可用环境的最原始手段，亦是人类最向往的一种完美的空间结构模式，通常最重要的建筑都是集中式的，目的就是要造成这种完美的感觉。（如图 6-10）

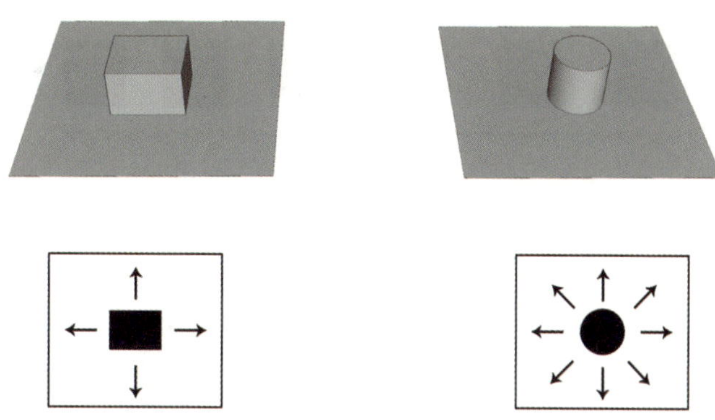

图 6-10　中心化空间模式力场

闽南古厝民居为一种合院形式的民居类型，建筑平面布局形式被称为“中庭型”。“中庭”指的就是闽南民居中的天井，在闽南人日常生活之中，天井是全家人的公共活动生活中心。若以室内空间和室外空间的空间属性进行分析，天井作为古厝中唯一的室外空间，居于整个院落布局的中心。天井空间形态一般为四方体，在类型学的空间模式的研究当中，四方体面向四面，作为主导地位的中心空间时没有缺憾之感，是一种典型的中心化的空间模式。（如图 6-11）

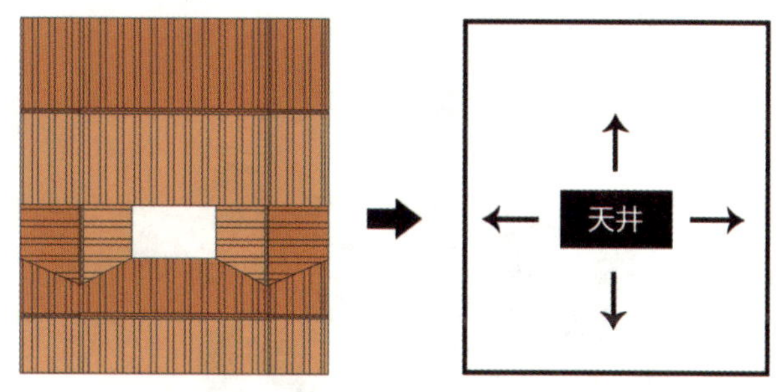

图 6-11　古厝民居中的中心化空间模式

第二，轴线复合空间结构模式。

轴线复合空间结构模式隐含着过程和路线的概念，它是由基本形体沿线性联系排列而成，基本形体的方向垂直于排列方向或与之重合。由于轴线允许转折和弯曲，轴线复合空间结构模式的建筑形态可以有很多变化。它一般也可分为两种：形体自身的线状排列和通过独立的线状要素联系各个形体。形体自身线性排列模式，是有一种基本形态通过线性的重复延伸而形成，节奏舒缓平和，往往给人宁静、孤寂的形式感。而通过独立的线状要素联系各个形体则是更为复杂的轴线复合空间结构模式，它以独立的线状要素为联系手段，通过多轴线的复合，将各形体用轴线的形式串联起来。（如图 6-12）

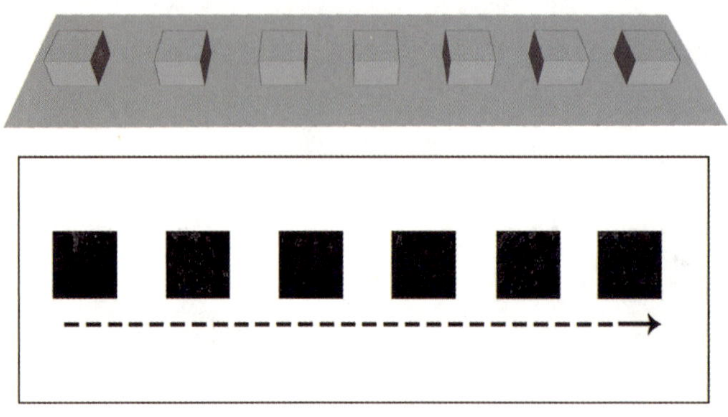

图 6-12　轴线复合空间模式分析

如闽南埭尾村聚落空间中，埭尾前祠堂是陈氏始祖选中的基址，是这片古厝的鼻祖，后来的建构无不以此是瞻。祠堂坐南朝北，大门朝向鹿石山山尖，由此形成了埭尾村建筑发展的主轴线。随着聚落的发展，之后增加的民居建筑以轴线控制的方式生长开来，形成许多次轴线。次轴线与主轴线保持平行，分立在主轴线的两侧，由此形成了轴线复合的空间模式。（如图 6-13）

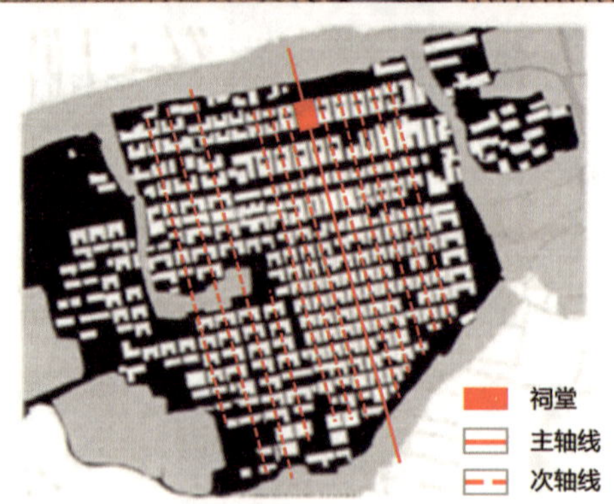

图 6-13　埭尾村轴线复合分析图

建筑类型中的空间模式，更多的是一种关于空间与空间之间的组织关系的研究方式。由于特殊的生活习惯和信仰的影响，传统民居中可以形成不同类型的空间模式。运用建筑类型学的空间模式对闽南传统古厝进行研究，能够揭示隐含在建筑背后的空间意义以及空间生长模式，找出传统古厝中的富有理性的空间关系。

民居建筑是区域文化的凝固体现，是区域文化的重要呈现方式，反映着特定区域内从物质到精神的集体意识。古厝民居是闽南传统民居的重要代表，它的形成与发展，充分反映了闽南一定历史时间内的社会经济状况与人民生活水平、建筑的施工技艺与营造意识，是由闽南特殊的地理环境与气候条件、地域文化的多元化与风俗民情的特异性，孕育出来的贴合闽南人民生活的建筑形式。

二、空间量化

随着西方建筑科学的发展，量化分析的研究工作主要涉及：数据统计分析法，通过EXCEL化软件计算距离、面积、周长等空间。① 这类研究成为建筑空间量化的基础，但随着研究的开展，其建筑单一视角的距离、面积、周长等要素分析，也暴露出要素之间相关性的不足，如建筑的距离和面积、规模、功能、位置等均形成相互制约的关系，不能简单地看距离这个要素。② 据此，近些年来，借助G1S数据平台，进行大量空间数据的分析和统计，并将这些数据累加起来，形成整体空间数据分布图，这些为空间量化研究提供了技术支持，使得空间量化研究的深度与广度大大拓展。③ GIS能够实现大量数据的分析和模拟，研究空间内数据的分布情况和规律。GIS与空间句法的结合则为深入剖析建筑空间提供了路径。另外，图解是空间量化的基础，格式塔心理学认为：图形要具备形状将征，引导知觉对图像的感知；图形要建立完整的轮廓；图形的表面肌理和背景要形成反差。④ 格式塔心理学的融入，进一步丰富了空间量化的理论与方法。

目前，国内关于空间量化的研究可以归结为三条不同的路线：(1)空间实体的量化。空间实体的量化顾名思义是以空间物理属性作为量化研究对象，通过研究限定空间的实体以及空间中的温度、湿度、光线等客观因素，达到控制人们使用的空间效果。2006年，边宇、马源针对地下空间采光的问题，通过光线追踪软件模拟计算并统计出来若干条量化的设计原则，设计出合理、并可以提供足够的自然光线的方法。⑤ 2013年，曹星渠以视觉

---

① T. J. Ferguson. A space syntax analysis of Arroyo Hondo Pueblo，New Mexico: Community formation in the Northern Rio Grande By Jason S.Shapiro [J].Journal of the Royal Anthropological Institute, 2007, 13(2): 485-486.

② Sang KyuJeong.Computational algorithms to evaluate design solutions using Space Syntax [J].Computer-Aided Design, 2011, 43(6): 664-676.

③ Shawn. G. Morton. Civic and Household Community Relationships at Teotihuacan，Mexico Space Syntax Approach [J].Cambridge Archaeological Journal, 2012, 22(03): 387-400.

④ 牛力，徐磊青，汤众.格式塔原则对寻路设计的作用及寻路步骤分析 [J].建筑学报，2007 (05): 89-91.

⑤ 边宇，马源.地下空间采光设计的量化研究 [J].节能技术，2006(02): 136-138.

感受为衡量标准，采用感知与量化相结合的综合分析法对网师园中部景区这一具有代表性的古典园林案例进行空间处理手法研究。[①]

(2)空间类型的量化。空间类型的量化的主要研究目标是寻找基本空间和空间原型，并通过归纳的基本空间来分析复杂的空间结构。建筑类型学的研究方法可以说是最基本的空间类型量化的方式，也是本文使用的主要量化手段。目前，国内学者中关于空间类型的量化研究相对薄弱。2009 年，唐真通过对江南私家园林的廊的量化研究，对廊空间构成的类型化及其特征进行探讨，从而得出园林的分类情况，推导出数理关系，并寻找分类形成的内在原因。[②] 2016 年，张毅在其论文中，针对城市形态中的几何层面的基本指标，通过分析、借鉴、改良、验证等环节，从点状形态、线状形态、面状形态三个层面，进行适用于城市形态的量化方法研究。[③]

(3)空间与空间关系的量化。即采用空间句法实现空间关系的量化。正如空间句法理论的创立者比尔·希利尔所说，建筑学的许多研究多重表面而非空间本身，或多重单独的空间而非空间的组合结构，建筑学需要一套关于可以描述和分析空间组构的语言，而空间句法就是这样的一种语言。[④] 2014 年华侨大学马越在其论文中运用空间量化，分析了建筑组构的相关技术，并对高校巨构式建筑空间进行整体以及局部的理性分析，以此，评价空间的优劣。[⑤] 同年，蔡少坤选取郑州大学建筑学院系馆为研究对象，运用空间句法空间量化分析方法，构建了建筑系馆的建筑空间关系图解和量化分析模型，通过模型计算、定量分析和实地调查，说明基于空间句法的量化分析与空间实际使用情况具有高度的相关性。[⑥]

第二节　闽南传统民居类型

一、闽南民居分布

基于前文民系的研究，福建民系以闽海系为主，也包括了部分客家系。根据方言分布、地域文化、自然地理条件的不同，福建民居的分布又呈现出七大区域：闽南民居、闽东民居、莆仙民居、闽北民居、闽中民居、闽西北民居与闽西民居。[⑦]

---

① 曹星渠.基于视觉感受的网师园中部景区空间量化分析及其启示［D］.北京：北京林业大学，2013：16.

② 唐真.江南私家园林廊空间量化特征研究［D］.南京：南京农业大学，2009：11.

③ 张毅.城市形态的几何表征及量化方法研究［D］.西安：西安建筑科技大学，2016：13.

④ 霍建军.空间的量化分析研究［D］.天津：天津大学，2007：6.

⑤ 马越.高校巨构式建筑空间量化分析评价研究［D］.泉州：华侨大学，2014：13.

⑥ 蔡少坤.基于空间句法的建筑空间量化分析与验证——以郑州大学建筑系馆为例［D］.郑州：郑州大学，2014：10.

⑦ 林从华.缘与源——闽台传统建筑与历史渊源［M］.北京：中国建筑工业出版社，2006：228-229.

其中，闽南民居可以划分为南北两大片，即分布在晋江流域和九龙江流域，具体分布在：泉州、漳州、厦门以及永春与龙岩部分地区。以方言来区别，正好是以明清泉州、漳州两府城的语音为两种代表口音，原龙岩州二县由于受客家方言影响成为西片口音，而厦门市则集南北片的特点成为全区的代表方言。因此，闽南民居又可分为四小片。即北片：晋江流域大部分县市，具体为泉州、晋江、石狮、惠安、安溪、德化、永春、同安、大田、尤溪等县市。南片：九龙江流域的部分县市，具体为漳州、龙海、长泰、华安、南靖、平和、漳浦、云霄、诏安、东山十个县市及广东省潮汕地区。西片：漳平、龙岩两县市。东片：厦门、金门两县市。据此，土坑民居属于闽南民居的北片民居类型。（如表 6-1）

表 6-1　民系、方言下的闽南传统民居分布

方言特征	分布地区	土坑类别
闽南话	东片（厦门片）：厦门、金门	闽南北片（泉州片）民居
	北片（泉州片）：泉州、晋江、石狮、惠安、永泰、德化、安溪、同安、大田、尤溪	
	南片（漳州片）：漳州、龙海、长泰、华安、南靖、平和、漳浦、云霄、东山、诏安	
	西片（龙岩片）：龙岩、漳平	

二、闽南民居的总体特征

人类的迁徙是建筑文化传播的途径，不同时期的汉人南下移民入闽粤，带来了不同时期的建筑形式和风格，对闽南地区的传统建筑，特别是民居建筑的形式和风格的形成影响很大。代表着中国传统农业文明的传统民居，因家庭存在而形成，随着人类的不断迁徙、繁衍以及受历史、文化、信仰、习俗、观念等社会因素和气候、地理等自然条件的影响，逐渐形成了不同的形态。因此，福建民居建筑最基本的单元是“一明两暗”的住宅模式，具有普遍性，一般由厅堂、住房和庭院三部分的空间构成。另外，许多学者从平面的角度归纳了福建传统民居的主要类型：一明两暗、三合天井、四合中庭、方圆土楼、土堡围屋、竹筒屋等。（如图 6-14、图 6-15）①

闽南民居建筑主要由泉州与漳州两大匠派组成，共同的特点是平面布局都有明显的中轴线，以厅堂为中心来组织空间，左右对称，主次分明，并以此纵向延伸和横向扩展；在城镇人口密集地区还演变出竹筒屋的特殊形式。出于防卫的需要，修建了土楼、土堡、围龙屋。

建筑结构多采用穿斗式木构架，室内隔墙也多用木板镶嵌，外部围护结构多采用红砖或青砖、白石封壁外墙；屋顶采用硬山式和悬山式，但组合的方式多样，形成层叠有趣的屋顶轮廓，呈现出丰富的天际轮廓线，而正脊多半呈弧线曲线，向两端起翘成燕尾；建筑细部的雕刻技术，如石雕、木雕、砖雕、瓷雕等别具地方特色，贯穿于柱础、门窗格扇、雀替、梁

① 图 6-14、图 6-15 来源于：林从华.缘与源——闽台传统建筑与历史渊源［M］.北京：中国建筑工业出版社，2006：230-234.

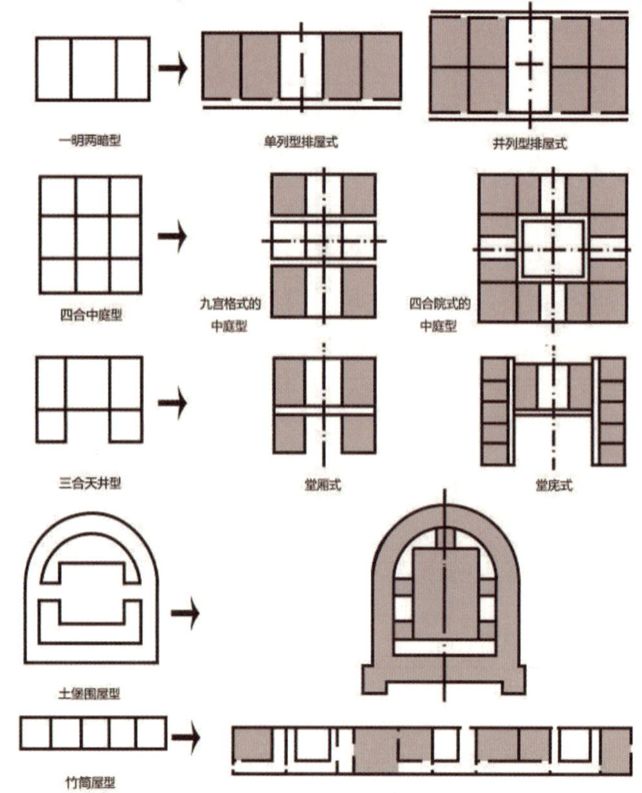

图 6-14　福建传统民居五种基本类型

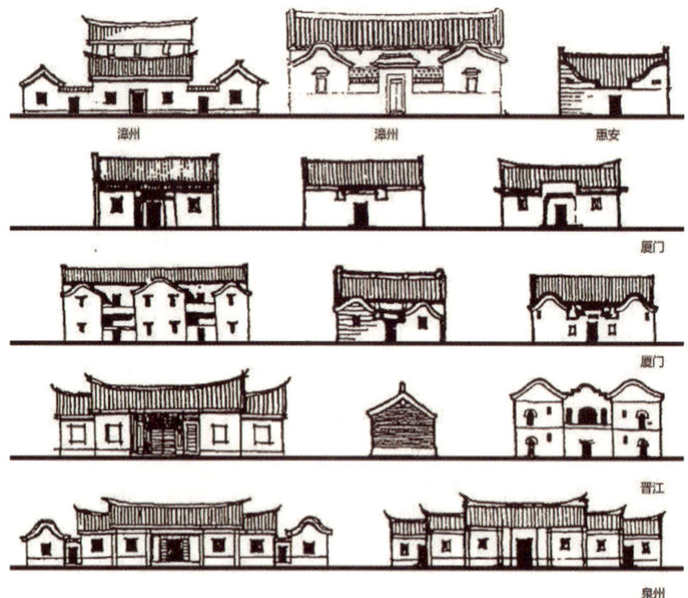

图 6-15　闽南传统民居建筑的典型立面比较分析

杇、屋脊等部位。泉州的民居建筑墙体材料多用红砖(崇尚红色)、方仔石墙、大牡蜗壳墙，这与漳州民居喜用青砖有明显的差别。沿海石构建筑完全用花岗岩建造，“出砖入石”的墙面，独具特色的惠安石雕，进一步彰显了闽南民居建筑的特色。

三、泉州聚落民居的特征

泉州地区的聚落民居建筑风貌丰富多彩，民居大致分为四种，即官式大厝、手巾寮、洋楼和骑楼。其中官式大厝和手巾寮成型并发展成熟于中国古代封建社会，属于传统民居类型；洋楼和骑楼是中国进入近代社会后，受西方及东南亚殖民地样式建筑的影响发展而来，属于近代民居(许多建筑史学家将外廊样式建筑作为中国近代建筑体系的重要组成部分，泉州的洋楼和骑楼可视为“外廊式”建筑)。此外，还有一定数量的土楼民居。

其中，官式大厝是最具泉州地方特色的民居形式之一，时至今日仍保留许多。上迄明代中叶，下至民国时期，甚至到 20 世纪 80 年代，城郊及周边聚落地区的许多乡民仍采用这种样式建造新房。

官式大厝是一种有着悠久历史的地方传统民居类型，其称谓源自何处难以考证。在《中国民居》中，官式大厝被称为“四合院民居”，归属于“闽粤侨乡民居”之中。① 在《福建民居》中则写道：“泉州……大型宅邸因为是仿照北京四合院民居所建，当地称它为‘宫廷式’。”②在《老房子・福建民居》中，黄汉民先生在论及“闽南红砖民居”时指出：“闽南的红砖民居分布在厦门、漳州、泉州所属的绝大部分县市，护厝式的平面布局、红砖的墙面，花岗岩的运用，曲面的屋顶、艳丽的装饰是其突出的特点”，“闽南红砖民居平面布局独具特色，它是以合院为中心，在两侧建护厝，左右拼接沿横向发展”。这种大型宅邸被称为“护厝式”。③ 在这些重要的民居专著中，官式大厝的称谓各不相同，学界对泉州这种大型宅邸尚无统一称谓。在地方文献中，这种大型宅邸的名称也非止一种，如在《泉州民居》中，就有“宫殿式”“皇宫式”和“皇宫起”三种。④ 在《南安县志》(1993 年版)中，又有“官式大厝”和“汉式大厝”之称。⑤ 对于官式大厝的种种称呼，充分反映泉州多元文化的特质。实际上，“皇宫起”是惠安县、泉港区的俗称，“汉式大厝”是南安的俗称，“官式大厝”是府城(包括鲤城、洛江、丰泽、清濛、晋江和石狮等地)的俗称，安溪、永春与德化各县还会有其他的俗称。⑥

纵观整个泉州地区，特别是在泉州古城及周围沿海平原地带，这种布局恢宏、结构完整、工艺精美、许多做法及规模均超出封建社会官方规定的民居型制，在国内其他地区十分鲜见。

---

① 陈从周，潘洪萱，路秉杰.中国民居［M］.上海：学林出版社，1997：136-139.
② 高鈐明，王乃香，陈瑜.福建民居［M］.北京：中国建筑工业出版社，1987：12-14.
③ 黄汉明，文，李玉祥，摄影.老房子・福建民居［M］.南京：江苏美术出版社，1994：37-54.
④ 张千秋.泉州民居［M］.福州：海风出版社，1996：17-27.
⑤ 潘用庭.南安县志［M］.南昌：江西人民出版社，1993：145-146.
⑥ 关瑞明.泉州多元文化与泉州传统民居［D］.天津：天津大学，2002：37.

与北方现存的传统合院式民居相比，官式大厝民居更多保留了早期汉民族房屋布局的一些特点，这主要体现在：[①](1)建筑群的布局采用向心围合式。闽南大厝民居群体布局采用了向心围合式的方式：建筑群的中部是一座或沿中轴方向发展的数座四合院，当群体需扩展时，不是在其左右并联与中路建筑相似的建筑群，而是增加一列或数列纵向的护厝，其轴线指向核心体，从而形成一种向心围合式的群体布局方式。这种方式集中出现于闽粤地区的民宅中，而在北方民居中几乎没有。(2)相对低矮开敞的建筑形式。“席地而坐”是古代中原地区的主要起居方式，这种方式一直延续到唐代，到了唐末才开始逐渐使用各种高足家具，反映在建筑形体上，早期的建筑低矮开敞，晚期的建筑层高则相对加大。闽南地区的汉族先民大多是宋代以前迁移至此，因此较多保留了早期汉族民宅的形式；另外，大厝民居具有很强的整体性，这也加强了它水平方向舒展的感觉。明清时期，在中国文化的中心区如江南、徽州等地，民居已普遍向楼层形式发展，而大厝民居仍基本延续了早期低矮开敞的水平布局方式。(3)主入口位于建筑的中部。比较其他地区的民居，房屋的主入口一般设于东南角，而闽南大厝民居的主入口基本上都位于建筑的中部，与早期民宅的布置方式相吻合，这一点从现存宋元以前的民居遗址和一些古画中可以得到印证。另外，北方民居、甚至同属福建的福州民居中采用的屏风门，即进入正门后迎面设置一道可拆卸的类似屏风的门墙，以防止视线穿透的做法，在泉州民居中也很少出现。据考证，设置屏风门是宋代以后逐渐形成的。实际上，大厝在中部设置一道正门和两扇偏门，由于正门平时不开，已客观上起到了屏蔽视线的作用。另外，官式大厝在主厝中轴线上设置一道正门和两侧的偏门，日常使用仅开启其中一侧，正门只在重大家事活动时才打开。由于正门平时不启用，客观上起到了屏蔽视线的作用，官式大厝主入口的这种内凹处理，当地人称之为“双塌岫”。

官式大厝的空间构成一般由主厝、护厝与厝埕等组成三间张或五间张二落大厝。其中，主厝是泉州官式大厝的核心部分。它的空间构成，也离不开横向与纵向这两个维度。一般情况下，民居的开间数均为奇数，从小到大分别为一开间、三开间和五开间，五开间是传统民居开间等级的极限；纵向围度有进深间、座落与院落，一个座落最多可以划分出大房与后房两个进深间，两个座落才能围合出一个院落。

以三间张、五间张两落大厝为例，其在各部房间的名称上，泉州严格按照左为上、右为下的原则，每个房间都有相应的称呼。顶落中部的上厅叫作“上大厅”或“顶厅”，上大厅是家祠，设有祖宗牌位。后部隔着板壁的是后轩。上大厅的东侧是上大房，西侧是上房（地位稍次于上大房），上房后的房间统称后房。下落隔着深井与顶落相对，门朝北开，中间与顶厅相对的是下照厅（下厅），下厅起着门厅和过厅的作用；下厅东西两侧的房间都称为下房。顶落及下落面向深井的部位都留有巷廊。另外，在下落中部主入口部位常内凹一至两个椽架的空间，称为“塌岫”，塌岫起着门斗和雨篷的作用，它有两种做法：一种是“孤塌岫”，即入口内凹一次，形成一长方形空间，中部开一双扇大门，另一种称为“双塌岫”，即入口内凹两次，形成一“凸”字状空间。双塌寿除中部开一双扇大门外，两侧各设一扇偏门，

① 关瑞明.泉州多元文化与泉州传统民居［D］.天津：天津大学，2002：39-41.

又称"角门'。大门平时紧闭，只在婚丧嫁娶等重要日子才开启，平时仅由偏门进出。

五间张双护厝型大厝可以看作三间张大厝的横向扩展形式，主体部分由三开间增至五开间，使得顶落两边各增加一"边房"和"后房"，中部设置一巷道，称"火巷"；下落下房两边各增加一"角房"（又称"花向"）；由于深井尺寸增加不大，使得榉头间前留出一宽阔的廊道，称为"榉头口"；两边护厝的纵向长度与中路建筑相等，二者之间是狭长的护厝天井，也称"小深井"，护厝前部面向前埕处各留出一独立入口，入口后是护厝的门厅，它连通纵向的廊道，廊道旁是六至七间护厝房；连接主体建筑和护厝的部分称为"过水间"，其中，与下落相连者称"护厝头"（即护厝门厅），与顶落巷廊连接者称"亭仔头"，与顶落后部连接者称"护厝尾"。

从功能上看，中路建筑（主厝）是家庭成员的主要起居、活动用房，在形式上也具有主导作用，是建筑的主体；护厝主要供佣人居住及厨房、洗涤之用，护厝天井内常有水井，这一部分是建筑的辅助部分。

主庭院及其周围的厅堂是中路建筑的核心，它既是全宅公共活动的中心，又是交通的枢纽。在五间张大厝中，庭院的北、南及东西各设置了一个敞厅，形成"四厅相向，中涵一庭"的格局：北面是祖厅，主要是供奉祖先牌位、神祇塑像及接待重要的客人；南面是下厅，是临时待客之处；东西的榉头口可供日常活动、休闲。这四个厅堂都面向主庭院开敞，在周边回廊的连通下，形成一个丰富的、可容纳各种活动的交往空间。

在护厝部分，由廊道及其所联系的过水间围绕着护厝天井形成另一个充满生机的场所。护厝天井平面为纵长方形，两边是高耸的山墙和护厝的廊道，中部常被开敞的或半开敞的过水间分隔，空间既保持连通，又富有层次。同时，这种南北窄长、有如弄堂的空间，在四周建筑的围合下，大部分时间都处于阴影之中，大大减少了夏日的辐射热，并加速了空气的对流，使居室既通风又凉快。

纵横贯通的廊道是将整座宅院联系为一个整体的主要手段，它既是联系各部分的通道，又控制和导引着住宅内的气流循环。廊道一般分为内回廊、单面廊、凹廊和过水间等几种。内回廊设于庭院四周，为周边房屋提供水平联系，结构上与房屋一体；单面廊主要用于联系护厝各房间；凹廊一般设于入口处，即主入口常采用的双塌岫和护厝入口的单塌岫，这是大厝中普遍采用的门廊形式；过水间较窄时是过道，较宽时又形似敞厅。实际上，在住宅中这些廊道与敞厅及庭院、天井是互相贯通的，形成一种内外空间互相渗透、互相补充的整体环境。

埕，在主厝与护厝的前面有一个与之等宽的前地空间，称"厝埕"。据王建设先生考证，在闽南方言中，"埕"是"庭"的通假字。[①] 望文生义，"厝埕"是指官式大厝的前庭、前地。由于厝埕所处的位置在官式大厝的前头，因此又称"埕头"。在一般情况下，厝埕是用"方仔石"铺设的，因此又称"石埕"。在乡村，厝埕的主要功能之一，是收获季节用于晒谷子、晒稻草。

综上，官式大厝空间构成的基本规模或者说典型平面可分为两个等级，低一级的应是

① 王建设，张甘荔.泉州方言与文化：上［M］.厦门：鹭江出版社，1994：162-163.

“三间两落双护厝（含厝埕）”，即三间张的官式大厝；高一级的应是“五间两落双护厝（含厝埕）”，即五间张的官式大厝。

四、“原型”与“衍化型”

基于上述，“原型”是指人类世世代代普遍性心理经验的长期积累，沉积在每一个人的无意识深处。[①] 其内容不是个人的，而是集体的，是历史在“种族记忆”中的投影，“包含人类心理经验中一些反复出现的原始表象”，这种“原始表象”被荣格称为原型。建筑类型学中的“原型”并不意味着建筑的本质，但它是一种先存的“类型”。在人与建筑的关系上，人总是根据某种先存的原型而创造出建筑。

闽南的古厝民居平面形制上具有明显的“一明两暗”模式特征，因此“一明两暗”的形制可以看作是闽南古厝民居的“原型”。“一明两暗”是传统民居建筑中最为基础的平面格局，代表了最原始的居住模式。最基本的“一明两暗”形式，只有中间一个正堂和左右两间侧房或四间侧房，组成三开间或五开间的“一条龙”形式的平面格局。

阿尔多·罗西在《城市建筑学》中从心理学的角度入手，认为类型是人们的生活模式的产物，建筑形式即为这些生活方式的反映，一种特定类型与一种形式和一种生活方式联系在一起。“一明两暗”的建筑形式是闽南古厝民居的“原型”所在，代表了闽南古厝民居最原始的居住空间模式。在适应闽南地理环境和生活方式的过程中，“原型”变异出各种衍化型。在增加中庭和下落的基础上，“一明两暗”组合成四合天井民居，如三间张两落古厝和五间张两落古厝。四合天井类型的民居空间构成上具有顶落、中庭和下落三部分，是组成闽南古厝民居最基本的配置，是“原型”衍化的主类型。其他类型的古厝民居都可以看作是四合天井类型在空间上的增减而得到的衍化子类型，如三间张两落古厝减少下落部分，则成为三间张榉头间止的三合天井类型。在纵向增加一进院落，则成为三间张三落古厝的多进天井类型。（如图 6-16）

五、古厝民居的空间模式

（一）古厝民居的中心化空间模式

建筑类型学中心化的空间模式指的是一种中心式的集中构图，它一般是由一定数量的次要空间围绕一个大的占主导地位的中心空间构成的。

古厝民居空间的组成元素中，“间”是组织空间的基本单元，“间”围合形成了天井，天井是整个建筑的中心，而“间”中顶厅是统领民居宅内功能空间的核心，起着敬宗孝祖、教化家人等一系列的功能。

以建筑类型学的中心化的空间模式分析闽南古厝中的“间”。就功能而言，顶厅在所有空间中具有统领全局之感，作为祭祖之所，设置先人牌位，供奉直系祖先是整个建筑空间功能的核心部分。就几何形态来看，顶厅空间形态为四方体，并位于中心，面向四周具

---

① 霍尔.荣格心理学入门［M］.冯川，译.北京：三联书店，1987：80.

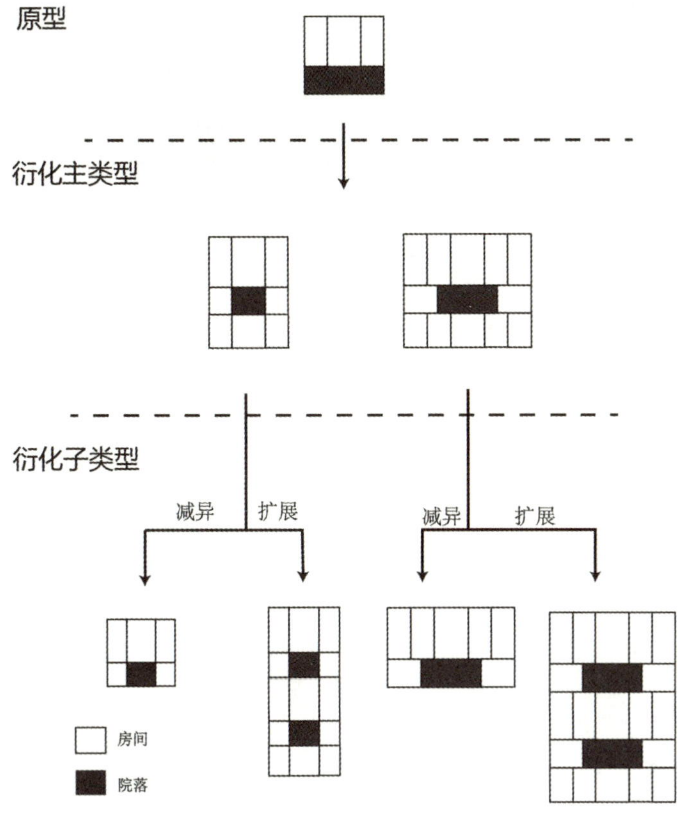

图 6-16　古厝民居平面模式生长图

有统领之感，其他“间”作为次要空间围绕在其周围，形成一种向心的力场。并且通常顶厅的空间尺度为所有“间”中最大，强化了顶厅的中心领导地位。这种以顶厅为中心的空间模式，很好地诠释了闽南古厝民居“祠宅合一”的建筑特性，也表明了封建家族制度对闽南民居布局的影响。（如图 6-17）

(二)古厝民居的轴线复合空间模式

建筑类型学中的轴线复合空间结构模式隐含着过程和路线的概念，它是由基本形体沿线性联系排列而成，基本形体的方向垂直于排列方向或与之重合。闽南古厝民居中的建筑轴线比较隐晦，隐含在由顶厅—天井—下厅形成的空间轴线上，控制着整体的建筑序列的展开，给人带来强大的轴线向心力。这种规整的轴线模式，给人一种严谨拘束的心理感受，烘托出了“受道德观念之制裁”“着重布置之规制”的传统封建礼教的特征。

受顶厅—天井—下厅的空间轴线的制约，闽南古厝民居的空间生长蕴含着一种理性的规律。古厝民居中的空间生长是以主轴线为基础增加次轴线进行的轴线复合模式，次轴线与主轴线平行或者重合，由一栋古厝衍生出数栋古厝。通常情况下主轴线由建造最早的古厝轴线确定。前文论及的埭尾村就是典型案例，其陈氏宗祠所形成的轴线就成为整个聚落发展的主轴线，并随着发展，形成主轴与众多次轴平行的复合空间模式。

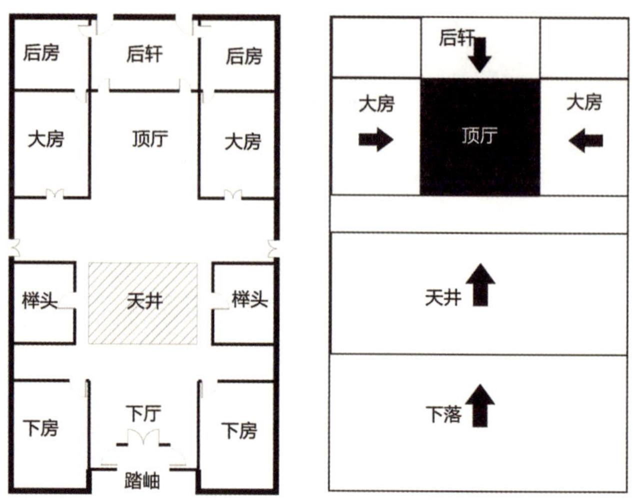

图 6-17　顶厅下的中心化空间模式

第三节　土坑民居类型概况

对于土坑聚落现存民居，根据其建筑质量可以划分为一类建筑、二类建筑、三类建筑、四类建筑等。其中，一类建筑，主要结构破损，质量较差，较为典型的如刘宗德住宅、刘玉坤住宅、刘三贵住宅等。二类建筑，结构基本完好，质量一般，较为典型的如刘海滨住宅、刘荣栋住宅、刘玉成住宅。三类建筑，结构完好，质量较好，较为典型的如刘华兴住宅、蔡玉珠住宅、刘其荣住宅等。四类建筑，结构完好，质量好，较为典型的如刘立贵住宅、刘捷场住宅、刘国云住宅等。

另外，按照风貌可以划分为传统古厝、番仔楼、石屋与现代式样的民居。现存的传统古厝建筑以清代建筑为主，其中保存状况良好、布局较为完整且具有较高建筑技术与艺术价值的有：旗杆厝、肇元进士第、建珍大厝、传盛居等，其他还有一些古厝相对也较好，但或因建造年代较晚或技术和艺术价值等方面的问题，而整体价值相对不高。另外，还有些古厝已经出现了倒塌、村民自行拆建部分古厝、白蚁等生物病虫侵蚀等现象，如施布口街的见龙府邸、家驹粮铺、施布当铺等都出现了部分倒塌。总之，整个古聚落的古民居亟待保护。

此外，还可以按照建造年代划分为明代时期，清代时期，民国时期，19 世纪 50—80 年代，80 年代后等；按照建造材料可以划分石结构、砖(石)木结构、砖混结构；按照建筑朝向可以划分为坐东南朝西北与坐西北朝东南两类；按照建筑层数可以划分为一层建筑、二层建筑、三层建筑、四层建筑等；按照屋顶形式则可以划分为坡屋顶、平屋顶等。

一、古厝

土坑民居是以前埕后厝、坐北朝南、三或五开间或加护厝、回向等形式出现的，其平面有：三间张二落古厝、五间张二落或三落古厝、三间张二落单护厝、三间张二落双护厝、五间张二落或三落单护厝、五间张二落或三落双护厝等。其中，二落古厝是土坑传统民居中数量较多的一种类型，该类民居有明确的中轴线，沿中轴线布置，由前埕、门厅、天井与大厅等组成。

另外，土坑聚落内现保存着几处较为奇特的平面类型民居，即在五间张三落古厝的基础上，增设回向与角楼，及其在三落处增设丁子楼，这类民居典型的是提督府。

土坑古厝具有闽南古厝的一般特征，即建筑造型特色主要体现在墙体、屋顶及其细部处理上。古厝的外墙普遍以白石、红砖作为建筑材料。红砖一般采用闽南传统建筑中使用最广泛的“烟炙砖”，其色泽艳丽，规格平整。古厝的下落正面称为镜面壁，是一幢房屋的门面，一般由上而下分为数个块面，每面称为一堵，最下面的台基称为柜台脚，以白石砌成，柜台脚正面浮雕出踏板的形象，板下两端有外撇的“虎脚”。柜台脚以上，是白石竖砌而成的裙墙，称裙堵，其上一般不做雕刻。裙墙以上，是红砖砌成的身堵。身堵大多用红砖拼花，但土坑聚落现存的古厝身堵装饰都较为简单、朴实。身堵正中，是白石或青石雕成的窗户，以条枳窗为多。身堵以上、屋檐以下是狭长水车堵，水车堵内，多为泥塑彩绘，整个土坑聚落现存的古厝，水车堵内的装饰多较为简单。古厝的山墙称大栋壁，普遍用红砖斗砌，称“封砖壁”，也使用块石与红砖混砌的墙体，石竖立，砖横置，上下间隔，石块略退后，即“出砖入石”。出砖入石成功体现了不同材料的质地对比，色泽对比，纹理对比，砖石浑然天成。

古厝的外观比较封闭，面向天井的大房、边房多悬挂布帘或竹帘，在这些房间的屋顶上经常设置一尺见方的天窗，天窗位于两椽之间的笑瓦陇上，其上放置玻璃，下侧有通风口，以防雾气凝结。

二、番仔楼

番仔楼亦称“楼仔厝”“小洋楼”，是指具有欧洲住宅与热带建筑特色的所谓“殖民地外廊样式”建筑，它也是与传统民居相结合的建筑。该类建筑的门窗、外廊是其装饰的重点。该类民居一般是传统民居“大厝身”的二楼化过程，即在平面上保持“一厅数房”的基本形制，中为厅堂，左右各有两房，称为“四房看厅”，底层作为客厅，寿屏后为楼梯及联系左右后房的通道，祖厅移至二层。

作为建筑的门面，番仔楼山头样式繁多，有西方曲线的巴洛克山花，也有传统的书卷式曲线，更多的是中式、西式的巧妙搭配。对于土坑聚落而言，这类番仔楼数量上较少，且多与古厝结合出现，即一边为古厝，一边为番仔楼，其中较为典型的如刘开南宅，其护厝部分为二层番仔楼。

三、石屋

土坑石屋因地制宜，其石料就地取材，大量用于墙基、墙身、柱础、柱子、楼板，以及门窗、石栏杆、石级梯，甚至整条街坊，并且进行精雕细琢，形成了独特的建筑艺术。

土坑石结构民居的格局大都沿用传统的布局形式，从底层至顶层，均以中厅为主轴，两边厢房，厝内大都以走廊作为交通通道和通风所在。厝的后落连接走廊作为后厅，在底层设有正(大)门、后门及左右两个小边门。除此之外，常有“田”字型建筑布局形式，即一入大门就是厅堂(也兼为客厅)，厅堂两边前后各两房。有厢房并列后排作为次房或厨房、卫生间、杂货间等，楼上布局与楼下不同，多作为起居及卧室之用。有些以底层作为仓库，二层以上作为厨房、厅堂和起居用房。

石结构房子缺点在于石料抗拉强度小，抗震性差，不耐火等，在传统方法砌承重墙时，上下两块条石间用小石块铺垫，再用泥沙“甩”进缝隙内抹平，几十米高的楼墙都用这种做法。

四、现代式样

现代式样是指建造于1980年代以后的当代非传统、非番仔楼、非石屋类建筑，该建筑一般层数在2层及2层以上，多采用现代式样。土坑聚落内现代式样的建筑可根据它与聚落传统风貌的关系，进一步划分为保留现代建筑与冲突现代建筑。冲突现代建筑的典型特征是：层数在2层以上，体量庞大，色彩艳丽，采用玻璃幕墙，与聚落传统风貌冲突较为明显。保留现代建筑的典型特征是：层数在2层及2层以下，体量相对较小，色彩为暖灰色或灰色，与聚落传统风貌冲突不是很明显。

五、土坑古厝民居类型归纳

建筑类型学中将研究对象分为三个等级，土坑古厝民居对应了建筑类型学的第二层等级关于建筑的空间构成元素和尺度的研究。据此，为了便于下文量化，同时结合上文，我们根据院落围合情况，将土坑古厝民居归纳为：单排屋形式、三合天井形式、四合天井形式以及多进天井形式四种类型。

其次，从平面组成情况，土坑古厝民居以三开间或五开间两落为衍化主类型，呈现出丰富的平面类型，其平面有：三间张二落古厝、五间张二落或三落古厝、三间张二落单护厝、三间张二落双护厝、五间张二落或三落单护厝、五间张二落或三落双护厝等。另外，土坑聚落内现保存着几处较为奇特的平面类型民居，即在五间张三落古厝的基础上，增设回向与角楼，及其在三落处增设丁子楼，这类民居典型的是提督府。另外，还有四间张二落古厝，三间张二落单伸手古厝，三间张二落单护厝带番仔楼式样的古厝等，这些不规则的古厝丰富了土坑传统民居的类型。

根据单排屋形式、三合天井形式、四合天井形式以及多进天井形式四种类型的分类标准，土坑古厝民居基本为四合天井形式和多进天井的形式，多进天井形式基本上为三进院落。(如表6-2)

表 6-2　土坑聚落古厝民居类型归纳

类别	四合天井形式		
图片		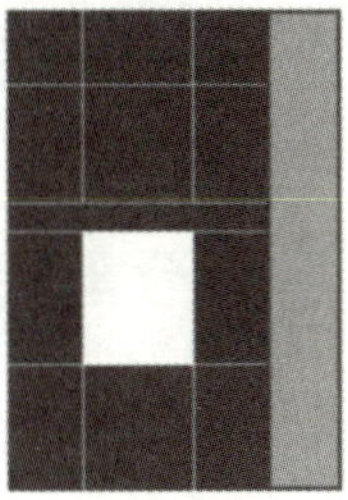	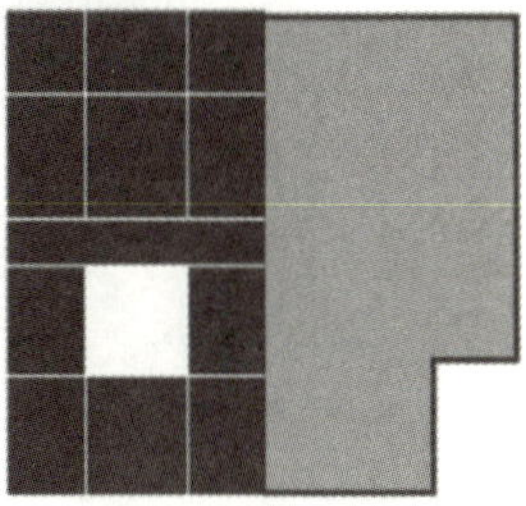
名称	标准	TK02 刘宗丁宅	TK03 刘开楠宅
图片	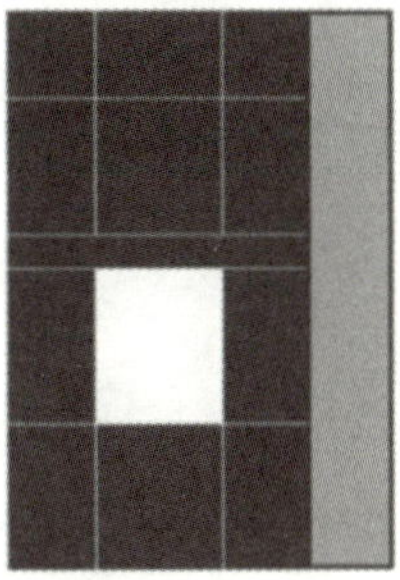	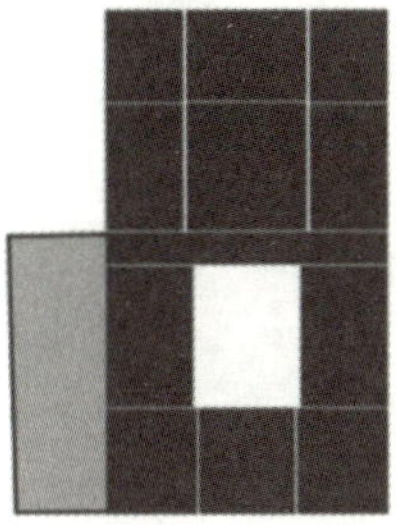	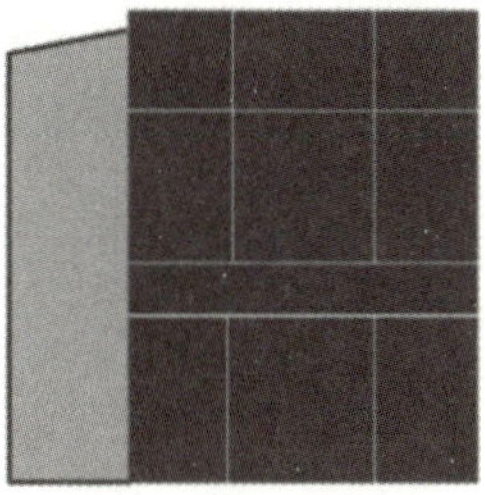
名称	TK15 刘成杰宅(建珍大厝)	TK10 刘毓顺宅(长春堂药店)	TK13 六主四宅
图片		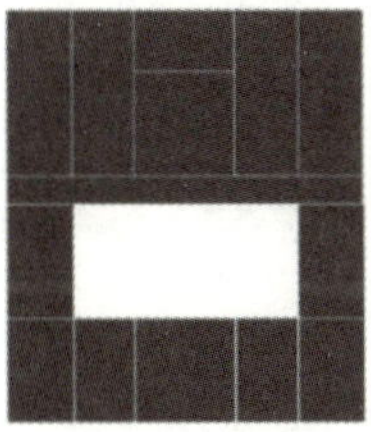	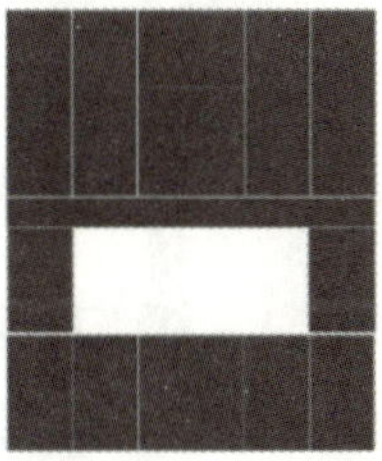
名称	TK09 刘立贵宅(肇元进士第)	TK20 刘钦水(横龙财主宅)	TK04 傅鹤公府第
图片	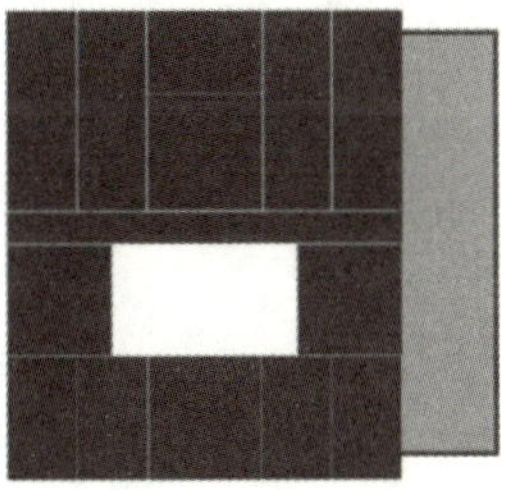		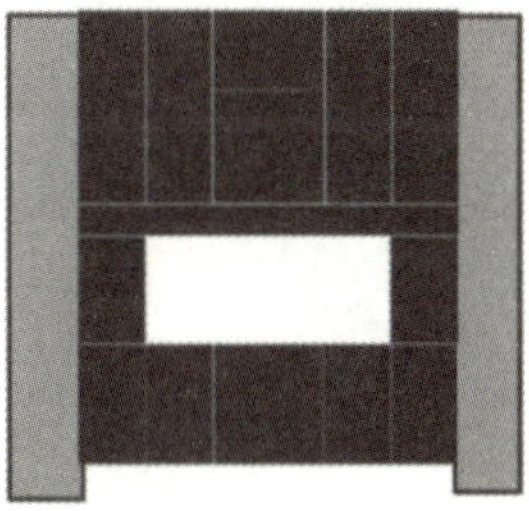
名称	TK16 来铺当铺	TK11 刘国辉宅(万捷十三行)	TK14 刘宗德宅(顺裕大厝)

续表

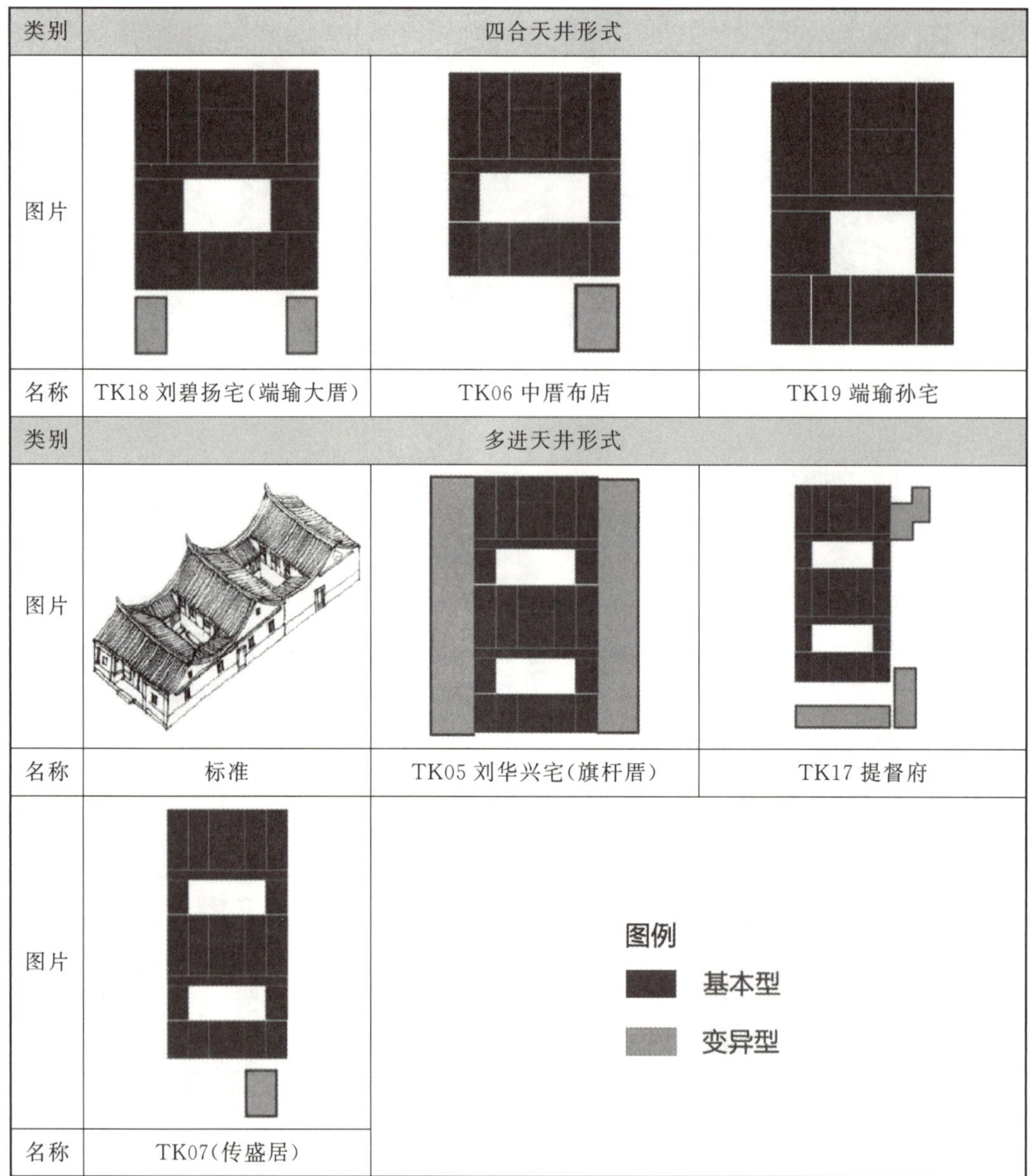

类别	四合天井形式		
图片			
名称	TK18 刘碧扬宅(端瑜大厝)	TK06 中厝布店	TK19 端瑜孙宅
类别	多进天井形式		
图片			
名称	标准	TK05 刘华兴宅(旗杆厝)	TK17 提督府
图片		图例 基本型 变异型	
名称	TK07(传盛居)		

第四节　典型民居

一、旗杆厝

旗杆厝即刘百万宅，现为刘华兴私宅。刘百万即长房长刘端弘，从事海运商业及典当行业，经济实力居全村之首，称为“刘百万”。据考，刘百万生于清乾隆二十八年(1763 年)

前后，为刘宗孔之十二世孙，敕赐儒林郎，诰赠昭武都尉。

刘百万从小受家族传统的熏陶，且聪慧过人。他因脸部一边呈黑色，人称“黑伯”；貌虽不扬，却具有开拓进取精神，他对土坑的经济繁荣和教育事业的发展，做出了重大的贡献。

在遭受战祸兵乱和清初迁界的苦难之后，刘端弘与北关四房堂亲好友刘端瑜（县学教谕），经过磋商，决心要为土坑村民们闯出一条兴村的路子。两人一拍即合，决定经商做生意，便发动家族亲人合伙，于许厝海边开设杉行，开辟海上通道，并购置十八艘桅帆船，走南闯北。海上生涯，险恶交加，风浪之外，有时也会遭受盘踞在沿途海岛上的海匪的打劫。刘百万有其超凡胆略，通过长年苦心经营，遂成巨贾富商，他被乡亲们誉为“刘百万”。通族的经济也同时得到腾飞，繁荣昌盛，人丁繁衍。为了谋得长足发展，遂以土坑为母村，在方圆五华里内展拓十八个村庄。刘百万有六个兄弟，五个儿子，加上兄弟的儿子，成为一个大家族，建造起十八座大厝。

在土坑聚落经济发展的基础上，刘百万便大力兴教。传说，时峰尾宗亲有人中举，刘百万便备办厚礼前往祝贺，受到峰尾宗亲的热情款待，被邀在上席就座。上席就座的都是有地位的人，有人私下指着刘百万，问他是何许人。峰尾宗亲为夸耀刘百万而无意中脱口说是土坑“土财主”刘百万。这一私下对话却被刘百万听见。待回到家中，他躺在床上叹息，家中亲人问他何故叹气，刘百万说，有钱何用，还不是被人看土了。他闷闷不乐，就找刘端瑜，说出自己的心事，两人商议：决定以“土”策“智”。他们认为创业难，守业更难，要使基业牢固和发展，人才很重要，兴教是根本。于是，他们凭着高瞻远瞩，超凡的见识，商定分别开办南、北文武馆，并开辟跑马路和练兵场。儿孙习文者免费；学武者，每人每日赠送一粒鸡蛋，以资鼓励。自此，族中书声琅琅，马铃叮当，人才辈出。聚落中府第相连，旗杆林立；祖祠里，牌匾挂满厅堂，一时被誉为书乡、学府。土坑村的经济、文化全面发展，达到鼎盛。

历史上，扁担是船队装卸货物的工具，刘百万重金请来了“头北”几位闻名的施厝扁担拳拳师随船队护航，同时要求船员在航运途中习武健体，这也使得施厝扁担拳扬名海外。

刘百万为人胸怀豁达，真诚善良，有着扶贫济困、积德施善的高尚品德，是一位受人敬重的仁义君子。当时地方上流传着有困难找“黑伯”（找刘百万）准行的话。相传，上坑村有一屠户，曾向刘百万借过钱。有一天，刘百万路经上坑村时，顺便到屠户家意欲询问还钱的事。入门时，看见屠户正为孩子办满月酒，自觉不好意思，就退出来。屠户见状，以为刘百万有意刁难，不给面子，粗暴地追出来。当时屠户正在切肉，无意间把刀带在手上。上坑村与土坑仅一路之隔，土地相连，在山上农耕的土坑族人，见状围拢过来，屠户见有人过来，就退缩回家。族人问刘百万何故，刘百万意识到事无大小，若以实情相告，事情不可收拾。他为了息事宁人，便说，屠户在办满月酒，要邀请我。就这一句，平安无事了。事后乡邻多有议论，说土坑大，人多，若不是刘百万的宽容大度，上坑的“瓦片也不够涂（土）坑人数”。

峰前王氏族中，有一户贫穷人家妇女，丈夫病逝，无钱买棺木收埋安葬，哭得死去活来。这时有人告诉她，到土坑求助刘百万。她登门苦诉哀情，刘百万听后甚感同情，随即开了条子，让她到棺木店取一具棺木。该妇女在返回路上，忆起死者还没有“寿衣”盖体，又向刘百万求助。刘百万认为助人应该助到底，寿衣盖体应是新的，刚好身上穿的是一件新做的长衫。他回到房中，换上一条旧衫，将新衫交给她带回。时至今日，峰前王姓人还流传着这一美谈。

土坑南头有一对夫妇生了第二胎男孩。按房规约定，凡生男孩须办满月酒。这户人家由于家境贫穷，三餐难度，无钱办满月酒；若是不办，又怕受到非议。夫妇商议，不如把婴儿偷偷埋掉。于是当天色还朦胧时，他们把婴儿放在簸箕中，用草盖住，提到山上。当丈夫将要把婴儿放入穴中时，其妻失声痛哭晕倒于地。丈夫见状，急急救护，夫妇抱头痛哭。想想把婴儿活活埋掉于心不忍，便商议不如把大男孩卖掉，还能保住小婴儿。他们把婴儿带回家，走近村口时，天刚破晓。有“早便”习惯的刘百万蹲在厕所中，听见孩子的哭声，心觉有异，急起近前询问，夫妇觉得难于再隐瞒，便把实情相告。刘百万很同情，当场付给一些钱，交代那对夫妇要把“月内”做好，大孩子也不能卖，彩酒由他承办。待到办彩酒之日，刘百万发出请帖，邀请通族各房长。在宴席上，刘百万将那对夫妇因没钱办彩酒要活埋婴儿之事相告，并提议，从今以后，废去这一房族陋俗。自此，土坑再没办彩酒的风俗。

刘百万每每规劝族人，要积德行善；在家规上，他制定出许多条例，如破迷信，戒强暴，不能恃强凌弱，要互敬互爱，敬老尊贤等等，使土坑成为礼仪之乡。

刘百万建造的旗杆厝位于土坑中心小学背后，建筑始建于清代前期，2007 年重修，建筑规模较为宏大，占地面积 1739 平方米，建筑面积 1127 平方米，主体建筑为一层，护厝局部为二层，整个建筑为五间张三落三护厝，该宅坐西北朝东南，规模宏大，气势恢宏，共有 100 个门、99 个窗，11 个天井，宅前有带院墙的前埕。

旗杆厝建筑整体较为方正规则，对称布局，有明确的中轴线，沿着中轴线上由门埕、门厅、天井、大厅、后天井与后堂组成，沿轴线各厅堂地坪逐步提升，厅堂用于待客，后堂主要供奉祖先的牌位；中轴左侧有一条护龙，中隔狭长的天井；中轴右侧有两条护龙，中隔狭长的天井；护龙均朝向中轴开门窗，只在对外门埕处开小门通向外面。右侧的第一条护龙靠近门埕处的门屋建成两层的埕头屋，以便瞭望。门埕十分宽阔大气，外围以围墙。

该宅建筑细部装饰较为精致，大门是艺术表现的中心。大门做成凹兜塌岫式，进深三柱，外檐柱不落地，雕刻成垂花柱，一半嵌墙，一半外露，外露部分与雀替的木雕比较精细，有一定的层次感；门额上一对门簪木雕极其精美，以历史典故为题材，采用了镂雕、透雕、浮雕等相结合的手法，构图巧妙，造型立体生动，层次感强；大门两侧为木板，与村落内其他宅第砖筑不一，两侧壁身堵上用红砖浮雕鹿、鹤、竹、松、兰等，形象生动，大门的勒脚石与柱础的石雕为螭虎柜台脚。

该宅采用抬梁、穿斗穿插的做法，梁架简洁，基本不施雕刻，童柱造型简洁，以丁头承托出檐，拱上托的方斗简洁朴实；宅内隔扇一般为直棂窗，绦环板的木雕比较精美。厅堂金柱柱础用料硕大，雕刻成南瓜状或镜鼓状，比较精美；宅内以菱形的红砖铺地；屋脊做成燕尾脊，天际轮廓线优美。（如图 6-18、图 6-19）

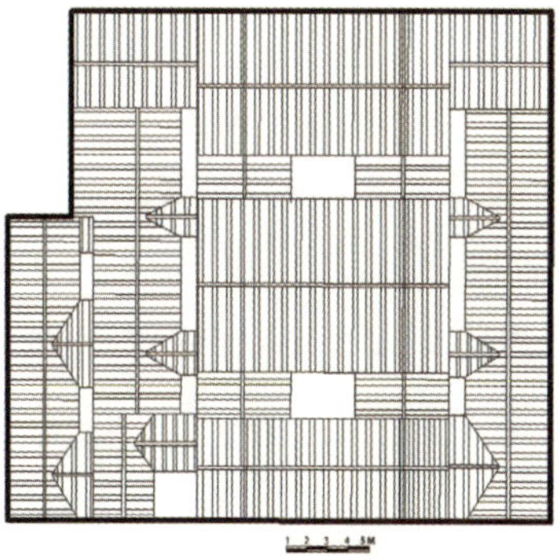

屋顶平面图

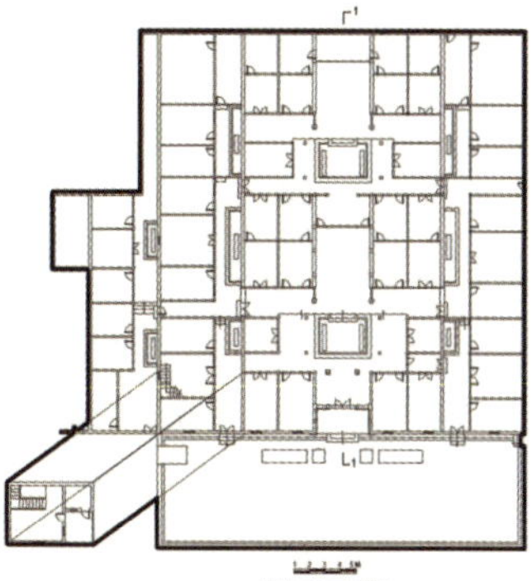

平面图

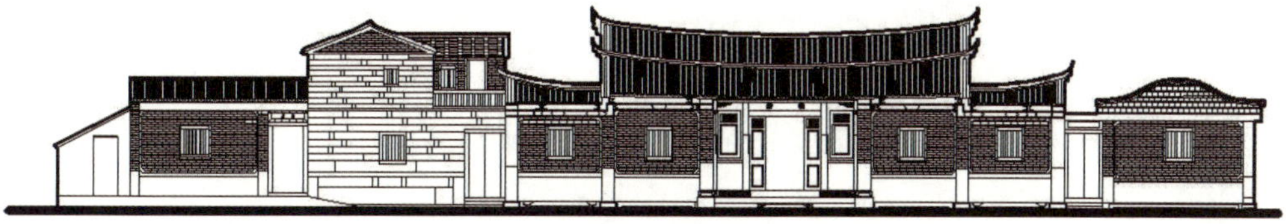

正立面图　1 2 3 4 5M

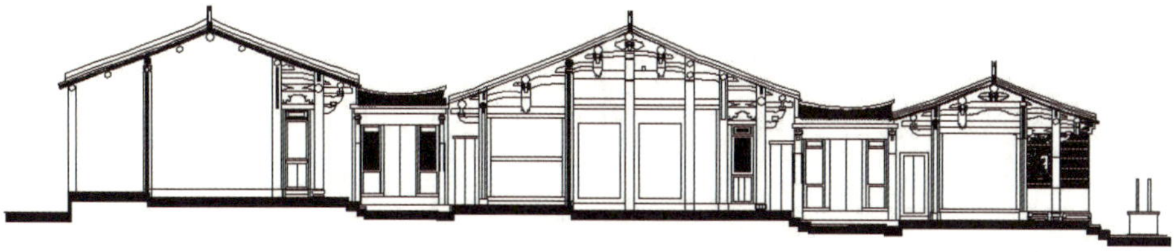

剖面图　1 2 3 4 5M

图 6-18　旗杆厝建筑平、立、剖面图

图 6-19　旗杆厝

二、肇元进士第

刘百万长子宅始建于清代中期，该宅为长房孙肇元住宅，刘肇元即端弘公(刘百万)之子，号秋圃、官衢州都司；与其堂弟刘梦超(号吉圃)在嘉庆十年(1805年)获两兄弟双榜进士，故为“肇元进士第”。2005年重修，该宅现为刘立贵私宅，并被改造为土坑民俗文化展示馆。建筑坐西北朝东南，平面为五间张二落古厝，方正规则、对称布局，中轴线上，门厅、天井与顶厅、后轩依次排列，顶厅宽敞明亮。屋顶为硬山坡屋顶，建筑正立面为红砖砌筑，侧立面为出砖入石砌筑，建筑入口为内凹塌岫式，进深三柱，外檐柱不落地，雕刻成垂花柱，一半嵌墙，一半外露，外露部分与雀替的木雕比较精细，立体生动；门额上一对门簪木雕精美；大门两侧壁肚上用红砖镂雕的图案，既像团花，又像蝴蝶，构图巧妙，加上上部木雕精致的挂落的配合，很有地方特色；大门两侧做一对门枕石，正面石雕鹤、鹿等题材，十分逼真，活灵活现；凹兜的勒脚石与柱础的石雕也很讲究、精美。

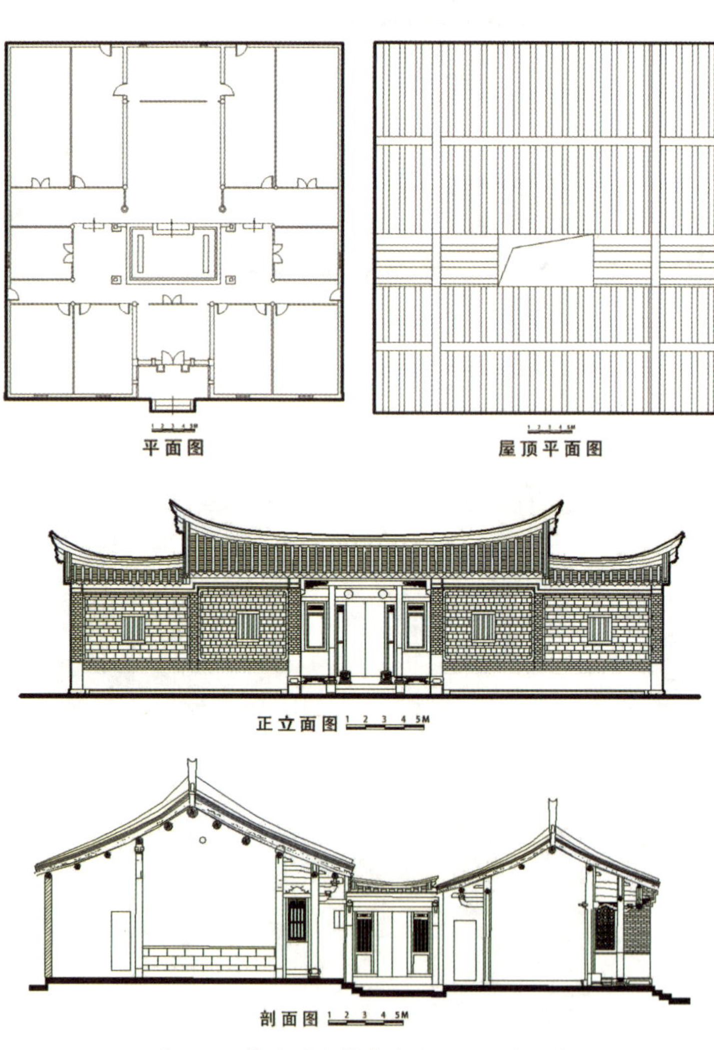

图6-20 肇元进士第建筑平、立、剖面图

建筑采用抬梁、穿斗穿插的做法，但重修后被改为搁檩式，由墙体承重，梁架简洁，基本不施雕刻；以丁头承托出檐，拱上托的方斗简洁朴实；宅内隔扇一般为直棂窗，绦环板的木雕比较精美，施以镏金。厅堂柱础镜鼓状，简洁大气；宅内以方形的红砖铺地；屋脊做成燕尾脊，天际轮廓线优美；山墙下的灰塑精美。（如图 6-20、图 6-21）

图 6-21 肇元进士第

三、傅鹤府第

傅鹤府第始建于清代中叶，2007 年重修，建筑占地面积 382 平方米，建筑面积 359 平方米，该宅坐西北朝东南，为典型的闽南古厝，规则方正，平面布局为五间张二落古厝。由门厅、天井、顶厅与后轩组成。天井中保留一对花架，种植花草，天井右侧开一口井，此布局在闽南民居中罕见。该宅入口大门两侧身堵用红砖镂雕的葫芦图案，构图较为巧妙，水车堵中装饰有泥塑，但多已经脱落，角间檐口与水车堵间开设气口窗，侧面大规壁山墙采用铡规，鸟踏下采用石块人字砌的方式形成大规壁山墙。

该宅梁架为墙体承重做法的搁檩式，檐廊处以丁头拱承托的做法，整个建筑装饰简洁、朴实。柱础为青石，镜鼓状，雕刻简洁；宅内以红砖铺地；屋脊做成燕尾脊。（如图 6-22、图 6-23）

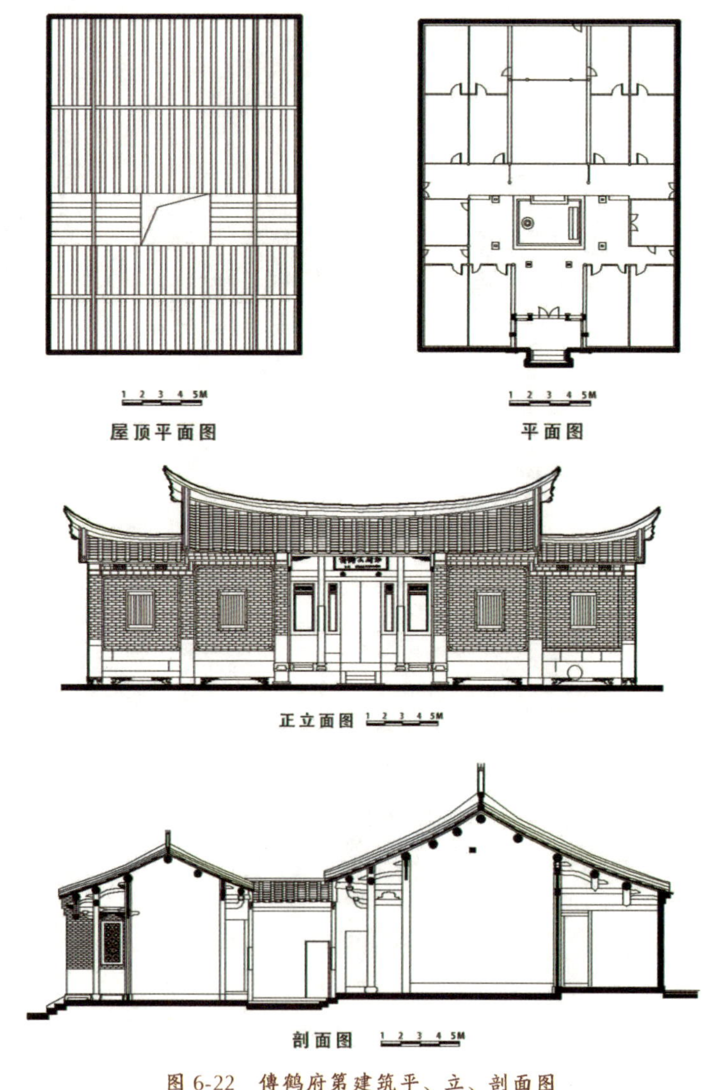

图 6-22 傅鹤府第建筑平、立、剖面图

天井古井

入口大门

铡规

图 6-23　傅鹤府第

四、长春堂药房(建连府第)

长春堂药店,又称建连府第,始建于清乾隆年间,由土坑十二世祖刘端山建造,近年重修,现为刘毓顺宅。该宅坐西北朝东南,为三间张二落大厝,占地面积250平方米,建筑面积为239平方米。

刘端山后被钦赐武略骑尉,乡饮正宾。嘉庆年间,该房产由其四子刘建连继承。刘建连,曾长期于惠安县治螺城文庙讲学。据谱牒记载,刘建连的后裔移居今仙游县郊尾镇。清光绪年间,刘建连侄儿刘礼南继承祖业房产,用以开办中、西医结合的药铺。刘礼南派出学医的许多后裔移居国外,现有刘国兴、刘国恩、刘德良、刘顺意等200多位土坑顺裕房后裔居住于马来西亚槟城。

至清末民初,土坑商业发达时,开办多所药铺和医、药结合的诊所,经营有许多外国进口的药材。比如各类西药、冰片、槟榔、燕窝、鹿角、石花等等。后药铺因故倒闭,房产出卖给长房刘端耳后裔"布店二",改为经营丝绸布匹。新中国成立初期,出租给外来商贩制作出口线面,远销至东南亚各国。

该宅由门厅、天井与顶厅组成,入口门厅在下落的右次间,而不在明间,其布局方式较为独特。同时,由于建筑前临主街,门厅向右扩建一个凸出的开间,变成四开间的下落。两侧榉头房的墙体局部改造。大厅为客厅兼餐厅。该宅主体格局完整,小巧玲珑。

该宅立面为典型的闽南古厝形式,入口采用单塌,入口处造型简洁、朴实,仅在吊桶、雀替等处施雕刻,题材为花草,透雕工艺较为精湛。入门设置屏门,因门厅本身偏于下落的右侧,故通过屏门来引导进入天井,布局较为巧妙,其次,屏门采用铜钱纹格栅,格栅窗楣施以"麒麟献瑞""百年好合",以透雕加以装饰。

该宅下落梁架为插梁式,顶厅梁架采用搁檩式、墙体承重的做法,檐口通过丁头拱承托出檐,拱上托的方斗简洁朴实;宅内隔扇菱花纹,绦环板木雕精美。后轩与顶厅金柱柱头施以栌斗上置华栱承托椽子,华栱雕琢为麒麟式,精美细腻。宅内以红砖铺地;屋脊做成燕尾脊,顶厅屋顶置神狮,榉头间顶置瓮,以魇镇保宅,天际轮廓线优美。(如图6-24、图6-25)

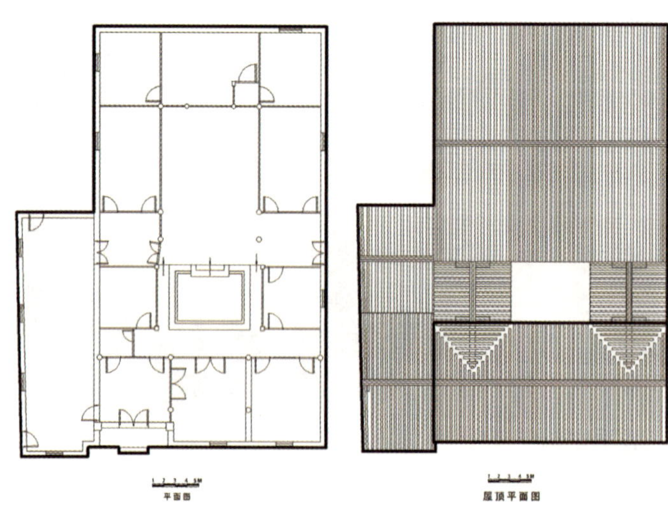

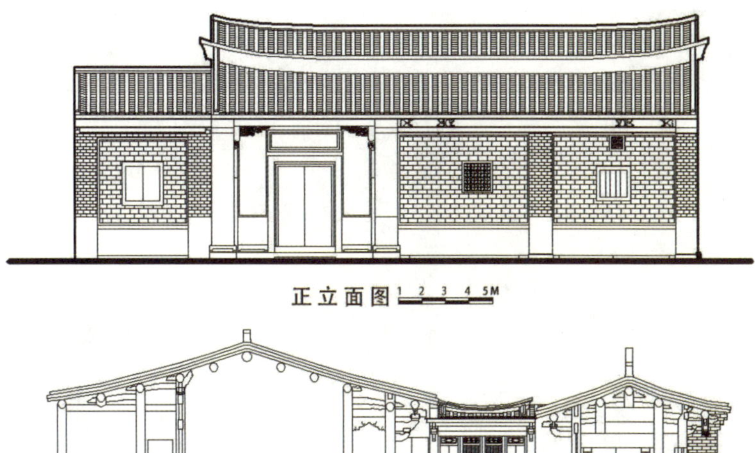

图 6-24　长春堂药房建筑平、立、剖面图

图 6-25　长春堂药房

五、提督府(开泰进士第)

提督府又称开泰进士第,始建于清代中期。刘开泰,号平岩,生于清嘉庆二十四年(1819年),清道光十四年(1834年)中武举,次年联捷武科进士,诰授建威将军,赏从一品顶戴,授提督衔,任江西南赣总兵。清文宗咸丰五年(1855年)阴历十月十五日,太平天国翼王石达开兵临城下,刘开泰誓死固守,城破身亡,时年三十七岁。

刘开泰出生于一个数代书香的名门望族。其父贡生,两位伯父进士出身。在良好的家学熏陶下,刘开泰五岁入蒙学。他不仅聪敏灵慧,且小小年纪就怀有报效国家的凌云壮志。年稍长,便入族中创办的土坑乡文武馆,聘请邻近的虎石村黄进士为老师,夜习文、昼练武。他刻苦勤奋,文武皆精。他身材魁梧,膂力过人,练了百步穿杨的箭术,并精通十八般武艺和马上功夫。

刘开泰与侄刘以上(字希颜)、胞弟刘逢泰,先后中武举。刘开泰于中武举后上京赴武科考试。考场上,他弓马娴熟,把十八般兵器舞弄得风雨不透;行军布阵,兵法战策,对答如流。道光皇帝甚是嘉许,赐刘开泰进士。后来,加封为建威将军,军前听用;诰授刘逢泰武义都尉,授兴化左营都;刘希颜赠军功五品。

道光二十九年(1849年),朝廷委派刘开泰统领清兵江南大营,土坑族中子弟百余人投于刘开泰军中。史载:咸丰五年(1855年)初,清兵屡攻义宁州不下,朝廷急调刘开泰赴江西任南赣总兵(成为当时惠安的"九总兵"之一),并调罗泽南统率的湘军一部于赣北策应,于是大破义宁州。刘开泰自此镇守南赣,太平军几番逼抵南赣,而南赣城池却固若金汤。咸丰皇帝得悉刘开泰的军功政绩,龙心大悦,加封刘开泰振威将军,授提督衔,并赐一品顶戴。

咸丰五年,太平军营屡遭曾国藩湘兵的重创,为重振军威,太平天国"东王"杨秀清决定西征,并以石达开为西路军统帅。太平军于鄱阳湖烧毁湘军战船四十余艘,然后乘胜攻占湖北武昌,迅速挥军南下占领赣北五十多个州县,大军直通南赣。此时为太平军的全盛时期。是年九月,石达开兵临城下,刘开泰率军民苦战半月后,城里已粮尽兵寡。阴历十月十五日,南赣失守。刘开泰及他的两个侄子以及土坑聚落效力于军中的一百多位刘姓族亲,也悉数阵亡。据刘开泰的玄孙女陈金英老师介绍,泉港民间通称刘开泰为"土坑刘大人",关于刘开泰阵亡的说法有二:一是刘开泰已冲出重围,见侄儿及族亲尚被围于阵中,遂回马救援,结果被乱箭射杀;二是于激战中被石达开砍去头颅,其原因来自于咸丰皇帝御赐"金头玉颈"的说法。

刘开泰叔侄战死的消息传至京师,咸丰帝感伤不已,连连说城可失而复得,而将才难求啊!为表彰刘门忠烈,谥"两世三忠",并赐"金头玉颈",恩准其灵柩归乡隆重安葬。刘开泰的好友、翰林、书法家庄俊元(泉州人)亲书匾额"两世三忠"。灵柩归乡时,沿途官员与百姓纷纷香火设祭。开泰灵柩运回家乡,停放在大馆,朝廷指定出巡的七省巡按陈庆隆为主祭,择18亩良田,一山18穴为陵园(现南埔镇前埔山前厝附近),坟前置有翁仲和石虎、石马、石羊[1]，现唯有一块龟牌石碑尚存。碑文记载：赐进士出身，诰授建威将军，例晋建振威将军，赏戴花翎，大可武巴阁鲁，南赣总兵，旨赐提督，御袭骑都尉，封一品，配王夫人、冷夫人，侧室詹氏。

提督府由刘开泰亲自设计。他授南赣总兵时，领旨荣归故里，筹建总兵府（后赐提督府）。选取坐向东南、冬暖夏凉的宅第坐向。建筑主材料为石、木、砖混合，其石材从泉州运来，杉木从福州采购，价格昂贵，质量上乘。墙体采用糯米、白灰、赤土，结合夯土，坚实耐用。

据载，道光皇帝获知刘开泰之嫂、刘以上之母不足 20 岁就守寡，含辛茹苦育子成才的事迹，特诰封她为“太安人”，赐立牌坊，并将圣旨牌镶嵌于牌坊之上。该牌由辉绿岩所制，高 1 米，两侧雕刻“双龙戏珠”图案，龙鳞龙须栩栩如生，中间隶书“圣旨”两字清晰可见，石牌两面的雕塑相同。

故居左侧建有一座五间张二落大厝，大厝护角是刘开泰出生的地方。其建筑风格也均为穿斗式结构，故居建筑曾参照此大厝的蓝图。大厝庄严宏观，虽经历风雨沧桑，年久失修，部分房屋坍塌，但仍不失当年的堂皇。

故居北面的北文武馆凌云斋为刘开泰曾祖父刘端瑜所建造，有宽敞的练武厅和供学生学习、休息的“倚榕楼”。凌云斋前还有 18 株 30 多米高的大榕树（现仅存 3 株），枝叶茂盛。文武馆开辟了跑马道、练马场，供学生骑马射箭。刘开泰从小就进北文武馆学文习武，他勤学苦练，武艺长进很快。他经常练习的 2 块各有 150 多公斤重的练武石现尚存在此处。

提督府坐西北朝东南，占地面积 1017 平方米，建筑面积 861 平方米。平面为五间张三落大厝，带有回向、梳妆楼、厢房、花园，是整个聚落中布局最为复杂的民居建筑，主要由门埕、门厅、天井、大厅与后堂等组成，空间层次复杂而有序，门埕前绕以回向与厢房而入，门埕中立一块御赐石碑，2 对旗杆夹杆石；厅堂宽敞明亮，现该宅主体格局保留尚好，但局部或被改造，或倾圮。前天井右榉头房倒塌，大厅右次间、稍间被改为石砌，原来两层的埕头屋也已倒塌；后天井两侧的榉头房倒塌，顶厅屋顶残破。宅中现无人居住，堆放了大量杂物，天井中杂草丛生，急待抢救性的修缮与保护。

该宅立面具备闽南传统古厝的特色，红砖白石，从下而上分别为带有石雕的柜台脚、群堵、红砖砌筑的身堵与泥塑的水车堵及其水车出景，大门两侧壁身堵上用红砖镂雕葫芦图案；大门侧、屋脊上、院子里，有大小姿态各异的蹲、立、卧的石狮。大门两侧正面的群堵、大石板装饰着浮石雕松鹤和竹鹿图，浮砖雕双凤牛图和双凤麒麟图，其工艺细腻精湛，堪称一绝；身堵部红砖雕刻“锦上添花”“凤舞牡丹”，配以鹿、马、人物等，形象逼真生动；地牛、勒脚石与柱础的石雕也很讲究、精美。大门上的水车堵则施灰塑、彩画，淡雅细腻。

该宅采用抬梁、穿斗穿插的做法，但在历代重修的过程中被改为三合土上墙体承重，基本不施雕刻。前廊仍保留木构，以丁头承托出檐，拱上托的方斗简洁朴实。宅内隔扇为直棂窗，绦环板的木雕比较精美，施镏金。厅堂金柱柱础用料硕大，雕刻精美；以方形的红

---

① “文革”破“四旧”时，山穴被平整毁没。

砖铺地。屋脊做成燕尾脊，天际轮廓线优美。（如图 6-26、图 6-27）

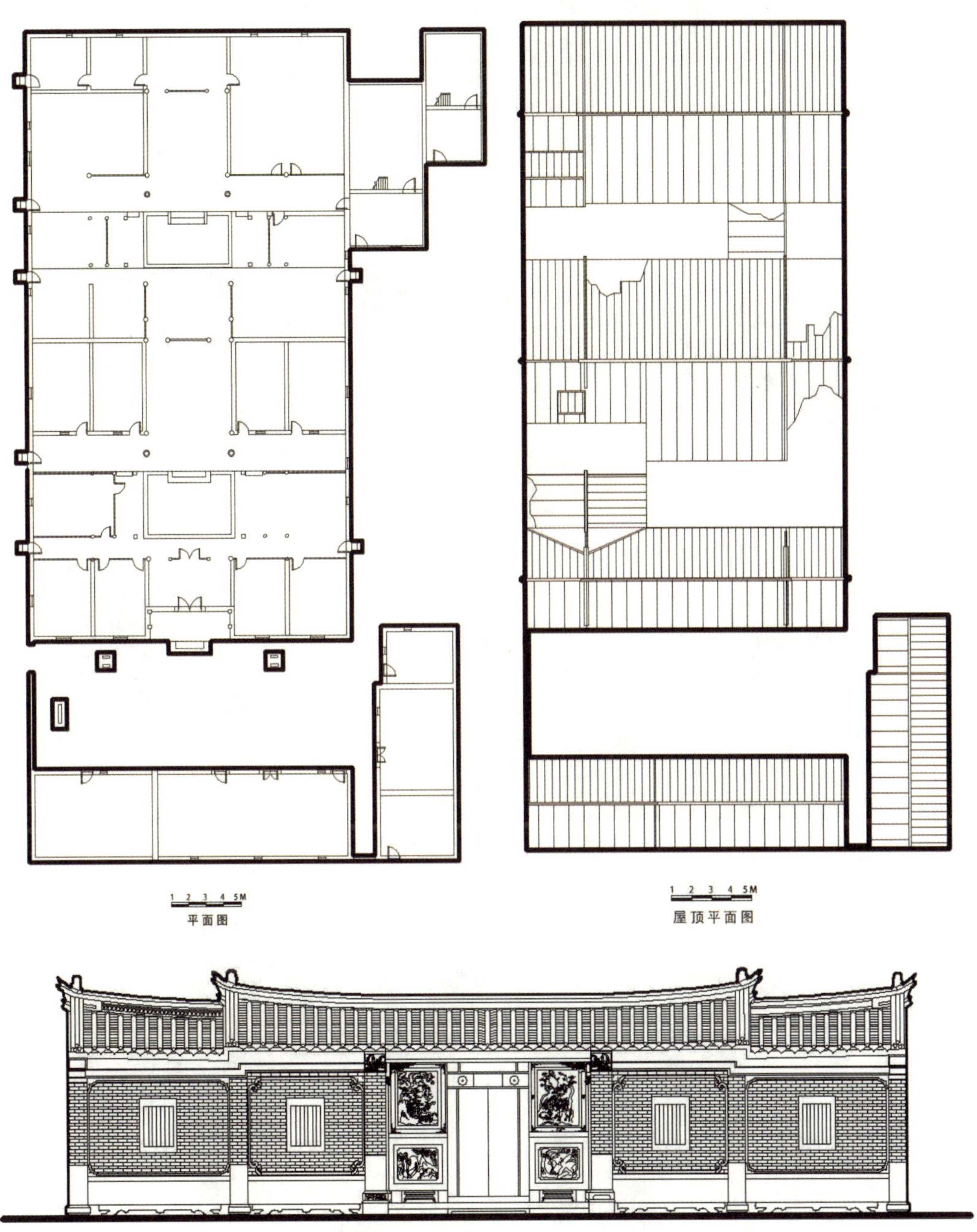

图 6-26 提督府建筑平、立面图

图 6-27　提督府

六、建珍大厝

建珍大厝始建于清代中期，近些年重修，建珍大厝为刘百万长子刘建珍及其妻子林氏宅第。据传，刘建珍拥有 18 艘，其父刘百万拥有 20 艘三桅洋船，从事海上贸易，家族经济富足，所以能够为其妻子建造大厝。大厝占地面积 532 平方米，建筑面积为 397 平方米，现为刘成杰宅。

该宅坐西北朝东南，平面呈现为四间张二落带回向的传统古厝，其平面布局型制独特，为闽南传统古厝罕见，主体部分由前埕、门厅、天井与大厅组成，不对称布局，右侧多一间，中轴上的建筑不在一条直线上。厅堂宽敞明亮，天井中花架保留，绿植丰富。厅堂右廊上高起一个二层的榉头房，以便瞭望。

现该宅主体格局与细部装饰保留比较完整，但两侧榉头房被改为石砌，空间往外扩，侵占了过水廊的空间，门厅通往厅堂只能从天井中走；厅堂左廊被改为厨房、餐厅，门厅右侧也垒了灶台，这些都在一定程度上破坏了建筑原有的格局。现宅内卫生尚好。

该宅正立面为典型的闽南古厝式样，红色镜面墙、白石群堵与柜台脚，檐口处为泥塑装饰的水车堵，但下房与角间镜面墙的砌筑不用，下房采用交丁砌筑，而角间采用“箱形砌筑”“金包银”的做法，形成了较为独特的外立面。

大门为典型的单塌形式，大门为板门，两侧由石雕装饰形成顶堵、身堵与群堵，上饰有“福”“禄”及其历史典型的等高浮雕顶堵；“喜上眉梢”“凤舞牡丹”高浮雕身堵。另外，吊桶、雀替木雕精细、生动；大门两侧侧面身堵上用红砖镂雕葫芦纹图案；地牛、勒脚石与柱础的石雕也很讲究、多以诗书琴画为题材，并配以竹、梅、喜鹊等，雕刻精美细腻。

该宅采用抬梁、穿斗穿插的做法，梁架简洁；顶厅内墙均为木板，与村落其他古厝砖土墙有别，顶厅与后轩间的金柱置栌斗承托下金桁，栌斗向顶厅内又至华栱，并以饰有透雕的栱承托椽子，其做法独特。宅内隔扇为直棂窗，绦环板的木雕比较精美。厅堂金柱柱础用料硕大，雕刻较为精美，装饰有卷草、莲花图案，宅内以方形的红砖铺地；屋脊做成燕尾脊，天际轮廓线优美。（如图 6-28、图 6-29）

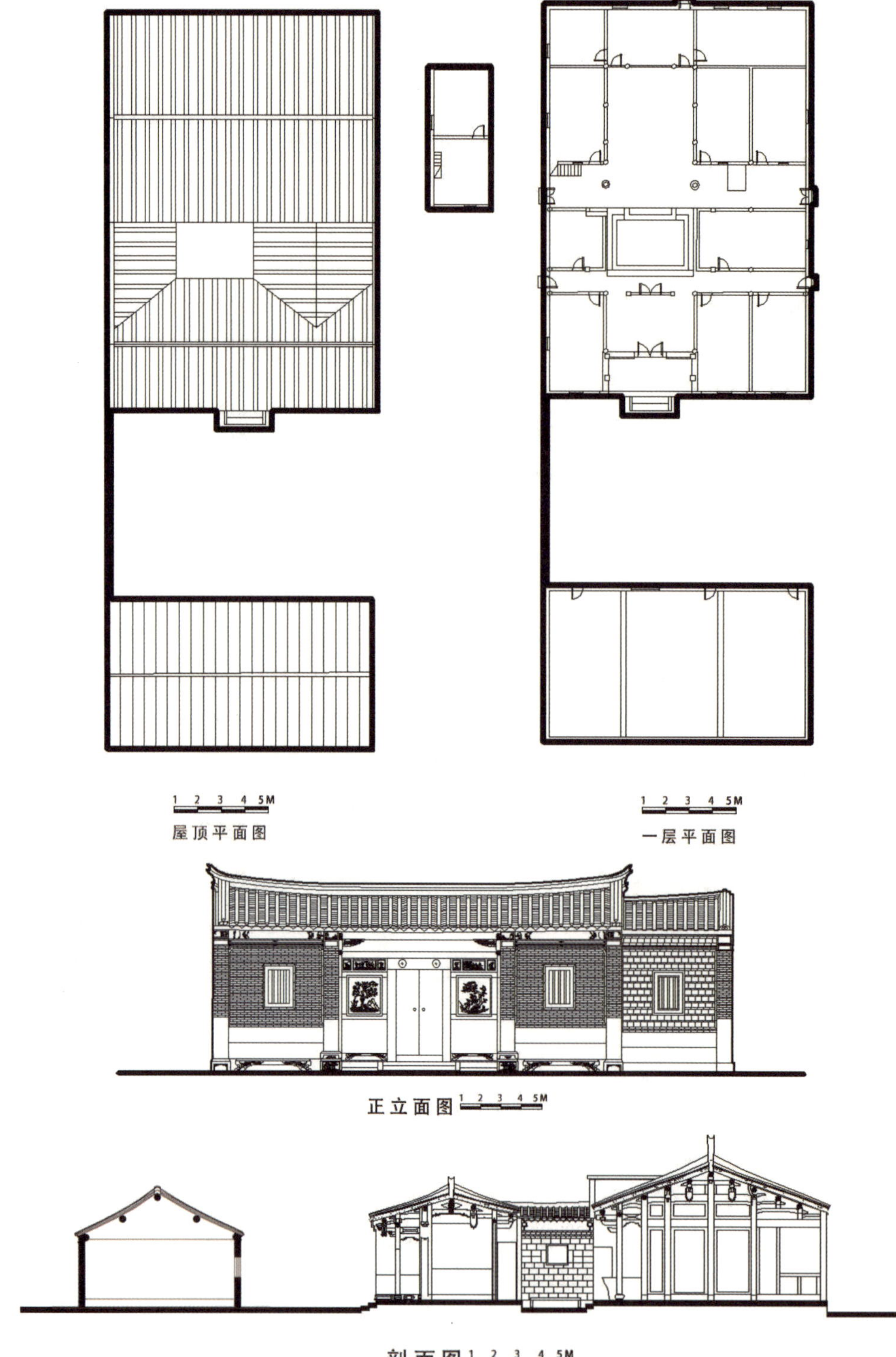

图 6-28 建珍大厝建筑平、立、剖面图

建珍大厝

大厝入口

大厝回向

柱础荷花雕刻

琴与梅、喜鹊雕刻

书与竹、喜鹊雕刻

雀替、斗雕刻

顶厅木板梁枋

金柱华栱承托椽子

图 6-29　建珍大厝

七、来铺当铺

来铺当铺位于建珍大厝东侧，与建珍大厝共用一个大门埕与外围墙，始建于清乾隆年间，由刘建珍建造，是居家兼经营的商住大宅，又可作为船队经营内外贸易的办公场所。同时，还可以开设融资贷款的典当行。来铺大厝是当年土坑村仅次于祠堂口商贸街坊的街坊。当铺经营货物贸易、资金结算、银票汇总、物资寄运、股份投资、转运和商行以及民间信贷和物资抵押业务。

该宅占地面积 605 平方米，建筑面积 475 平方米，坐西北朝东南，平面布局为五间张二落单护厝。主要由院门、前埕、门厅、天井与大厅组成。门厅与天井之间设屏门，增加了空间层次，天井中花架保留，绿植丰富。天井两侧榉头房过水廊宽敞。左侧多一条护龙廊，与狭长的天井与顶厅前天井形成鲜明的对照，丰富了空间层次。

现该宅主体格局、梁架做法与细部装饰保留比较完整，是土坑清代民居的典型代表。但宅内曾经遭火灾，梁架还保留有烧过的痕迹，但不影响整体格局；大厅右侧稍间已经毁了。现宅内卫生状况尚好。

该宅正立面为典型的闽南古厝造型，红砖白石燕尾脊，其中柜台脚有如意卷草花纹、螭虎、金锁、牡丹、葫芦、书卷等图案，线条清晰流畅、雕刻精致。大门两侧群堵石刻为高浮雕“喜上眉梢”“凤舞牡丹”，配以鹿、马、人物等，形象逼真，群堵以上为木作，门簪、门枋、雀替、吊桶等木雕精细，立体生动。大门侧面身堵装饰与建珍大厝一样采用了葫芦纹进行装饰。

该宅采用抬梁、穿斗穿插的做法，梁架简洁，基本不施雕刻，童柱造型简洁，以丁头承托出檐，拱上托的方斗简洁朴实。宅内隔扇为直棂窗，绦环板的木雕比较精美，施镏金。厅堂金柱柱础用料硕大，以精美的南瓜柱为主；以方形的红砖铺地。（如图 6-30、图 6-31）

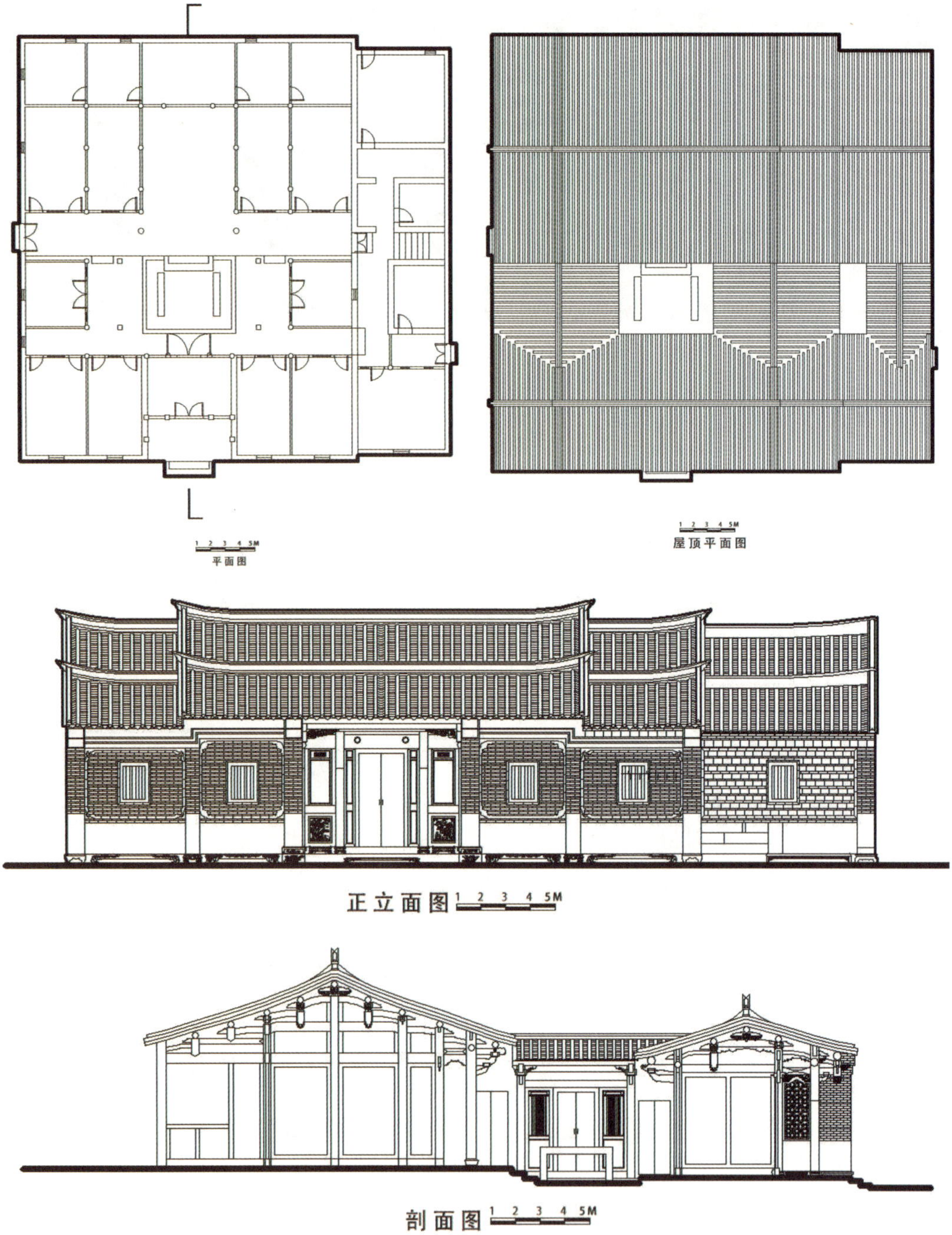

1 2 3 4 5M
平面图

1 2 3 4 5M
屋顶平面图

正立面图 1 2 3 4 5M

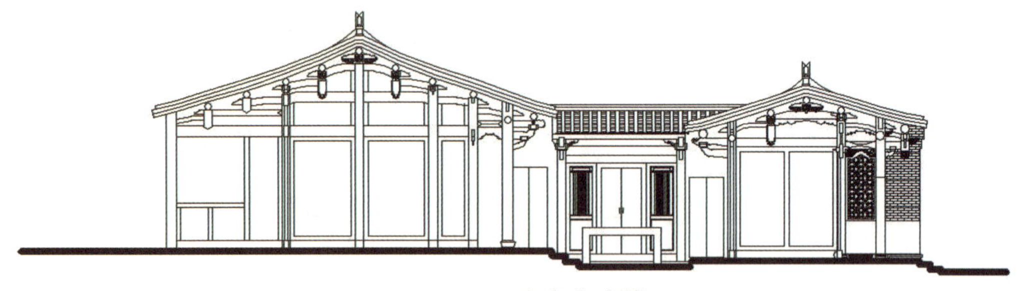

剖面图 1 2 3 4 5M

图 6-30 来铺当铺建筑平、立、剖面图

来铺大厝护厝天井

天井看屏门与大门

柜台脚处雕刻

圆通出榉处木雕

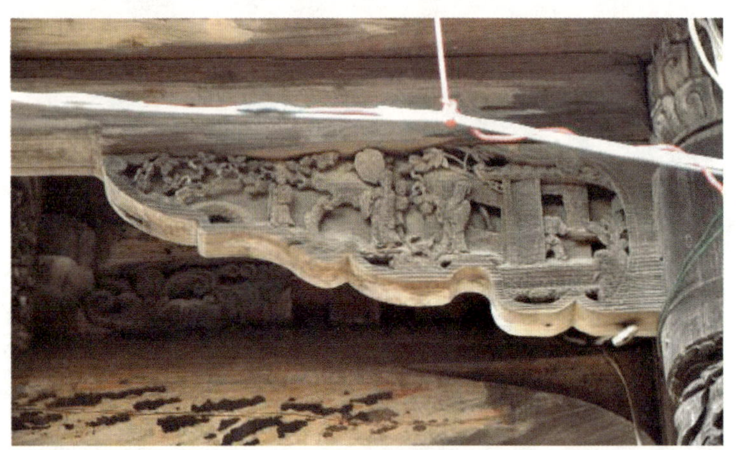

托木处木雕

窗楣处木雕

图 6-31 来铺当铺

八、中厝布店

中厝布店为刘端耳开设，位于施布口街，始建于清乾隆年间，原建筑为三间张三落大厝，同时经营多所布行、染坊。经营布匹类包括西洋布、本地苎麻布（土布）、染坊。所以其家族被称为"布店二"。清代至民国还经营西洋钟表和钟表维修，及西洋蜡台灯租赁、维修等。因商船往来密切，在海商的带动下，土坑聚落的经济迅猛发展。当时进口交易主要物品为药材和日常用品。1990年，该宅重修(第三进倒塌除外)，现为三间张二落单伸手(二层番仔楼)大厝。

该宅坐西北朝东南，占地面积453平方米，建筑面积350平方米。由院墙、前埕、门厅、天井、顶厅组成，厅堂用于待客，并供奉祖先牌位；门厅左次间建成二层，作为埕头屋，以便瞭望。门埕比较宽阔，外原围以围墙，现围墙不存，门埕左侧新建了一座二层的附属用房与埕头屋连成一体，门埕内种2棵龙眼树，浓荫蔽日。

现该宅主体格局保留比较完整，只是天井两侧的榉头房在翻新时向外扩建，原过水廊空间已被侵占。宅内梁架在重修时被改为墙体承重的形式，改变了建筑原有的构架。

该宅建筑立面较为简洁，大门采用了单塌，中央为两扇板门，两侧群堵为白石，群堵采用"箱形砌筑""金包银"的人字砌筑做法，简洁朴实，大门不施梁柱、吊桶等，檐檩直接搁在塌寿槛墙上，并直接承托椽子，简洁。镜面墙均采用"一斗一眠"式的"箱形砌筑""金包银"砌筑做法，水车堵也采用了红砖素砌筑，留有镜框与二层方涩，而不施泥塑装饰。群堵与柜台脚处略有线条装饰，整个立面简单朴实。

该宅梁架简洁，采用搁檩式结构，基本不施雕刻，顶厅檐柱采用双层丁头栱承托出檐坊与檐檩，栱上托的方斗简洁朴实，柱础为圆柱体，朴实无华。两侧边房有阁楼，东侧边房为二层，宅内以菱形的红砖铺地；屋脊做成燕尾脊，天际轮廓线优美。伸手处为二层番仔楼样的砖石建筑，面向前埕开设门窗，二层不施栏杆，仅开设门洞，便于从一楼提取货物，伸手与大厝角间联系为一整体。院墙低矮、朴实。(如图6-32、图6-33)

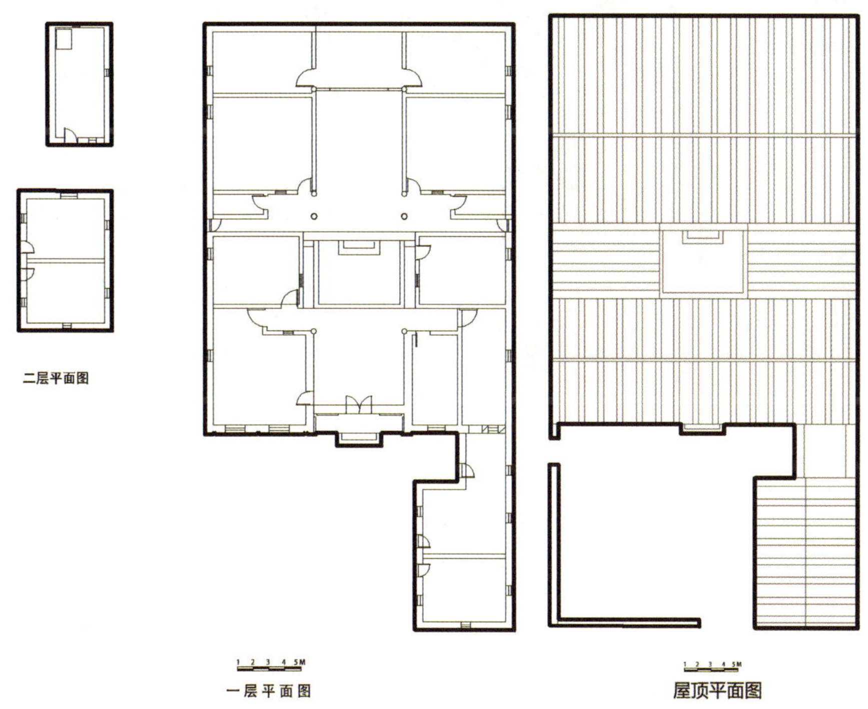

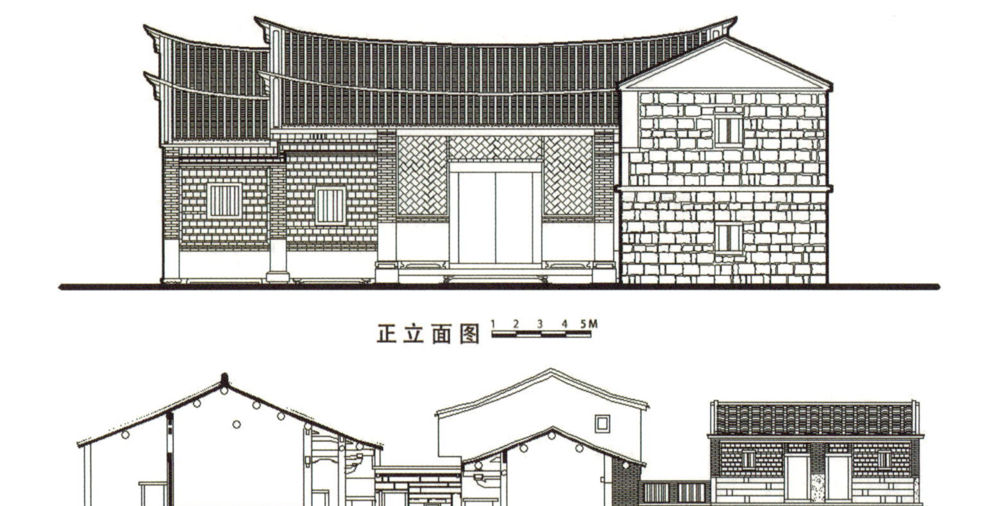

图 6-32　中厝布店建筑平、立、剖面图

图 6-33　中厝布店

九、传盛居(应麟府第)

传盛居为刘百万大儿子刘建珍建造。相传，刘百万和几个好朋友到岩山上游玩，到达前亭岭，刘百万远眺肖厝港，看到一片的洋船，一数竟有十八艘，于是刘百万问朋友："哪家的商船，这么多?"朋友看了看，笑对刘百万说："这些船是你们家的。"刘百万惊奇，朋友又

说："是你家大儿子的。"刘百万听后，很高兴，同时又吃惊，"建珍居然积攒了这么多私房钱，不错，不错。"

传盛居坐西北朝东南，占地面积 854 平方米，建筑面积 670 平方米。平面为五间张三落带单伸手大厝，主要由院墙、前埕、门厅、天井、大厅、后天井与后堂组成，对称布局，大厅高敞，用于待客，供奉祖先牌位，后堂比较矮一些，主要供奉祖先。

现该宅主体格局尚在，但局部被改造或残破。门埕左侧后期搭建了二层的附属用房（现已闲置），破坏了建筑原有的风貌；外围墙破损，门厅右次间倒塌，前天井榉头房也倒塌，仅余柱、门；后天井两侧榉头房与后堂的次间均已倒塌，左侧仅留遗址，右侧种植蔬菜瓜果；屋顶与墙体均局部破损，急待维修。

整栋建筑装饰与建珍大厝类似，造型为典型的闽南古厝式样，红砖白石燕尾脊，但镜面墙做法为一斗一眠，较为简洁朴实。大门采用单塌，门两边顶堵、身堵均为木作，群堵为石作，雕刻精美程度不及建珍大厝，但门额上一对门簪木雕极其精美；大门两侧身堵上用红砖雕刻为葫芦纹，构图巧妙。门厅采用屏门，增加了空间层次感，正厅为搁檩式结构，空间高敞，步口木门雕刻精美，整个格栅采用葫芦纹，柱础石鼓形，上刻有卷草图案。正厅中央槅门金柱采取与建珍大厝一样的华栱直接承托椽子的做法，并以鎏金处理，以显示其华丽富贵。（如图 6-34、图 6-35）

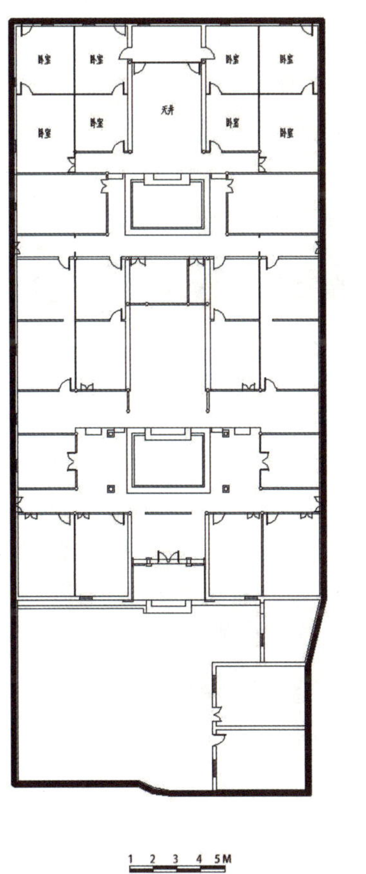

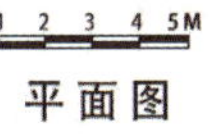

平面图

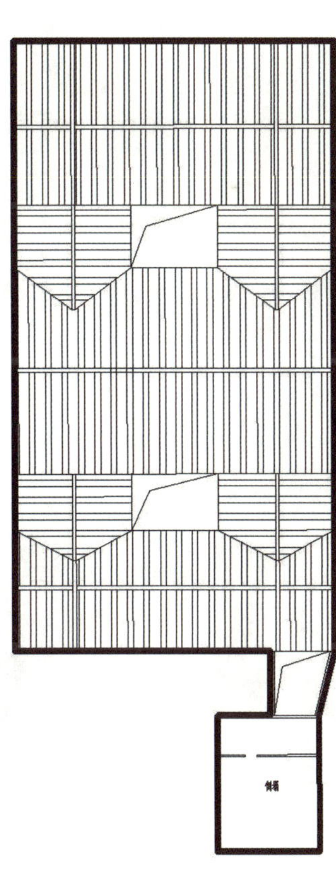

屋顶平面图

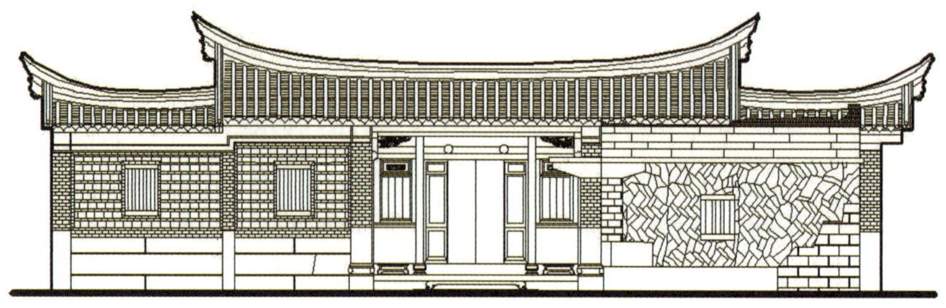

立面图 1 2 3 4 5M

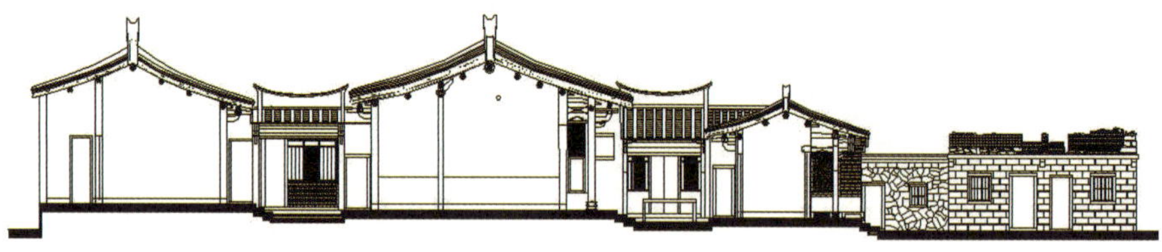

剖面图 1 2 3 4 5M

图 6-34　传盛居建筑平、立、剖面图

入口大门

华栱承托椽子

步口屏门

图 6-35　传盛居

十、万捷十三行

万捷十三行（打金铺）是刘万捷于清初建造的。刘万捷是刘啟齐的三子，曾授乡饮正宾，娶妻柯氏。据记载，刘万捷的十三家金银首饰铺，打造各自不同的首饰品种，已形成完整的“产业链”。由十三家金银首饰店打造出来的金银首饰产品，通过土坑对外贸易船队，远销至东南沿海城市、台湾等地以及日本、东南亚各国。后因社会动荡，海路不畅，远洋商贸业务迅速萎缩，严重影响金银首饰等高档消费品的外销渠道。十三家金银首饰店陆续关门歇业，店铺房产陆续出让给土坑族亲。民国初年转租给小商贩经营糕饼、糕粿、饮食、豆腐制作、小酒坊，新中国成立后才由刘万捷嫡系后裔陆续赎回。

该宅坐西北朝东南，占地面积 247 平方米，建筑面积 230 平方米，现为刘国辉宅。平面为五间张二落大厝，由门厅、天井、顶厅组成。其中，东侧大边房已倒塌废弃。顶厅高敞，用于待客，供奉祖先牌位。现该宅主体格局与细部做法保留完整，但天井两侧的榉头房被改为石砌平房，屋顶做栏杆。

该宅入口为双塌岫，是整个聚落中唯一采用该方式型制的，大门檐下檩条粗大，由二个斗栱出挑承托，塌岫门廊处两个门柱间采用穿枋联系，用料较大，大门两侧设角门，勒脚处雕有葫芦、鼓、琴、扇子、麒麟献瑞等图案，门楣处饰有万字纹样，门额上一对八角门簪大气简洁；建筑沿祠堂前街因商贸的需求，开设了几个门、窗，打破了常规闽南古厝的立面造型。

该宅梁架为搁檩式，由墙体承重，宅内以红砖铺地；屋面采用红色板瓦，顶厅屋顶置魇

镇物陶狮，桦头间屋顶置瓮，以此辟邪镇宅，天际轮廓线优美。（如图 6-36、图 6-37）

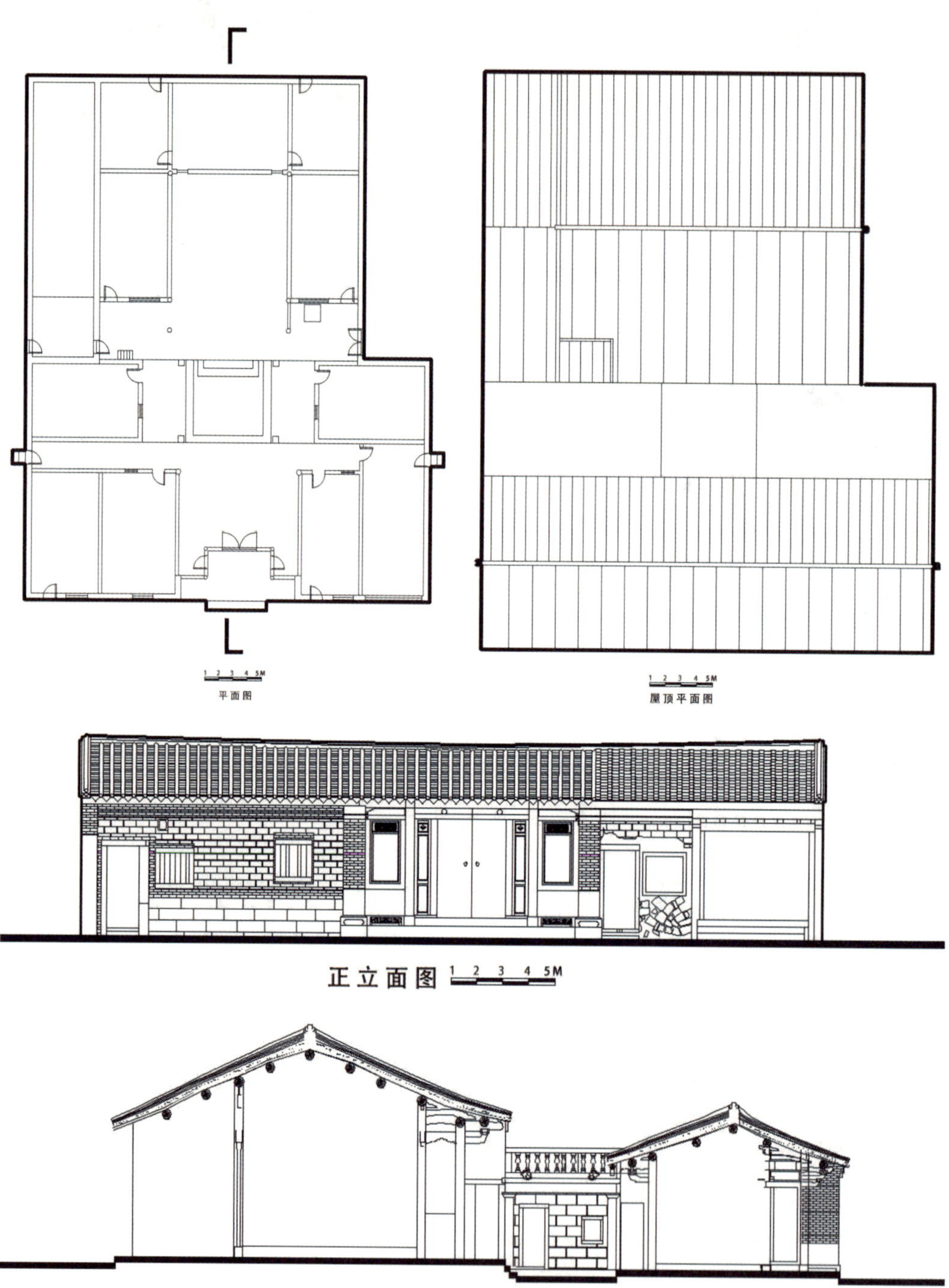

图 6-36　万捷十三行建筑平、立、剖面图

图 6-37　万捷十三行柜台脚麒麟献瑞与扇子、琴、鼓、葫芦等雕刻

十一、刘宗丁宅

刘宗丁宅始建于清后期，坐西北朝东南，占地面积 418 平方米，建筑面积为 319 平方米。平面为三间张二落带护厝（二楼化），主体由门厅、天井、大厅组成，大厅左前廊上建起一个二层的埕头屋，以便瞭望；主体左侧有一列附屋。宅右前方有一口水井。现该宅主体格局保留完整，但天井两侧的榉头房的墙裙被改为砖砌。

该宅建筑立面采用红砖“一斗一眠”砌筑，简洁、朴实，大门采用单塌，门两侧无装饰，仅以不同纹理的红砖砌墙，简洁；水车堵也以红砖砌筑，突出于立面；大门的勒脚石与柱础的石雕简洁大方。门厅内墙群腰部采用石块砌筑，以防潮湿，整栋建筑的梁架为搁檩式，由墙体承重。柱础简洁，宅内以红砖铺地；屋脊做成燕尾脊，天际轮廓线优美。（如图 6-38、图 6-39）

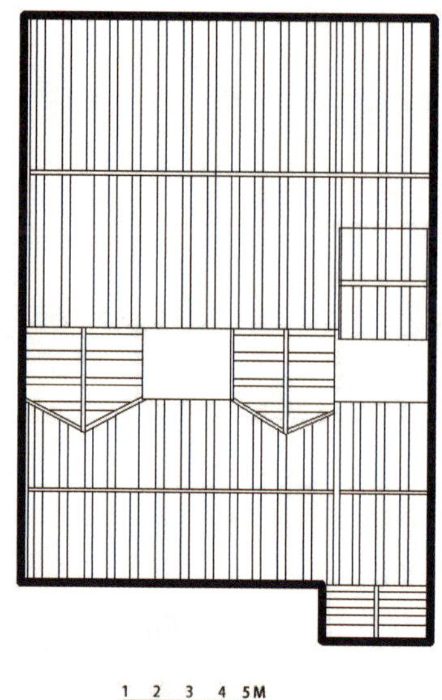

1 2 3 4 5M

屋顶平面图

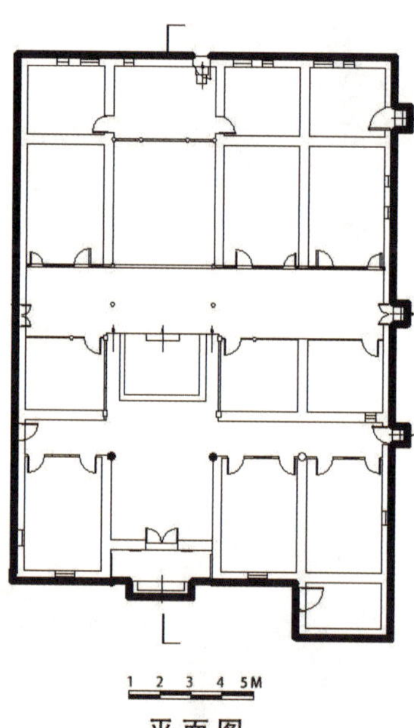

1 2 3 4 5M

平面图

正立面图 1 2 3 4 5M

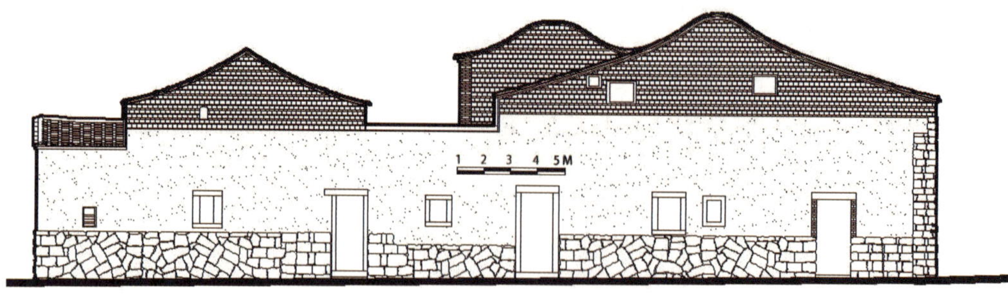

侧立面图 1 2 3 4 5M

图 6-38　刘宗丁宅建筑平、立面图

图 6-39 刘宗丁宅入口

十二、刘开南宅

此宅现为刘开南私宅，始建于清后期，2002 年重修。该宅坐西北朝东南，占地面积 442 平方米，建筑面积 416 平方米。平面为三间张二落单护厝带番仔楼，平面较为独特，是典型的传统古厝与番仔楼混合的形式，即主体部分采用传统古厝形式，护厝部分采用二层番仔楼式样。现该宅主体格局保留完整。

该宅正立面简洁，镜面墙采用“一斗一眠”砌筑，大门处采用单塌，大门两侧身堵采用红砖“万字”砌筑，以丰富入口画面，水车堵也以红砖砌筑，突出于立面；大门的勒脚石与柱础的石雕简洁大方。大厝与番仔楼之间联系和谐，均用红砖砌筑，番仔楼开设圆形窗户，使得立面在简洁中显露出几分层次。

该宅梁架为墙体承重的搁檩式做法，门厅穿枋上设云栱，斗栱朴实，体量较大，榉头间门窗采用直棂窗、窗楣以“万字”雕刻装饰，古朴典雅，窗绦环板处雕刻有葵花、牡丹、蝴蝶结等图案，精致简洁。番仔楼处窗户雕刻较为精美，以“棋、琴、书、画”以及“向日葵、牡丹、南瓜”等为题材，雕刻细腻。柱础简洁，宅内以红砖铺地；屋脊做成燕尾脊，天际轮廓线优美。（如图 6-40、图 6-41）

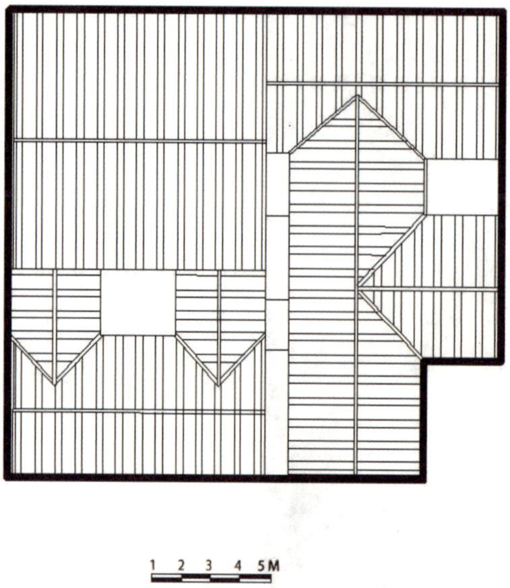

1 2 3 4 5M

平面图

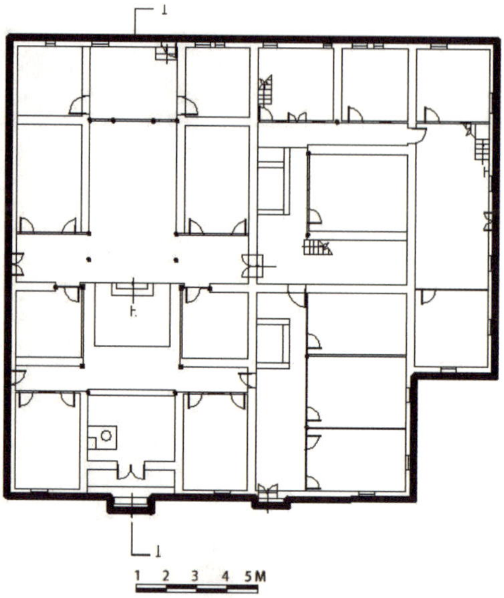

1 2 3 4 5M

屋顶平面图

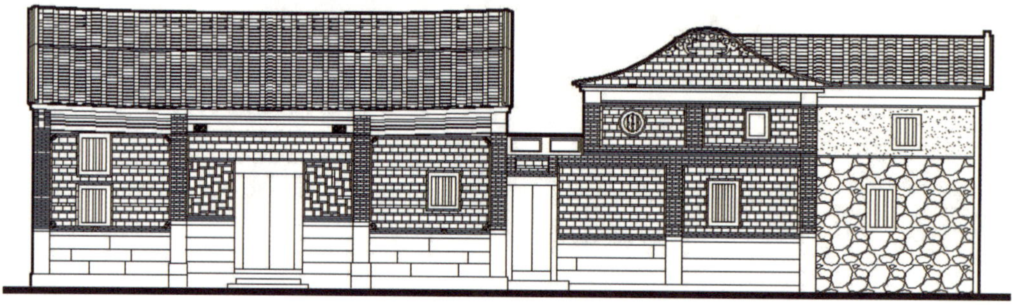

正立面图 1 2 3 4 5M

图 6-40 刘开南宅建筑平、立面图

图 6-41　刘开南宅

十三、顺裕大厝（端山府第）

顺裕大厝即端山府第，是刘端山的住宅，因该宅东部紧邻着当铺，且都为刘端山、刘建布所建，故也有村民将其统称为顺裕海商大厝，始建于清代中期，近年重修，现为刘宗德宅。该建筑群为两座庞大的古民居，其一即为顺裕大厝（五间张二落双护厝），其二为进士府，三间张二落带后楼（四间张）。进士府建筑面积约 500 平方米，用作店铺和商品存储库房，即宜兴当铺。

乾隆年间，村里诞生了三支强大的贸易船队：一支由刘端弘（人称“刘百万”）率领；一支由刘端弘的大儿子刘建珍掌管；还有一支则由刘端山、刘建布父子掌控。这三支船队的贸易范围北至高丽，南至马六甲一带，经营海运和远洋贸易。刘端山父子拥有 16 艘远洋大船，是土坑最早从事远洋贸易的船队之一。

顺裕大厝坐西北朝东南，占地面积 720 平方米，建筑面积 590 平方米。平面为五间张二落带双护厝、双伸手古厝，即护厝拖，由院门、前埕、门厅、天井与顶厅组成，规则对称布局。天井两侧榉头房过水廊宽敞。两侧各有一条护龙，以狭长的天井联系各房间。

现该宅主体格局、梁架做法与细部装饰保留比较完整，只是门厅右侧稍间局部倒塌；两侧护龙残破，尤其是右护龙前半部分已倒塌，后半部分被堵；门埕左侧建了一座二层石砌的楼房，一定程度上破坏了原有建筑的格局。门埕前有一棵龙眼树，环境较好，但围墙简陋。

该宅建筑立面为典型的闽南古厝形式，入口为单塌，进深三柱，外檐柱不落地，雕刻成垂花柱，一半嵌墙，一半外露，外露部分与雀替的木雕比较精细，立体生动。门额上一对门簪木雕精美；大门两侧身堵以红砖砌筑，正面身堵嵌以木隔板，绦环板木雕。外墙水车堵灰塑立体突出，造型简洁，与白色的墙体形成了鲜明的对比。门厅较为宽敞，门厅与天井间采用屏门加以割断，空间层次丰富。

该宅采用抬梁、穿斗穿插的做法，梁架简洁，基本不施雕刻，但在顶厅与后轩间的金柱柱头栌斗出采用雕刻精美的华栱承托椽子，其他梁柱简单，童柱造型简洁，以丁头承托出檐，拱上托的方斗简洁朴实。宅内隔扇为直棂窗，绦环板的木雕比较精美，多以牡丹、喜鹊、荷花为题材。厅堂金柱柱础用料硕大，为精美的南瓜柱；以方形的红砖铺地。屋脊做成燕尾脊，天际轮廓线优美。（如图 6-42、图 6-43）

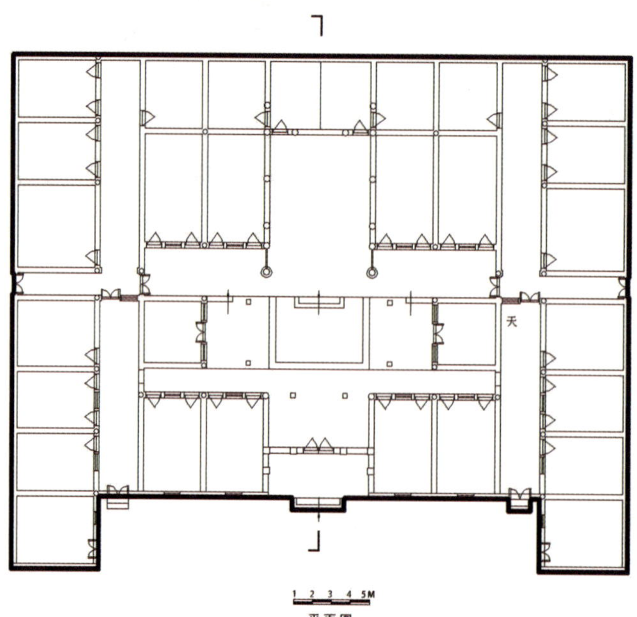

平面图

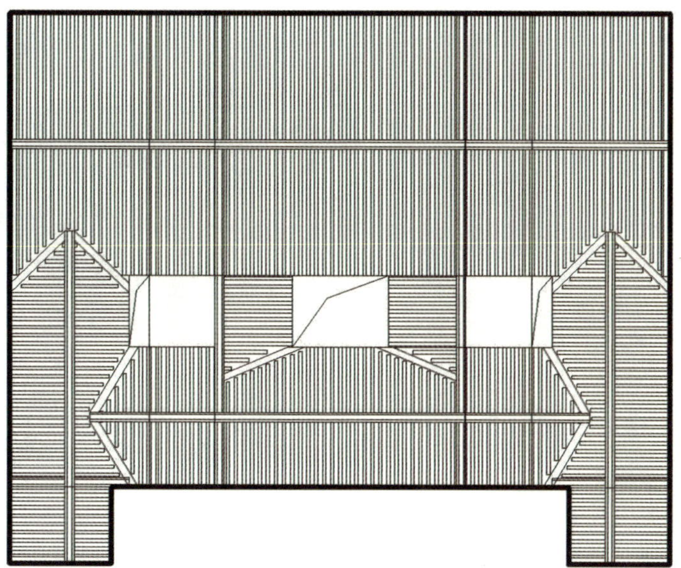

1 2 3 4 5M
屋顶平面图

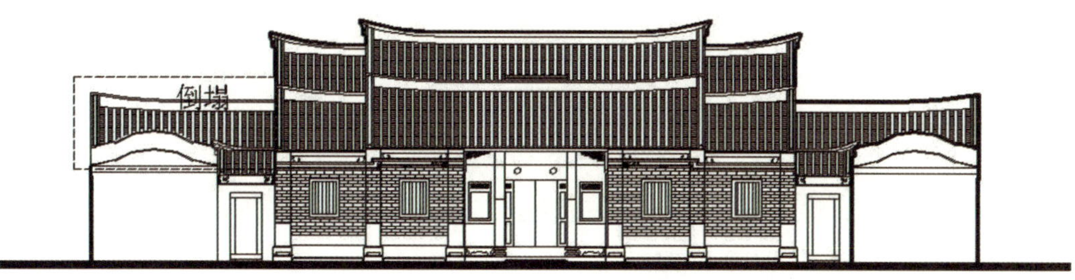

正立面图 1 2 3 4 5M

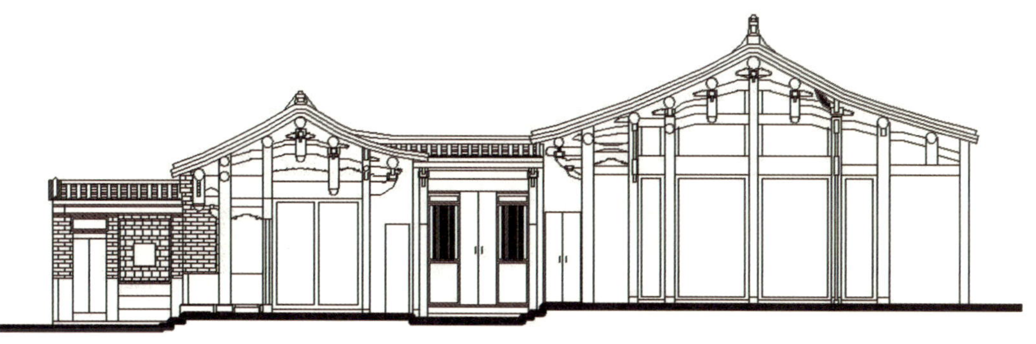

剖面图 1 2 3 4 5M

图 6-42　顺裕大厝建筑平、立、剖面图

图 6-43　顺裕大厝

十四、刘宅(六主四宅)

该宅始建于清末民初，由现村老协会副会长刘守德的祖父建造，坐西北朝东南，占地面积 170 平方米，建筑面积 138 平方米，因地形限制，该宅主体为三间张二落大厝，但左侧又向外延伸一开间，形成面阔四间张的平面，其外再建一个单坡的附屋，组成不规则平面。该宅明间大厅一层，太师壁后做二层阁楼，次间二层；门厅为一层平顶，其右次间顶上建一座天桥与前座单层石屋相连。该建筑前低后高，变化丰富，仅宅内部分隔墙被改为砖砌，整个建筑是土坑聚落建筑造型最为丰富的民居之一。

该宅正立面为闽南古厝形式，镜面墙面砖已经脱落，露出三合土的墙体，入口为单塌，正面顶堵上饰有灰塑与彩绘，以“牡丹、卷草、人物”为题材，其余以不同纹理的红砖砌墙；大门除木板门外，外侧还有一对隔扇门，直棂窗，绦环板木雕较为精细；大门上的水车堵灰塑彩画淡雅细腻；大门的勒脚石与柱础以条石砌筑。

该宅梁架为墙体承重的做法，顶厅调高二层，空间高敞，后轩槅门采用拱形门洞，绦环板木雕较为精美。宅内以红砖铺地；山墙做成水形封火墙，波浪起伏，线条优美，天际线优美，施以灰塑。(如图 6-44、图 6-45)

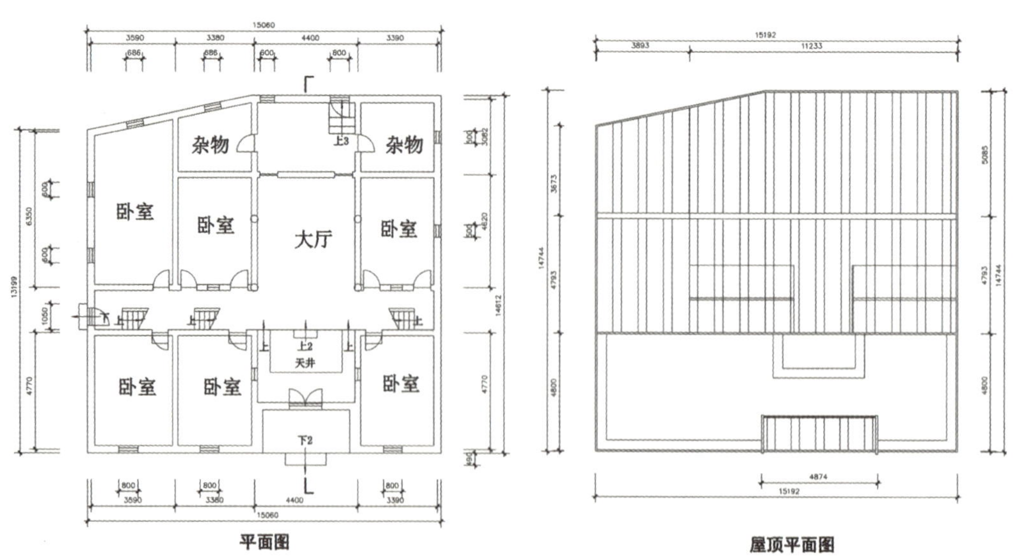

平面图　　屋顶平面图

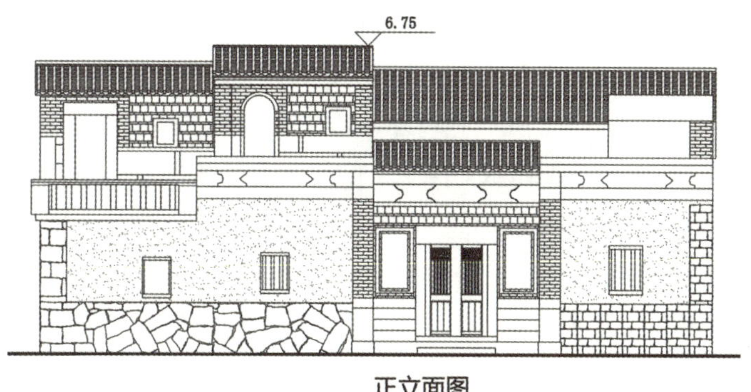

正立面图

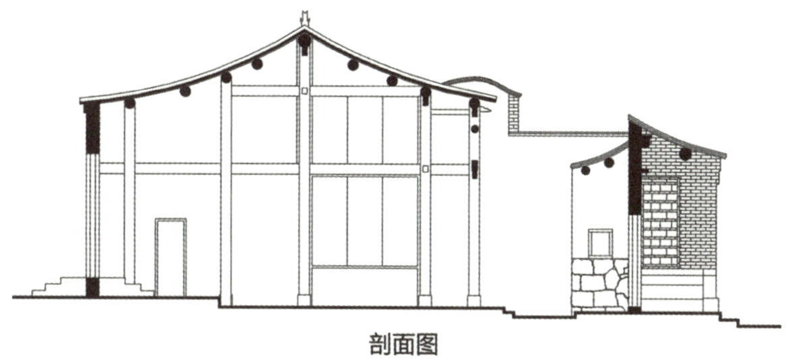
剖面图

图 6-44　刘宅(六主四宅)建筑平、立、剖面图

图 6-45　刘宅(六主四宅)

十五、端瑜大厝(大峰进士第)

端瑜大厝即大峰进士第，相传为刘开泰出生之处，始建于清代中期。在土坑聚落内，流传“南有刘端弘，北有刘端瑜”的说法，刘端弘行船闯关东，刘端瑜在许厝港开杉行，都成一方巨富。在他们的倡议和主持下，土坑办起了独具特色的文、武馆，即村南的“选青斋”和村北的“凌云斋”，培养出了一批人才，土坑聚落南有秋圃、吉圃两兄弟以文举“双榜进

士”,聚落北有刘开泰、刘逢泰两兄弟及其侄刘希颜以武举“一门同榜三进士”。其中,刘开泰即刘端瑜曾孙,是“凌云斋”培养出来的仕子,提督府曾参照端瑜大厝修建。

该宅坐西北朝东南,占地面积406平方米,建筑面积378平方米,现为刘碧扬宅。主要由院墙、院埕、门厅、天井与厅组成,平面为五间张二落双伸手大厝,平面规则对称布局,厅堂宽敞明亮,用于待客。天井两侧榉头房过水廊宽敞。门埕中枇杷、龙眼等树浓荫蔽日,环境良好。

现该宅主体格局、梁架做法与细部装饰保留尚好,只是门厅右次间隔墙倒塌,天井右侧榉头房倒塌,仅余外立面;大厅右前廊被隔成房间,左侧稍间被改为二层砖房,在一定程度上破坏了原有建筑的格局。屋顶局部破漏,长满杂草。

该宅为典型的闽南古厝造型,入口为单塌,进深三柱,外檐柱不落地,雕刻成垂花柱,一半嵌墙,一半外露,斗上多以花卉为主要雕刻题材,雀替则以私塾学堂学习场景为题材,雕刻精致、细腻、生动,多为高浮雕;大门正面身堵以红砖拼贴万字回纹,其上额灰塑锦鸡、鹿、马、牡丹、兰花等题材,比较生动;侧面身堵以红砖砖雕夔龙纹,中部雕包袱,其中雕刻历史典故,构图别出心裁,与众不同;地牛、勒脚石、柱础石雕简洁。该宅采用抬梁、穿斗穿插的做法,梁架简洁,施月梁,瓜柱造型精美,檐柱多采用双跳丁头拱承托的做法,拱上托的方斗简洁朴实,天井两侧的过水廊上施双步梁,其上斗拱雕花。宅内隔扇为直棂窗,绦环板施以简洁木雕。厅堂金柱柱础用料硕大,为镜鼓柱;以方形红砖铺地。屋脊做成燕尾脊,天际轮廓线优美。(如图6-46、图6-47)

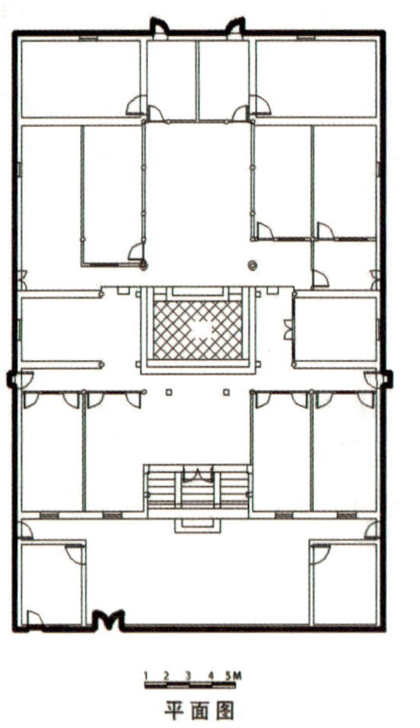

平面图

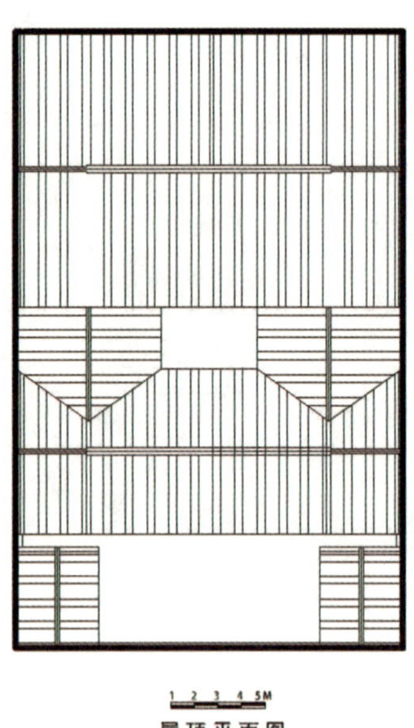

屋顶平面图

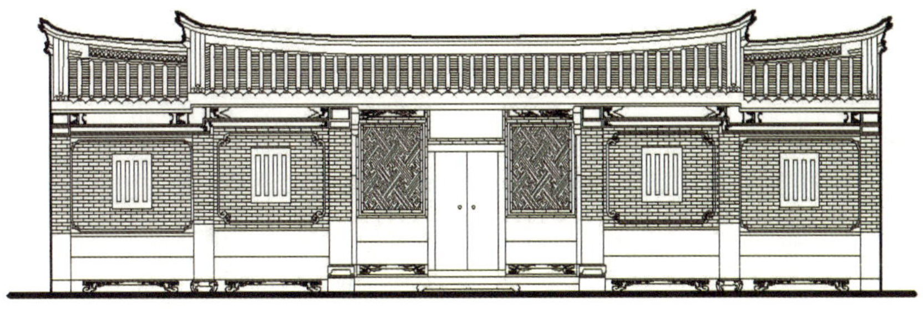

正立面图 1 2 3 4 5M

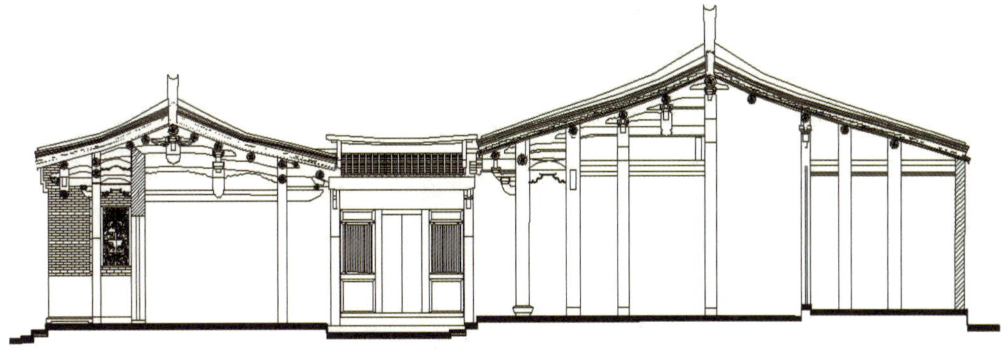

剖面图 1 2 3 4 5M

图 6-46　端瑜大厝建筑平、立、剖面图

图 6-47　端瑜大厝

十六、端瑜孙宅(刘敬房宅)

刘端瑜裔孙刘敬房宅,始建于清代后期,坐西北朝东南,占地面积 278 平方米,建筑面积 263 平方米。平面为四间张二落古厝,由门厅、天井与顶厅组成,右侧多一间,厅堂用于待客、奉祖。天井两侧榉头房过水廊宽敞。现该宅主体格局与细部装饰保留尚好,只是天井右侧榉头房局部倒塌,与大厅右廊连接作为厨房与餐厅;门厅垒一座灶台。

该宅立面为典型的闽南传统古厝形式,入口处采用单塌,进深三柱,外檐柱不落地,雕刻成垂花柱,一半嵌墙,一半外露,外露部分与雀替的木雕以牡丹、荷花等为题材,雕刻较精细,立体生动;门楣上门簪木雕精美;大门正面身堵嵌以木板,绦环板雕刻有"双龙戏珠""喜鹊"图案,侧面身堵以红砖砖雕锦鸡、喜鹊、麒麟、马、牡丹、仙桃等,题材丰富,生动逼真;地牛、勒脚石、柱础石雕简洁大方。水车堵采用素面红砖,没有施加泥塑,素雅简洁。该宅梁架为搁檩式,墙体承重,檐柱以丁头承托出檐,拱上托的方斗简洁朴实。天井两侧的过水廊上施单步梁。柱础镜鼓状;宅内以红砖铺地,但已破损。(如图 6-48)

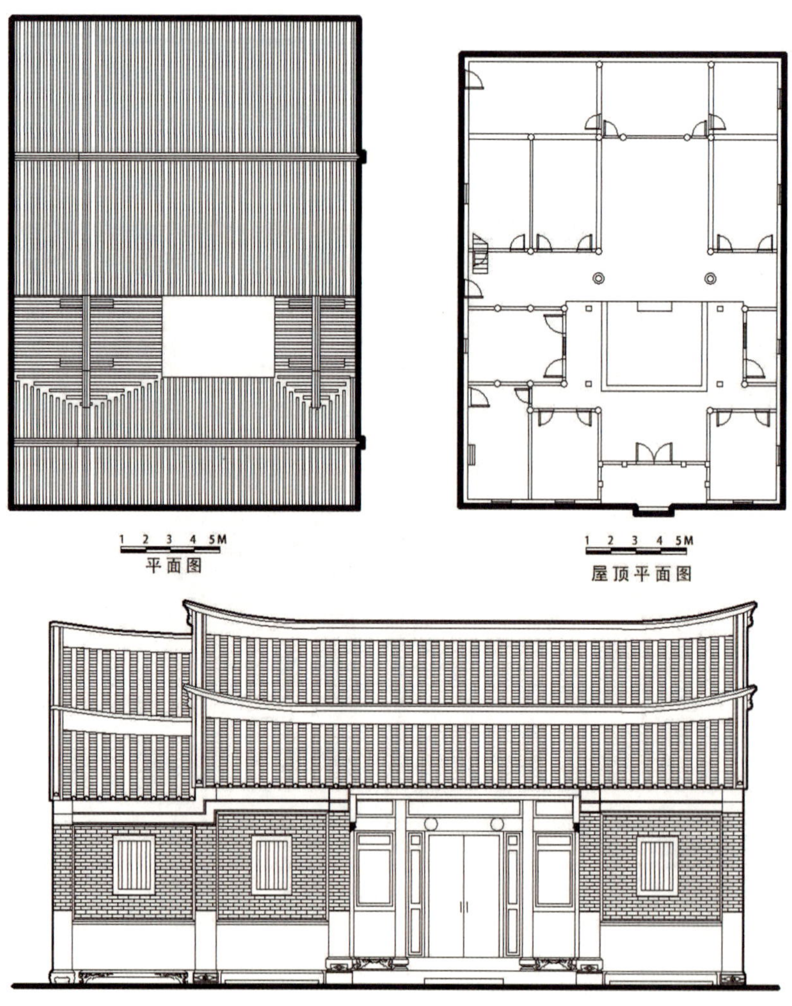

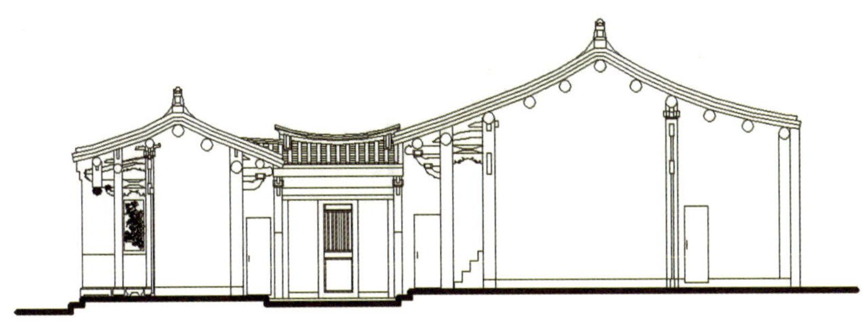

图 6-48　端瑜孙(刘敬房)宅建筑平、立、剖面图

十七、横龙财主宅

此宅现为刘饮水宅，据传曾是横龙财主刘郡(音名)宅第。据传有莆田人来土坑谋生，村民称此人为刘郡。刘郡在土坑非常勤劳，靠搞海运贸易，发财致富，于是带领莆田的兄弟定居土坑，建造此宅，发展事业，置千亩田园，后人在此宅及在选青斋等地块建造房屋，形成小聚居点，族人中也有中举入仕的，在重修白石宫时，也捐钱建造了白石宫的两个大圆石雕窗，但民国时期该族人逐步搬离土坑，不知去向，仅剩八十多岁的丫鬟居住在村中，其族产也逐渐被瓜分，刘郡一脉由此销声匿迹。曾传有后人骑马来寻根，讲述过村中有八角井，因被询村民不知详故，寻根未果，从此杳无音信，因此地为横龙，后人称刘郡为"横龙财主"。

该宅始建于清代，近年重修。该宅坐西北朝东南，占地面积 474 平方米，建筑面积 379 平方米。该宅原有三进，现后堂已经完全倒塌，仅余前面的院门、前埕、门厅、天井与大厅，现存平面为五间张二落大厝，明间被辟为祖堂，供奉祖先牌位；门厅两次间建起二层的埕头屋。现该宅比较残破，门厅局部倒塌，大厅右次间、稍间，天井两侧榉头房及外墙也都倒塌，倒塌部位杂草丛生；明间保留，但梁架也已被改为石墙承重，结构基本被改造了。建筑前后树木浓荫蔽日，环境良好。

该宅立面造型独特，原为传统闽南古厝，解放初立面局部改为二层，形成高低错落的造型，但大门依旧保留了单塌的形式，正面上方悬挂由惠安县知事赠送的"紫芝逸韵"匾额，檐檩雀替、门簪木雕精美；大门正面身堵嵌以木板，上绦环板以雕梅花、牡丹等木雕，侧面顶堵月梁上刻有麒麟、八仙等图案，身堵用红砖镂雕葫芦纹，构图巧妙；地牛、勒脚石、柱础石雕简洁大方，题材多为喜鹊、牡丹、太阳花等；大门两侧墀头石雕立体突出，以好学读书为题材，采用了透雕，工艺精湛。

该宅梁架为搁檩式、采用墙体承重的做法。宅内窗为直棂窗，绦环板的木雕为麒麟、牡丹等，雕刻精美，柱础镜鼓状，石雕简洁；宅内以红砖铺地。(如图 6-49、图 6-50)

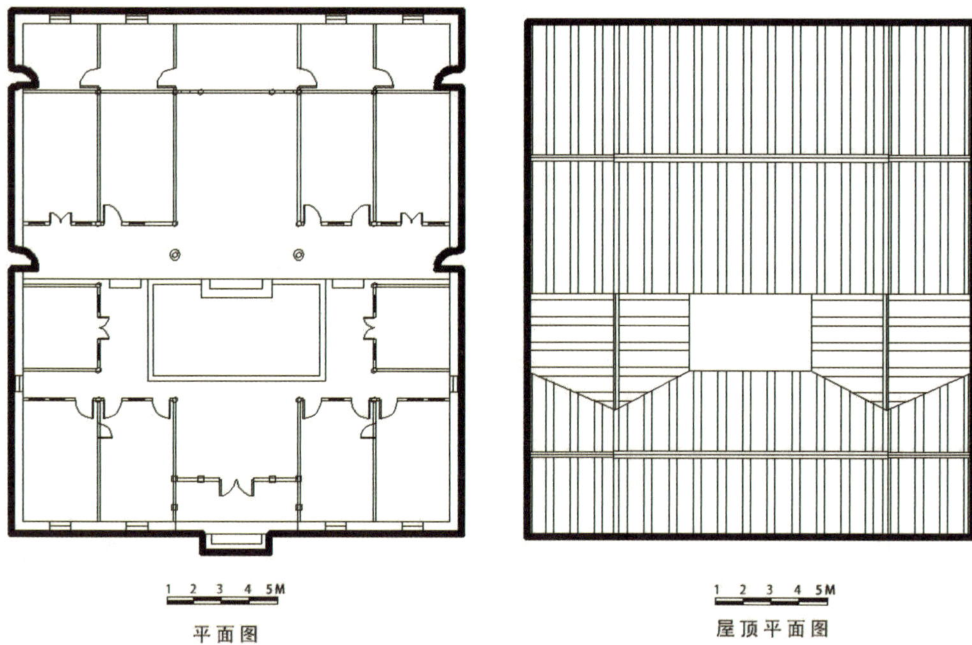

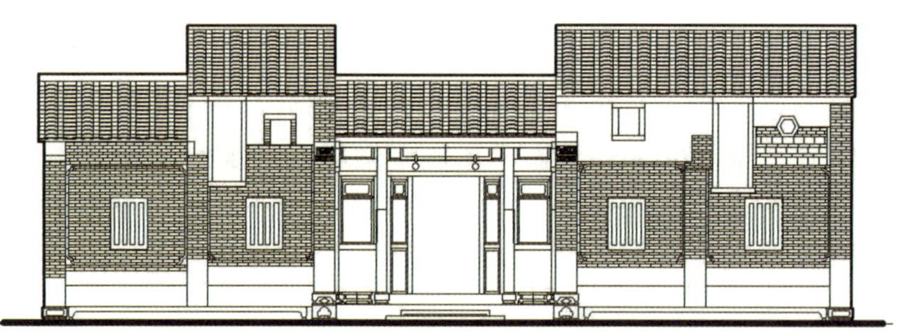

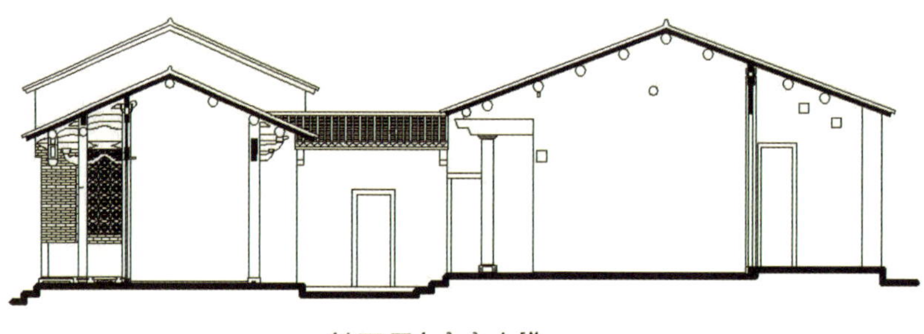

图 6-49 横龙财主宅建筑平、立、剖面图

图 6-50　横龙财主宅

第五节 土坑民居二维空间量化

运用建筑类型学研究民居，主要就是为了发掘传统民居中隐藏的比例关系，发掘传统建筑中的美学智慧，探究传统民居与地域环境的共生法则，从理性的角度解读土坑传统民居。

在上文的闽南古厝民居的类型研究当中，通过建筑类型学的分类和空间模式的研究方法，对闽南古厝民居的形态特征进行了解读，总结出闽南古厝民居的“衍化主类型”，并得出以“顶厅”为中心的空间发展的内在机制，以及轴线复合的空间生长方式。据此，本节按照类型学中的比例关系等相关研究方法与理论，首先对闽南古厝民居进行比例量化研究，然后以此为基础，进一步对土坑民居进行量化。在量化的过程中，把土坑聚落的民居纳入闽南古厝民居之中，作为量化的参量组成部分，以此揭示闽南古厝民居的平面二维规律，及其规律背后的地域美学。

一、分析路径

对于古厝民居的量化是一个数据庞大而复杂冗长的过程，需要对工作程序进行合理的安排和分配才能从整体上掌握研究的流程，更有效地掌握研究的节奏。具体的研究过程主要分为以下四点：

(1)首先基于调研，整理收集相关建筑测绘资料，绘制闽南古厝民居的平面图。具体而言，根据实地测绘和相关文献的收集，整理 101 栋闽南古厝民居的平面图资料，并依据尺寸绘制建筑平面图，建立闽南古厝民居的样本数据库。

(2)进行空间图底分析，量化研究古厝之中空间尺度的比例关系。依据格式塔心理学的图底分析简化古厝平面，在建筑实际情况下绘制建筑空间图底关系，并对空间尺度比例进行研究，总结局部与局部之间的比例关系。

(3)运用 excel 对数据进行计算，总结出样本数据库中古厝民居的比例规律。继而根据古厝民居类型分析，建立出不同类型的比例模型，从局部和整体的关系角度解读古厝民居。

(4)通过样本验证，总结出理想模型的适用范围。

二、数据采集与分析

在此次调查中，通多对闽南福全村、埭尾村、永宁、洪坑等多个聚落的古厝民居信息的收集，共得到 101 栋古厝民居的数据资料。按照上文关于古厝民居类型及“原型”的研究，三间张两落古厝和五间张两落古厝作为闽南古厝民居的“衍化主类型”，是最具代表性的闽南古厝民居类型，据此，下文从三间张和五间张两种开间形式入手，对两者进行比例量化研究。

三、三间张古厝数据采集与分析

三间张类型的古厝类民居主要指的是面阔以三间房屋作为基本单位进行组合，是典型的“一明两暗”的衍化模式，再以此为基础衍化出不同类型的建筑形式。在此次调研中，属于三间张及其衍化类型的民居共有 37 栋，具体包括单排屋类型、三合天井、四合天井等不同的组合形式（如表 6-3）。

表 6-3　三间张古厝民居调研图示

名称	福全 01	福全 04	福全 05
图片	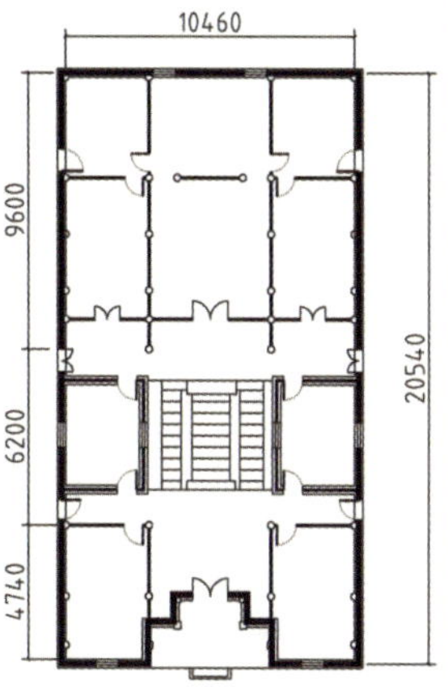 10460；9600；6200；4740；20540	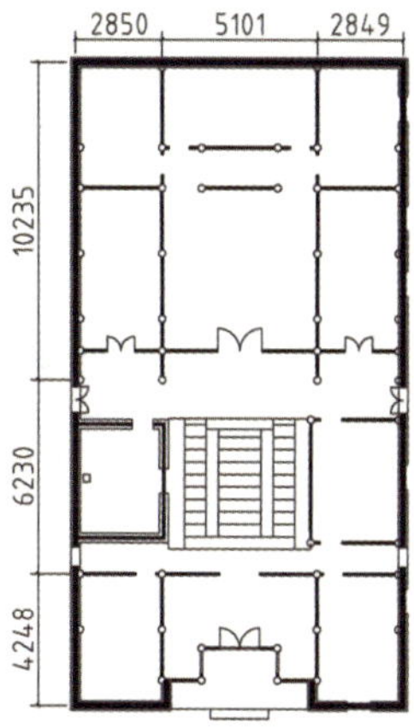 2850；5101；2849；10235；6230；4248	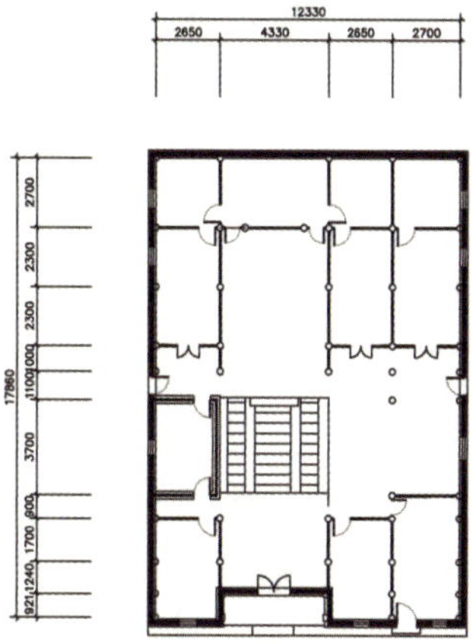 12330；2650；4330；2650；2700；17860；2700；2300；2300；1000；1100；3700；600；1700；1240；921
类型	三间张二落	三间张二落	三间张二落单护厝
名称	埭尾村大筆古厝	埭尾村 01	埭尾村 10
图片	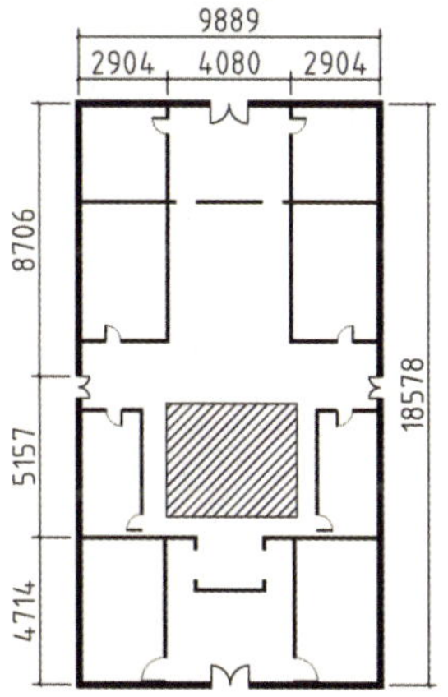 9889；2904；4080；2904；8706；5157；4714；18578	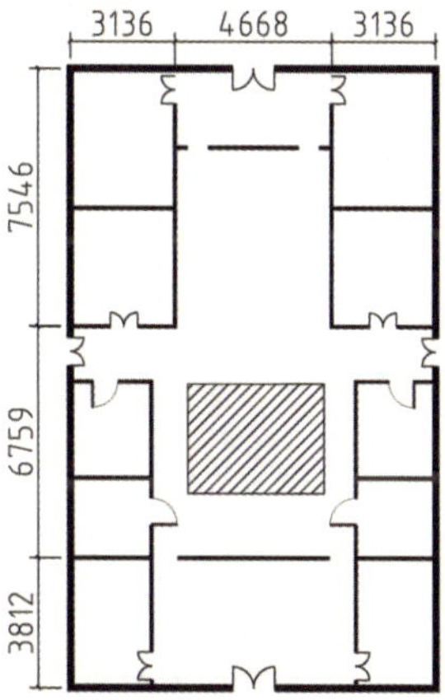 3136；4668；3136；7546；6759；3812	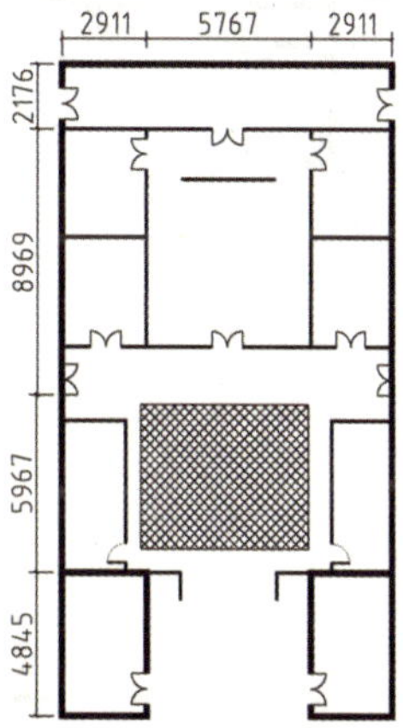 2911；5767；2911；2176；8969；5967；4845
类型	三间张二落	三间张二落	三间张三合院带后院
名称	洪坑村三房	洪坑村大房	埭尾村 2
图片	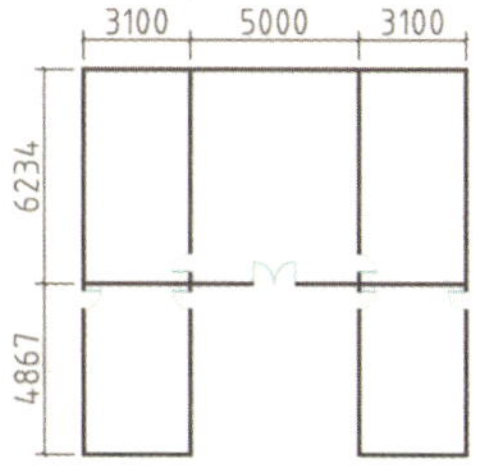 3100；5000；3100；6234；4867	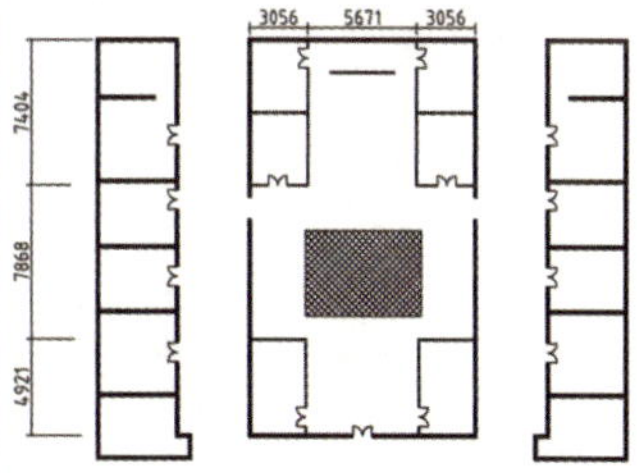 3056；5671；3056；7404；7868；4921	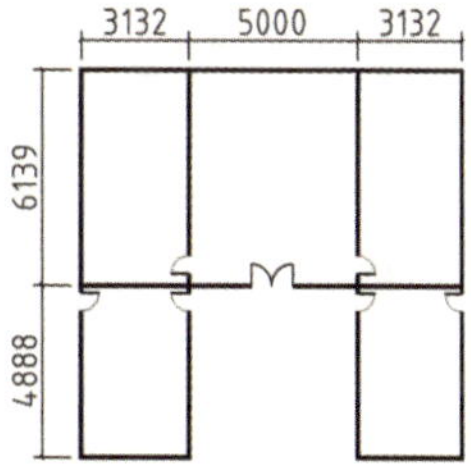 3132；5000；3132；6139；4888
类型	三间张三合院	三间张二落双护厝	三间张三合院

续表

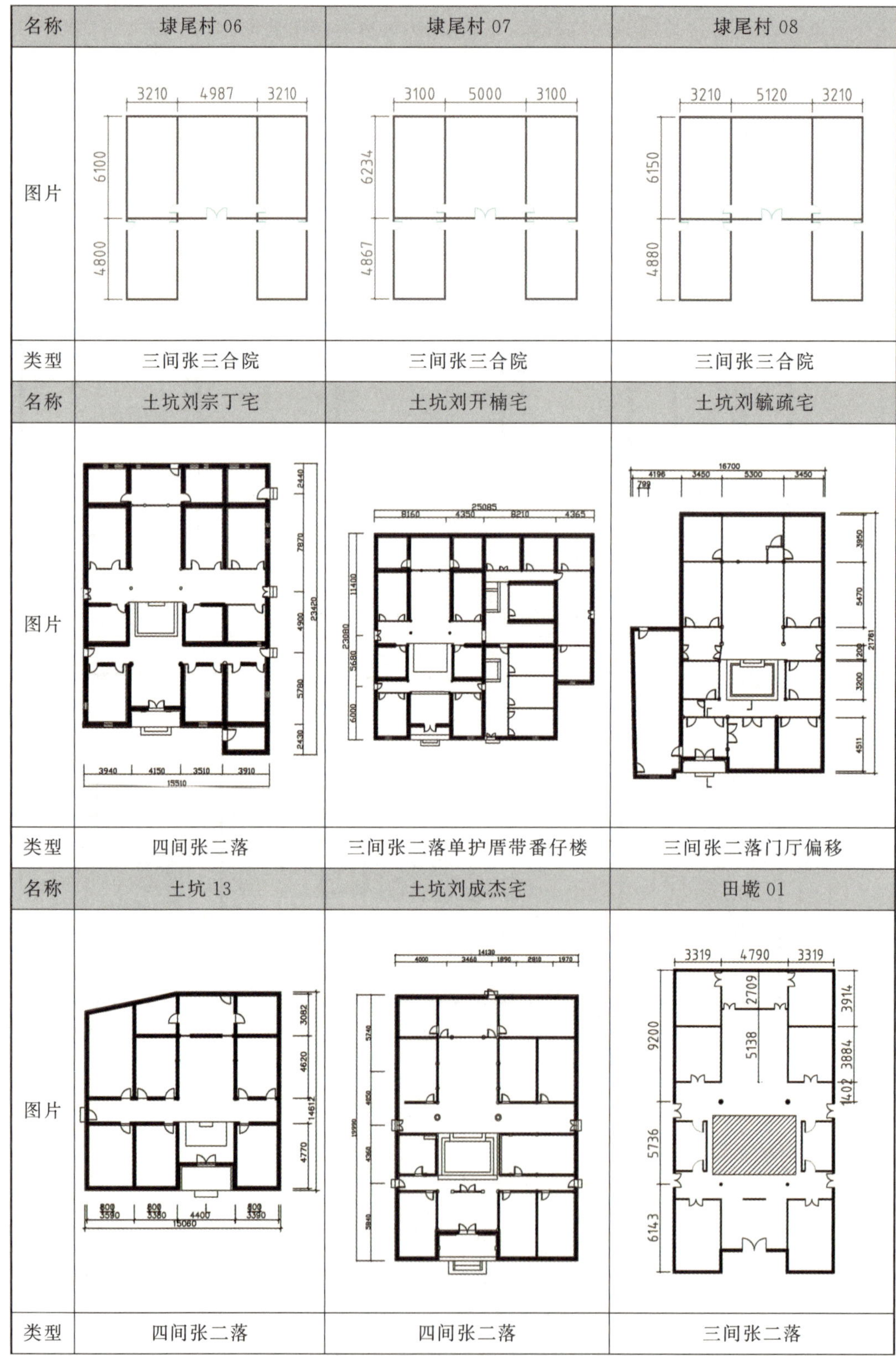

名称	埭尾村 06	埭尾村 07	埭尾村 08
图片			
类型	三间张三合院	三间张三合院	三间张三合院
名称	土坑刘宗丁宅	土坑刘开楠宅	土坑刘毓疏宅
图片			
类型	四间张二落	三间张二落单护厝带番仔楼	三间张二落门厅偏移
名称	土坑 13	土坑刘成杰宅	田墘 01
图片			
类型	四间张二落	四间张二落	三间张二落

续表

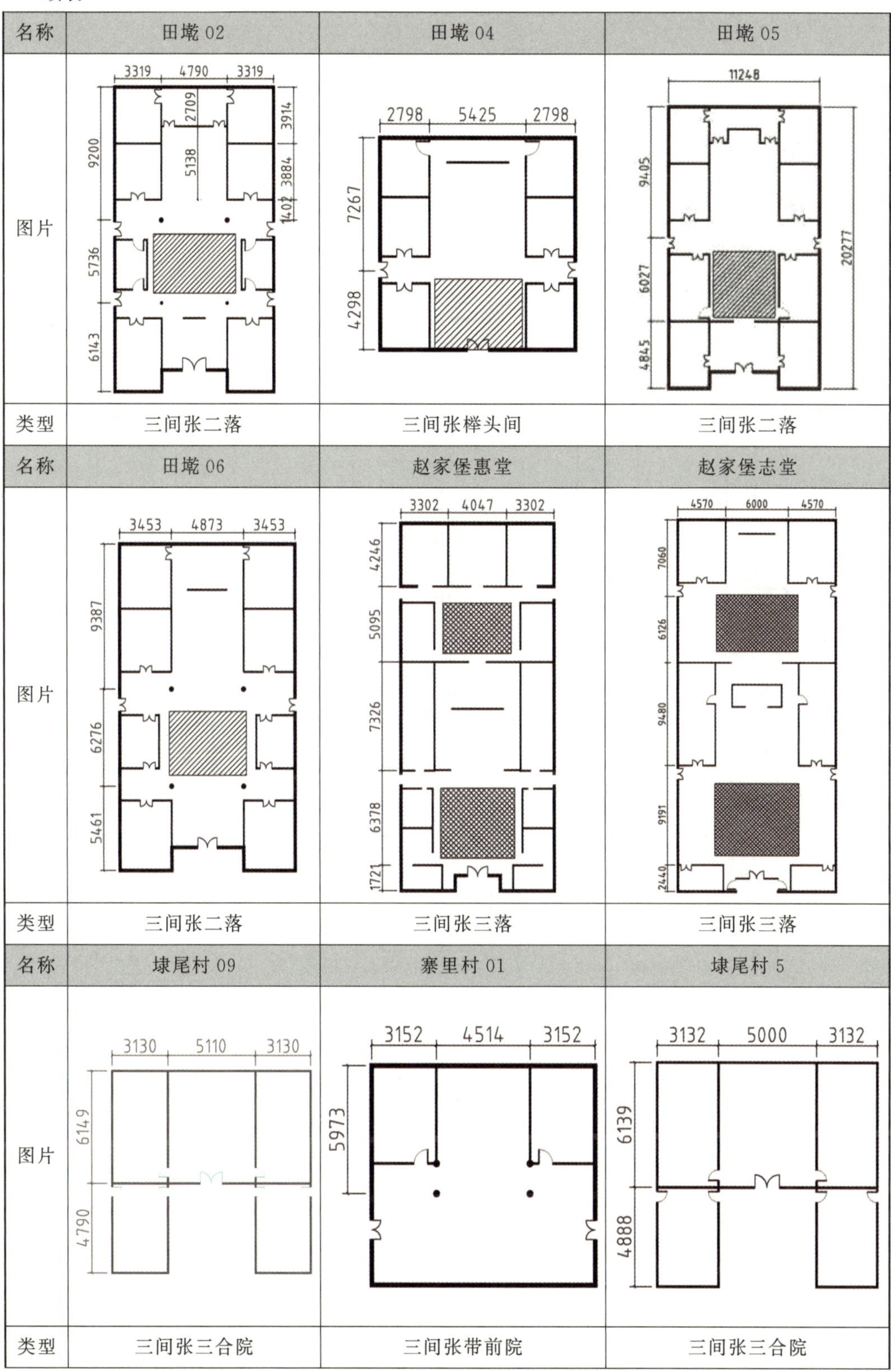

名称	田垅 02	田垅 04	田垅 05
图片			
类型	三间张二落	三间张榉头间	三间张二落
名称	田垅 06	赵家堡惠堂	赵家堡志堂
图片			
类型	三间张二落	三间张三落	三间张三落
名称	埭尾村 09	寨里村 01	埭尾村 5
图片			
类型	三间张三合院	三间张带前院	三间张三合院

续表

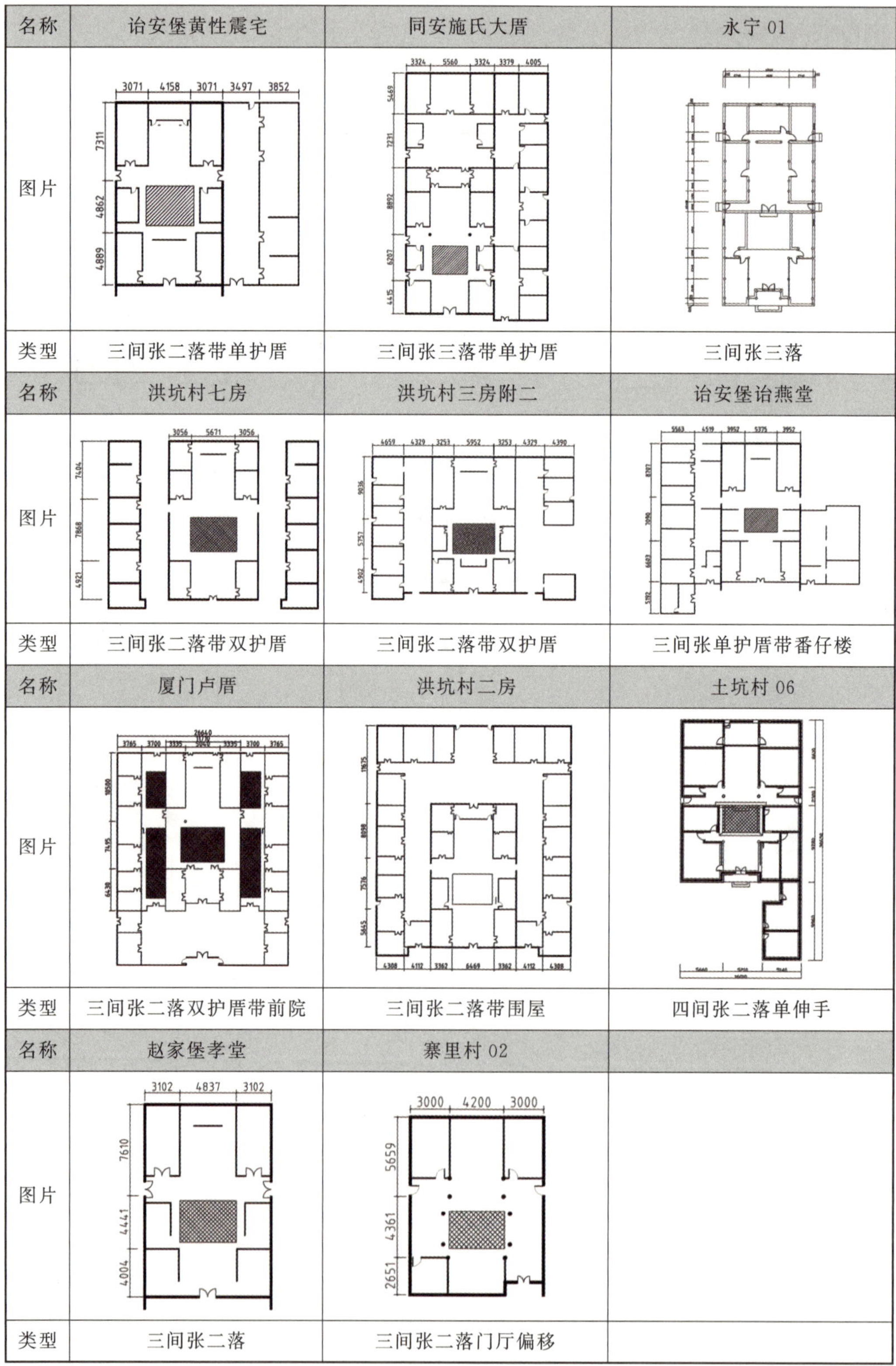

名称	诒安堡黄性震宅	同安施氏大厝	永宁 01
图片			
类型	三间张二落带单护厝	三间张三落带单护厝	三间张三落
名称	洪坑村七房	洪坑村三房附二	诒安堡诒燕堂
图片			
类型	三间张二落带双护厝	三间张二落带双护厝	三间张单护厝带番仔楼
名称	厦门卢厝	洪坑村二房	土坑村 06
图片			
类型	三间张二落双护厝带前院	三间张二落带围屋	四间张二落单伸手
名称	赵家堡孝堂	寨里村 02	
图片			
类型	三间张二落	三间张二落门厅偏移	

四、五间张古厝数据采集与分析

五间张古厝也是闽南地区典型的古厝形式，是在三开间的基础上左右各增加一间边房，形成五个房间横向排列的布局形式。在五间张的基础上，再向纵向发展形成不同类型的组合方式。本研究总共包含了 64 栋五间张民居，其中包括三合天井、四合天井以及多进天井等形式(如表 6-4)。

表 6-4　五间张古厝民居调研图示

名称	福全 02	福全 03	南安孝友第宅
图片	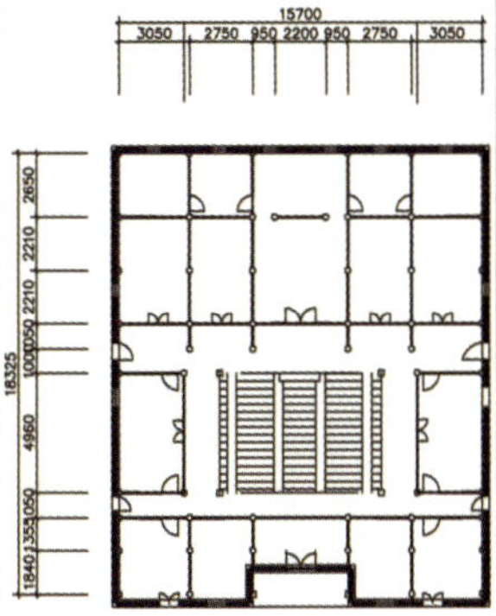	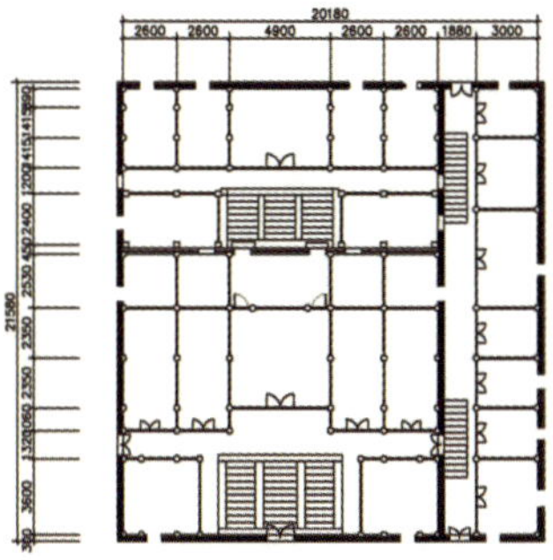	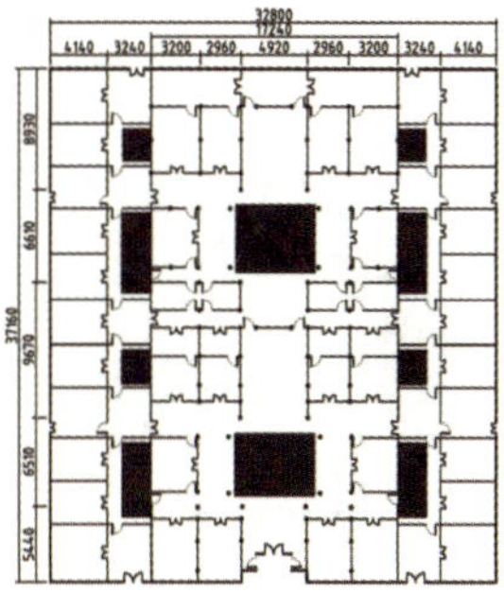
类型	五间张二落	五间张三落榉头间至单护厝	五间张三落双护厝
名称	南安蔡浅别馆	南安蔡浅厝	埭尾村 12
图片	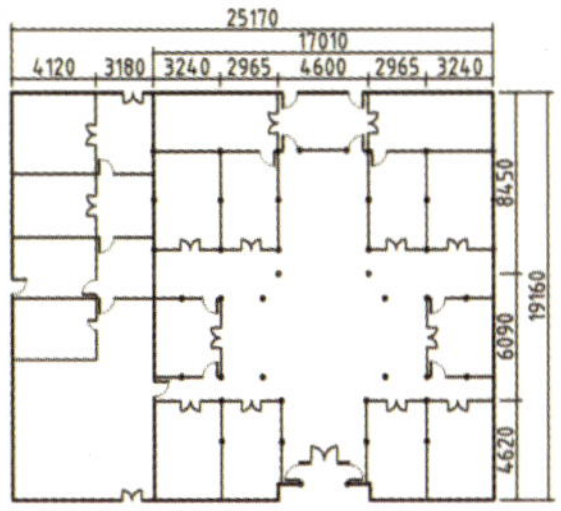	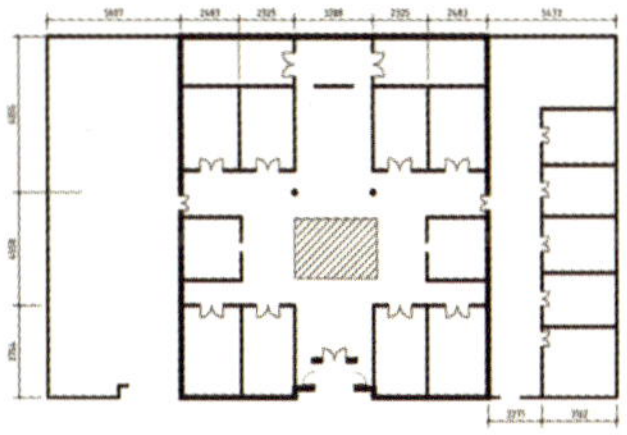	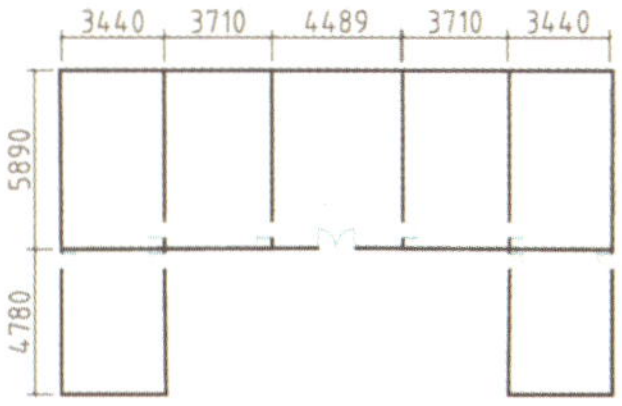
类型	五间张二落单护厝	五间张二落单护厝	五间张三合院
名称	埭尾村 03	埭尾村 13	埭尾村 11
图片	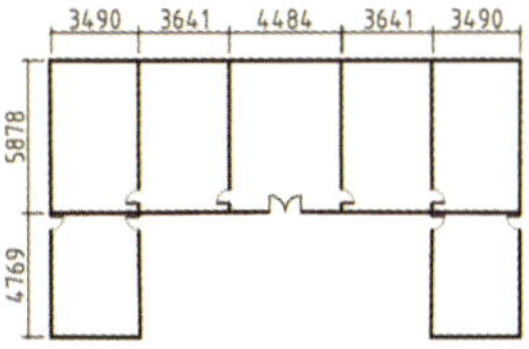	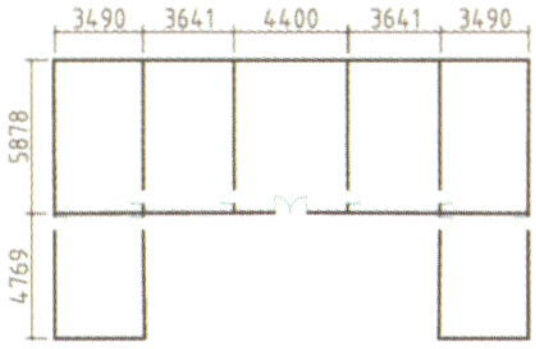	
类型	五间张三合院	五间张三合院	五间张三合院

续表

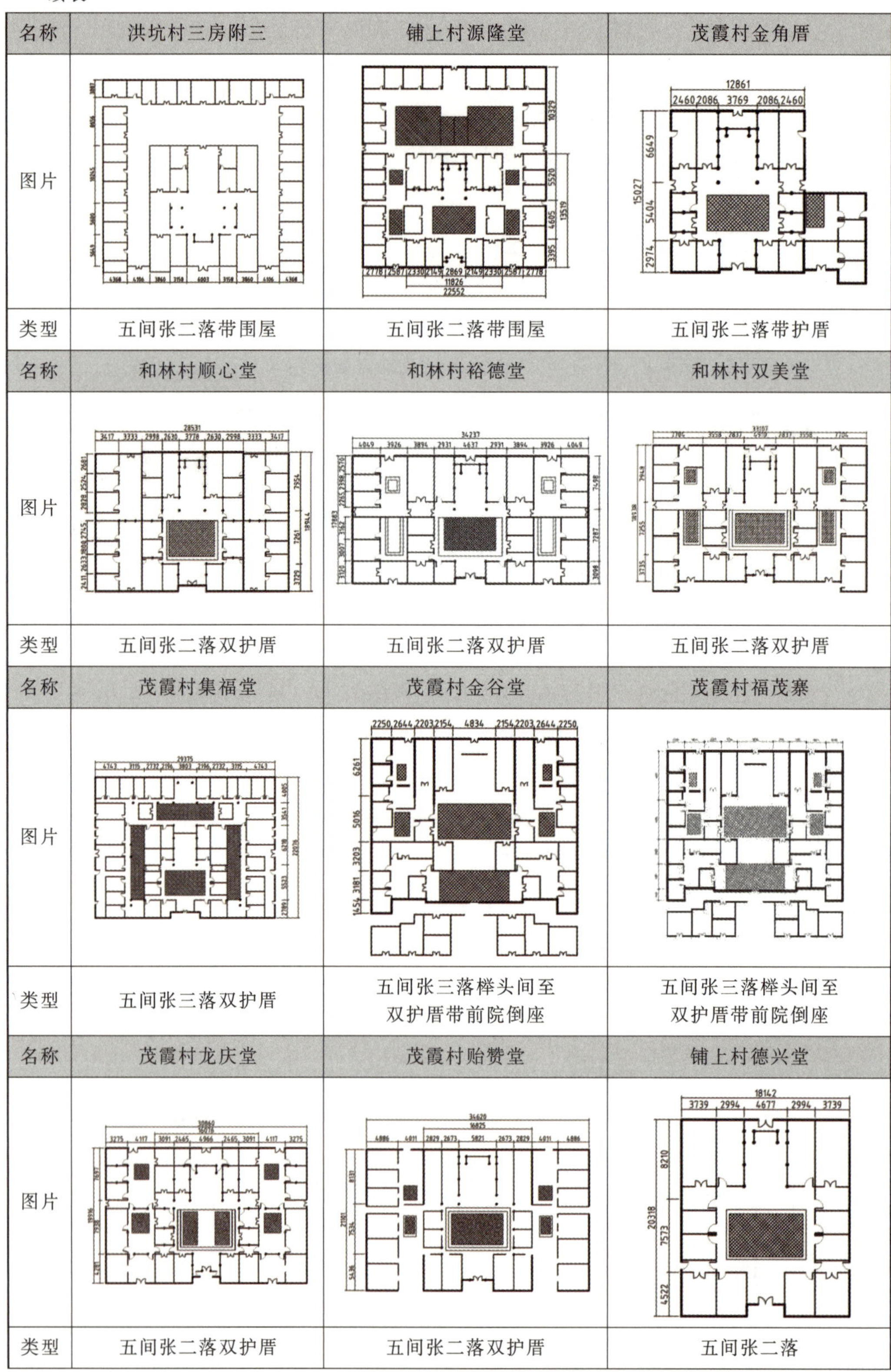

名称	洪坑村三房附三	铺上村源隆堂	茂霞村金角厝
图片			
类型	五间张二落带围屋	五间张二落带围屋	五间张二落带护厝
名称	和林村顺心堂	和林村裕德堂	和林村双美堂
图片			
类型	五间张二落双护厝	五间张二落双护厝	五间张二落双护厝
名称	茂霞村集福堂	茂霞村金谷堂	茂霞村福茂寨
图片			
类型	五间张三落双护厝	五间张三落榉头间至双护厝带前院倒座	五间张三落榉头间至双护厝带前院倒座
名称	茂霞村龙庆堂	茂霞村贻赞堂	铺上村德兴堂
图片			
类型	五间张二落双护厝	五间张二落双护厝	五间张二落

续表

名称	铺下村振德堂	铺上村儒苑堂	铺下村世德堂
图片	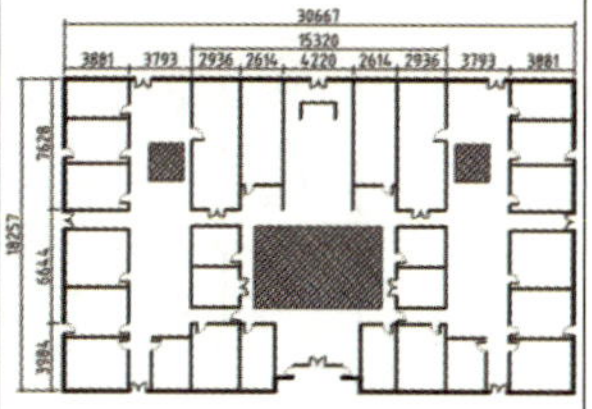	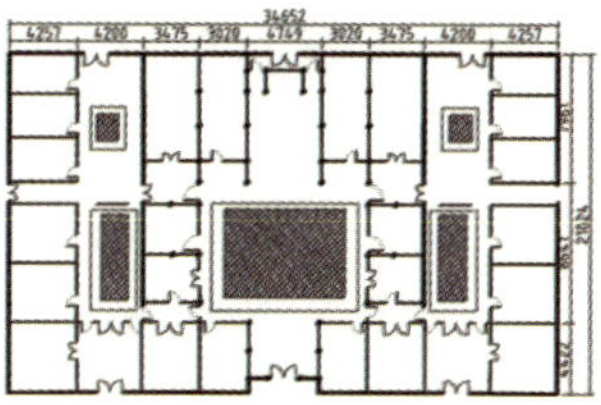	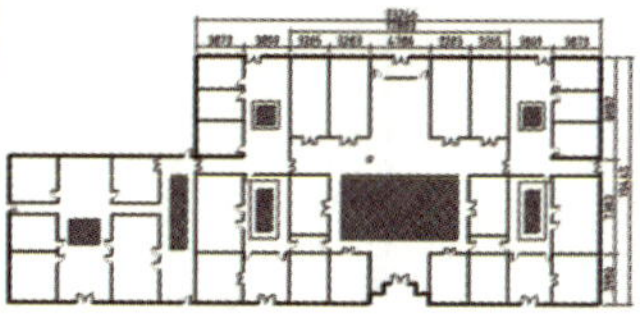
类型	五间张二落双护厝	五间张二落双护厝	五间张二落双护厝带三间张二落
名称	铺上村泰德堂	和林村顺安堂	铺上村振德堂
图片	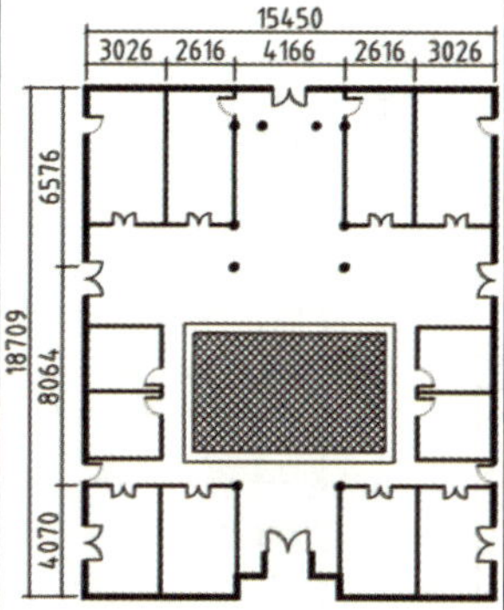	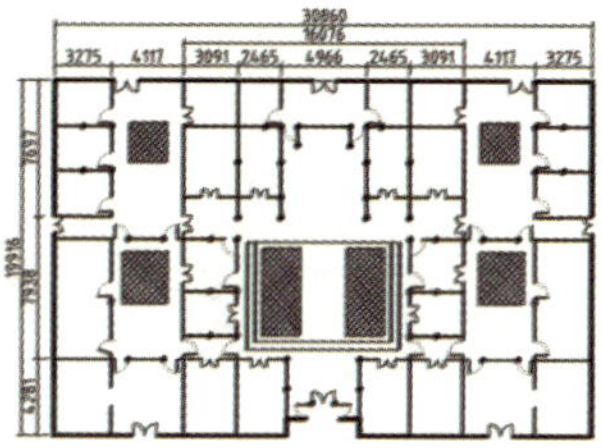	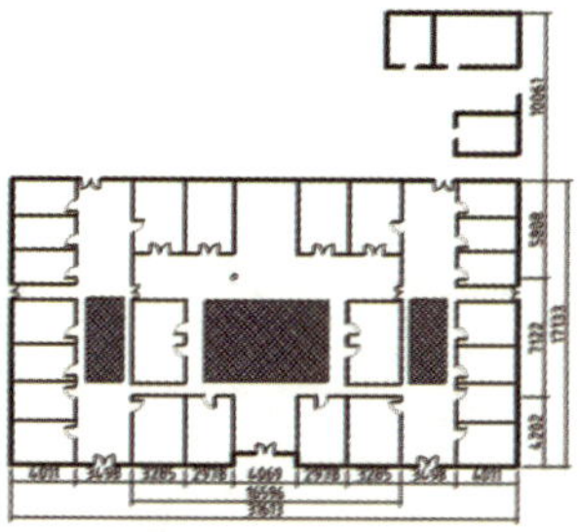
类型	五间张二落	五间张二落双护厝	五间张二落双护厝带角楼
名称	磻溪村古厝	铺下村丰岑头厝	铺下村福美堂
图片	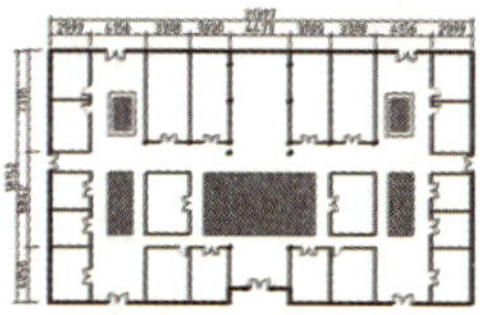	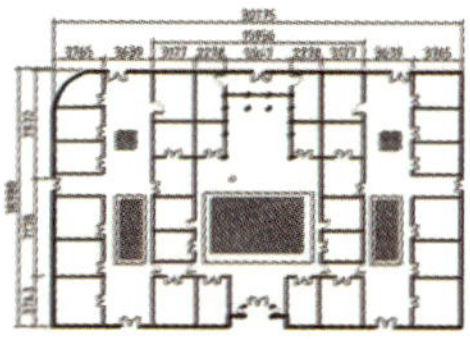	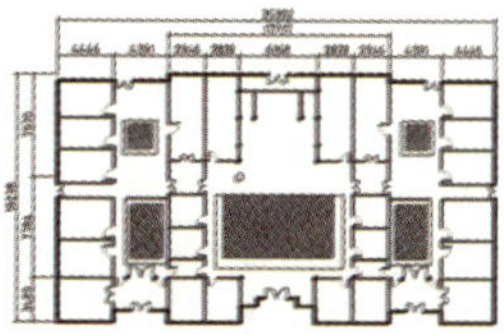
类型	五间张二落双护厝	五间张二落双护厝	五间张二落双护厝
名称	铺上村瑞美堂	铺下村世美堂	铺下村心德堂
图片	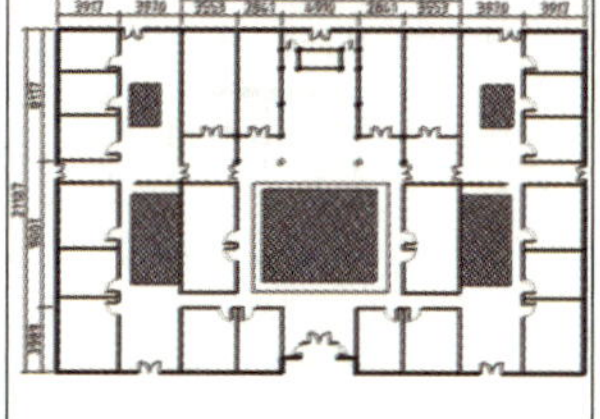	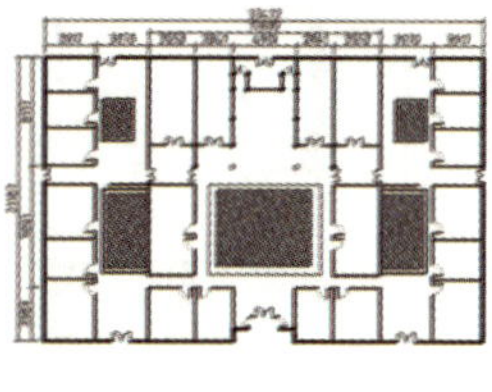	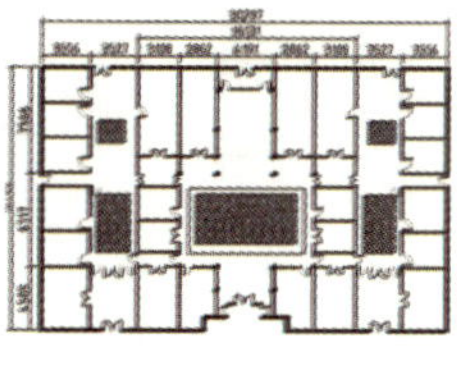
类型	五间张二落双护厝	五间张二落双护厝	五间张二落双护厝

续表

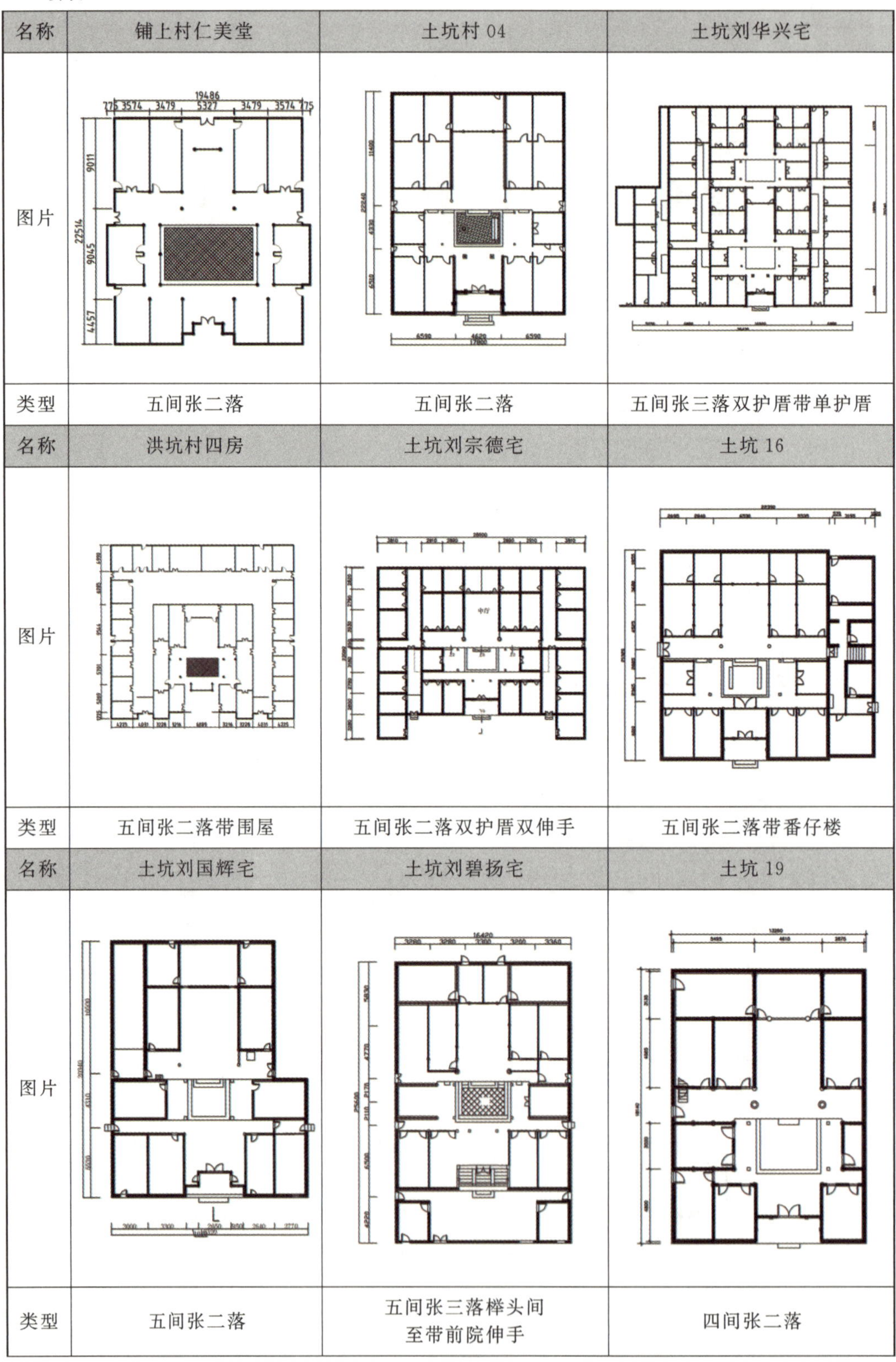

名称	铺上村仁美堂	土坑村 04	土坑刘华兴宅
图片			
类型	五间张二落	五间张二落	五间张三落双护厝带单护厝
名称	洪坑村四房	土坑刘宗德宅	土坑 16
图片			
类型	五间张二落带围屋	五间张二落双护厝双伸手	五间张二落带番仔楼
名称	土坑刘国辉宅	土坑刘碧扬宅	土坑 19
图片			
类型	五间张二落	五间张三落榉头间 至带前院伸手	四间张二落

续表

名称	土坑刘钦水宅	田墘 03	洪坑村祖厝
图片	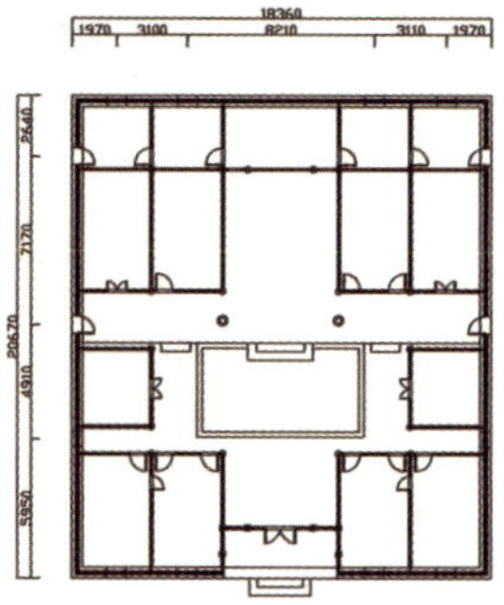	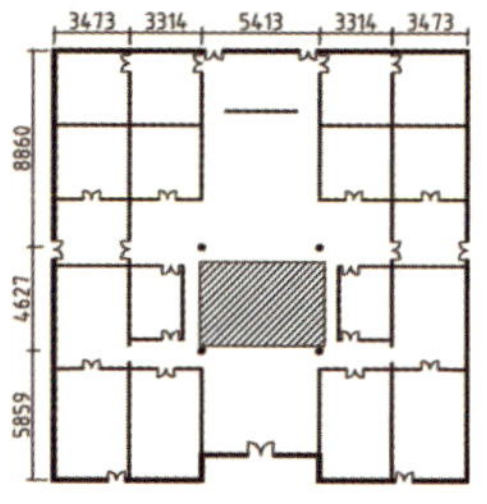	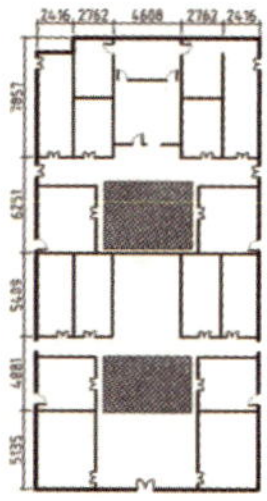
类型	五间张二落	五间张二落	五间张三落
名称	塘溪村美前堂	塘溪村如再堂	塘溪村儒风堂
图片	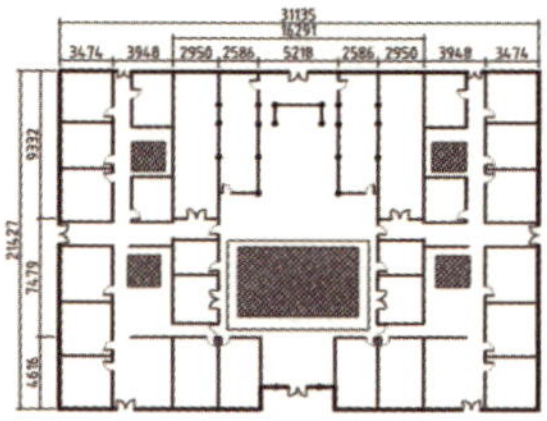	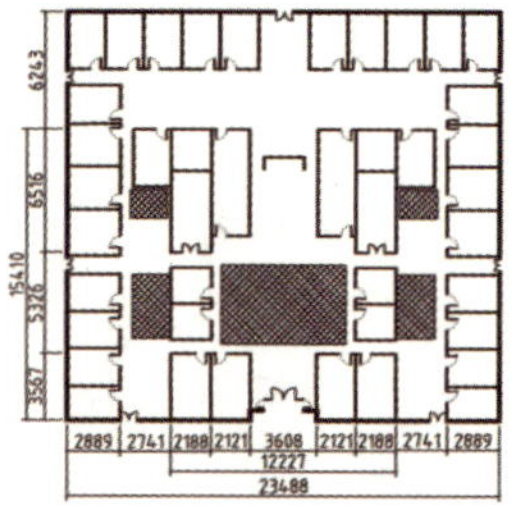	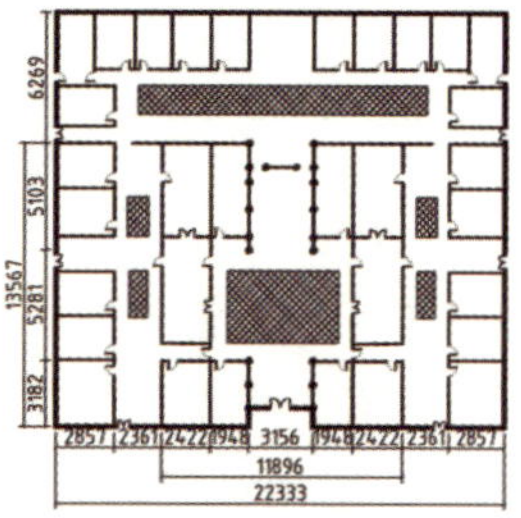
类型	五间张二落双护厝	五间张二落双护厝带后屋	五间张二落双护厝带后屋
名称	塘溪村儒林堂	塘溪村泰德堂	塘溪村福兴堂
图片	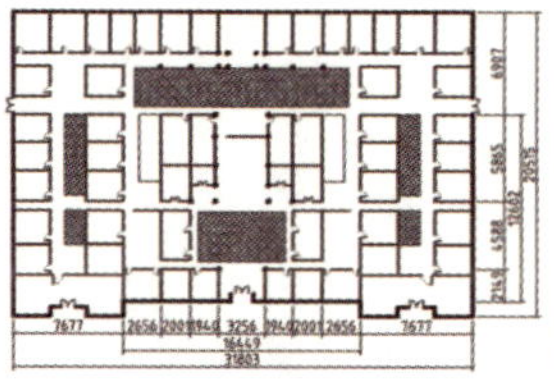	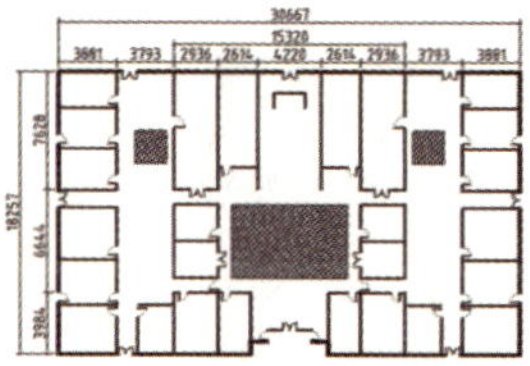	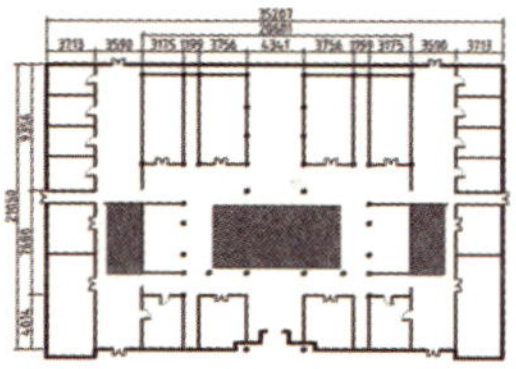
类型	五间张二落双护厝带后屋	五间张二落双护厝	五间张二落双护厝
名称	赵家堡积玉堂	和林村福兴堂	土坑刘立贵宅
图片	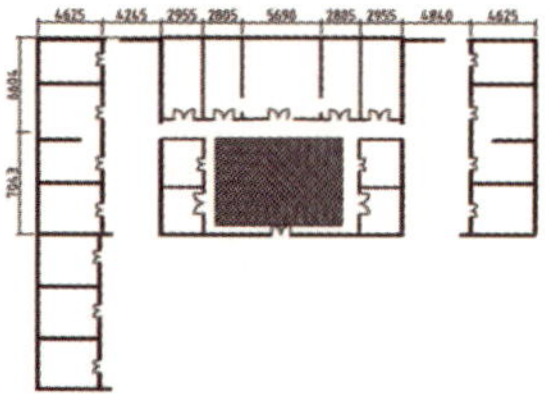	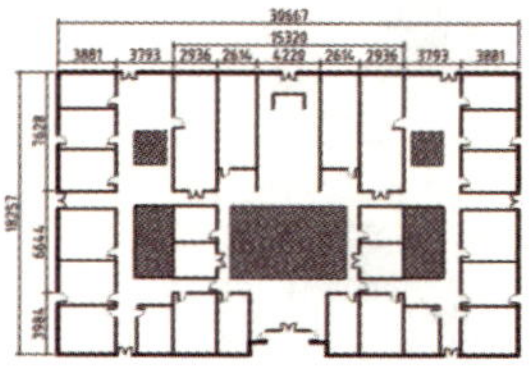	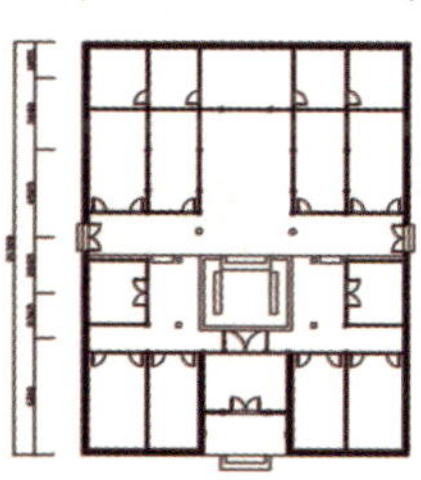
类型	五间张榉头间至 带双护厝单伸手	五间张二落双护厝	五间张二落

续表

名称	南安中宪第	南安林路厝	土坑村 07
图片	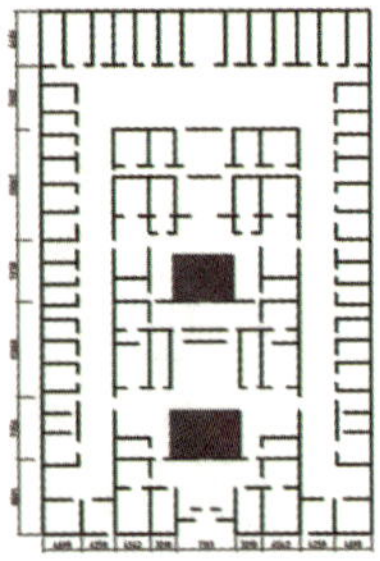	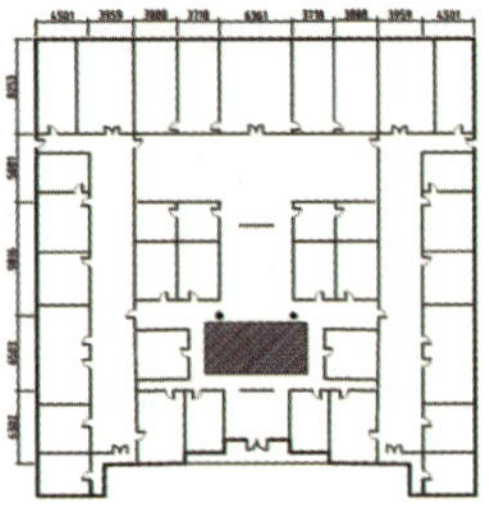	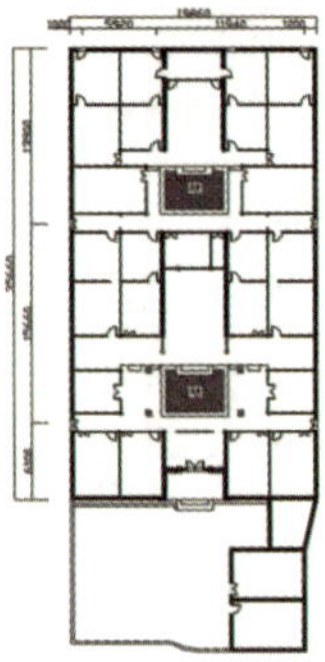
类型	五间张三落带围屋	五间张二落带围屋	五间张三落单伸手

五、量化实验

(一)三间张量化实验

三间张古厝的平面量化,以顶落为分析起点,围绕顶落分布 6 个房间,呈现中轴对称形。在面阔上,各个房间之间存在一定的相互关系,顶厅和两侧的大房是顶落的主要空间,其面阔之和为整个顶落的面阔长度。后轩为顶厅的附属空间,其面阔与顶厅相等,后房为大房的附属空间,面阔与大房相等。进深上,每列的两个房间的进深之和都相等,即顶厅和后轩进深之和等于两侧大房和后房进深之和。据此,以田墘村 01 号民居为例进行量化研究。(如表 6-5)

表 6-5 田墘村 01 号民居二维量化分析

类别	图形分析		分析说明
平面	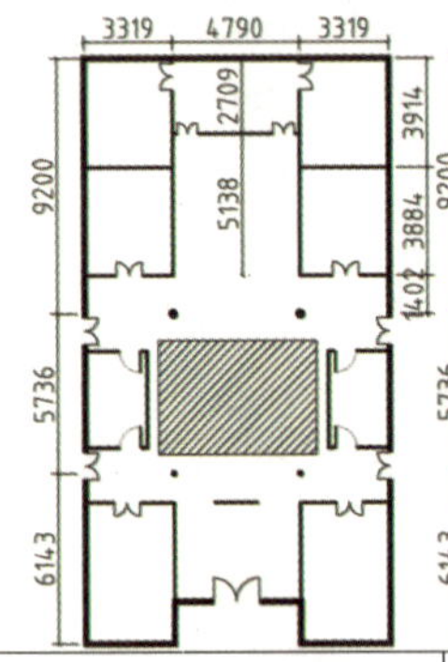	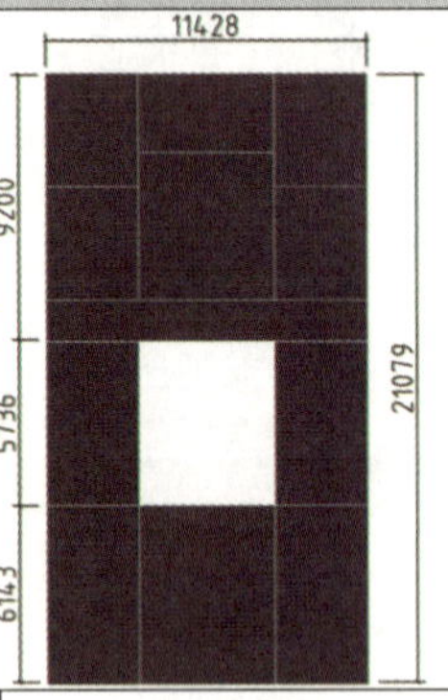	1.该栋民居为三间张两落古厝,整体平面呈长方形,长宽比:21079/11428=1.84 2.进深方向分为三段,顶落、中庭和下落,三段空间面阔相等,进深方向比例为:9200/5736/6143=1/0.62/0.67 3.顶厅长宽比为 5088/4790=1.06,近似于 1。 4 进深方向各个空间与顶厅进深的比为: 厅口/顶厅=1416/5088=0.28, 后轩/顶厅=2709/5088=0.53, 大房/顶厅=3884/5088=0.76, 后房/顶厅=3914/5088=0.77 5.面阔方向各个空间与顶厅的面阔比为: 后轩/顶厅=4790/4790=1, 大房/顶厅=3319/4790=0.69, 后房/顶厅=3319/4790=0.69
顶落平面	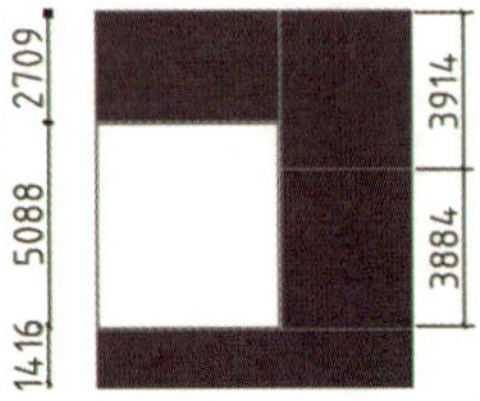	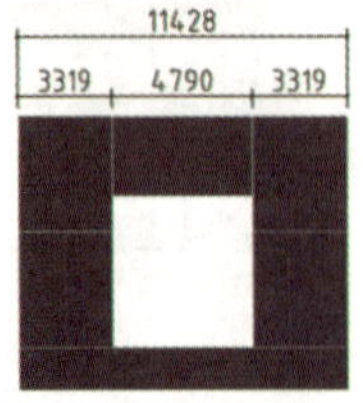	
	进深	面阔	

基于上述分析，进一步对37栋三间张古厝[①]量化分析，得出表6-6。

表6-6　37栋三间张古厝二维量化分析

单位：毫米

房间/编号	顶厅		后轩		大房		后房		厅口
	进深(b)	面阔(a)	进深(e)	面阔(a)	进深(d)	面阔(c)	进深(f)	面阔(c)	进深(g)
田墘01	5088	4790	2709	4790	3884	3319	3914	3319	1416
田墘02	5155	4951	2711	4951	3957	3291	3909	3291	1367
田墘03	5139	5425	1335	5425	3239	2798	3234	2798	
田墘04	5561	5242	2600	5242	4069	3003	4093	3003	1244
田墘05	5266	4873	2956	4873	4091	3453	4182	3453	1114
埭尾01	4438	4080	3144	4080	4438	2904	3144	2904	1124
埭尾02	5239	4668	2306	4668	3453	3136	4092	3136	
埭尾03	6139	5000			6139	3132			
埭尾04	6234	5000			6234	3100			
埭尾05	6100	4987			6100	3210			
埭尾06	6100	5000			6100	3100			
埭尾07	6150	5120			6150	3210			
埭尾08	6149	5110			6149	3130			
诒燕堂	5121	5375	2491	5375	5121	3952	2491	3952	1107
黄性震宅	4252	4158	1669	4158	4252	3071	1669	3071	954
洪坑大房	5764	5671	1659	5671	3707	3056	3717	3056	
洪坑二房	5865	6043	2233	6043	3946	3575	4153	3575	
洪坑三房附二	5444	5952	2104	5952	5444	3253	2104	3253	1488
洪坑七房	5398	4670	2460	4670	5398	3672	2460	3672	1518
洪坑三房附一	5626	5767	1707	5767	3685	2911	3648	2911	1636
施氏大厝	5219	5560	2578	5560	4641	3324	3233	3324	1045
土坑刘宗丁宅	5099	4587	3177	4587	5099	3525	3177	3525	1552
土坑刘开南宅	5677	4837	3909	4837	5677	3738	3909	3738	1299
土坑刘毓疏宅	5470	5300	3950	5300	5470	3450	3950	3450	1400
土坑13	4620	4400	3082	4400	4620	3390	3082	3390	

① 37栋古厝数量来源于每个聚落中抽取的三间张古厝样本。

续表

编号 \ 房间	顶厅		后轩		大房		后房		厅口
	进深(b)	面阔(a)	进深(e)	面阔(a)	进深(d)	面阔(c)	进深(f)	面阔(c)	进深(g)
土坑刘成杰宅	4990	4806	2982	4806	4990	2982	2982	2982	1064
赵家堡惠堂	4145	5947	3141	5947	4145	2365	3141	2365	
赵家堡孝堂	4183	4837	1778	4837	4183	3102	1778	3102	
赵家堡志堂	5447	7983	4033	7983	5447	3579	4033	3579	
福全 01	5000	4460	3550	4460	5000	3000	3550	3000	1050
福全 04	5230	5100	3900	5100	5230	2700	3900	2700	955
福全 05	4670	4300	2630	4300	4670	2500	2630	2500	1000
卢厝	5939	5040	2150	5040	5939	3335	2150	3335	1999
寨里村 01	4631	3514			4631	3152			1403
寨里村 02	4341	4200			4341	3000			1309
永宁 01	6610	4600	4060	4600	6610	2740	4060	2740	1090
茂霞村福茂寨	3986	4834	1678	4834	3986	2154	1678	2154	1512
加权平均数①	5283.3	5032.0	2713.1	5112.2	4871.2	3143.5	3243.5	3147.5	1288.9
标准差②	668.5	743.2	796.6	771.9	918.0	368.7	811.4	416.7	260.3

基于上表可得：大房和后房的进深在所有房间尺度中的标准差较大，大部分的尺度和其平均值之间差异较大，由此说明在三间张民居中，大房和后房进深的设计较为灵活。而厅口进深的标准差则是最小的，其进深数值较接近平均值，说明闽南三间张民居厅口的设计存在一定的尺度要求。

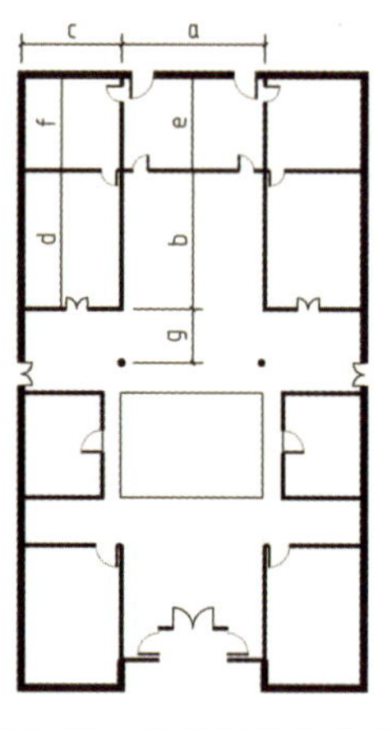

图 6-51　三间张量化代码

基于上述，进一步研究民居的比例关系，得出表 6-7。其中，为便于表述设顶厅面阔为 a，进深为 b；大房面阔为 c，进深为 d；后轩面阔为 a，进深为 e；后房面阔为 c，进深为 f；厅口进深为 g，如图 6-51 所示。两两之间的比例关系记为 $c/a=h_1$，$d/b=h_2$，$e/b=h_3$，$f/b=h_4$，$g/b=h_5$，“中庭”/“顶落”为 i_1，“下落”/“顶落”为 i_2。

① 加权平均值是各数值乘以相应的权数，然后加总求和得到总体值，再除以总的单位数，它是能够更加真实地反映数据集中趋势的一项指标。

② 标准差是总体各单位标准值与其平均数离差平方的算术平均数的平方根，反映一组数据平均值分散程度的一种度量。

表 6-7　三间张顶落比例关系分析

编号＼房间	比例系数						
	h_1(c/a)	h_2(d/b)	h_3(e/b)	h_4(f/b)	h_5(g/b)	i_1(中庭/顶落)	i_2(下落/顶落)
田墘 01	0.69	0.76	0.53	0.77	0.28	0.62	0.67
田墘 02	0.66	0.77	0.53	0.76	0.27	0.66	0.65
田墘 03	0.52	0.63	0.26	0.63		0.79	
田墘 04	0.57	0.73	0.47	0.74	0.22	0.64	0.52
田墘 05	0.71	0.78	0.56	0.79	0.21	0.67	0.58
埭尾 01	0.71	1	0.71	0.71	0.25	0.59	0.54
埭尾 02	0.67	0.66	0.44	0.78		0.90	0.51
埭尾 03	0.63	1				0.80	
埭尾 04	0.62	1				0.78	
埭尾 05	0.64	1				0.79	
埭尾 06	0.62	1				0.80	
埭尾 07	0.63	1				0.79	
埭尾 08	0.61	1				0.78	
诒燕堂	0.74	1	0.49	0.49	0.22	0.81	0.76
黄性震宅	0.74	1	0.39	0.39	0.22	0.67	0.67
洪坑大房	0.54	0.64	0.29	0.64		1.06	0.66
洪坑二房	0.59	0.67	0.38	0.71		0.94	0.70
洪坑三房附二	0.55	1	0.39	0.39	0.27	0.64	0.54
洪坑七房	0.79	1	0.46	0.46	0.28	0.50	0.61
洪坑三房附一	0.5	0.65	0.3	0.65	0.29	0.67	0.54
施氏大厝	0.6	0.89	0.49	0.62	0.2	0.70	0.50
土坑刘宗丁宅	0.79	1	0.59	0.59	0.31	0.48	0.56
土坑刘开南宅	0.77	1	0.69	0.69	0.23	0.50	0.53
土坑刘毓疏宅	0.65	1	0.72	0.72	0.26	0.55	0.41
土坑 13	0.77	1	0.67	0.67		0.88	
土坑刘成杰宅	0.62	1	0.6	0.6	0.21	0.61	0.56
赵家堡惠堂	0.4	1	0.76	0.76		0.87	
赵家堡孝堂	0.64	1	0.43	0.43		0.58	0.53
赵家堡志堂	0.45	1	0.74	0.74		0.97	
福全 01	0.67	1	0.71	0.71	0.21	0.65	0.49
福全 04	0.53	1	0.75	0.75	0.18	0.62	0.42

续表

编号＼房间	比例系数						
	h_1(c/a)	h_2(d/b)	h_3(e/b)	h_4(f/b)	h_5(g/b)	i_1(中庭/顶落)	i_2(下落/顶落)
福全 05	0.58	1	0.56	0.56	0.21	0.74	0.53
卢厝	0.66	1	0.36	0.36	0.34	0.71	0.61
寨里村 01	0.9	1			0.3		
寨里村 02	0.71	1			0.3	0.77	0.47
永宁 01	0.6	1	0.61	0.61	0.16	0.44	0.43
茂霞村福茂寨	0.45	1	0.42	0.42	0.38	0.80	0.52
平均值	0.64	0.91	0.53	0.62	0.25	0.72	0.56

由上表可知，三间张民居的平均比例关系为 $h_1=c/a=0.64$，$h_2=d/b=0.92$，$h_3=e/b=0.53$，$h_4=f/b=0.63$，$h_5=g/b=0.25$，$i_1=0.72$，$i_2=0.56$。由此，以顶厅为基础，每个房间可量化为 $a\times b$，大房为 $0.64a\times0.91b$，后轩为 $2.28a\times0.53b$，后房为 $0.64a\times0.62b$，厅口为$2.28a\times0.25b$，中庭为 $2.28a\times1.28b$，下落为 $2.28a\times1.00b$。因在常规情况下，古厝为对称布局，由此，可以从顶厅逆推演绎出整个三间张二落古厝的平面，及其平面量化模型。(如图 6-52)

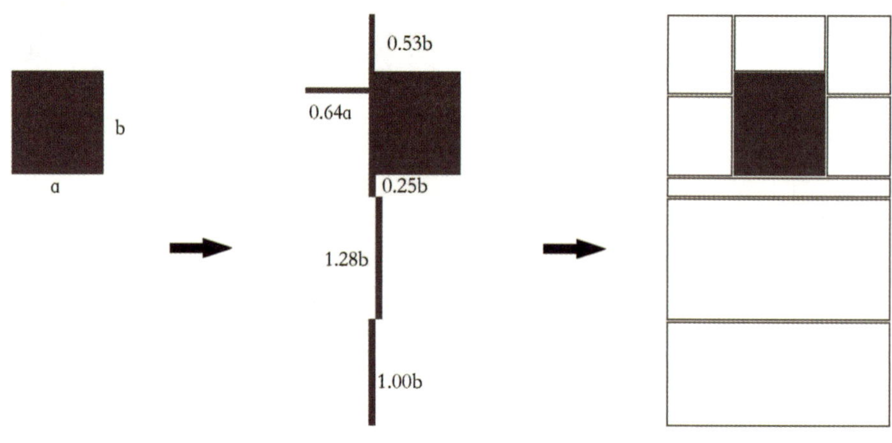

图 6-52 基于顶厅的逆推演绎

综上分析，同理可以归纳出三间张二落古厝的子类型量化模型。

$S_{单排}=(4.07+\alpha)\times ab$

$S_{三合}=(7.00+\alpha)\times ab$

$S_{四合}=(9.28+\alpha)\times ab$

$S_{多进}=(9.28+\alpha)\times ab+(D-2)\times(7.00+\alpha)\times ab$

其中，D 为古厝民居的进数。

(二)五间张量化分析

五间张平面布局是在三间张的基础上两边增加边房，“边房”的空间尺度基本上与“大房”保持一致。但由于增加了空间的关系，其比例系统和三开间有一定的差别。因此，空间尺度上，将“大房”和“后房”统一成“大房”进行分析，“边房”和其附属“后房”统一成“边房”进行分析。首先，以和林 01(福兴堂)为例进行分析(如表 6-8)

表 6-8　和林 01(福兴堂)量化分析

单位：米

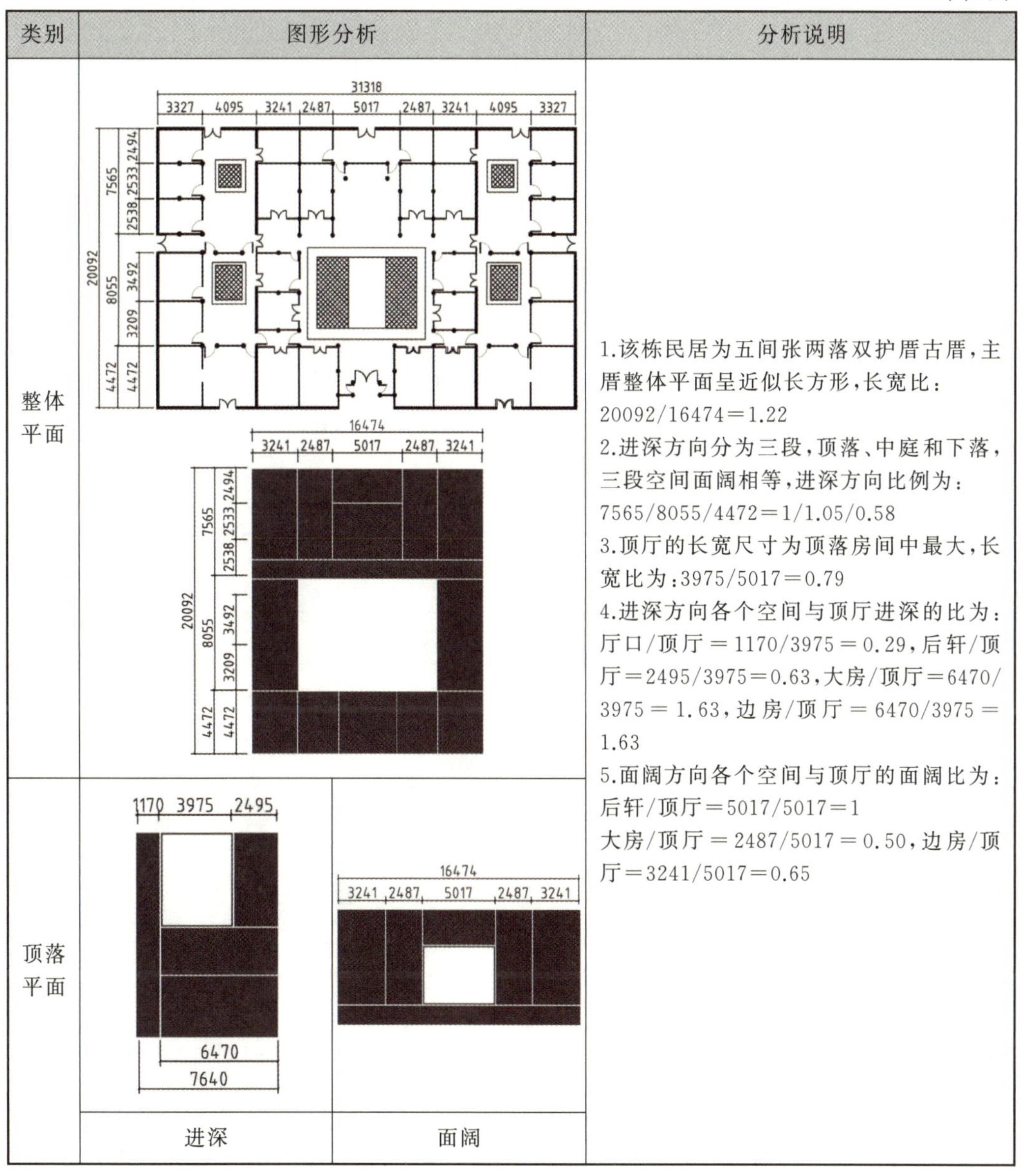

类别	图形分析		分析说明
整体平面	31318；3327，4095，3241，2487，5017，2487，3241，4095，3327；20092；7565：2494，2533，2538；8055：3492，3209；4472：4472；16474；3241，2487，5017，2487，3241		1.该栋民居为五间张两落双护厝古厝，主厝整体平面呈近似长方形，长宽比：20092/16474＝1.22 2.进深方向分为三段，顶落、中庭和下落，三段空间面阔相等，进深方向比例为：7565/8055/4472＝1/1.05/0.58 3.顶厅的长宽尺寸为顶落房间中最大，长宽比为：3975/5017＝0.79 4.进深方向各个空间与顶厅进深的比为：厅口/顶厅＝1170/3975＝0.29，后轩/顶厅＝2495/3975＝0.63，大房/顶厅＝6470/3975＝1.63，边房/顶厅＝6470/3975＝1.63 5.面阔方向各个空间与顶厅的面阔比为：后轩/顶厅＝5017/5017＝1 大房/顶厅＝2487/5017＝0.50，边房/顶厅＝3241/5017＝0.65
顶落平面	1170，3975，2495；6470；7640	16474；3241，2487，5017，2487，3241	
	进深	面阔	

其次，对所有调研五间张民居的比例进行分析。如表 6-9 所示：

表 6-9　五间张案例数据统计

单位:毫米

编号＼房间	顶厅		后轩		大房		边房		厅口
	进深(b)	面阔(a)	进深(e)	面阔(a)	进深(d)	面阔(c)	进深(d)	面阔(f)	进深(g)
和林村福兴堂	3975	5017	2495	5017	6470	2487	6470	3241	1170
和林村双美堂	5051	3778	1143	3778	6194	2630	6194	2998	1760
和林村顺安堂	5264	4679	1184	4679	6448	2911	6448	3894	1049
和林村顺心堂	4687	4345	1580	4345	6267	2728	6267	3138	1185
和林村裕德堂	4418	4910	2220	4910	6647	2837	6647	3558	1309
茂霞村敦好厝	4195	3803	1224	3803	5420	2196	5420	2732	799
茂霞村集福堂	3666	3769	1655	3769	5361	2086	5361	2460	1304
茂霞村金谷堂	3951	4966	2598	4966	6549	2465	6549	3091	1148
茂霞村金角厝	4597	5047	1676	5047	6273	2278	6273	3177	1595
茂霞村龙庆堂	4706	5821	2095	5821	6793	2673	6793	2829	1338
茂霞村贻赞堂	5165	4865	1629	4865	6841	2486	6841	3033	1533
铺上村德兴堂	5691	4677	1180	4677	6872	2994	6872	3739	1338
铺上村振德堂	4223	5327	3131	5327	7354	3479	7354	3574	1657
铺上村仁美堂	5635	4749	1013	4749	6638	3020	6638	3475	1321
铺上村瑞美堂	4614	4115	1853	4115	6482	2874	6482	3214	1836
铺上村源隆堂	3674	4166	1364	4166	5038	2616	5038	3026	1538
铺上村泰德堂	3077	2919	1126	2919	4203	2088	4203	2398	1035
铺上村儒苑堂	4434	4060			4434	3070	4434	3198	1375
铺下村丰岑头厝	5338	4585	1849	4585	7187	3048	7187	3338	1298
铺下村福美堂	5405	6168	1289	6168	6694	2828	6694	2946	1271
铺下村世德堂	4699	4786	1709	4786	6408	3283	6408	3265	1674
铺下村世美堂	4319	5086	2669	5086	6988	2751	6988	3348	1208
铺下村心德堂	5305	4910	1205	4910	6510	2841	6510	3553	1607
铺下村振德堂	4805	4191	1512	4191	6317	2862	6317	3108	1248
塘溪村福兴堂	4252	4341	2397	4341	6649	3756	6649	3175	1988
塘溪村美前堂	5595	5218	2080	5218	7675	2586	7675	2950	1604
塘溪村如再堂	4182	3713	1476	3713	5658	2059	5658	2198	858

续表

房间 编号	顶厅		后轩		大房		边房		厅口
	进深(b)	面阔(a)	进深(e)	面阔(a)	进深(d)	面阔(c)	进深(d)	面阔(f)	进深(g)
塘溪村儒风堂	3331	3176	1134	3176	4464	1925	4464	2428	639
塘溪村儒林堂	3310	3725	1472	3725	4782	1742	4782	2027	1083
塘溪村泰德堂	4846	4220	1366	4220	6212	2936	6212	2936	1416
福全 02	4850	4820	3450	4820	8300	2950	8300	3350	1060
福全 03	4420	4100	2650	4100	7070	2750	7070	3050	1050
福全 06	4700	4900	2530	4900	7050	2600	7050	2600	1060
福全 07	4600	4330	2700	4330	7300	2650	7300	2700	1000
孝友第	4423	4920	2509	4920	6932	2960	6932	3200	1109
蔡浅别馆	4407	4600	2524	4600	6931	2965	6931	3240	1061
南安蔡浅厝	3452	3288	2019	3288	5471	2325	5471	2483	885
埭尾村 03	5878	4484			5878	3641	5878	3490	
埭尾村 11	5800	4500			5800	3650	5800	3500	
埭尾村 12	5890	4489			5890	3710	5890	3440	
埭尾村 13	5878	4400			5878	3641	5878	3490	
洪坑三房附三	5880	5685	2316	5685	8196	3317	8196	3860	1277
土坑村 04	5675	5451	3768	5451	9475	2831	9475	3201	1239
土坑刘华兴宅	4950	4854	2556	4854	7505	2974	7505	2874	1066
土坑村 06	5282	4658	3054	4658	8193	2867	8193	2602	1164
土坑村 07	5308	5151	2858	5151	8160	3291	8160	3915	1265
土坑刘立贵宅	5200	6105	3420	6105	8526	3317	8526	3957	1300
土坑刘国辉宅	5093	4873	3497	4873	8590	2914	8590	2711	1173
土坑刘宗德宅	5100	4864	3280	4864	8380	2876	8380	2910	1160
土坑 16	5320	4980	3290	4980	8560	2840	8560	3320	980
土坑提督府	4963	4690	2988	4690	7950	3022	7950	3356	1080
土坑刘碧扬宅	5061	4861	3632	4861	9762	2700	9762	2925	1124
土坑 19	4610	4600	3159	4600	7734	2785	7734	2725	1070
土坑刘钦水宅	5262	5160	3001	5160	8226	3109	8226	3281	1227
赵家堡积玉堂	5648	5690			5648	2805	5648	2955	1349

续表

编号＼房间	顶厅		后轩		大房		边房		厅口
	进深(b)	面阔(a)	进深(e)	面阔(a)	进深(d)	面阔(c)	进深(d)	面阔(f)	进深(g)
林路厝	6451	6461	2002	6461	8454	3755	8454	3801	1362
永宁 02	6717	5200	4199	5200	10916	2600	10916	2600	1249
永宁 03	5431	5000	4145	5000	9576	2865	9576	2570	1300
永宁 04	5200	4670	4265	4670	9465	3210	9465	3250	1175
南安中宪第	5471	8400	1400	8400	6871	2586	6871	4542	1109
洪坑村祖厝	4239	4608	2747	4608	6986	2762	6986	2416	871
洪坑村四房	5624	6657	2547	6657	8170	3332	8170	3228	1373
磻溪村古厝	6561	4473			6561	3000	6561	3308	749
田墘 03	3978	5413	2735	5413	6713	3314	6713	3473	1320
加权平均数	4902.0	4788.5	2325.7	4813.5	6983.5	2866.3	6983.5	3130.7	1239.8
标准差	788.8	848.2	887.9	880.6	1354.	439.9	1354.1	465.4	260.4

基于上述得出与三间张一样的结论。据此，进一步研究民居的比例关系，得出表 6-10。

为了便于表述，在三间张的基础上设边房的面阔为 f，进深为 d。厅口的进深为 g。比例关系记为 $c/a=h_1$，$f/a=h_2$，$e/b=h_3$，$d/b=h_4$，$g/b=h_5$，“中庭”/“顶落”为 i_1，“下落”/“顶落”为 i_2，如图 6-53。

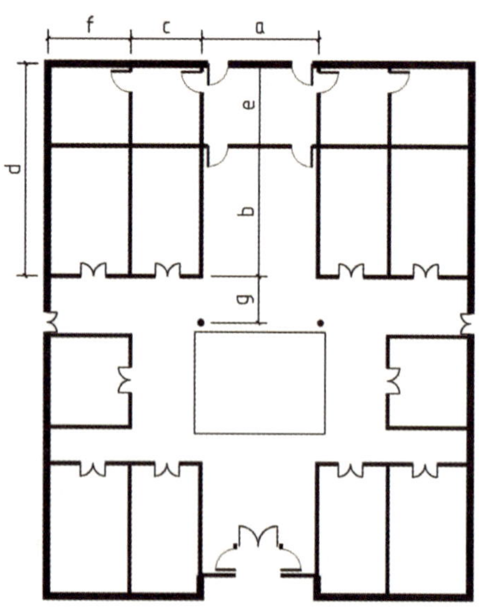

图 6-53　五间张量化分析图

表 6-10 五间张顶落比例系数表

编号	比例系数						
	h_1	h_2	h_3	h_4	h_5	i_1（中庭/顶落）	i_2（下落/顶落）
和林村福兴堂	0.50	0.65	0.63	1.63	0.29	1.06	0.59
和林村双美堂	0.70	0.79	0.23	1.23	0.35	0.91	0.47
和林村顺安堂	0.62	0.83	0.22	1.22	0.20	0.97	0.41
和林村顺心堂	0.63	0.72	0.34	1.34	0.25	0.96	0.44
和林村裕德堂	0.58	0.72	0.50	1.50	0.30	0.91	0.47
茂霞村敦好厝	0.58	0.72	0.29	1.29	0.19	0.89	0.45
茂霞村集福堂	0.55	0.65	0.45	1.46	0.36	0.76	0.45
茂霞村金谷堂	0.50	0.62	0.66	1.66	0.29	1.03	0.56
茂霞村金角厝	0.45	0.63	0.36	1.36	0.35	0.90	0.47
茂霞村龙庆堂	0.46	0.49	0.45	1.44	0.28	0.93	0.67
茂霞村贻赞堂	0.51	0.62	0.32	1.32	0.30	0.85	0.44
铺上村德兴堂	0.64	0.80	0.21	1.21	0.24	0.92	0.55
铺上村振德堂	0.65	0.67	0.74	1.74	0.39	1.00	0.49
铺上村仁美堂	0.64	0.73	0.18	1.18	0.23	1.09	0.56
铺上村瑞美堂	0.70	0.78	0.40	1.40	0.40	0.89	0.51
铺上村源隆堂	0.63	0.73	0.37	1.37	0.42	1.23	0.62
铺上村泰德堂	0.72	0.82	0.37	1.37	0.34	0.83	0.62
铺上村儒苑堂	0.76	0.79		1.00	0.31	1.23	0.72
铺下村丰岑头厝	0.66	0.73	0.35	1.35	0.24	0.84	0.50
铺下村福美堂	0.46	0.48	0.24	1.24	0.24	0.98	0.44
铺下村世德堂	0.69	0.68	0.36	1.36	0.36	0.91	0.49
铺下村世美堂	0.54	0.66	0.62	1.62	0.28	0.88	0.51
铺下村心德堂	0.58	0.72	0.23	1.23	0.30	1.11	0.49
铺下村振德堂	0.68	0.74	0.31	1.31	0.26	0.89	0.60
塘溪村福兴堂	0.87	0.73	0.56	1.56	0.47	0.82	0.43
塘溪村美前堂	0.50	0.57	0.37	1.37	0.29	0.80	0.49
塘溪村如再堂	0.55	0.59	0.35	1.35	0.21	0.82	0.55
塘溪村儒风堂	0.61	0.76	0.34	1.34	0.19	1.03	0.62

续表

编号	比例系数						
	h_1	h_2	h_3	h_4	h_5	i_1（中庭/顶落）	i_2（下落/顶落）
塘溪村儒林堂	0.47	0.54	0.44	1.44	0.33	0.78	0.37
塘溪村泰德堂	0.70	0.70	0.28	1.28	0.29	0.87	0.52
福全 02	0.61	0.70	0.71	1.71	0.22	0.66	0.52
福全 03	0.67	0.74	0.60	1.60	0.24	0.86	0.44
福全 06	0.53	0.53	0.54	1.50	0.23	0.61	
福全 07	0.61	0.62	0.59	1.59	0.22	0.69	0.49
孝友第	0.60	0.65	0.57	1.57	0.25	0.73	0.61
蔡浅别馆	0.64	0.70	0.57	1.57	0.24	0.72	0.55
南安蔡浅厝	0.71	0.76	0.58	1.58	0.26	0.72	0.59
埭尾村 03	0.81	0.78		1.00		0.81	
埭尾村 11	0.81	0.78		1.00		0.81	
埭尾村 12	0.83	0.77		1.00		0.81	
埭尾村 13	0.83	0.79		1.00		0.81	
洪坑三房附三	0.58	0.68	0.39	1.39	0.22	0.67	0.60
土坑村 04	0.52	0.58	0.66	1.68	0.22	0.38	0.57
土坑刘华兴宅	0.61	0.59	0.51	1.52	0.22	0.67	0.55
土坑村 06	0.62	0.56	0.58	1.55	0.22	0.61	0.51
土坑村 07	0.64	0.76	0.54	1.54	0.24	0.67	0.56
土坑刘立贵宅	0.54	0.65	0.66	1.64	0.25	0.58	0.56
土坑刘国辉宅	0.60	0.56	0.69	1.69	0.23	0.56	0.50
土坑刘宗德宅	0.59	0.60	0.64	1.64	0.23	0.58	0.47
土坑 16	0.57	0.67	0.62	1.61	0.18	0.65	0.54
土坑提督府	0.64	0.72	0.60	1.60	0.22	0.62	0.47
土坑刘碧扬宅	0.56	0.60	0.72	1.93	0.22	0.56	0.53
土坑 19	0.61	0.59	0.69	1.68	0.23	0.60	0.43
土坑刘钦水宅	0.60	0.64	0.57	1.56	0.23	0.61	0.54
赵家堡积玉堂	0.49	0.52		1.00	0.24	0.94	
林路厝	0.58	0.59	0.31	1.31	0.21	0.67	0.64

续表

编号	比例系数						
	h_1	h_2	h_3	h_4	h_5	i_1（中庭/顶落）	i_2（下落/顶落）
永宁 02	0.50	0.50	0.63	1.63	0.19	0.55	0.43
永宁 03	0.57	0.51	0.76	1.76	0.24	0.61	0.48
永宁 04	0.69	0.70	0.82	1.82	0.23	0.54	0.54
南安中宪第	0.31	0.54	0.26	1.26	0.20	1.35	0.68
洪坑村祖厝	0.60	0.52	0.65	1.65	0.21	0.80	0.69
洪坑村四房	0.50	0.48	0.45	1.45	0.24	0.60	0.55
磻溪村古厝	0.67	0.74		1.00	0.11	0.94	0.55
田墘 03	0.61	0.64	0.69	1.69	0.33	0.52	0.66
平均数	0.61	0.66	0.49	1.44	0.26	0.81	0.53

由上表可得，在顶厅的比例体系下，五间张民居的平均比例系数为：$h_1=c/a=0.61$，$h_2=f/a=0.66$，$h_3=e/b=0.44$，$h_4=d/b=1.44$，$h_5=g/b=0.26$，$i_1=0.81$，$i_2=0.53$。以顶厅为基础，则顶厅量化为 a×b，大房为 0.61a×1.44b，后轩为 3.5a×0.44b，边房为 0.66a×1.44b，厅口为 3.54a×0.26b，中庭为 3.54a×1.38b，下落为 3.54a×0.9b。因在常规情况下，古厝为对称布局，由此，可以从顶厅逆推演绎出整个五间张二落古厝的平面，及其平面量化模型。（如图 6-54）

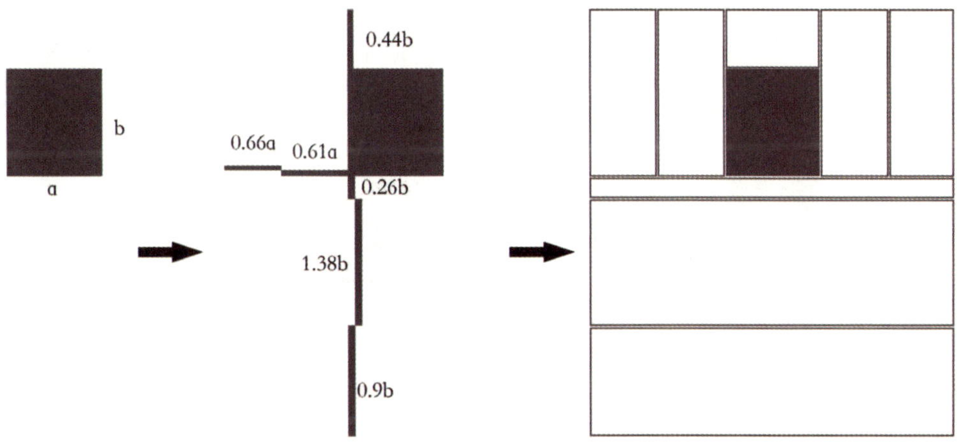

图 6-54 基于顶厅的逆推演绎

综上分析。同理可以归纳出五间张二落古厝的子类型量化模型。

$S_{单排}=(6.07+\alpha)\times ab$

$S_{三合}=(10.99+\alpha)\times ab$

$S_{四合}=(14.2+\alpha)\times ab$

$S_{多进}=(14.2+\alpha)\times ab+(D-2)\times(10.99+\alpha)\times ab$

(三)闽南古厝民居二维量化的美学解读

罗西认为类型的概念就像一些复杂和持久的事物，是一种高于自身形式的逻辑原则。[①] 该原则是人类世世代代发展中形成的，它凝聚了人类最基本的生活方式，是一个地域文化积淀的外在表现。闽南古厝民居作为闽南人的生活、生产的场所，是长期岁月积淀的产物，反映了闽南人的精神世界与文化的内在逻辑，是闽南人审美外显。

基于上文量化分析，得出闽南传统民居中比例规律，由此可以窥视平面构图中的相互关系、闽南地区民居建筑的美学逻辑以及民居背后的文化与地域精神。

进深的比为 0.52，近似于 $1:\sqrt{4}$。进一步剖析，用$\sqrt{4}$矩形分割图对整个平面进行分析，得出整体长宽比例也满足$\sqrt{4}$，由此，可以归纳出：闽南三间张面阔与进深遵循着近似于$1:\sqrt{4}$的规律，即“$1:\sqrt{4}$”比例在闽南民居中是美的体现。(如图 6-55)

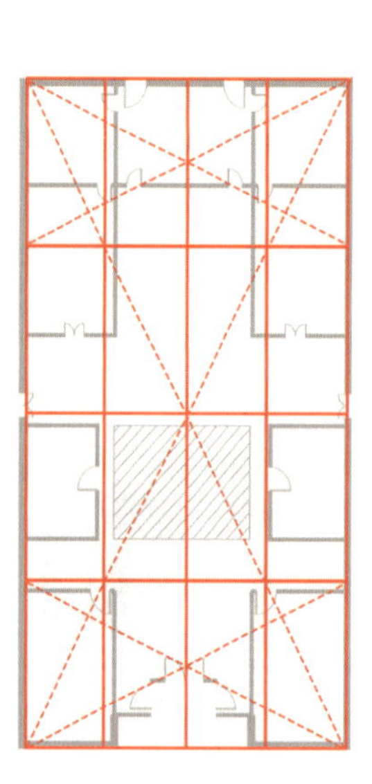

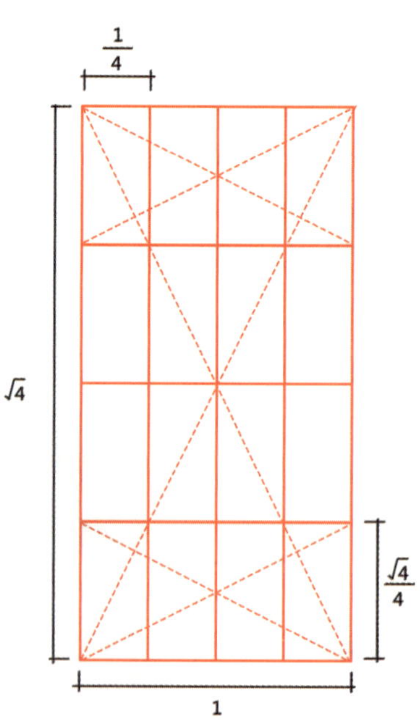

图 6-55 田墘村 03 号民居美学分析

基于前文，三间张两落的面阔为 2.28a，进深为 4.06b。在以顶厅尺寸为平均值的前提下，总体面阔与进其次，在五间张古厝中，以田墘村 03 号民居为例，面阔与进深的比为 19.0∶19.3=1.01，近似于 1∶1 正方形的比例关系，进一步用正方形分割图对其进行比例分析，得出在整体近似正方形的比例关系，即 1∶1 的比例在闽南民居中是美的体现。(如图 6-56)

---

① [意]阿尔多·罗西.城市建筑学[M].黄士钧，译.北京：中国建筑工业出版社，2006：67-69.

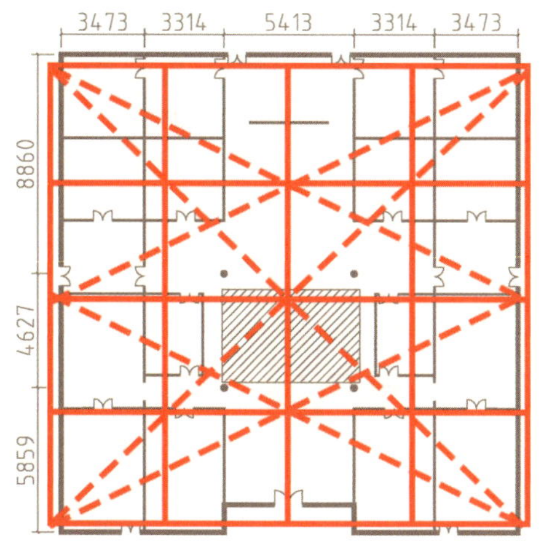

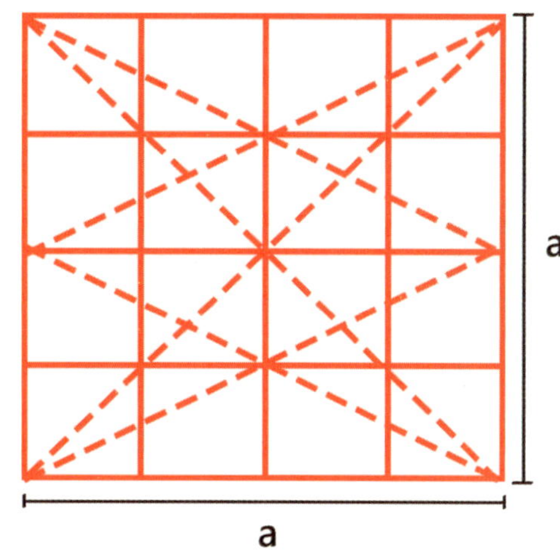

图 6-56　三间张两落古厝整体平面的美学分析

另一方面，闽南古厝民居的局部比例关系也存在一定的几何美学。首先，顶厅是整个建筑的核心部分，以三间张古厝民居为例，平均状态下进深在 5.30 米左右，面阔在 5 米左右，进深与面阔比例近似 1∶1 的正方形，正方形是最基本的几何形态，并且是其他比例关系赖以实现的前提。正方形比例状态下的顶厅空间，完美地体现了顶厅的领导地位和中心化的布局。（如图 6-57）

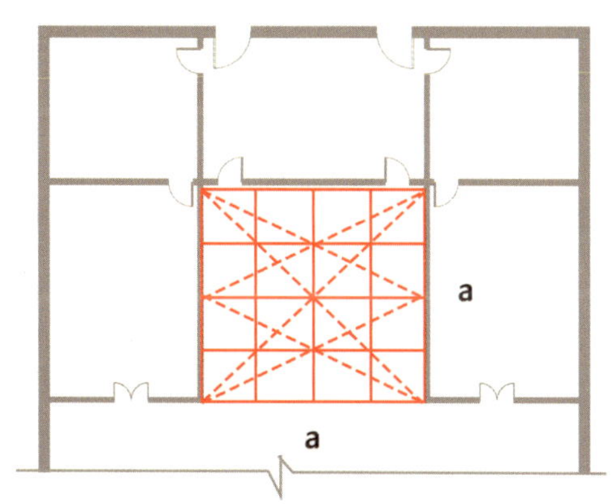

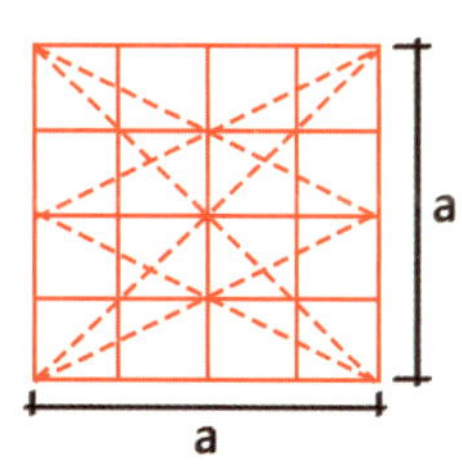

图 6-57　顶厅的美学分析

其次，在局部房间比例分布上，古厝民居也存在着一定比例关系。最典型的是顶厅与大房面阔之比为 0.62，近似于黄金比例 0.618。套用黄金比例螺旋矩形对其进行分析，从平面空间上看，大房完美地居于顶厅的两侧，既能突出顶厅的核心地位，又保证了自己作为主要的居住空间的存在感。（如图 6-58）

再次，单体建筑比例与建筑群比例也存在一定关系。如埭尾村聚落的区域中，单体建筑为三开间双伸手式，面阔为 11.20 米，进深为 11.10 米，长宽比例近似于 1∶1。由该类组成的建筑群，长约为 114 米，宽约为 109 米，长宽比为 0.95，近似 1∶1。从单体建筑到

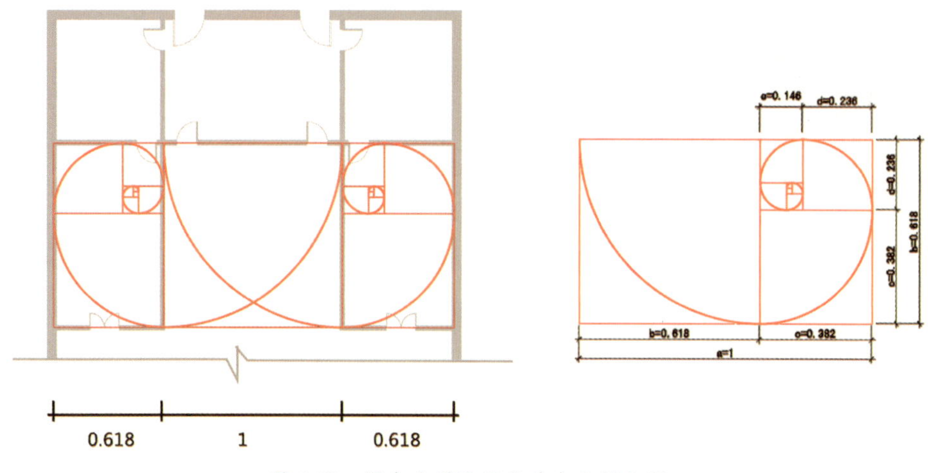

图 6-58　闽南古厝民居的黄金比例分析

建筑群比例的一致性，体现了该聚落平面布局与单体建筑间的关联性。（如图 6-59）

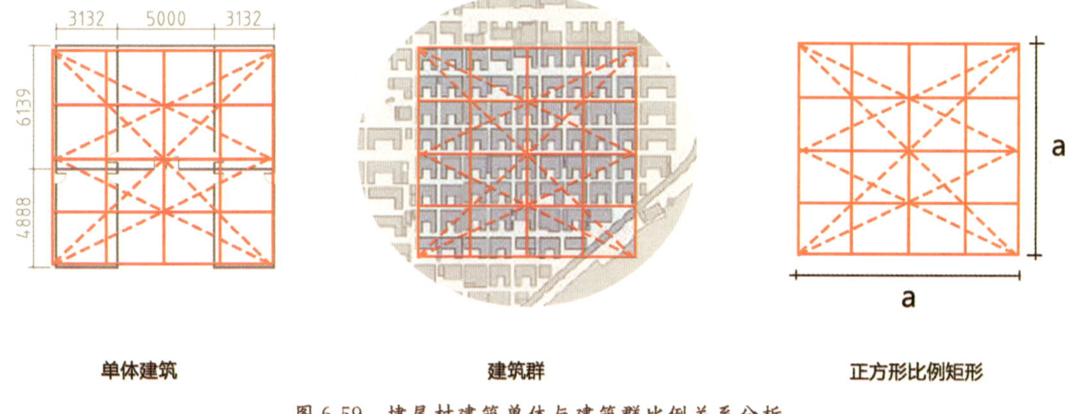

图 6-59　埭尾村建筑单体与建筑群比例关系分析

综上，在闽南古厝民居之中，正方形、1∶$\sqrt{4}$矩形和黄金比例是常被使用的比例关系。据此，在闽南人的审美观念中，正方形、1∶$\sqrt{4}$矩形和黄金比例属于一种理想的比例形式，代表了闽南人对居住空间构筑中的美学需求。进一步剖析，它是闽南文化孕育下的产物，折射出闽南人居空间美学精神，与其地理环境、宗族制度、风水堪舆、生产生活方式等。

六、土坑古厝民居量化分析

（一）三间张量化分析

基于上述，进一步对土坑聚落古厝民居进行量化，类型分析中，整理出三间张民居 5 栋，根据比例量化的研究方法，对其进行量化分析。以土坑 02 号民居做具体的分析，案例如下表 6-11：

表 6-11 土坑三间张案例

案例编号：刘宗丁宅 单位：毫米

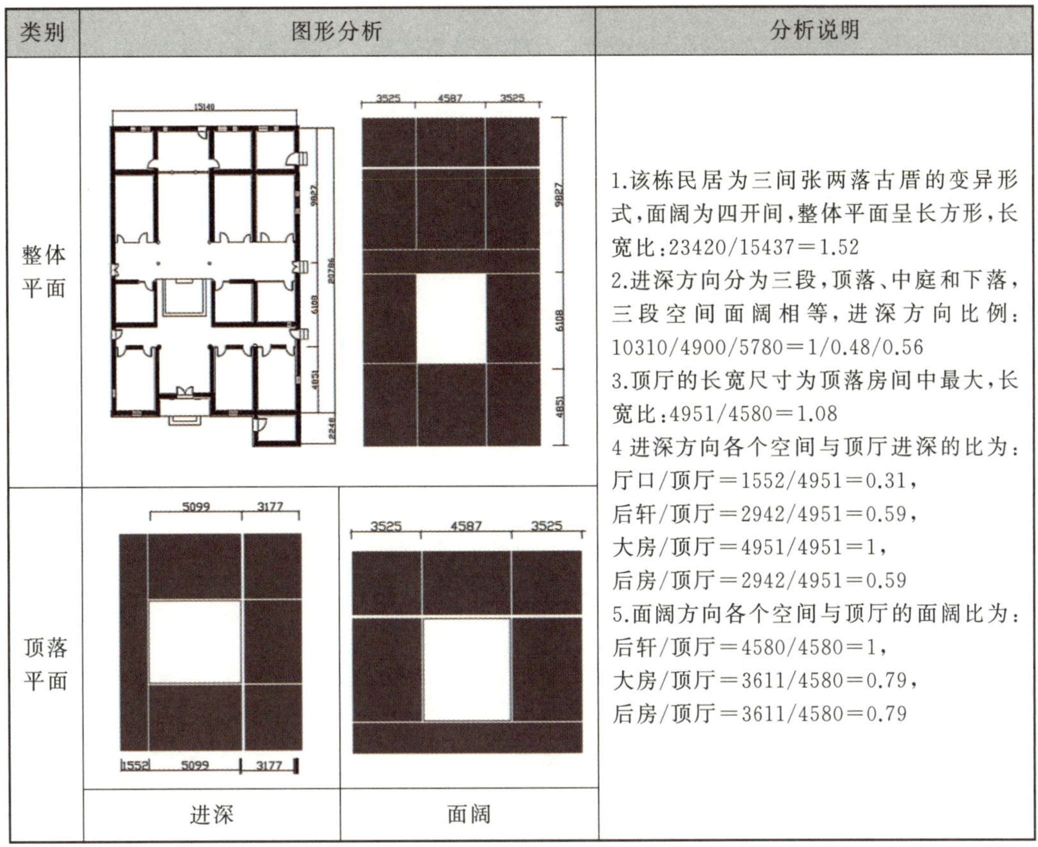

类别	图形分析		分析说明
整体平面			1.该栋民居为三间张两落古厝的变异形式，面阔为四开间，整体平面呈长方形，长宽比：23420/15437＝1.52 2.进深方向分为三段，顶落、中庭和下落，三段空间面阔相等，进深方向比例：10310/4900/5780＝1/0.48/0.56 3.顶厅的长宽尺寸为顶落房间中最大，长宽比：4951/4580＝1.08 4 进深方向各个空间与顶厅进深的比为： 厅口/顶厅＝1552/4951＝0.31， 后轩/顶厅＝2942/4951＝0.59， 大房/顶厅＝4951/4951＝1， 后房/顶厅＝2942/4951＝0.59 5.面阔方向各个空间与顶厅的面阔比为： 后轩/顶厅＝4580/4580＝1， 大房/顶厅＝3611/4580＝0.79， 后房/顶厅＝3611/4580＝0.79
顶落平面			
	进深	面阔	

同理，对土坑五栋三间张民居的数据统计整理如表 6-12：

表 6-12 土坑村三间张民居测绘数据

单位：毫米

编号	顶厅		后轩		大房		后房		厅口进深	顶落	中庭	下落
	进深	面阔	进深	面阔	进深	面阔	进深	面阔				
刘宗丁宅	5099	4587	3177	4587	5099	3525	3177	3525	1552	9827	6108	4851
刘开南宅	5677	4837	3909	4837	5677	3738	3909	3738	1299	10885	6670	5086
刘毓疏宅	5470	5300	3950	5300	5470	3450	3950	3450	1400	10820	6030	4511
六主四宅	4620	4400	3082	4400	4620	3390	3082	3390		7702	6760	
刘成杰宅	4990	4806	2982	4806	4990	2982	2982	2982	1064	9037	5539	5090
平均数	5171.2	4786	3420	4786	5171.2	3417	3420	3417	1328.75	9654.2	6221.4	4884.5
标准差	414.4	337.5	470.4	337.5	414.4	276.4	470.4	276.4	204.8	1331.9	501.6	272.9

结合上表，同时根据上文闽南古厝三间张模型推导土坑古厝民居的推导面积，比较（如表 6-13）可得出：五栋三间张民居中有四栋民居具有较大的面积差值。其中刘开南宅

差值为-9.16米^2，与整体闽南三间张民居的极小值-9.94米^{2}非常接近。这种较大的比例差值，说明了土坑聚落三间张古厝民居的比例关系界于理想范围的临界值左右，属于闽南三间张古厝民居的理想范围之内，却又偏离正统的闽南三间张原型，因此，土坑三间张古厝具有闽南古厝三间张平面的普遍特征，同时又具有自身的特色。

表6-13　土坑三间张民居差值表

编号	实际面积(米^2)	推导面积(米^2)	差值(米^2)
刘宗丁宅	247.68	242.18	5.50
刘开南宅	284.11	293.27	−9.16
刘毓疏宅	261.81	257.44	4.37
六主四宅	161.66	152.46	9.20
刘成杰宅	211.85	212.96	−1.11

(二)五间张量化分析

在对土坑聚落古厝民居的类型分析中，整理出五间张民居12栋，根据量化的研究方法，对其进行比例分析。五间张古厝民居的分析，以土坑04号傅鹤府第为例，分析如表6-14：

表6-14　五间张案例：土坑04傅鹤府第

单位：毫米

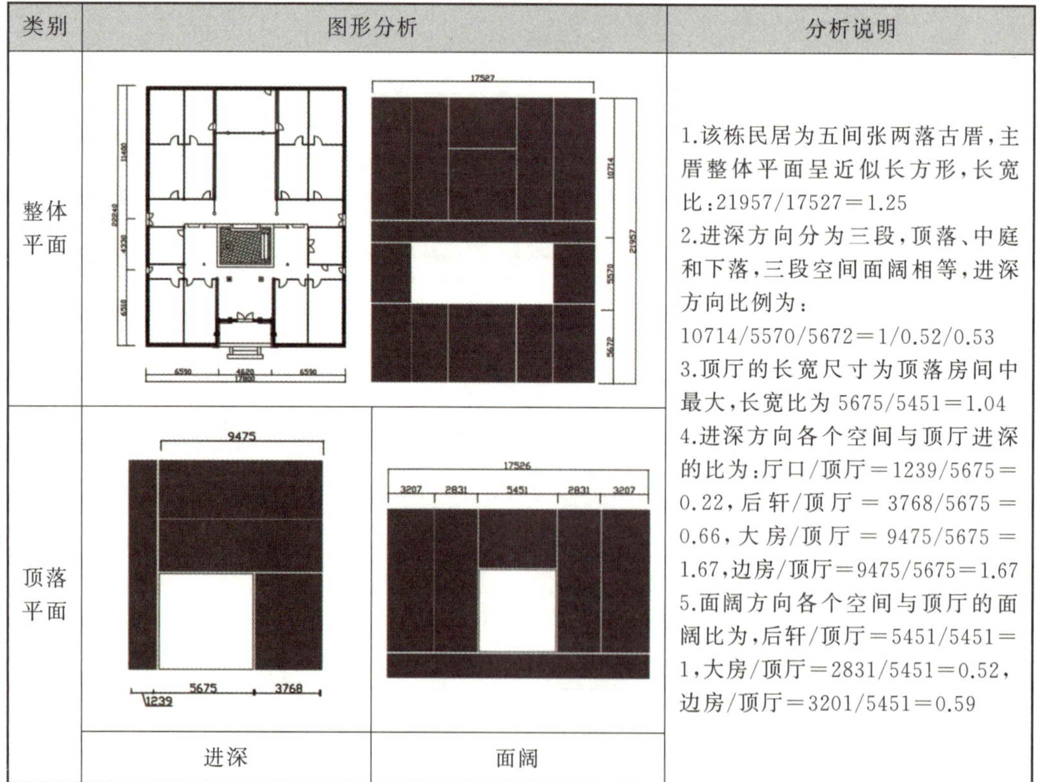

类别	图形分析		分析说明
整体平面			1.该栋民居为五间张两落古厝，主厝整体平面呈近似长方形，长宽比：21957/17527＝1.25 2.进深方向分为三段，顶落、中庭和下落，三段空间面阔相等，进深方向比例为：10714/5570/5672＝1/0.52/0.53 3.顶厅的长宽尺寸为顶落房间中最大，长宽比为5675/5451＝1.04 4.进深方向各个空间与顶厅进深的比为：厅口/顶厅＝1239/5675＝0.22，后轩/顶厅＝3768/5675＝0.66，大房/顶厅＝9475/5675＝1.67，边房/顶厅＝9475/5675＝1.67 5.面阔方向各个空间与顶厅的面阔比为，后轩/顶厅＝5451/5451＝1，大房/顶厅＝2831/5451＝0.52，边房/顶厅＝3201/5451＝0.59
顶落平面			
	进深	面阔	

同理，对土坑12栋五间张民居的数据统计整理如表6-15：

表6-15　土坑聚落五间张民居测绘数据

单位：毫米

编号 房间	顶厅		后轩		大房		边房		厅口进深	顶落	中庭	下落
	进深	面阔	进深	面阔	进深	面阔	进深	面阔				
傳鹤公府第	5675	5451	3768	5451	9475	2831	9475	3201	1239	10714	5570	5672
刘华兴宅	4950	4854	2556	4854	7505	2974	7505	2874	1066	8572	5679	4801
中厝布店	5282	4658	3054	4658	8193	2867	8193	2602	1164	9568	5860	4879
传盛居	5308	5151	2858	5151	8160	3291	8160	3915	1265	9412	6308	5242
刘立贵宅	5200	6105	3420	6105	8526	3317	8526	3957	1300	9857	5696	5569
刘国辉宅	5093	4873	3497	4873	8590	2914	8590	2711	1173	9763	5482	4902
刘宗德宅	5100	4864	3280	4864	8380	2876	8380	2910	1160	9540	5548	4473
来铺当铺	5320	4980	3290	4980	8560	2840	8560	3320	980	9590	6275	5155
刘碧扬宅	5061	4861	3632	4861	9762	2700	9762	2925	1124	9817	5461	5220
端瑜孙宅	4610	4600	3159	4600	7734	2785	7734	2725	1070	8839	5285	3760
刘钦水宅	5262	5160	3001	5160	8226	3109	8226	3281	1227	9383	5724	5084
平均数	5152	5020.5	3208.5	5020.5	8421.7	2960.5	8421.7	3148.0	1154	9507.1	5711	4917.3
标准差	259.7	417.4	343.6	417.4	650.9	193.1	650.9	445.7	94.4	549.7	308.2	545.3

结合上表，同时根据上文闽南古厝五间张模型推导土坑古厝民居的推导面积，比较（如表6-16）可得出：土坑五间张民居的比例关系同样界于理想范围的临界值左右，其中刘碧扬宅差值13.04米^{2}为最大。说明了土坑聚落五间张古厝民居的空间比例亦偏离正统的闽南五间张原型。因此，土坑五间张古厝具有闽南古厝五间张平面的普遍特征，同时又具有自身的特色。

表6-16　土坑五间张民居差值表

编号	实际面积（米^2）	推导面积（米^2）	差值（米^2）
傳鹤公府第	381.53	372.55	8.98
刘华兴宅	552.11	547.13	4.98
中厝布店	313.56	317.40	−3.84
传盛居	697.71	699.80	−2.09
刘立贵宅	435.51	432.10	3.41
刘国辉宅	324.82	319.77	5.05
刘宗德宅	321.57	319.74	1.83
来铺当铺	362.78	360.31	2.47

续表

编号	实际面积(米²)	推导面积(米²)	差值(米²)
刘碧扬宅	347.49	334.45	13.04
端瑜孙宅	278.82	273.56	5.26
刘钦水宅	363.46	369.13	−5.67

(三)土坑聚落古厝二维量化美学解读

土坑聚落古厝民居受闽南传统古厝民居文化的影响，平面布局严谨均衡，呈现出一种几何美学的良好视觉效果。

如土坑刘毓疏宅，建筑基本空间是三间张两落形式。面阔为 12.20 米，进深为 21.70 米，总体面阔与进深的比为 0.56，近似于 1∶$\sqrt{4}$。采用$\sqrt{4}$矩形分割图对其进行分析，可以看出在整体长宽比例近似$\sqrt{4}$的条件下，整体平面显出一种几何修长美感。局部房间的布局基本落在$\sqrt{4}$矩形分割线上，显得规矩有度。(如图 6-60)

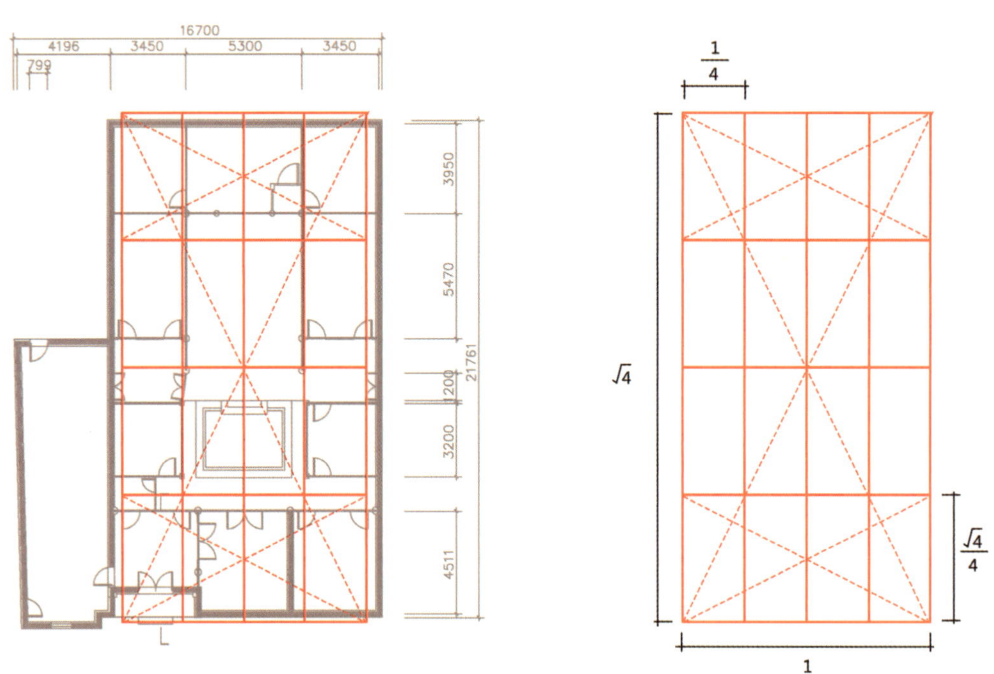

图 6-60　土坑刘毓疏宅比例分析图

再如土坑刘立贵宅，平面布局是典型的五间张两落的建筑形式。整体面阔与进深的比为 20.9∶21.3=0.98，近似于 1∶1 正方形的比例关系。采用正方形分割图对其进行比例分析，可以看出在整体近似正方形的比例关系下，整栋民居呈现一种规矩、严肃几何美感，显示了传统礼制的对于民居空间的拘束。局部比例中，顶落空间约占整个建筑空间的一半，上下相等的局部分割增加了整体平面的均衡之感。(如图 6-61)

顶厅是整个古厝建筑的核心部分，存在一定的比例关系。如土坑 04 号傳鹤公府第进

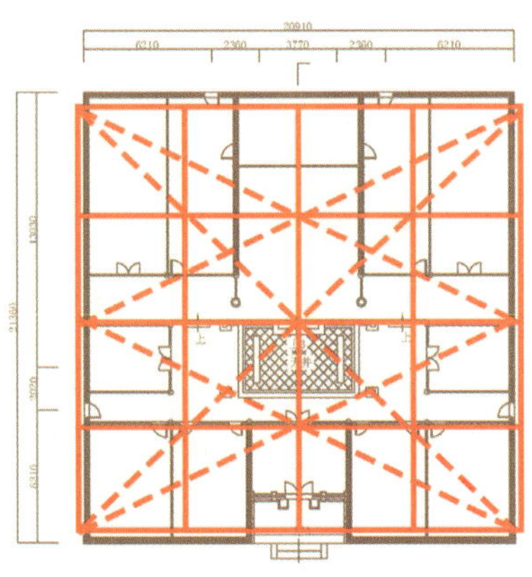
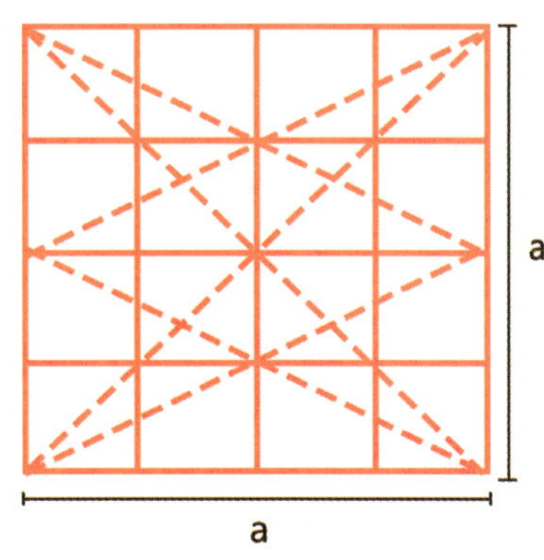

图 6-61　土坑刘立贵宅比例分析图

深 5.70 米，面阔在 5.50 米，进深与面阔比近似 1∶1 的正方形。与标准比例下闽南古厝民居顶厅的比例相同，完美地体现了顶厅的领导地位和中心化的布局。（如图 6-62）

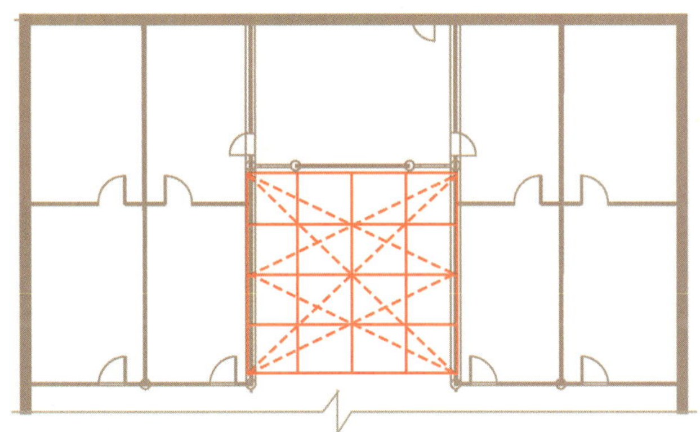
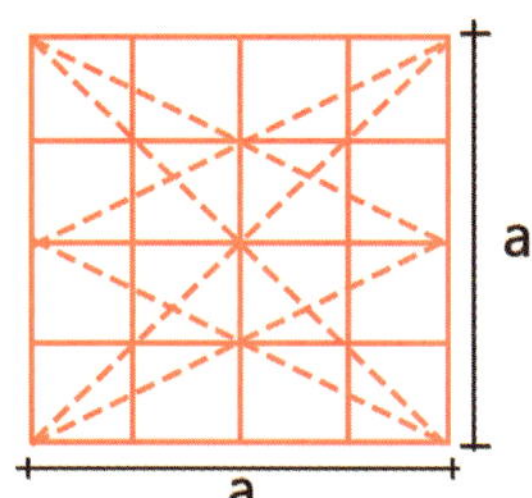

图 6-62　土坑 04 号傅鹤公府第比例分析图

综上分析，可以看出土坑村古厝民居受到闽南其他古厝民居的影响，在平面二维的比例关系上维持了闽南传统古厝民居的几何美学，以正方形比例、1∶$\sqrt{4}$ 比例等比例关系作为主要的美学依据，对传统民居进行整个和局部的构造。

下卷

土坑聚落的保护与发展

第七章 土坑聚落保护实践性设计

第一节　历史文化遗产保护规划设计理论

一、历史文化遗产保护

文化遗产包括物质文化遗产和非物质文化遗产。其中，历史文化名城、街区、村镇都属于物质文化遗产，需要得到人们的呵护。聚落是历史文化发展的载体，每个时代都在聚落中留下自己的痕迹。保护历史的连续性，保存聚落的记忆是人类现代生活发展的必然需要。《中华人民共和国城乡规划法》第四条规定，制定和实施城乡规划，应当保护历史文化遗产，保持地方特色、民族特色和传统风貌。规划法明确要求自然与历史文化遗产保护等内容，应当作为城市总体规划、镇总体规划的强制性内容。据此，保护聚落文化遗产是国家法制的要求。

对于"保存文物特别丰富并且具有重大历史价值或者革命纪念意义的城市"，由国务院核定公布为"历史文化名城"。保存文物特别丰富并且具有重大历史价值或者革命纪念意义的城镇、街道、村庄，由省、自治区、直辖市人民政府核定公布为历史文化街区、村镇，并报国务院备案(《中华人民共和国文物保护法》第十四条)。《历史文化名城名镇名村保护条例》第七条中进一步明确了历史文化名城、名镇、名村的申报条件是：保存文物特别丰富；历史建筑集中成片；保留着传统格局和历史风貌；历史上曾经作为政治、经济、文化、交通中心或者军事要地，或者发生过重要历史事件，或者其传统产业、历史上建设的重大工程对本地区的发展产生过重要影响，或者能够集中反映本地区建筑的文化特色、民族特色。据此，聚落根据其留存遗产的状况，可以申请成为国家历史文化名镇、名村，受到文物法与相关制度的保护。

申报历史文化名城的，在所申报的历史文化名城保护范围内还应当有两个以上的历史文化街区。

历史文化名城和历史文化街区、村镇所在地的县级以上地方人民政府应当组织编制专门的历史文化名城和历史文化街区、村镇保护规划，并纳入城市总体规划(《中华人民共和国文物保护法》第十四条)。历史文化名城、名镇、名村的保护应当遵循科学规划、严格保护的原则，保持和延续其传统格局和历史风貌，维护历史文化遗产的真实性和完整性，继承和弘扬中华民族优秀传统文化，正确处理经济社会发展和历史文化遗产保护的关系（《历史文化名城名镇名村保护条例》第三条）。

二、历史文化名城保护规划

（一）历史文化名城的类型

我国是一个历史悠久的文明古国，历史古城为数众多。国务院于1982年开始公布国家历史文化名城，截至2017年，全国已有133座国家级历史文化名城。

对于历史文化名城，可以根据名城的特征与保护现状进行分类。第一种分类的方法是根据109座历史文化名城的形成历史、自然和人文地理以及它们的城市物质要素和功能结构等方面进行对比分析，归纳为七大类型。具体包括：古都型、传统风貌型、风景名胜型、地方及民族特色型、近现代史迹型、一般史迹型等。然后根据名城的第一归属性和第二归属性等来确定名城的类型，因为一个城市可能同时属于2～3种类型，利用归属性是一个较好的区别方法。

从古城性质、历史特点方面分类，如古都、地方政权所在地、风景名胜城市等，这种分类就认识历史价值方面是有意义的，如从制定保护政策的需要出发，按保护内容的完好程度、分布状况等来进行分类。具体包括：(1)古城的格局风貌比较完整，有条件采取整体保护的政策。古城面积不大，城内基本为传统建筑，新建筑不多。这类名城数量很少，如平遥、丽江等。(2)古城风貌犹存，或古城格局、空间关系等尚有值得保护之处。如北京、苏州、西安等，他们是历史文化名城中的精华，有效地保护好这些古城方可真正展现历史文化名城的风采。对这类城市除保护文物古迹、历史文化街区外，要针对尚存的古城格局和风貌采取综合保护措施。(3)古城的整体格局和风貌已不存在，但还保存有若干体现传统历史风貌的历史文化街区。这类名城数量最多，整体风貌既已不存，用这些局部地段来反映城市延续和文化特色，用它来代表古城的传统风貌，这既是一个不得已而为之的做法，也是一个突出重点、减少保护与建设的矛盾的现实可行的办法。(4)少数历史文化名城目前已难以找到一处值得保护的历史文化街区。对它们来讲，要全力保护好文物古迹周围的环境，要把保护文物古迹的历史环境提高到新水平，表现出这些文物建筑的历史功能和当时达到的艺术成就，要整治周围环境，要舍得拆除一些违章建筑。

（二）历史文化名城保护规划的主要内容

历史文化名城保护规划是以保护历史文化名城、协调保护与建设发展为目的，以确定保护的原则、内容和重点，划定保护范围，提出保护措施为主要内容的规划，是城市总体规划中的专项规划。

历史文化名城保护规划应当包括下列内容：保护原则、保护内容和保护范围；保护措施、开发强度和建设控制要求；传统格局和历史风貌保护要求；历史文化街区、名镇、名村的核心保护范围和建设控制地带；保护规划分期实施方案（《历史文化名城名镇名村保护条例》第十四条）。对此，《历史文化名城保护规划规范》做了进一步的细化。

(三)保护规划的编制原则

根据《历史文化名城保护规划规范》规定，保护规划必须遵循保护历史真实载体的原则，保护历史环境的原则，合理利用、永续利用的原则。具体为：(1)保护城市的文物古迹和历史地段，保护和延续古城的风貌特点，继承和发扬城市的传统文化，保护规划应根据城市的具体情况编制和落实；(2)编制保护规划应当分析城市历史演变及性质、规模和相关特点，并根据历史文化遗存的性质、形态、分布等特点，因地制宜确定保护原则和工作重点；(3)编制保护规划要从城市总体上采取规划措施，为保护城市历史文化遗存创造有利条件，同时又要注意满足城市经济、社会发展和改善人民生活和工作环境的需要，使保护与建设协调发展；(4)编制保护规划应当注意对城市传统文化内涵的发扬与继承，促进城市物质文明和精神文明的协调发展；(5)编制保护规划应当突出保护重点，即保护文物古迹、历史文化街区、风景名胜及其环境。特别要注意对濒临破坏的历史实物遗存的抢救和保护。对已不存在的文物古迹一般不提倡重建。

三、历史文化街区保护规划

(一)历史文化街区的概念

历史文化街区的概念源自国际上通用的历史性地区(historic area)概念。我国的历史文化保护区的概念是在 1986 年国务院公布第二批历史文化名城时提出的，强调对文物古迹比较集中或能完整地体现出某一历史时期传统风貌和民族特色的街区、建筑群、小镇村落等予以保护。这里的历史文化保护区不仅包括历史文化街区，还包括了建筑群和小镇村落。

2002 年，提出了“历史文化街区”的法定概念。历史文化街区是指保存有一定数量和规模的历史建筑、构筑物且传统风貌完整的生活地域。它有较完整的传统风貌，具有历史典型性和鲜明的地方特色，能够反映城镇的历史面貌，代表城镇的个性特征。2003 年，建设部颁布的《城市紫线管理办法》规定：“在编制城市规划时应当划定保护历史文化街区和历史建筑的紫线。”2008 年，国务院公布的《历史文化名城名镇名村保护条例》，进一步规定了历史文化街区的保护要求。

(二)历史文化街区的基本特征与划定原则

第一，历史文化街区的基本特征。历史文化街区是有一定的规模，并具有较完整或可整治的景观风貌，没有严重的视觉环境干扰，能反映某历史时期某一民族及某个地方的鲜明特色，在这一地区的历史文化上占有重要地位。代表这一地区历史发展脉络和集中反映地区特色的建筑群，其中或许每一座建筑都达不到文物的等级要求，但从整体环境来看，却具有非常完整而浓郁的传统风貌，是这一地区历史的见证。

有一定比例的真实遗存，携带着真实的历史信息。历史文化街区不仅包括有形的建筑群及构筑物，还包括蕴藏其中的“无形文化资产”，如世代生活在这一地区的人们所形成的价值观念、生活方式、组织结构、人际关系、风俗习惯等。从某种意义上讲，“无形文化资产”更能表现历史文化街区特殊的文化价值。

历史文化街区应在城镇生活中仍起着重要的作用，是生生不息的、具有活力的社区，这也就决定了历史文化街区不但记载了过去城市的大量的文化信息，而且还不断并继续记载着当今城市发展的大量信息。

第二，历史文化街区的划定原则。《历史文化名城保护规划规范》中规定历史文化街区应具备以下条件：有比较完整的历史风貌；构成历史风貌的历史建筑和历史环境要素基本上是历史存留的原物；历史文化街区用地面积不小于 $1hm^2$；历史文化街区内文物古迹和历史建筑的用地面积宜达到保护区内建筑总用地的60%以上。

历史文化街区的范围划定应符合历史真实性、生活延续性及风貌完整性原则。历史文化街区内有真实的历史遗存。街区内的建筑、街巷及院墙、驳岸等反映历史面貌的物质实体应是历史遗存的原物，而不是仿古假造的。由于年代久远，难免有后代改动的部分存在，但其应该只占少部分，而且风格上是统一的。

(三)历史文化街区保护规划的内容

历史文化街区保护规划编制的内容包括：(1)现状调查，要对历史沿革；功能特点，历史风貌所反映的时代；居住人口；建筑物建造时代、历史价值、保存状况、房屋产权、现状用途；反映历史风貌的环境状况，指出其历史价值、保存完好程度；城市市政设施现状，包括供电、供水、排污、燃气的状况，居民厨、厕现状的调研。

(2)保护规划，其主要包括：保护区及外围建设控制地带的范围、界线；保护的原则和目标；建筑物的保护、维修、整治方式；环境风貌的保护整治方式；基础设施的改造和建设；用地功能和建筑物使用的调整；分期实施计划、近期实施项目的设计和概算。

四、名镇和名村保护规划

(一)历史文化名镇和名村

历史文化名镇、名村是我国历史文化遗产的重要组成部分，它反映了不同时期、不同地域、不同民族、不同经济社会发展阶段，聚落形成和演变的历史过程，真实记录了传统建筑风貌、优秀建筑艺术、传统民俗民风和原始空间形态，具有很高的研究和利用价值。我国文物法规定“保存文物特别丰富并且具有重大历史价值或者革命纪念意义的城镇、街道、村庄，由省、自治区、直辖市人民政府核定公布为历史文化街区、村镇，并报国务院备案”。

从2003年起，建设部、国家文物局分期分批公布中国历史文化名镇和中国历史文化名村，并制定了《中国历史文化名镇(村)评选办法》。规定条件包括：(1)历史价值和风貌特色：建筑遗产、文物古迹比较集中，能较完整地反映某一历史时期的传统风貌和地方特色、民族风情，具有较高的历史、文化、艺术和科学价值，辖区内存有清末以前或有重大影响的历史传统建筑群。(2)原状保存程度：原貌基本保存完好，或已按原貌整修恢复，或骨架尚存、可以整体修复原貌。(3)具有一定规模：镇现存历史传统建筑总面积5000平方米以上，或村现存历史传统建筑总面积2500平方米以上。

(二)名镇和名村保护规划的内容

历史文化名镇、名村批准公布后，所在地县级人民政府应当组织编制历史文化名镇、名村保护规划。历史文化名镇、名村的保护应当遵循科学规划、严格保护的原则，保持和延续其传统格局和历史风貌，维护历史文化遗产的真实性和完整性，继承和弘扬中华民族优秀传统文化，正确处理经济社会发展和历史文化遗产保护的关系。《历史文化名城名镇名村保护条例》第十四条规定，保护规划应当包括：保护原则、保护内容和保护范围；保护措施、开发强度和建设控制要求；传统格局和历史风貌保护要求；历史文化街区、名镇、名村的核心保护范围和建设控制地带；保护规划分期实施方案。

历史文化名镇、名村应当整体保护，保持传统格局、历史风貌和空间尺度，不得改变与其相互依存的自然景观和环境。

第二节　传统聚落保护规划

结合上文，土坑属于传统聚落，是传统聚落中的古村落一类，即在历史时期形成的、保留有明显的历史文化特征且历史风貌相对完整的古村。同时，土坑聚落自 2003 年就被确定为福建省省级历史文化名村，2014 年被评为中国历史文化名村、第三批中国传统村落。因此，土坑聚落的保护规划应遵循国家历史文化名村的保护规划。

一、古村保护

古村的保护除了上述国家历史文化名村的保护规划的相关要求外，还应该从其自身的价值来判断，采取的手段也必须尊重当地居民的权利、习惯和价值取向，特别是必须使居民能在其原来住处继续居住，并使之适应现代生活的需要，拥有现代社会所能达到的种种便利条件。使居民和政府官员产生一种对历史环境的自豪感和对维护它们的责任感，这是保护能够得到长期成功的基本条件。

其次，古村的保护只能够在城镇乡村框架和地区规划下进行。古村和其周围环境的关系，一方面古村要服从于地区更大范围的社会和经济目标，另一方面，地区需要也应为保护这项紧急工作有所变动。要赋予古村乃至地区发展合理的功能以保持生命力，孤立地考虑古村是不可能的，还要考虑到与之相关的总体的发展计划，古村不仅仅应该受到单纯的保护，还应考虑其环境。对社会结构的分析和现行政策的研究要和古村规划项目并行起来，要通过国家和地方的法律、制度等来鼓励对古村的保护，并保护他们不会受到房地产投机买卖、乡村旅游不协调发展等的威胁。地方政策必须考虑到古村的特殊需要，其经济功能的选择必须既不瓦解、也不遗弃其历史的本质和结构。所有影响古村的政府部门在规划的各个阶段都必须协调一致，如工业选址、交通网络和其他地方场所。

古村中的建筑、结构、历史不能被破坏，其布局、特性、尺度都应保留，要保持古村空间、街道、广场的特殊的视觉质量，保证最起码有一个连续的系统把主要的点串联起来。要避免历史元素的破坏。对建筑的维护应该得到强有力的保障以防止古村中老街道、古建筑群的进一步退化，另外，要为空置建筑物寻找一些合适的用途，避免它们因为衰败而受到威胁。为了保护人类活动空间，街巷的保护应恢复其社会组成和活动范围的多样性。

任何证明必需的新建项目应该按照现代的习惯来建设，但要考虑与原有古村的传统建筑风貌相协调，通过对现代技术和材料的精心使用，和对质量、尺度、节奏和外观的合理掌握，在不影响其结构和现代审美品质的前提下，把现代建筑融入古老环境中去。交通应该服从于古村的结构与活动，机动交通应尽可能不进入古村中心区域，应提供快速便捷、类型尺度合宜、不会带来污染的公交系统。应该为步行者保留不受干扰和引人入胜的区域，并提供更多休闲场所。

二、古村基础资料调查

作为保护的前提，必须对古村进行基础资料调查研究，充分掌握古村的历史遗存和社会发展的方方面面。其调研主要包括：(1)历史文化与地理方面，即村落的历史沿革、村庄选址的兴废变迁、自然地形及地貌状况、历史文化传统、氏族繁衍、名人轶事、民间工艺、饮食文化、宗教信仰等。(2)历史建筑保护现状方面，即村落内现存文物古迹、历史建筑分布区域、原貌保存程度及整体风貌特色等；其次是文物古迹、历史建筑单体的位置面积、现状用途、产权归属、建筑规模、建筑高度、建筑年代、建筑材料、建筑特征、建造过程以及保存完好度等内容。(3)环境与基础设施方面，包括古村内的水系、大气及山体植被等环境的保护状况，土地使用现状、道路交通、绿化及各项工程管线设施现状情况。(4)社会经济发展方面，包括村落社会经济产业结构、经济发展规划、现状人口结构、人口发展规模等。(5)居民生活及保护意向方面，包括人口、户数、收入水平、家庭结构、公共设施分布情况及规模，以及居民居住质量与居住环境、市政设施分布，对古建保护、房屋改造及工程设施方面的基本意愿等。

三、古村总体规划层面的几个重要问题

(一)保护目标的确定

第一，延续历史文化。保护民族文化传统的相对完整，传承和恢复文化上的独特性，是保护古村所要达到的重要目标。古代的匠师们所建造的作品都在丰富之中蕴含着“天人合一”的哲理，这是受同一种文化熏陶而自然产生的结果。因此，保护古村，必须要保持文化的延续性，要从文化生态、文化地理的视野中观察古村的来龙去脉，把握并延续古村所根植的文化。

第二，延续场所特征。在保护中要延续场所特征，意味着应当尽可能保留场所的标志性特征。这种标志性特征可以是形象上的，即通常所谓的“地标”，通常是占据空间中重要位置或能与背景形成对比的景物，它是人们确认场所的重要参照。在风貌保护中保留标志物已是一种共识：诸如台湾金门琼林聚落的风狮爷、福全古村落的风水塔、云水谣古镇水口的大树、崇武所城的门楼、土坑聚落的白石宫与旗杆厝等，都是古村景观的首要保护内容。

场所的特征也可以是整体形态上的，特定的标志性空间和形式对于识别特定的场所具有特别重要的意义。如闽南聚落中的燕尾脊、红砖墙，金门水头聚落的铳楼等，都是场

所的特征所在，其特有的形式使人一看到便自然而然地联想到当地的传统生活方式。

场所的特征也可以是文化上的，但是这种文化上的特征同样是需要空间和形态去表达的。如前文论及的土坑的白石宫，单栋建筑较为普遍，但其围合的庭院及其室内的四根石柱，却塑造了一个特别的信仰文化的空间场所，给人的感觉是独特的、印象深刻的，充满了历史的神秘感和民间信仰的感染力。

第三，延续传统生活。古村保护的目的就是维系和加强居民之间以及与他们生活环境的情感纽带。古村保护的一项重要内容是保护非物质的文化遗产，包括传统院落中的淳朴民风、民间风俗、民间节日、传统文化艺术、传统工艺、历史地名等等。对此并不是作原封不动的保护，而是要营造一个有创造力、有活力、善于应变的环境。任何历史环境中的活动都会随时间而有所变化，因此，所强调的延续生活，是希望历史环境不成为死文物，而是作为一个充满活力的人居环境发展下去。

（二）保护原则的确定

古村是前人所创造的人类理想生活聚居地模式，在历史的长河中，这种聚居不断地发展演变，在不同时期呈现出不同的形态，反映出人与自然和谐统一的整体风貌，折射出悠久历史文化的风采。因此，保护古村不能像对文物古迹的单纯保护一样，“而是要具体情况具体分析，把保护、传承、活化结合起来。保护那些具有文化、艺术、经济价值的文物建筑；传承不是照搬、复制、模拟、仿造，而是注意追寻那些根本与本质的东西”[①]，古村的保护应该遵循：(1)原真性原则。古建筑的原真性是古村价值特色的根本所在，在保护中应防止不合理的功能及材料的使用对建筑遗产造成的真实性损害，任何修复工作都应力争使用原材料，并采用可逆性技术。(2)整体性原则。古村是包括建筑、环境、空间格局以及人类活动等元素在内的统一整体，所有组成元素都与整体有着一定意义的联系。因此，要综合考虑区域、群落、建筑三个层次的保护问题，以达到整体风貌协调一致的目的。(3)持续发展原则。保护的目的是保证古村内的文化遗产不受破坏，为一定历史文化时期提供真实见证，但并不是静止不动地保护、一味地限制当地的经济发展，相反，健康适度的旅游开发等经济活动，在展示遗产风貌和筹集保护资金等方面，对古村持续发展会起到积极的作用。(4)动态保护原则。以动态的眼光看待古村的保护与活化。在正确评估对保护对象可能造成的各种影响和破坏后，依照评估结果，并根据保护对象的不同情况采取相应的保护措施，使古村在保护的基础上合理发展，适应现代生活，达到积极保护的效果。(5)公众参与原则。古村的广大居民是聚落使用者、主人，古村中的诸多矛盾归结到一点就是使用者的矛盾，因此，应让聚落的居民参与到古村保护与发展的全过程中去，包括对住房的维护、建造、周围环境的改善管理以及对保护方法和规章制度的决策、判断、反馈等等，使广大的居民自觉、主动地投身到聚落的保护中。

（三）价值特色定位

应从地域特征、历史文化内涵、古村风貌特色等方面分析总结，给古村进行价值特色

---

① 陆志刚.江南水乡历史城镇保护与发展［M］.南京：东南大学出版社，2001：69.

的定位。其中，地域特征是指古村代表的地域范围内地理气候和地形地貌特征，诸如闽南滨海村镇、山地村镇、岛屿村镇等都很明确指出了聚落的地域特征。历史文化内涵是指古村反映出的深层次文化内涵，如闽南聚落所体现的闽海文化、防御文化、民俗文化、华侨文化等；或者对区域社会发展曾起到的重要作用，如重大历史事件发生地、革命政权机关驻地、海上贸易港口码头、区域商业物资集散地等。古村风貌特色是指聚落物质空间载体所表现出来的，使之与其他城镇区别开来的风貌的总和，包括古镇古村建设发展及变迁兴废、空间格局、文物古迹、建筑形态、营造方式。

(四)保护范围划定与整体格局保护

第一，保护范围的层次。划定时应考虑到不同古村的具体情况，如现状规模、周围环境及保护需要等，确定一个明确的分层次的保护目标区域，以便有利于立法管理、资金投入及规划的编制和实施。核心保护范围是古村历史风貌的核心区域，集中体现了古村的文化价值特色；建设控制地带是古村历史风貌的背景区域，能够起到核心保护区的“衬景”作用；风貌协调发展区是古村风貌的外延区域，能够对古村的整体风貌产生一定影响。

第二，划定的原则和方法。核心保护范围的划定应本着“空间结构完整、传统风貌完好、视觉景观连续”的原则，沿古村内分布较集中的文物古迹、历史建筑和传统街区的外围边界线进行；建设控制地带的划定应本着“延续风貌、渐进过渡”的原则，能体现古村的空间环境特色，在核心保护范围以外一定的距离之内，结合街道、河流、城墙、山地等明显的地理界线进行；风貌协调发展区的划定应本着“整体和谐，浑然一体”的原则，考虑由古村内外的视觉眺望点(如古城墙、古塔、山峰等)向四周眺望时景观的完整性，结合地貌、植被等自然环境的整体性，并兼顾行政区划界线进行。

第三，不同范围的保护要求。核心保护范围应以保护修复为主，对区内建筑实行局部改造和内部更新；建设控制地带则保护、建设并重，新建筑要延续历史风貌特征，为了进一步规划着重从古村格局、环境风貌两个方面提出保护与控制要求，规划强调维护自然山水的永恒性，注重对山形水态格局的保护和对自然景观风貌的保护，严格禁止破坏山脉、水系进行开发建设。风貌协调发展区以建设发展为主，区内建筑要与整体历史环境尽量协调一致，不产生明显的视觉冲突。

五、详细规划层面的几个重要问题

(一)街巷空间保护

古村街巷空间是人们体验历史风貌的主要通道，一般包括街道、巷道、弄道三种空间类型，街巷空间保护除保证古村原有街巷、河流的格局线型不被破坏以外，还要从以下几方面进行保护整治：(1)街巷空间。街巷空间是使古村具有识别性的重要场所，要保护街巷原有的街道尺度和道路断面，街道不应拓宽，保护街巷周边的自然环境和重要空间节点，保护沿街建筑边界线的自然轮廓和有机更新，不宜生硬拉直取齐，以便更好地保护古村的特有氛围。(2)街巷立面。街巷立面是随街巷的交通属性和生活功能不同而不断变化的，要根据不同街巷立面的现状情况及功能要求，进行街巷立面的保护和整治，尤其是要注重保持沿街建筑在立面形式、建筑材料、建筑色彩方面的统一性、连续性和视觉景观的完整性。对于与历史风貌不相协调的建筑要采取拆除或更新改建等措施加以改造，使传统街巷立面得到延续。(3)街巷铺地。街巷铺地形式大多有石板路、红砖、青砖或方石路、条石路等类型。铺地类型从一定程度上也反映了街巷的层次等级变化，在街巷铺地保护整治中，应保持和采用当地传统的建筑材料和铺装形式，尽量避免实施路面工程改造，以免造成道路景观的破坏。

(二)保护与整治方式确定

确定保护和更新模式是本着保护传统空间格局，在充分现状调查和对建筑年代、建筑风貌和建筑质量等因素的综合判定的基础上，对核心保护范围内的每一幢建筑进行定性和定位，提出保护与更新措施。确定建筑的保护和更新措施，要考虑保护古村的风貌完整性、规划实施的可能性和整个古村保护的长期要求来综合考虑，是保证保护规划具体实施的重要手段。建筑保护整治的做法主要包括评价与定级、选择保护整治模式以及进行建筑高度、色彩、形式、体量等方面的控制引导等。

第一，评价与定级评价就是对古村保护范围的每一处建筑在登记造册的基础上，对其建筑类型、建筑风貌、建筑保存度及历史文化特征进行评价分析和归类，这直接决定其保护等级的划分和保护措施模式的选择。

第二，选择建筑保护与整治模式，要根据不同建筑的保存状况、类型特征及保护等级来选择确定。保护与整治模式一般有以下几种：

保存，即保持原样，以求如实反映历史遗存。“保存”是针对各级文物保护建筑(文保单位)以及详细研究后确定的优秀传统建筑，属“准文物”的建筑的保护措施，必须遵守《中华人民共和国文物保护法》的有关规定，“在进行修缮、保养、迁移的时候，必须遵守不改变文物原状的原则”及“核定为文物保护单位的纪念建筑物和古建筑物……如果必须作其他用途……都必须严格遵守不改变文物原状的原则，负责保护建筑物和附属文物的安全，不得损毁、改建、添建或者拆除”。

保护，即保护建筑的原有风貌，并在保护古村风貌完整性的基础上改善生活条件。“保护”是针对现状保存完好的、标志性、对构成古村的风貌和主要空间界面有不可替代作用的、代表地域特色的或代表某种特定建筑类型的建筑物、构筑物，即建筑质量和建筑风貌都比较好的建筑。“保护”的具体做法：对于建筑的外立面要求是不可改变原来的特征与基本材料，必须按照原有特征、使用相同材料进行修复，修旧如故，以存其真；对于建筑的内部设施和空间布局，可以根据具体情况加以必要的变动，如增加卫生设备、灵活划分室内空间等，以改善生活条件。

整饬，即根据古村的风貌特征和要求，对建筑的立面和形体上不符合历史风貌的部分进行强制性的整饬，通过整饬恢复建筑的原有风貌或者减小它们与历史环境的冲突。整饬主要针对两类建筑，一类是局部改变，但仍然保留部分原有风貌的传统建筑，对于这类建筑严格保护、修缮其特征部分，并以其原有特征或类型特征对其他改变了的部分进行整修、更新、更换和改造，同时重点对建筑内部加以调整改造，配备卫生设施，改善居民生活质量。另一类是对于可以通过整饬使建筑风貌与整体建筑风貌协调的新建筑，这类建筑一般在体量上与传统建筑区别不大，但是由于建筑的材料、色彩、形式等原因与古镇的风貌不协调，如建筑立面色彩过于鲜艳、体量巨大、平屋顶、铝合金门窗等，可以通过各种方法，如更换建筑构件、加坡屋顶、降低层数等手段，使这些建筑符合整个古村的风貌要求。

第三，建筑高度控制。以古村内的古建筑为参照物，制定新建筑的高度控制指标，目的是保护古建筑宜人的尺度和空间轮廓线，形成较好的视觉廊道。建筑高度控制主要有两方面内容：一是建筑高度分区。如针对古村内保存下来的古建筑主要为明清及以后所建，且大多为民居建筑、园林和寺庙，建筑层数多为一、二层，建议在核心保护范围和建设控制地带内把新建筑高度控制在二层及以下，风貌协调发展区新建筑高度宜在四层以下，具体建筑高度视当地情况而定。二是景观视廊控制。在古村内选择有一定高度的视觉眺望点，如山峰、古塔、城墙、骑楼等，控制各视觉眺望点周围及相互之间的建筑高度，保证在一定区域内的视线可达性和各眺望点之间的通视性，形成较好的古村风貌观赏线路。

第四，建筑色彩、形式与体量引导。要分析当地民居建筑在色彩、形式、体量方面的主特征，作为引导新建筑建设的依据。如闽南传统民居建筑色彩以红、白为主色调，建筑形式多为燕尾脊的坡屋顶，建筑装饰丰富，这就基本确定了在当地古村内新建筑的引导要求。

（三）改善生活环境

第一，土地使用调整。应在古村总体规划的前提下，协调古村空间布局和各项建设的综合布局及具体安排，对核心保护范围内用地结构进行局部调整，完善社区生活服务设施，提高居民生活环境质量；整饬传统街区或传统建筑群外部环境，更好地保护古村的历史风貌。

第二，道路交通组织。对古村外围的道路布局，应考虑与古村空间尺度的协调，交通组织应以疏解为主，构筑外环的道路系统，大力改善古村的交通状况。对古村内的道路布局，原则上不得改变已有的道路骨架和街巷格局，不得破坏沿街建筑和环境风貌，古村内道路的断面、宽度、线型参数、消防通道的设置等均应考虑历史风貌的要求，应以满足自行车及步行交通为主，并采用历史上的原有名称。在考虑道路通畅的前提下，必要时应根据具体情况实行交通管制。

第三，基础设施建设。要精心建设和改善地段内的基础设施，改善居民住房条件，适应现代化生活的需要。古村的基础设施建设要根据实际情况和条件，采取灵活的特殊处理方法，不能采用一般城市或风景区的做法，既满足安全要求，又便于今后维修要求，并应与古村风貌相和谐，不可顾此失彼，而造成新的问题。

第三节 土坑聚落保护

基于上述，土坑作为国家级历史文化名村急需开展聚落的保护，开展保护规划的编制工作。另外，结合前几章的内容，从文化变迁的视角来看，作为闽南、闽东交汇之处的传统聚落，土坑聚落历史悠久、聚落格局独特，遗存类型丰富，保存相对较好，文化底蕴厚重。因此，对土坑聚落科学的保护有助于保持其文化变迁的延续性，保存其独特的文化价值。

根据国家保护规划的编制制度要求，结合土坑实际情况，明确其保护的思路遵循：价值评估、现状分析、保护规划的路径。其中，价值评估包括：聚落历史文化价值评估、重要文化遗产专项评估、非物质文化遗产评估、管理评估等四大内容。现状分析主要针对土坑聚落存在的问题进行梳理。保护规划则包括：规划框架和总体布局、保护区划、建筑保护与更新模式、环境保护、建筑高度控制、非物质文化遗产保护等内容。（如图 7-1）

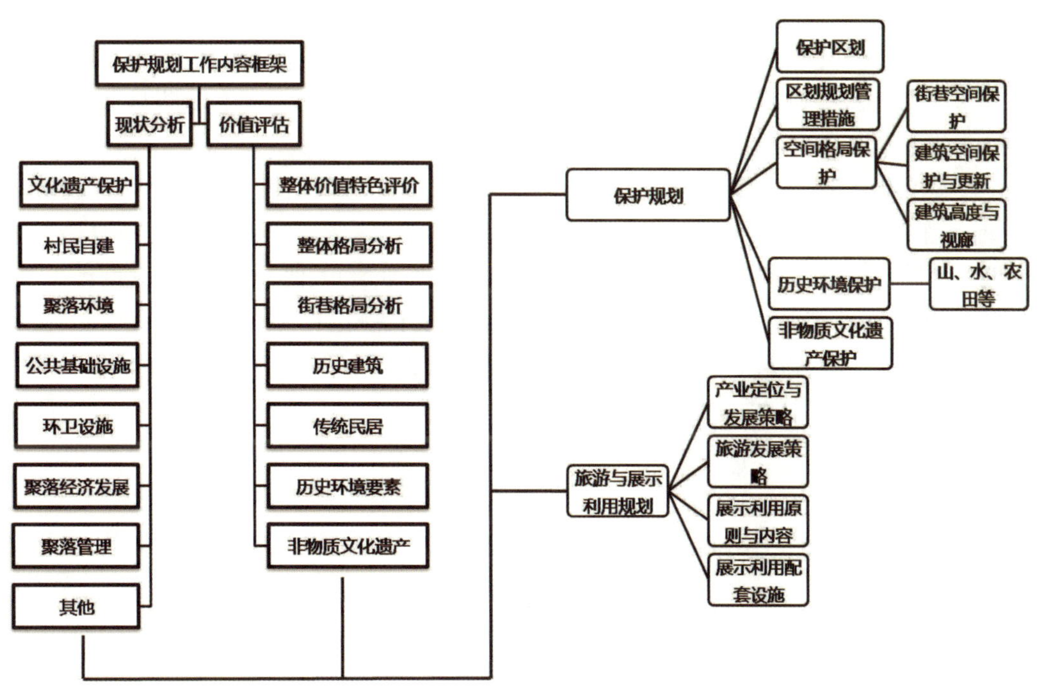

图 7-1 土坑聚落保护规划工作框架图

一、历史文化价值评估

（一）评估方法

对于土坑聚落的历史文化价值评估，采用了文献阅读、访谈以及实物印证等方法加以相互佐证。查阅的文献主要有《惠安县志》（嘉靖版）、《惠安县志》（嘉庆版）、《刘氏家谱》以及碑刻等。访谈对象主要包括聚落内耆老、乡贤及地方史专家。实物主要包括聚落内遗存的建筑物、构筑物等，如刘氏家庙、旗杆厝、提督府等。

(二)聚落历史文化评估

基于上篇对土坑聚落的较为系统的分析，可以得出：(1)土坑聚落是山水倚望的选址典范。土坑位于环山面海的环境中，有着典型的“枕山、面屏、临水”的环境意向，其四周有岩山、柳山、奎秀山、割山，其面前有一后田溪通向海湾，聚落周边及其内几条小沟汇流于面前坑，其下段是横龙面前经东宅坑尾与现在后乾溪汇流入内海的小海湾(今后田埭)。丘的西面也是一条较大的坑，称后铁坑，也称后庶坑，因而，形成了土坑聚落山水倚望的风水格局。

(2)尊礼重教的邹鲁古村。土坑历经明清两代教育，培养进士四位，武举人十三位，有“兄弟双进士”“一门三进士”的美谈，更有刘开泰官拜提督。另外，聚落内建有东西文武馆二处，私塾、书院等多处，刘氏族人著有《螺北塗山刘氏家规》。据此，土坑是尊礼重教邹鲁古村。

(3)文化交融的活体标本。基于前文，土坑地处泉港区北部，原属惠安县，故在建筑艺术的融合、民俗文化的融合和宗教文化的融合上，有着闽南、莆仙地区的文化特色。

建筑艺术的融合：土坑古厝空间类型以闽南古厝为基础，但结合有明显的莆仙民居风格，其顶落的厅堂较闽南其他地方古厝更为高大。在结构上采用了搁檩式，而非插梁式；在建筑的装饰艺术上，较闽南传统古厝而言，装饰显得简洁，而较莆仙传统古厝而言，则显得较为华丽而复杂，由此，体现出闽南与莆仙文化的交融与过渡。

民俗文化的融合：与闽南传统村落中流行的南音、高甲戏不同，土坑聚落更流行莆仙戏，而其中的土坑戏乐队系源于莆仙，土坑聚落村民习惯看莆仙戏，凡有菩萨节日等都邀请莆仙的剧团演出。而莆仙戏音乐属兴化腔，以“南北曲”和古曲为主体，吸收道释曲、里巷歌谣、民歌小曲等融合而成，由此可见土坑的民俗文化融汇有闽南、莆仙等地区的特色。

宗教文化的融合：儒释道对中国人的影响是根深蒂固的，而土坑人的宗教信仰表现出了明显的三教合一的倾向，集中表现在三一教教堂的出现。另外，基于前文，土坑聚落中建造了大量的宫庙建筑，供奉着诸多的神祇，如德源房有兴天府，埔吓顶有玄天上帝府，下房有重安府，横龙中有吾案宫，南头中有聚英亭，南头尾有水兴庙，顺裕房有太师爷府，来铺有土地公庙，以及白石宫等。如此众多的神祇共处一村，有的甚至共处一庙，却能相安无事，反映了土坑人民间信仰的多元共融的特征。

(3)红色革命的策源之地。土坑聚落承载了自二战时期到解放战争时期艰难的革命斗争历史，是泉港区革命据点村之一。解放战争期间，建立土坑党总支部，下设四个党支部和多个联络点，成为北海区工委所在地。

(4)中国东南的长寿之乡。土坑聚落内长寿者颇多，现有 90 岁以上老人十余人，80 岁以上老人比例高于国家长寿标准的 1.8%，一村之中有如此众多长寿之人，实属罕见，可谓是中国东南的长寿之乡。

综上，土坑聚落作为闽南、莆仙交汇之处的传统村落，其历史悠久、聚落格局独特，遗存类型丰富，保存相对较好，科学艺术价值较高，文化底蕴厚重，能够真实地反映不同历史时期的社会文化特征。(如图 7-2、图 7-3、图 7-4)

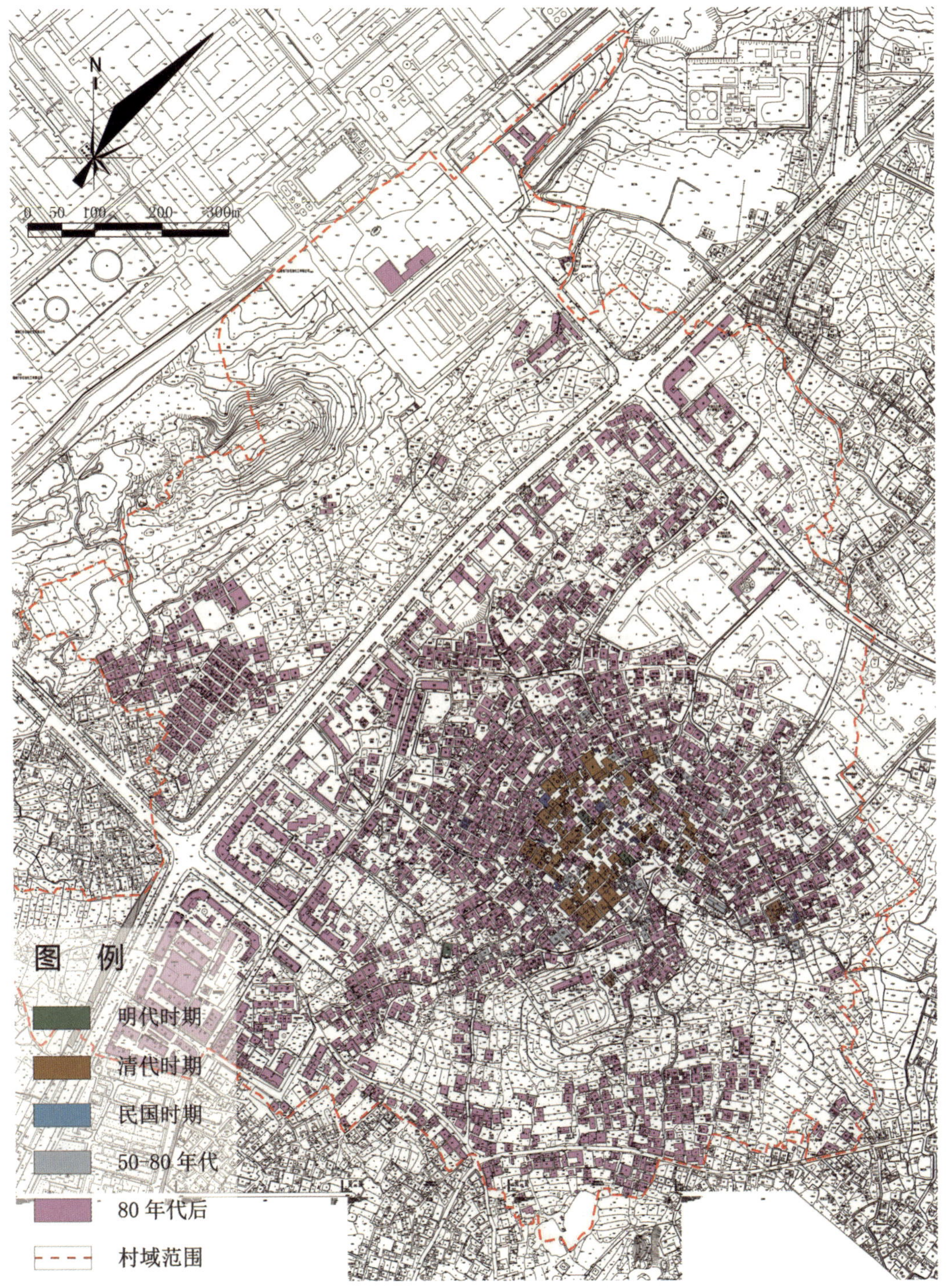

图 7-2　土坑聚落建筑年代评估图

图 7-3 土坑聚落建筑类型评估图

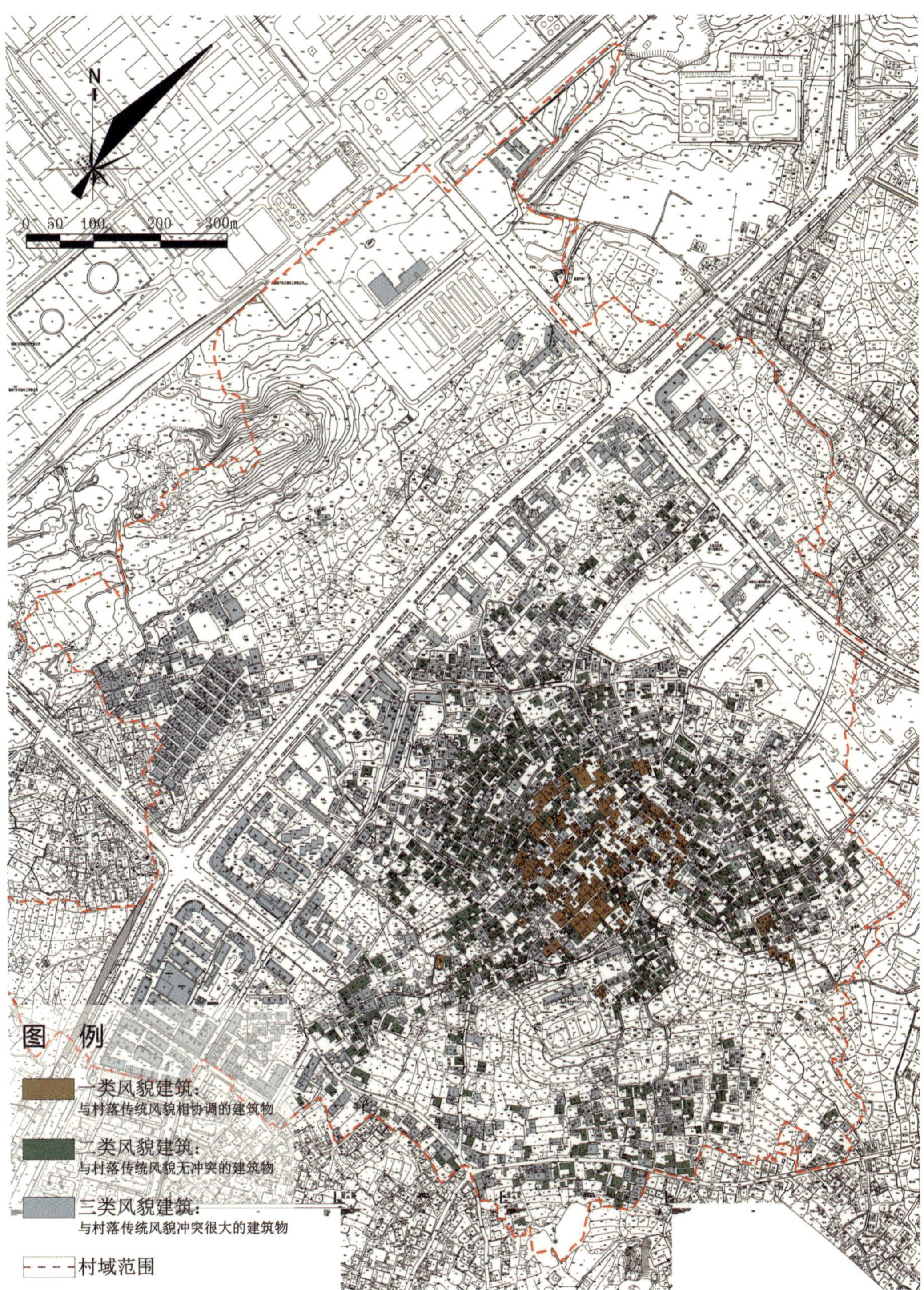

图 7-4　土坑聚落建筑风貌评估图

土坑聚落对于研究闽南、莆仙文化交流与变迁，明清闽南海上丝绸之路的发展，民国时期革命等，都具有重要的学术研究价值。同时对于丰富地方文化资源，推动社会、经济、文化的发展，都具有积极的意义。

总体描述：海丝港市重地、泉州刘宗故里。

二、重要历史文化遗存保护状况与价值评估

（一）文物保护单位的专项评估

根据《全国重点文物保护单位保护规划编制要求》的规定，结合现场调研，土坑文物保护单位的专项评估标准包括：价值评估，现状评估，管理评估与利用评估等四大方面，即：（1）价值评估。评估文物保护单位的文物价值（包括历史价值、艺术价值和科学价值）和社会文化价值（对社会、文化、经济的影响作用）。（2）现状评估。评估文物保护单位及其环境现存状况的真实性、完整性、延续性。真实性评估主要内容为现存各类工程干扰情况；完整性评估主要内容为保护区划状况、文物残损状况以及病害类型；延续性评估主要内容为破坏速度与破坏因素等。（3）管理评估。评估文物保护单位的管理状况，包括“四有”建档情况、管理措施现状（保护级别公布、政府文件、管理机构、管理规章）、管理设备、技能与人才队伍以及历年保护工作的重要事件等相关工作评价。（4）利用评估。评估文物保护单位的利用状况，包括社会教育效益、旅游经济效益、开放容量情况、交通与服务设施的配置与使用情况、展示设施的使用情况等。

结合上述标准，对土坑聚落内县级文物保护单位白石宫进行专项评估。白石宫始建于明朝，现主体建筑为2003年重修。现有的保护范围：东、西、北各3米，南至月池。白石宫历史悠久，人文价值较高，是土坑乃至泉港地区的重要信仰场所。对于研究土坑聚落、闽南沿海的发展、海上贸易的发展及其地域文化等具有重要的价值。宫内六根石柱雕刻精美异常，具有较高的艺术价值，并对于研究闽南雕刻艺术具有重要的学术与历史意义。

（二）优秀历史建筑与历史建筑的专项评估

土坑聚落建筑类型丰富，现存的传统建筑以清代建筑为主，其中保存状况良好、布局较为完整且具有较高建筑技术与艺术价值的有：旗杆厝、肇元进士府第、传盛居、中厝布店、傅鹤公府第、长春堂药铺、万捷十三行、顺裕大厝、来铺当铺、建珍大厝、提督府等，其他还有一些古厝相对也较好，但建造年代较晚或技术和艺术价值相对不高等；另外还有些古厝已经出现了倒塌、被村民拆建以及白蚁等生物病虫的侵蚀的现象。总之，整个聚落的古厝亟待保护。

针对上述现状，对于聚落内每栋建筑进行评估，评估指标包括：建造年代、层数、院落完整性、建造材料、建筑形式、建筑破坏程度与破坏速度，及其建筑所内含的人文历史信息等，通过每项指标的加权平均，进行综合评估，最终进行综合价值的分级。其中，分级最高的（即价值高）确定为历史建筑。分级较高的（即价值较高）确定为风貌建筑。其他分级的确定为一般类型的建筑。

其中，历史建筑主要是指保存风貌相对较完整和质量较好的，集中反映地方传统特色的建筑。根据评估，确定为土坑聚落历史建筑的有：百万大厝（旗杆厝）、中厝布店、传盛居等。（如表 7-1）

表 7-1　土坑聚落历史建筑名录

序号	名称	年代	序号	名称	年代
1	百万大厝（旗杆厝）	清中期	11	建珍大厝	清中期
2	中厝布店	清中期	12	来铺当铺	清中期
3	传盛居（应麟府第）	清中期	13	绣花楼（勗斋）	清中期
4	傳鹤府第	清中期	14	开泰进士第（提督府）	清中期
5	刘宗丁宅	清中期	15	端瑜大厝（大峰进士第）	清中期
6	刘开南宅	清中期	16	凌云斋	清中期
7	端瑜孙宅	清中期	17	长春堂药铺（建连府第）	清中期
8	肇元进士第	清中期	18	万捷十三行	清中期
9	横龙财主宅	清中期	19	清莲堂（选青斋）	清中期
10	顺裕大厝（端山府第）	清中期			

（三）历史环境要素的评估

历史环境要素主要是指聚落内的古树、古桥、古井等能体现土坑聚落传统特色和典型特征的物象和构筑物。土坑内现存有十棵大榕树以及一棵木棉树（攀枝花王）。另外，还有古桥一座，古井十余个，以及众多的绣花楼、戏台等建构物。（如图 7-5、图 7-6、图 7-7、图 7-8）

其中，五棵榕树集中在凌云斋前种植，树龄多近百年，树木长势茂盛，树径多在一米左右。较好地见证了聚落的发展与凌云斋的兴衰变迁的过程。

三孔井

攀枝花

凌云斋前榕树

圣旨碑

古桥

祠堂口井

图 7-5　土坑聚落历史环境要素举例

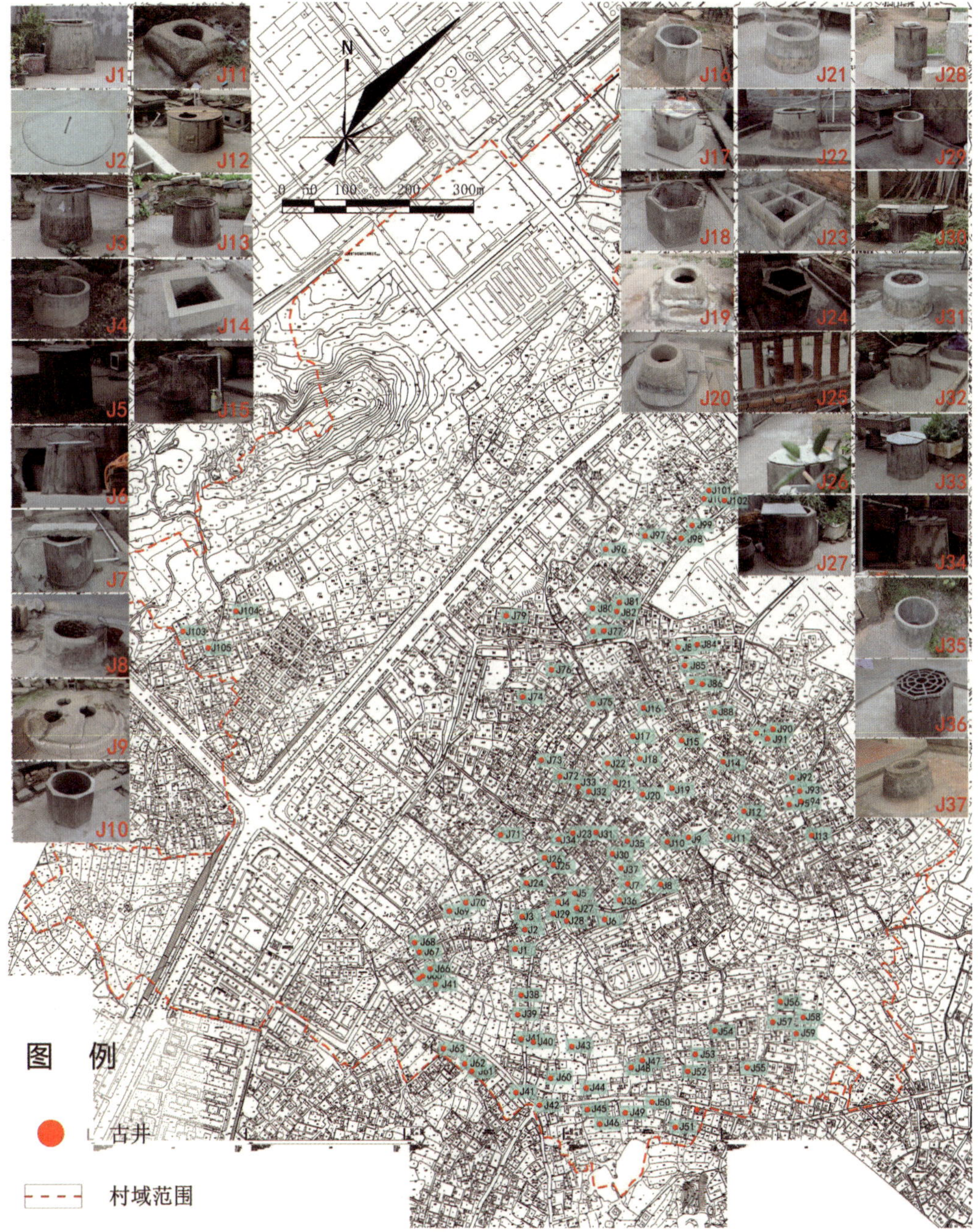

图 7-6　土坑聚落古井分布图

图 7-7　土坑聚落古树、桥分布图

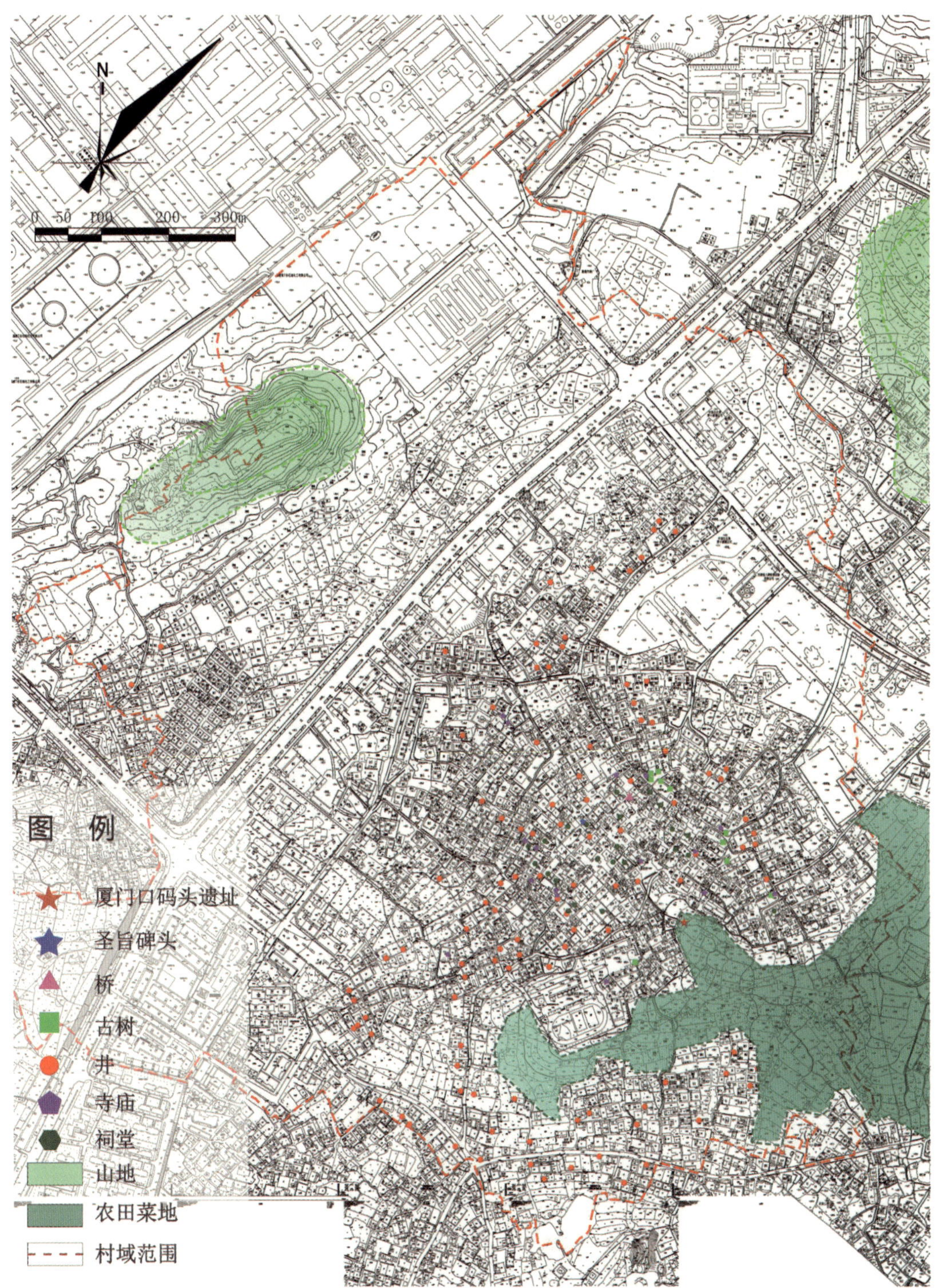

图 7-8　土坑聚落历史环境要素分析图

另外，三孔井是整个聚落现存历史最悠久的历史遗存，位于下门口埕南端，井口为圆形，直接约 2 米，围径 6 米，深 8 米，井壁为砖砌筑，由三块石板作封盖，在封盖上钻有三个空洞，每个空洞直径为 40 厘米，以此确保打水时的安全。该井造型较为奇特，也是聚落中最早、最古老的一口饮用水井，至今保存完好无损。

木棉树（攀枝花王）位于聚英亭南部，该树已有三百多年的历史，浓荫蔽日，花开时挂满枝头，景色迷人，是聚落内的一大景点。

圣旨碑，位于刘氏家庙内，四房长第十五代式辈连氏妈，十八岁守寡，螟蛉二子，勤于教养，次子得榜进士后，向朝廷申报，寡母带子有功，朝廷赐其为太安人，并赐立石坊。圣旨碑镶嵌于石坊上端，该石坊在“文革”时期被拆毁，但圣旨碑尚保存完好。

古桥位于重安府后，横跨排水沟渠上，现存栏杆望柱上的狮子，造型活泼逼真，雕刻技艺精湛。桥板为条石铺设，整个桥造型简洁。

厦门口码头遗址位于重安府南。根据福建省博物院文物考古研究所考古挖掘，在厦门口附近的区域发现了海岸、海滩、海沟、进出口等遗迹，且证明了土坑聚落早期就具有港湾。其东南方向的屿仔壁便是土坑港口天然的屏障与地标，指引往来船只，从屿仔壁经由港尾溪进入土坑港口，带来海上贸易的兴盛与繁荣。厦门口市码头遗址即其历史遗存。

土坑聚落历史环境要素种类较为丰富。特色明晰的古桥、古树、古井、码头遗址等体现了聚落的地域文化特色，具有一定的历史文化价值。但尚未对其进行挂牌保护。

三、非物质文化遗产的价值评估

（一）非物质文化遗产类型

按照非物质文化遗产的分类标准，土坑聚落非物质文化遗产可分为：传统表演艺术、民俗活动礼仪节庆、有关自然界和宇宙的民间传统知识和实践等。

传统表演艺术团体有土坑戏乐队（莆仙戏种）、土坑小鼓文艺宣传队、土坑大钵文艺宣传队、土坑弦管文艺宣传队、土坑打侟鼓文艺宣传队。土坑地属闽南东北部，紧邻莆仙，因此，土坑戏深受莆仙文化的影响，村民习惯于看莆仙戏。土坑戏乐队组建于 1958 年，采用莆仙剧种。土坑戏乐队备受泉港及莆田民众欢迎，因此，土坑戏乐队对于丰富村民生活，提高生活质量，促进闽南文化与莆仙文化的交流，营造良好古村落的社会氛围做出了一定的贡献。

民俗活动、礼仪、节庆：妈祖换袍、妈祖出宫、妈祖出游、十月十五日普度日，二月初二日敲锣。

民间习俗：弄金文、吃祠堂、穿红衣、乞彩等。

民间信仰：三一教、妈祖信仰，及其各种民间信仰，其遗存有兴天府、玄天上帝府、重安府、吾案宫、水兴庙等。

有关自然界和宇宙的民间传统知识和实践：白石宫选址传说、土坑山水格局及选址方法、古民居院落格局。

其中，白石宫庙会从正月初十日持续到十七日，主要民俗活动有：乞彩和妈祖换袍。土坑的子村打厝村供奉的妈祖是白石宫妈祖的妹妹，每年正月初十日都要被抬到白石宫与大姐换袍。是日，送迎的人很多，彩旗招展，锣鼓鞭炮响彻云霄。妈祖出宫，即正月十一日，土坑人都要将白石宫的妈祖及司马圣王抬出宫，先在下房口设公宴，而后到祖祠“公宴”，并在聚落中巡游一圈，然后由各房轮流请去敬奉、过夜，凡轮流请去敬奉的房支，一般都演戏庆贺，凡新婚的新娘必须出场陪伴妈祖。

(二)宗族文化

宗族文化的传统，即敬祖追宗。具体表现为修宗谱、立宗祠、建族墓、设义塾义田、举族合祭、重视血缘关系等。既体现了浓厚的宗族观念，也反映了深厚的家族文化底蕴。

义塾：义塾则是保证宗族制度能够传诸久远的文化举措，现存有凌云斋、选青斋、绣花楼等多处遗址，以及“三亩书田”的历史传说。

举族合祭：过去，每逢年节庆典，土坑人都要举族而动，隆重庆贺，形成具有浓郁地方特色的民俗活动。祭祀祖先是为了“慎终追远”，强化血缘关系和宗族制度，因此每年都要举办大型活动共同祭祀。

宗族文学：如刘氏家庙内匾额丰富，有“燕翼贻谋”“高廊增辉”“敬其可尊”“爱其所亲”“进士”“提督”“克绳祖武”“两世三忠”等。楹联：“自三元辅而都宪邦佰文宗历世光勋昭明，从四尚书及国学忠臣孝子累朝伟望壮山河”“宗衍秀屿科甲联登贻祖德，祠肇涂山人文蔚起启后昆”“入庙思祖训勿忘孝悌绵世泽，登堂仰先贤恒念诗礼振宗风”。

(三)非物质文化遗产的保护意识与管理

泉港区、后龙镇两级政府重视文化遗产保护，土坑聚落村委会和群众文化遗产保护的意识较高，企业界以及海外华侨热心本土文化建设，教育部门重视非物质文化遗产的教育传承工作，各中小学继续扩大非物质文化遗产进校园、进教材、进课堂范围。社会各界的主动参与，形成了文化遗产保护的良好社会人文环境。

土坑聚落历史积淀丰厚，地域特色鲜明，文化遗产价值特征突出，存续状态良好，民众保护意识较高，形成了良好的文化遗产保护的社会人文环境。

(四)非物质文化遗产的价值评估

根据上述文化遗存的情况，将土坑聚落主要的非物质文化遗产资源的生存状况划分为良好、一般、濒危三级。“良好”是指整体完整，保护好，且民居老少皆知，广为流传，能够较好的传承。“一般”是指整体性基本完整，保护较好，流传面较小，能传承。“濒危”是指遗产保护困难，难以延续。(如表 7-2)

表 7-2　土坑聚落主要非物质文化遗产资源生存状况

类别	名称	传承人	生存状况
民间文学	塗山刘氏开基传说		良好
	选青校歌		一般
	“刘百万”传说		良好
传统音乐	北管	刘荣成	一般
	泉港打正鼓		一般

续表

类别	名称	传承人	生存状况
传统戏剧	土坑戏	刘永金	一般
传统技艺	木犁制作技艺	刘玉顺	濒危
	苧麻布织造技艺		濒危
	首饰制作技艺		一般
民俗	塗山刘氏祭祖		良好
	妈祖信俗		良好
	司马圣王信俗		一般
	社稷神信俗		一般
	乞彩		一般
	吃祠堂习俗		一般
	弄金文		一般

对于土坑留存的曲艺、传统技艺及其传承人、传承情况进行调研，发现北管、土坑戏、木犁制作技艺等有明确的传承人，传承情况较好，传承完整。（如表 7-3）

表 7-3 土坑聚落主要非物质文化遗产项目传承人及传承情况

类别	项目	传承人	传承情况
传统音乐	北管	刘荣成	完整
传统戏剧	土坑戏	刘永金	完整
传统技艺	木犁制作技艺	刘玉顺	完整

对土坑聚落的非物质文化遗产的评估，则依据遗产的历史价值、保存程度、文化社会影响力及其与距离相关度等因子进行评估。

价值高——历史悠久、保存完好，能完好地传承，艺术价值与文化价值突出，社会影响力深远、辐射面广、成为一个地域的文化标志，能够很好地反映地域文化特色，且与聚落关系密切。

价值较高——历史较为悠久、保存较好，能较好地传承，艺术文化价值较为突出，有一定的社会影响力，能较好地反映地域的特色，与聚落关系密切。

价值一般——具有一定的历史性，保存较好，能较好地传承，艺术文化价值较为突出，有一定的社会影响力，与聚落关系密切。

价值低——发展历史短，保存较好，艺术文化价值较为突出，有一定的社会影响力，与聚落关系密切程度较低。（如表 7-4）

表 7-4　土坑非物质文物遗产价值评估

类型	基本概况	综合评估
传统表演艺术	土坑戏乐队（莆仙戏种）、土坑小鼓文艺宣传队、土坑大钵文艺宣传队、土坑弦馆文艺宣传队、土坑打作鼓文艺宣传队	一般
民俗活动、礼仪、节庆	妈祖出游、十月十五日普度，二月初二日敲锣	较高
民间习俗	吃祠堂、穿红衣	较高
有关自然界和宇宙的民间传统知识和实践	白石宫选址传说、土坑聚落山水格局及选址方法、古民居院落格局	较高
宗族文化	修宗谱、立宗祠、建族墓、设义塾义田、举族合祭等	较高

为了保护与合理利用土坑的非物质文化资源，针对土坑聚落主要非物质文化遗产的代表性项目进行资源级别的分类，分类的级别为国家级、市级、重要资源等。（如表 7-5）

表 7-5　土坑聚落主要非物质文化遗产代表性项目的资源评价

类别	名称	级别
民间文学	塗山刘氏开基传说	重要资源
	选青校歌	重要资源
	“刘百万”传说	重要资源
传统音乐	泉州北管	国家级
	泉港打正鼓	市级
传统戏剧	土坑戏	重要资源
传统技艺	闽南传统民居营造技艺	重要资源
	木犁制作技艺	重要资源
	苎麻布织造技艺	重要资源
	首饰制作技艺	重要资源
民俗	塗山刘氏祭祖	重要资源
	妈祖信俗	重要资源
	司马圣王信俗	重要资源
	社稷神信俗	重要资源
	乞彩	重要资源
	吃祠堂习俗	重要资源
	弄金文	重要资源
	族谱修撰礼俗	重要资源

四、聚落发展与管理评估

(一)土坑聚落保护管理工作评估

土坑自 2014 年入选中国历史文化名村名单以来,泉港区政府、后龙镇政府都高度重视,坚持“抢救第一、重点保护,科学规划、合理开发”的原则,在挖掘土坑历史文化内涵,改善乡村居住环境,提升泉港城市形象与品位等方面做了大量的工作。

首先,在镇、村两级相应成立保护管理机构。实行保护修缮、管理利用一体化,强化保护和管理职能,保护管理委员会主任由镇长担任,副主任由镇相关分管领导担任,成员由镇有关部门负责人,土坑聚落村两委,老协会会长、副会长组成。保护管理委员会下设办公室挂靠土坑村委会,指定村级文化协管员和 1 至 2 名专职人员,负责土坑历史文化名村保护管理委员会日常工作的组织协调、来访人员及对外联络服务等。

其次,保护管理委员会开展了一系列收集整理散落、遗存在聚落大街小巷里的古建筑构件等不可移动文物的工作。挖掘整理了土坑文化遗产、民俗风情、民间艺术、历史名人轶闻趣事等资料,建立土坑历史文化展示馆,做好历史文化传承与发展工作。

再次,注重培养文化名人、文化带头人,通过村民举荐、深入挖掘等方式,物色村里对土坑历史风貌印象表述较为深刻,对历史事件、民风民俗较有研究的离退休老同志、在职教师、村里老者等,组织成立土坑历史文化传承编撰小组。收集整理土坑文化遗产、民俗风情、民间艺术、历史名人轶闻趣事等资料,组织编撰土坑历史文化名村专刊(半年刊);对非物质文化遗产的技艺流程进行演示录制保存;委托国内知名影视公司对土坑古村落的整体保护,传统格局、历史风貌和空间尺度进行全面编写并录制成微电影,突出土坑古建筑文化主题,为下一步招商引资奠定坚实基础。

复次,还要加大宣传力度。在泉港高速路出入口、驿峰路口、高速路驿坂服务区、山腰大圆盘、生活区等重要路段设立“土坑——中国历史文化名村”形象牌;通过举办省、市、区级古民居专题摄影比赛和美术采风等活动,加大土坑历史文化名村的宣传力度,扩大影响面;在酒店、政府办公场所、公共聚集场所等悬挂土坑古民居摄影图片;通过“9·8”厦门洽谈会、台交会等平台进行文化产业的招商引资,打响土坑“国字号”品牌,为下一步旅游开发奠定基础。

最后,全面改善聚落环境卫生状况,着力打造旅游观光路线。具体举措包括:一是抓好聚落环境卫生整治,全力拆除农村旱厕,新建统一独立式卫生公厕,全面治理村庄“脏、乱、差”现象,改善村容村貌。二是加大“两违”打击力度,坚决遏制违建、翻建、偷盗等破坏行为,从严控制聚落保护区内的建设。三是土坑聚落基础设施薄弱、村内污水横流,不仅影响村民居住环境,而且严重影响了文化名村的形象。为此,应加强与区住建局协调沟通,加快农村生活污水收集和处理设施建设,确保乡村环境优美,群众安居乐业。四是土坑聚落电缆线杂乱无章,有碍观瞻,协调电力、电信、移动等部门对土坑聚落电缆线路进行规范梳理,重新展现历史文化名村整洁有序风貌。五是做好土坑古民居的安防消防设施配置,切实加强古民居的防火防盗建设。六是打通聚落各户各院之间堵塞的街巷、门户、院墙,恢复旧时的村道交通,形成“路路相通,户户相连”的旅游观光路网格局。

(二)《土坑古村落保护与发展规划(2008年)》实施评估

根据2008年编制的《土坑古村落保护与发展规划》,后龙镇、土坑聚落两级多方筹集资金用于古民居的保存与修缮。一是争取福建省建设厅补助30万元、泉港区级补助85万元、后龙镇级补助50万元,对现存5座保存较好的双护厝、三落、中厝等进行抢救性修缮,恢复原貌。二是泉州市、泉港区两级文化部门投入40万元,依托土坑古民居建立泉港区民俗文化陈列馆(因泉港区博物馆成立,馆藏文物迁至博物馆内陈列展示)。三是组织房族宗亲自筹资金195万元,对各自祖厝进行修缮,对散落在聚落中的可移动文物构件进行收集保存,为古大厝修缮恢复原貌提供重要建筑要素。四是较好落实了保护修缮工作。由后龙镇党委组织土坑聚落与土坑各房头代表、老协理事成员、村两委召开乡贤座谈会,广泛征求意见,为各古大厝的修缮工作做好基础。五是对现存古大厝进行分类编号,逐栋登记造册并核实准确,明确重点古厝,确认古厝权属人,按每栋一个单位,进行系统分解,成立由古厝权属人,镇、村干部3～5人组成的保护修缮责任组,并由古厝房头较有威望的老同志作为修缮牵头人,负责组织募捐、修缮、保护和管理使用。强调成熟一栋,修缮一栋;修缮一栋,资金补助一栋。六是严格按照《国务院关于历史文化名镇名村保护条例》规定,遵循文物"修旧如旧"原则,加快对具有代表性、濒危的古大厝进行抢救性修缮。

五、存在的主要问题

(一)传统空间形态和历史文化景观亟待加强保护

土坑聚落具有悠久的历史和十分丰富的文化资源,但由于多年来村民拆旧建新所造成的破坏较为突出,聚落内古厝集中的区域日趋缩小,聚落的传统空间破坏严重,传统风貌区保护工作亟待加强。传统建筑自然老化、风化及受台风、地震等自然因素的破坏较为突出。许多古厝结构性的腐朽、功能性的退化现象突出,古厝屋顶漏水、梁架腐烂、天井杂草丛生等较为普遍,亟待加强保护。

再次,土坑所在的自然山水环境因村民无序的建设与管理机制的不到位而破坏严重,原来的山水格局及其周边的农田、溪流等生态环境目前已荡然无存,历史文化景观破坏严重。

复次,科学的管理机制尚未形成。土坑是国家历史文化名村,针对村落保护与发展,目前仅仅依靠后龙镇政府的相关部门管理土坑历史文化名村,人员配备及其专业素养等严重不够,且缺乏一套科学合理的制度体系作为保障。因此,面对村民的自建、古厝的自然或人为因素的破坏等,往往难以处置。急需建立具有一定专业素养的管理队伍、科学的管理机制与一套相对完善的制度,以便科学有效地指导与管理土坑村的保护与发展。

(二)历史文化资源的优势有待进一步提升

土坑聚落内现存20多栋古厝,对于古厝的历史文化资源需要进一步挖掘整理,而除此之外,聚落内的其他文化资源,如民间信仰资源、海上丝绸之路与聚落贸易的相关文献资源、革命老区资源等都亟待进一步的挖掘并进行内涵的拓展,以弥补资源上的不足。另外,一些已有历史文化资源其作用并没有得到应有的发挥,文化遗产保护与合理利用没有形成良好的互动关系。

（三）聚落经济相对落后

土坑聚落地处东南沿海的台湾海峡，区位优势较为明显，但交通并不便捷，特别是从泉州至后龙镇，目前尚没有直达的汽车，仍然需要从其他地方转乘。因此，虽具有较好的区位条件，但交通滞后成为制约土坑聚落发展的重要因素之一。其次，土坑地处泉州市域的东北边缘部，与湄洲湾紧邻，周边特别是泉港的经济发展迅速，实力雄厚，但土坑聚落的经济结构还比较单一，村民收入相比泉港其他地区还是比较低，居民生活水平有待改善。

（四）传统建筑逐渐被现代建筑所替代，保护工作任务艰难

新的住宅模式及其施工方法已经成为村民乐于接受的事物。新建住宅已基本上采用城市型的建筑形式，使传统民居形态的延续及其保护面临巨大挑战。由于延续传统建筑式样所必需的材料，特别是木材比较紧缺且昂贵，客观上阻碍了村民继续采用传统模式建设住宅。其次，传统建筑，特别是古厝，如何在功能布局上满足现代村民的需求，以及古厝、石屋的抗震问题、安全问题等都亟待进行专项的研究，因此，这些都使得保护工作任务艰难。

六、保护规划框架与总体布局

土坑历史文化名村传统特色要素主要包括自然环境要素、人工要素、人文环境要素等三个部分。

（一）自然环境要素

自然环境要素是指有特征的地貌和自然环境，是一切非人类创造的直接或间接影响到人类生活和生产环境的自然界中各个独立的、性质不同而又有总体演化规律的基本物质组分，包括水、大气、生物、阳光、土壤、岩石等。对于土坑聚落而言，主要有海、溪、池、潭，山地，气候，特产等。（如表 7-6）

表 7-6　土坑聚落自然环境要素分析

要素	要素描述
海、溪、池、潭	湄洲湾、土坑海、后田溪、沟壑、池塘
山地	外——奎秀山、岩山、割山、柳山；内——塗山
气候	亚热带海洋性季风气候，雨量充沛，气候温和
特产	海鲜渔产品等

（二）人工环境要素

人工环境要素指人们创建活动所产生的物质环境，它包括由人工形成的物质能量和精神产品以及人类活动过程中所形成的人与人的关系，后者也称为社会环境。这种人为加工形成的生活环境，包括住宅的设计和配套、公共服务设施、交通、电话、供水、供气、绿化面积等。对于土坑聚落而言，主要包括：历史遗构、文化古迹、民居、街巷、聚落格局等。（如表 7-7）

表 7-7 土坑聚落人工环境要素分析

要素	要素描述
历史遗构	寺庙—白石宫、兴天府、水兴庙、章山堂、重安府、土地庙、龙山府等 家庙—刘氏家庙 古厝—旗杆厝、提督府、刘宝生宅等古大厝 书院—凌云斋、选青斋 阁楼—聚英亭、绣花楼 海上遗址—厦门口码头遗址等
文化古迹	白石宫,刘氏家庙,选青斋,凌云斋,石刻,三孔井,过桥,白晶石,圣旨碑,跑马场,旗杆石等
民居	旗杆厝,提督府,刘锡贵宅,刘宝生宅等古大厝
街巷	祠堂口街、施布口街、凉亭巷等
古村格局	外部四山环抱,内部沟壑纵横,藏风聚水

(三)人文风貌要素

人文风貌要素是指村庄生活风貌的集中体现。土坑聚落的人文风貌要素主要包括社会生活、民风民俗等人文风貌。具体指历史事件、历史人物、民间工艺、习俗节庆、民俗文化。(如表 7-8)

表 7-8 土坑聚落人文风貌要素分析

要素	要素描述
历史事件	两世三忠历史,与聚落相关的一系列的抗倭、禁海等事件,刘氏族人与海上贸易相关的一系列的商贸运输事件
历史人物	刘端瑜、刘端弘、刘开泰、刘逢泰、刘以上、刘肇元、刘梦超等
民间工艺	雕刻、木犁制作技艺、首饰制作技艺等
民间信仰	三一教、妈祖信仰及其他民间信仰,其遗存有兴天府、玄天上帝府、重安府、吾案宫、水兴庙等
习俗节庆	春节,清明,中秋,十月十五日普度日,二月初二日敲锣等
民俗文化	穿红衣,头发梳妆,拜圆吓,弄金文,土坑戏,北管乐,大钵文艺队,小鼓队,打作鼓等

通过各个构成要素反映在空间节点、线/带、区域三部分,以及它们相互间的有机关系所共同构成的聚落景观特色。

节点:有特殊历史价值的建构筑物或者是人流集散的交汇点。主要包括宅、祠、庙、码头、井、树等。

线/带:主要包括街巷、菜地农田等。

区域:具有某些共同特征的地段、区域。如以刘氏家庙为核心所围合的古厝集中区域,以南、北书院为核心的两大片区等。(如表 7-9)

表 7-9 土坑历史文化名村保护框架

结构	要素	内涵
节点	宅	旗杆厝、提督府、刘宝生宅等古大厝
	祠	刘氏家庙等
	宫、庙	白石宫、兴天府、吾案宫、玄天上帝府、重安府、土地庙、龙山府等
	井	三孔井、祠堂井等
	碑	圣旨碑
	树	大榕树、木棉树等
	石	白晶石
	遗址	厦门口码头
线/带	街巷	祠堂口街、施布口街等
	溪流	后田溪
区域	山	塗山、割山、岩山等
	白石宫	以白石宫为核心的聚落入口片区
	刘氏家庙	以祠堂为核心所围合的古厝集中区域
	南、北书院	以南、北书院为核心的两大片区

七、总体发展思路与总体布局

根据泉港区总体规划中对土坑聚落的规划要求，以及土坑聚落的实际情况与发展态势，规划确定土坑村域总人口为 4000 人，总户数为 1100 户。其中，聚落核心范围内 800 人，230 户。

(一)总体发展思路

基于上述保护框架，结合土坑聚落的发展情况及其周边区域，特别是整个泉港地区的发展状况，土坑的总体发展定位为：海丝港市文化生态示范区、国家历史文化名村。

土坑是一座具有悠久历史的古村落，其历史文化遗存类型丰富、闽南与莆仙文化交融的特色鲜明。因此，聚落的发展必须基于村庄所拥有的历史文化资源，以保护海上丝绸之路的港市聚落、保护历史文化遗存为基础，在保护好历史文化名村的基础上，充分发挥其文化上的优势，打造具有浓郁血脉情结与文化底蕴的台海文化展示地。

(二)保护与发展的总体策略

第一，保护母村，营造闽南文化生态家园。实行北禁东限南控西填策略(如图 7-9)，即鉴于土坑聚落特殊的地理位置，其聚落北部为化工园区，因此，聚落北部必须建设生态卫生防护带，以确保土坑及其周边村落、城镇发展的安全。所以，在村域发展上，必须严格禁止建设、禁止向北发展，并以祥云北路道路中心线向南推进 150～200 米为界，搬迁该界以北村域范围内所有建(构)筑物，原址建设为生态卫生防护带。聚落的东部、南部为农田，这是彰显土坑作为聚落形态的重要组成要素，但是随着聚落的发展，其农耕用地不断被蚕食。据此，应严格限制聚落向东、向南发展，保护农耕地。土坑聚落西侧为后龙镇集镇建设区，应结合海西路的南拓，积极引导土坑聚落向集镇区方向发展，土坑新村及其安置区建设以海西路两地空地为主，进行填充式建设。

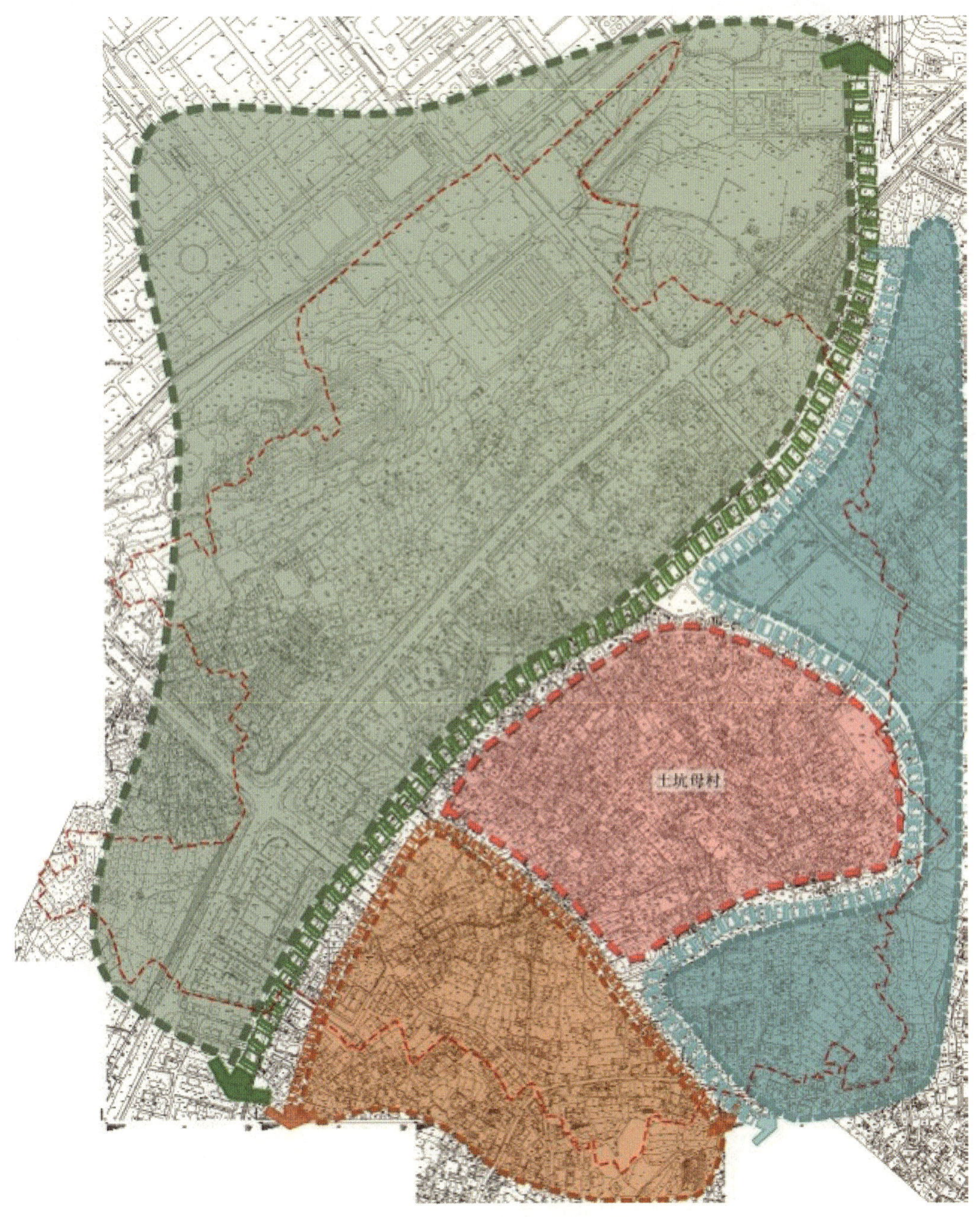

图 7-9 土坑聚落保护与发展的总体策略图

保护母村，即根据前文的分析，现在的土坑根据其历史变迁的历程，可以划分为母村与非母村两大类型，母村即以刘氏家庙为核心的区域，非母村即围绕母村发展的区域。据此，针对母村提出保护母村的策略，即抢救与整治传统建筑及其群落；保护传统街巷，保护主要历史环境要素及其非物质遗存;保护聚落山水空间格局。

配套建设安置点,即因生态卫生防护带的建设,需要拆除土坑北部的大量民居,并解决村民安置问题。为此,结合后龙镇建设、土坑聚落保护工作的开展,合理建设安置点、安置区,以安置部分聚落保护过程中拆迁的农户以及生态卫生防护带搬迁的居民。安置点的处置,部分由区、镇两级政府统一安置;部分则结合"西填"策略,进行安置区建设。以此满足聚落发展需要,并建设完善相应的配套设施以适应未来的发展。

第二,展示文化,建设三苑。展示文化的建设在保护母村的基础上,围绕海上丝绸之路港市聚落,积极建设刘氏宗族文化展示区,保护周边自然、人文生态环境,整治内部及周边环境,营造聚落内集休闲、人文、教育于一体的人文生态核心。

建设三苑,即分别建设白石迎宾苑、选青文昌武德苑和凌云红色文化苑。

白石迎宾苑,即结合白石宫及其聚落自然、人文生态资源,打造聚落入口处的"白石迎宾苑";选青文昌武德苑,即结合选青斋处的聚英亭、青莲堂、木棉树等资源,展示土坑聚落历史上崇文敬武的历史风气;凌云红色文化苑,即将土坑作为泉港红色革命策源地的内涵进行展现,为营造"红色文化教育游"打下基础。

(三)总体布局

基于上述策略,规划形成一区、一带、两轴、三苑。

一区,即母村核心区,严格保护聚落古民居集中的核心片区,将其作为海丝港市聚落,刘氏宗族文化展示区。

一带,即土坑北部形成生态卫生防护带,东部与南部保留农耕用地,并将北部、东部、南部的农耕用地联系为一带,打造为滨海生态丘陵景观廊道。

两轴,即一,海丝商贸购物街,结合土坑原有的祠堂口街与施布口街,调整其现状业态空间,置入新的商业业态空间,再现其历史上商业繁华的景象,形成两条平行的海丝商贸购物街;二,刘氏宗族乡情街,结合旗杆厝、提督府、来铺、凉亭等历史遗存,将其以纵向进行串联,形成以寻访昔日土坑乡情为特色的线路。

三苑:一,白石迎宾苑,结合海西路,将白石宫作为入口空间的对景,形成白石广场、泮池、迎宾广场等空间序列,打造整个土坑的入口节点空间。在入口迎宾广场上置一白晶石,形成入口空间;结合原孝节牌坊的文化,打造迎宾坊,坊中安置复制的"圣旨碑"碑头,作为村落入口的标志物。二,选青文昌武德苑,土坑聚落在历史上产生了众多的文人武将,其历史底蕴深厚,将青莲斋、聚英亭、木棉树等历史遗存进行整合,充分利用现有空间,以传述尚文尊儒、文武兼备的土坑精神。并通过建造廊桥,凌空横跨学校校区,至旗杆厝前,削弱原选青斋与母村脱离的困境,将选青文昌武德苑融入母村中,成为母村的重要节点之一。三,凌云红色文化苑,土坑聚落作为泉港区红色革命跟基地,具有深厚的红色革命传统,对凌云斋进行复建,并结合周边的大榕树、跑马场遗址等,形成土坑红色革命文化的展示区。(如图 7-10)

八、历史文化名村的保护区划

根据《历史文化名城名镇名村保护条例》,以及土坑聚落自身情况和周围环境,保护区

图 7-10　规划结构分析图

划分为三个层次：核心保护范围、建设控制地带、环境协调区。

(一)核心保护范围的划定

核心保护范围四至为：东至端瑜大厝，西至水兴庙，南至厦门口市码头，北至来铺当铺以北，总面积共计 4.32 公顷。

划定依据：(1)该范围是土坑的母村所在地，是展示周边岩山、圭秀山、柳山与塗山等山陵，及其湄洲湾、海等地理环境要素相互和谐的载体，是体现山水相依的重要组成部分；(2)历史最悠久、聚集传统古厝最多，传统风貌最完整的区域，该区内集中了刘氏家族绝大数的传统古厝，其中包含了刘氏家庙、提督府、旗杆厝、傳鹤公府第、肇元进士府第等现存规模最大、保存最完整，且古厝类型最丰富的古厝群；(3)该区域内有祠堂口街、施布口街、百万街、提督后街、百万东巷、三孔井巷、圣碑巷、凉亭巷等街巷网状系统，其空间肌理、空间格局保存完好；(4)该区域是土坑聚落闽南与莆仙文化交融的典范区域，现留存有重安府、水兴庙、古井、古桥、厦门口码头遗址、古树等众多历史文化遗存，是土坑聚落现存最具有地域文化特色的区域。

规划管理要求：(1)采取整体对待、严格保护的管理措施。保护传统街巷空间与格局。保护传统古厝，不得拆除古厝与历史建筑，对于濒临倒塌的古厝进行抢救性的修葺。对于本区内的菜地、园地应予以保护，不得擅自侵占，或者擅自建造而破坏聚落景观。(2)保护传统街巷。严格保持聚落内的古街巷走向与基本形态，严禁侵占街巷空间进行建设。街巷路面材料禁止采用沥青、水泥路面，建议采用石板路。保护沿街建筑以及院墙的立面形式、建筑材料、建筑色彩等的统一性、连续性和视觉景观的完整性。对于与传统风貌不协调的建筑采取整治更新等措施,使历史街巷景观得到延续。(3)本范围内现代建筑层数控制在二层及以下,重要节点周边建筑层数为一层,一层檐口高度控制在 3.5 米以内,二层檐口限高 7 米,屋脊限高为 8.5 米,采用传统红瓦坡屋顶。本区内除了必要的村落配套基础设施、公共服务设施建设外,不得新建任何建筑,特别是村民房屋的建设,严格控制原宅的翻建。(4)凡在本范围内执行任何一种保护和更新模式,其方案须经城市规划管理部门、文物行政管理部门中的专门机构审定同意方可执行。更新改造的建筑其高度必须控制在 2 层(含 2 层)内,屋脊限高为 7 米,其外观、体量和色彩应与传统风貌相协调,鼓励采用传统古厝或番仔楼的造型与色彩,及其传统的技艺与传统的材料。对于破坏天际线的建筑应进行拆迁、降层等处理,对于影响传统风貌的建筑应采用立面改造等方式加以整治,以确保与整体传统风貌的协调。(5)保护厦门口码头遗址及其周边环境,不得进行有损遗址的建设活动。在遗址及其周围不得进行任何与保护无关的其他建设工程或者爆破、钻探、挖掘等作业;因特殊情况需要进行其他建设工程或者爆破、钻探、挖掘等作业的,必须在充分保障遗址安全性的前提下,在征得泉州市文物局、规划局同意后方可以开展。遗址及其周边不得进行任何污染和破坏环境的活动。(6)该区内从事建设活动,应符合保护规划的要求,不得损害历史文化遗产的真实性和完整性,不得对传统格局和历史风貌构成破坏性的影响。

(二)建设控制地带的划定

建设控制地带范围:东至土坑聚落内部道路,西至白石宫以西,南至后龙中心小学南侧围墙,北至现村委会北侧村庄道路,总面积共计 22.63 公顷。

划定依据:(1)该区域内留存有较为广阔的农田林地,这些农田林地是展现土坑作为乡村聚落的重要因素之一,因此,对其必须加以控制。(2)该区域的白石宫周边地块是作为土坑聚落进村的门户地块,其重要性非常突出,因此对其建设必须加以控制。(3)从风貌协调及其景观视觉的需求方面看,需要划定一定的区域,对其建设进行控制,以此营造良好的聚落风貌环境。而这一需要,基于聚落道路宽度与两侧建筑的高度等关系,及其考虑聚落现状建设情况,故以主要道路为界向外推进一排或两排建筑,以此进行建设控制。

规划管理要求:(1)建设控制地带内采取严格控制、风貌协调的措施。对本地带内的建筑保护与整治措施依据核心保护范围的建筑分类保护与整治措施执行。(2)建筑层数应控制在 2 层,局部可建 3 层,建筑最高不得超过 13.4 米。在规划确定的视廊范围内的建筑物与构筑物,应考虑聚落与周边山体、山体视线通廊的保护要求。对建设控制地带内现存废墟及质量较差、风貌较差的建筑所在区域允许适当进行改、扩、新建活动。(3)严禁破坏涂南路与聚英路之间的农田林地与白石宫后的林地,严禁在该地块进行建设活动,一切因公共基础服务设施而开展的建设活动,其选址与建设方案需事先到城市规划管理部门审批,获得许可后方可建设,所建设设施性建构筑物应古朴、简单,应采用闽南传统式样。严禁各种污染农田林地的行为与建设活动发生。(4)在本地带内新建、扩建建筑物、构筑物,以及在原有建筑物、构筑物的基础上进行改建、加建等活动前,有关单位和个人应将拟建部分的高度、体量、色彩、使用性质等信息报送地方城乡规划主管部门审核,经批准后方可执行。对新建筑的风貌进行控制，建筑层数按照上述条款中的(2)(3)条执行。建筑外观应与周边传统风貌相协调，应带有地域文化特色，建筑造型鼓励采用传统式样，鼓励使用传统的技艺与传统的材料，建筑色彩鼓励采用闽南红砖与白石色彩，鼓励使用浅色涂料、非釉面浅色饰面砖，原则上不宜使用釉面瓷砖。

(三)环境协调区的划定

环境协调区范围划定与规模：东至东环路，南至村域南部边界，西至海西路道路中心线以西约 30 米，北至村委路，距离祥云北路道路中心线约 150 米，总用地面积为 41.47 公顷。

划定理由：(1)本区域的划定是为了营造良好的土坑传统风貌环境，因此需要从更大范围内控制建筑。(2)该区域内包含了海西路两侧的地块，该地块作为进入土坑聚落的前导部分，其建筑造型、色彩、体量等的好坏将影响到土坑传统风貌，因此需要加以控制与引导。(3)涂南路北部为农田林地区，其乡村环境的营造离不开周边的村庄建设，因此，需要在涂南路以南的地块进行建设控制与引导。

规划管理要求：(1)应重点控制好区内自然环境，加强环境协调区内的植被种植与保育，注重保护四周山体环境与景观，为核心保护范围和建设控制地带提供良好的保护屏障和景观背景。(2)区内的非建设用地中，除本规划确定的道路外，不得随意新建道路，要控制新旧道路的尺度。原则上不得进行新建、扩建等建设活动，但是，新建、扩建必要的基础设施和景观建构筑物除外。区内的村庄建设用地内，新建建筑应与传统风貌相协调。(3)紧邻建设控制地带的区域内，建筑层数应控制在 3 层，局部可建 4 层，最高不得超过 16 米。建筑风貌建议采用闽南特色的传统式样或带有闽南传统建筑符号的现代建筑。(如图 7-11、图 7-12)

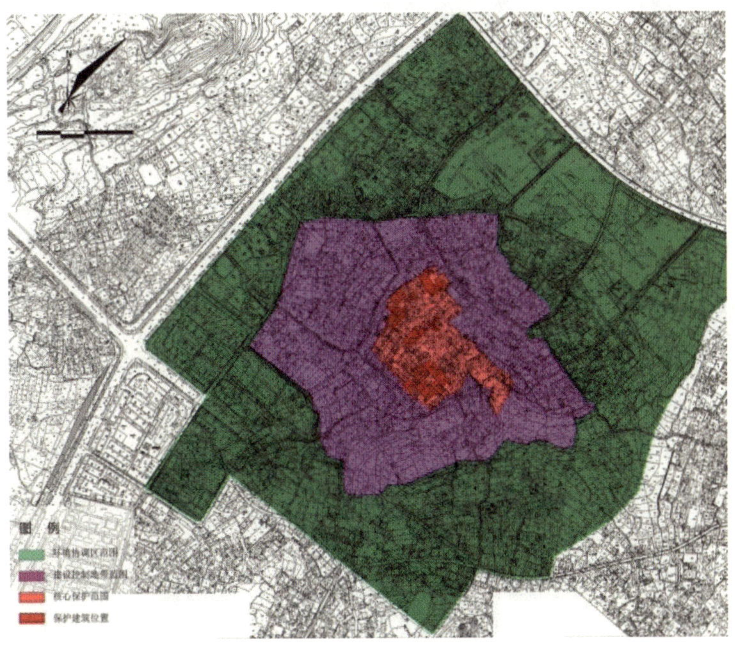

图 7-11　保护区划图

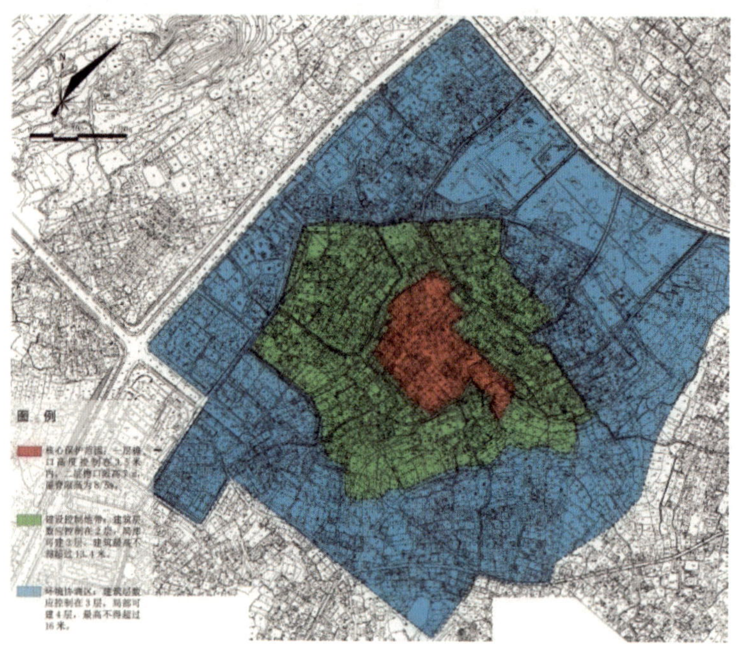

图 7-12 建筑高度控制图

九、文物保护单位的保护区划

(一)保护区划

目前，土坑聚落仅有一处区级文保单位——白石宫。根据《全国重点文物保护单位保护规划编制要求》第八条：文物保护单位应根据确保文物保护单位安全性、完整性的要求划定保护范围，并根据保证相关环境的完整性、和谐性的要求划定建设控制地带。据此，文物保护单位的保护区划，划定为文物保护单位保护范围与建设控制地带。

其中，保护范围具体为：以白石宫为核心，四周拓展 5 米，用地面积为 1500 平方米。建设控制地带的具体范围为：以保护范围为界四周向外拓展 30 米，总用地面积为 7100 平方米。

(二)保护管理规定

文物保护单位保护范围内，依据《中华人民共和国文物保护法》的相关规定进行保护，历史文化名村保护范围内涉及文物保护范围的区域依据《中华人民共和国文物保护法》相关管理规定，从严进行保护。在本范围内不得进行任何与保护无关的其他建设工程或者爆破、钻探、挖掘等作业；因特殊情况需要进行其他建设工程或者爆破、钻探、挖掘等作业的，必须在充分保障白石宫安全性的前提下，在征得泉州市文物局同意后，报经泉州市人民政府批准。不得进行任何污染和破坏环境的活动，不得进行可能影响白石宫及其环境安全性、完整性的活动。被征为文物保护用地的土地归文物管理部门管理，任何单位或个人不得侵占、挪用。本范围内土地使用性质具有文化资源保护特性，其地上的任何活动均应满足文物保护要求，土层扰动深度不得超过现地表以下 0.3 米。在本范围内的文物保护工程的设计、审批和施工必须按照泉州市文物局有关工程管理的一系列规定，办理报批程序、执行资质管理。本范围内一切考古发掘活动必须按照《中华人民共和国文物保护法》等有关法定程序办理报批审定手续。本范围内不得任意改变建筑形式，因文物保护管理相关建筑改造应与文物整体景观环境相协调，不得增加建筑高度，色彩与材料应与文物建筑相协调。

建设控制地带范围内，依据《中华人民共和国文物保护法》相关管理规定进行保护，涉及历史文化名村范围应充分结合《历史文化名城名镇名村保护条例》进行保护。该范围内不得建设污染文物保护单位及其环境的设施，不得进行可能影响文物保护单位及其环境安全的活动。对已有的污染文物保护单位及其环境的设施，应当限期治理；该范围内的建设工程，必须按照法定程序办理报批审定手续；工程设计方案应经泉州市文物局同意后，报建设规划主管部门批准。该范围内各类标示物，指路牌、说明牌等应统一设计，所有建筑的高度，控制在 2 层以内（含 2 层），一层檐口高度控制在 3.50 米内，二层檐口限高 7 米，屋脊限高为 8.50 米，采用红瓦坡屋顶。

十、建筑保护与整治模式

（一）保护与整治模式

根据《历史文化名城保护规划编制要求》《历史文化名城名镇名村保护条例》等的规定，结合土坑聚落建筑物具体情况，将制定历史文化名村内建筑物的保护与整治模式，具体可分为以下八类。（如表 7-10）

表 7-10　土坑聚落建（构）筑物保护与整治方式

分类	文物保护单位	保护建筑	历史建筑	一般建(构)筑物	
				与传统风貌无冲突的建(构)筑物	与传统风貌有冲突的建(构)筑物
保护与整治模式	修缮	修缮	维修/改善	保留	整修/改造/拆除

（1）修缮，是指对文物古迹、优秀保护建筑的保护方式，包括日程保养、防护加固、现状修整、重点修复等。属于修缮建筑涉及 27 幢。建筑占地面积 6865 平方米。具体操作要求为保留原有建筑的现状，改善、维护建筑物本体及其周边环境。

（2）维修，是指对历史建筑和历史环境要素所进行的不改变外观特征的加固和保护性复原活动。属于维修建筑涉及 34 幢。建筑占地面积 5376 平方米。

（3）改善，是指建筑格局、风貌和主体结构保存尚好的历史建筑，其中有些建筑质量已经相当破旧，有些建筑设施陈旧，难以适应现代生活需要。这些建筑及其设施是构成聚落历史环境的基质，规划在保持原有格局、结构和风貌的基础上予以修复，增加水电及卫生等设施，满足村民现代生活的基本要求。属于改善建筑涉及 10 幢。建筑占地面积 958 平方米。

（4）保留，是指质量良好的石屋建筑、现代建筑，这些建筑与聚落风貌基本无冲突，一般层数在 2 层以下，且质量较好。属于保留建筑涉及 314 幢。建筑占地面积 23259 平方米。

(5)整修,是针对一般建筑中与历史风貌无冲突的建构筑物和环境要素进行的改建活动,对石构建筑进行加固。属于整修建筑涉及 55 幢。建筑占地面积 8378 平方米。

(6)改造,是指与土坑聚落风貌有冲突,但质量较好、难以拆除的现代建筑或石屋的处理方式。属于整修建筑涉及 371 幢。建筑占地面积 101622 平方米。

(7)拆除,是指对聚落风貌有冲突,且破坏历史环境和空间形态的建筑,或者因聚落发展需要,道路拓宽或新辟道路等建设需要而拆除的建筑物。属于拆除建筑涉及 627 幢。建筑占地面积 75307 平方米。

(8)新建,随着聚落保护工作的开展,必然要拆除一些农宅,另外,随着祥云路两侧卫生防护绿地的建设,也会有大量的建筑物、构筑物被拆除。所以,需要有大量面积的地方安置这些拆迁户。(如图 7-13)

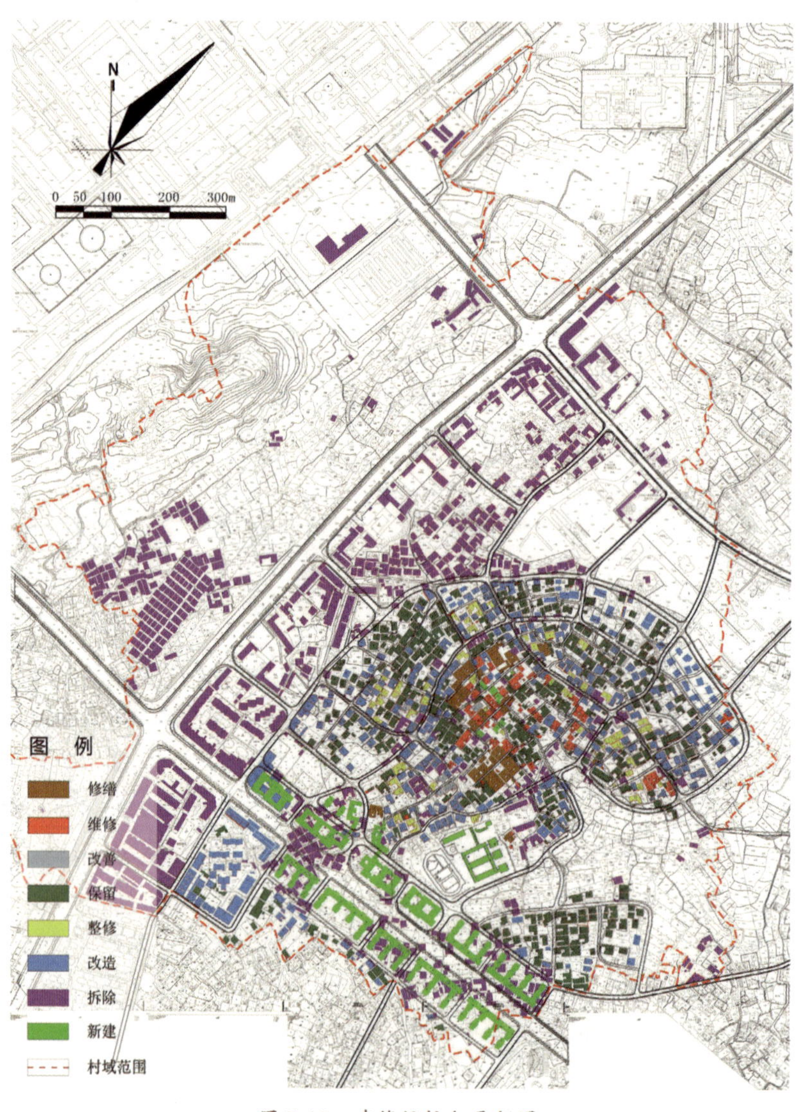

图 7-13　建筑保护与更新图

(二)历史建筑保护措施与方法

为了保护土坑聚落内现存的古厝,将历史建筑确定为保护建筑。保护建筑的保护参照文物保护单位的办法执行,即划定保护区划,主要包括:保护范围和建设控制地带。保护范围是保护建筑的基地四至范围,建设控制地带指保护范围向周边拓展3~5米,视周边建筑的分布情况而定。

对于保护建筑,主要在保持原有格局、风貌的基础上,对破旧的立面进行维修;对建筑内部设施陈旧,难以适应现代生活需要的,增加水电及卫生等设施,满足村民现代生活的基本需求。具体包括:第一,维修保养,即对建筑进行勘察,建筑情况保存较差的进行维修,结合现场情况更换、加固大木构件;加固松动墙体,清洗外立面;屋面进行滴漏排查,更换糟朽严重的椽子和碎裂瓦件,修整屋面。第二,清理维护,即对建筑情况保存较好的建筑维持现状,对立面管线、外挂设施及周边环境进行整饰。

(三)双纬度路径下的古厝民居保护

基于前文,对闽南古厝及其土坑古厝进行了量化分析,根据量化所得的公式,试探性地用于古厝的修缮之中,其理由是现实情况下的部分古厝平面图往往不完整,测绘难以真实反映建筑本身,存在一定的不完整性,需要靠测绘者去推导。据此,采用上文的量化公式去修补这一不足,同时,量化下的平面也在现实测绘工作中完善,由此,使得双纬度路径的成果更趋于合理、真实与科学。

具体思路为:(1)基于文献信息,用量化的普遍公式对破坏严重的古厝平面形态进行推导,得出量化思维下的古厝平面图。(2)对古厝进行实地测绘、考古挖掘等,绘制测绘平面图。(3)对两种路径下的平面图进行校对,矫正量化思维下平面图的不足。同时,结合现场调研,参考量化平面图,修补测绘中的漏缺,以此得出最具有科学性、真实性的平面图。

实践对象:土坑提督府,该古厝始建于清中晚期,为提督刘开泰府第。因年久失修,提督府现已经变成了一处荒宅,建筑坍塌严重,许多房间已经模糊不堪,难以分清具体的划分。具体情况:后落损坏较为严重,房屋倒塌,基本的房间布局已无法分辨。顶落保存情况较差,但基本房间布局可辨,绝大部分房间倒塌。下落镜面墙保存较好,但房间布局和结构已难辨。前天井右榉头房倒塌,后天井两侧的榉头房倒塌。整个建筑堆放了大量杂物,天井中杂草丛生,急待修缮。

根据前文的五间张古厝民居的理想比例模型,尝试通过标准比例关系对提督府进行平面推断。首先,依据标准模型的五间张古厝比例分析,求出在标准五间张的比例关系下提督府的各项空间尺度如下:顶厅4.96米×4.69米,后轩2.18米×4.69米,大房7.14米×2.80米,边房7.14米×3.03米,厅口进深1.29米,中庭进深6.85米,下落进深4.46米,理想面积572.02平方米。

其次,经过相关专业人员对提督府的地基进行挖掘并测绘,得出实际情况下提督府的整体进深为32.28米,面阔为17.45米,实际面积为563.28平方米。

比较上述用比例模型法平面与实际测绘的平面,面积的差值为8.74平方米,差值落在五间张理想差值:−12.28平方米和13.04平方米之间。据此,比例模型法对于类似于提督府的历史建筑具有一定的现实意义与学术价值。同时，结合两者，进行平面的修补，最终得出最具科学性、合理性与真实性的平面图。（如图 7-14）

量化平面与测绘平面比较与叠加

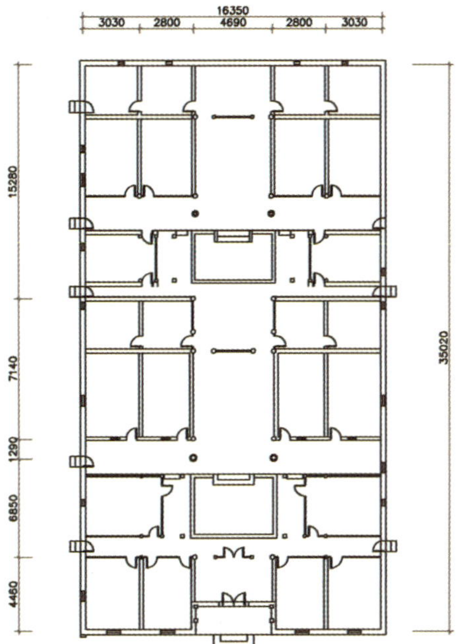

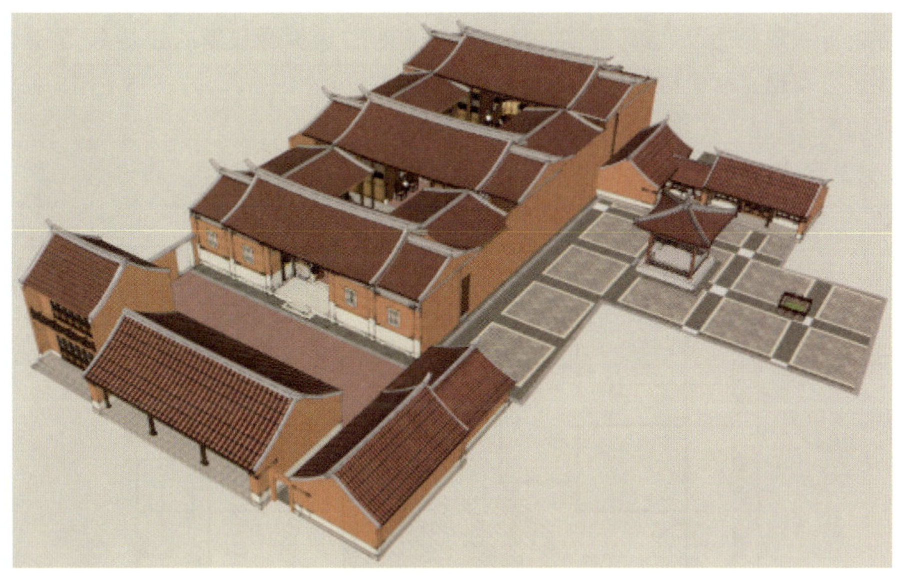

修补后平面图推测模型

图 7-14　基于双纬度路径下的古厝保护

(四)量化理念在现代新民居设计中的运用

对于具有地域特色的新民居的设计一直是设计师探索的课题。早在 20 世纪八九十年代,吴良镛先生在菊儿胡同的旧城改造中设计的“新四合院”就是传统民居延续的成功案例。它的成功就在于完美地继承了旧四合院的优良传统,又照顾了新的时代和价值观念下的居住需求。新四合院是新时代的产物,它摒弃了旧四合院代表旧社会的建筑格局和空间秩序,但保留了使老北京人产生归属感的合院体系,满足了居民现代生活的需要,旧四合院与新四合院，它们都因为合院体系给老北京人带来场所的归属感，体现着北京传统的空间格局，而它们又是两个不同时代背景下的生活方式与合院体系结合的产物，形态因不同的社会而有了很大的差异。

闽南的古厝民居是闽南人在综合闽南的地理环境、文化、生活习惯等因素，经过长期历史发展而形成的代表闽南人生活的建筑形式。其中有很多优秀的传统，蕴含着闽南人对建筑的智慧，也蕴含着闽南人的空间归属感。但是新的时代环境下，古厝民居空间结构已经不适应现代人的居住要求和价值观念，因此需要对闽南古厝民居进行研究和学习，保留并发扬其中符合时代发展的有益成分，融入现代民居之中，使其获得新的生存和发展空间。

据此，基于前文对闽南古厝民居的二维平面进行量化研究，发现古厝民居中蕴含的特殊的美学价值和空间模式，在此基础上尝试性地对土坑聚落新民居设计进行探索。

传统古厝民居的建筑格局和空间秩序代表的是宗族制度价值体系，随着社会的发展，宗族制度逐步退出历史的舞台，其所引导的空间格局也逐步难以适应新的时代价值的需求。新的民居设计要在空间布局上逐步打破传统的宗族文化秩序，以满足现代需求的重构空间。其次，随着土地资源的紧缺，集约化成了社会发展的必然，据此，在土坑新村建设中，倡导公寓式单元的设计，即整体布局上以四户为一组围合成新的建筑单元，建筑高度为 2～3 层。根据古厝民居的空间特色和美学标准，设计出甲、乙、丙三种不同的院落组合形式。（如图 7-15）

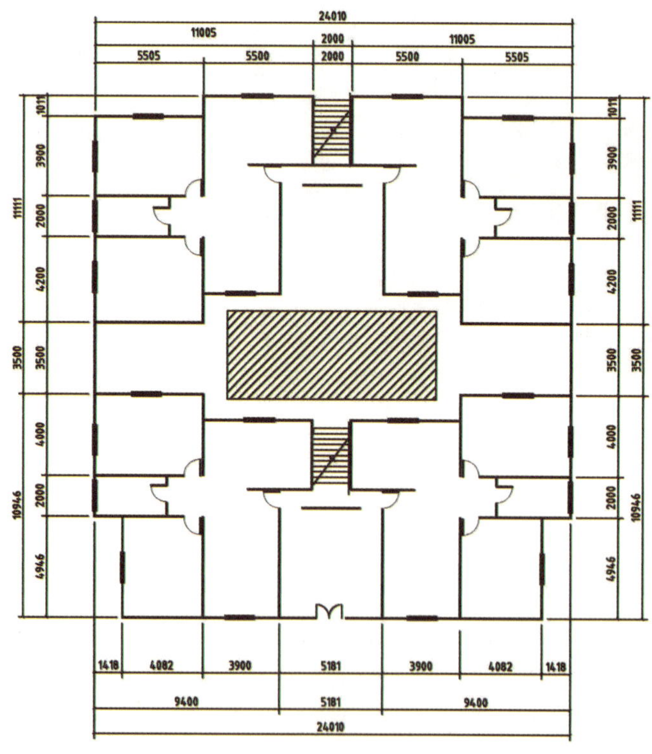

甲院落平面图

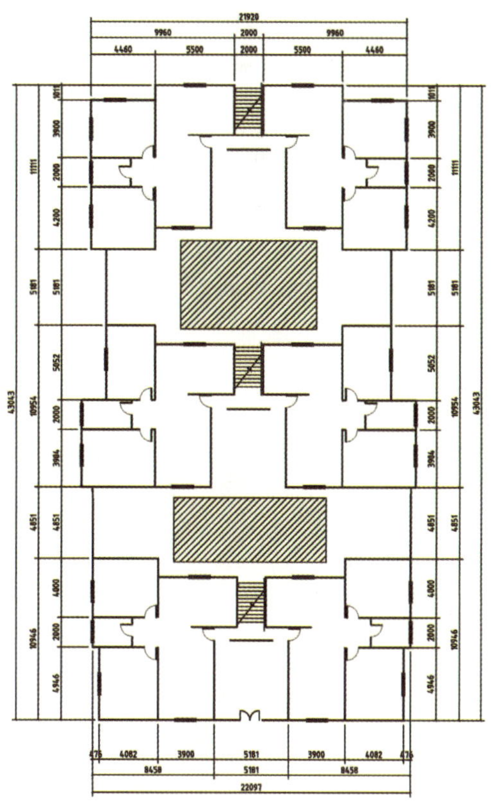

乙院落平面图

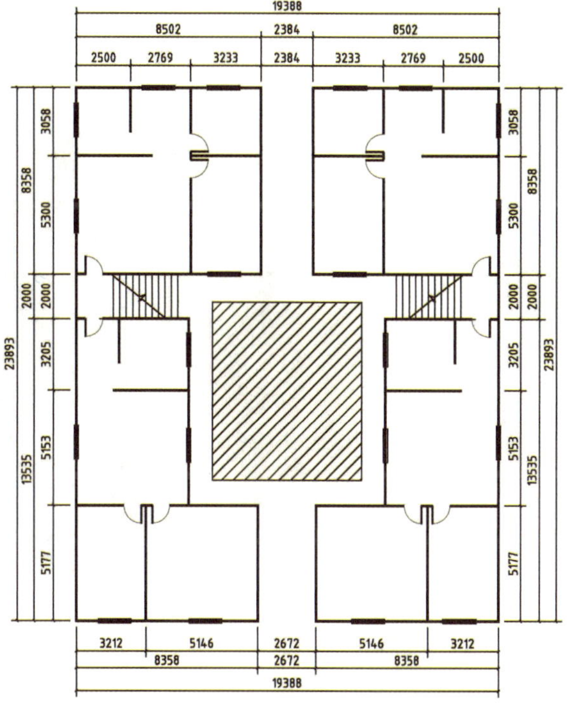

丙院落平面图

图 7-15　量化下的新民居建设

新民居在空间设计上延续了传统古厝民居的天井庭院的空间构成。以间围合的形式形成天井，作为单元内部的室外活动空间。如甲方案的设计中，通过“间”的重新排列围合成四方形的天井，居于建筑中心，这种室外空间的布置，可以使居民在新民居中得到传统民居的空间感受，产生归属感。并且作为单元内部的活动空间，促进院落居民之间的交流，融洽邻里关系，满足了居民现代生活的需求。

新民居在继承传统古厝围合院落的基础上，吸收传统民居轴线复合的生长模式，以同样的方式形成体量更大的建筑群。如乙方案的设计中，继承了古厝民居的生长形式，通过轴线复合的方法形成三排单元的建筑群，维护了传统民居的生长秩序。使居民在单元内部的活动，能够产生类似于复合生长古厝民居的行进过程和路径。(如图 7-16)

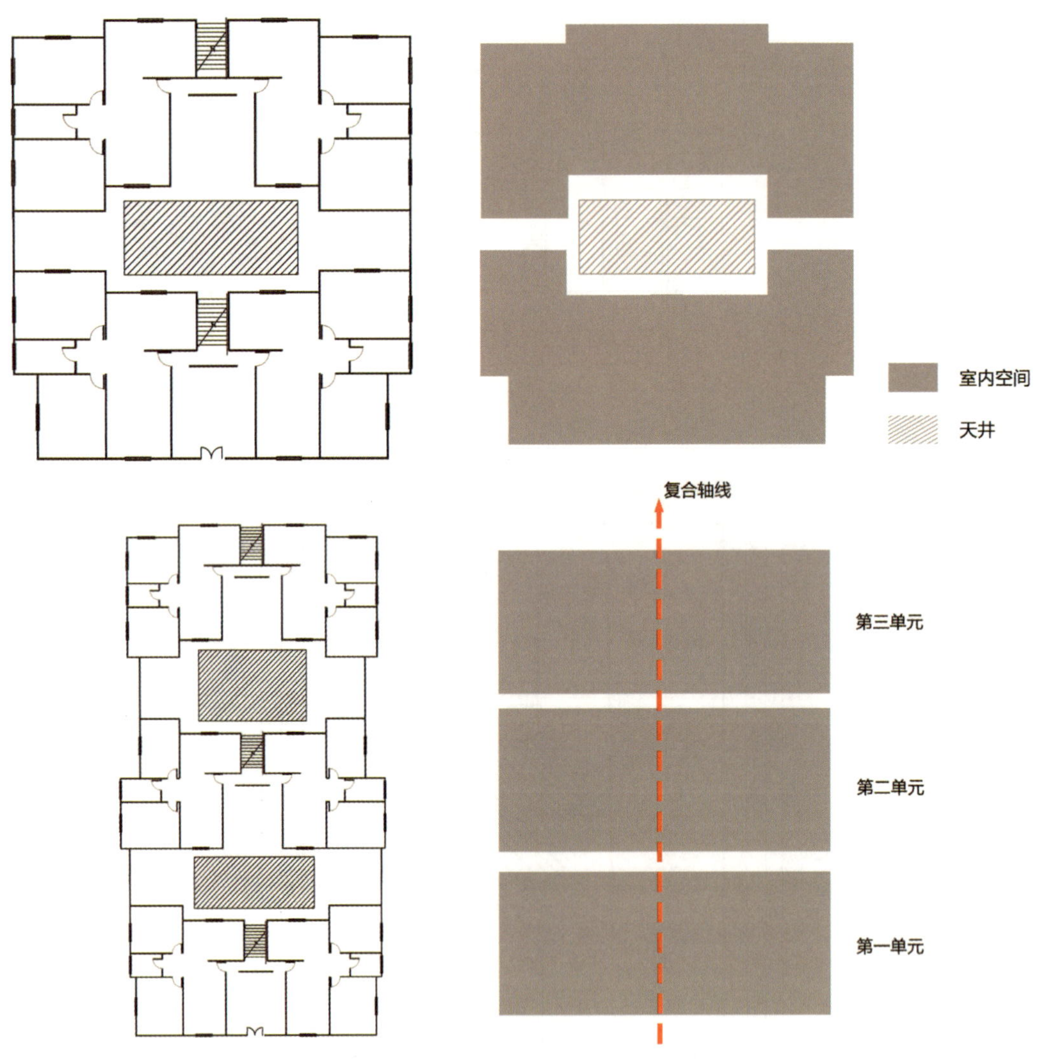

图 7-16　新民居天井图底关系与轴线分析

闽南古厝民居的平面布局，总是给人一种秩序均衡的优美视觉效果，归根结底是因为其具有一定的数学和几何的关系。通过对其二维平面的美学解读，发现在古厝民居中正方形比例、1∶$\sqrt{4}$比例以及黄金比例是经常使用的几何比例关系。新民居在单元尺度上继承了古厝民居的美好几何比例，使得新民居更具有闽南地域美感。

首先，在新民居客厅的设计中，延续古厝民居顶厅的近似正方形比例关系，新客厅的长为5.30米，宽为5米，继承顶厅中正、规整的空间比例。其次，甲方案的设计中，一个院落单元的长为25米，宽为24米，其比例为1.04∶1，近似于正方形比例关系，延续五间张两落古厝民居正方形比例带来的严谨、规矩的感受。乙方案设计中，其院落长宽比为22∶43=0.51，近似1∶$\sqrt{4}$比例关系，主要是在院落生长增加建筑空间的前提下，保持整体建筑空间具有$\sqrt{4}$矩形的均衡感。黄金比例是闽南古厝民居中存在的最完美的比例关系，闽南古厝民居中的房间设计中存在黄金比例关系。在丙方案的设计中，主要采用黄金比例对其室内空间尺度进行控制，使得客厅与卧室之间的尺度大小主次分明同时又具备黄金比例的几何美感。院落的整体轮廓采用规整的矩形形式，增加建筑整体的几何属性。（如图7-17、图7-18、图7-19、图7-20）

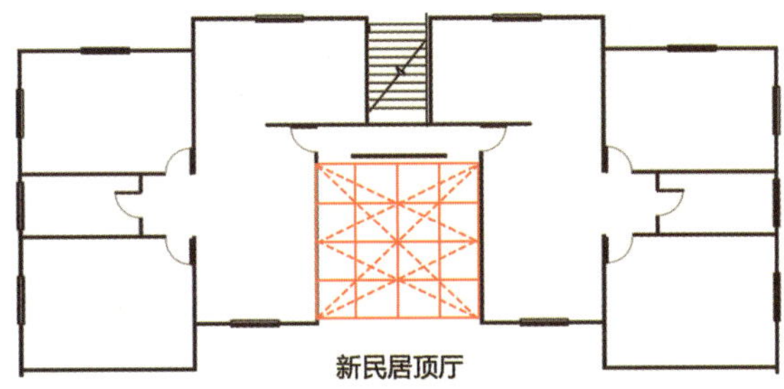

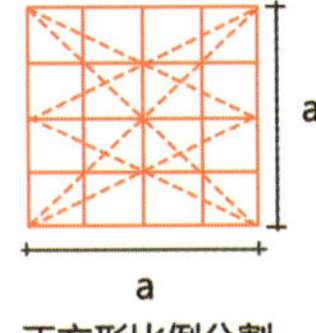

图7-17　新民居客厅比例分析图

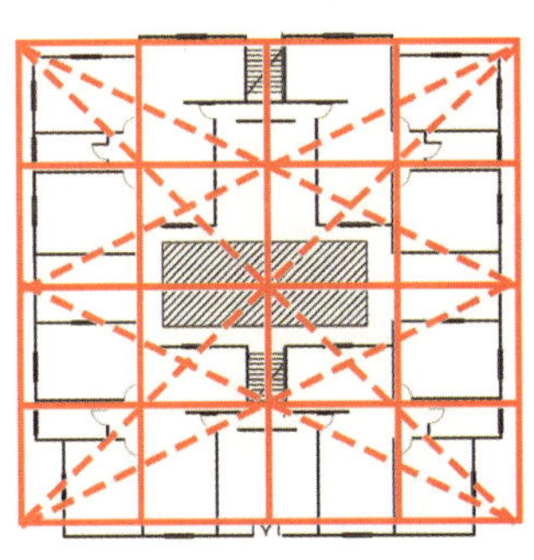

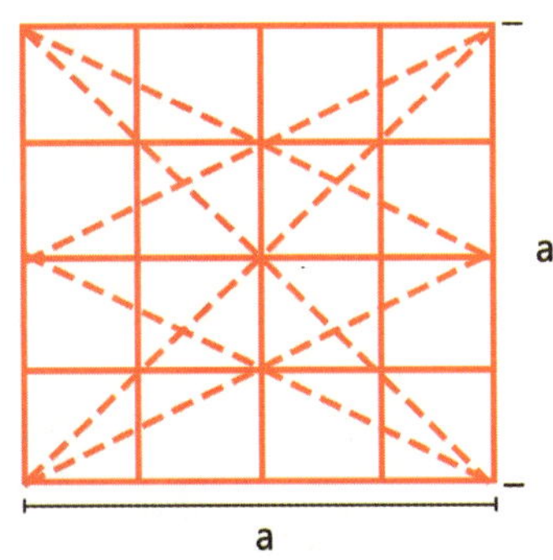

图7-18　甲方案正方形比例分析

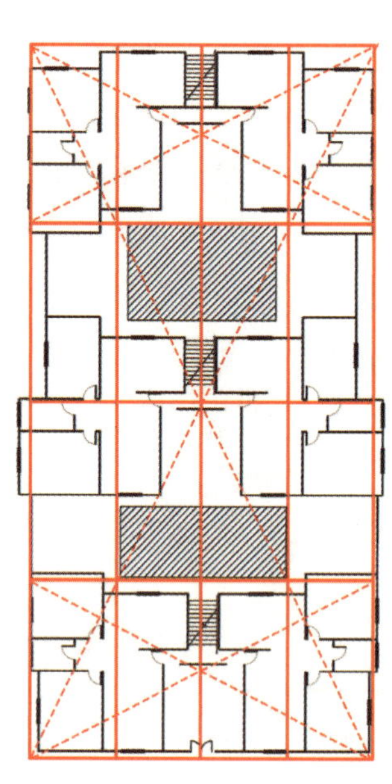

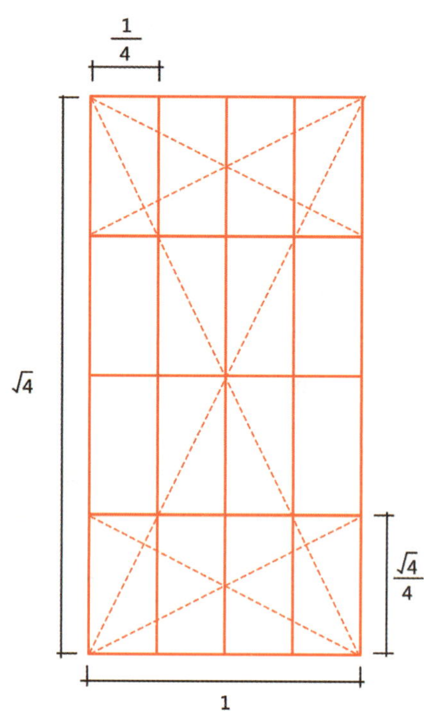

图 7-19　乙方案$\sqrt{4}$比例分析

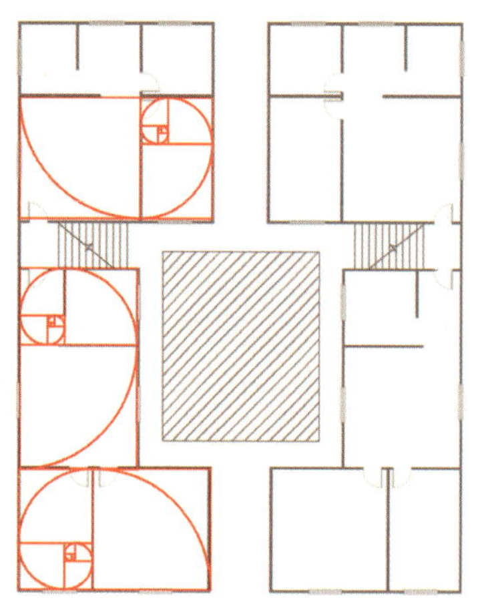

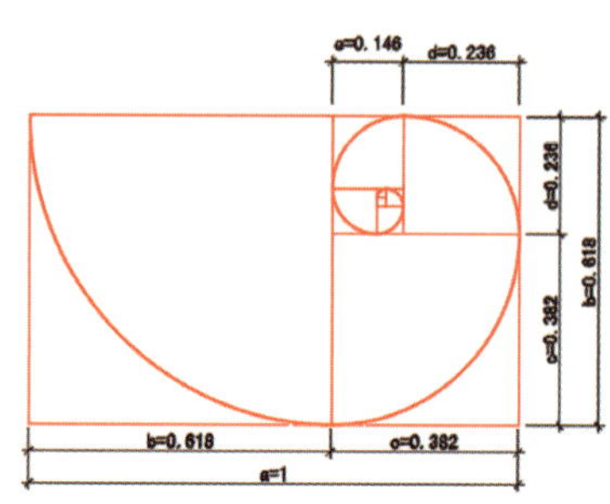

图 7-20　丙方案黄金比例分析

十一、环境要素的保护与整治

土坑聚落内的塗山、古井、码头遗址、古树、墙体、植被等，都是村落环境要素的重要组成部分，对于这些要素，规划制定了保护、修整、更新、废弃、修复等方式加以保护与整治。

保护，即对现存自然历史环境要素进行保护，如割山、农田、菜地、码头遗址、古井、古树名木及所有成型树木等，具体措施要求为尽可能不改变要素原状。

修整，即整修现存人工历史环境要素（如桥、路面、院墙、水井等）。具体措施要求为原址保留，按照历史形貌、传统工艺、传统材料进行修复性整治，包括周围环境。

更新，即需要改造的传统和非传统环境要素。具体措施要求为原址改造，按照使用功能要求和视觉进行更新改造，以营造良好的环境效果。

废弃，即形貌不协调的人工环境要素；对聚落风貌造成明显不和谐影响的列为首批考虑对象。如对一些露天的厕所，养殖家禽的棚屋等进行废弃处理。具体措施要求为原址废弃，包括清除，及其废弃后的环境改造、美化等。

修复，即修复现已不存的历史环境要素或不完整的环境要素。如街巷铺地、街巷台阶、院墙、深井铺地等。具体措施要求为要有充分的历史文献依据，并尽可能在考古勘查工作的配合下进行；允许原址重建，提倡使用传统材料、传统工艺、传统形式；允许域外搬迁，迁入者必须与聚落传统风貌协调。（如表 7-11）

表 7-11　土坑聚落主要环境保护与整治

整治类型	主要类别	对象	保护与整治措施	保护强度
山水格局与生态环境	区域水体	湄洲湾海岸线、商屿岛、港尾溪及相关水体	长期维护，岸线生态环境恢复，保护水体面积不被占有，保障水体之间的自然联通	严格保护
	周边田地	聚落南侧及延伸至港尾溪的带状现状田地	长期维护，保护田地不被占用，保持乡野田园植被风貌等	严格保护
	村庄地形	因地势高度差异形成由北向南、由东西两侧向中心倾斜的自然地形	保护现有地形，地势及坡地形态	严格保护
本体及外围环境	公共空间整治	视线廊道、节点广场、景观设施、环境卫生设施	烘托遗产本体及历史氛围，保护重要视线廊道，增加公共空间；明确公共空间主题，结合参观线路，设设多处节点广场；应用乡土植被和铺装材料，突出聚落景观特色；清理垃圾、废弃物等，保持环境卫生；移除内外不利因素，整治不协调因素，规范管理	修整与更新结合

十二、建筑高度与视廊控制

（一）视廊控制

视廊控制的目的在于规划聚落景观环境中的视线对景关系，使重要的景点（包括文物、保护建筑、历史建筑、古迹等）在视觉上得到突出和强化，并在此基础上保证聚落整体风貌的延续。据此，需要进行控制的视廊包括人流汇集处与重要景点之间的视廊、特色界面和特色传统视廊。

其中，主要人流汇集处有：(1)街巷。聚落内主要的街巷是主要人流汇集的场所之一，规划将祠堂口街、施布口街、百万街、三眼井巷、提督巷、提督后街、凉亭巷等鉴定为重要的步行街。同时，基于聚落“丁字街”和“错位的十字街”的固有特色，维系这样的格局是保护古村落机理的关键所在。(2)重要景点,包括:标志性文物古迹,如白石宫、三孔井、厦门口码头遗址及其周边农田景观等。历史建筑,如旗杆厝、提督府、凌云斋、绣花楼等。地块聚集点,如兴天府、水兴庙、重安府、龙山府等。

其次,具有代表性的特色界面有:祠堂口街、施布口街、提督后街、凉亭巷等。其中,祠堂口街、施布口街为海丝商贸购物街的核心街巷空间,对其两侧建筑采用维修、整修、改造等方式加以保护与更新,其街巷风貌维系现有的闽南传统民居建筑风貌,对其街巷环境进行更新。

(二)建筑高度控制

沿街建筑高度控制在1~2层,一层檐口高度控制在3.5米内,二层檐口限高7米,屋脊限高为8.5米,采用红瓦坡屋顶。另外,根据《中华人民共和国文物保护法》的要求及特色视廊,提出几项建筑高度控制要求:

(1)点——文物古迹、山体、重要保护建筑周边高度控制

刘氏家庙、旗杆厝、提督府、白石宫等保护建筑与文物古迹高度控制应严格遵守《中华人民共和国文物保护法》,确保其自身的高度维持原高;其周边建筑控制地带内的所有建筑的高度,以一二层建筑为宜,一层檐口高度控制在3.5米以内,二层檐口限高7米,屋脊限高为8.5米,采用红瓦坡屋顶。

(2)线——重要视廊高度控制

严格控制特色界面、特色视廊两侧沿街建筑的高度控制在1~2层;一层建筑物檐口的高度控制为3~3.5米,二层建筑物檐口的高度控制在7米以下,建筑物总高控制为8.5米以下。(如图7-21)

图7-21 主要视廊控制

白石宫、三孔井、百万大厝建筑群(即旗杆厝及周边建筑)、清莲堂等位于人流汇集点对特色景观的视廊范围内的建筑高度应当严格控制，控制原则以突出特色景观为主，去除影响视觉景观质量的因素。

其中，清莲堂节点，对清莲堂内部现有的部分建筑及亭子进行拆除、重建戏台，结合周边环境营造集散广场，梳理现状街巷，与北部百万大厝建筑群形成通道空间，构筑视线廊道。

百万大厝建筑群节点，首先结合后龙小学的改造，打通与清莲堂节点的视觉联系，其次，拆除建筑群南侧 6 栋石屋及其旱厕等，整治美化环境。

施布口街西侧节点，为保护历史街巷的传统风貌，拆除现状街道西侧石结构建筑，并降低位于距西侧街口西南方向约 45 米的混凝土建筑的层数，由 6 层降为 3 层。另外，考虑施布口小巷中的视线特点，降低远处(距离视点东北方向约 200 米)的两栋混凝土建筑层数，分别由 5 层降为 2 层，4 层降为 2 层，3 层降为 2 层。

祠堂口街节点，拆除刘氏家庙东侧的 3 层混合结构建筑，以及原土坑老年活动中心的 3 层混合结构建筑，并降低位于距刘氏家庙东北侧约 90 米的 5 层混凝土建筑为 2 层。

重安府节点，则拆除厦门口码头遗址周边的非传统建筑。降低重安府东西两侧混凝土建筑的层数，由 2 层降为 1 层，并进行立面整治。

绣花楼节点，对其西北侧三栋建筑进行降层处理，其中东侧混凝土建筑由 3 层降为 1 层，西侧的两栋建筑则由 3 层降为 2 层。

(3)面——街区高度控制

控制整个聚落内其他建筑的高度，高度控制在 1～2 层。二层建筑檐口高度控制为 7 米以下，同时保证整个聚落错落有致，严格控制古村落及其周边街区的新建建筑。

十三、非物质文化遗产保护

(一)原则与目标

非物质文化遗产保护是以非物质文化遗产代表性项目、代表性传承人、祭祖和信俗文化空间整体性保护，传统技艺等的生产性保护、名人乡贤文化的保护传承为核心内容，加强古民居、宫庙等传统建筑保护，加强基础设施建设，建立政府主导、群众主体、社会参与的共同保护机制，对非物质文化遗产和与之相关的物质文化遗产进行整体性保护，营造有利于文化遗产保存、生存、发展的各种环境，使土坑文化生生不息、代代相传，优秀的传统文化融入现代文明，构建起人与文化遗产、自然遗产和谐相处的文化生态系统。

工作原则主要包括：坚持保护优先、以人为本原则；坚持真实性、完整性、整体性保护原则；坚持活态传承、开放交流原则；坚持统筹兼顾、共同保护原则。

建设目标为：建立一套科学化、规范化、法制化、网络化的文化保护体制和运行机制，以确保地域文化特色完整呈现；非物质文化遗产得到有效保护；具备一支高素质的文化生态保护专业人才队伍，不断提升工作水平；全社会的文化素质提高，民众对自己族群拥有的文化充满自信，并对保护和传承自身文化充满文化自觉；非物质文化遗产与现代生活和谐融合，实现非物质文化遗产保护与经济社会协调发展的良性互动，推进经济社会全面协调可持续发展。

(二)保护内容

非物质文化遗产的整体性保护包括两个方面内容:(1)对每一项非物质文化遗产项目进行全面保护。由于年代的久远和环境的变化,原来的技艺、内容和表现形式渐渐流失,需要进行整体性保护;同时非物质文化遗产的活动、生产离不开物质和场所,需要将非物质文化遗产与物质、场所结合起来进行整体性保护。(2)对特定区域进行整体性保护,既要保护区域内的非物质文化遗产代表性项目,也要保护与之相关的物质文化遗产、自然遗产,优化非物质文化遗产赖以生存的生态环境。

其次,加强非物质文化遗产的传承性,它是指大部分非物质文化遗产是以口传心授等方式世代相传而保留下来的,以人为载体、活态传承是非物质文化遗产的重要特点。保护非物质文化遗产项目代表性传承人以及传习中心是非物质文化遗产保护的重中之重。具体包括:

(1)继续深入开展非物质文化遗产调查。非物质文化遗产具有活态性,为了使非物质文化遗产得到有效保护,首先,应当进行非物质文化遗产调查,要不断挖掘、发现非物质文化遗产的资源、线索,为项目认定、列入名录做好基础性工作;其次,对已经立项的非物质文化遗产进行跟踪调查,掌握存活状态,为分类保护提供科学依据。

(2)加强非物质文化遗产代表性项目及重要资源保护。非物质文化遗产代表性项目是非物质文化遗产保护的抓手,要采取有效措施保护非物质文化遗产代表性项目。首先,至2030年,有效保护应列入各级非物质文化遗产代表性项目以及重要非物质文化遗产资源。争取联合申报妈祖信俗、闽南祭祖2个项目进入国家级非物质文化遗产代表性项目名录。其次,泉港区文化主管部门、有关保护单位要采取因地制宜、因类制宜的针对性保护措施,对土坑聚落的传统表演艺术北管、土坑戏等项目,要挖掘、整理传统剧(节)目,及时抢救老艺人绝技及其代表性剧(节)目;对传统技艺类如木犁制作技艺、首饰制作技艺等项目,要重点保护该项目整个工艺制作流程;对濒危项目如苧麻布织造技艺等项目要采取文字记录、录音录像、资金扶助、培养传承人等措施进行抢救性保护;对已经消亡的项目,要进行记录研究。再次,提高保护单位的履职水平。保护单位是非物质文化遗产项目最重要的保护主体,应根据保护工作实际,处理好文化行政部门与非物质文化遗产项目保护单位的权责关系,充分发挥民间组织和企业保护非物质文化遗产的积极性。原则上,行政部门不应作为项目保护单位。建立保护单位履职情况报告制度,及时评估各保护单位履职情况,并采取对应措施。主要评估内容包括:制定并实施科学合理的项目保护规划;经费的保障和合理使用;为代表性传承人开展传承活动提供支持。复次,搜集整理保存相关实物、资料;积极开展项目展示活动;向上级文化主管部门报告项目保护实施情况,并接受监督;建立传习展示设施。最后,泉港区人民政府要将非物质文化遗产代表性项目相关的传承传播活动、调查研究、书籍出版等支出的项目补助经费列入本级财政预算;为非物质文化遗产项目提供传承、展示活动场所。鼓励和支持公民、法人和其他组织对非物质文化遗产项目保护工作给予资助。

(3)加强非物质文化遗产项目代表性传承人保护。传承性是非物质文化遗产的主要特征之一。非物质文化遗产以人为载体,传承人是非物质文化遗产能够绵延不绝的核心,加强传承人的保护是非物质文化遗产保护工作的关键。为此，第一，后龙镇政府要积极配合区文化主管部门及有关保护单位，大力推进北管、打正鼓等非物质文化遗产项目代表性传承人的认定工作，加强民间文学、木犁制作技艺、苧麻布织造技艺等非物质文化遗产重要资源传承人的培养及保护工作。第二，泉港区文化主管部门、有关保护单位要采取有效措施抢救濒危项目代表性传承人的技艺，收集代表性传承人的作品、实物，建立非物质文化遗产项目代表性传承人个人档案；对非物质文化遗产项目代表性传承人进行定期培训，明确传承人的责任、权利和义务。第三，非物质文化遗产项目代表性传承人应当履行下列义务：开展传承活动，培养后继人才；妥善保存相关的实物、资料；配合文化主管部门和其他有关部门进行非物质文化遗产调查；参与非物质文化遗产公益性宣传。第四，泉港区人民政府、有关部门、保护单位、学校要支持非物质文化遗产项目代表性传承人开展传承、教学、交流等活动；对高龄和无固定经济来源的代表性传承人，可发放一定的生活补贴；采取家庭传承、团体传承、学校教育等多种方式培养新的传承人，邀请非物质文化遗产代表性项目传承人进校传艺授课，对学艺者采取助学、奖学等方式，鼓励其就读、学习物质文化遗产技艺课程。第五，泉港区文化部门要以免费或优惠的方式向非物质文化遗产项目代表性传承人提供文化馆、群艺馆、博物馆、文化站的专题展室以及公共文化场所作为传习场所。有条件的地方可以建立专用的传习场所。第六，泉港区人民政府、有关部门要支持非物质文化遗产项目代表性传承人参与各种形式的非物质文化遗产展览、展示和群众性节日活动，参与爱国主义教育、文化遗产日和文化遗产进校园、进社区等各种活动，参与对外、对港澳台文化交流活动。第七，泉港区人民政府根据需要采取措施，为非物质文化遗产项目代表性传承人提供必要的资助经费，资助代表性传承人开展传承、传播活动。

(4)加强非物质文化遗产传承机构建设。传习中心(所)是非物质文化遗产传承、传播的组织机构。土坑聚落非物质文化遗产传承、传播拥有广泛的民众基础和较高的自觉性，对民间传习团体进行合理引导和规范提升，建设非物质文化遗产传习机构，是建立群众性文化传承、传播的重要基础。据此，结合旗杆厝、提督府等聚落中建筑规模较大的民居，进行传习中心的建设，让非物质文化融入物质空间中，在古厝中传承土坑文化。

十四、两街的保护与利用

基于前文，土坑聚落的海上港市聚落，在其典型时期，聚落中分别在旗杆厝后形成了施布口街，在刘氏家庙前形成祠堂口街，这两条商贸街区与聚落外的屿仔壁和商屿岛共同构筑成“一港两街一码头”的空间格局，见证了土坑聚落的重生过程。

(一)保护与利用措施

对于土坑这两条街的保护，具体要对其两侧的建筑进行修复，整治其周边环境，逐步恢复土坑聚落两街传统商贸风情。众所周知，街巷商铺、传统民居和文化历史遗存等载体，与其负载的商业文化、建筑文化、饮食文化以及岁时节日民俗、信仰文化等，通过人(街区的居民、技艺传承人、旅游者)的活动，构成一个活态文化空间，为此，第一，恢复、保护祠堂口街、施布口街及其联系的街巷传统建筑和街道格局风貌完整，保护由街巷串联起的一个个民居、宫庙、手工业作坊、传统商铺形成的各自完整小空间，强化由它们构成的传统商贸文化与宗族文化特色以及独特的信俗文化。第二，广泛征集各历史时期的商贸用具、商标、招牌、广告、商业契约、行规、票据等实物和文件档案，广泛征集传统技艺器具实物，合理利用古民居、传统商铺设置展示馆、手工艺作坊等，展示土坑商贸文化遗产。第三，支持原住民、业主保留传统生产生活方式、传统节庆、人生礼仪、民间信仰，引入北管、南音、什音、掌中木偶戏等传统表演艺术，复育具有土坑特色的民俗风情。第四，保护生产技艺性的非物质文化遗产。加强知识产权保护，对传统工艺品采取商标、地理标志等方式加以保护。依照相关法规制度为传承人使用天然原材料、珍稀原材料提供帮助和支持。第五，发扬传统特色，复育闽南海丝民俗工艺一条街。（如图 7-22）

北立面

南立面

图 7-22　祠堂口街立面改造

（二）业态策划

复育或移植一批闽南传统技艺和老字号，具体包括：

银饰店：金银玉石打制镶嵌的闽南民俗特色饰品。

民俗用品店：民俗戏曲题材的纸扎工艺品，如大红灯笼、枣灯、上元花灯、龙凤、骏马、亭台楼阁等；民俗用香；“金苍绣”桌裙、戏服、床眉、枕套、绣衣，闽南妇女传统头饰“吉花”等。

传统画店：各种材质、技艺的画作。如漆画、贞观香绒画、金苍绣、通草画、泥金线画、布雕画、李尧宝刻纸、德化刻纸、永春纸织画、“九宫格”画像等。

木雕木刻店：张坂木雕、庐山国佛雕、闽南特色的民俗和日用木制品。

石雕石刻店：闽南传统石雕建筑构件，如各种石狮、柱础、石门匾额、石柱楹联，以及各种石碑。

竹编店：安溪竹藤编、藤轿编扎、永春漆篮，以及各种民间竹器和造型美观的日常用品、摇篮、提篮、火笼、“神篮格”、花篮等。

泥塑、木偶店：木偶头雕刻，泥塑小佛像、神像和泥模制成的泥偶人、动物俑、泥胎彩绘。

传统乐器店：张坂蔡氏南音乐器、十音铜锣、南洞箫、南安制鼓。

传统医药店：老范志神粬、片仔癀、灵源万应茶、荣元斋养脾散、彷陶珠珀降痰丸、鹏山堂吊膏等。

茶叶店：铁观音、佛手茶、清源茶饼、仙公山酸茶等。

陶瓷制品店：德化陶瓷、介福龙窑瓷、古宅烘炉、苏垵“黑茶古”、漆线雕。

闽南风味饮食：蚝仔煎、秉正石花膏、土笋冻、面线糊、七宝羹、肉粽、莱果、麻糍、食珍糕、花生糖卷、寸金枣、咸糕、捆蹄等。

十五、土地利用规划

(一)土地利用规划目标

根据保护与合理利用土坑聚落文化遗产及促使土坑聚落有序健康发展的原则，通过对现状土地使用的合理调整，以达到科学合理使用土地，从而更好地保护聚落传统风貌，同时又改善居民生活，适当发展旅游，为土坑聚落的经济发展注入新的生机。

(二)土地利用规划原则

首先，以保护为前提，即保护土坑聚落的空间形态格局、街巷尺度、保护建筑、历史建筑等历史文化构成要素，延续聚落历史文化环境。其次，以发展为目标，即贯彻聚落的可持续发展战略，发挥传统历史文化环境的现实积极意义，同时改善居民的生活质量和环境品质。同时，兼顾效益原则，即积极开辟和利用土坑景观资源，发展旅游事业，大力发展聚落经济，实现社会、环境、经济和文化效益的协调发展。

(三)土地利用规划策略

根据总体发展策略，土地利用规划遵循北禁东限南控西填策略。即村落北部严格控制建设，严禁村民、企事业单位(市政公共设施建设除外)的各类建设活动，拆迁各类建筑物、构筑物，用地性质调整为生态卫生防护带用地。村落的东部、南部用地性质限定为农田，严禁一切非市政公共服务设施之外的建设活动。西侧划定为村庄建设用地。

(四)土地利用规划

根据《泉州市城市总体规划》《泉州市泉港石化港口新城总体规划(2008—2020)》《福建省湄洲湾石化基地发展规划修编(2011—2020)》等，规划确定了土坑全村拆迁，用地变更为生态走廊、卫生防护绿地、绿化生态隔离带景观区。

鉴于土坑聚落为国家级历史文化名村，保护规划在上位规划的基础上，做适当调整，即保留了土坑聚落核心区及其周边村庄建成区的用地性质，将祥云北路以南大约150米范围的地块划定为卫生防护绿地。其次，祥云北路以北，土坑村域范围内，原规划为工业用地，调整为卫生防护绿地。据此，形成祥云北路南为居住用地、学校用地等，祥云北路两侧为卫生防护绿地，而涂南路与聚英路之间为生产绿地。

首先，规划聚落范围内以居住用地为主，适当配置旅游、商业和日常服务性设施等。其次，对于在核心保护范围内与传统风貌不符且破坏历史环境和空间形态的居住用地，规划都将其改为绿地。其次，西海路东侧，白石宫迎宾苑西北侧建造绿化停车场，用地面积为 0.86 公顷。学校南面，西海路东部地块以及东环路西侧为安置区与聚落发展用地。规划建筑占地面积为 6.44 公顷，400 户，主要安置聚落拆迁户及聚落人口增长过程中新增住户。同时，为适应旅游业的发展，在白石宫东南处建造土坑旅游服务中心，内设酒店、小商店及管理用房，占地面积 1000 平方米。对后龙中心小学进行扩展，具体为向西南拓展至安置区，以扩大小学用地规模，占地面积为 1.88 公顷，以弥补教学楼因降层而面积减少的不足。将南、北武馆的练武场，发展为适合村民休闲与游客休憩的绿地。再次，聚落内建筑密度较大，可供开发绿地的地块不多，规划保护聚落周边的农耕用地与山林、古树等，营造自然的乡村田园风光，并尽可能利用民居天井与宅前屋后的空地种植花草、蔬菜，提高聚落内的绿地率。村域北部祥云路两侧的居住用地调整为卫生防护绿地，其中祥云路南部距离道路中心 250 米范围的居住用地调整为卫生防护绿地。海西路西侧闲置用地调整为村民建设用地，海西路东与割山村间菜地调整为村民建设用地。海西路与祥云路交叉口东北处，原村民居住用地调整为公交场站用地。祥云路南、海西路西，原商贸办公用地调整为卫生防护绿地。（如图 7-23、图 7-24）

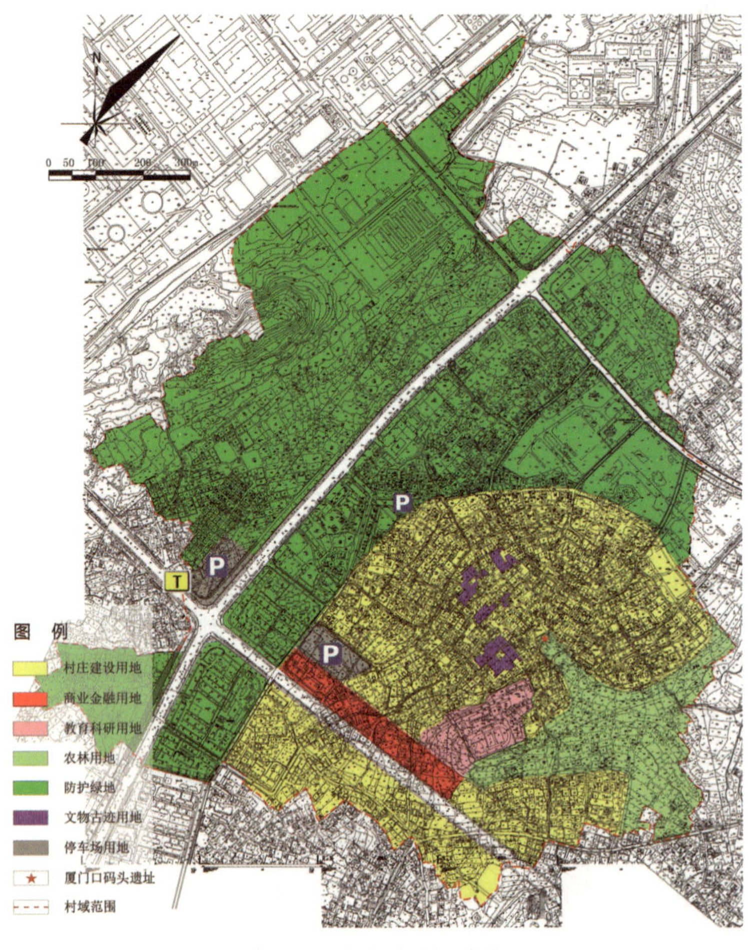

图 7-23　土地利用规划图

图 7-24　用地生态控制图

十六、道路交通规划建设

(一)规划策略

保护土坑聚落"四横五纵"的街道体系和网状的空间格局,在保证核心保护范围内不受机动车交通的干扰的同时提高聚落的交通可达性。

土坑聚落交通的发展,在能源上应充分利用太阳能、滨海的风源资源,严禁因交通而随意排放尾气。大力提倡太阳能电动车、风力发电设备。

(二)道路交通规划布局

根据土坑聚落的规划布局,道路交通形成井字加放射性的网状形态,即围绕核心保护范围形成井字形机动车干道,而以刘氏家庙为核心,形成丁字形与错开十字形相结合的放射性网状步行系统。

(三)道路交通规划

首先,主要机动车道路(可以通行旅游汽车道),村域内城镇干道有祥云路与海西路,海西路道路红线宽为 50 米，道路宽 39 米，横断面由人行道、慢车道、绿化带、机动车道、中央绿化带等组成。祥云路道路红线宽 40 米，道路宽 29 米，横断面由人行道、慢车道、绿化带、机动车道等组成，其构成为：4.5 米＋2 米＋0.5 米＋15 米＋0.5 米＋2 米＋4.5 米。

聚落内部，主要机动车道路围绕核心保护范围外围建设，主要有聚英路、凌云路、涂北路、旗厝路这四条道路形成古村落内核机动车道，路宽 6 米，道路横断面由 1 米的人行道、4 米的机动车道组成，路面为黑色沥青路面。另外，涂东路、涂南路、白石西路路宽 8 米，道路横断面由 1 米的人行道、7 米的机动车道组成，路面为黑色沥青路面。

其次，步行道路(可以通行太阳能电瓶车与消防车)，核心保护范围内部在保护原有街巷系统的基础上，适当进行梳理，并进行有机衔接，保证紧急情况下消防车等的通行。其中，可以用于消防车通行的街巷有：三眼井巷、提督后街、凉亭巷、百万后街、湧源巷，这些街巷的路面宽为 4 米。

另外，核心保护范围内的其他传统街巷均保持传统街巷的尺度，街巷地面改为石板铺地，街巷以步行为主，并可以通行手推车、自行车、太阳能电动车等，街巷宽度控制 2.5～3 米。严禁通行机动车(紧急情况可以通行消防车、救护车等)。

(四)公交场站与停车场地规划

根据《泉州市泉港区后龙片区控制性详细规划》《泉州市泉港石化港口新城总体规划(调整)(2008—2020)》《泉州市泉港行政中心区控制性详细规划》等相关规划，确定在土坑聚落北部，祥云路北，海西路东，布置公交场站，其用地面积为 4000 平方米；并在公交场站东侧规划面积 8000 平方米的公共停车场。另外，为了满足土坑聚落文化展示与旅游发展的需求，规划在白石宫北部布置停车场及太阳能电动车换乘场地，其中，停车场面积为 0.6 公顷，换乘场地面积为 0.258 公顷。另外，在核心保护范围周边散布了一系列的小型停车场地，以满足村民及游客需求。

(五)母村传统街巷规划

(1)保护传统村落街巷格局、走向不变，尺度在现状条件许可的基础上局部做适当拓宽。(2)保护传统街巷的构成要素和环境要素，包括传统民居院落、围墙、建筑结构、建筑色彩、立面、台基、地形、道路铺地及绿化、水井等。(3)在保证历史风貌完整性的前提下，利用现有的一些聚落空地改造为广场或开放空间，为居民生活及旅游事业的开展提供便利。(4)对机动车交通实施严格控制，除必要和紧急情况外，原则上机动车不进入核心保护范围，白石宫东侧设计小型停车场，以停放太阳能电动车为主，居民自用停车场则结合公共空间设计设置在建设控制地带内。旅游停车场设置在村落靠近西海路的东侧，为旅游专用生态停车场。通过换乘太阳能电动车进入母村内部，进行旅游休闲等活动。

第八章 理论的探索：基于聚落保护的活化之道

第一节　遗产保护语境下的聚落发展

一、传统聚落的乡土特征与现实困境

基于上章，本章回到理论层面，进一步探讨传统聚落的保护与发展，探究其乡土特征与现实困境。“人类的建造活动并不仅仅是为了操控物质环境，更重要的是通过对于物质环境的控制，来实现内心的社会和宗教环境——那是一个文化意义上的理想家园。”①人类的建造活动不仅仅是一种物质功能的体现，同时也是一种文化观念的物质呈现，是一种文化生态系统的不断延续。传统聚落是传统农业地区人们为满足自然经济条件下生产生活需要而创造的物质对象，是自然经济方式的物化体现，体现的是传统社会文化特征，对其价值的认识离不开对特定社会环境的把握。因此，对传统聚落文化遗产保护的探索，需要对闽南地区传统社会形态做一番考察。

结合前几章的论述，可以得出：传统聚落，特别是其空间形态，诸如传统建筑的空间形态，是历史过程中乡土社会适应生产生活需要而构筑的地域性空间。传统聚落空间的适应不仅是农村地区人们应对自然条件束缚，满足生产生活基本生存需要的产物，也是其适应社会制度安排的实体呈现。

传统建筑的基本特征在于其长期以来作为传统聚落居民生产、生活的人工环境要素，一方面它们是传统聚落适应本地自然条件的产物；另一方面，在适应的过程中形成一套适用方式，形成一种文化传统，这种传统又制约着聚落居民性格的塑造、习惯的养成。其中，最为典型的是宗族建筑与设施，作为聚落社会长期以来比较典型的传统观念的宗族意识，诸如土坑聚落中的刘氏家庙、台湾金门琼林蔡氏祠堂、漳州漳浦洪坑村戴氏家庙、晋江福全许氏宗族墓地等设施的存在，无疑发挥了重要的支持作用。聚落成员（尤其是男性成员）在幼年时代，父辈便会安排其参与到家族祭祀的活动之中，有制度化的祭祀礼拜活动在祠堂举行，同族人群济济一堂，每个人在其中都有自己的定位（辈分、职责等），都扮演着

① 阿摩斯·拉普卜特.宅形与文化［M］.常青，等，译.北京：中国建筑工业出版社，2007：156.

特定的角色，在追念先祖功业庄严肃穆的仪式中，个体感受到的不仅是先辈的荣耀与荫庇，更有家族归属感的真切体验。宗祠里年复一年、周而复始的宗族仪式活动，在潜移默化的过程中不断强化着个体成员的宗族认同意识，培育着同族个体之间的协同能力。聚落成员死后的丧葬安排同样存在一套完整的程式，比如参与的人数、不同辈分个体的服饰安排、逝者埋葬的位置以及遗产的分割等，无不存在密切的对应关系。因此，祭奠、安置逝者只是一种形式，在这一过程中，不论是对逝者的评价（盖棺定论）还是生者之间不同的角色分配、权责分工等，同样是在强化聚落成员之间的整合过程。据此，看似平常的传统建筑设施，都曾经在满足传统聚落现实需要的基础上，发挥过培育聚落传统的文化功能，都承担着聚落文化生态系统中传统文化"孵育器"的功能。而现实社会，随着现代文明的发展与西式思维理念的介入，传统礼仪制度被近百年来的西式教育所替代，民族自信心的丢弃，闽南地区的宗族、血缘纽带关系的断裂与削弱，促使宗族纽带的外在表现——祠堂、族谱、族田等形态被形式化与演绎化，祠堂的祭祀与族谱的修缮仅仅成为一种召集族人的方式，而非凝聚与教育。族田也因土地制度的嬗变及土地收益的大大削弱而荡然无存，在这一现实的面前，宗族认同意识与教育功能大大降低。因此，聚落遗产的保护，不仅仅要保护宗族的外在形态（祠堂建筑本身），而且要复兴其内在的文化，强化其功能。

长期聚居的传统聚落社会空间，内部有序整合的问题是基层社会建设的根本目标。而传统社会在这方面的探索积累了较为系统的经验，曾经为聚落社会的长期稳定发展提供了制度保障，如土坑围绕家庙而形成的四纵五横的布局方式，永宁古卫城的铺境制度、宗法制度，台湾金门水头聚落的房屋建造制度等。

今天的社会状况发生了巨大的变化，特别是以土地所有制——地权关系改变（私有产权转化为两种不同形式：国有和集体所有）为基础，原来建筑其上的传统社会自我生发出来的制度安排，失去了存在的条件；自上而下的治理模式加上"分产到户"的经营模式，造成传统聚落乡土社会自我整合的机会与能力的削弱甚至丧失，以致传统聚落作为遗产进行保护的基层组织失去有效基础。故此，合理的聚落遗产保护，需要全面梳理当前制度环境，认清问题的内在原因，才有可能确定解决问题的着力点。

另外，随着工业化的发展，工商文明带来的城市化前景，不但打破了传统聚落自给自足的经济模式，而且从根本上激活了聚落居民对物质生活的消费欲望。住宅内部的功能细化更为复杂，原有的复合空间逐渐向单一空间转变。随着聚落社会生产力发展以及对外部资源的进一步利用（外出打工、小本经营），使得大部分聚落居民都具备改善居住条件的实力，加上对城市生活方式的刻意模仿，聚落的住房不仅要求空间增大，而且还需要对空间做细致的功能区分，如卧室、客厅、餐厅、浴室等功能迅速被居民吸纳，并在实际的房屋改造或新建过程中得以充分体现。生活需要的复杂多样趋势，彻底改变了聚落居民对聚落设施的传统要求，简单模式适应复杂功能的复合性建筑迅速被淘汰出局，传统建筑设施已经远不能满足居民日益扩张的多样性需要，其尴尬的情形日益突出，其被改造、被毁灭的威胁急切而又真实。

据此，传统聚落的整个文化生态系统已经发生了质的变化。但是，整个聚落社会都没有来得及考虑，目的只是在改变聚落的乡土，"求变"成为努力的全部。因此，达成时的结果往往只是一种失落，但再也找不到来时的路，也就无法定位自己的处境。这种嬗变的冲动来自直觉，是应激的反应，本质上是传统聚落社会的传统经验性适应方式在延续，但这种延续只是一种权宜，因为聚落社会所面临的已经不再是相对封闭的、差序格局能够把握的社会环境，而是一种全新的、变化无常的、陌生人的社会。因此，聚落遗产的保护需要面对这一现实困境，需要去挑战、去探寻新的途径，复兴传统聚落的文化，修补其文化生态系统，而非仅仅是聚落的物质空间。

二、文化遗产视角下的聚落保护

文化遗产保护的出发点在于保存人类社会发展历史过程中留存下来的见证物，目的在于保留有价值的历史信息。由此，遗产保护存在两方面的内容：(1)必须有客观的物质存在，即见证实体，这一点体现的是遗产对象的客观属性；(2)遗产是理性权衡的结果，权衡的主体存在主观的价值判断标准，这是文化遗产保护存在价值差异的根本原因。因此，文化遗产保护事业就是一项立足于客观基础之上的价值保护工作。而对于传统聚落而言，其中的问题更为复杂，涉及的利益相关方更为现实，面对的问题更为尖锐。这些都已经超出了传统聚落社会经验模式的应对范围。

早在20世纪70年代，美国的遗产保护法规逐渐走向成熟过程中，有研究批评了当时考古工作者在历史保护中的专业局限后曾总结道：历史保护的根本原因是为了维护文化多样性，即建筑环境中的多样性、人类经验记录的多样性、有效生活方式的多样性，这是(历史保护的)基本原理。基于此，需要我们能够去识别鉴定，我们具备的理念与训练可以为历史保护事业在管理定位方面提供帮助。这表面上是在批评考古工作在历史保护领域内的专业局限，实际上是在强调历史保护合理程序的重要意义。表明在当时的历史条件下，人们已经认识到：历史保护的有效开展，依靠单一的专业力量、缺乏有效的程序规范是不足以达成目的的，因为这项事业是一项社会事业，需要动员社会各方面力量理性参与。

随着传统聚落社会生存环境的急速变动，聚落中多数传统建筑作为实用功能设施已经越来越不能满足聚落居民日益增长的物质文化需求，功能性淘汰的趋势无可避免。但其作为传统聚落长期以来生产生活的构成要素，其所承载的文化精神也由此逐步被世人淡忘。这就要求当代人有必要对传统聚落及其传统聚落的价值进行重新界定，以便开展有效保护。传统聚落是人类的作品，又是历史的创造。如果不对这一构成人类自身生存核心价值的传统和谐加以保护，那么整个人类的遗产保护事业将失去意义。传统聚落文化遗产作为一种独特的遗产保护对象，其价值已经超出了原有的传统聚落社会本身。因此，作为遗产的保护不仅需要政府部门的支持与配合，更需要专业研究人员与机构的积极参与。

传统聚落文化生态系统构成一个自我循环的有机系统，在没有外部干扰或者外部干扰的力量没有超过聚落文化自我修复能力的情况下，其状态将长期持续。但是工商业文明所承载的城市化冲击，其影响力已经远远超出了聚落文化的自我修复能力，作为聚落文化的客观载体——聚落空间的功能性淘汰无法避免，土坑聚落中旗杆厝、中厝布店、傅鹤府第、端瑜大厝、提督府等等曾经繁荣一时的古厝，如今变得破败不堪、无人使用就是证明。因此，面对这些正在消失或者即将消失的聚落空间，保护成为必然。

此外，传统聚落的居民是聚落现实的主人，即便是聚落的诸多使用功能在不断退化，聚落社会自身的发展在不断削弱其使用功能，但其自身所承载的文化价值并没有被居民们及其外来者充分认可，人们能够看到的只是老房子在逐渐衰老，曾经的住屋需要更新才能够满足现实的多样性生活需要。习惯于经验思维模式做出判断的传统聚落没有足够的理性工具来把握聚落空间所具备的潜在资源优势，即缺乏对整个聚落、聚落内的传统建筑、历史环境要素等作为遗产的价值认识，许多文化还没有得到理性的发掘。

对此现实状况，社会正在探究外部力量的介入，诸如旅游业的介入、创意产业的植入、互联网等新型技术的运动等，外部力量的介入改变了传统聚落作为传统文化适应方式的性质，实际上已经将其转化为一种独特的文化资源，而这种资源的功能在满足传统聚落社会发展需要的同时，亦能够为聚落外社会公众提供文化多样性的需要。至于因此而滋生的问题，诸如保护与旅游发展的矛盾等，则是另一层面思考的问题，需要广大学者、管理者、村民等群体的理性考量。

综上所述，将传统聚落作为文化遗产的重要组成部分加以妥善保护，一方面是维护文化多样性的需要，另一方面，也是尊重聚落社区传统，唤起聚落文化自信的重要途径之一，这是闽南传统聚落文化生态系统复兴的保障所在，也是土坑聚落文化复兴的保障所在。

第二节　传统聚落保护与活化的模式

一、保护与活化的模式解析

目前，传统聚落保护与活化呈现两种大类型，其一，作为文物被保护，即“博物馆式”“冻结式保护”的保护模式。该保护模式有利于将聚落很多信息原真性地保留下来，从而使传统聚落成为供人参观、学习和观光旅游的重要设施。该模式的出发点是保护文物，归宿点是聚落成为受保护的文物，活化与发展不是考虑的核心问题，聚落所有者村民往往被抛之在外。而这一做法的结果往往会因为有相对完善的法律法规和相应的配套资金，文物一般都能得到较好的保护，而聚落中的非文物往往得不到很好的维护，整个聚落的保护更多是局限在文物保护单位这一点上，聚落整体缺乏应有的保护，聚落居民生活、生产问题突出。因此，总体而言，该类保护方式虽然能够最大限度地保护聚落的原生态、完整性，但这种模式最大的瓶颈是静态地对待聚落及其聚落文化，忽视了聚落内部长远的社会、经济和文化发展。

其二，作为景点被开发。目前大部分传统聚落采取了以旅游发展促保护的模式。这种模式一方面以旅游开发的名义为聚落的基础设施改建、卫生状况改善、景观美化等带来了基础性的投资；另一方面也有利于村民致富，并由此增强了居民的保护意识。如有“中国最美丽的乡村”美誉的婺源，成功地通过生态与文化的保护、旅游环境美化发展了旅游经济，取得了明显的效益，激发了村民保护聚落，保护古民居的热情。该模式的出发点是聚落发展，经济效益优先，归宿点是聚落能否成为国内外知名的景区，经济上回报的程度与游客量有密切的关联，而保护从属于发展。因此，从旅游资源的角度来看，格局完整、风貌依旧的传统聚落景观是一种不可多得的旅游资源。而就聚落旅游资源的主要开发—受益主体来看，目前一种是乡村集体主导模式，如安徽西递、婺源古村落等。但由于这种模式下的村集体在旅游管理方面专业知识相对缺乏，村办旅游公司缺乏专业的市场运作，目前仍处于一个摸索的过程。尽管这种方式风险较大，但村民获益较为明显。因此，容易得到社区的支持与配合。另一种类型是市场力量主导开发的模式，如安徽宏村。这种将古村落开发外包给外来市场主体的方式，解决了村民自己开发的诸多问题，但处理不当也会造成村民利益的受损从而引起村民的不配合。

此外，还存在一种由政府、村民、市场主体、民间机构等多主体开发的古村落旅游发展模式。但过度的旅游开发也会造成聚落传统文化形态的流失和异化。当地居民原生态生活减少，商业利益的驱动使得民居成为商铺和客栈，古村落变成了一种商业的布景，这种只有形式没有内容的保护在以旅游业为主的古村落、古镇中已日渐表现出来。

基于上述，各地根据各自的生态资源环境、文化生态状况等，演绎出诸多次类型，冯骥才先生将此归纳为："一是乌镇的办法，叫景点式，完全成了一个旅游景点，把原住民全部迁出，重新把它修得很漂亮，人进去到处可以照相。二是西塘的方式，保留原生态的生活方式，保留一个活着的千年古镇。人还照样在那里生活，不主张旅客大量来，你愿意来看就来看看。有人愿意开点铺面，来为你们服务赚点钱，这跟欧洲的古镇是一样。第三个是婺源的方式，是一个景观的方式，由于这个景观看起来很好看，建筑大部分是徽派建筑，青砖黑瓦马头墙，春天的时候，黄牛、油菜花、山影、河塘，倒影很漂亮，他们不做任何改动，请人设计了好几种这样的房子，但里面的卫生间放大了，厨房放大了，本地居民要改建房子，必须按照这个图纸设计挑选一个，今后你盖出的房子，跟原有的房子基本风格一致，还保留原来村落的气质，这是一个方案。""还有一个就是丽江、大理模式，分区建设的方式"，即"原来的古镇不动，另外建一个新镇区，你不愿意住老城区就到新城区去，跟巴黎、罗马一样，老城新城分开"。①

二、传统聚落旅游开发模式

基于上文，传统聚落的保护与活化到最终都落入聚落旅游开发的道路。聚落旅游开发成为乡村旅游的一种类型，这是时代发展的必然，也是聚落居民谋求发展的必然。随着人们生活水平的提高，旅游越来越受到市民的喜爱，一些具有独特历史文化气息的古村落经常迎来参观者。与此同时，随着国内乡村旅游的兴起，各地的传统聚落，因其文化、资源、环境、区位、市场等诸多因素不同形成了不同的开发模式。依据开发经营主体的不同可分为企业、村集体、村民、政府以及混合型五类。各经营操作主体之下又可细分为不同

① 冯骥才说古村落保护的几种模式［OL］.中国网，2011-05-13.

的经营形式。多元的经营主体依独特的经营方式与投资主体争相逐鹿于传统聚落之中，传统聚落的保护与活化模式更显多元。（如表 8-1）

表 8-1 国内传统聚落乡村旅游开发模式总结

经营主体	经营形式	投资主体	特点
企业经营	企业承包经营	外来投资者	企业与政府签订承包经营合同，对乡村旅游地进行承包经营
	企业独立开发	外来投资者	旅游地没有原住民，企业与周边乡村社区居民没有直接利益关系
	企业独立经营，社区居民参与	外来投资者	企业对征地进行补偿，招收社区村民进入企业工作；居民经营旅游服务项目，如餐宿、小商品等获利
	股份合作制企业独立经营	外来投资者、社区居民、政府等	企业独立经营；村民成为员工；社区集体和村民以资源、古建筑、土地或现金、劳动入股企业，参与决策、经营、分配
村集体开发经营	村集体独立开发经营	村集体	村民进入旅游公司工作，村集体占有企业全部股份
	村集体组织全民参与开发	村集体	村集体组织全民集资，并投资公共服务、基础设施等建设、参与旅游开发经营活动和收益分配
村民自主经营	村民自主开发经营	村民	村民自主开发经营旅游接待服务，有的组成社区旅游机构负责村民旅游服务管理
政府主导村民参与	政府主导村民开发	政府、村民	旅游地位于大型景区内，居民自主经营旅游服务项目并交纳税费
混合型开发	公司＋农户	外来投资者、村民	公司进行宣传促销和组织客源，农户提供服务并获取收益，公司征收特许经营费和管理费
	企业＋村委会＋农民协会	外来投资者、当地村民	村民入股并分红；企业与村委会、农民协会和外地旅行社在旅游开发经营中合作，并按比例分配门票收入
	企业＋村委＋农户	外来投资者、村委会	村委会以资源和现金入股参与分配，村民可进入企业工作，村委会对社区个体经营进行管理监督，村民主要以提供旅游服务获利
	村集体组织居民自愿参与旅游开发	村集体、村民	村民可自愿参与村集体的旅游项目，利益按农户平均分配；村民也可自主经营旅游服务项目自行获益；村集体对村民有约束与监督管理权利

资料来源：根据相关文献整理。

三、典型模式案例解析

（一）以政府为主体的保护与活化模式

以政府为主体的保护与活化模式是指基于旅游发展，聚落的保护与活化行为的主体是政府或者政府的代理机构（如国有的投资公司、旅游公司等），其工作内容包括：规划保护主体、管理主体、融资主体、建设主体、经营主体、获益主体等都源于政府，聚落的原住民仅仅作为部分利益的获得者，不参与聚落保护与活化。

政府主导模式是一种自上而下的保护开发，行政指令性质较为普遍。政府作为重要的操作主体，其运作模式也相对简单，即地方政府如县（市）、镇的政府出面组织文物、规划、旅游等主管部门成立聚落管理委员会这一政府派出机构，或者其下属职能部门（如旅游局、文化局等）进行资金筹集、资本运营，并招标组织施工单位进行聚落的整治以及后期维护、经营。政府或者其代理机构是聚落经营管理的唯一主体。聚落旅游地的管理权和经营权统一，聚落的管理、保护和开发经费由政府财政承担。政府利用自身舆论、政策等行政资源优势可以制定相关的法规政策，举办乡村旅游系列讲座，传播乡村旅游知识和聚落保护知识，并通过采取优惠政策鼓励居民参与到乡村旅游之中。其最典型的案例如浙江乌镇、吴江市松陵镇南厍古村落、张家港市塘桥镇金村古村落等，其中，浙江乌镇的保护与活化，被学者称之为乌镇模式，即以政府为主体的开发模式。

乌镇位于浙江省桐乡市，是中国江南申报世界文化遗产的六个古镇之一，具有 1300 多年历史。一千多年前，世称昭明太子的萧统，跟随齐梁文坛领袖沈约，在这里留下了一段师生共读的佳话，更留下了昭明书院的文化传承。之后，这里养育了著名的理学家张杨园、著名藏书家鲍廷博，及近现代的文学巨匠茅盾、漫画家丰子恺、海外华人文化界传奇大师木心等，因此，乌镇的历史充满了文化的韵味。

乌镇[①]的古镇区由四条呈十字形街组成，即东栅大街、西栅大街、南栅大街和北栅大街。1999 年，乌镇旅游股份有限公司制订了《乌镇古镇首期整治保护总体规划》和详细的修复与整治方案，开始实施乌镇古镇保护与开发的东栅工程。乌镇旅游股份有限公司属于国有投资公司，把乌镇古镇作为一个景区，买断其产权，对景区进行统一的规划，以预先确定的方式招租。原住民在获得一定金额转让房产后搬离古镇，切断与古镇一切关联性。

其中，东栅景区为一期保护与开发工程。2001 年，正式对外开放，以其原汁原味的水乡风貌和深厚的文化底蕴，一跃成为中国著名的古镇旅游胜地。其特点是突出了历史街区建筑立面、街区道路路面、河道水面的"三面"的风貌整治，同时对重点历史保护的厅堂及建筑进行了修复，并实行了管线地埋、污水管道铺设等基础设施的改造。一期的保护是目前大多中国古镇保护进行的实施模式。具体做法包括了：(1)坚持整体风貌整治优化。(2)坚持"修旧如故，以存取真"的原则。在一期工程中收集了很多旧石板、旧石料，借此修建了大量的旧式房子，为游客营造良好的旅游氛围。(3)坚持民情民俗的挖掘、整理并予以展示。除了开设一些博物馆外，还把民情民俗以作坊的形式展示，包括酒作坊、蓝印花布染坊，甚至包括一些动态元素，像皮影戏等。借助这些把民俗填充到古建筑中，让古建筑在修复后重新发挥功能。

乌镇一期修复资金全部通过股东资本金和银行贷款，并于 2003 年全部收回了投资。其中，主要的收入来源于门票，并以门票作为古镇投入回报的主要手段。

西栅景区为二期保护开发工程。西栅是乌镇历史街区中建筑质量一般，而且离镇区又比较远的地方。虽历史上西栅是最繁华的，但现今确实是落后于其他地区。然而，西栅

---

① 乌镇资料来源：陈向宏.共生思想下的古镇保护与开发［N］.土成木寸，2016-06-22.

的开发颠覆了所有古镇的传统做法:传统古镇保护与开发过于模式化,注重迎合市场的需求,并且更多的只是浅表的保护模式,呈现出诸多的矛盾,具体体现在:一是外观风貌的整治与改善与居住质量的矛盾。二是原住民的流失、社区设施的空缺与街区社区活动延续的矛盾。随着城镇化的进程,古镇的原住民搬进城里,造成流失现象。三是产权的多元化和缺失与保护投入机制建立的矛盾。房改以后,产权多元化对古镇建筑的修复造成困扰。四是古镇观光旅游的竞争与现代商业化蔓延控制的矛盾。

另外,在历史街区保护与开发中还存在的几个误区,即:(1)强调历史建筑的历史文化遗产价值,忽视建筑本身居住功能价值。只动“皮”不动“里”的浅表保护方式与居民生活质量的改善之间矛盾日益突出。江南民居内部传统的功能空间与当时特定社会时代相适应,而随着近二十年居民生活质量的明显改善,这种只管“外部”,不管“内部”的建筑空间必然需要发生改变。(2)强调历史街区传统民居生活形态保存的稀缺性,而忽视这种生活形态正在发生不可逆转的转变。江南民居正随着岁月的推移而颓败,而其中容纳的生活形态在现代社会中的变化比建筑物体更为迅速,这是历史的必然。(3)强调历史街区保护带来的旅游开发价值,忽视历史街区社会生活功能价值的延续与发展。大部分人认为,古镇的开发最重要的是抓住游客的心理特点,满足游客的需求。而西栅不同,更加关注营造机制和环境,让传统生活、传统习俗得以真正符合现代人生活需求,然后再让外面的人来欣赏、介入或感受这种形态。(4)强调历史场景的恢复重现,文化的集中静态展现,以满足观光市场的需求,而忽视古镇观光休闲深度旅游功能的塑造。休闲度假景区最重要的是味道和氛围,是只可意会,不可言传的感觉。景区通过各种细节,所传达出来的是一种信息,这种味道越强烈越好,越大越好。在西栅,很多游客是不进景点,只注重整个环境所带来的感受,只注重功能设施所带来的感受,所以叫“无景点的景区”。(5)强调历史街区保护规划的主导性和配套法规的严肃性,忽视保护规划的实施操作和规划过程的控制。历史性街区是个样化的修复,不是流水线性的修复。忽略对整个历史街区保护实施的系统研究,对规划实施的主体、规划实施的细化及规划实施的监控都带有随意性。

据此,西栅保护与开发的前期定位,保护方面只是“旧瓶装新酒”,所有旅游或保护,都是为将来服务的;同时,目的地建设方面,想办法把“看古镇”转变成“住古镇”,拉长产业链。开发指导方针:认真总结一期保护工程的得失,全方位地深化二期保护工程,并把“保护利用历史建筑、重塑历史街区功能”作为二期的重要目标,提出了“整治、改造、注入、配套”的四个工作重点,以达到重塑“古镇社区”的最终设想。具体的做法包括:(1)整治。传统历史街区保护只对表面进行修复,西栅的做法是对周边环境进行了整治。包括拆迁、铺石板、河道清淤等。(2)改造。传统的历史街区保护只是对建筑外墙进行了改造,而西栅在建筑立面改造前提下,同时对历史建筑空间进行结构改造,包括室内空间分隔和厨房、卫厕设备空间调整,人均居住面积扩大。(3)注入。传统做法是考虑旅游发展需要,注入的是旅游景点的布置及设施。西栅是考虑历史街区社区功能的恢复,重点注入的是社区公共设施和社区基础设施。(4)配套。传统做法主要对单幢建筑原有必要基本的基础设施配套,如管线地埋、污水管道铺设。乌镇主要对区域范围内整个社区功能配套,按照现代居住社区的标准,包括公共场所、社区公共休闲活动空间、社区人文活动设施及旅游配套设施。(5)活化。西大街实行的是先搬后返的政策，在运作中，也实行了一系列配套措施进行社区活化。包括通过社区活动卡来约束居民不文明行为；资助当地社团，鼓励进入历史街区进行活动；恢复传统产品作坊的生产，借助休闲旅游产品产业来扶持；补贴传统特色老字号商店的营业运转等。(6)再利用。在中国，观光和度假是并生的。所以西栅不仅增添了展览与专题展馆，还将历史物化闲置公共建筑注入新的功能，如改造为药店、邮局。利用历史遗存，恢复历史人文环境，营造气氛，如围绕昭明书院牌坊建设了图书馆和牌坊。利用原有厅堂，改造成小型旅馆和特色酒店等。

总之，乌镇二期保护工程是一项历史街区保护与利用的大胆尝试，虽然很多做法尚待实践和历史的检验，但那种探索和创新无疑是认真的。

乌镇二期历史建设保护与利用操作中的一些做法值得借鉴，其不仅在保护理念上得到了深化，而且在保护手段上也进行了很多大胆的探索。包括：强调旅游配套区与旅游动线与历史街区的相对分离，最大限度地减少旅游对整个历史街区环境氛围的破坏。强调传统历史街区配套功能与现代配套功能的结合，如管线地埋与自然雨水的露沟排放。强调传统修复技术和传统材料的应用，最小限度地在历史街区使用金属、玻璃等现代材料。强调最大限度保存历史建筑遗存，最大限度保存历史原真性。强调历史建筑的多样化利用，如注重民居旅游。强调原有原生态绿化的保护及历史街区沿河沿街绿化的种植。强调传统手工艺市场机制的建立和历史街区传统老店的恢复。强调使用当地民间工匠，以他们为修缮施工主体，并重点监控施工过程的细节。

据统计，乌镇旅游公司 2012 年年度净资产为 15 亿元，实现营收 6.9 亿元，净利润 2.3 亿元；截至 2013 年 6 月 30 日末，净资产为 16.41 亿元，上半年实现营业收入 3.45 亿元，净利润 1.34 亿元。“文化复兴”后的乌镇获得商业上的极大成功。①

(二)多方有限参与、买断资源模式

多方参与、买断资源模式是指基于活化聚落资源、发展旅游的目的，在地方政府引导与监管下，由企业买断聚落中的主要资源，并肩负对核心景点的经营、管理等权责，原住民处于边缘地位，有限参与聚落的保护与活化。

该种模式又可以分为三种基本的类型。第一种是由外来的市场投资者为主体建立的聚落旅游公司对聚落进行旅游承包经营。第二种是旅游公司来源于聚落当地，由当地政府或社区成立聚落旅游开发的公司，对聚落的开发运营进行管理。第三种是个别法人成立的公司对聚落的旅游开发进行承包经营。该模式的特点是资金投入主体多级化。

该类较为典型的是福建连城县宣和乡培田村，苏州吴中区东山、金庭(原称西山)两镇，温州永嘉县岩坦镇屿北村，江西婺源等。

其中，培田村拥有 800 多年的历史，是目前中国保存较为完整的明清时期客家古民居建筑群。20 世纪 90 年代，随着经济社会的发展，培田村的耕读文化受到了现代文明的巨大冲击。出现了居住条件已不能适应现代生活，许多村民要求拆旧房建新居的现象。古村落的保护与村民要求改善生活条件产生了矛盾。为此，地方政府与村委会采取了三大

① 数据来源：乌镇启示：文化是中国旅游业破题关键［N］.地产报，2016-08-20.

举措克服困难，实现了古村落的保护与活化：①

（1）保护优先。古村落内有30余幢“九厅十八井”形式的高堂华屋、21座宗祠、6个书院等，传统建筑群面积达约7万平方米，居住人口规模一千多人。“让培田的古村落建筑群永远完整地存留世间，要保护要开发，就要统一规划，这样才能少走弯路，更好的保护古民居，整合资源。”这是村落内每位村民的共识，基于这一共识，为建立保护开发的长效运行机制，首先，编制了《培田古建筑群保护总体规划》和大夫第等7处重点建筑保护维修设计方案，及培田古村落申报4A旅游区改造规划与提升设计。其次，为了解决村民的居住问题，规划开发建设培田新村，占地面积76亩，规划建设150户。再次，宣和乡成立培田古民居保护与开发理事会，授权理事会代表全村与旅游管理部门签订保护与开发协议，理顺旅游管理部门和旅游资源业主以及村民之间的“责、权、利”关系。冠豸山风景区管委会和培田古村落保护与开发理事会签订了《培田古村落保护开发和旅游资源经营权合作协议》，协议约定：合作期限40年，合作期间，管委会按培田古村落管理站首道门票年税后实际收入的25%～28%支付给理事会。理事会所得的门票分成收入，由理事会进行二次分配。村民们由此获得了实惠，积极支持村落的保护与开发，纷纷自觉参与到古村落的保护开发。

（2）文物维修，科学整治，恢复古村旧貌。古村落内都是明清时期遗留下来的古建筑，经历了数百年的风雨沧桑，许多建筑主梁、墙壁已损坏，面临倒塌的危险。近年来，由县政府投入资金，严格按照规划要求及整治方案，对衍庆堂、衡公祠、致祥堂、锄经别墅、大夫第、古街、容膝居、绳武楼等进行抢救性抢修，更换破旧损坏的柱子、木板，进行屋瓦翻漏等。其次，宣和乡通过宣传动员，组织拆除有碍观瞻的建筑69处，面积1026平方米；对主要民居的周边环境进行重点整理，清理环村水渠，对景区进行绿化美化；新建大夫第前景观池塘16亩，投放观赏鱼并种植莲花，恢复河卵石路面3700平方米，对村口水车、凉亭、停车坪及河岸进行改造；全面完成消防工程、安全监控系统建设及“三线下地”工作，完成久公祠、衡公祠服务点建设；完成旅游公厕内部设施整修，进一步完善卫生管理机制。

（3）新村建设，完善设施，古村焕发青春。解决村民的住宅问题是保护古村落的重点和难点。宣和乡鼓励和支持群众在远离古民居的新村建筑新居。先后投入资金进行新村道路、供水、供电、排污等基础设施建设。采取以奖代补的形式，对完成坡顶及外墙装修建设的建房户，每户奖励4000元；和村民签订协议，将68万元统一用于购置玻瓦、涂料、墙裙瓷砖等。目前第一期64户居民完成了住房建设，顺利入住。

另外，婺源被誉为“中国最美丽的乡村”。婺源古属徽州“一府六县”之一，境内古建筑遍布乡野，多为明清时期所修建，粹集了明清两代官宦、商贾和百姓宅第的精华。目前该县共有历史文化名村13个，其中中国历史文化名村4个（汪口村、理坑村、思溪延村、虹关村），省级历史文化名村13个，理坑村和汪口村2个中国历史文化名村还被列入中国世界文化遗产预备名单；有国家重点文物保护单位3处（清华彩虹桥；婺源宗祠：汪口村俞氏宗祠、黄村经义堂、阳村方氏宗祠、西冲村俞氏宗祠、豸峰村成义堂、洪村光裕堂、篁村余氏宗祠；理坑民居：天官上卿第、司马第、友松祠、云溪别墅、福寿堂，共13个点）。其中，沱川乡

① 资料来源：福建连城推进培田古村落保护与开发［OL］.中国新闻网，2011-07-15.

理坑村入选首批“中国景观村落”，浙源乡虹关水口、察关水口、思口镇思溪村口入选“中国经典村落景观”。因为保护得力，古老的村落与优美的生态铺展出一幅幅青山绿水、粉墙黛瓦的山水画卷，由此赢得了“中国最美的乡村”的美誉。

为了保护与活化好这些历史文化遗存，婺源确立了“以开发带动保护，以保护促进开发”的古村落保护模式。在实现旅游经济持续增长的同时，打造、传承“古色古香的城乡徽建风貌”的独特旅游资源，把全县三千平方公里作为一个徽派建筑大观园来规划、建设和管理。

首先，通过制度建设，建立健全古村落保护网络。具体体现在：(1)建立部门联审联批制度，成立古村落村民建房管理领导小组，负责全县初审古建筑维修方案和新建筑改造方案，申请拆除的古建筑初步鉴定，组织相关部门实地考察古村落中新建房屋的位置、用地、建筑面积等情况，审批古村落新建设房屋的图纸，违规建筑整治等。对全县古村落建筑维修和古村落新建房屋现场实行联审联批，实地现场办公。同时，成立了徽派建筑研究会，聘请多名资深徽派建筑学专家对古村落保护工作进行指导。(2)制定了古村落保护举措。根据《城乡规划法》《中华人民共和国文物保护法》《风景名胜区条例》《历史文化名城名镇名村保护条例》等有关法律法规的规定，结合婺源实际，先后制定出台了《婺源县主要公路沿线、历史文化名村建筑管理暂行办法》《关于进一步加强婺源县境内主要交通线路沿景区(点)、风景名胜区、历史文化名村规划建设管理若干规定的通知》《关于进一步加强古村落村民建房管理工作的通知》等制度与措施，明确了县、乡(镇)、村三级组织在古村落保护工作中所应承担的责任，制定了详细的建房审批流程。(3)建立了古村落保护的县、乡、村三级保护监管队伍。为了有效遏止农村乱拆乱建的行为，探索建立了古村落保护区，制定了详细到每一栋古建筑的保护性规划，对保护区内的所有古建筑进行分类，凡属县级以上文物保护单位或具有文物保护价值的古建筑全部由县文物局进行重点保护，并由村委会指定责任人，负责古建筑的日常管理工作。在保护区内以古建筑所在位置划定保护范围和建设控制地带，保护范围和建设控制地带内一律严禁任何新建行为的发生。对全县古村落保护实行动态监管。

其次，婺源注重科学规划，联合执法，规范古村落保护行为。(1)制定保护规划。为了理清古村落、古建筑的实际情况，以第三次全国文物普查为契机，对200多个自然村及分散的古建筑进行细致的摸底、登记、建档，共普查(包括复查)和新发现古建筑六百余处。针对这些，文物主管部门对所有古建筑进行存档、保护，并根据修建年份、建筑工艺等划分保护类别，定期对其进行检查。同时，县、乡(镇)、村各级编制了11个历史文化名村的保护规划、公路沿线乡村建设控制性详规、婺源·徽州文化生态保护实验区保护规划。(2)加强了执法力量。对旅游开发过程中出现的乱建行为，不断加大整治力度，成立了综合执法大队与景区执法中队，加强了执法力量。(3)开展集中整治行动。对秋口李坑、沱川理坑等乱建行为较多的景区，集中开展整治行动。如2011年开展的“整体提升中国最美乡村品牌，创建全国旅游标准化示范县，全面开展旅游景区综合整治”活动，经过为期4个月的整治，取得了显著成效。动员和协助村民自行拆除村口违章摊棚和村内余屋、车库、草棚等208间；按设计要求整改村内违建房屋、地脚和违章破窗破墙开门56处；摘除景区内店铺门口广告牌58家。

再次，双向互动，注重引导，激发村民自发保护古村落意识。为激发村民自发保护古村落的意识，采用双向互动的方式，一是在古村落适度发展旅游业，拓宽村民的就业门路，增加农民收入，将古村落的保护开发与村民的经济利益挂钩，使村民认识到，保存完好的古村古建不仅是老祖宗留下的“活化石”，也是改善生活质量的“聚宝盆”。目前，已发展农家乐 3280 户、大小宾馆 200 余家、旅游从业人员 7 万余人。村民由过去的私自出卖古建筑的窗格、门扇转变为自发花钱去请工匠对古建筑进行修缮。二是县、乡两级政府充分发挥村民自治的作用，经常深入古村落宣传古村古建的保护价值和保护方法，引导村民成立古村落保护协会和制定村规民约等，配合村民委员会对古村落的日常保护情况进行监督、管理。目前，重点古村落都成立了古村落保护协会，有效推动了各项保护措施的落实。三是实施异地搬迁保护模式。充分利用民间资金，对一些散落在古村落的古建筑，通过在文物部门备案，实施对古建筑进行收购，异地搬迁保护。四是鼓励干部、外来成功人士通过认购方式，对古村落内非文物保护单位的古建筑进行就地保护、修缮、管理，用于在婺生活、创作或进行旅游开发等。

复次，选址规划，疏堵结合，规范古村落保护源头管理。在源头上严格控制古村落建房，以“疏”治本、以“堵”治标，引导村民在不破坏古村落整体和谐性的前提下，改善居住条件和提高生活质量。在每个古村落保护区外，由所在地乡（镇）政府规划出新区用于村民建房，采取市场运作的方式完成新区的征地和基础设施建设，尽可能地减轻村民建房负担。凡古村落内有意向建房者，均可按村民宅基地的面积在新区置换同等大小的土地用于新建房屋。原有宅基地收归村集体所有，保持现状或用于公共服务设施建设用地。在新区的新建房屋也以不影响古村落整体和谐为前提，由县政府有关部门统一规划、统一提供建房图纸、统一管理，使之与周围景观相协调，最大程度减少新区的开辟对古村落整体和谐性造成的冲击。如秋口李坑村为解决古村落景区保护与开发的矛盾，在李坑景区外围李坑平山新村做好规划，将李坑景区村民建房户引到新区建房，保护了古村落的原貌。由此李坑平山新村发展农家乐 147 家，成了省级农家乐示范点，户均收入 6 万元以上，其中老邱农家山庄年均收入达 150 万元。

最后，筹措资金，多方投入，加大古村落保护力度。多年来，由于种种原因，在各古村落中都或多或少地存在着与古村落整体风貌极不协调的“洋楼”“土屋”，严重影响了古村落的整体和谐性。在大力发展旅游业后，有计划、有步骤地对主要公路沿线及古村落的非徽派建筑进行改造。在积极向上争取资金支持的同时，多方筹措资金。一是通过“四个一点”（即县政府安排一点，乡村出资一点，旅游企业出资一点，村民自筹一点）的方法筹集改造资金。二是利用新农村建设资金，对古村落内古建筑进行维修，做到修旧如旧，保持原有风貌，加大古村落的保护力度。三是从景区资源使用费中拿出部分资金，对古村落、古建筑进行维修，对景点参观户由开发企业进行维修。

婺源是古村落的“博物馆”，拥有全国最大的古村落群。古村落资源是祖先留下的宝贵财富，为实现这些古村落旅游资源的可持续性开发，将鼓励旅游开发实体进一步加大对古村落资源地维护修缮力度，探求更为有效的保护措施，促进资源的科学利用，走“保护—开发—利用—发展—保护”的良性循环发展之路。

在婺源的聚落保护与活化中，采用了多方有限参与、买断资源的模式，具体而言，将各村落作为景区，其产权转让给各家民营企业，各企业自愿组合组建旅游股份制公司，而实体江西婺源旅游股份有限公司买断全部主要景点，进行经营。另外婺源县人民政府下属部门婺源县旅游委员会，负责贯彻国家方针，拟定发展政策，规划并组织实施，进行旅游行业的监督和检查。居民参与的内容为：对一些农家乐和农家旅馆除具有自主经营管理权外，不参与核心旅游景点的经营，从事基础服务和边缘性工作。

(三)集体主导、居民参与模式

集体主导、村民参与模式是指由聚落所在集体负责聚落的保护与活化工作，广大居民参与其中。传统聚落的居民是聚落历史文化的直接继承者，其对于遗产的使用和开发具有先天的发言权。该种模式正是聚落集体或村民共同出资进行聚落的保护、活化并获取收益的形式。这种模式下聚落形成一个景区，传统民居的产权属于居民，景区的公共空间如林场、水域、山体等则属于聚落集体所有，由居民选举成立的村镇委会代表其行使所有者权利。其经营主体是村镇集体、农村合作社、宗族组织、个人等。这种模式又可以分为三种，一种是完全由村镇集体投资成立旅游公司，独立开发经营乡村社区的旅游经济活动，居民可成为公司员工并获得工资；第二种是由村镇集体、居民二者合资成立公司，居民可参与公司的一些旅游项目并获取收益，也可以进行独立的旅游服务项目经营；第三种是居民自主进行诸如“农家乐”“民宿”“民间博物馆”等旅游开发，自主经营并获益，或者由专门的社区旅游机构进行宣传并联系客源，由居民负责接待。无论哪种形式，聚落居民都是旅游资源的直接使用和收益者，居民参与旅游的程度和形式较为彻底。

该模式的典型如苏州三山岛古村落、福建南靖县石桥古村、建宁县东北部溪源乡上坪村、山西阳城县北留镇皇城村等。

其中，石桥村位于福建南靖县书洋乡，居住着明代中期迁居来的张姓客家人。2003年，石桥村被审批定为第二批省级历史文化古村落。其典型的山地聚落环境和单体建筑——土楼的独特魅力构成了古村落丰富而细腻的地图肌理。因此，石桥村聚落的主要乡土建筑是土楼(家族聚居性住宅)。对此，需要在保护基础上，谨慎发展、协调共进。首先，探索“居民自助、参与、合作”的模式。通过各种途径，开展一系列的建造活动如策划、设计，甚至是施工等来推动当地居民参与，逐步增大居民参与讨论、商定制度的机会。逐步让居民担负起创造和经营自我环境的责任，并与当地政府、设计专家建立合作参与关系。由此，营建出更能体现居民环境生活需求的住居形式，保持当地传统景观的连续、渐进的良性发展。其次，以村镇为基础发展观光旅游，活化聚落遗产。其具体举措包括：组织当地民间队伍对发展进行评估；引导当地居民识别村镇价值，确定村镇成员对村镇发展的期望及态度；深入调研，制定合理的构思方案；制定分期的发展目标、预投资的费用和利益分析；市场调查，制定商业和销售计划，建立包括资金筹备来源的发展销售策略。

而上坪村①位于建宁县东北部溪源乡境内，这里群山环抱、玉带(两溪)环绕、山清水

① 本案例资料来源(含图片)：樊海强.古村落可持续发展的“三位一体”模式探讨——以建宁县上坪村为例［J］.城市规划，2010(12)：93-98.

秀、文化氛围深厚。上坪村具有一千多年的历史，全村皆为杨姓，尊杨感遁为始祖，历史上上坪村崇文尚学，四人官拜大夫，举人秀才众多。目前上坪村保留有五代同堂坊、杨氏家庙、社祖庙、古学堂、古香园、司马第、大夫第、得水园等古建筑和遗址。该村的保护与活化模式以可持续发展为理念，采用了“保护、经营、监管”的三位一体举措，即由保护、经营和监管构成的一个系统整体。在这个系统中，保护是可持续发展的基点，是传承文化的必要条件，也为古村落经营提供了文化资源；经营是古村落发展的动力，是有效利用文化资源的手段和途径；监管是古村落发展的保障，是协调保护与经营矛盾的手段。保护、经营和监管相辅相成，不可分隔，构成一个整体。（如图 8-1）

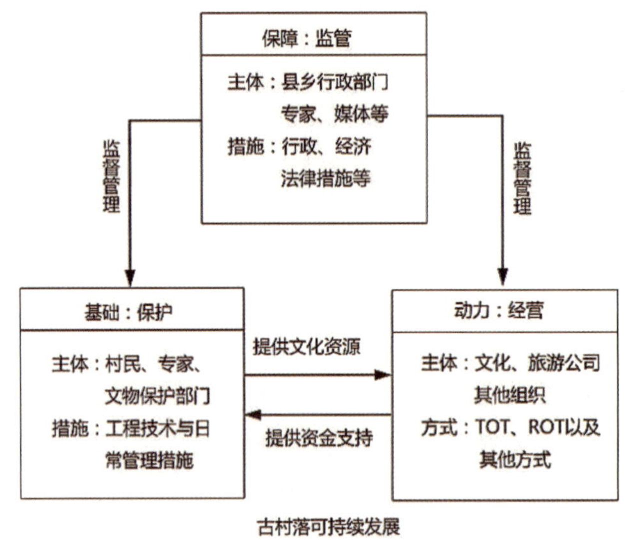

图 8-1　三位一体的保护与活化举措

1.环境保护——古村落可持续发展的基点

（1）保护的主体。上坪村的古建筑都属于村民所有或使用，不能采取博物馆式的保护方式。因此，树立村民保护的主人翁态度，提高他们保护的积极性是关键和根本。但村民作为保护主体有其不足之处：一是村民缺乏必要的知识和技术，二是存在随意性和短期行为。因此，还必须发挥专家和文物行政部门的指导作用，形成以专家、文物行政部门为主导、村民为主体的保护群体。

（2）保护的总体策略。为了避免上坪村新建住宅对古村落环境风貌的破坏，在距上坪村南侧 200 米外开辟新村，实行新村与旧村的协调发展。开辟新村，有利于降低古村的建筑密度和人口容量，为古村落的系统整治提供基础；也有利于古村落功能的置换，突出发展旅游和文化产业，为古村发展注入新的活力和动力。

（3）保护的技术措施。第一，街区肌理整治。上坪村依山而建、溪流环绕、街巷曲折幽深、错落有致，充满自然情趣。近年新建的一些住宅打破了原有街巷的格局，改变了原有空间的尺度，也对沿河景观造成破坏。对新建筑的布局、体量进行整治、梳理街巷与水系的结构关系、逐步恢复原有街巷的空间格局，是古村落风貌整治的重要环节。第二，沿街立面修复。上坪村沿街主要由传统民居构成，以一二层为主，木结构、坡屋顶、灰瓦。民居为木格窗，风格古朴。沿街立面整治主要针对影响古建筑体量、风格、尺度、比例、色彩、材质、装饰等不协调因素进行，包括清洗、修复外墙面，整理拆除乱建的墙体、电线、防盗窗等。第三，空间构成要素。上坪村古朴的历史建筑、传统的民居、错落的石阶、潺潺的小溪、苍翠的古树构成了富有情趣的空间形式。空间的整治应剔除那些与环境要素不协调的符号——乱搭乱建的构筑物、垃圾、牲畜粪便等，塑造原汁原味的空间。第四，河流水系梳理。上坪村被两条水系环抱，村中还有多处池塘，构成了上坪村独具特色的水系格局。但由于古院落已破败，许多池塘已被填埋。两条小河也被乱搭乱建的建筑挤占，河道不断变窄。恢复池塘、清理河道，再现清山秀水，是古村落风貌恢复的重要举措。第五，建筑风貌整治。根据对上坪村建筑分析评定，其建筑保护整治模式可以分为五种类型：修缮、修整和修复、维修、整治、拆除等。

2.古村落经营——可持续发展的动力

(1)经营主体。古村落的经营以村委会的名义牵头组建公司，村民以入股、合作的方式参与经营。这种方式在安徽宏村已经进行尝试，并且取得了良好的效果。古村落经营也可以转让给经验丰富的文化旅游公司或组织。总之，经营主体可以多元化。

(2)经营方式。古村落的经营方式应灵活，尽可能发挥文化公司的经营才智。其一，TOT 模式，即转让—经营—转让方式，将古村落文化资源采取经营权转让、入股等形式，委托给文化公司经营，经营所得利益部分返还给村民，用于改善居住环境和古村落保护。其二，ROT 形式，即采取保护维修—经营—转让方式。古村落保护和维修工程，可以采取招商形式，吸纳社会资金，然后按照谁投资、谁经营、谁受益的方式运行。

(3)经营内容。上坪村在保护和发展中，经营项目可以分为三个层面：一是古建筑、基础设施整治工程的经营。二是上坪村文化旅游资源经营。上坪村有古朴的民居、原生态的田园风光、神秘的宗族文化和别具风味的小吃，这些是发展旅游的珍贵资源。依托这些资源，可以发展民俗文化游、农家乐、农业观光游等。三是拓展项目的经营。通过对文化资源深挖掘，拓展产业链。利用上坪村特色小吃，如咸茶、落汤梅、碱糍、状元糍、硬饭米糍、豆腐花等，做大做强食品产业；利用上坪村传奇文化，发展工艺品产业；将古村落作为影视拍摄场所，发展租赁业。

3.古村落监管——可持续发展的保障

为了协调保护主体与经营者之间的利益关系，防止经营中一些人追求短期利益，破坏古村落的行为，必须建立完善的监督、管理体系。

首先，建立县乡两级管理体系。乡政府作为村的直接领导机构，在保护古村落中应发挥积极作用。乡政府应把古村落的保护作为一项重要的任务来抓，协调古村落保护和经营中的各种矛盾，起到古村落保护的第一层盾牌的作用。县文物管理部门，也是古村落重要的监管人，负责对乡、村两级部门进行监督、管理。县文物管理部门应制定古村落保护的评价机制，定期进行评估，县文物管理部门应成为古村落保护的第二层盾牌。

其次，完善专家、媒体、公众多重监督体系。社会的监督是古村落可持续发展的一道保障。接受专家、媒体和公众的监督是古村落健康发展的基础。因此，管理部门应为社会监督提供信息反馈的渠道，并且能够及时做出反应，及时处理相应问题。

第三节　基于聚落保护的活化

基于上述，在聚落的保护与活化过程中，聚落保护力量日趋多元，已经超越了单纯依靠政府的力量、由政府来主导一切的路径，正在走出一条"紧随社会的发展而探求社区层面能否达成共识，鼓励居民参与，跳出聚落物质空间层面的保护与活化，寻找聚落产业的升级与更新，科学引导、重振产业对聚落的支撑作用"的新路径，这一新路径在某种程度上，是保护聚落存在和发展的根本，也是解决聚落面临困境的钥匙。同时，基于聚落产业的探究，活化再利用聚落物质空间、加强聚落的维护与管理，将成为保护与激发聚落文化生态系统活力之间新的平衡的不变砝码。

一、突破囚徒困境，存续聚落人文性

基于上文，无论是乌镇，还是婺源，都有深陷于把聚落作为"落后地区"而被"更新活化"，或是被视为具有"旅游商业潜质地区"而面临旅游商业化及由此引发的资本逻辑的"全面改造活化"的囚笼之中，形成"真正的保护与活化"的"囚徒困境"。而前者在更新活化中往往是以"拆除传统风貌，建设全新的现代建筑"来实现其发展的需求；后者虽存留历史地块、传统风貌区、古民居，但仅剩传统风貌的躯壳，实则去除了聚落文化与空间的灵魂，聚落文化生态系统成为一种标榜而非实质的存在。这两种规划理念的相同之处，在于受限于旅游的思维禁锢，由此严重戕害了空间的人文性。

据此，传统聚落的保护与活化，应突破囚徒困境，探究聚落人文性的存续。首先，在聚落保护与活化的目标上，要明确保护是根本，是首要的目标，在基于保护方面，正视经济效益，而非否定经济诉求，否则其活化发展将被扭曲，深陷于囚徒困境之中。其次，在保护的方式上，要避免聚落空间冻结保存的方式。对于规划者而言，聚落保护与活化最核心价值就是空间人文性的存续。在政府或开发商等群体决策过程中，应首先注入这一命题，以谋求一些非利益的价值理念得以存续下来。

聚落的人文性，即能够令人真实感受到聚落独特的当地文化生活，所谓"当地人的地方工艺、饮食、产业、社会生活的步调、人的交谈和互动，真实的日常及节庆活动方式，当然还有自然成长的聚落历史意向和周边与生命共生的自然地景"。[①] 这与一般以文化消费为着眼点的旅游观光规划最大的差别在于："真实性"对比于"虚构性"，"当地性"对比于"外来性"，"自然而然的生活方式"对比于"展览演出的生活方式"，"利益分享于当地人"对比于"国际品味的空间性"，要充分认知这一差别性，这是解困的途径。"当开发权力及利益由外来资本家结合于一身之后，当地人赖以存续的立身之地被集体迁移，替代为以旅游

① 李乾朗，阎亚宁，徐裕建.台湾民居［M］.北京：中国建筑工业出版社，2009：291.

公司指定的经营者在聚落中作虚伪的文化包装，形成一个文化商业市场”，实质上是一种“去文化”的空间建构过程。因此，聚落的保护与活化必须注重人文性的存续。

其次，传统聚落不同于城市，一些经营城市的思路难以适应传统聚落的文化生态系统的发展规律，全盘模仿城市，将丢弃传统聚落应有的特色，将损坏其环境和文化。传统聚落的自然和文化生态都十分脆弱，保护与活化好地域文化与环境，让它们可持续地流传下去，不仅仅是一个技术问题，更是一个文化问题，需要慎重地考虑整个聚落的文化生态系统。

在探寻聚落人文性时，现代生活方式与生产方式是聚落居民获得幸福感的基本保障，但传统聚落具有现代城市不可以替代的物质，即人文性。因此，在注入城市现代生活方式时应该考虑到当地的习俗与传统，盲目地将城市人的生活全盘引入到传统聚落之中，只能邯郸学步，只能打破聚落中原有的文化生态系统。

二、建构整合性保护、探寻聚落发展着力点

聚落的保护，应突破单栋建筑物保护的局限性，应从建筑的领域延伸到历史地段乃至整个聚落。因此，保护应该是聚落整体的保护。只有这样才能维系聚落整个文化生态系统，才能保护所在地域发展历史上的完整轮廓，才能维护并有效呈现地方生活文化特质的空间特质，才能延续或恢复当地人经营具有地方色彩的产业，以原貌或转化方式呈现出来，才能产生持续自力永续经营的有机性、自发性效果，才能选择可以联络未来文化休闲生活的相容性并控制其生长激素，以平衡过度的不正常增生，以诱导有机性的自发性效果，寻求聚落生活模式的真实性。

随着城镇化进程的迅猛推进，城镇的日益现代化，聚落及聚落内的历史遗存的完整性受到被破坏的威胁，传统聚落要保存其历史遗存的完整性，急需必要的管理维护、修复以及转让的限制规定。1975 年，欧洲议会部长委员会通过的《建筑遗产的欧洲宪章》中特别强调了“建筑遗产是‘人类记忆’的重要部分，它提供了一个均衡和完美生活所不能或缺的环境条件”。传统聚落的保护必须作为整个规划政策中的一部分。这些地区具有历史的、艺术的、实用的价值，应该受到特殊的对待，不能把它从原有环境中分离出来，而要把它看作整体的一部分，尽量尊重其文化价值。《建筑遗产的欧洲宪章》指出：“在历史进程中，城镇中心和一些村落都在逐渐衰退，变成了质量低劣的住宅区。处理这种衰退问题必须基于社会公正，而不是让那些较贫穷的居民搬离”，“所有的城市和区域规划必须把保护作为首要考虑的因素之一”。①

众所周知，传统聚落往往是一个完整不可随意分割的文化生态系统，我们的祖先在聚落选址上，已经形成了一套理念，即充满智慧的风水理论，并将此理论灵活运用到聚落、民居、祠堂、寺庙的选址、建设、管理之中，讲究方位、植被的种植、祠堂的修建、民居的建造过程及日后的管理，如土坑刘氏家庙每年的祭祖活动，都表明铭记祖先恩德，秉承传统，教育后人。

---

① 张松.城市文化遗产保护国际宪章与国内法规选编［M］.上海：同济大学出版社，2007：14.

同时，无形的文化财富是聚落文化生态系统的重要组成部分，是聚落文明的灵魂。无形的遗产的概念“包括构成社会或社会团体特性的精神、物质、知识和感情特点的文化复合物”，它“不仅包括艺术品和文字，而且包括生活方式、人类的基本权利、价值体系、传统和信仰”。[①] 因此，传统聚落保护不单单意味着聚落的物质文化遗产的保护，还包括物质文化遗产背后的非物质文化遗产的保护，两者结合才是整体的保护，全面的保护，才能真正维系好聚落的文化生态系统。

在现实中，历史建筑或聚落的保护不仅包括保护对象自身，而且包括保护对象所处的环境；不仅包括对物质对象的保护，而且包括对非物质对象的保护；不仅要严格保护，而且要适度发展，充分发挥聚落社会和文化传统中的各种积极因素。不论是有形的、还是无形的遗产保护，“人”都是核心和根本。这里的“人”的因素应该包括以下几个主体：一是在当地出生、长期居住的原住民，这些人中还包含文化遗产的传承人；二是从事文化遗产管理和保护的工作人员。城镇化的浪潮下，农村人口不断流向城市。传统聚落人口大量缺失，原本活跃的乡村生活日趋沉寂，乡土文明失去了勃发的土壤，这是对聚落传统社会和文化保护极大的挑战。

综上，整合性的保护，就是在考虑传统聚落这一复杂精妙系统的基础上，处理好“传统生产、传统文化、传统环境”三大关系，即保护聚落的自然山水环境、整体风貌格局、传统建筑、历史环境要素等有形的物质环境；保护与传承传统生产生活方式；着眼于长远，修复或重建文化共同体、新中华文化的养成等。这是构建整合保护系统的三大核心，也是探寻聚落发展的着力点、出发点。

三、维系核心价值，发展聚落旅游

目前，国内的诸多聚落保护与活化过程中，都存在旅游发展过度、聚落产业经济开发超负荷、聚落过度商业化等问题。因此，必须清晰地认识到，传统聚落保护与活化的核心价值在于包括传统生产、生活方式在内的文化血脉，传统聚落的旅游只是聚落发展的一种途径。因此，聚落旅游发展、商业经营等绝不能离开这个基本点。

与此同时，现行的聚落保护与活化的逻辑路径是：传统聚落保护艰难，困境重重，传统产业凋零、传统生活难以满足时代发展的需求，建筑保护后，其再利用的途径狭小，而通过旅游来活化、拯救传统聚落成为唯一路径。旅游带来游客、带来人气、带来消费、带来活力、带来经济效益。由此，形成了“聚落保护的目标就是为了发展旅游”的必然结论，在这一结论下，保护与活化的核心价值发生颠覆。

但是，传统聚落蕴藏的丰富文化内涵是聚落存在的基础，好好发掘、展示、弘扬其优秀文化，不但是传统聚落保护与活化的重要目的，也是能让旅游更加有吸引力的特色所在。因此，必须完整地保护并发挥传统聚落的社会、文化、科学、艺术、情感等价值。尤其是在传统文化几乎流失殆尽的大背景下，经济价值只应该是传统聚落综合价值中的一部分，只

---

① 张松.历史城市保护学导论［M］.上海：同济大学出版社，2008：11.

是传统文化的保护和发扬中产生的附加的、额外的收获，而绝不能将其作为主要、甚至唯一追求。所以，聚落的保护与活化必须摈弃格式化的旅游路径下的格式化传统聚落开发。聚落的保护与活化的核心价值应不改初心，保护其文化，存续和弘扬优秀文化基因，旅游只是发挥其价值的手段之一，而不是唯一。不能为媚合一段时期内某些低层次的旅游需求而损害传统聚落的核心价值。传统聚落旅游应以其价值传播和发挥为出发点，以乡土教育为重要内容，努力通过旅游这种外来刺激，服务于重启聚落内源发展动力，再建聚落文化共同体、传承延续优秀文化的目标。

在维系聚落保护与活化的核心价值的基础上，发展旅游的过程中，资本是撬动其运作的钥匙。面对资本应保持聚落保护的初心不改。资本的天性就是嗜血，指望它自发主动地保护发展文化，基本上是与虎谋皮。如果不严格控制，嗜血资本将对传统资源掀起又一次扫荡，那将是聚落的一次劫难。面对资本，思维可以开放，但必须着眼长远，要允许一些传统聚落的“落后”，不是所有的聚落都需要按照社会的成功观“发展”起来。必须基于聚落的历史、现状、综合各方因素思量其未来。

四、肃清思维盲点，正视传统与落后

近几年来，国家、社会为了传统聚落的保护，投入了巨大的人力、物力与资金，取得了巨大成就。但是，仍然暴露出了诸如前文的矛盾，其中，对实现传统聚落完整、真实、可持续的要求，至关紧要的传统生产方式的保护等方面还没有得到足够的重视，还需要去探寻多元的保护与活化策略。

在寻找多元策略前，必须肃清思维上的盲点，正确认识聚落保护的内涵。在快速城镇化的进程中，时代的大潮使得现代化已经成了一种狂热的、不容置疑的“宗教”。于是，发展就等于现代化，农业也要现代化，生活也要现代化，房子也要现代化，人际关系也要现代化……现代化成了人们思维的定势与铁律。长期以来，我们已经习惯于用西方人的、工业时代的思维来衡量一切，评判先进与落后。这样的思维逻辑已经深深地扎入世人的脑海，由此，传统聚落就成了“落后”的代名词。

面对“落后”的传统聚落，传统的生活与生产方式成了应该“现代化”的对象。由此，在开展聚落保护与发展的实际工作时，很少顾及传统生产方式，仅有少部分作为非物质文化遗产的代表性项目才被纳入保护的范围。在各种评价体系中，基本上缺乏对具有传统生产技能的人的评价（非物质遗产代表性项目传承人除外）、缺少对传统生产方式延续程度和可能性的评价。聚落保护更看重的是植被、古树名木、小街深巷、红砖白石、街楼、燕尾脊、深井、戏台、宫庙、美食、手工艺、邻里、诗词、绘画、戏曲、民歌、野趣、掌故传说、名人等，而非聚落传统生活与生产方式。由此，导致了聚落保护的虚饰，成为旅游发展的“布景”，而非聚落自身的“主景”。

文化保护呈现为虚无的、没有基础的保护，传统聚落保护就只剩颜值，聚落的活化靠的也就只有颜值。有些设计师、开发商、地方政府等，大部分的思维、精力、资金的投入，都局限于“颜值”的美学上，规划措施里关注的更多是“风貌协调”，而对传统的生活与生产则被压制在“落后”的禁锢之中。没有了传统的生产，也就没有了传统的生活，传统建筑保存就成了一个个躯壳，失去在当代生活中的使用功能。在投入非常有限的情况下，传统文化的保护只能集中在非遗代表性项目上，而且又常常被开发成收门票的舞台化表演。① 传统生产方式更是无法顾及，为了“发展”迫不及待地搞出各种所谓“旧瓶装新酒”的文化创意，而从文化人类学的角度看，这种“旧瓶装新酒”的结果，却把长期酝酿而出的“原始生活文化”完全予以斩除，割裂了空间与文化的脐带。

传统聚落空间需要保护，需要修补，需要再生，其含义从空间层面而言，是指每个历史时期都会有新的意义叠加在原有意义之上，而这种“叠加”，如果与原初的空间意义有着相当的关联，那么新的“环境意义”即是协调而相容的，新的意义是由老干上长出的新枝，基本上是有机成长的，这种意义的转化支撑历史连续性的新动力，对于原有的族群生活具有积极效果。反之，如果再生是建立在完全转变，甚至摧毁湮灭的后果之上，则再生的意义即沦为“摧毁性的创造”，这种再生是反历史的行径，对于原有空间文化而言，是“去文化”的负面效应。

据此，传统聚落是传统生产方式的产物。传统生产方式的消亡，使传统聚落失去了生存发展的基础；没有了内在的生产活力，保护发展就只能是在外在的皮相上做功夫，投入再多也无济于事。要更好地保护发展传统聚落，就必须正视和直面传统生产方式的保护。

传统农业、传统手工业本身就是一种文化遗产。传统聚落里的农业生产价值不能以单纯的经济价值来判断。它不仅产生了独具特色的美学景观，维持了具有全球意义的农业生物多样性、具有自我调节能力的生态系统和具有重要价值的文化遗产，而且最重要的是为人类持续提供了多样化的产品和服务。②

从生态文明的视角来看，传统的生产方式让居民们通过较低水平的技术，利用有限的资源，就可以将自然灾害所造成的损失降到最小，并长期保持较为稳定的产量，获得最大的收益。此外，这种生产技能还促进了饮食结构的多样化，采用极少使用化学物品的传统种植方式，产生了多种多样、高度异质的生态景观。如生长在土坑聚落内菜地中的蔬菜，是不施加任何人工化肥、农药，纯粹的传统技术培育下的产品，较工业化、现代化背景下的蔬菜更为自然、朴实、安全，所以，时常被冠以“绿色食品”称号而深受城市市民的青睐。

综上，思维理念的肃清，要求树立新观念，允许“落后”。这是生物多样性的要求，也是文化多样性的意义所在。在聚落保护与活化的过程中，应允许甚至鼓励一些聚落走另类的“发展”道路，认可一些聚落在生产上的“落后”、在生活上的“落后”、在文化上的“落后”，并想办法为保护这些“落后”提供观念上、政策上、技术上、资金上的支撑，以此保存住真正的聚落与聚落文化生态。

五、探寻多元之策、构筑新型的组织机制

归纳上述案例，在目前聚落保护与活化过程中，应注重组织机制的创新，即充分发挥

① 部分观点参考：李华东.传统村落：仅有“皮囊”是活不下去的［OL］.中国传统村落保护与发展中心，2016-05-24.

② 部分观点参考：李华东.传统村落：仅有“皮囊”是活不下去的［OL］.中国传统村落保护与发展中心，2016-05-24.

自组织机制、他组织机制适度介入的作用。从乡建理论层面剖析，近几年来传统聚落保护与活化暴露出的诸多问题，都可以从自组织机制和他组织机制的冲突中找到原因。因地理环境等诸多要素的作用，千百年来传统聚落秩序的维系都是依靠聚落自己，即自组织机制的作用。当地文化在漫长的历史长河里，外部力量过度介入，往往都导致聚落文化断裂。因此，在现时代的环境下，现代化、城市化实际上和传统是有冲突的，这种冲突不会自发弥合，因此，聚落自组织机制应延续其机能，在弥合冲突中发挥应有的作用。

他组织机制也对聚落保护产生一定的积极作用。诸如台湾省台北市桃园县大溪镇的爱镇协会就是非政府组织（NGO）、非营利性组织（NPO）在大溪镇的日常运营中起到重要作用的典型案例。据此，构建新型的组织机制，维护聚落社会生态链，促使聚落保护与活化的有序发展。

大溪镇位于台北市桃园县，境内有大汉溪，因而得名。大溪镇原为邻近复兴乡的木材输出门户，以大汉溪为河运管道。大汉溪两旁原为台湾河阶地形之代表，明清时期是台湾十分重要的内陆港。

大溪镇因为开发得早，而且依托河运而曾经繁华极盛一时，因此，除了土地庙、富丽堂皇的宗祠家庙外，知名的百年佛寺、老庙就有普济堂、斋明寺、莲座山观音寺、福仁宫、仁和宫等五座；另外，古镇中保留着天主教、基督教的历史遗存。

大溪镇东临的“福尔摩沙高速公路”（3 号公路）为台湾第二条南北高速，建设目的是缓解中山高速公路日趋饱和的交通量，同时公路主要通过的城镇大都为乡村地区，有力地平衡了城乡发展，也因此带动了沿线城镇的旅游业发展。

桃园县大溪镇在日据时期称为“大科坎”，意即大台地，位于大汉溪溪畔台地上，曾是台湾重要的内陆港口，明清时期从淡水、大稻埕、艋舺来的运输船可以抵达大溪，“崁津归帆”也成为大溪美景之一。咸丰年间，当时大溪的繁荣如日中天，到了 1925 年，桃园大圳完工，大汉溪的河运断绝，大溪的黄金岁月也随之结束。20 世纪 90 年代，大溪的陆路交通条件改善，成为交通枢纽，大溪抓住机遇，重整老街，旧日历史美景再现，成就了今天发达的观光业，2012 年，被评为台湾十大观光小城之一。①

大溪因位处北横公路起点及邻近石门水库，成为交通转运站，近来观光业的发达，促成大溪老街的重整。大溪老街主要范围涵盖和平路、中山路、中央路三条历史街屋，是由店面形成的商街，建筑型式和台湾早期的传统商家店街一样，都是面宽窄、纵深长的深长形连栋店面住宅的街屋型式；大溪老街至日据时代的 1919 年左右，因日本总督府执行等同现代都市计划，将和平路、中山路等街道依规划好的建筑线拆除部分建筑，那时大溪老街平常住家主要以红砖牌楼立面搭配红砖屋，商家则以石材精雕欧洲风格的拱门梁柱和繁复华丽的浮雕图案，呈现出以巴洛克风情为主的立面牌楼；但是大溪老街牌楼的立面虽为巴洛克风情，造型却采用大量弧线，牌楼中央最高的突点“山墙”，有山尖形、半圆形、圆弧形等变化，顶端的“收头”则有动物、植物、几何图形各种样式，十分特别。另外，尽管河

---

① 陈梦姣，董卫.台湾社区营造对祖国大陆历史文化名镇更新的启示——以桃园县大溪老街更新为例［C］.城市时代，协同规划——2013 中国城市规划年会论文集，2013：321.

运没落，繁华不再，这三条老街却能保留原貌，并结合大溪其他文化与历史的魅力，成为大溪镇复兴的重要场所。

20 世纪 90 年代中期，整个古镇除了和平街，其他大多因年久失修而杂草丛生。和平街有 80% 是连续两三代制造“神桌”家具的老店家。几条街的生意日渐萧条、人口不断外移，逐渐没落。许多男性青壮年去台北打工，妇女、儿童、老人，成为留守村庄的最后主力。大溪老街街屋呈现出破败残损的景象，整个古镇正面临空心化的凋敝窘境，古镇保护与活化亟待开展。

当时，大溪镇公所一直想保留老街原貌，但因经费不足及居民反对，工作难以进行。大溪最初的保护与活化理念是由草店尾工作室结合大学的建筑系师生推广的。[①] 20 世纪 80 年代初期，台湾大学建筑与城乡研究所就开始努力推动参与式规划，经过十多年自下而上的努力，到 1994 年文建会提出自上而下的“社区总体营造的政策”之时，不少学者已经有了引入市民参与的主体转换意识。

为保留和平街牌楼立面的原貌，大溪镇公所在老街进行“社区总体营造”的计划，经过两年的努力，1995 年争取到经费，准备举办“大溪之宝”选拔，请专家评选出十五户牌楼立面，每户发给二十万元奖励金，让该户居民永久保存老街立面。具体执行过程大致是：选定牌楼立面，居民需要对其做些简单的清理维护，进而登记，使立面列入管理，才能拿到这笔钱；未来改建，需要经过镇上改建委员会的同意。通过“大溪之宝”的牌楼选举活动，人们从中发现了牌楼街屋的价值，从而激发了居民对老街的感情。大溪人因此形成了对历史古迹、文化进行保护的意识，自发组织形成“历史街坊再造委员会”。

“历史街坊再造委员会”统筹规划老街发展有关的任何事情，并定期组织讨论。在这个组织的努力下，1996 年 10 月，大溪老街入选台湾经济主管部门商业司商业街开发推动计划，并委托财团法人众位发展中心协助大溪老街的复兴工作。经过长达一年多的组织商讨，最终居民共同制定了“生活空间美化工程”的主要内容。在初期阶段居民投票推选陈信安建筑师负责规划设计，江宏伊建筑师带的小组进行监工并亲自担任老街的规划设计。在工程实施的过程中，江宏伊每半个月都要和老街居民代表进行工程细节商讨会议，即时反馈问题并采纳意见。

“生活空间美化工程”主要包括以下内容：整修美化建筑立面；统一招牌大小，并由每个店家自行设计自家招牌；美化道路铺装；增加照明设施；电线电缆等基础设施地下化。

具体内容宏观层面有：维持原有自然生态格局，保护原有古道。中观层面有：沿街立面改造，牌楼修复，骑楼地面铺设；进行道路交通规划，人车分流；管线规划，照明规划等。微观层面有：文物古迹、历史建筑修缮，节点设计，历史资料整理归档等。

美化工程基本结束，2000 年后，爱大溪的居民们成立了爱镇协会，爱镇协会为非政

---

① 保护老街建筑初期，当地百姓有许多冷漠和不信任。有的居民说，“直接把二十万发下来让我们盖房子吧”“专家的意见不过是带头热闹一下，总是和我们的生活隔离的”“拓宽街面更有利于房地产升值，为什么非要保存牌楼”。镇长也疑惑，“专家说放五年产生经济效益，如果五年后不成功怎么办”。面对重重阻力和不信任，华梵大学的曾梓峰通过努力说服了镇长，并带着团队在和平街成立了草店尾工作室，开始长期与居民沟通的古迹重建和社区营造。

府组织(NGO)、非营利性组织(NPO),在大溪镇的日常运营中起到重要的作用。爱镇协会进行的工作有:(1)组织当地特色工艺的传授,大溪镇曾经拥有的特色产业,被重新挖掘和推广。例如传统手工家具业、中药铺、陀螺等木器工艺、豆干等特色食品的制作工艺等。(2)定期策划主题活动、民俗活动,每期都有不同的主题,并把信息发送到官方博客。(3)提供自愿导游服务、地图绘制、自发进行网站建设,为自己的家乡发展出谋划策,为文化传播贡献力量。

整个古镇的保护与活化过程中牵涉的主体有以下几个:“政府”、居民、第三部门(非营利机构)、设计师团队。其中,第三部门是由居民代表或者直接财产利益者组成,因此可以说第三方是居民群体的代表。以大溪老街为典型的台湾历史街区保护与活化,是以当地居民为主体,“政府”、设计者为辅助,第三部门是组织者。出资人包括三个:第三方或个人,通过募捐、个人出资渠道;“政府”,通过部门补贴;居民,拿出社区赢利的一部分旅游收入。设计者是居民请来的帮手,是居民想法得以实现的技术方法指导者,不同居民意见不同时候的协调者。从保护与活化的过程上看,属于“自下而上”的模式,是居民自发形成的对街区改造的愿望,并在他人帮助下得以实现。

居民社区参与的主要内容有:策划、工程建设、管理、监督等。

据此,保护与活化的结果是:物质空间环境得到改善,原来残损的建筑外观得到修复,宗教寺院香火更加旺盛;居民爱家乡的热情空前高涨,吸引大批的原有外出打工人员返乡工作,共建家园;人与人之间的关系更为密切,社区关系更为融洽;原有的特色产业得到传承和发展,特色工艺和非物质文化遗产被保存;老街的繁荣带来了更多的旅游者,经济实现复苏;文化氛围越来越浓厚,吸引很多艺术团体前来表演和展出。

综上,可以得出:传统聚落的保存与活化不仅仅需要提升空间文化的品质,还关系到整个社会文化的多元化发展。因此,探寻通过以社区居民记忆为主参与式设计的保存规划,可以避免资本主义生产方式所造成的空间与文化的单一化。一个地方的文化并不仅仅局限于特定精神层面,更重要的是当地居民沟通与表达的方式,在当前全球经济化发展中这种特有的地方文化在本地化发展中越来越受到各界人士的重视。

第四节　土坑聚落的“双修”探索

一、从“城市双修”走向“名村双修”

“生态修复、城市修补”,是指用再生态的理念,修复城市中被破坏的自然环境和地形地貌,改善生态环境质量;用更新织补的理念,拆除违章建筑,修复城市设施、空间环境、景观风貌,提升城市特色和活力。据此,开展生态修复、城市修补(以下简称“城市双修”)是治理“城市病”、保障改善民生的重大举措,是适应经济发展新常态,大力推动供给侧结构性改革的有效途径,是城市转型发展的重要标志。对照现时代土坑国家历史文化名村及其他名村所面临的困境,历史文化名村保护也需要“双修”。

城市修补的重点是不断改进城市公共服务质量，改善市政基础设施条件，发掘和保护城市历史文化和社会网络，使城市功能体系及其承载的空间场所得到全面系统的修复、弥补和完善。生态修复，即有计划、有步骤地修复被破坏的山体、河流、湿地、植被，积极推进采矿废弃地修复和再利用，治理污染土地，恢复城市生态系统的自我调节功能。①

"城市双修"试点工作任务包括六方面：一是探索推动"城市双修"的组织模式；二是践行规划设计的新理念、新方法；三是先行先试"城市双修"的适宜技术；四是探索"城市双修"的资金筹措和使用方式；五是研究建立推动"城市双修"的长效机制；六是研究建立"城市双修"成效的评价标准。

众所周知，在保护与发展中，我国的历史文化名村面临的主要问题有：(1)村落经济相对落后，人口流失问题突出，产业亟待发展。如土坑聚落地处泉州市域，泉港区经济发展迅速，实力雄厚，但土坑聚落经济结构较单一，村民收入相比泉港其他地区低。村庄人口老龄化、人口流失等问题仍然存在。(2)村落传统空间形态和历史文化景观破坏严重，亟待保护。长期以来，人们心目中禁锢着"落后乡村"的观念，对城市高楼大厦的憧憬一直是村民们的梦想，于是在这一思维逻辑下，包括土坑在内的广大乡村，传统建筑必然被拆除，代之而来的是新的、高的、现代而充斥城市风貌的建筑，而这一切无疑不利于名村的保护，特别是由于缺乏有效的规划指导和管理机制，村落建设呈无序发展的状态，致使村落传统空间形态和历史文化景观受到很大破坏，对于土坑聚落而言，最为突出的就是核心区淹没在高楼大厦之中，成为传统风貌的飞地。同时，因经费的短缺及其管理机制的缺乏，传统建筑正经历着自然的老化及台风、地震等自然因素的破坏等，进一步加剧了名村保护的难度。(3)管理机制残缺，亟待创新。长期以来，许多名村发展缓慢，同时，由于背上了"历史文化名村"的头衔，村落居民房屋改造受到了种种的限制，而作为管理部门对此并未能制定相应的管理细则及应对措施，只是一味地进行"限制""禁止"，缺乏"引导""调控"与"发展"，由此加剧了村民自建房与名村保护的矛盾，这些问题都与管理机制的不契合有着密切的关系。(4)长期以来，名村问题局限于"保护"的铁律之中，对其"发展"缺乏足够的思考，现有的思维路径局限于"旅游发展"，除此之外，仿佛无路可寻。由此，使得"名村保护的归宿落在了旅游"这一唯一的路径上，但现实的困境在于，诸多名村的旅游开发因交通区位、经济条件、管理机制等众多方面的问题而难以付诸实践。由此，使得"名村发展成为了空中楼阁"，针对上述种种现实困境，急需探寻名村的双修之道。

从"城市双修"走向"名村双修"，是基于历史文化名村的现实困境与村落特征。"名村双修"即文化修复、空间修补。其中，文化修复是挖掘地域传统文化精华、解读名村文化价值、名村空间与建筑特色及其非物质文化价值，传承文明，促使文化向产业的转换，重塑名村文化自信。空间修补是以探寻支撑名村发展为目标，解决名村功能空间的缺失，改善空间环境品质、重树空间秩序、保护文化遗产，促进建筑物、街道立面、天际线、色彩和环境更加协调、优美。其次，修复被破坏的山、水、农田、林地，治理污染土地，恢复宜人的自然生

① 全面开展"城市双修" 推动城市转型发展——住房城乡建设部印发《关于加强生态修复城市修补工作的指导意见》[OL].住建部，2017-03-10.

态环境、低技术的人居环境。

二、双修目的

现时代名村暴露出的一系列问题都可以从居民对村落文化自信的缺失、名村发展的不足中找到答案，据此，“名村双修”的目的就是通过文化修复来增强居民对村落传统文化的自信，通过空间修补来构筑村落的自强。（如图 8-2）

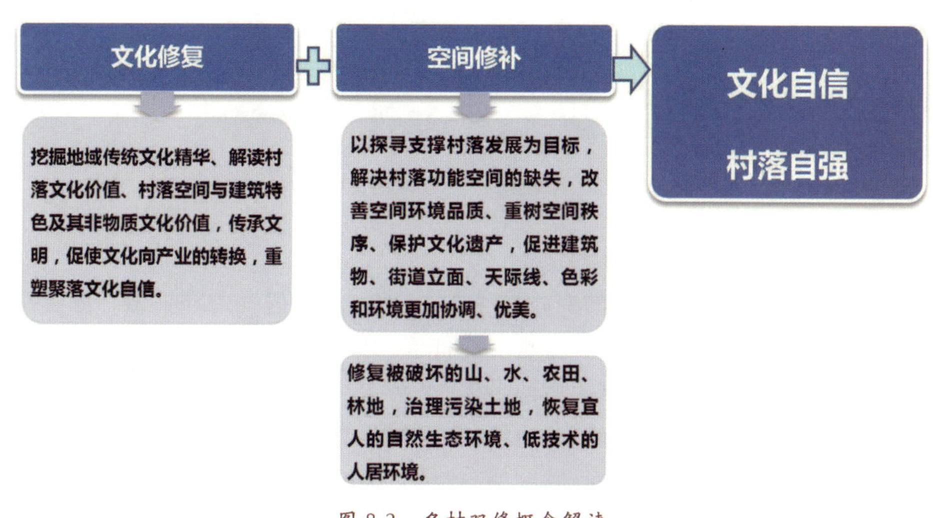

图 8-2　名村双修概念解读

三、名村双修之道

名村的双修之道与城市一样，是一项综合性的、长期的、需要多部门协同作业的工程，涉及规划、设计、建设、管理等诸多方面。与此同时，名村在“人、财、物”等方面都有别于城市，因此，其双修之道有着自身的特色。在名村的规划、设计、管理、建设中，应加强村落特色的挖掘、采用科学的价值评估方法，搭建系统务实的设计体系，构筑立足基层的管理机制是名村双修之道的核心内容。

（一）解读村落特色、探寻文化精髓

名村双修之道的首要任务是解读村落特色，探寻文化精髓。为此，借鉴历史学、地理学、考古学、社会学、人类学等学科的理论与研究方法，运用诸如空间句法、RS、GIS、GPS等数字技术，梳理村落历史空间的变迁及其发展规律，挖掘各历史时期的文化特征，探寻村落文化的外在表现形式与其内在文化精神，归纳总结村落的历史价值、科学价值、艺术价值等，为村落社会、文化、环境、经济等协调发展创造良好的运行空间与文化基础，以此替代传统的以物质空间为核心的村落价值评估方法。

对于土坑聚落而言，主要从其“历史发展、海上交通（海上丝绸之路）、聚落商贸与空间布局、闽南文化与外来文化、聚落空间与建筑”等方面展开，并结合 GIS 技术平台对这几方面的研究结论进行叠加、整合。由此，梳理出土坑聚落的文化价值、村落发展轨迹等。

通过研究得出：土坑是海丝港市重地、泉州刘宗故里。（如图 8-3）

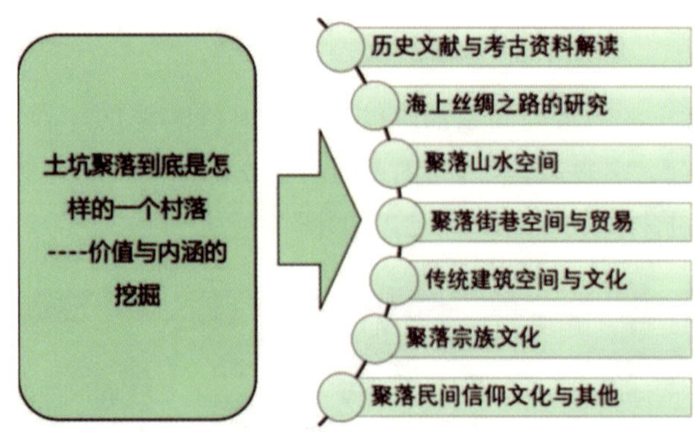

图 8-3　土坑聚落价值与内涵的解读

（二）比较村落生态环境、科学评估

生态环境的修补是村落双修的核心内容之一，而对其的研究与评估是开展生态修补的基础。因此，加强其研究与评估具有重要的价值。生态环境的研究与评估主要包括村落历史上的山水空间格局，从对现实中的山体、水系、农田等自然资源和生态空间进行比较研究，总结历史上村落在低技术下营造的“宜居环境”特征与布局规律，比较现状，梳理出生态问题突出、亟须修复的区域。其次，开展村落村民建设调查评估，梳理村落基础设施、公共服务、历史文化保护以及传统风貌方面存在的问题和不足，明确空间修补的重点。

土坑聚落刘氏先祖在营造过程中，结合地形，在塗山山麓以东以南的高地上、面朝厦门口码头建造祖厝，并围绕祖厝形成南北两大片、八排古厝平列相错排列，形成“四横五纵”网状及“背靠塗山，面向厦门口面前溪”的聚落生态格局，对此应该保护好这一人工与自然双重的景观。其次，鉴于聚落北部为石化基地、化工园区，在村域发展上严格禁止向北发展，并从祥云北路道路中心线向南推进 150～200 米，以此为界，拆除全有建筑物，原址辟为生态卫生防护带。再次，严格限制聚落向东、向南发展，维系并保护原有的园地、农耕地。

（三）剖析发展条件，构筑支撑产业

从区域层面，分析村落的资源、人口、产业发展等，其中村落的产业，有别于城市，产业往往单一，无法用城市的分析方法去探究，因此更多地需要从区域、历史发展的层面去剖析。另外，要梳理并分析农耕等第一产业、旅游业对村落的影响，着眼于长远，剖析利弊。村落有别于城市，在某些情况下，村落可以不与外界进行物质、信息与文化的交流而独立存在，村落具备自我循环运作的生存机制，这源自村落自组织系统的封闭与简单。据此，在编制名村规划时，首先，应充分认识、并尊重村落自组织的特性，应引导而非强制其发展，特别是产业的引入，应尊重村落自身发展的规律，尊重并利用原有产业，提高原有产业的附加值；其次，分析人与土地、房屋之间的关联性以及人口规模与构成的变化等，探究劳动力资源现状与潜力；再次，挖掘村落传统技艺与工匠，掌握第一手资料，避免闭门造车与自我臆断，为探寻村落产业发展提供服务。

对于土坑聚落而言，自先祖开基以来，聚落的经济发展就是多元的，即不单靠农业经济，而较好地利用了明清海上丝绸之路发展商贸活动，其中较为典型的如四房长刘端瑜在土坑海的海岸线许厝脚开设杉行，利用海上交通运输，开展经贸活动，成为一方巨贾。长房刘端弘购置十八艘帆船，开辟海上通道"走关东"经商，成为刘百万。另外，在聚落曾经开设典当行业，发展过餐饮、药铺、客栈、钟表行等行业，带动了整个聚落经济的发展。但近现代，村里的木坊船逐步被大公司的大铁船所取代，外洋贸易的经济实力和装备程度也逐步被削弱。清末至民国年间，土坑聚落海外贸易迅速衰落。之后，土坑聚落依托商屿为基地，创办紫菜、海带繁殖场，修船厂，养虾场等，以此促进捕鱼业、运输业、农副业的发展。但因为浅海的鱼、虾很少，外海又没有相应的渔船；加上土坑外海修筑了海堤，把海水挡在了外边，条件不允许再搞海产养殖了。所以，海上养殖业也逐步衰退。目前，土坑人主要靠外出打工谋生，大多从事建筑、制造、加工(家具)、海运(主要为船员)等，外出地主要有厦门、泉州、福州等。外出打工的有1000多人，占总人口的四分之一。外出打工者以年轻人为主，小孩和老人留守在家，外出做工的分两类，一类是大学毕业有知识、有技术的；另一类为初、高中毕业当学徒学技术的。两类人薪酬大约在3500～6000元之间。去往聚落北部的石化产业园打工的约200人，以体力劳动为主，按小时、星期为单位结算工资，做管道、机械等工作的，一天收入200元左右。以前去服贸工厂打工的很多，以女性为主，现在由于给的工资教低，很少有去工厂的了。①

土坑聚落所在的泉港区，整个区域范围内耕地资源贫乏，人均耕地面积仅0.2亩，低于联合国人均0.8亩的耕地警戒线，农业经济不发达，经济产出以第二产业为主，其第二产业比重远远超出泉州全市平均水平。在第二产业中，资金技术密集的石化产业与以劳动密集为主的一般制造业两大产业并重，但目前两种产业尚未形成完整的产业链关联。

鉴于此，土坑聚落产业发展定位为：复兴传统农副业，走特色品牌、精品项目之路，不断优化农业产业，挖掘并盘活土坑地域文化资源，充分利用各级文物保护单位、中国历史文化名村品牌，有效整合，突出闽南与莆仙文化交融的特点，形成以休闲度假、历史考察、文化交流、认祖归宗为主的"文化旅游"。

在产业规划目标上，第一，优化农副业，挖掘并盘活土坑地域文化资源，建设以休闲度假、历史考察、文化交流、认祖归宗为主的"文化展示与旅游"。第二，依托一般制造业和石化产业与土坑农副业，实现产业经济的发展与社会发展、文化生态环境、自然环境等多元协调发展。第三，借助土坑文化产业的发展，提高村民生活水平，提升土坑知名度。第四，成立村民产业合作社，解决土坑村民留守人员的就业问题，实现就业致富。村民合作社将以合作经济组织的新形式，依法管理经营村级集体资金资产资源，充分发挥村级集体经济效益和作用，为村公益事业、增加村民福利打下基础，将有利于实现农民增收脱贫致富。第五，依托后龙镇一般制造业和石化产业劳动力集聚的需求，化解外出打工造成的人口外流，尽可能促使土坑人才集聚与回归，发展"离土不离乡"的就业模式。

在产业总体发展思路上，土坑聚落应充分把握自身的资源优势，特别是地域文化资源

① 信息来源：土坑刘守德口述。

上的优势，以农副业为基础，以农民为主体，合作社集体运作作为模式，以农村为特色，以吸引都市游客、海外游客、各地刘氏后裔为目标，利用土坑聚落在各地的人缘、业缘以及地缘关系，坚持把农副业发展、古民居观光与文化体验、乡村人居环境改善与建设相结合，充分利用海上丝绸之路港市聚落中的古民居群的历史人文景观、宫庙建筑、乡土风情、耕读文化、宗族文化等资源，将农副业生产、生活、生态协调融合，开发休闲观光、历史考察、文化交流、游乐、餐饮、购物等体验性休闲系列产品，形成生态可持续发展的产业链，使土坑地域特色得以彰显，展示与旅游项目得到发展，环境保护得到加强，实现人与自然的和谐发展，居民宜居宜业生态发展的目标。

在产业发展策略方面，(1)优化布局。以保护传承土坑刘氏单姓聚落文化为基础，打造传统聚落观光、旅游、体验、文化创业，融“吃、住、行、游、购、娱”于一体，发展“三乡三土”特色，以此吸引并留住游客，为土坑的可持续发展注入活力。(2)完善设施。修复古建筑群，对其植入新的功能，如博物展示、文化创业、文化教育、民宿、特色餐饮、特色购物、特色娱乐等，在满足现代化休闲乡村旅游需求的同时，促进古村落的可持续发展。建立相应的配套服务设施，融“智慧、生态、绿色”理念于传统聚落规划与发展中，旨在创建“智慧型、生态型、绿色型”的美丽乡村。(3)加强宣传。通过各种媒介、互联网＋、微博、电视台、微信等技术手段与途径，广泛宣传土坑聚落的特色，民居保护的重要性及其文化旅游发展规划，在提高群众保护意识的同时，打造“土坑名片”。

在产业模式方面，(1)推行民俗文化体验模式。土坑聚落历史文化资源类型丰富，包含了民居群、寺庙、祠堂、商业街等，文化底蕴厚重，是刘氏单姓聚居的典范，也是明清海上丝绸之路的见证地。因此，充分利用这些资源，开展民俗文化的展示与体验旅游活动，对于传承优秀历史文化，保护历史遗产具有重要的意义，也是促进土坑聚落可持续发展的必经之道。(2)推行欢乐海洋祈福体验模式。土坑聚落的东南面即为土坑海，土坑海为湄洲湾的重要组成部分，与台湾台中港隔海相望，是闽台两省相距较近的湄洲湾港澳，亦是“中国少有，世界不多”的多泊位天然深水良港。同时，海湾中即为湄洲岛，是湄洲妈祖庙宇所在之地。据此，充分利用这一有利条件，结合沙滩、碧海展开一系列的诸如狂欢音乐烧烤活动、万人篝火帐篷活动、梦幻风筝放飞活动及妈祖祈福活动等。另外，基于传统产业基础，利用海虾养殖场，紫菜、海带养殖场，修船厂等开展体验旅游，让游客参与船厂造船、修船及海虾、紫菜、海带的养殖、收获、加工的全过程中，体验海洋劳作的艰辛与乐趣。(3)绿色旅游体验模式。充分利用土坑聚落所有的丘陵山地资源、卫生防护林地、农田菜地等，发展农耕林地旅游体验，其不同类型的植被，以及不等面积的绿色空间，满足不同层次的游客的体验需求。(4)农村留守人员居家产业模式。“政府＋高校＋企业＋合作社＋农户”的农村留守人员创业模式的主要特点是：政府主导，高校为技术依托，企业为产品出路做保障，积极发展和引导相关合作社，农村留守人员为创业载体。政府充分发挥自身的资源优势，一方面积极与高校特别是农业、海洋类院校联系，提供如科技副县长、农业局局长等职位，让高校下派的项目负责人有切入点，方便开展工作；另一方面对项目进行宣传动员，通过建立区域示范点，引导农村留守人员参与项目；而农业部门等地方政府管理部门提供项目推进技术服务和培训工作，提高相应的培训经费，组织留守人员学习先进的理念和操作技能。高校方面则结合自身的科研资源，充分考虑当地农业生产的实际情况，提供项目发展需要的农资，定期或不定期下派专家和技术人员进行技术指导，并提供后续技术服务。企业，特别是石化企业，对劳动力需求较大，则完全依据市场运作规律，负责区域内项目扩展规模和速度的统筹以及生产产品甄选、技术培训等工作，对农资统定、统发，合作社技术员培训，产品回收、加工与销售各环节进行跟踪服务。合作社负责动员农户进行具体的种植、养殖管理等。（如表 8-2）

表 8-2　土坑聚落产业模式发展

<table>
<tr><th>产业模式</th><th>利用资源</th><th>经营者</th><th>经营模式</th><th>产品/服务</th><th>消费对象</th></tr>
<tr><td rowspan="8">民俗文化体验</td><td rowspan="8">古民居群、祠堂口街、施布口街、提督府、古井、古树、小桥、圣旨碑、旗杆厝、白石宫等</td><td>旅行社</td><td>旅游开发</td><td>传统聚落旅游观光</td><td>旅游团</td></tr>
<tr><td rowspan="2">部分有经营能力的住户</td><td rowspan="7">旅游—文化创意产品—民俗文化体验</td><td>家庭旅社</td><td rowspan="7">艺术家、学生、中高端旅游人群、散客等</td></tr>
<tr><td>青年旅社</td></tr>
<tr><td rowspan="2">外来有经营管理能力的人士或企业</td><td>文化创意工作室</td></tr>
<tr><td>海丝购物街</td></tr>
<tr><td rowspan="2">政府、村集体或社会志愿者团体等</td><td>博物展示馆</td></tr>
<tr><td>特色餐饮</td></tr>
<tr><td>手工艺人及志愿者</td><td>民俗体验，如妈祖出巡、妈祖换袍；莆仙戏、小鼓、大钵、弦管、大作鼓等；手工作坊（木犁制作、苧麻布织造等）</td></tr>
<tr><td rowspan="4">欢乐海洋祈福体验旅游</td><td rowspan="4">湄洲湾、妈祖信仰、沙滩、碧海、修船厂、养殖场等</td><td>部分有经营能力的住户</td><td rowspan="4">旅游—休闲—文化—海洋文化的体验</td><td>妈祖祈福活动</td><td rowspan="4">艺术家、学生、中高端旅游人群、散客等</td></tr>
<tr><td rowspan="2">外来有经营管理能力的人士或企业</td><td>海洋娱乐休闲活动</td></tr>
<tr><td>海洋产品创意工作坊</td></tr>
<tr><td>政府、村集体或社会志愿者团体等</td><td>海船创意工作</td></tr>
<tr><td>绿色旅游体验模式</td><td>卫生防护绿化带、南部农业菜地等</td><td>旅游开发商，部分有经营能力的住户、农户，村集体</td><td>旅游开发—农业体验—产品销售</td><td>蔬菜种植，采摘；农耕体验活动；生态学习体验、野营、林地探险、摄影等</td><td>背包族、自驾游族、家庭出游、摄影爱好者等</td></tr>
<tr><td>农村守护人员居家产业模式</td><td>政府资源、高校技术、特色产品等</td><td>守护人员、剩余劳动力等</td><td>政府引资—高校技术支持—企业市场营销—合作社管理</td><td>农副产品
海洋渔业产品</td><td>游客群体，城镇市场</td></tr>
</table>

（四）建立系统务实的设计技术体系

设计技术体系直接关系到聚落双修的进程与效果。据此，应建构系统而务实的设计技术体系。第一，从规划内容而言，应涵盖聚落街巷整治、建筑保护与更新、文化遗产的保护与合理利用、聚落生态修复、产业发展、基础市政设施等内容。首先，应注重聚落各类建筑的保护与更新，这关系到每家每户村民的切身利益，也是解决聚落保护与发展矛盾的重要举措所在。其次，要完善聚落道路交通和基础设施、公共服务设施的规划内容，明确聚落环境整治、传统建筑维修加固、改造利用、历史文化遗产保护等要求。其中，特别是能够呈现土坑聚落海上贸易特征的施布口街、祠堂口街的立面整治与业态的复兴。最后，应加强古人“山、水、农田”等和谐生态环境的修复规划内容，加强自然风貌的保护，特别是厦门口码头遗址南部的农田，是保证聚落田园风光的稀缺遗产，要严格禁止村民在此的建设活动。

第二，设计体系上，应建立从宏观到微观层面的、系统的设计体系，强调精细化的设计，即从聚落所在泉港区域的发展战略，区域资源整合与联动等宏观层面的研究到微观单体建筑物改造、微观景观设计等进行全过程的规划，并且在此过程中，强调谨慎而细致的研究与设计；其次，要注重聚落风貌特色，保护并优化聚落空间形态，增强村落文化自信。

在具体的设计层面，土坑则采取精细化规划与设计路线，即依托《泉港区总体规划》《后龙镇总体规划》《福建省湄洲湾石化基地发展规划修编（2011—2020）》以及《泉港石化港口新城总体规划（调整）（2008—2020）》等，针对当前问题，基于地块及街巷的详细设计与聚落保护更新及建设引导两大方面，通过“小规模、微循环”“撬动点的整治规划”来探索精细化设计，以此，使得土坑拥有完善功能、空间得到织补、文化得以传承，真正成为国家历史文化名村；闽南与莆仙文化交融的、海西明清刘氏单姓聚居的文化生态示范村。

在技术层面试验“遗产保护、控制性详细规划、景观规划设计、村庄设计[①]”四维一体的创新设计模式，即“控规图则、村落设计图则、保护图则与景观设计图则”四图合一，覆盖整个聚落，以此完善土坑的基本功能、改善居民生活环境，优化聚落业态、引导居民就业，保护文化遗产、深化旅游体验，实现土坑成为“宜居”“宜业”“宜游”之地。

精细化路线制定的目的在于针对土坑聚落的现实问题，科学引导村庄管理，使得原先“粗放型、无的放矢”的管理模式在“四维一体”创新设计技术支撑下转变为“精细化、有的放矢”的新型管理模式。通过管理模式的转变，探索用设计的手段引导管理、变革管理，真正实现“社区营造与村民自建”的结合。

其中，控制性详细规划图则采取指标量化、条文规定、图则标定等的形式对土坑聚落的用地性质、用地规模、建筑高度等要素进行定性、定量、定位和定界的控制和引导。[②] 而

---

① 村庄设计借鉴了城市设计的方法，对建筑外立面、色彩、门窗、以及天际线等进行设计引导与控制。

② 陈维安，张杰．“四则合一”下古村落保护模式探究［C］，创新村镇规划，促进乡村复兴论文集，2016：166．

保护图则根据保护规划确定的“建筑保护与更新”七大类模式①明确每栋建筑采取的方式，并提出相应的量化控制要求，具体涉及建筑功能、规模、高度、色彩等。同时，对地块内需要进行重点保护的古树、古井进行了特殊标注。景观设计图则主要针对地块内景观环境问题，进行聚落环境整治与土坑特色景观营造，方法上采用一系列的节点详细设计与景观意向图及相关说明，进行设计与引导。村庄设计是基于城市设计的方法，对聚落总体规划进行三维深化设计，主要包括：沿街建筑风貌引导图、地块空间设计引导图以及三维模型示意图等。（如图 8-4、图 8-5、图 8-6、图 8-7、图 8-8）

图 8-4　青莲堂地块空间设计引导

图 8-5　白石宫地块详细设计

① 七类模式：保护、修缮、改善、保留、整治改造、拆除、重建。

1 呼应当地的建筑风格，设置清音阁，作戏台之用，丰富了人们的户外活动。

2 园路特色彩石铺装，与自然融合，在广场一片青石中，给人以不同的视觉效果。

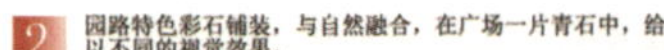

3 三眼井上方设赏心亭，既可保护水源，引导视线聚焦此处，又提供了驻足休息的场所。

4 赏心亭后设夕照廊，可种植些攀藤植物，使立面墙壁层次感更强，廊下设休息座凳，供驻足休息。

5 设置石桌、石凳，材质与地面青砖映衬，营造传统风格的休憩空间。

6 穿越绿地的小径运用不同材质进行铺装，与树干、墙面相映，视觉更具意境。

本设计为古村落中的一处广场及农田，基本保留原有风格，与少量现代元素相结合。广场运用了大量硬质铺装，以供附近居民进行集会等休闲活动，隔路与一戏台相望，极大的丰富了居民的生活，与房子交界处竖起了风格典型的廊架，起到美化装饰的作用。

平面图

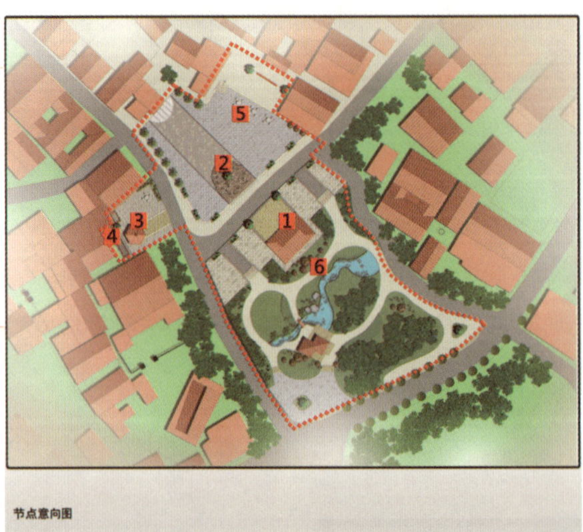

节点意向图

图 8-6　厦门口码头地块环境意向引导

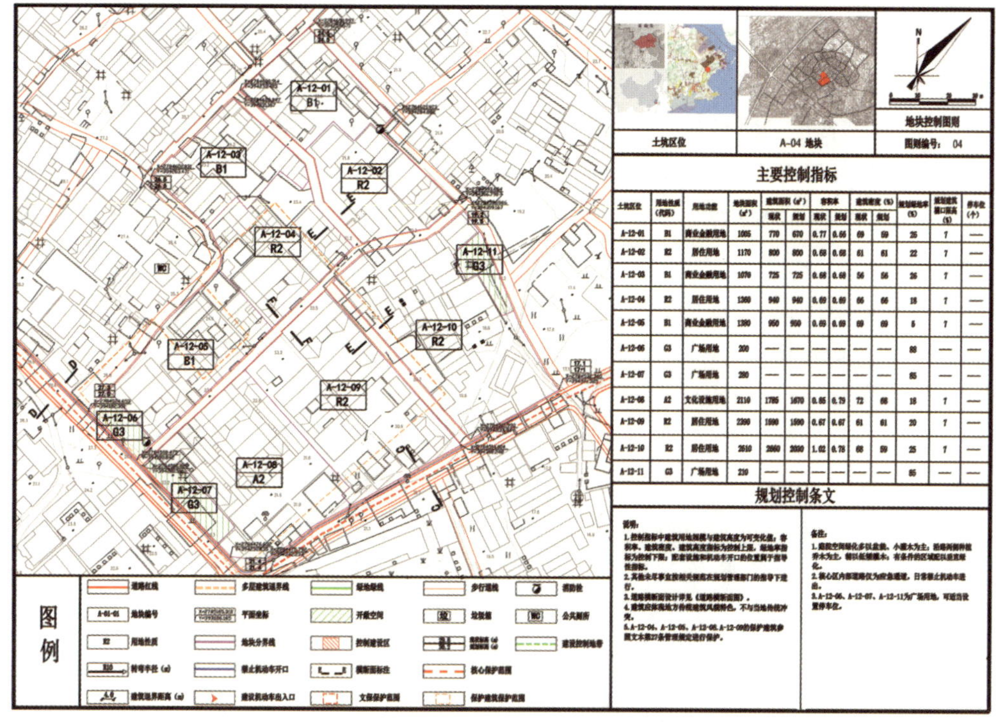

土块区位	用地性质(代码)	用地功能	地块面积(㎡)	建筑面积(㎡)		容积率		建筑密度(%)		规划绿地率(%)	规划建筑檐口限高(米)	停车位(个)
				现状	规划	现状	规划	现状	规划			
A-12-01	B1	商业金融用地	1005	770	670	0.77	0.66	69	59	26	7	—
A-12-02	R2	居住用地	1170	800	800	0.68	0.68	61	61	22	7	—
A-12-03	B1	商业金融用地	1070	725	725	0.68	0.68	56	56	26	7	—
A-12-04	R2	居住用地	1360	940	940	0.69	0.69	66	66	18	7	—
A-12-05	B1	商业金融用地	1380	950	950	0.69	0.69	69	69	5	7	—
A-12-06	G3	广场用地	200	—	—	—	—	—	—	88	—	—
A-12-07	G3	广场用地	280	—	—	—	—	—	—	85	—	—
A-12-08	A2	文化设施用地	2110	1785	1670	0.85	0.79	72	68	18	7	—
A-12-09	R2	居住用地	2390	1590	1590	0.67	0.67	61	61	20	7	—
A-12-10	R2	居住用地	2610	2660	2030	1.02	0.78	68	59	25	7	—
A-12-11	G3	广场用地	210	—	—	—	—	—	—	85	—	—

图 8-7　控制性规划图则

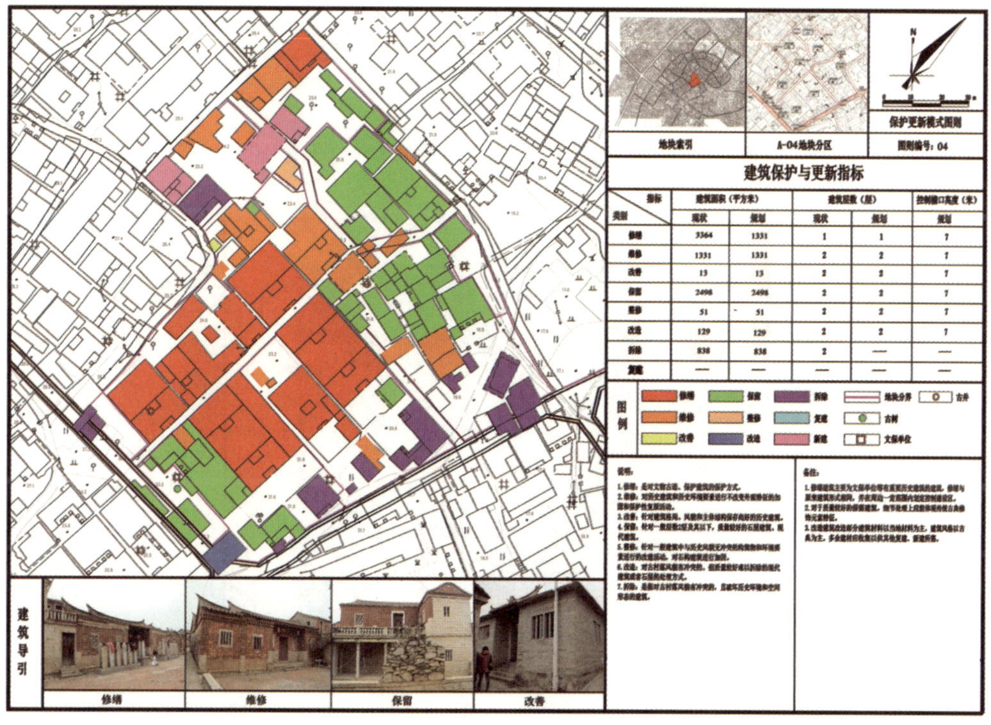

类别＼指标	建筑面积（平方米）		建筑层数（层）		控制檐口高度（米）
	现状	规划	现状	规划	规划
修缮	3364	1331	1	1	7
维修	1331	1331	2	2	7
改善	13	13	2	2	7
保留	2498	2498	2	2	7
整修	51	51	2	2	7
改造	129	129	2	2	7
拆除	838	838	2	—	—
复建	—	—	—	—	—

图 8-8　建筑保护图则

第三，探索新型的设计手段，如探索规划师、建筑师、景观师、村民代表、村庄管理者、志愿者等相互协作的集体创作设计，以相互沟通、讨论、协商等方式解释事务、认识问题、化解矛盾。其次，强调诸多规划设计方法的结合与创新，诸如上文的“四维一体图则”的设计手段，加强对名村平面格局、天际轮廓线、整体建筑风格等方面提出控制与引导措施。加大对重点节点与重要建筑的微观领域的设计，如聚落入口处、聚落中心、祠堂与重点的宫庙建筑等，加强保护与创造性设计的结合，探索对文物类建筑的保护与合理利用的科学途径与方法等。

长期以来，历史文化名村采取了“自上而下”的规划流程，这一流程源于遗产本身的公共性。但针对传统聚落而言，其公共性中夹杂着百年、千年的“人、地、房”的交织及其背后的“血缘、家族、资产”等因素，并且这些因素时常影响着遗产的保护与合理利用，也是滋生保护问题的根源所在。据此，在土坑聚落的保护中，强调村民“选择式”保护与发展思路，用“引导”去替代“强制”，在保护与发展路径的设置上更多地考虑村民切身的利益，如古厝质量问题、生活需求问题、安全问题等等，用一种清晰直观、简约易懂的方式去替代“自上而下”的、难以看懂的图纸，而这正是上文所述的四维图则。

四维图是一套以保护遗产为底线、立足于聚落传统风貌特色、以“民约”为基础、可供居民选择的、“引导性”图则。该图则的引入极大增加了村民参与设计的可行性，图片三维直观展示提升了其可读性，并且加强了原住民与设计师的沟通与交流，让原住民从“空间修复”的局外人变成“参与者”。（如图 8-9、图 8-10）

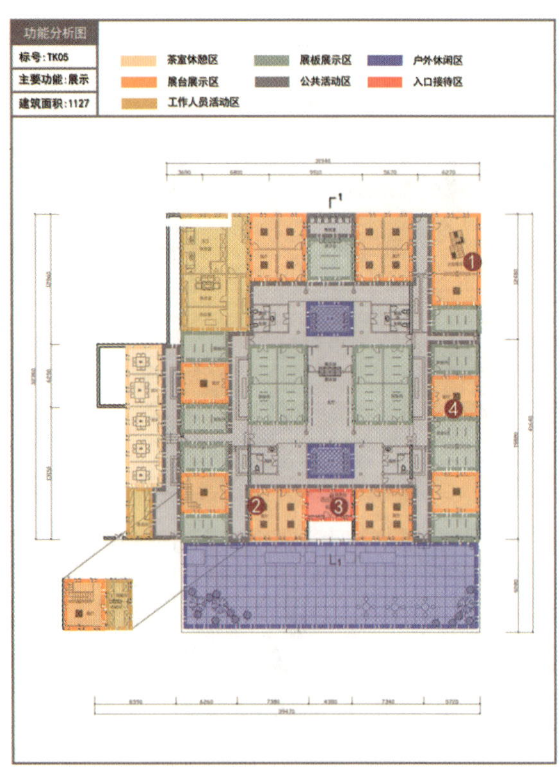

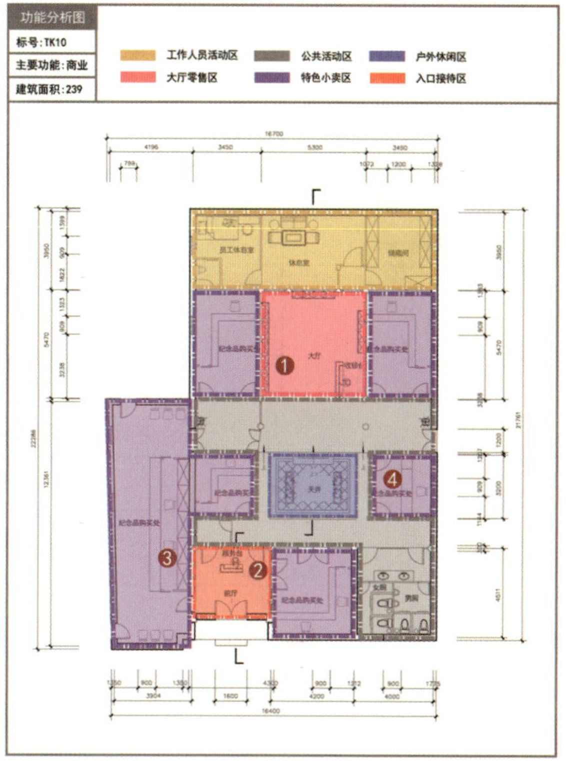
功能分析图
标号:TK10
主要功能:商业
建筑面积:239
工作人员活动区
公共活动区
户外休闲区
大厅零售区
特色小卖区
入口接待区

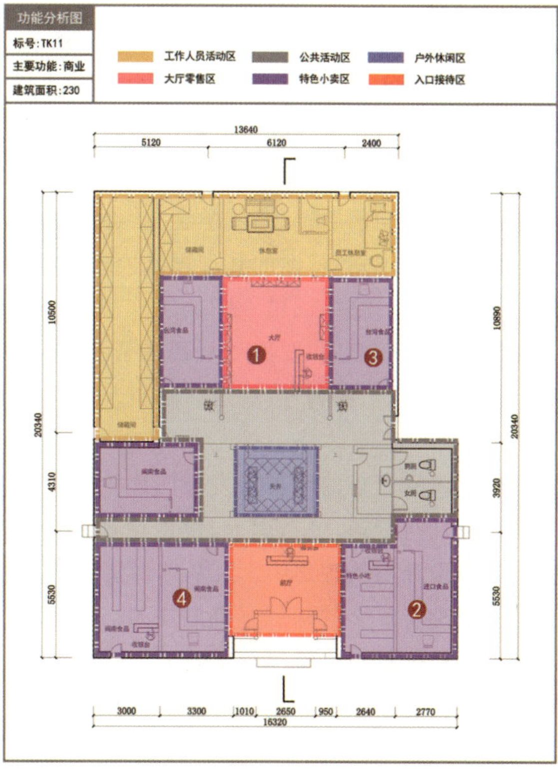
功能分析图
标号:TK11
主要功能:商业
建筑面积:230
工作人员活动区
公共活动区
户外休闲区
大厅零售区
特色小卖区
入口接待区
13640
5120
6120
2400
10500
20340
4310
5530
10690
3920
3000
3300
1010
2650
950
2640
2770
16320

图 8-9　古厝功能置换

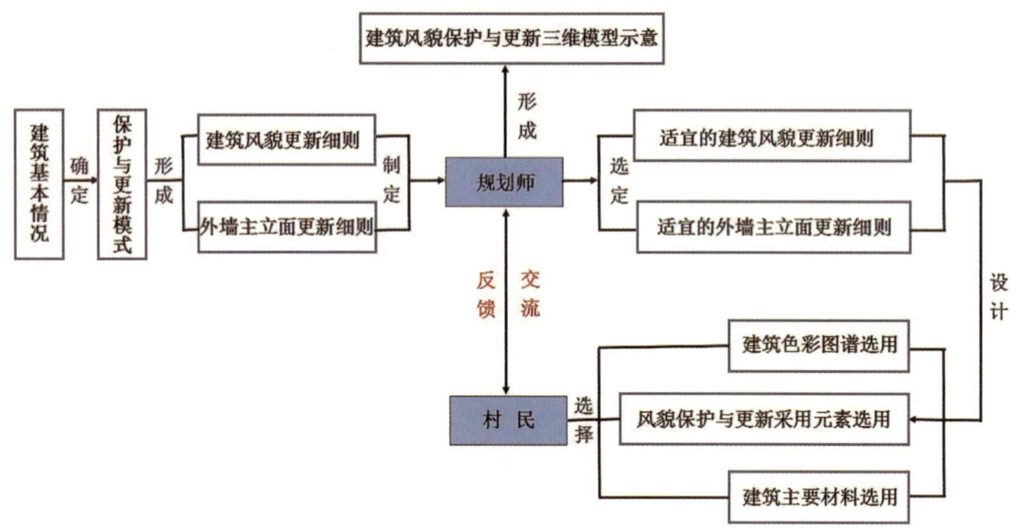

图 8-10 选择式的引导途径

(五)立足基层的管理机制

作为基层单元的名村,其保护与发展有别于城市。因此,其管理需要探索适应于基层生活、生产需求的新机制。首先,在管理中需要考虑的不仅仅是国家层面的制度与法律,还需要考虑具有千百年历史积淀的聚落传统、道德以及村民的现实需要等非制度的因素,因此,其管理思维方式:(1)需要立足于基层,从村民现实生活中、聚落的传统文化中摄取知识与养料,将这些知识与养料融入现代规划管理制度中,融入"城乡规划"的专业中,进行改良,形成"面对基层的专业语汇",去诠释问题、解决问题。(2)需要在具体的管理实践中通过换位思考、多维反复的思辨和训练来提高具有务实性的管理能力,这是聚落规划管理理念的精髓,也是解决村民矛盾的钥匙。(3)要学会在"价值判断"和"事实判断"这对矛盾的对立统一中形成"保护与发展规划"辩证的管理思维模式。(4)在保护遗产的基础上,鉴于聚落文化的特殊性,更多强调的是"人、情、法"的工作思路,而非"法、情、人",即首先学会尊重聚落居民,关注他们的利益取向,要感受居民的喜怒哀乐,以人为本,以情感人,让广大居民在聚落保护与复兴中真正获利,然后是以法制人,只有这样民生问题才可能得到较好的解决。①

对于土坑聚落而言,长期以来聚落的保护与发展问题尖锐,矛盾突出,其原因很大部分在于:村民难以介入规划设计与管理之中,因此,解困途径在于:构筑多方互动、延续认同的"民约",并将"民约"融入设计与管理之中。其具体做法在于:用设计阶段性的成果作为标靶,探索设计师、村民、管理者等多方间的互动与交流,以此化解矛盾,最终形成基于"民约"的四维图则。同时,在明确每栋建筑产权基础上,着眼于微观细节,形成一套"土坑聚落保护规定、民居建筑保护与更新细则、土坑聚落建设约定"等"新民约",以此为谋求聚落的发展创造条件、实现文化的复兴。

---

① 张杰、沈喆莹.新型城市化背景下小城镇规划管理机制创新[J].规划师,2013(3):27.

首先，在管理方法上，应加强保护规划的执法管理工作，健全规划管理机构，以行政、法律、经济等多种手段提高规划的管理水平。强调保护规划的严肃性，严格执行规划，遵章进行建设项目的管理，明确规划、建设的审批和修改的办法、程序，做到有法可依，有法必依。

认真做好保护规划的宣传、解释工作，增强各级领导和广大群众的规划意识，把聚落保护、建设和管理提高到现代化建设与可持续发展的战略高度来认识，做到认识、目标、措施、资金四个落实，建立公众参与规划编制和监督规划实施的制度，使人人为聚落的发展出力、献策。

其次，在制度上应按照《历史文化名城名镇名村保护条例》《中华人民共和国文物保护法》《中华人民共和国文物保护法实施条例》《历史文化名城保护条例》《福建省文物保护管理条例》及保护规划要求制定《土坑聚落历史文化遗产保护管理意见》，文物保护单位的保护管理则参照《中国文物古迹保护准则》执行。

最后，规划管理措施方面，第一，加强政府对土坑聚落保护的领导。各级政府部门及相关职能部门负责土坑的保护工作，并把保护工作纳入国民经济和社会发展计划。土坑聚落应由泉港区政府直接领导，负责聚落及相关区域的保护管理协调指导工作。规划、建设、文化、旅游、计划、土地、财政、交通、公安等部门，依据各自职责，负责具体保护与建设管理工作。第二，建立健全法规体系，依法加强管理。颁布土坑聚落保护管理办法等制度规章，对聚落严格进行科学管理，明确各级保护范围内所有建设活动均要求按照规定程序办理报批手续。深化聚落内各主要地块的建筑设计，聚落内所有建设活动必须经过规划行政主管部门会同文物行政主管部门依法审批同意。扩大保护部门的权力，依法确立相关的征购及拆迁权，细化对建设性破坏责任的追究权及执法权。同时，注意与相关法规政策的衔接与协调。制定村规民约，约束自发无序的建设行为，提高居民保护和热爱遗产的意识。第三，建立有效的监督机制。建立土坑聚落专家咨询委员会，对聚落保护、管理等重大问题进行论证，提出意见，监督保护规划的实施。应正确处理政府意志、专家意见、居民意愿三者的关系，促进形成政府理性执政，专家中肯建议，居民广泛参与的良好局面。鼓励公众参与，及时反映和听取社会各阶层的有关聚落保护与发展的意见和建议，及时掌握并预测保护发展的各种动态，有效地了解和把握信息。任何单位和个人有权检举、控告和制止破坏、损坏聚落的行为。第四，加强文化遗产管理，建立文化遗产保护档案。逐步建立各类文化遗产保护档案，对文物古迹、控制保护建筑、历史建筑建立详细的保护档案，分等定级，运用计算机进行跟踪管理，及时采取相应的保护措施。第五，充分发挥民间保护组织的力量，对于土坑聚落现有的保护志愿队要充分肯定，并要充分发挥土坑聚落保护委员会的监管职能，充分发挥民间组织的力量。第六，培养稳定的古建筑修缮队伍，加强实施技术保障。为保证地方民居建筑特色的延续性，应重视技术及材料支持体系在实践中的作用，应组织技术力量对整修的技术要求、细部处理、工种协调、材料筛选、管线敷设等问题逐一加以研究解决。施工过程中应尽可能采用地方建材与地方工艺，注意细部设计的处理(包括细部修复技术和新的细部要素的添加)。应对聚落保护管理人员实施定期培训制度，培养稳定的技术管理队伍，保证古村落的保护性建设按规划要求进行。同时，对参与古建筑修缮的设计施工队伍进行资格审查，并确保古建筑的修缮在专家指导下进行。

第五节 土坑聚落保护下的旅游与展示

一、旅游产业发展

(一)区域旅游资源特征评价

对于土坑聚落旅游业的发展，应纳入整个泉港区的旅游发展之中，应成为区域旅游发展的重要组成部分。区域旅游业的发展情况直接关系到土坑聚落的旅游发展，因此，在发展土坑聚落旅游时，必须深入考察区域旅游资源的特征，对其进行评价。

土坑聚落所在的泉港区的旅游资源状况，按旅游资源的性质和成因，可划分为自然景观、人文景观两大类。

其中，自然景观类包括山岳资源、岛屿资源、水库风光、海滩和滨海风光等。

山岳资源：泉港区西部为闽中大山带——戴云山余脉，山体高大，连绵起伏，高于400米的山脉有四十多座。东部虽以平原为主，但100米左右的小山包仍举目可见，不少山体植被葱郁，奇岩怪石密布，留下不少历代文人墨客的诗词与崖刻古迹。另外，这些山体也是佛教、道教的活动场所所在地。

岛屿资源：泉港东部岸线曲折，半岛与岛屿较多，较大的岛屿有惠屿、洋屿、外乌屿、蟹屿等，岛屿周围的海湾有不少养殖场，因而这些岛屿是海上烧烤、休闲、娱乐的首选之地。

水库风光：泉港区西部因地势高，降水量大，植被覆盖率较高，是惠安县与泉港区河流的发源地，其中较大的水系有菱溪、泗洲溪(又名坝头溪)，20世纪50年代以来在这两条水系上建起了10余座水库，其中陈田、菱溪、泗洲三座中型水库在泉港地域内皆有名气，蓄水量均在千万方以上，水源清洁，水库四周山体佳果名茶众多，是开展生态农业旅游、水上活动的理想之地。

海滩和滨海风光：泉港区海滩虽不如湄洲岛、惠安崇武、石狮黄金海岸等地出名，但本地海湾较多，曾是历史上优良沙滩所在地，如峰尾的五里沙滩是一片环海湾的天然沙滩，地处湄州湾南岸，是连接峰尾港与后龙港之间的一处沙滩，周围环绕着大片茂密的防护林，因其沙滩长度足有五里之长而得名为“五里海沙”，风光迷人，是泉港众多海岸线中最美丽的一处，素有“泉港的北戴河”之称。在五里海沙的东段，峰尾半岛在这里形成一个半弯，是当地渔民停靠船只的天然良港，港池内面积较大，适宜船舶停泊和避风，由诚峰、诚平及前亭3处澳口组成，总称峰尾澳。明代曾设巡检司，诚峰村的姑姑宫澳为其主要澳口。1973年，建设有突岸式简易码头，泊位长30米，环港防波堤200多米。在休渔期，峰尾澳会停靠数量众多的大小渔船，场面非常壮观，是拍摄渔港风光片的好所在。当地的渔船又称福船，福船之前又称远洋木质帆船，它是以泉州船为代表的船只，也是航行于“海上丝绸之路”的优质的木质帆船，历史上素有“海舟以福建为上”的说法。

人文旅游资源：泉港区很早就有人类活动，留下不少先人活动遗址。宋元明时期，这里又因毗邻东方大商港、大都市泉州，文人墨客在此活动频繁，各种宗教文化在此交织，留下不少寺庙，而近代以来本地又有不少爱国志士仁人为中华的崛起前赴后继，留下他们光辉的足迹。因此，人文旅游资源主要可以划分为：古迹与建筑类、社会民俗风情类。

古迹与建筑类主要包括：古人类遗址、古宗教建筑、古桥梁、祠堂与民宅、革命纪念地等。其中，古人类遗址较具代表的如蚁山商周时期文化遗址，该遗址位于涂岭镇后埔（铺）村东北400多米处的蚁山顶，1987年，挖掘出土有石锛若干，陶片200余件，陶片形体各异，有尊、鬲、罐、钵、壶、洗、瓮；质地细腻，有细沙灰陶等，纹饰有绳纹、菱形纹、方格纹等八种，反映了商周时期此地较为高超的制陶技术。

古烟墩：泉港区在元明时期是海防重地，留下不少军事遗址，较为有名的是烟墩，其中三处较有名：一是龟石山烟墩，距南埔镇寮仔村西北0.5公里，烟墩处在128.6米高的山上，向东南可远眺村落与大海，烟墩无墩台，只有条石砌成的方形烽火台；二是界山镇鹅头村南2公里的九峰山烟墩遗址，烟墩墩台呈椭圆，台上有四边形烽火台，向东南可远眺大海；三是南埔镇烟墩山烟墩遗址，为明初所建，现存有方形墩台，无烽火台，破坏较严重。

古墓葬与历史名人墓，有林禄墓，位于涂岭镇下炉村水街窟自然村南300米九龙岗上，福厦线从其前穿过；庄应祯墓，位于涂岭镇下炉村玉笏山上，呈“风”字形，为夫妻合墓。

古宗教建筑：泉港区寺庙众多，较为出名的有沙格宫、天湖寺、虎岩寺、乌石宫等。其中，沙格宫，又名灵慈宫，位于海滨的南埔沙格村，始建于元，清朝间两次大修，奉祀妈祖。宫殿由山门殿、过亭、两厢和大殿组成。神龛上悬挂清乾隆所敕“海天元后”大匾额，为宫中真品，曾数次出巡台湾。宫中还有各种石雕、木雕，均具有较高的技艺水平。

天湖寺是泉港重点文物旅游风景区，位于南埔镇天湖村，始建于唐僖宗中和五年，原为水宝亭，后因明武宗朱厚照在此写下“天湖福地”而改名为天湖岩寺。寺院供奉如来、观音、佛祖，主建筑群分为前殿、后殿、上厅、下厅，装饰富丽堂皇。寺周围有金锁镇天湖、金龟背印、莲花宝座、丹凤吸水、灵龟饮露等胜景，此外，还有朱熹题的“天湖福地”碑刻。

虎岩寺位于涂岭镇松园村的小昆山中，建于北宋大中祥符年间。寺由三宝殿、观音殿、禅房、斋厨组成。明崇祯间增建水阁、庭台，庭台边有一高大枷冬树，树龄五百多年，寺左边有清泉石室，名“水岩洞”。山中有宋、元、明、民国摩崖石刻多处，其中以蔡襄所题“伏虎胜境”最为有名。县志载蔡襄少时曾在此读书，留此题刻。

乌石宫，位于涂岭镇福厦公路150公里处东侧，始建于北宋嘉祐二年，奉祀湄洲妈祖和黑面妈祖陈靖姑。

此外，本区有名的寺庙还有笔架寺、东岳庙、义烈庙、重光寺、永全社、燕山寺、莲山宫、山头寺、昆山寺、九峰寺、青龙洞、龙凤宫、龙济宫、白石宫、锦山宫、钟山宫、清莲庵等。

古桥梁：无量桥，位于涂岭镇溪头村南田自然村，又称浮弄桥、芙蓉桥，为石构平梁桥，南北走向，全长30米，宽1.8米。4孔5墩，中孔净跨6.5米，墩端部呈船形，现仍为乡间交通要道。大德桥，位于涂岭镇驿坂西南街，始建于宋，清代重修，为石构梁桥，南北走向。桥残长24米，宽3.2米，高2米。现有3孔4墩，桥面由5块石板铺成，保存较好，仍为乡间交通要道。

祠堂与民宅：整个泉港区祠堂众多，如后龙镇诚峰村刘氏祠堂、山腰镇锦山村庄氏家庙、峰尾镇郭厝村郭氏家庙、涂岭镇小坝村出氏家庙、前黄镇连氏家庙等。其中，出氏家庙为三间张二落明代古厝，古厝门匾上书“出氏家庙”四个大字。大门对联云：“燕南无二族，惠北自一宗。”家庙为二进木石结构建筑，中间有天井，中厅悬“忠节”匾额，左挂“进士”“文魁”，中梁挂有“解元”等鎏金横匾多块。厅堂对联云：“一案拱门楣预占遇试皆一，三台壮屏翰早卜达尊有三。”从这些匾联可以看出，“出”姓来历非同寻常。翰林第系五开间木板墙，石木结构，石头砌墙，穿斗式木屋架，硬山式屋顶，装饰古朴典雅，外有宽敞的埕场。据传出姓族人在涂岭深山里隐姓埋名几代人，到了第十二代，洪厝坑出了一个进士出科联。现存的这些祠堂家庙都有精美的木雕和石雕，对研究泉港区雕刻技术有一定价值，另外，这些祠堂也是连接海内外宗亲的纽带和桥梁，意义重大。

民宅方面，较具代表性的有土坑古民居群、黄素土楼古民居、涂岭镇樟脚村古民居群落、山腰小三房古民居群等。其中，樟脚村“石厝”古民居群位于涂岭镇，规模约上百座，最早的建于清嘉庆年间，迄今已有 200 多年。樟脚村的四周群山中盛产黑色花岗岩和五彩岩石，自古以来，村民炼就以五彩岩石砌墙、乌青石切条板做门窗和埕板的建筑技术。村里的石头房依山而建，有以家庭、宗族为单位的三间院、五间院，有楼房、有平屋，也有前平房后楼房的结构，形成了石厝古民居群。

山腰小三房古民居群位于山腰镇埭港村和锦联村毗邻地段，保存完好。小三房古民居群由大小不一的九座古大厝组成，总占地面积约 6700 平方米。其中最能体现建筑艺术水平、最具有文物保护价值的是下厝（东、西两座）和中厝三座大厝，此三者始建于清乾隆五十一年（1786 年），皆是悬山式屋脊，前面有砖埕，并护以杂石围墙，雍容大方。下厝系山腰庄氏第十五世祖庄大东历经三年建成，由东、西两座仿皇宫式的三进五间张的大厝构成，俗称“四马拖车”，左右辅以护厝，西面的护厝之侧又附有武馆和文馆。东、西两座大厝占地面积共 1414.84 平方米，总计有房子 65 间。两大厝由下厅、中厅、后厅三部分组成，进大门、下天井、上厅堂、入后厅，皆以辉绿岩长石板为台阶，天井中掘有集水井，地下铺设排水沟，两侧置着摆放花卉的石案。古厝的通风采光主要依赖天井、门窗以及房檐的天窗和空气阁，使如此之大的古厝常年清新明亮，即使是累日阴雨亦不迂浊晦暗；中厝系庄大东堂兄弟庄大勋同期建造的一座两进五间张大厝，右边单护厝。屋后建两间并列的文、武馆，武馆之前又有宽敞的练武埕。据《惠安县志》载，庄大勋于清嘉庆十二年（1807 年）中武举人。

摩崖石刻：现存有涂岭镇笔架寺摩崖石刻、涂岭镇虎岩寺摩崖石刻等。

革命纪念地：惠安抗捐大同盟，位于前黄镇三朱村西 1 公里处的昆山寺，“大同盟”指挥部旧址在圆通寺；泉港还有朱汉膺、陈平山等革命英烈墓碑，是革命传统教育圣地。

社会民俗风情类：宋元明以来，随着泉州的繁荣兴起，泉港区也成为各种文化的交汇地。主要包括：石文化、民族宗教文化、戏剧与方言等。

石文化：本地石匠技艺超群，许多寺庙中的石柱雕刻、石雕塑、石构桥梁以及石构祠堂、民宅无不说明其水平的高超。

民族宗教文化：泉港区以汉族为主，同时还有回族、畲族、蒙古族等少数民族。其中回族 13447 人，主要居住在峰尾的郭厝村和山腰的龙山村。畲族 6975 人，主要居住在山腰的钟厝村、鸾峰村等地。蒙古族 2950 人，主要居住在涂岭的小坝村。群众主要信仰佛教、道教、基督教和天主教，其中佛教信徒最多。此外还敬奉土地公、观音、妈祖等。各种宗教与民间信仰和睦相处，融为一体。

戏剧与方言：本地民间传统艺术文化源远流长，丰富多彩，有北管、芗剧、高甲戏、莆仙戏、木偶戏和舞狮等，而以北管音乐最具代表性，其曲调优雅、古朴、明快，既有江淮民间音乐特色，又有莆仙乐的曲雅神韵和闽南音乐的柔婉风姿，备受国内外同行的青睐。本地地方方言主要有闽南方言、莆仙方言和头北方言，其中头北方言主要分布在后龙、峰尾、南埔等镇。

对于上述资源，结合土坑自身的资源状况进行综合评价，得出：(1)资源丰富，发展潜力较大。土坑聚落所在的泉港区，背山面海，既可开展森林旅游，又可开展海上旅游；不少山体秀美且又是名寺庙所在地，自然与人文资源浑然一体；西部的水库面积大，水量大，水质好，四周浑圆的小山里佳果名茶四季不断，既可开展水上垂钓、划艇等活动，又可开展果品品尝旅游；作为全国四大石化基地之一，开展工业、修学旅游也有优越条件。(2)气候宜人，适宜旅游的季节长。泉港区属南亚热带海洋性气候，年均温度 20.5℃，最热月在 30℃以下，沿海地区受海洋影响，较为凉爽。西部山体比重大，气温亦不高，冬天在 10℃以上，全区山体气温较低，但仍在 10℃以上，年降水量 1374 毫米，相对湿度 77%，故一年四季都有利于开展旅游。(3)工业旅游资源极具优势。泉港区拥有闽东南乃至福建省罕有的现代工业景观，即泉港石化，这种优势将更为显著。(4)生态旅游资源较好。生态旅游是时代“潮流”，泉港区生态旅游的条件较好，特别表现在西部几个大水库，空气清新，水源清洁，土壤不含重金属元素，生物种属多样，可以开展生态农业游、立体农业游。(5)文化旅游资源较为丰富。泉港区为泉州一部分，历史文化底蕴深厚，特别表现在从沿海到西部山地众多的寺庙、宫殿以及烟墩摩崖石刻等，适于开展专项旅游。

基于上述，土坑所在的区域，旅游资源丰富，且具备进一步发展旅游的潜力。结合土坑聚落的自然资源与人文资源，土坑聚落是一个具有千年历史的海丝港市聚落，历史文化遗产极其丰富，有古民居建筑群、宫庙、祠堂、书院、碑刻、石雕等物质文化遗产，也有民间信仰文化、地方戏曲文化、宗族文化、书院文化等诸多非物质文化遗产，且这些文化遗产与周边资源相互交织，形成一系列可观、可赏、可游、可居的景观，为土坑聚落的旅游发展奠定了量化的基础。但还存在着区域交通条件的不足、旅游宣传力度的不够与旅游人才缺乏等不利条件。

(二)发展策略

以保护历史文化遗产作为发展乡村旅游的前提，强调“刘氏单血缘亲情”、强调“闽南与莆仙文化交融”的文化旅游为主，辅以乡村农家乐的策略；强调将土坑的旅游发展纳入整个泉港的旅游发展大框架之中，整合区域旅游资源，形成合力，推动土坑乃至整个泉港区旅游业的发展。

对于土坑聚落的发展，发展旅游业仅仅是一个方面，应倡导多元的发展思路，强调遗产保护为主，旅游发展为次的发展策略。

(三)总体布局

旅游发展总体布局为:一区、一带、两轴、三苑。一区,即严格保护聚落的古民居集中的核心片区,将其作为刘氏宗族文化展示区。一带,即保护土坑南面的田野,将其作为土坑聚落的生态用地,建设田野丘陵风光带。两轴分别为:海丝商贸购物街与刘氏宗族乡情街。其中,海丝商贸购物街,结合土坑原有的祠堂口街、施布口街,调整其现状业态空间,置入新的商业业态空间,再现其历史上商业繁华的景象,形成海丝商贸购物街。刘氏宗族乡情街则结合旗杆厝、提督府、来铺、绣花楼等历史遗存,将其以纵向进行串联,形成以寻访昔日土坑乡情为特色的线路。三苑,即白石迎宾苑、选青文昌武德苑、凌云红色文化苑。其中,白石迎宾苑结合西海路,将白石宫处入口空间放开,作为进入土坑聚落的入口节点。在入口广场上置一白晶石,形成白晶石广场入口空间;将原孝节牌坊进行复建,并把"圣旨碑"碑头安置其上,作为聚落入口的标志物。选青文昌武德苑,即土坑在历史上产生了众多的文人武将,其历史底蕴深厚,将清莲堂、聚英亭、木棉树等历史遗存进行整合,充分利用现有空间,以传述土坑尚文尊儒、文武兼备的土坑精神。凌云红色文化苑,即土坑作为泉港区的红色革命根据地,具有深厚的红色革命传统,对凌云斋进行复建,将其作为展示土坑红色革命文化的展示区。(如图 8-11)

图 8-11 土坑聚落旅游发展布局构思图

(四)配套设施

配套设施建设主要包括：(1)白石宫北侧入口处作为主要停车场，并设置公共汽车停靠站或旅游大巴停靠站。同时在村口再设导游接待点，并确保有专人管理。(2)旅游公厕保持现有数量，但要提升卫生条件。按照 70 米的服务半径布置垃圾收集箱，垃圾收集箱需与村庄风貌相协调。(3)按照旅游景区景点配置要求，增加邮箱、话亭等基础设施。(4)完善聚落内部旅游休憩设施。

(五)游客容量控制

游客容量近期(2015—2020 年)约为 200 人次/日，中期(2021—2025 年)约为 400 人次/日，远期(2026—2030 年)800 人次/日。

(六)旅游路线规划

游线一：西入口停车场—白石迎宾广场—白石宫—生态步道—选青斋—旗杆厝—古民居群—重安广场—重安府—祠堂口街—刘氏家庙—刘氏古厝—凌云文化广场—凌云斋。

游线二：西入口广场—白石迎宾广场—白石宫—生态步道—傳鹤府第—施布口街—祠堂口街—刘氏家庙—来铺—六角亭—提督府—凌云斋。

二、展示利用

(一)目标与原则

积极开发、合理利用各类物质和非物质文化遗产。加强旅游、文化休闲的功能，通过人居环境改善、新旧村落功能分区以及相关配套设施建设，促进文化旅游产业的积极发展。

文化遗产展示利用应充分展示文化遗产的真实性和完整性，并考虑资源的环境容量，以永续利用为前提，统筹、协调旅游开发与资源保护、生态保护、生活质量提高的关系，实现社会效益、环境效益和经济效益的统一。其原则如下：(1)以物质文化遗产和非物质文化遗产的保护为前提，保护与利用的和谐统一、可持续的原则。(2)确保物质文化遗产与非物质文化遗产的展示利用有机结合，科学、合理保护与适度展示利用的原则。(3)坚持以社会效益为主，促进社会效益与经济效益协调发展的原则。(4)利用标识、展示牌、出版物、视频、广告、网络等多种途径充分展示的原则。(5)坚持学术研究和科学普及相结合的原则。

(二)展示利用方式

通过陈列室、旅游参观、户外活动、民俗体验、商业开发等不同方式对文化遗产进行展示和综合利用。陈列室、展示场所结合旗杆厝、提督府、凌云斋、选青斋等古厝修缮进行建设，户外活动主要包括农耕体验、马术竞技、土坑武术、宗教活动体验等形式。商业开发主要结合祠堂口街、施布口街打造为海丝商贸街。一些古厝则功能置换为民俗展示场所等。

(三)展示内容

根据《泉州市闽南文化生态保护区建设规划》《关于命名首批泉州市闽南文化生态保护区展示点的通知(2012)》的要求，土坑聚落作为闽南文化生态保护区的重要组成部分，应继续推进闽南文化生态保护区土坑聚落展示点工作。根据土坑聚落非物质文化遗产、物质文化遗产之间的关联性，将土坑聚落展示点建设成活态的整体性保护点。通过保护、传承、展示，营造看得见、听得到、摸得着的文化生态保护区。

第一，搞好7个非物质文化遗产传承展示点，使其成为闽南文化的活态展示点（如表8-3）。第二，搞好当铺、传统工艺品、特色老铺老店，使每个店铺都成为闽南文化特色工艺品、产品的展示点，复育祠堂口街、施布口街的历史风貌和地方风貌。第三，不可移动文物、历史遗址与历史记载、民间传说相结合保护。第四，宫庙、祠堂、家庙结合祭祀、祭祖活动，展示闽南民俗风貌。第五，依法保护古民居，展示闽南建筑特色、风土人情。第六，积极落实《〈闽南文化生态保护区总体规划〉泉州市实施方案》，建设土坑非物质文化遗产综合展示馆。综合展示馆要建设成为土坑历史文化的"窗口"和资料实物收集中心、民众乡土文化教育基地、游客和研究者的接待处。

综合展示馆以保存、展示、体验、研究本区域非物质文化遗产为主要职能。其对象包括非物质文化遗产代表性项目和重要资源。综合展示馆以非物质文化遗产相关工具、实物的收集、保存、展示和非物质文化遗产档案的收集、建档、展示为两大中心任务。工具、实物是非物质文化遗产的重要组成部分，档案是指运用文字、拍照、录音、录像、数字化多媒体等各种形式对非物质文化遗产进行真实、系统、全面的记录和收集整理而形成的成果。

综合展示馆突出地方特色，以传统技艺和农业生产习俗为重点，征集牛犁制作技艺、苎麻布织造、首饰制作技艺等非物质文化遗产实物资料和传承人代表性作品，广泛收集民间文学记录、抄本，北管、大正鼓等的曲谱、曲目、乐器，土坑戏等的道具、服装，传统体育用具、游艺道具、阵头道具、仪式道具，日常生活用具、人生礼俗器具、祭祀器具等非物质文化遗产相关实物、资料。

创新展陈方式，拓展展览功能。因地制宜、因时制宜，灵活采用固定展示或流动展示、常态展示或临时展示、主题展示或专题展示等方式。展示活动可同步推出网络版，进行网上展览。

土坑聚落主要整体性保护点包括综合展示馆、传承展示点、传统祠堂民居、传统宗教建筑、传统商铺以及其他不可移动文物。

表8-3　土坑聚落非物质文化遗产展示要求

类型	名称	位置	展示要求
综合展示馆	土坑综合展示馆	旗杆厝	土坑非物质文化遗产代表性项目和重要资源的实物、档案保存、展示
古民居	土坑民居群	核心区域	展示闽南古民居，展现刘氏宗族文化
	乡贤文化展示馆	提督府	广泛收集、整理刘秋圃、刘吉圃、刘开泰、刘逢泰、刘端弘、刘端瑜、刘雪本等名人先贤史料、名言、事迹、著作、实物等，利用提督府展示土坑乡贤文化。同时，展示提督府历史兴衰及其武术、军事等内容
	土坑民俗文化展示馆	刘百万三子宅	现辟为陈列馆，主要陈列展示土坑文物和风俗民情
宗祠建筑	刘氏家庙	村中央古街右侧	以展示刘氏宗族文化、祭祀文化为主

续表

类型	名称	位置	展示要求
文教建筑	选青斋旧址	后龙中心小学内	恢复文武馆，以展示刘氏培养文武人才的历史文化为主
	凌云斋（俗称大馆）	北头德源房榕树旁	恢复文武馆，以展示红色文化为主，兼顾展示刘氏培养文武人才的历史文化
宗教建筑	白石宫（妈祖宫）	进村口	展示妈祖文化
	清莲堂	后龙中心小学旁	结合凌云斋的展示功能，以展示文成武德为主
	大圣寺	后田岩山腰	展示民间宗教信仰文化
	兴天府	德源房	展示民间宗教信仰文化
	玄天上帝府	埔吓顶	展示民间宗教信仰文化
	重安府	下房	展示民间宗教信仰文化
	太师爷府	顺裕房	展示民间宗教信仰文化
	水兴庙	南头尾	展示民间宗教信仰文化
	吾案宫	横龙中	展示民间宗教信仰文化
其他	三孔井	厦门口南端	井口造型奇特，为聚落中最古老的水井之一
	小型鱼池拱桥	选青斋书院门口	清代石拱桥，展示村落文化
	节妇牌碑坊（圣旨碑）	刘氏家庙内	朝廷褒封四房第十五代连氏妈，原嵌于石坊上端，石坊"文革"时拆毁，现存于祖祠内。展示聚落文化
	赐提督碑坊	提督府前埕边	清代，立于土坑聚落提督府前埕边，宽 1.5 米，长 3 米。展示聚落文化
名木古树	古榕树	凌云斋前	树龄 200 多年，展示聚落文化
	古攀枝花树	后龙中心小学内选青斋练武场边	树龄 200 多年，展示聚落文化

（2）节庆活动

非物质文化遗产根植于民俗。充分发挥民族传统节庆、人生礼俗等的文化传承功能，组织丰富多样、健康有益的民俗文化活动，让更多的人了解传统文化，喜爱传统文化，成为优秀传统文化的承载者、传播者。支持群众依法举行积极有益的民俗活动，倡导文明、和谐、喜庆、节约的过节理念。（如表 8-4）

表 8-4　土坑聚落主要民俗节庆活动策划

时间（农历）	名称	主要活动内容
正月初一日	春节	开正，祭祖，游春
正月初二日	归宁日或迎婿日	已嫁女儿回娘家
正月初三日	接神	接神，祭拜灶公；山腰下乡小房顶厝延至初四
正月初五日	做大岁	重新过年，接财神
正月初六日	开工	动农具，开店门

续表

时间(农历)	名称	主要活动内容
正月初七日	人日	吃七宝汤,又称“七元”
正月初九日	天公生	祭拜玉皇大帝,俗称“拜天公”
正月十五日	元宵节	一般在初九与元宵之间妈祖出宫、出游,游灯,演戏酬神;元宵前后乞彩
二月初二日	中和节,头牙	春社祭祀“土地公”;熏虫、撒草木灰等以驱邪
清明节	春祭	扫墓,祭祖,吃祠堂
四月初八日	佛诞节	举行佛事活动
五月初五日	端午节	吃粽子、蛋,“午时水”浴身,出嫁女儿送节
七月初七日	七夕节,又名乞巧节	炒糖豆,祭拜七娘妈,七娘妈是少年儿童茁壮成长的保护神
七月十五日	中元节	祭祀祖先,演戏,举行普度仪式
八月十五日	中秋节	祭月光神妈(失传),举行“做大分”仪式,出嫁女儿送秋,祀土地神
九月初九日	九重阳	重九登高,敬老活动
十月	立冬	饮食进补,称“补冬”
十一月	冬至	冬祭,食祖,演戏,吃汤圆,敬门神
十二月十六日	尾牙	祭拜土地公
十二月二十三日	送神	送神,祭拜灶公
十二月	除夕	祭祖,吃年夜饭,辞年守岁

(3)重点保护与展示项目

保护规划确定的重点展示项目为祭祖与民间信俗文化。其中,闽南祭祖为省级非物质文化遗产代表性项目,土坑聚落应积极参与联合申报国家级保护名录。祠堂建筑是祭祖的物质载体,祭祖与祠堂建筑构成不可分割的整体,二者要进行整体性保护。

民间信俗是民众中自发产生的以神祇崇拜为核心,以宫庙为主要活动场所,以祭祀仪式、庙会、传说和习俗等为表现形式的民俗文化。民间信俗不仅影响着中国社会大多数的一般民众的生产生活、思维方式、社会关系,还与“大传统”儒道释、意识形态等形成互补关系,是中国传统文化的重要组成部分。千百年来,民间信俗对民众价值观念的引导、伦理道德的涵养、社会稳定的维系、民族文化的认同都起到了积极的作用。(如表 8-5、图 8-12)

表 8-5　土坑聚落主要文化空间展示活动

名称	活动场所、空间	主要活动及其相关非物质文化遗产活动
祭祖文化空间	刘氏家庙	祭祖、族谱修撰礼俗、北管、土坑戏
	旗杆厝（刘百万宅）	祭祖、北管、土坑戏
	刘保生宅	祭祖、北管、土坑戏
	建珍大厝	祭祖、北管、土坑戏
	提督府	祭祖、北管、土坑戏
民间信俗文化空间	白石宫	妈祖信俗、司马圣公信俗、社稷神信俗、北管、打正鼓
	清莲堂建筑群	祭祖、关帝信俗、北管、打正鼓

图 8-12　旗杆厝与提督府修缮后效果图

第一，祭祖文化空间的展示。

祭祖文化的展示，其核心是保护民间祭祖仪式。祭祖仪式以追思祖德的族祭最隆重，要挂红灯、贴红联、搓红丸、穿红衣；设主祭、陪祭、司仪；鼓乐、鞭炮、上香、献花、上供，敬酒、读祭文、跪拜；有的还请僧道做法事，有的还出动仪仗、披红绶带、立碑纪念。祭祀结束，各户带“烘炉火饭”回家。对此：(1)保护传承祭祖仪式，突出慎终追远的传统文化精神。重点护传承刘氏家庙的祠祭仪式。每年刘氏族人都会选择相应的时间(比如清明、中元节等)在祠堂里举行隆重的祭祖活动。祭祀仪式由简单到完善。至明清时期，祭祀仪式、程序已基本固定。祭祀时，一个执事手持肃静牌，绕堂、天井一周，全场肃静；再由另一执事将痊毛血奉置于中堂前右坪的焚化架下。然后，由通赞、引赞、引唱、副引唱、礼生等分别按序引吭高唱。鼓乐奏后，主祭人到盥洗处洗手，陪祭人分别持香在大堂、回廊、天井旁站立，面向北三拜(拜北斗星、拜二程)后归原位。接着，主祭人在执事的扶牵下，到德承堂上香，拜祭列祖列宗，并敬酒和献茗(茶)、帛(五色布)、庶爵(金银)等礼发报。九叩后再洒酒于地，由通赞朗读祝文，读毕，在鼓乐声中全体祭祀人员一同将祝文、财帛等送至焚化架焚化，祭祀活动即告结束。这种祭祖仪式一方面体现了后代“报本追远、饮水思源”，是对先祖的孝道；另一方面也体现了子孙发达、后继有人。(2)传承家祭仪式，与岁时节日如清明节、中元节、冬至，以及人生礼俗如婚丧嫁娶、成人礼等相结合，形成生活化常态传承。(3)保护、传承“吃祠堂”习俗。这是祠堂敬祖的一种形式。土坑每年都举行春秋二祭活动。早期通族五十五岁以上的老者，代表着该房支的后裔到祖祠堂祭祖后，就参加祠堂的宴席，称为“吃祠堂”，并能得到补助，费用从祖先留下的部分田地收到的租金，加上“乞彩”收入中开支。这种传统的敬老活动一代传一代，已有几百年的历史了。1992 年，刘氏家庙重建完成，1993 年清明节，这项传统的敬老活动恢复举行。“吃祠堂”已发展为敬老宴，备受族人赞赏。(4)收集、整理谱牒、楹联、家族历史、先贤名人事迹及相关实物，保存、展示家族文化，弘扬优秀家族文化精神。(5)与台湾、港澳和海外同胞开展修谱、族谱对接等宗亲联谊活动，加强人员往来，加深血缘关系，增强文化认同。(6)祭祖仪式与民间信俗、传统表演艺术北管等非物质文化遗产相结合起来进行关联性保护。

第二，民间信俗文化的展示。

民间信俗文化的展示，首先要对民间信俗祭祀仪式、宫庙会进行保护。要保护好在土坑流传的妈祖、司马圣王、社稷神、关帝、太师爷等信俗。规划重点保护白石宫妈祖信俗。

白石宫妈祖信仰与刘氏宗族文化一起在土坑“复界”重建中发挥重大作用。土坑人认为经济复苏是妈祖诸神的保佑，保佑土坑人开始海洋商贸活动，获取巨大财富。因此，(1)要保护、传承妈祖祭祀仪式。按传统时间举行妈祖祭祀仪式。深入研究地方史志文献相关记载，加强庙际交流，完善祭祀仪式，使祭祀仪式规范化，又能体现地方文化内涵。(2)要保护白石宫庙会活动，保护信众日常祭祀活动。保护演戏酬神、谢恩敬神等民间信仰习俗，信众酬神活动与民间戏曲、音乐、舞蹈、体育游艺等民俗表演相结合，构成富有活力的文化生态链。(3)挖掘民间信俗文化内涵，收集、整理妈祖、司马圣王民间故事传说，保护好故事发生地遗迹。深入研究地方史志文献，编撰《白石宫宫志》。(4)要积极申报非物质文化遗产保护名录，提高项目保护级别。结合祭典仪式，宣扬圣贤们立德、行善、大爱精神，以及爱国爱民、匡扶正义、救困扶危、惩恶扬善、孝敬父母、爱护妇幼等美德，发挥信俗引导人们崇德向上、助人为乐、抑制犯罪、净化心理、协调人际关系、维护社会安定等积极作用。

图 8-13　土坑聚落鸟瞰图

三、投资融资措施及政策意见

(一)公益性项目融资

公益性项目包括聚落内危旧房的拆迁、环境的整治、基础环卫设施的建设等，对这类项目的开发，资金筹措包括：(1)政府融资方式，即通过财政拨款的专项资金、国债资金、影响旅游发展的其他专项资金、地方财政自筹资金等取得融资，其中，政府融资弥补旅游开发中的资金不足，能产生较强的示范和引导作用。(2)项目融资方式，即一个或几个投资商通过招标从政府管理部门取得公益性项目整体或部分项目的开发特许权，随之组织项目公司并负责进行项目的融资、组织项目的建设、管理项目的运营，政府将聚落一定年限的门票或其他经营权转让给项目公司，项目公司可通过这一补偿向金融机构进行抵押贷款获取开发资金。在特许期间，项目公司通过收取门票等来收回资金，并取得利润，特许结束后，开发项目将无偿转让给政府，这一方式也称 BOT 模式。

另外，还可以采用 PPP 模式、ABS 模式、TOT 模式等。其中，PPP 模式即政府与私营商签订长期协议，授权私营商代替政府建设、运营或管理公共基础设施并提供公共服务。ABS 模式即资产收益证券化融资，是以项目资产可以带来的预期收益为保证，通过一套提高信用等级计划在资本市场发行债券来募集资金的一种项目融资方式。PFI 模式，该模式根本在于政府从私人处购买服务，目前这种方式多用于社会福利性质的建设项目，这种方式多被那些硬件基础设施相对已经较为完善的发达国家采用。TOT 模式，政府与投资者签订特许经营协议后，把已经投产运行的可收益公共设施项目移交给民间投资者经营，凭借该设施在未来若干年内的收益，一次性地从投资者手中融得一笔资金，用于建设新的基础设施项目；特许经营期满后，投资者再把该设施无偿移交给政府管理。

(二)经营性项目融资

土坑聚落的展示与旅游经营性项目开发主要采取政府投资、企业投资、个人投资和社会、村集体投资的方式，其投资模式多元化将促进展示与旅游经营项目开发的融资多元化。据此,可以采用:(1)债务性资金融资,即向银行等金融机构借款、发行企业债券、海外借贷、华侨融资等。(2)资本性资金融资,即政府部门、企业(包括金融机构)、个人的直接投资(含外资)、合作经营(含 BOT)、发行债券等。

(三)政策建议

第一,政府引导、市场化筹资为主。土坑聚落的保护与发展所需资金的筹措工作要发挥政府的组织与引导作用,充分利用各种市场化的筹资渠道和方式筹集资金,同时积极面向国内外资本市场,重视吸纳大企业、大机构的参与。

第二,融资渠道多元化。单一的资金来源不能保证土坑村保护与发展工作的顺利进行,需要多种渠道筹措资金,同时为了分散风险,也必须要求融资渠道的多元化。

第三,加强管理、防范金融风险。要采取市场化的风险分担方式合理分散融资风险,避免融资压力,避免建设风险、资金偿还风险过度集中于政府或某投资机构,避免资金风险集中于建设期。

图 8-14 土坑聚落规划总平图

第九章 结　语

传统聚落是中华民族的优秀基因库，它传承着中华民族的历史记忆、生产生活智慧、文化艺术结晶和民族地域特色，维系着中华文明的根，寄托着中华各族儿女的乡愁。2013年中央一号文件，首次提出了建设"美丽乡村"的奋斗目标，要求进一步加强农村生态建设、环境保护和综合整治工作。2013年7月22日，习近平总书记考察城乡一体化试点鄂州市长港镇峒山村时指出，"实现城乡一体化，建设美丽乡村，是要给乡亲们造福，不要把钱花在不必要的事情上，不能大拆大建，特别是古村落要保护好"。2015年1月，习总书记在云南考察时指出，"新农村建设一定要走符合农村实际的路子，遵循乡村自身发展规律，充分体现农村特点，注意乡土味道，保留乡村风貌，留得住青山绿水，记得住乡愁"①，习总书记的这番话为传统聚落在保持特色的基础上可持续发展指明了方向。

与此同时，世界瞬息万变，城市万千一面，能封印特色，留存记忆，传承古老文明的地方唯独传统聚落。自2012年以来，住房城乡建设部先后四次组织传统村落调查，分4批将4153个有重要保护价值的村落列入了中国传统村落名录，涵盖全国所有省272个地级市、43个民族，大部分传统村落已列入名录。由此极大地推动了传统聚落的保护与文化复兴。

进入21世纪，在以和平、发展、合作、共赢为主题的新时代，全球经济复苏乏力，国际和地区局势纷繁复杂，传承和弘扬传统文化更显重要和珍贵。2013年9月和10月，国家主席习近平在出访中亚和东南亚国家期间，先后提出共建"丝绸之路经济带"和"21世纪海上丝绸之路"的重大倡议。国家发改委、外交部、商务部于2015年3月28日联合发布了《推动共建丝绸之路经济带和21世纪海上丝绸之路的愿景与行动》，福建被定位为"21世纪海上丝绸之路核心区"。② 历史上，闽南地区的泉州港、漳州月港、厦门港在海上交通与贸易方面均发挥着重要作用，闽南地区因而成为"一带一路"项目中令人瞩目的重要环节，而独具闽南地域特色的传统聚落在作为闽南历史和文化变迁的重要见证者，亦成为该进程中的关注重点。2017年1月26日，中国联合国教科文组织全国委员会秘书处致函联合国教科文组织世界遗产中心，正式推荐海上丝绸之路最具代表性的港口城市"古泉州(刺桐)史迹"作为2018年世界文化遗产申报项目。"古泉州(刺桐)史迹"将有望成为我国第53项世界遗产。

---

① 习近平：留得住青山绿水，记得住乡愁［OL］.新华网，2015-01-22.

② "一带一路"具体方案出炉，中国四大区域全面开放［OL］.新华网，2015-03-28.

2009 年以来，国家旅游局将“海峡西岸旅游区”列为重点旅游区加以扶持，范围涉及福建、广东、浙江、江西四省二十三个地市，构建海峡两岸旅游合作交流体系，其中福建省的 9 个市为福州、厦门、泉州、漳州、龙岩、莆田、南平、三明、宁德，整个闽南区域涵盖在其中。[①] 闽南与台湾地理空间接近，仅一道海峡之隔，有着同根共缘的特殊历史和文化渊源、相似的旅游资源和良好的旅游合作基础。闽台两地的传统聚落更是一脉相承，极具历史和人文研究价值。

基于上述，在国家重视乡村建设，丝绸之路新发展以及国家积极扶持海峡两岸旅游的社会背景下，作为闽南传统聚落代表的土坑聚落无疑将面临着有利的发展环境。因此，对于土坑聚落的深入系统研究具有时代意义与学术价值。

土坑聚落拥有千年的发展历史，早在唐宋时期就有族人在此繁衍生息，自明朝永乐以来的 600 多年，土坑聚落从滨海小村里走向了其鼎盛阶段，刘氏先人从外地迁居土坑后，在此繁衍生息，陆续建成古厝 67 座，并培养了众多人才。整个聚落历史悠久、遗存丰富、文化厚重。

为揭开这座有着千余载辉煌历史的海丝港市聚落，首先引入文化变迁理论作为基本理论依据，对地理环境、人口迁移、制度变迁及经济发展四个闽南文化的变迁动因进行分析，提出独立的原住民文化创新与进化、人口迁移背景下的文化传播与涵化、海洋文化影响下的文化进化与传播、强力政策主导下的文化涵化与进化是闽南文化变迁的四条主要路径，在变迁过程中四条路径呈现交叉进行的特点，该研究方法有别于常规的历史学，较为系统而深入地剖析了土坑所在地域文化，即闽南文化，揭示了闽南文化的特征。基于此，从地域的视角，对闽南传统聚落的自然、思想意识、社会、技术四个文化系统进行挖掘，提取出建筑空间、街巷空间、信仰空间、家族空间、文化空间五个闽南传统聚落的主要构成空间，探究闽南传统聚落催生—形成—发展—鼎盛—衰落—重生的演变过程。同时，基于这一普遍规律，从历史时空演变、土坑聚落空间、街巷空间、八大当铺、海上贸易与码头等，系统揭示了海丝港市聚落土坑村的空间演变过程，揭示其规律，并指出土坑聚落的形成、发展、衰败、重生历程是在海洋文化影响下的文化进化、莆仙文化熏陶下的文化涵化、强力政策主导下的文化反应这三个文化变迁路径的交叉作用下形成的，并在这三个文化的作用下，形成了多元文化的交融，交融的文化深植于土坑聚落空间之中，形成了一港两街一码头的空间形态。

其次，土坑聚落中现存的二十余栋古厝是最能显现土坑特色的物质载体。这些古厝从外在的造型而言，具有闽南古厝的普遍特色，同时又具有莆仙文化的韵味。因此，这些遗存是在特定的社会、经济、文化、种族及地理环境因素的相互作用下孕育而生的，反映着特定区域内从物质到精神的集体意识，是认识闽南文化特色的重要载体。据此，本研究系统地梳理了现存的古厝，对其空间、文化、建筑特色等进行了深入的剖析，并借助建筑类型学的研究方法，先从对闽南古厝进行量化研究入手。通过实地测绘、数值分析和建立标准模型等方法对闽南古厝进行归纳，分析了“顶厅”与各个房间的比例关系，以理性的分析角

① 国家旅游局把海峡西岸旅游区列为重点扶持旅游区［OL］.中国网，2009-12-22.

度量化了闽南古厝民居空间尺度。在比例分析的基础上，以三间张和五间张古厝民居作为研究对象，对不同类型的民居形式建立标准模型，并总结出标准模型的适用范围，进一步对土坑古厝进行了量化，为理性认识提供一种新的思考方式。与此同时，在量化研究的基础上，进一步对土坑古厝进行了建筑美学的归纳，揭示土坑古厝在建筑空间、建筑单体尺度和建筑群尺度上存在几何美学关系，以正方形比例、1∶$\sqrt{4}$比例和黄金比例最为突出，展现了土坑乃至闽南人的建筑美学。为传统民居的保护和新民居的设计提供支持。量化研究是对古厝民居的理性解读，是从根本上了解民居的基础。通过标准模型的验证，可以初步计算出毁坏的古建筑的内部空间关系，对于传统民居的保护修复有着重要意义。

再次，土坑作为国家历史文化名村，其保护与发展应严格遵循国家的相关制度法规，我们对土坑聚落进行了实践性的保护规划。在具体的保护规划中，遵循着价值评估、现状分析、保护规划的路径。其中，价值评估包括：聚落历史文化价值评估、重要文化遗产专项评估、非物质文化遗产评估、管理评估等四大内容。现状分析主要针对土坑聚落存在的问题进行梳理。保护规划则包括：规划框架和总体布局、保护区划、建筑保护与更新模式、环境保护、建筑高度控制、非物质文化遗产保护等内容。

最后，基于前几章的论述，从理论层面，进一步探讨传统聚落的保护与发展，探究乡土特征与现实困境。强调人类的建造活动不仅仅是一种物质功能的体现，同时也是一种文化观念的物质呈现，是一种文化生态系统的不断延续。传统聚落是传统农业地区人们为满足自然经济条件下生产生活需要而创造的物质对象，是自然经济方式的物化体现，体现的是传统社会文化特征，对其价值的认识离不开对特定社会环境的把握。对待传统聚落，应将其作为文化遗产的重要组成部分加以妥善保护，一方面是维护文化多样性的需要，另一方面，也是尊重聚落社区传统，唤起聚落文化自信的重要途径之一，这是闽南传统聚落文化生态系统复兴的保障所在，也是土坑聚落文化复兴的保障所在。据此，从理论层面对土坑的保护与发展进行了归纳，即“名村双修”——文化修复、空间修补。其中，文化修复是挖掘地域传统文化精华、解读名村文化价值、名村空间与建筑特色及其非物质文化价值，传承文明，促使文化向产业的转换，重塑名村文化自信。空间修补是以探寻支撑名村发展为目标，解决名村功能空间的缺失，改善空间环境品质、重树空间秩序、保护文化遗产，促进建筑物、街道立面、天际线、色彩和环境更加协调、优美。其次，修复被破坏的山、水、农田、林地，治理污染土地，恢复宜人的、自然生态的、低技术的人居环境。在双修的思维路径上，提出了土坑聚落保护下的旅游与展示利用，并提出了投资融资的相关建议。

土坑作为闽南滨海传统聚落的典型代表，承载了千年的发展历史与六百多年的辉煌灿烂，如今正静静地躺匿于湄洲湾的丘林之中，等待着复兴。而当前城市化浪潮中，传统聚落正面临着被人遗忘的困境。人们需要“乡愁”，需要一份心灵深处的记忆，传统聚落逐渐成为人们留住乡愁的载体。随着时间的推移，传统聚落被主体赋予了空间的情感、想象、记忆，这些共同的记忆构成了记忆之场。

如何在既保护聚落的历史文化的同时，又不阻碍其可持续发展？如何协调聚落保护与城市化发展的脚步？这些一直是我们苦苦探寻的课题。多年来，我们一直围绕着“保护文化与文化创新”两个维度开展工作。保护文化要求我们将乡愁记忆作为内在推动力，通过适宜的策略来维持、活化独特资源与现有环境，保护作为物质载体的实体建筑、保护聚落中的生活记忆与交往记忆、促进聚落中不同时间的记忆融合。实现文化创新要求我们不一定只是完全承袭旧时的规范与风俗，而要具有历史意识和与时代共振的文化感，善于推陈出新，取其意而忘其形；为那些能够唤起人们乡愁记忆的产品、活动提供政策支持；通过技术、工艺创新，提升传统特色产品的品质；推动城乡文化之间的融合，通过文化记忆与乡愁需要再造文化空间。遵循这样的工作思路，我们希望土坑聚落能够从沉睡走向文化的复兴，实现“海丝港市聚落，东南刘氏故里”的土坑梦。

参考文献

[1] 戴志坚.闽海民系民居建筑与文化研究[D].广州:华南理工大学,2000.

[2] 马奇达.基于格式塔心理学的传统聚落景观特征研究——以福建省石狮市永宁卫聚落为例[D].上海:华东理工大学,2013.

[3] 刘世怀.田墘村传统聚落的建筑形态研究[D].泉州:华侨大学,2014.

[4] 朱凌.传统聚落形态及其保护性规划研究——以五夫古镇为例[D].泉州:华侨大学,2012.

[5] 王绍森.当代闽南建筑的地域性表达研究[D].广州:华南理工大学,2010.

[6] 安红光.岵山古镇传统聚落建筑形态及传承实践研究[D].泉州:华侨大学,2014.

[7] 彭媛媛.空废化下的聚落空间形态变迁研究——以福建省石狮市永宁卫聚落为例[D].上海:华东理工大学,2013.

[8] 王双双.闽南传统聚落空间形态的分形理论浅析——以福建省蚶江镇为例[D].上海:华东理工大学,2014.

[9] 易笑.闽南古村埭尾聚落研究[D].泉州:华侨大学,2014.

[10] 孙晶.漳浦赵家堡聚落历史研究[D].泉州:华侨大学,2013.

[11] 关瑞明.泉州多元文化与泉州传统民居[D].天津:天津大学,2002.

[12] 赵亮.明清时期漳州民居形态及其近代演变研究[D].泉州:华侨大学,2010.

[13] 成玫.厦门地区传统民居的建筑语言的解读及研究[D].长沙:湖南大学,2010.

[14] 杨佳麟.闽南传统建筑生态技术研究[D].厦门:厦门大学,2008.

[15] 赵鹏.泉州官式大厝与北京四合院典型模式的比较研究[D].泉州:华侨大学,2004.

[16] 朱择.泉州传统民居基本类型的空间分析[D].泉州:华侨大学,2000.

[17] 郑舒翔.闽南海洋社会与民间信仰——以福建东山关帝信仰为例[D].福州:福建师范大学,2008.

[18] 陈金亮.境、境庙与闽东南民间社会[D].福州:福建师范大学,2006.

[19] 张杰.海防古所:福全历史文化名村落空间解析[M].南京:东南大学出版社,2014.

[20] 戴志坚.闽台民居建筑的渊源与形态[M].福州:福建人民出版社,2003.

[21] 曹春平.闽南传统建筑[M].厦门:厦门大学出版社,2006.

[22] 陈耕.闽南民系与文化[M].厦门:鹭江出版社,2009.

[23] 施伟青，徐泓，陈支平.闽南区域发展史[M].福州：福建人民出版社，2007.

[24] 陈支平，林晓峰.闽南历史文化概说[M].福州：福建人民出版社，2013.

[25] 唐春媛.福建省历史文化名镇名村保护与发展研究[M].吉林：吉林大学出版社，2011.

[26] 戴志坚.福建民居[M].北京：中国建筑工业出版社，2009.

[27] 杨莽华，马全宝，姚洪峰.闽南民居传统营造技艺[M].合肥：安徽科学技术出版社，2013.

[28] 徐晓望.福建民间信仰源流[M].福州：福建教育出版社，1993.

[29] 林志森，张玉坤，陈力.泉州传统城市社区形态分析及启示[J].天津大学学报(社会科学版)，2011(04).

[30] 康锘锡.台湾古建筑装饰图鉴[M].台北：猫头鹰出版社，2012.

[31] 潘磊.同安传统民居保护研究——以施氏大厝为例[J].福建建设科技，2013(01).

[32] 李玮.闽南传统建筑屋顶意匠研究[D].厦门：厦门大学，2014.

[33] 李霄鹤，兰思仁，余韵，董建文.闽台传统红砖聚落景观要素识别及其影响因素解析[J].福建师范大学学报(哲学社会科学版)，2014(1).

[34] 高虹，张杰.基于空间句法的闽南古村落空间形态研究——以晋江市金井镇福全村为例[J].设计，2014(02).

[35] 刘登翰.论闽南文化——关于类型、形态、特征的几点辨识[J].福建论坛(人文社会科学版)，2003(05).

[36] 林星.发挥闽南文化优势·促进闽台交流[J].福建省社会主义学报，2009(01).

[37] 赵亮，陈晓向.埕与骑楼——闽南传统建筑外部空间的演变[J].福建建筑，2010(03).

[38] 易笑，吴奕德.漳州埭尾古村棋盘式布局形态特征研究[J].中外建筑，2014(02).

[39] 王治君.基于陆路文明与海洋文化双重影响下的闽南“红砖厝”[J].建筑师，2008(01).

[40] 夏圣雪.从古厝走向番仔楼的艺术形态演变的文化解析[J].设计艺术研究，2013(02).

[41] 林翔，陈志宏，王剑平.闽南沿海地区传统村落公共空间类型研究[J].华中建筑，2010(12).

[42] 王绍森，郭文乐.闽南民居建筑精神空间形态演变视野下的地域性研究[J].建筑与文化，2015(09).

[43] 戴志坚.土坑古村落保护与发展规划[R].2008-09.

[44] H.G.Barnett.Innovation：the basis of cultural change[M].McGraw-Hill，1953.

[45] Lewis Henry Morgan.Ancient Society[M].MacMillan&Company，1877.

[46] Franz Boas.Anthropology and Modern Life[M].Norton Publishing Company，1928.

[47] Bronislaw Malinowski.The Scientific Theory of Culture[M].The University of North Carolina Press,1944.

[48] Leslie A.White.The Science of Culture:A study of man and civilization[M]. Farrar,Straus and Giroux,1949.

[49] Julian H.Steward.Theory of Culture Change[M].University of Illinois Press, 1955.

[50] Elman R.Service.Cultural Evolutionism Holt[M].Rinehart & Winston,1971.

后记

位于闽南滨海的渔村——土坑海商聚落拥有千年不间断的海洋贸易传统，早在唐宋时期就有刘姓族人在此牧海耕渔，繁衍生息。自明代永乐以来的600多年，由于另一支刘氏海商的加入，这个小渔村依靠着海洋贸易走向辉煌鼎盛时期。这支刘氏先人从莆田迁居土坑，凭借着他们的勤劳与智慧，终成一方巨贾。先后建造了近百座规模宏大的红砖古厝、商业街巷、客栈、当铺、药店等，并培养了众多人才，整个聚落历史悠久、遗存丰富、文化厚重。

我们非常幸运地主持了土坑国家历史文化名村的保护规划编制工作，这是继福全、永宁、泉州天后宫等保护规划后的又一项研究工作。工作延续了一年多，在我恩师阮仪三教授的指导下，在众多人员的共同努力下，终于圆满完成了编制工作，顺利通过了福建省住建厅的评审，并获得了好评。

十余年来，我一直从事着闽南传统聚落与建筑的研究。从2000年初的泉州中山路、涂门街规划，到金鱼巷调研，到泉州古民居测绘，再到崇武、逮圩、九峰、蚶江、福全、永宁等古城、村落的调研，我与我的家人、学生穿梭于闽南的城镇村落之间，感受着闽南的山山水水、感受着闽南人、感受着闽南的文化，深深被这块土地所吸引。十余年来，我从学生成长为老师，从求学者变为了授业者，我的学生一届一届地入学、毕业，人员每年都有变动，但闽南暑假考察活动一直没有变，并已经成为我们团队的常态工作。在这一常态工作下，我们调研了百余座传统聚落，测绘了数百栋古建筑，留存了数十万张照片。回首十余年来，我的成长与我的研究和这片土地结下了很深的情缘，闽南大地给予了我们无数次的感动，其中，土坑村的刘荣平、刘玉霞、刘守德等村民、干部，淳朴、憨厚、热情的神情依旧历历在目，没有这些村民的帮助与无私的支持，我们的工作难以开展，难以维系。本书的撰写得到了泉州市泉港区党委政府、后龙镇党委政府、土坑村两委的大力支持，特别是土坑申遗指挥部、原副区长肖惠中以及土坑在外乡贤等的无私奉献和全力配合，他们给予了本书稿大量的资料，提供了相关信息。尤其感谢泉港海南乡贤林先生襄助此书出版。

土坑海商聚落是一个具有典型港市功能的滨海村落，她的生长历程与海上丝绸之路、地域文化、明清时期国家相关政策、宗族文化等密切相关，其许多内容涉及历史学、考古学、社会学等知识，而我是研究建筑的，因此，此书一定还有许多地方存在问题，需要进一步深入探究。在整个书稿的写作过程中，我团队的高红、叶春阳、孙晓琪、夏胜雪等同学参与了写作与研究，泉州博物馆馆长陈建中研究员对本书稿提出了诸多有益的建议，在此感谢他们。

本书受到上海市设计学Ⅳ类高峰学科资助项目（DC17014）（DA18301），教育部基金项目“两岸文化交流下的闽南古村落保护与发展研究”（11YJCZH229），国家社科基金项目“文化生态下闽台传统聚落保护与互动发展研究”（12CGJ116）；中央高校基本科研业务费专项资金资助项目计划：“文化生态学下的闽台古村落空间形态研究”（WZ1122002）及其“华东理工大学骨干青年教师”项目的资助。本书也是闽南文化泉港游学丛书之一，得到闽南文化生态保护实验区资金补助，助推整体宣传保护。在此一并致谢。

最后，感谢我的家人，感谢我可爱的孩子，十多年来他一直跟随着我们进行暑假闽南调研，从五岁的小屁娃到今天的小伙子，从被炎日炙烤的红扑扑的小脸蛋到今日帅气自信的微笑，我深感欣慰，孩子长大了，我们的闽南研究也逐步出版了一系列成果。在面对这一切时，除了感叹岁月流逝之快外，我更深深地敬畏这片土地，敬畏闽南文化，敬畏其深邃与博大。

张　杰

写作于上海华理苑

2017 年 12 月